Cours d'analyse infinitésimale de l'Institut Industriel du Nord;

par

M. J. Boussinesq,

Professeur à la Faculté des Sciences de Lille et à l'Institut Industriel.

Lille,
Imprimerie et Lithographie L. Danel.
1883.

Table des matières.

Première leçon — Préliminaires.

Troisième leçon — Propriétés générales de la dérivée — Des dérivées d'ordre supérieur.

Quatrième leçon. — Dérivées partielles et totales des fonctions composées.

Cinquième leçon. — Dérivées d'ordre supérieur des fonctions composées de fonctions linéaires, des fonctions implicites. Changement de la variable indépendante.

Sixième leçon — Étude des fonctions de plusieurs variables indépendantes.

Septième leçon. — Élimination des constantes et des fonctions arbitraires par la différentiation — Équations différentielles et aux dérivées partielles. Fonctions homogènes.

Huitième leçon. — Applications analytiques du calcul différentiel: application au développement des fonctions en série. — Séries de Taylor et de Mac-Laurin pour les fonctions d'une seule variable.

Neuvième leçon. — Application de la série de Mac-Laurin au développement des fonctions exponentielles, sinus et cosinus et à la démonstration générale de la formule du binôme.

Dixième leçon. — Formules de Taylor et de Mac-Laurin pour les fonctions de plusieurs variables. Théorie des maxima et des minima des fonctions d'une seule variable indépendante.

Onzième leçon. — Suite de la théorie des maxima et des minima : problème de Fermat, etc. ; maxima et minima des fonctions de plusieurs variables.

Douzième leçon. — Fin de la théorie des maxima et des minima : distance minimum de deux courbes, etc., méthode des moindres carrés ; maxima et minima relatifs.

Treizième leçon. — Vraies valeurs des expressions qui se présentent sous des formes indéterminées.

Quatorzième leçon. — Applications géométriques du calcul différentiel : des arcs des courbes planes et des contacts de ces courbes.

Quinzième leçon. — Suite de l'étude des contacts de courbes. — Des courbes osculatrices.

Dix-neuvième leçon. — Des roulettes et de la cycloïde — Des courbes en coordonnées polaires et, spécialement, de la spirale logarithmique.

Vingtième leçon. — De la tangente, du plan normal et de l'arc, dans une courbe à double courbure.

Vingt-unième leçon. — Du plan osculateur et de la normale principale aux courbes gauches.

Vingt-deuxième leçon. — De la courbure et de la cambrure des courbes.

Vingt-troisième leçon. — Des surfaces courbes et de leur plan tangent.

Vingt-quatrième leçon. — De la normale et de la pente, dans les surfaces courbes.

Vingt-cinquième leçon. — Notions sommaires sur la courbure des surfaces.

Vingt-sixième leçon. — Calcul intégral : intégrales définies et intégrales indéfinies ; procédés généraux pour le calcul des intégrales indéfinies.

Trente-unième leçon. — Suite : rectification des courbes et cubature des volumes.

Trente-deuxième leçon — Suite : des intégrales multiples et de leur usage ; aire des surfaces courbes ; centre de gravité des figures ; Théorème de Guldin.

Trente-troisième leçon. — Différentiation des intégrales définies et calcul de certaines d'entre elles sans passer par les intégrales indéfinies.

Trente-quatrième leçon. — Intégration des différentielles totales et théorie de l'équation différentielle du premier ordre.

Trente-cinquième leçon. — Notions sommaires sur les équations différentielles simultanées, sur celles d'ordre supérieur et sur les équations aux dérivées partielles.

Appendice sur le calcul des variations.

Errata et Changements.

P. 1, dern. lig. de la note, ajouter : « toutefois, diverses additions y ont été faites, notamment à la 19ème leçon et aux quatre dernières ».

Pag. 2, lig. 12 en remontant, lire ainsi : « d'un nombre limité d'opérations. Certaines d'entre elles se rapprochent extrêmement, par leurs propriétés, des fonctions algébriques : ce sont, par exemple, les expressions affectées d'exposants incommensurables, comme $x^{\sqrt{2}}$, ou, encore, les fonctions, dites algébriques implicites, qui sont racines d'équations algébriques non résolubles par radicaux, et dont le calcul constitue une sorte d'opération algébrique plus générale que toutes les autres, qu'elle comprend d'ailleurs. Mais la plupart sont beaucoup plus complexes : on les appelle etc. »

Page 5, ligne 2 en remontant, après « déterminées » ajouter : « et susceptibles de prendre, suivant les cas, des valeurs infiniment variées, à l'image même de la diversité infinie des phénomènes dont elles doivent pouvoir reproduire les traits ; sans quoi leur étude ne fournirait pas la matière d'une véritable et importante branche des sciences rationnelles ».

Page 10, ligne 8, au lieu de « différentes », lire « différents » ; lig. 4 en remo., au lieu de « avec de trois » lire « avec plus de trois » et lig. 2 en rem., au lieu de « au dessus » lire « au dessous ».

Page 12, ligne 9 en remontant, après « résultats », ajouter « formés avec Δy ».

Page 17, ligne 6 du n° 14, au lieu de « $d\,\Delta y$ » lire « de Δy ».

Page 18, avant-dernière ligne du n° 15, au lieu de « $u = x$ » lire « $u = v = x$ ».

P. 19, lig. 1, au lieu de « $\frac{df}{dy'}y'$ » lire « $\frac{df}{dy}y'$ » ; et p. 35, lig. 6 en remo. au lieu de y' lire y.

Page 50, ligne 5, après « de la continuité » ajouter « ou, plutôt, de la graduelle variation ».

Page 52, ligne 1, lire « Dans cette expression, les termes se détruisent deux à deux, à l'exception etc. ».

Page 63, titre du n° 49, au lieu de « e^{ax} » lire « a^{x} ».

Page 63, lire ainsi les lignes 4 à 7 du n° 50 : « n'est possible, en général, que lorsqu'on a choisi, pour b, le plus petit (en valeur absolue) des deux termes du binôme $a + b$. Nous démontrerons que ce développement est ».

Page 64, ligne 2, au lieu de « c'est-à-dire » lisez « notamment ».

Page 71, titre du n° 54, ajouter « et de leurs plus grandes ou de leurs plus petites valeurs ».

Page 79, titre du n° 59, ajouter « : loi de l'épargne ou de la moindre résistance ».

Page 84, ligne 12 en remontant, après « annuler » ajoutez « en comparaison de la plus grande des quantités dx, dy, dz ».

Page 94, dernière ligne, au lieu de « $f'(a), \varphi'(a)$ », lire « $f'(x), \varphi'(x)$ ».

Page 96, ligne 8 en remontant, lire ainsi : « ou infini (sans se fixer auprès d'aucune limite) »

Page 100, lignes 5 et 6 en remontant, lire : « pour une valeur finie a de x (quand, du moins, x varie toujours dans un même sens en s'approchant de a) sans que la tangente devienne en même temps parallèle à l'axe des y, c'est-à-dire ».

Page 102, ligne 8, au lieu de « négative ou, du moins, nulle de x », lire « de x à exposant négatif ou nul » et, ligne 13, supprimer le mot « positive ».

Page 142, ligne 4, au lieu de « x et y » et de « x^2, y^2 », lire « x_1 et y_1 » et « x_1^2, y_1^2 ».

Page 154, au lieu des lignes 3 et 4 lire : « Donc, il passe quatre courbes de la famille par chaque point de la partie du plan comprise entre l'axe des x et la ligne dont l'équation est $y = \frac{x^4}{16}$, tandis qu'il n'en passe que deux par les points où l'ordonnée y est plus grande que $\frac{x^4}{16}$ ». Et remplacer les quatre dernières lignes de cette page 154 par la phrase suivante : « Toutes les paraboles de la famille lui sont tangentes extérieurement, ou la touchent par son côté convexe ; mais, tandis que leur partie qui, commençant au point de contact, s'éloigne indéfiniment de l'axe des x, ne cesse pas de lui être extérieure, leur autre partie, au contraire, va la couper en deux endroits, après avoir touché l'axe des x, et fournit ainsi un exemple d'enveloppées croisant leur enveloppe à une certaine distance de leur point de contact avec elle ».

P. 197, lig. 3 et 4 en rem., au lieu de « il ne s'éloigne de la courbe », lire « la courbe ne s'en éloigne ». P. 211, lig. 2 en remont., supprimer les mots « et en les additionnant ».

Page 219, lignes 7 et 8 en remontant, lire ainsi : « Mais cette dénomination est impropre ; car, dans la ligne droite, à laquelle il serait absurde d'attribuer une courbure quelconque, le rapport $\frac{d\tau}{ds}$ n'est pas nécessairement nul, vu qu'on peut prendre, aux différents points d'une droite, différents plans menés suivant cette droite pour ses plans osculateurs. Aussi, avec M. de St Venant, appellerons-nous plutôt ce rapport $\frac{d\tau}{ds}$ la <u>cambrure</u> de la courbe ».

Page 220, ligne 3, ajouter : « Mais il est plus juste d'entendre simplement, par cette dénomination de <u>lignes à double courbure</u>, que les courbes dont il s'agit ont leurs projections sur deux plans coordonnés nécessairement courbes toutes les deux, au lieu que les lignes planes ont une de leurs deux projections rectiligne quand on choisit leur propre plan pour un des deux plans coordonnés ».

Page 257, ligne 10, ajouter : « comme il a été expliqué au n° 67 (p. 91) ».

Page 261; au titre du n° 183 ajouter « : ombilics. »

Page 296, ligne 6 en remontant, après « effectivement », ajouter : « pourvu que la fraction proposée $\frac{f(x)}{\varphi(x)}$ soit irréductible, comme on peut le supposer ».

P. 300, lig. 2, au lieu de $\frac{F(x)}{f(x)}$ lire $\frac{F(x)}{f(x)}dx$, et lig. 7, au lieu de « linéaires » lire « entières ».

Page 311, ligne 10, au lieu de « $(a+bt^l)$ » lire « $(a+bt^l)^{r_0}$ ».

P. 320, ligne 3 en remon., au lieu de « I_{2n} et $2n+1$ » lire « I_{2n} et I_{2n+1} ».

P. 334, lig. 11 en rem., au lieu dossiblement » lire « sensiblement » et p. 339, lig. 5 en rem., lire : « $f(x)$, en faisant etc. ».

Page 345, ligne 9, au lieu de « intercerpe » lire « intercepte ».

P. 362, lig. 4, au lieu de « n° 271 » lire « n° 272 »; et p. 368, lig. 8, au lieu de « égal » lire « égale ».

Page 401, ligne 5 en remontant, au lieu de « $f(x,y)$ », lire « $\frac{df(x,y)}{dy}$ ».

Page 402, ligne 1, au lieu de « $f(x,y)$ », lire « $\frac{df(x,y)}{dy}$ ».

Page 405, dans la figure, la ligne QT, marquée par erreur, doit être remplacée par une droite allant du point P_0 au point T.

Page 429, ligne 10 en remontant, au lieu de « n'a une » lire « n'a généralement une »; et 4 lig. plus loin ajouter : « à moins que $f(x,y)$ ne changeât fréquemment de signe ».

Page 444, ligne 11 en remontant, au lieu de « quels cas » lire « quel cas ».

Page 457, lignes 5, 8, 10 et 13, au lieu de « $f(x,Y)$ » et de « $f(x,y)$ », lire « $f(x+\varepsilon,Y)$ » et « $f(x+\varepsilon,y)$ ».

Page 484, ligne 12 en remontant, après « Bernoulli » ajouter : « et dont la précédente se déduirait en superposant des états égaux ».

Page 491, ligne 2 avant les formules (26), au lieu de « e^{rt} » lire « e^{rx} ».

P. 492, lig. 2 en rem., au lieu de « e^{x} » lire « e^{r} »; et p. 499, lig. 13, après « qui se présente », ajouter « , en ce qui concerne les coordonnées $y, z, u, \ldots$ des mobiles ».

P. 492 et 500. — Si l'on voulait éviter les exponentielles imaginaires, on procéderait de la manière suivante. Commençant par l'équation (34), écrite ainsi

$$(34^{bis}) \qquad \left(\frac{d^n}{dx^n} + A\frac{d^{n-1}}{dx^{n-1}} + B\frac{d^{n-2}}{dx^{n-2}} + \cdots + L\frac{d}{dx} + M\right)y = 0,$$

on observerait que, dans (34bis), l'expression entre parenthèses, traitée comme un polynôme dont la variable serait $\frac{d}{dx}$, peut se décomposer en facteurs symboliques du premier ou du second degré, ayant les formes respectives $\frac{d}{dx} - r$, $\left(\frac{d}{dx} - \lambda\right)^2 + \mu^2$, et que l'équation proposée est, par suite, satisfaite en posant soit $\frac{dy}{dx} - ry = 0$, soit $\left(\frac{d}{dx} - \lambda\right)^2 y + \mu^2 y = 0$, équations dont les intégrales s'obtiennent aisément et constituent les solutions particulières qu'on cherche $y = Ce^{rx}$, $y = e^{\lambda x}(C\cos\mu x + C'\sin\mu x)$. S'il y avait des racines égales, on supposerait d'abord des valeurs de r, de λ ou de μ très voisines et l'on opérerait comme à la p. 495.

Passant ensuite au cas des équations (16), qu'on écrirait

$$(16^{bis}) \qquad \left(\frac{d}{dx} + A_1\right)y + B_1 z + C_1 u + \cdots = 0,\ A_2 y + \left(\frac{d}{dx} + B_2\right)z + \cdots = 0, \text{ etc.},$$

on y regarderait $y, z, u, \ldots$ comme étant de la forme symbolique $f\left(\frac{d}{dx} + A_1, B_1, \ldots, A_2, \ldots\right)\varphi$, où f désigne des expressions entières formées avec $\frac{d}{dx} + A_1$, B_1, etc., et φ une fonction de x, auxiliaire. Il suffirait, pour trouver ces expressions f, de résoudre le système (16bis) à la manière d'équations du 1er degré en $y, z, u, \ldots$; la condition de compatibilité, obtenue en annulant le déterminant symbolique, serait une équation du $n^{\text{ème}}$ ordre en φ, de la forme (34bis). Celle-ci, traitée comme il vient d'être dit, donnerait n expressions distinctes de φ, compris dans le type $x^m e^{\lambda x}(C\cos\mu x + C'\sin\mu x)$; d'où résulteraient pour $y, z, u, \ldots$ des expressions corrélatives, formées de termes ayant cette forme.

En résumé, l'intégration des équations linéaires à coefficients constants peut s'effectu entièrement sans l'emploi des imaginaires; et elle repose sur la possibilité de décompo tout polynôme fonction d'une seule variable en facteurs réels du premier ou du second degré, possibilité résultant immédiatement, comme on sait, du théorème en vertu duquel un tel polynôme admet toujours un facteur réel du premier ou du second degré. Or il importe d'observer que ce théorème peut lui-même se démontrer sans recourir aux imaginaires.

Soit, en effet, $f(u)$ une fonction rationnelle et entière de u. On sait que, s'il existe une valeur, a, de u, qui donne $f(a)=0$, le polynôme $f(u)$ admet le facteur du premier degré $u-a$. Donc, il suffit de prouver que, dans le cas où $f(u)$ ne s'annule pour aucune valeur réelle de u, ce polynôme est divisible par un facteur de la forme $(u-x)^2+y^2$, pourvu qu'on détermine convenablement x et y. Concevons, dans ce but, qu'on divise le produit $y\,f(u)$, ordonné suivant les puissances décroissantes de u par

$$u^2-2ux+(x^2+y^2)=(u-x)^2+y^2,$$

et soient, d'une part, Q le quotient, fonction entière de u, x, y, d'autre part, $M(u-x)+Ny$ le reste, où M et N seront deux certaines fonctions, entières aussi, de x et de y, car tous les termes du quotient et du reste contiendront évidemment, comme le dividende, y en facteur. Nous aurons

$$(a)\qquad y\,f(u)=Q\left[(u-x)^2+y^2\right]+M(u-x)+N\,y,$$

relation d'où l'on tire, en différentiant soit par rapport à y, soit par rapport à x,

$$(a')\quad\begin{cases} f(u)=\dfrac{dQ}{dy}\left[(u-x)^2+y^2\right]+2Qy+\dfrac{dM}{dy}(u-x)+\dfrac{dN}{dy}y+N, \\ 0=\dfrac{dQ}{dx}\left[(u-x)^2+y^2\right]-2Q(u-x)+\dfrac{dM}{dx}(u-x)-M+\dfrac{dN}{dx}y. \end{cases}$$

Multiplions respectivement celles-ci par $-y$ et par $u-x$, puis ajoutons-les à (a) et, pour abréger, appelons P le polynôme

$$(a'')\qquad P=(u-x)\frac{dQ}{dx}-y\frac{dQ}{dy}-Q+\frac{dM}{dx};$$

il viendra

$$(a''') \qquad P\left[(u-x)^2+y^2\right]-(u-x)y\left(\frac{dM}{dy}-\frac{dN}{dx}\right)-y^2\left(\frac{dM}{dx}+\frac{dN}{dy}\right)=0.$$

Le premier membre de (a''') étant ainsi constamment égal à zéro, le terme, indépendant de u, auquel il se réduit pour $u=0$, doit être nul; ce qui rend possible la suppression d'un facteur u et permet ensuite d'annuler de même le terme qui était du premier degré en u, puis celui du second, etc., bref, le coefficient total de chaque puissance de u. Or il suit de là que le polynôme P se réduit à zéro; car, s'il n'en était pas ainsi, son terme du degré le plus élevé en u, multiplié par la partie u^2 du facteur $(u-x)^2+y^2$, donnerait un produit, du second degré au moins en u, qui ne se réduirait avec aucun autre terme. Donc on a $P=0$; et un raisonnement analogue prouve ensuite que l'équation (a'''), vérifiée pour u, y et x quelconques, donne identiquement

$$(b) \qquad \frac{dM}{dy}-\frac{dN}{dx}=0, \qquad \frac{dM}{dx}+\frac{dN}{dy}=0.$$

La première de celles-ci est la condition d'intégrabilité de l'expression $M\,dx+N\,dy$; elle signifie donc que M et N sont les deux dérivées en x et en y d'une même fonction φ de ces deux variables, savoir (p. 447) du nouveau polynôme

$$\int M\,dx+\int\left(N-\frac{d}{dy}\int M\,dx\right)dy+\text{const}.$$

On peut donc poser

$$(b') \qquad M=\frac{d\varphi}{dx}, \quad N=\frac{d\varphi}{dy};$$

ce qui, en appelant ρ la valeur de $\frac{d^2\varphi}{dx^2}$ et σ celle de $\frac{d^2\varphi}{dx\,dy}$, permet d'écrire, au lieu de la seconde relation (b),

$$(b'') \qquad \frac{d^2\varphi}{dx^2}=\rho, \quad \frac{d^2\varphi}{dx\,dy}=\sigma, \quad \frac{d^2\varphi}{dy^2}=-\rho.$$

Tout cela posé, le but qu'on poursuit est de déterminer x et y de manière à rendre $f(u)$ divisible par $(u-x)^2+y^2$, c'est-à-dire, ou l'égalité (a), de manière à avoir simultanément $M=0$, $N=0$, $y \gtrless 0$. Et d'abord, il n'y aura pas à se préoccuper de la condition $y \gtrless 0$; car la première (a') donne pour $u=x$, quand y s'annule, $N=f(x)$, expression incapable, par hypothèse, de s'annuler; ce qui prouve bien que, pourvu qu'on rende N nul, y différera de zéro par le fait même. Ainsi, il ne reste qu'à chercher s'il existe un système de valeurs de x et de y pour lequel on ait $M=0$ et $N=0$ ou, plus simplement, d'après (b'), $\frac{d\varphi^2}{dx^2}+\frac{d\varphi^2}{dy^2}=0$.

Désignons donc par z le polynôme

$$\text{(c)} \qquad z=\frac{1}{2}\left(\frac{d\varphi^2}{dx^2}+\frac{d\varphi^2}{dy^2}\right),$$

fonction continue, ainsi que toutes ses dérivées, et qu'on peut regarder comme l'ordonnée d'une surface rapportée à un systèmes d'axes rectangulaires des x, y, z; appelons en outre, à l'ordinaire, p, q, r, s, t les cinq dérivées partielles, tant premières que secondes, de z; et cherchons si cette surface, tout entière située du côté des z positifs, présente des ordonnées minima nulles. Des différentiations immédiates donneront, à cause des relations et notations (b''),

$$\text{(c')} \left\{\begin{array}{l} p=\frac{d\varphi}{dx}\rho+\frac{d\varphi}{dy}\sigma,\quad q=\frac{d\varphi}{dx}\sigma-\frac{d\varphi}{dy}\rho, \\ r=(\rho^2+\sigma^2)+\left(\frac{d\varphi}{dx}\frac{d\rho}{dx}+\frac{d\varphi}{dy}\frac{d\rho}{dy}\right),\ s=\frac{d\varphi}{dx}\frac{d\rho}{dy}-\frac{d\varphi}{dy}\frac{d\rho}{dx},\ t=(\rho^2+\sigma^2)-\left(\frac{d\varphi}{dx}\frac{d\rho}{dx}+\frac{d\varphi}{dy}\frac{d\rho}{dy}\right); \end{array}\right.$$

d'où il résulte immédiatement, en tenant compte, au besoin, de (c) et des identités $\frac{d\sigma}{dx}=\frac{d\rho}{dy}$, $\frac{d\sigma}{dy}=-\frac{d\rho}{dx}$,

$$\text{(c'')} \left\{\begin{array}{l} p^2+q^2=\left(\frac{d\varphi^2}{dx^2}+\frac{d\varphi^2}{dy^2}\right)(\rho^2+\sigma^2)=2z(\rho^2+\sigma^2), \\ rt-s^2=(\rho^2+\sigma^2)^2-\left(\frac{d\varphi^2}{dx^2}+\frac{d\varphi^2}{dy^2}\right)\left(\frac{d\rho^2}{dx^2}+\frac{d\rho^2}{dy^2}\right)=(\rho^2+\sigma^2)^2-z\left(\frac{d\rho^2}{dx}+\frac{d\rho^2}{dy^2}+\frac{d\sigma^2}{dx^2}+\frac{d\sigma^2}{dy^2}\right). \end{array}\right.$$

XXVI

On voit que la première condition pour que z soit maximum ou minimum, condition qui est $p^2+q^2=0$, revient à poser, soit $z=0$, ce qui donnera évidemment un minimum, soit $\rho^2+\sigma^2=0$, ce qui, à part le cas où l'on aurait en même temps $\frac{d\sigma}{dx}=0$, $\frac{d\sigma}{dy}=0$, rendra essentiellement négative la valeur (c'') de $rt-s^2$ et, par conséquent, d'après une loi du n° 60 (p. 83), ne donnera ni maximum, ni minimum. Cette conclusion subsiste même dans le cas singulier où le système considéré de valeurs de x et de y qui annule $\rho^2+\sigma^2$ annulerait également $\frac{d\rho^2}{dx^2}+\frac{d\rho^2}{dy^2}=\frac{d\sigma^2}{dx^2}+\frac{d\sigma^2}{dy^2}$; car, en s'éloignant alors très peu du point ou de la région où ρ, σ et leurs dérivées premières seraient ainsi nulles, ces dérivées commenceraient à être sensibles avant que ρ, σ le devinssent (vu que ρ, σ ne seraient que leurs produits par dx ou dy intégrés sur des longueurs infiniment petites), et, par conséquent, dans le dernier membre de la 2ème relation (c''), le terme positif $(\rho^2+\sigma^2)^2$, de l'ordre de ρ^4 ou de σ^4, serait négligeable en comparaison du terme négatif, de l'ordre des produits $z\frac{d\rho^2 \text{ ou } d\sigma^2}{dx^2}$, $z\frac{d\rho^2 \text{ ou } d\sigma^2}{dy^2}$, dans lesquels z différerait, par hypothèse, de zéro. Donc, l'expression de $rt-s^2$, nulle à l'endroit considéré, serait négative dans tout le voisinage. On en déduit aisément, en se basant sur les formules 11 et 12 du n° 163 (p. 227 et 228), que la surface, dans tout ce voisinage, couperait ses plans tangents. Or ce serait impossible, si z était maximum ou minimum en (x, y), et si, par conséquent, le plan tangent mené au point (x, y, z) n'y intersectait pas la surface; car, en tirant sur ce plan une droite infiniment voisine du point ou de la région de contact, mais extérieure à celle-ci et d'ailleurs quelconque, puis en faisant tourner infiniment peu le plan autour de cette droite, sans déplacer la surface, de manière à le séparer de celle-ci pour l'amener finalement en contact avec elle de l'autre côté de la droite, on obtiendrait un plan tangent, infiniment voisin du premier et ne coupant pas la surface, au point de contact duquel l'expression $rt - s^2$ ne saurait être négative, contrairement à ce qu'on a démontré.

Ainsi, l'ordonnée z n'admet aucun autre maximum ou minimum que des minimums nuls; et, si l'on prouve qu'elle devient nécessairement minima pour un système de valeurs finies de x et de y, on aura établi qu'elle s'annule à ce moment ou que, par conséquent $f(u)$ est alors divisible par $(u-x)^2+y^2$. A cet effet, considérons seulement, dans l'expression de φ et, par suite, dans celles (b'') et (c) de ρ, σ et z, les termes du degré le plus élevé en x et y, termes qui, à moins qu'ils ne s'annulent, représentent, comme on sait, aux très grandes distances $\sqrt{x^2+y^2}$, les valeurs mêmes de φ, ρ, σ ou z, sauf de petites erreurs relatives. Les deux fonctions $\frac{d\varphi}{dx}$, $\frac{d\varphi}{dy}$, seront alors homogènes d'un même degré n, comme dérivées partielles premières d'une même fonction homogène φ, et, en leur appliquant le théorème des fonctions homogènes (p. 47), il viendra

$$(g)\qquad x\frac{d^2\varphi}{dx^2}+y\frac{d^2\varphi}{dx\,dy} \text{ ou } x\rho+y\sigma=n\frac{d\varphi}{dx},\quad x\frac{d^2\varphi}{dx\,dy}+y\frac{d^2\varphi}{dy^2} \text{ ou } x\sigma-y\rho=n\frac{d\varphi}{dy}.$$

On tire de là, par l'élimination de n,

$$\frac{d\varphi}{dx}(x\sigma-y\rho)-\frac{d\varphi}{dy}(x\rho+y\sigma)=0, \text{ ou } -y\left(\frac{d\varphi}{dx}\rho+\frac{d\varphi}{dy}\sigma\right)+x\left(\frac{d\varphi}{dx}\sigma-\frac{d\varphi}{dy}\rho\right)=0,$$

c'est-à-dire, en vertu des deux premières (c'),

$$(g')\qquad -yp+xq=0, \text{ ou bien } \frac{x}{p}=\frac{y}{q}.$$

Cette équation exprime que, si l'on marche sur la surface en se maintenant à une même distance $\sqrt{x^2+y^2}$ de l'axe des z, ou de manière à avoir $x\,dx+y\,dy=0$, la valeur correspondante de z sera constante : effectivement, x et y étant proportionnels à p et à q, la relation $x\,dx+y\,dy=0$ entraine celle-ci, $p\,dx+q\,dy=0$, ou $dz=0$. Ainsi, aux grandes distances de l'origine, l'ordonnée (c) n'est fonction que du carré x^2+y^2, du moins quand on n'y tient compte que des termes en x et y du degré le plus élevé $2n$. C'est dire que l'ensemble de ces termes prend la forme $K(x^2+y^2)^n$; et l'on voit que la surface, entièrement située d'ailleurs du côté des z positifs, se relève de plus en plus tout autour, à mesure que l'on s'éloigne de l'origine. Donc, elle a forcément, pour certaines valeurs finies de x et de y, des ordonnées moindres que toutes celles qui les environnent : d'après ce qu'on vient de démontrer, ces ordonnées seront nulles, ou donneront à la fois $M=0$, $N=0$ et rendront ainsi le polynôme $f(u)$ divisible par $(u-x)^2+y^2$.

P. 520, remplacer les lignes 6, 7, 8 et 9 par ceci : « car on verrait aisément que, l'équation aux dérivées partielles proposée étant du second ordre, on peut, pour la valeur initiale x_0 de x, se donner à volonté, en fonction de y, non seulement u_0 (d'où résulte $q_0=\frac{du_0}{dy_0}$), mais aussi la dérivée première, p_0, de u par rapport à x ; de manière à pouvoir faire correspondre ensemble telles valeurs qu'on veut de

$$C_1=\varphi_1(x_0, y_0, u_0, p_0, q_0) \text{ et de } C_2=\varphi_2(x_0, y_0, u_0, p_0, q_0) \text{ ».}$$

P. 539, ligne 13 en rem., lire $\log\frac{z+\sqrt{z^2-c^2}}{c}$; et p. 552, lig. 15 et 16, au lieu de « plane » lire « sphérique » et <u>vice versa</u>.

Cours élémentaire d'Analyse infinitésimale, professé à l'Institut Industriel du Nord, par M. J. Boussinesq. (*)

1ère Leçon — Préliminaires.

1. Variables indépendantes et fonctions.

Le cours de Mathématiques spéciales a fait connaître de nombreux exemples de quantités *variables*, c'est-à-dire de quantités auxquelles on attribue successivement une infinité de valeurs différentes, à côté d'autres quantités qui restent *constantes*, du moins dans tout le cours d'un même calcul.

Il y a des variables *indépendantes* et des variables *dépendantes* ou *fonctions*: en effet, il n'est pas possible de donner arbitrairement des valeurs quelconques à toutes les variables d'une question, vu les rapports qui existent entr'elles et sans lesquels la question proposée n'aurait pas de raison d'être. On peut bien attribuer de telles valeurs arbitraires à certaines variables; mais, alors, toutes les autres sont déterminées par le fait même. Les quantités qui reçoivent ainsi les valeurs qu'on veut, du moins entre certaines limites, sont des variables *indépendantes*; et celles qui en dépendent s'appellent des *fonctions*.

(*) Les trente-cinq leçons qui composent ce cours ont été rédigées d'après les notes prises, en 1879, par les élèves de l'Etablissement.

Beaucoup de fonctions peuvent se calculer par les procédés de l'arithmétique, quand on donne les variables indépendantes. Parmi ces fonctions, les plus simples sont celles qui s'évaluent au moyen d'un nombre fini d'additions, de soustractions, de multiplications, de divisions, d'élévations aux puissances et d'extractions de racines: on les appelle algébriques. Elles se divisent en fonctions rationnelles et en fonctions irrationnelles. Les premières sont celles qui s'expriment sans radicaux portant sur les variables. Si, de plus, il n'y a pas de signe de division où les variables paraissent au diviseur, les fonctions sont rationnelles et entières; exemple: le polynome $a x^m + b x^{m-1} + c x^{m-2} + \cdots$

Dans le cas contraire, les fonctions sont rationnelles et fractionnaires; on peut les ramener au quotient de deux polynomes: $\frac{a x^m + b x^{m-1} + c x^{m-2} + \cdots}{a' x^n + b' x^{n-1} + c' x^{n-2} + \cdots}$.

Enfin, quand l'expression contient des radicaux irréductibles, ou qu'il y a à effectuer des extractions de racines portant sur des expressions variables, la fonction est dite irrationnelle.

En outre de ces fonctions algébriques, il existe une classe immense de fonctions, parfaitement définies, mais dont le calcul ne peut se faire au moyen d'un nombre limité d'opérations algébriques: on les appelle fonctions transcendantes. Les unes ont une définition algébrique: ce sont, par exemple, les fonctions exponentielles, e^x, a^x, et les fonctions inverses de celles-là, $\log x, \ldots$ D'autres admettent, au contraire, une définition géométrique; telles sont les fonctions circulaires, $\sin x$, $\cos x$, $\operatorname{tang} x, \ldots$, et leurs inverses

$$\operatorname{arc} \sin x, \operatorname{arc} \cos x, \operatorname{arc} \operatorname{tg} x, \ldots$$

Enfin, le plus grand nombre des fonctions transcendantes ont une origine plus compliquée encore. On peut compter, parmi celles-là, la plupart des fonctions qui représentent les phénomènes naturels: comme leur connaissance nous vient de l'observation, on les appelle fonctions empiriques. Les géomètres réussissent souvent à les exprimer, d'une manière de plus en plus approchée, au moyen de fonctions algébriques, exponentielles, etc; mais leur évaluation exacte, tout comme celle des fonctions transcendantes à origine algébrique ou géométrique, exigerait une infinité d'opérations; ce qui n'a rien d'étonnant, puisque déjà une extraction de racine, ou même une division de nombres entiers effectuée en décimales, ne se terminent généralement pas. Le mode de calcul le plus habituel des fonctions transcendantes consiste à les réduire, quand on le peut, en séries convergentes, comme nous verrons plus loin.

Pour comprendre quelle variété extrême de fonctions transcendantes nous aurons à considérer, imaginons qu'on décrive au hasard une courbe plane,

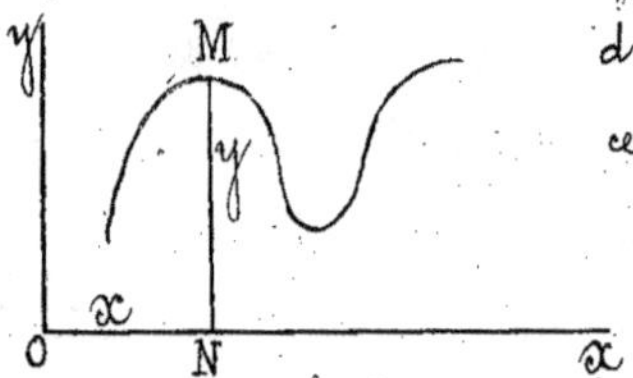

d'un mouvement continu, et qu'on rapporte cette courbe à un système d'Axes Ox et Oy. Si l'on construit l'ordonnée $MN = y$ d'un point quelconque M de cette courbe et, par suite, son abscisse $ON = x$, il est évident que l'ordonnée se trouve parfaitement déterminée dès que l'abscisse l'est elle-même. Donc, cette courbe définit une fonction particulière, bien caractérisée, de x, qu'on peut écrire $y = f(x)$; et il est clair pourtant que cette fonction ne comporte aucune expression algébrique exacte.

Pour représenter analytiquement une fonction, on emploie une des lettres f, F, φ, ψ, etc., que l'on fait suivre des variables dont dépend la fonction, séparées par des virgules et mises entre parenthèses. Ainsi, une fonction déterminée des trois variables x, y, z s'écrira $f(x, y, z)$. Si l'on veut désigner la valeur particulière que prend la fonction pour $x = a$, $y = b$, $z = c$, c'est-à-dire quand on donne à x, y, z trois valeurs spéciales a, b, c, on écrira $f(a, b, c)$.

Observons enfin que les quantités variables se désignent d'ordinaire par les dernières lettres de l'alphabet, x, y, z, u, v, etc., et, les constantes, par les premières lettres, $a, b, c, \ldots$

2. — De la continuité et de la dérivée d'une fonction.

Toutes les fonctions dont il a été question ci-dessus présentent deux caractères extrêmement importants.

Le premier consiste en ce que ces fonctions sont continues ou, comme on dit, jouissent de la continuité. On entend, par là, 1° que chaque variable indépendante peut y croître de quantités aussi petites qu'on le désire, et 2° que, si l'on choisit ces accroissements assez faibles, la fonction éprouvera elle-même une variation moindre que toute quantité fixe, déterminée à l'avance, si petite qu'elle soit.

Le second caractère consiste en ce que les fonctions dont il s'agit varient graduellement, c'est-à-dire presque uniformément pour des accroissements très-faibles des variables, ou par degrés d'autant moins inégaux (comparés chacun au suivant) qu'on les prend plus petits. En d'autres termes, si l'on donne à chaque variable indépendante, x par exemple, un très-petit **accroissement** qu'on représente d'ordinaire par Δx, et si l'on appelle, de même, Δy l'accroissement simultané éprouvé par une fonction, y, de x, le rapport $\frac{\Delta y}{\Delta x}$ tend vers une limite déterminée, quand on fait tendre Δx vers zéro. Ce rapport-limite, qui ne dépend plus de Δx (puisque Δx s'y est évanoui), mais qui dépend de x, s'appelle, comme on sait, la dérivée de la fonction : on le représente par y', ou par $f'(x)$, si $f(x)$ représente la fonction.

On a calculé avec soin, dans le cours de mathématiques spéciales, les dérivées des fonctions simples, à origine algébrique ou géométrique : nous n'y reviendrons pas. Rappelons seulement :

1° Que la dérivée de x^m est $m\,x^{m-1}$, quel que soit m, entier ou fractionnaire, positif ou négatif ;

2° Que la dérivée de e^x est e^x et celle de $\log x$, $\frac{1}{x}$, s'il s'agit de logarithmes népériens [observons que nous ne considérerons guère que ceux-là, lesquels seuls se présentent naturellement en mécanique et en physique ; aussi, à moins d'avis contraire, le signe log désignera-t-il ici des logarithmes népériens] ;

3° Que la dérivée de a^x est $a^x \log a$;

4° Que la dérivée de $\sin x$ est $\cos x$, celle de $\cos x$, $-\sin x$, celle de $\operatorname{tg} x$, $\frac{1}{\cos^2 x}$, celle de $\operatorname{cotg} x$, $\frac{-1}{\sin^2 x}$;

5° Enfin, que la dérivée de arc sin x est $\frac{1}{\sqrt{1-x^2}}$ et celle de arc cos x, $\frac{1}{\mp\sqrt{1-x^2}}$ (la première de ces formules supposant x compris entre $-\frac{\pi}{2}$ et $+\frac{\pi}{2}$), et que la dérivée de arc tg x est $\frac{1}{1+x^2}$; etc.

3 — Objet de l'analyse infinitésimale.

Le But de l'analyse infinitésimale est l'étude des fonctions continues à variations graduelles, c'est-à-dire la recherche de leurs propriétés générales, de la manière dont on peut suivre leur marche, etc. On comprendra l'importance de cette étude, en observant que, dans l'univers, tout se transforme par d'insensibles nuances, par de continuels et inappréciables changements, se modifiant eux-mêmes peu à peu; que tout, en un mot, varie avec continuité et graduellement; en sorte que les quantités propres à exprimer ou à mesurer les objets et les phénomènes sont des fonctions soumises aux lois de l'analyse infinitésimale.

Il est naturel, pour suivre dans sa marche une fonction continue, d'attribuer à chaque variable indépendante des accroissements très faibles, que l'on fera même tendre vers zéro. La fonction reçoit, par le fait même, des accroissements très-petits aussi et qui décroissent indéfiniment. On est bien obligé de les faire tendre de la sorte vers zéro, si l'on veut ne laisser échapper aucune valeur de la fonction, aucune circonstance de son cours; et l'on imite également ainsi la nature, qui règle l'écoulement du temps et la transformation corrélative des choses par variations extrêmement faibles, tout-à-fait insensibles à nos sens.

4 — Des infiniment petits.

De telles quantités, prises très-petites et que l'on fait tendre vers zéro, sont appelés des infiniment petits. On les désigne ainsi, non en raison de leur valeur présente (puisqu'elles sont actuellement finies), mais en raison de ce qu'on veut qu'elles deviennent. En effet, on les introduit dans certains calculs, non pas précisément pour connaître les résultats des calculs dans leur état actuel, mais pour chercher ce que seront ces résultats à la limite, ou de quelles valeurs ils s'approcheront indéfiniment à mesure qu'elles approcheront elles-mêmes de zéro, seul nombre qui soit, à proprement parler, infiniment petit. En d'autres termes, la qualification de quantités infiniment petites signifie que l'on considérera seulement les limites vers lesquelles tendent les résultats des calculs où on les fait paraître.

Ces calculs n'ont d'ailleurs d'intérêt qu'autant que les limites dont il s'agit sont ou, du moins, peuvent être des quantités finies, déterminées. Aussi y en a-t-il de deux sortes, car il existe deux genres d'opérations susceptibles de conduire à des résultats finis, utilisables, même à la limite, quand on les effectue sur des quantités que l'on fait décroître indéfiniment. Ce sont celles qui consistent, soit à prendre le rapport de deux infiniment petits, soit à faire la somme d'une infinité d'infiniment petits, c'est-à-dire d'un nombre de plus en plus grand de quantités de plus en plus petites. Le rapport, dans le premier cas, reste fini, même à la limite, si les deux termes décroissent à la fois sans jamais cesser d'être comparables l'un à l'autre. La somme, dans le second cas, peut aussi tendre vers une limite finie, si le nombre des quantités que l'on ajoute devient d'autant plus grand que chacune de ces quantités devient plus petite.

5 — Principe général du calcul des infiniment petits.

L'analyse des infiniment petits est rendue, en général, beaucoup plus simple que celle des quantités finies par le principe suivant : Dans tout calcul, un infiniment petit peut être remplacé par tout autre qui a avec lui un rapport tendant vers l'unité.

Démontrons ce principe pour les deux espèces de calculs.

1° Calcul de rapports. — Appelons α et β deux infiniment petits, c'est-à-dire deux quantités très-petites, que l'on veut faire tendre vers zéro, et dont le rapport tend vers une limite qu'on se propose seule d'évaluer. Supposons que deux autres infiniment petits, α_1 et β_1, diffèrent de α et de β, mais de telle manière, que leurs rapports respectifs à α et β tendent vers l'unité. Je dis qu'on pourra remplacer le rapport $\frac{\alpha}{\beta}$ par le rapport $\frac{\alpha_1}{\beta_1}$, sans commettre d'erreur à la limite.

Comme, par hypothèse, $\frac{\alpha_1}{\alpha}$ tend vers l'unité, on peut poser $\frac{\alpha_1}{\alpha} = 1+\varepsilon$, ε désignant une certaine quantité, qui tend vers zéro en même temps que α. On aura également $\frac{\beta_1}{\beta} = 1+\varepsilon'$, si ε' exprime une quantité qui tend aussi vers zéro en même temps que β. Or, de ces relations on tire

$$\alpha_1 = \alpha(1+\varepsilon), \quad \beta_1 = \beta(1+\varepsilon'),$$

et il vient, par suite,

$$\frac{\alpha_1}{\beta_1} = \frac{\alpha(1+\varepsilon)}{\beta(1+\varepsilon')} = \frac{\alpha}{\beta}\,\frac{1+\varepsilon}{1+\varepsilon'}.$$

Si l'on conçoit α et β déjà fort petits, ε et ε' seront des fractions insignifiantes à côté de 1 et le rapport $\frac{1+\varepsilon}{1+\varepsilon'}$ différera aussi peu qu'on le voudra de l'unité. On aura donc $\frac{\alpha_1}{\beta_1} = \frac{\alpha}{\beta}$ avec une erreur relative inférieure à tout nombre donné, et, comme cette erreur relative tend vers zéro, on pourra bien écrire

$$\lim \frac{\alpha_1}{\beta_1} = \lim \frac{\alpha}{\beta}.$$

2° — Calcul d'une somme.

Toutes les fois qu'une infinité d'infiniment petits se suivent dans une somme algébrique, il y en a toujours une infinité à la suite qui ont même signe ; parce qu'ils varient graduellement ou que chacun d'eux ne diffère en général du précédent que d'une partie infiniment petite de sa propre valeur. Les changements de signe d'un terme à l'autre ne se produisent ainsi que de loin en loin ; et la somme considérée peut se subdiviser en sommes partielles, composées chacune d'une infinité de termes de même signe.

Bornons-nous donc à considérer une de ces sommes partielles, $\alpha_1+\alpha_2+\dots+\alpha_n$, et admettons qu'elle tende vers une limite finie, à mesure que chacun des termes désignés par la lettre α s'approche de zéro et que leur nombre augmente de plus en plus. Je dis qu'on pourra remplacer la somme $\alpha_1+\alpha_2+\dots\dots+\alpha_n$ par la somme $\beta_1+\beta_2+\dots+\beta_n$, pourvu que les rapports de ces infiniment petits aux précédents tendent vers l'unité, c'est-à-dire pourvu qu'en appelant $\varepsilon_1, \varepsilon_2, \dots, \varepsilon_n$ des quantités évanouissantes (ou qui tendent vers zéro), on ait $\frac{\beta_1}{\alpha_1}=1+\varepsilon_1$, $\frac{\beta_2}{\alpha_2}=1+\varepsilon_2, \dots \frac{\beta_n}{\alpha_n}=1+\varepsilon_n$.
De ces relations on tire, en effet,

$$\beta_1=\alpha_1+\alpha_1\varepsilon_1,\ \beta_2=\alpha_2+\alpha_2\varepsilon_2, \dots,\ \beta_n=\alpha_n+\alpha_n\varepsilon_n.$$

Ajoutons ces égalités membre à membre et représentons, 1°, par $\Sigma\beta$, la somme de toutes les quantités qu'exprime la lettre β, c'est-à-dire la somme $\beta_1+\beta_2+\dots+\beta_n$, 2°, de même, par $\Sigma\alpha$ et $\Sigma\alpha\varepsilon$ les sommes des quantités α et des produits $\alpha\varepsilon$. Il viendra :

$$\Sigma\beta=\Sigma\alpha+\Sigma\alpha\varepsilon.$$

Soit ε_m la plus grande (en valeur absolue) des quantités appelées ε ; nous aurons évidemment, en valeur absolue,

$$\alpha_1\varepsilon_1<\alpha_1\varepsilon_m,\ \alpha_2\varepsilon_2<\alpha_2\varepsilon_m, \dots,\ \alpha_n\varepsilon_n<\alpha_n\varepsilon_m,$$

et, en ajoutant toutes ces inégalités membre à membre,

$$\Sigma\alpha\varepsilon<\varepsilon_m\Sigma\alpha, \text{ ou } \frac{\Sigma\alpha\varepsilon}{\Sigma\alpha}<\varepsilon_m \text{ (en valeur absolue).}$$

C'est dire que $\frac{\Sigma\alpha\varepsilon}{\Sigma\alpha}$ est compris entre zéro et ε_m en valeur absolue. Soit ε_p la vraie valeur de ce rapport, qui tend ainsi vers zéro : nous aurons

$$\frac{\Sigma\alpha\varepsilon}{\Sigma\alpha}=\varepsilon_p, \text{ ou } \Sigma\alpha\varepsilon=\varepsilon_p\,\Sigma\alpha.$$

Portons enfin cette valeur de $\Sigma\alpha\varepsilon$ dans la relation $\Sigma\beta=\Sigma\alpha+\Sigma\alpha\varepsilon$, et il viendra

$$\Sigma\beta=(1+\varepsilon_p)\,\Sigma\alpha, \text{ ou bien } \frac{\Sigma\beta}{\Sigma\alpha}=1+\varepsilon_p.$$

Si les α et les β tendent maintenant vers zéro, nous aurons, à la limite,

$$\frac{\Sigma\beta}{\Sigma\alpha}=1, \text{ ou } \Sigma\beta=\Sigma\alpha.$$

Ainsi, dans les deux sortes de calculs, un infiniment petit, α, peut être remplacé par un autre, α_1, qui a avec lui un rapport tendant vers l'unité, ou qui est tel, si ε désigne une quantité évanouissante, que l'on ait $\alpha_1=\alpha(1+\varepsilon)$.

Cette égalité peut s'écrire aussi $\alpha_1-\alpha=\alpha\varepsilon$ et enfin $\frac{\alpha_1-\alpha}{\alpha}=\varepsilon$. Donc, la différence $\alpha_1-\alpha$ des deux infiniment petits n'est que la fraction infiniment petite, ε, de l'un d'eux α, et, dire que deux infiniment petits ont entr'eux un rapport tendant vers l'unité, c'est la même chose que de dire qu'ils ne diffèrent l'un de l'autre que d'une partie infiniment petite de leur valeur. Par suite, le principe général s'énonce encore de cette autre manière : On peut, dans les calculs, substituer un infiniment petit à un autre, pourvu qu'il ne diffère de celui-ci qu'infiniment peu par rapport à lui-même)).

6.— Des infiniment petits de divers ordres.

Nous sommes donc conduits à considérer des infiniment petits qui sont infiniment plus petits que d'autres et, à ce propos, il y a lieu de parler de ce qu'on appelle les infiniment petits de divers ordres. Cela nous fera mieux comprendre l'utilité du grand principe que nous venons de démontrer.

Dans chaque question où il y a des infiniment petits à considérer, l'un d'eux, que nous désignerons par α, sert de terme de comparaison à tous les autres ; on l'appelle l'infiniment petit principal. Soit β un autre infiniment petit paraissant dans la question. Le plus souvent, cet infiniment petit β se trouve comparable à une puissance déterminée, α^n, de l'infiniment petit principal, c'est-à-dire qu'il y a moyen de choisir l'exposant n, de manière que le rapport $\frac{\beta}{\alpha^n}$ reste un nombre fini, que nous appellerons K, lorsqu'on fait tendre α vers zéro. On a donc $\beta = K\alpha^n$, K étant une quantité qui ne devient pas nulle à la limite ni n'est indéfiniment croissante. On dit alors que l'infiniment petit β est du $n^{ième}$ ordre de petitesse.

Admettons que nous ayons un infiniment petit δ de la forme $\delta = A\alpha^m + B\alpha^{m+p} + C\alpha^{m+q} + \ldots$, en appelant m, $m+p$, $m+q$.. des exposants **croissants**. Je dis qu'on pourra remplacer cet infiniment petit par son premier terme, c'est-à-dire qu'on pourra négliger les termes qui suivent le premier et écrire $\delta = A\alpha^m$. En effet, les termes qu'on néglige ainsi sont infiniment petits par rapport à celui que l'on conserve, car, si l'on divise l'égalité par $A\alpha^m$, il vient $\frac{\delta}{A\alpha^m} = 1 + \frac{B}{A}\alpha^p + \frac{C}{A}\alpha^q + \ldots$ Or, comme α tend vers zéro, le second membre est de la forme $1+\varepsilon$ et, en remplaçant δ par $A\alpha^m$, on ne fait que remplacer un infiniment petit par un autre qui a avec lui un rapport tendant vers l'unité.

Le principe précédemment démontré permet donc de supprimer de la formule tous les termes excepté le premier, qui, étant infiniment plus grand que les autres, les masque complètement et ne leur permet de produire un effet sensible dans aucun résultat. L'erreur commise deviendra rigoureusement nulle quand on passera à la limite.

Parfois, l'ordre de certains infiniment petits ne pourra pas être fixé, mais il sera par exemple possible de reconnaître que le rapport de l'infiniment petit considéré à α^n tend vers zéro; on dira alors que l'infiniment petit est d'un ordre supérieur au $n^{ième}$.

7 Des Infiniment grands de divers ordres

Par opposition aux infiniment petits de divers ordres, il y a quelquefois lieu de considérer, parmi les quantités qui croissent sans limite en valeur absolue, des infinis ou infiniment grands de divers ordres. Dans les questions où cela arrive, les quantités qui grandissent indéfiniment dépendent de l'une d'elles, qui est dite l'infiniment grand principal et que représente par ex. l'expression $\frac{1}{\alpha}$ (où α tend vers zéro). Il arrive fréquemment qu'une

quantité qui croît indéfiniment est comparable à une certaine puissance, $\frac{1}{\alpha^n}$, de l'infiniment grand principal. Soit β une de ces quantités et supposons que le rapport de β à $\frac{1}{\alpha^n}$ soit un nombre fini K.
On dit alors que l'infiniment grand β est du $n^{ième}$ ordre de grandeur.

Un principe analogue à celui des infiniment petits s'appliquera dans les calculs de résultats-limites où interviendraient des quantités infiniment grandes, c'est-à-dire indéfiniment croissantes. Toutes les fo[is] qu'une quantité sera composée de divers termes d'ordres de grandeurs différentes, on pourra la réduire au terme de l'ordre de grandeur le plus élevé. Si l'on a p. ex., l'expression $\delta = \frac{A}{\alpha^m} + \frac{B}{\alpha^{m-p}} + \frac{C}{\alpha^{m-q}} + \text{------}$ où $m, m-p, m-q$ sont des exposants décroissants, il sera permis de supprim[er] tous les termes excepté le premier. En effet, on peut écrire l'expression proposée $\delta = \frac{1}{\alpha^m}\left(A + B\alpha^p + C\alpha^q + \text{----}\right) = \frac{A}{\alpha^m}\cdot\left(1 + \frac{B}{A}\alpha^p + \frac{C}{A}\alpha^q + \text{------}\right)$.
Or, α tendant vers zéro, le second facteur est de la forme $1+\varepsilon$, et on n'altére[ra] l'expression que de la fraction <u>infiniment petite</u> ε de sa valeur en supprim[ant] tous les termes qui suivent le premier, c'est-à-dire qu'on n'introduira, da[ns] tout résultat <u>fini</u> obtenu en prenant des rapports de ces infiniment grands, qu'une erreur infiniment petite <u>par rapport au résultat lui-même</u> ou, par conséquent, nulle à la limite.

8 — <u>Application des mêmes Principes aux Calculs d'Approximation.</u>

Le grand principe qui permet de simplifier les calculs faits sur les infiniment petits revient donc à dire que <u>toute quantité peut-être supprimée, quand elle a devant elle une autre quantité beaucoup plus grande, qui lui ôte toute influence sensible sur le Résultat.</u> Ce principe est d'une exactitude rigoureuse dans le calcul des Infiniment petits, puisque l'erreur s'y annule à la limi[te] limite qu'on veut seule considérer. Mais le même principe est très-fécond et suffisamment exact dans beaucoup de calculs d'Approximation.

On sait que les meilleures méthodes expérimentales ne nous permettent pas d'avoir les nombres qui évaluent une chose réelle avec de trois ou quatre chiffres significatifs et, quelquefois, pas avec plus de deux. Donc, des erreurs relatives de $\frac{1}{10000}$ et au-dessus, quelqufois même de $\frac{1}{100}$, sont complètement inappréciables à l'observation.

Dès lors, il est parfaitement permis de les négliger. Il suffira, par exemple, qu'une quantité vaille $\frac{1}{10000}$ ou $\frac{1}{100000}$, pour que son carré puisse être supprimé hardiment à côté de la première puissance, dont il ne modifierait que des décimales éloignées échappant à nos mesures.

Donc, dans les calculs d'approximation, on pourra fréquemment appliquer le même principe que dans le calcul des infiniment petits, c'est-à-dire négliger des quantités très-petites, par rapport à d'autres auxquelles elles seraient ajoutées ou dont elles seraient retranchées; celles-ci les masquent dans le résultat et les erreurs introduites sont inappréciables. Ce n'est que lorsque, dans une somme algébrique, les quantités les plus grandes viennent à s'entre-détruire exactement, que les quantités moins grandes prennent de l'importance; parce qu'elles ne sont plus masquées et qu'elles paraissent, en quelque sorte, au premier rang, pour constituer le résultat qu'on cherche.

9 — Division de l'Analyse infinitésimale en calcul différentiel et calcul intégral

Puisqu'on peut introduire les infiniment petits dans les calculs de deux manières, soit pour évaluer des rapports, soit pour évaluer des sommes, l'Analyse infinitésimale comprendra deux grandes divisions. Dans l'une, on attribuera aux variables indépendantes des accroissements infiniment petits, et l'on verra quels rapports ont, avec ces accroissements, les accroissements que recevront par le fait même les fonctions. On y évaluera donc des rapports de différences infiniment petites. Cette partie s'appelle Calcul différentiel. Dans l'autre, on supposera au contraire donnée une formule qui exprime les accroissements infiniment petits successifs d'une fonction, et l'on essaiera d'en faire la somme pour remonter ainsi de la différence infiniment petite à la fonction elle-même. On y réunira donc, en quelque sorte, les éléments infiniment petits d'une quantité pour la reconstituer dans sa valeur totale. De là le nom de calcul Intégral, qu'on donne à cette seconde partie de l'Analyse.

2me Leçon — Calcul différentiel —

différentielle et dérivée des fonctions d'une seule variable indépendan[te]

10. Différentielle d'une fonction.

Soit $y = f(x)$ une fonction quelconq[ue] d'une variable x. Nous avons vu que, dans le calcul différentiel, o[n] donne aux variables et aux fonctions des accroissements très-petits qu'o[n] fait tendre vers zéro. Soit Δx l'accroissement de x et Δy celui qui en résulte pour y, savoir, $\Delta y = f(x+\Delta x) - f(x)$. Nous avons admis qu'il s'agit de fonctions ayant une dérivée, c'est-à-dire telles, que, si l'on p[ose] le rapport $\frac{f(x+\Delta x)-f(x)}{\Delta x}$, ce rapport est une certaine fonction de x e[t] de Δx qui tend vers une limite determinée quand on fait tendre Δx ve[rs] zéro; et la limite dont il s'agit est la fonction dérivée, $f'(x)$. Ainsi, le rapport $\frac{f(x+\Delta x)-f(x)}{\Delta x}$ devient $f'(x)$ pour $\Delta x = 0$. Pour Δx très-petit, ce rapport différera de $f'(x)$ d'une certaine quantité ε, qui sera aussi fai[ble] que l'on voudra si l'on prend Δx suffisamment petit. Nous pouvons don[c] écrire $\frac{f(x+\Delta x)-f(x)}{\Delta x} = f'(x)+\varepsilon$, c'est-à-dire $\frac{\Delta y}{\Delta x} = f'(x)+\varepsilon$ ou

$$\Delta y = f'(x)\,\Delta x + \varepsilon\,\Delta x.$$

Admettons que nous fassions tendre Δx vers zéro avec l'intention de ne considérer que les limites des résultats. Les accroissements Δx et Δy, qui s'appelaient jusqu'ici des différences finies, prennent alors un autre nom: ils s'appellent des différentielles. En même temps, au lieu de les représent[er] par la lettre Δ, on les représente, depuis Leibniz, par la lettre d. Comme $f'(x)$ se trouve être en général fini et que ε tend vers zéro, le terme $\varepsilon\,\Delta x$ e[st] d'un ordre de petitesse supérieur à celui de $f'(x)\,\Delta x$; il disparaîtra à la limite, où l'on aura les mêmes résultats en supprimant ce terme qu'en le supprimant pas. Donc

$$dy = f'(x)\,dx.$$

c'est-à-dire que la différentielle dy d'une fonction est égale au produit de la dérivée de cette fonction par la différentielle dx de la variable.

En d'autres termes, dès qu'on remplace la lettre Δ par la lettre d, ou les mots *différence finie* par le mot *différentielle*, on entend exprimer qu'on a l'intention de ne calculer que des résultats limites, c'est-à-dire de ne faire servir l'expression cherchée de dy à divers calculs que pour annuler finalement toutes les différentielles telles que dx et dy, dans les résultats.

Donc, on a le droit de supprimer devant le terme $f'(x)\,dx$ le terme infiniment plus petit $\varepsilon\,dx$; vu que l'erreur *relative* ainsi commise, décroissant jusqu'à zéro en même temps que dx, devient nulle au moment important, qui est celui où l'on atteint le but.

Quelle distinction faut-il donc établir entre la différentielle et une différence finie très-petite? En réalité, la différentielle ne se distingue pas *actuellement* d'une différence finie très-petite, elle n'en diffère que par l'*intention* où l'on est de la faire tendre vers zéro et de ne considérer que les limites vers lesquelles tendront alors les résultats des calculs: c'est cette intention qui permet de supprimer sans erreur le terme $\varepsilon\,dx$.

Un mot maintenant sur le cas où, pour la valeur x considérée, la dérivée $f'(x)$ serait nulle. Alors ε ne disparaîtrait plus à côté de $f'(x)$ et l'on n'aurait pas, *d'une manière absolue*, le droit d'écrire $dy = f'(x)\,dx$, c'est-à-dire $dy = 0 \times dx = 0$. Cependant, on continue à poser, même pour ce cas, $dy = f'(x)\,dx$, parce que, dans le calcul différentiel, on n'a jamais à comparer une différentielle dy de fonction qu'à des différentielles de variables indépendantes, c'est-à-dire qu'à des quantités au plus de l'ordre de petitesse de dx et que, en toute rigueur, on aurait $\frac{dy}{dx} = \varepsilon$ ou par suite à la limite, quand dx s'annule, $\frac{dy}{dx} = 0$.

Donc, le résultat limite ne serait pas faussé en écrivant, même alors, $dy = f'(x)\,dx$. Ainsi, *sous les réserves indiquées*, on peut toujours remplacer dy par le premier terme de son expression générale, $f'(x)\,dx$.

11 *Expression des dérivées par un rapport de différentielles.*

La formule précédente nous donne $f'(x) = \frac{dy}{dx}$. De là une nouvelle manière de noter les dérivées; la dérivée d'une fonction quelconque sera représentée par le rapport de la différentielle de la fonction à la différentielle de la variable. Cette notation a l'avantage d'être intuitive, c'est-à-dire d'exprimer vivement, tout à la fois :

1° que la dérivée provient du rapport des deux accroissements simultanés, dy, et dx, d'une fonction et d'une variable, 2° et que, de plus, c'est, non le rapport lui-même que l'on considère, mais sa valeur limite pour le moment où dy et dx s'annulent.

12. — Différentielle et dérivée d'une fonction de fonction

Quand nous avons démontré la relation $dy = f'(x)\,dx$, nous avons considéré x comme une variable quelconque dont y dépend, et non pas explicitement, comme une variable indépendante. Donc la formule est absolument générale ; elle s'appliquerait alors même que x serait elle-même une fonction de la véritable variable indépendante, appelée t par exemple.

En divisant par dt, il vient

$$\frac{dy}{dt} = f'(x)\frac{dx}{dt};$$

donc la dérivée de y par rapport à la variable indépendante t est le produit de $f'(x)$ par la dérivée de x ; et l'on peut énoncer la loi suivante :

La dérivée d'une fonction de fonction s'obtient en multipliant la dérivée de cette fonction par la dérivée de la fonction dont elle dépend.

Supposons que x dépende de u, ou soit $x = \varphi(u)$; et que u dépende de la variable indépendante t : $u = \psi(t)$. La relation $x = \varphi(u)$ donne $\frac{dx}{dt} = \varphi'(u)\frac{du}{dt}$ et la relation $u = \psi(t)$ donne de même $\frac{du}{dt} = \psi'(t)$; cette valeur portée dans le résultat précédent le change en $\frac{dx}{dt} = \varphi'(u)\,\psi'(t)$, et, en substituant cette valeur dans l'expression de $\frac{dy}{dt}$, nous obtenons $\frac{dy}{dt} = f'(x)\,\varphi'(u)\,\psi'(t)$; c'est-à-dire que, lorsqu'une quantité dépend d'une fonction qui est elle-même fonction de fonction, sa dérivée s'obtient en multipliant les unes par les autres les dérivées de toutes les fonctions successives entrant dans son expression.

13. — Différentiation des fonctions composées.

Soit y une fonction composée, c'est-à-dire dépendant de plusieurs variables

u, v, w, qu'on suppose elles-mêmes être des fonctions de la variable indépendante t. **Cherchons** sa dérivée. Pour cela, nous donnerons à t un petit accroissement Δt; u, v, w éprouveront de petits accroissements simultanés $\Delta u, \Delta v, \Delta w$ et y éprouvera l'accroissement $\Delta y = f(u+\Delta u, v+\Delta v, w+\Delta w) - f(u, v, w)$.

Arrangeons-nous de manière à dédoubler le second membre en plusieurs parties, dont chacune soit une différence obtenue en ne faisant varier qu'une variable à la fois. A cet effet, présentons le second membre comme il suit, en ajoutant et retranchant successivement des termes qui s'entre-détruisent: $\Delta y = \left[f(u+\Delta u, v+\Delta v, w+\Delta w) - f(u, v+\Delta v, w+\Delta w)\right] + \left[f(u, v+\Delta v, w+\Delta w) - f(u, v, w+\Delta w)\right] + \left[f(u, v, w+\Delta w) - f(u, v, w)\right]$.

L'expression est dédoublée en une série de différences où il n'y a qu'une variable qui change*. Considérons la première de ces différences partielles crochets, **savoir**, $f(u+\Delta u, v+\Delta v, w+\Delta w) - f(u, v+\Delta v, w+\Delta w)$; elle est obtenue en faisant croître la première des trois variables de Δu, mais en laissant les deux autres variables égales, à $v+\Delta v$ et à $w+\Delta w$. Si l'on divisait cette différence par Δu et qu'on fît tendre Δu vers zéro, le rapport tendrait vers la dérivée de f obtenue en ne faisant varier que u. Cette dérivée se représente par f'_u et l'on met à la suite, entre parenthèses, les valeurs actuelles des variables dont elle dépend: donc, elle s'écrirait $f'_u(u, v, w)$ si les variables avaient les valeurs u, v, w; mais, comme les deux dernières de celles-ci y ont pour valeurs $v+\Delta v$, $w+\Delta w$, elle s'écrit $f'_u(u, v+\Delta v, w+\Delta w)$. Δu n'étant pas nul, mais très-petit, le rapport considéré diffère de la dérivée, d'une quantité ε qui s'annulerait en même temps que Δu, et il a pour expression $f'_u(u, v+\Delta v, w+\Delta w) + \varepsilon$. En faisant évanouir le dénominateur Δu, on trouve que la première des quantités entre crochets est égale à $\left[f'_u(u, v+\Delta v, w+\Delta w) + \varepsilon\right]\Delta u$. De la même manière, la seconde des quantités entre crochets est de la forme $\left[f'_v(u, v, w+\Delta w) + \varepsilon'\right]\Delta v$, en appelant f'_v la dérivée de la fonction prise en n'y faisant varier que la seconde variable v, et ε' une quantité qui tend vers zéro en même temps que Δv. De même, la troisième des expressions entre crochets sera de la forme $\left[f'_w(u, v, w) + \varepsilon''\right]\Delta w$.

---

* En d'autres termes, on fait croître d'abord w seul, en sorte que f augmente de $f(u, v, w+\Delta w) - f(u, v, w)$; puis, w ayant ainsi acquis sa nouvelle valeur $w+\Delta w$, on fait varier v à son tour, ce qui donne à f le nouvel accroissement $f(u, v+\Delta v, w+\Delta w) - f(u, v, w+\Delta w)$; et ainsi de suite.

En tout, nous aurons

$$\Delta y = [f'_u(u, v+\Delta v, w+\Delta w) + \mathcal{E}]\Delta u + [f'_v(u, v, w+\Delta w) + \mathcal{E}']\Delta v + [f'_w(u, v, w) + \mathcal{E}'']\Delta w$$

Or, observons que f'_u, f'_v, f'_w sont généralement continues comme la fonction f. Donc, si, dans la première de ces fonctions dérivées, on réduisait $v+\Delta v$, $w+\Delta w$ à v et w, la fonction f'_u ne varierait que d'une très-petite quantité. Par suite, la première expression entre crochets de la nouvelle formule peut s'écrire $f'_u(u,v,w) + \mathcal{E}_1$, $\mathcal{E}_1$ désignant l'erreur ainsi commise augmentée de l'$\mathcal{E}$ primitif, c'est-à-dire, en somme, une quantité qui tend vers zéro en même temps que Δu, Δv et Δw. Nous aurons des expressions analogues pour les deux dernières quantités entre crochets, et, en définitive, il viendra :

$$\Delta y = \left(f'_u(u,v,w) + \mathcal{E}_1\right)\Delta u + \left(f'_v(u,v,w) + \mathcal{E}_2\right)\Delta v + \left(f'_w(u,v,w) + \mathcal{E}_3\right)\Delta w.$$

Concevons qu'on ne veuille calculer les différences que pour les faire tendre vers zéro et ne rechercher que les résultats des calculs à la limite. Alors les quantités $\mathcal{E}$ disparaissent en comparaison des fonctions f'_u, f'_v, f'_w et, du même coup, les différences deviennent des différentielles : il faut effacer tous les $\mathcal{E}$ et remplacer les Δ par des d. On aura donc :

$$dy = f'_u(u,v,w)\,du + f'_v(u,v,w)\,dv + f'_w(u,v,w)\,dw\,;$$

c'est-à-dire que la différentielle d'une fonction composée s'obtient en multipliant la différentielle de chaque variable par la dérivée de la fonction prise en ne faisant changer que cette variable, puis en ajoutant tous les termes ainsi obtenus. Si l'on divise la formule par la différentielle de la variable indépendante, on aura la dérivée $\frac{dy}{dt} = f'_u(u,v,w)\frac{du}{dt} + f'_v(u,v,w)\frac{dv}{dt} + f'_w(u,v,w)\frac{dw}{dt}$.

Comme $\frac{dy}{dt}$, $\frac{du}{dt}$, $\frac{dv}{dt}$, $\frac{dw}{dt}$ sont les dérivées des fonctions y, u, v, w, on peut les écrire y', u', v', w' et la formule devient $y' = f'_u(u,v,w)\,u' + f'_v(u,v,w)\,v' + f'_w(u,v,w)\,w'$. Ainsi, la dérivée d'une fonction composée est la somme des produits obtenus en multipliant chacune des dérivées partielles de la fonction par la dérivée de la variable correspondante.

Les dérivées partielles f'_u, f'_v, f'_w de la fonction f peuvent s'écrire encore $\frac{df}{du}$, $\frac{df}{dv}$, $\frac{df}{dw}$, si l'on convient que les divers accroissements infiniment petits df, qui paraissent ici en numérateur, soient obtenus en ne faisant varier qu'une seule des variables u, v ou w, savoir, celle dont la différentielle se trouve au dénominateur correspondant. Avec ces notations, la dérivée dy s'exprimera ainsi

$$\frac{dy}{dt} \text{ ou } \frac{df}{dt} = \frac{df}{du}\frac{du}{dt} + \frac{df}{dv}\frac{dv}{dt} + \frac{df}{dw}\frac{dw}{dt}.$$

14 — Emploi des formules précédentes dans les calculs d'approximation.

Les formules établies pour les fonctions de fonctions et les fonctions composées s'emploient très-souvent dans les calculs d'Approximation où l'on a à considérer de petites différences. Il peut arriver en effet que ces différences, tout en étant finies, soient assez faibles pour que les quantités désignées plus haut par $\varepsilon_1, \varepsilon_2$ etc. se trouvent inappréciables à côté de celles qui les précèdent, et pour qu'il soit permis ainsi de les supprimer sans erreur sensible. Alors les expressions de Δy calculées plus haut, $\Delta y = \left[f'(x) + \varepsilon\right] \Delta x$ et $\Delta y = \left[f'_u + \varepsilon_2\right] \Delta u + \left[f'_v + \varepsilon_3\right] \Delta v + \left[f'_w + \varepsilon_3\right] \Delta w$, se réduisent à $\Delta y = f'(x)\, \Delta x$ et à $\Delta y = f'_u\, \Delta u + f'_v\, \Delta v + f'_w\, \Delta w$.

On peut donc énoncer les principes suivants, très utiles dans les applications des mathématiques.

1° Quand une fonction y dépend d'une seule variable et que celle-ci n'éprouve que de petites variations Δx aux environs d'une valeur fixe x, les variations Δy qu'éprouve en même temps la fonction sont sensiblement proportionnelles à celles de la variable; autrement dit, la fonction peut être regardée comme étant du premier degré par rapport à sa vraie variable, qui est Δx au point de vue où nous nous plaçons. On rend la même idée, en disant que c'est une fonction linéaire, ou qui varie linéairement; car le mot linéaire signifie du premier degré. C'est ce principe qu'on applique dans les calculs dits des parties proportionnelles, tels que ceux de logarithmes non compris dans les tables ou ceux d'approximation des Racines d'une Équation (Méthode de double fausse position ou des Différences).

2° Quand une fonction y dépend de plusieurs variables et que celles-ci ne reçoivent que de petites variations $\Delta u, \Delta v, \Delta w$ aux environs de valeurs fixes u, v, w, les petites variations Δy qu'éprouve en même temps la fonction s'expriment linéairement, c'est-à-dire se décomposent en termes dont chacun ne dépend que d'une des petites variables $\Delta u, \Delta v, \Delta w$ et lui est proportionnel.

15 Application des principes précédents à la différentiation de fonctions quelconques

Au moyen des principes précédents et de quelques règles que l'on a apprises en Mathématiques spéciales, on peut évidemment différentier toutes les fonctions qui s'obtiennent par des combinaisons plus ou moins complexes des fonctions simples déjà étudiées. Beaucoup de règles même qui ont été démontrées directement n'en sont que des applications. Soit, par exemple, à différentier le produit $u\,v\,w$. D'après la règle de différentiation des fonctions composées, il faudra chercher ce que serait la dérivée si on ne faisait varier qu'une seule variable à la fois. La dérivée par rapport à u, en assimilant le produit $v\,w$ à un facteur constant, serait $v\,w$; la règle nous dit qu'il faut la multiplier par la dérivée de u, ce qui donne le terme $(v\,w)\,u'$. En faisant de même varier successivement v et w, nous obtiendrons les termes $(w\,u)\,v'$, $(v\,u)\,w'$. La règle donne donc $y' = v\,w\,u' + w\,u\,v' + u\,v\,w'$, résultat que l'on connaissait.

Soit encore à différentier l'expression $y = \frac{u}{v}$, qui est le produit $y = u\,v^{-1}$. Faisons varier u, il vient $v^{-1}u'$. Faisons maintenant varier v en regardant u comme une constante: la dérivée de v^{-1} est $-1\,v^{-2}v'$ et, comme il faut la multiplier par u, il viendra $-\,u\,v^{-2}v'$. Donc

$$y' = v^{-1}u' - u\,v^{-2}\,v' = \frac{u'}{v} - \frac{uv'}{v^2},$$

ou bien $y' = \frac{vu' - uv'}{v^2}$, résultat également déjà connu.

Prenons, comme autre exemple, l'expression $y = u^v$, u et v étant des fonctions de x. Faisons varier u en assimilant v à une constante: l'expression sera de la forme u^m, dont la dérivée est $m\,u^{m-1}\,u'$; en mettant v à la place de m, il vient $v\,u^{v-1}\,u'$. D'autre part, faisant varier v, on a à différentier une exponentielle, ce qui donne $u^v \log u$, et il faut multiplier par v': $(u^v \log u)\,v'$. Donc $y' = v\,u^{v-1}\,u' + (u^v \log u)\,v'$. Comme cas particulier supposons que l'on ait $u = x$, et $x' = 1$; alors $y = x^x$ et $y' = x\,x^{x-1} + x^x \log x$ $= x^x(1 + \log x)$.

16 Application, en particulier, à la différentiation d'une fonction implicite

On appelle fonctions implicites des fonctions définies au moyen d'équations non résolues. Par exemple, y est fonction implicite de x quand la relation entre x et y est de la forme $f(x, y) = 0$. Le premier membre f étant une fonction composée, sa différentielle sera $f'_x\,dx + f'_y\,dy$ ou $\frac{df}{dx}dx + \frac{df}{dy}dy$

et, sa dérivée, $\frac{df}{dx} + \frac{df}{dy}\,\frac{dy}{dx}$ ou $\frac{df}{dx} + \frac{df}{dy}\,y'$.

Or, par hypothèse, y reçoit, pour chaque valeur de x, une valeur telle, que la fonction f reste constamment nulle ; sa dérivée est donc nulle aussi et l'on a $\frac{df}{dx} + \frac{df}{dy}\,y' = 0$; d'où l'on tire.

$$y' = -\frac{\frac{df}{dx}}{\frac{df}{dy}} = -\frac{f'_x}{f'_y}.$$

On voit qu'il n'est pas besoin de connaître y en fonction explicite de x pour pouvoir calculer sa dérivée y' ; seulement, l'expression que l'on trouve alors pour celle-ci contient en général x et y : y' n'est donc pas exprimée en fonction de x tout seul, comme il arriverait si la fonction y était explicite.

Appliquons cette règle au calcul du coëfficient angulaire de la tangente à l'Ellipse. Il nous faudra différentier l'équation $\frac{x^2}{a^2} + \frac{y^2}{b^2} - 1 = 0$. Il vient $\frac{2x}{a^2} + \frac{2yy'}{b^2} = 0$; d'où $y' = -\frac{b^2x}{a^2y}$.

17 — Extension au cas de plusieurs fonctions implicites simultanées

La même règle s'étend au cas de plusieurs fonctions implicites d'une variable indépendante. Soient y, z deux fonctions de x définies par deux Équations non résolues $f(x, y, z) = 0$, $\varphi(x, y, z) = 0$. Les valeurs de y et z en fonction de x se trouveraient en résolvant le système de ces deux équations, où y et z seraient les deux Inconnues. Mais cette résolution n'est pas immédiatement nécessaire pour trouver les dérivées y' ou z'. En effet, y et z variant de manière que les fonctions f et φ restent constantes, les dérivées de **celles-ci** sont constamment nulles. Or l'expression de ces dérivées est $\frac{df}{dx} + \frac{df}{dy}\,y' + \frac{df}{dz}\,z'$ et $\frac{d\varphi}{dx} + \frac{d\varphi}{dy}\,y' + \frac{d\varphi}{dz}\,z'$. En les égalant à zéro, on aura, pour déterminer y' et z', deux équations du premier degré. Donc, quand des fonctions d'une variable sont définies par autant d'Équations non résolues qu'il y a de fonctions, les dérivées de ces fonctions s'obtiennent, quelque compliquées que soient les Équations données, en résolvant un simple système d'Équations du premier degré. On trouve par suite sans radical (ou du moins sans nouveaux radicaux si les fonctions f et φ en contenaient déjà), les valeurs des dérivées; seulement, comme il entre dans leurs expressions les dérivées partielles des premiers Membres des Équations par rapport aux diverses variables qui y paraissent, on n'obtiendra pas les dérivées cherchées en fonction de la variable indépendante x seule, mais aussi en fonction de y et z.

18 Application aux Fonctions Inverses

Parmi les fonctions implicites les plus importantes, se trouvent les fonctions inverses. Soit l'expression $x = \varphi(y)$ ou l'équation $x - \varphi(y) = 0$. Dans ce cas, x est une certaine fonction φ de y; mais y est, par le fait même, une autre fonction déterminée de x, puisqu'aux diverses valeurs de x il en correspond certaines de y: c'est cette seconde fonction, exprimant y en x, qui est dite la fonction inverse de φ. Cela posé, différentions l'Équation $x - \varphi(y) = 0$; il vient $1 - \varphi'(y)\frac{dy}{dx} = 0$, d'où $\frac{dy}{dx} = \frac{1}{\varphi'(y)}$ ou $y' = \frac{1}{\varphi'(y)}$.
La dérivée de la fonction inverse est donc le quotient de l'unité par la dérivée $\varphi'(y)$ de la fonction proposée ou directe $x = \varphi(y)$. En d'autres termes, quand deux fonctions sont inverses l'une de l'autre, la dérivée de chacune d'elles est égale à l'unité divisée par la dérivée de l'autre, ou elle est, comme on dit, l'inverse de la dérivée de l'autre. Ainsi, le produit de la dérivée d'une fonction par la dérivée de la fonction inverse vaut l'unité: c'est ce qu'exprime d'ailleurs l'identité $\frac{dx}{dy} \cdot \frac{dy}{dx} = 1$.
On a appliqué cette règle, en mathématiques spéciales, pour les fonctions $\log x$, arc $\sin x$, arc $\cos x$, arc $\mathrm{tg}\, x$, qui sont les inverses des fonctions e^x ou a^x, $\sin x$, $\cos x$, $\mathrm{tang}\, x$.

3ième Leçon — Propriétés générales de la Dérivée. — Des Dérivées d'ordre supérieur.

19 — Propriétés Générales de la Dérivée.

Maintenant que nous savons calculer la dérivée de toutes les fonctions d'une variable qui se présenteront dans ce cours, rappelons les propriétés générales de la dérivée.

Soit $y = f(x)$ une fonction de x. Si l'on donne à cette variable x un petit accroissement, Δx, positif ou négatif, et qu'on appelle Δy l'accroissement simultané de y, on aura

$$\Delta y = \left[f'(x) + \varepsilon \right] \Delta x .$$

Supposons que, dans un certain intervalle, c'est-à-dire quand x croît depuis une certaine valeur a ou x_0 jusqu'à une autre valeur b, la dérivée $f'(x)$ conserve le même signe sans s'annuler. On pourra, à partir de toute valeur x intermédiaire, prendre les Δx assez petits pour que ε, qui tend vers zéro, soit plus petit en valeur absolue que $f'(x)$. Alors Δy aura le même signe que $f'(x)\,\Delta x$, c'est-à-dire même signe que Δx, si $f'(x)$ est > 0, et signe contraire, si $f'(x)$ est < 0. Donc une fonction varie dans le même sens que sa variable, à l'intérieur de tout intervalle où sa dérivée est constamment positive; elle varie en sens contraire, si la dérivée est négative (c'est-à-dire qu'alors la fonction diminue quand sa variable grandit).

Supposons maintenant que la dérivée $f'(x)$ soit constamment nulle quand x varie depuis x_0 ou a jusqu'à la valeur x considérée. Insérons entre x_0 et x un grand nombre de valeurs intermédiaires $x_1, x_2, \ldots x_{n-1}$, très voisines les unes des autres et croissant ainsi depuis x_0 ou a jusqu'à la dernière valeur considérée x, qu'on peut aussi appeler x_n (puisqu'elle vient, dans la série, après x_{n-1}). Quand x variera de x_0 à x_1, en croissant ainsi de $x_1 - x_0 = \Delta x_0$, la fonction éprouvera un certain accroissement Δy_0, et la formule générale rappelée tout à l'heure deviendra, à cause de $f'(x) = 0$,

$$\Delta y_0 = \mathcal{E}_0 \, \Delta x_0,$$

$\mathcal{E}_0$ désignant la valeur de $\mathcal{E}$ pour $x = x_0$. De même, pour x croissant de x_1 à x_2, on aura

$$\Delta y_1 = \mathcal{E}_1 \, \Delta x_1;$$

et ainsi de suite, jusqu'à

$$\Delta y_{n-1} = \mathcal{E}_{n-1} \, \Delta x_{n-1}.$$

Faisons la somme de toutes ces égalités, en observant que $\Delta y_0 + \Delta y_1 + \cdots + \Delta y_{n-1}$ est l'accroissement total $y - y_0$ éprouvé par y. Il viendra

$$y - y_0 = \mathcal{E}_0 \, \Delta x_0 + \mathcal{E}_1 \, \Delta x_1 + \cdots + \mathcal{E}_{n-1} \, \Delta x_{n-1}.$$

Le second membre est évidemment plus petit, en valeur absolue, que ce qu'il devient quand on y remplace les quantités très petites $\mathcal{E}$ par la plus grande d'entr'elles, que j'appellerai $\mathcal{E}m$. Il vient donc

$$y - y_0 < \mathcal{E}m \, (\Delta x_0 + \Delta x_1 \cdots\cdots + \Delta x_{n-1}) \quad \text{(en valeur absolue)}.$$

Or, la somme des accroissements successifs Δx est l'accroissement total $x - x_0$ de la variable. Ainsi l'inégalité devient

$$y - y_0 < \mathcal{E}m \, (x - x_0).$$

Mais le second membre tend vers zéro à mesure que l'on rapproche les intervalles et que, par suite, $\mathcal{E}m$ décroît de plus en plus; tandis que le facteur $x - x_0$ reste le même. La différence $y - y_0$, qui ne dépend pas du degré de rapprochement des intervalles, se trouvant ainsi plus petite qu'un nombre qui tend vers zéro, est forcément nulle, et l'on a $y = y_0$, c'est-à-dire que la fonction conserve sa valeur primitive ou initiale y_0. Donc, quand la dérivée d'une fonction s'annule d'une manière continue à l'intérieur d'un certain intervalle, cette fonction reste constante dans le même intervalle.

Il suit de là qu'une fonction qui varie dans le même sens que sa variable a sa dérivée positive et susceptible, tout au plus, de s'annuler pour des valeurs isolées (en nombre fini) de sa variable. En effet, si cette dérivée pouvait, ou devenir négative, ou s'annuler d'une manière continue, la fonction, à ces moments, varierait en sens contraire de sa variable ou du moins se maintiendrait constante ; ce qui est contre l'hypothèse. De même, toutes les fois qu'une fonction varie, dans un certain intervalle, en sens inverse de sa variable, on peut affirmer que sa dérivée y est négative, en s'annulant tout au plus pour des valeurs isolées de la variable.

On déduit encore du théorème précédent que, lorsque deux fonctions ont continuellement la même dérivée, leur différence est constante.

En effet, cette différence des deux fonctions a pour dérivée la différence, supposée nulle, de leurs dérivées, en sorte qu'elle se réduit nécessairement à une quantité constante d'après le théorème énoncé.

20 — Des Dérivées d'ordre supérieur, seconde, troisième, etc.

Quand on a considéré la fonction y d'une variable x (indépendante ou non), on lui a trouvé pour dérivée $\frac{dy}{dx}$ une nouvelle fonction, $f'(x)$, de x. Supposons de même que celle-ci soit continue et admette une dérivée, que nous appellerons y'' ou $f''(x)$: cette dérivée de $f'(x)$ prendra le nom de dérivée seconde de la fonction $f(x)$ ou y. Elle sera une autre fonction de x, ayant elle-même sa dérivée, $f'''(x)$ ou y''', qu'on appelle la dérivée troisième de $f(x)$; et ainsi de suite.

Prenons, comme exemple, la fonction rationnelle et entière $y = A_0 x^m + A_1 x^{m-1} + \dots$ dont la dérivée est $y' = m A_0 x^{m-1} + (m-1) A_1 x^{m-2} +$ etc.... Celle-ci étant encore fonction de x, si on la différentie, il viendra

$$y'' = m(m-1) A_0 x^{m-2} + (m-1)(m-2) A_1 x^{m-3} + \dots\dots$$

On voit qu'à chaque différentiation nouvelle, le degré du résultat s'abaisse d'une unité. Aussi l'expression de la dérivée $m^{ième}$, $y^{(m)}$, se réduit-elle à la quantité constante $y^{(m)} = 1.2.3.4 \ldots\ldots m \times A_0$. Donc, <u>la dérivée $m^{\text{ième}}$ d'une fonction entière de degré m est constante.</u>

Soit encore la fonction $y = e^x$. On sait qu'elle se reproduit par la différentiation. On aura donc $y = e^x$, $y' = e^x$, $y'' = e^x$, etc....

Posons enfin $y = \sin x$. Quatre différentiations consécutives donneront

$$y = \sin x,\quad y' = \cos x,\quad y'' = -\sin x,\quad y''' = -\cos x,\quad y^{IV} = \sin x.$$

La dérivée quatrième ne différant pas de la fonction proposée, les dérivées se reproduiront périodiquement à partir de la suivante. Si on ne considérait pas les signes, mais seulement les valeurs absolues, la reproduction se ferait même de deux en deux dérivées. Les mêmes circonstances se présentent pour la fonction $\cos x$.

21 — Expression générale de ces dérivées.

Si l'on veut se dispenser d'employer les notations $f(x), f'(x), f''(x)$, etc..., on pourra exprimer les dérivées sous forme de quotients d'accroissement infiniment petits simultanés. Soit y une fonction quelconque de x, variable <u>indépendante ou dépendante</u>. La dérivée première de y par rapport à x s'écrit, comme nous savons, $\frac{dy}{dx}$, et elle est une nouvelle fonction de x. Par suite, si, dans cette expression, on fait croître x d'une quantité infiniment petite dx, la fonction s'accroîtra de sa différentielle $d\frac{dy}{dx}$ et sa dérivée sera $\frac{d\frac{dy}{dx}}{dx}$, ou encore $\frac{d}{dx}\frac{dy}{dx}$. De même, la dérivée de cette dérivée, ou dérivée troisième de y, s'écrira $\frac{d\frac{d\frac{dy}{dx}}{dx}}{dx}$ ou, plus simplement, $\frac{d}{dx}\frac{d}{dx}\frac{dy}{dx}$.

Ces notations deviennent bientôt incommodes, à cause des signes trop nombreux de fractions. Aussi a-t-on cherché à les simplifier, en trouvant du même coup aux dérivées d'ordre supérieur un sens nouveau qui les rattache plus directement à la fonction proposée y ou $f(x)$.

Nous allons voir comment on y est parvenu.

22 — Différences et différentielles d'ordre supérieur.

Nous supposerons que x soit une variable indépendante, recevant successivement de petits accroissements Δx <u>tous égaux entre eux</u>, en sorte que la différence Δx égale une quantité toujours la même quelle que soit la valeur de x d'où l'on part. Nous avons vu qu'alors, en appelant $y = f(x)$ la fonction, sa petite différence Δy a pour expression $\Delta y = [f'(x) + \mathcal{E}]\, \Delta x$, où $\mathcal{E}$ désigne une fonction de x et de Δx qui, pour toutes les valeurs de x, s'annulerait si on faisait $\Delta x = 0$. La valeur de Δy se trouve être ainsi une fonction déterminée de x et de Δx; mais, comme Δx est supposé le même pour toutes les valeurs de x, on peut la regarder en ce moment comme ne dépendant que de x. C'est donc une nouvelle fonction de x, pareille à $f(x)$ et à laquelle on peut appliquer ce que nous avons dit de $f(x)$. Nous pourrons donc, en y donnant à x l'accroissement Δx, prendre sa propre différence. Cette différence de Δy s'écrira $\Delta\Delta y$ ou, par abréviation, $\Delta^2 y$, en représentant par la <u>puissance symbolique</u> Δ^2 la répétition $\Delta\Delta$. Cette différence est dite la <u>différence seconde</u> de la fonction y.

Cherchons-lui une expression où entre $f''(x)$. Comme Δy est le produit du facteur constant Δx par $f'(x) + \mathcal{E}$, si l'on fait croître x de Δx, l'accroisement de Δy égalera le produit du facteur Δx constant par l'accroissement qu'éprouvera le facteur variable, accroissement qui sera la somme des deux accroissements respectifs, $\Delta f'(x)$ et $\Delta \mathcal{E}$, éprouvés par ses deux termes. Nous aurons donc

$$\Delta^2 y = [\Delta f'(x) + \Delta \mathcal{E}]\, \Delta x.$$

Cela posé, $f'(x)$ étant fonction de x, on aura évidemment pour sa différence $\Delta f'(x)$, en observant que $f''(x)$ est la dérivée de $f'(x)$ et appelant $\mathcal{E}_1$ une fonction qui s'annulerait si Δx se réduisait à zéro,

$$\Delta f'(x) = [f''(x) + \mathcal{E}_1]\, \Delta x.$$

On aura de même

$$\Delta \mathcal{E} = \left[\frac{d\mathcal{E}}{dx} + \mathcal{E}'\right] \Delta x,$$

en appelant $\mathcal{E}'$ une autre fonction tendant vers zéro en même temps que Δx. Si nous portons ces valeurs dans la formule de $\Delta^2 y$, il vient

$$\Delta^2 y = \left[f''(x) + \mathcal{E}_1 + \frac{d\mathcal{E}}{dx} + \mathcal{E}'\right] (\Delta x)^2.$$

Considérons, dans celle-ci, le terme $\frac{d\mathcal{E}}{dx}$. Comme $\mathcal{E}$ est une fonction de x et de Δx qui s'annulerait, pour toutes les valeurs de x, si on faisait $\Delta x = 0$, sa dérivée $\frac{d\mathcal{E}}{dx}$ serait nulle identiquement dans ce cas. Ainsi, et vu la continuité que nous admettons dans nos fonctions, cette dérivée $\frac{d\mathcal{E}}{dx}$ est une fonction de x et de Δx qui tend vers zéro, de même que $\mathcal{E}_1$ et $\mathcal{E}'$, quand Δx est pris de plus en plus petit. La somme $\mathcal{E}_1 + \frac{d\mathcal{E}}{dx} + \mathcal{E}'$ est donc une nouvelle fonction de x et de Δx s'annulant pour $\Delta x = 0$. Appelons-la $\mathcal{E}_2$, et nous aurons la formule cherchée

$$\Delta^2 y = \left[f''(x) + \mathcal{E}_2 \right] (\Delta x)^2.$$

Cette expression de la différence seconde $\Delta^2 y$ est elle-même une certaine fonction de x. On peut lui appliquer ce que nous avons dit de Δy, c'est-à-dire en prendre la différence, $\Delta \Delta^2 y$ ou $\Delta^3 y$, qui sera dite différence troisième de y. Sa valeur égale le produit du facteur constant $(\Delta x)^2$ par l'accroissement qu'éprouve le facteur variable, $f''(x) + \mathcal{E}_2$, lorsqu'on y fait croître x de Δx. On a donc

$$\Delta^3 y = \left[\Delta f''(x) + \Delta \mathcal{E}_2 \right] (\Delta x)^2.$$

Nous pouvons appliquer à $\Delta f''(x) + \Delta \mathcal{E}_2$ le même raisonnement qu'à $\Delta f'(x) + \Delta \mathcal{E}$, et, en appelant $\mathcal{E}_3$ une nouvelle fonction de x et de Δx s'annulant en même temps que Δx, nous aurons

$$\Delta^3 y = \left[f'''(x) + \mathcal{E}_3 \right] (\Delta x)^3.$$

On continuera de même jusqu'à la différence $n^{\text{ième}}$.

$$\Delta^n y = \left[f^{(n)}(x) + \mathcal{E}_n \right] (\Delta x)^n.$$

Or, de cette formule générale on tire

$$f^{(n)}(x) + \mathcal{E}_n = \frac{\Delta^n y}{(\Delta x)^n}.$$

Si l'on suppose maintenant que l'accroissement Δx soit pris de plus en plus petit tout en étant le même pour toutes les valeurs successives de x, $\mathcal{E}_n$ tendra vers zéro, et il viendra

$$f^{(n)}(x) = \lim \frac{\Delta^n y}{(\Delta x)^n}.$$

On peut donc énoncer la loi suivante: La dérivée $n^{\text{ième}}$ d'une fonction d'une variable indépendante est la limite vers laquelle tend le rapport de la différence $n^{\text{ième}}$ de cette fonction à la puissance $n^{\text{ième}}$ de la différence constante de la variable indépendante, quand cette dernière différence tend vers zéro.

Nous savons que les différences très-petites que l'on n'introduit dans le calcul que pour les faire tendre vers zéro s'appellent des différentielles, et que l'intention où l'on est de ne considérer que les limites des résultats s'exprime en mettant la caractéristique d à la place de la caractéristique Δ. La formule précédente s'écrira donc encore

$$f^{(n)}(x) = \frac{d^n y}{dx^n}, \text{ ou } y^{(n)} = \frac{d^n y}{d x^n}.$$

Donc, la dérivée $n^{\text{ième}}$ d'une fonction d'une variable indépendante est le quotient de la différentielle $n^{\text{ième}}$ de cette fonction par la puissance $n^{\text{ème}}$ de la différentielle (constante) de la variable indépendante.

Il suit de là que les dérivées seconde, troisième, etc, pourront s'écrire, plus simplement que nous ne l'avons fait au numéro précédent, au moyen des fractions $\frac{d^2 y}{dx^2}$, $\frac{d^3 y}{dx^3}$, etc.

27. – Emploi des différences d'ordre supérieur dans les calculs d'approximation.

Si la différence constante Δx ne tend pas vers zéro mais est cependant fort petite, les quantités $\varepsilon, \varepsilon_2, \ldots \varepsilon_n$ deviendront négligeables à côté des dérivées $f'(x), f''(x), \ldots f^{(n)}(x)$, qui sont généralement finies; et l'on voit que la différence $n^{\text{ième}}$, réduite sensiblement à $f^{(n)}(x)(\Delta x)^n$, sera comparable à $(\Delta x)^n$, c'est-à-dire du $n^{\text{ième}}$ ordre de petitesse par rapport à Δx. Les différences successives seront donc des quantités presque insensibles les unes par rapport aux autres; et, si l'on ne considère les valeurs de la fonction que dans une étendue restreinte, de manière à n'avoir pas à faire des additions d'un nombre trop grand de différences successives, on pourra négliger toutes celles qui se trouveront d'un ordre assez élevé. En d'autres termes, il y aura une différence d'un certain ordre qui pourra être supposée constante dans les limites considérées, et celles d'un ordre supérieur seront réputées nulles. Il faudrait des fonctions variant bien rapidement pour que de telles simplifications ne fussent pas permises dans les calculs d'approximation.

4ème Leçon - Dérivées partielles et totales des fonctions composées.

24 - Dérivées partielles de divers ordres et différentielles correspondantes des fonctions composées.

Soit une fonction composée, $f(u, v, w)$, de plusieurs variables u, v, w. Nous avons vu ce qu'on entend par les dérivées partielles premières de cette fonction : l'une est, par exemple,

$$f'_u(u, v, w) = \text{limite de } \frac{f(u + \Delta u, v, w) - f(u, v, w)}{\Delta u}.$$

et nous l'avons mise encore sous la forme $\frac{df}{du}$: La différence partielle correspondante de la fonction s'écrit $\Delta_u y$; elle est l'expression abrégée de l'accroissement $f(u + \Delta u, v, w) - f(u, v, w)$, et peut s'écrire aussi.

$$(1) \quad \Delta_u y = \left[f'_u(u, v, w) + \varepsilon \right] \Delta u.$$

La dérivée première $f'_u(u, v, w)$ étant elle-même une fonction de u, v, w, on peut en prendre la dérivée partielle, soit par rapport à u, soit par rapport à v, soit par rapport à w. Ces trois nouvelles dérivées partielles sont dites des dérivées partielles secondes de la fonction $f(u, v, w)$ et s'écrivent

$$f''_{u,u}(u, v, w), \; f''_{u,v}(u, v, w), \; f''_{u,w}(u, v, w).$$

Cherchons comment on pourrait les regarder comme des quotients de différentielles. Supposons qu'on donne aux accroissements $\Delta u, \Delta v, \Delta w$ des valeurs constantes quelles que soient les valeurs des variables u, v, w. Alors l'expression (1) de $\Delta_u y$ sera le produit du facteur constant Δu par le facteur variable écrit entre parenthèses. Si l'on y fait grandir v de Δv, on aura donc

$$(2)\quad \Delta_v \Delta_u y = \left[\Delta_v f'_u (u, v, w) + \Delta \mathcal{E} \right] \Delta u.$$

Or, évidemment, $\Delta_v f'_u (u, v, w) = \left[f''_{u,v} (u, v, w) + \mathcal{E}_1 \right] (\Delta v)$, $\mathcal{E}_1$ étant une fonction qui tend vers zéro en même temps que Δv. De même,

$$\Delta_v \mathcal{E} = \left[\frac{d \mathcal{E}}{d v} + \mathcal{E}' \right] (\Delta v),$$

où $\mathcal{E}'$ désigne une quantité analogue. Cherchons l'ordre de grandeur de la dérivée $\frac{d \mathcal{E}}{d v}$; $\mathcal{E}$ est une fonction, qui, pour $\Delta u = 0$, s'annulerait identiquement quel que fût v; sa dérivée par rapport à v serait donc nulle si on prenait $\Delta u = 0$. Ainsi $\frac{d \mathcal{E}}{d v}$ est, de même que $\mathcal{E}$, une fonction qui s'annule en même temps que Δu. D'ailleurs, comme $\mathcal{E}_1$ s'annule en même temps que Δv, la somme $\mathcal{E}_1 + \frac{d \mathcal{E}}{d v} + \mathcal{E}'$ sera une fonction qui s'annulerait en même temps que Δu et Δv. Si nous appelons $\mathcal{E}_2$ cette somme, la formule (2) deviendra aisément

$$(3)\quad \Delta_v \Delta_u y = \left[f''_{u,v} (u, v, w) + \mathcal{E}_2 \right] (\Delta v)(\Delta u).$$

Cette différence partielle seconde $\Delta_v \Delta_u y$ est aussi une fonction de u, v, w. On pourra donc en prendre la différence par rapport à u, à v ou à w. ce sera le produit de $(\Delta v)(\Delta u)$, facteur constant, par l'accroissement du facteur variable entre parenthèses. Si, par exemple, on fait croître w, on trouvera, par le même mode de raisonnement,

$$\Delta_w \Delta_v \Delta_u y = \left[f'''_{u,v,w} (u, v, w) + \mathcal{E}_3 \right] (\Delta u)(\Delta v)(\Delta w).$$

Divisons enfin l'égalité par $\Delta u \, \Delta v \, \Delta w$ et faisons tendre ces accroissements vers zéro; il viendra

$$(4)\quad f'''_{u,v,w} (u, v, w) = \lim \frac{\Delta_w \Delta_v \Delta_u y}{\Delta u \, \Delta v \, \Delta w}.$$

On peut donc énoncer le théorème suivant:

Une dérivée partielle d'ordre quelconque d'une fonction composée égale la limite vers laquelle tend le rapport de la différence partielle analogue de la fonction au produit des différences correspondantes (supposées constantes) des variables.

D'ailleurs, quand on a ainsi l'intention de passer à la limite, les différences deviennent des différentielles, et on met d au lieu de Δ dans leur expression. On écrira donc, au lieu de la formule (4),

$$(5)\qquad f'''_{u,v,w}(u,v,w) = \frac{d_w\, d_v\, d_u y}{du\, dv\, dw}.$$

Ainsi, les dérivées partielles des fonctions composées peuvent se noter au moyen de différentielles. On pourrait même effacer les indices u, v, w au numérateur, en convenant, par exemple, que la différentiation par rapport aux diverses variables doit se faire dans un ordre inverse de celui où se présentent les différentielles au dénominateur : alors, pour représenter $f'''_{u,v,w}$ ou $y'''_{u,v,w}$, on écrirait $\frac{d\,d\,d\,y}{dw\,dv\,du}$ ou, plus simplement, $\frac{d^3 y}{dw\,dv\,du}$. Mais nous allons voir qu'il n'est pas nécessaire de faire attention à l'ordre des différentiations.

25 Théorème sur la possibilité d'intervertir l'ordre des différentiations.

Une dérivée partielle quelconque conserve la même valeur, quel que soit l'ordre dans lequel se font les différentiations qui s'y trouvent indiquées par rapport aux diverses variables. – Démontrons d'abord ce théorème pour le cas où l'on n'effectue que deux différentiations. Je dis qu'on aura, par exemple,

$$f''_{u,v}(u,v) = f''_{v,u}(u,v).$$

Prouvons, pour cela, que $\Delta_v \Delta_u y = \Delta_u \Delta_v y$. En effet $\Delta_u y$ désignant l'accroissement $f(u+\Delta u, v) - f(u,v)$, sa différence par rapport à v s'obtient en y faisant croître v de Δv et cherchant de combien grandit cette expression. Il vient ainsi :

$$\Delta_v \Delta_u y = \left[f(u+\Delta u, v+\Delta v) - f(u, v+\Delta v)\right] - \left[f(u+\Delta u, v) - f(u,v)\right]$$
$$= f(u+\Delta u, v+\Delta v) - f(u, v+\Delta v) - f(u+\Delta u, v) + f(u,v).$$

Or, si nous avions fait croître V d'abord, puis u, nous aurions trouvé de même, par une raison évidente de symétrie,

$$\Delta_u \Delta_v y = f(u+\Delta u, v+\Delta v) - f(u+\Delta u, v) - f(u, v+\Delta v) + f(u,v).$$

Donc, les expressions de $\Delta_u \Delta_v y$ et de $\Delta_v \Delta_u y$ ne diffèrent que par la place qu'y occupent le deuxième et le troisième terme, en sorte qu'on a

$$\Delta_u \Delta_v y = \Delta_v \Delta_u y, \text{ et, par suite, } \frac{\Delta_v \Delta_u y}{\Delta v\, \Delta u} = \frac{\Delta_u \Delta_v y}{\Delta u\, \Delta v}.$$

Si l'on fait tendre $\Delta u, \Delta v$ vers zéro, il vient donc

$$\frac{d_v d_u y}{dv\, du} = \frac{d_u d_v y}{du\, dv} \text{ ou } \frac{d^2 y}{dv\, du} = \frac{d^2 y}{du\, dv}, \text{ ou encore } f''_{u,v}(u,v) = f''_{v,u}(u,v).$$

On passe aisément de ce cas à celui d'un nombre quelconque de différentiations. Considérons, par exemple, la dérivée $\frac{d^3 y}{du\, dv\, dw}$, qui signifie que l'on doit différentier y par rapport à w, le résultat par rapport à v et le nouveau résultat par rapport à u; je dis que la différentiation en w peut se faire, non plus la première, mais la seconde ou la troisième. En effet, l'expression $\frac{d^2y}{dv\,dw}$, dont on doit prendre finalement la dérivée par rapport à u, ne changera pas, comme on vient de voir, si on intervertit les deux différentiations en v et w: ce qui, au lieu de $\frac{d^3y}{du\,dv\,dw}$, donne $\frac{d^3y}{du\,dw\,dv}$. Ainsi, la différentiation par rapport à w peut se faire la deuxième et non la première. Mais je dis qu'on peut aussi ne l'effectuer que la troisième. En effet, l'expression $\frac{d^3y}{du\,dw\,dv}$ peut s'écrire $\frac{d^2}{du\,dw}\frac{dy}{dv}$ ou exprime qu'on doit prendre la dérivée seconde en w et u de la fonction $\frac{dy}{dv}$. Or, nous avons vu qu'on peut y intervertir l'ordre de du et dw; ce qui revient à prendre $\frac{d^2}{dw\,du}\frac{dy}{dv} = \frac{d^3y}{dw\,du\,dv}$. Comme on dirait de du et de dv ce que nous avons dit de dw, l'ordre des différentiations est bien indifférent.

On en profitera pour simplifier autant que possible l'expression des dérivées, en groupant ensemble, dans les dénominateurs, les différentielles qui y paraîtraient plusieurs fois. Ainsi, la dérivée $\frac{d^7y}{du\,dv\,du\,dw\,dw\,dw\,dw}$ s'écrira $\frac{d^7y}{du^2\,dv\,dw^4}$: elle se calculera en effectuant deux différentiations par rapport à u, une par rapport à v, quatre par rapport à w.

26. – Calcul des dérivées d'ordre supérieur d'une fonction composée.

Soit y une fonction $f(u, v, w)$, dans l'expression de laquelle entrent trois variables u, v, w dépendant elles-mêmes d'une variable indépendante x. On se propose de former des expressions qui représentent les dérivées d'ordre supérieur de la fonction y, quelle que soit la forme de la fonction $f(u, v, w)$.

Prenons la dérivée première qui sera, comme nous avons vu,

$\frac{dy}{dx} = u'\frac{df}{du} + v'\frac{df}{dv} + w'\frac{df}{dw}$, en appelant u', v', w' les dérivées premières de u, v, w par rapport à x. Pour exprimer que cette formule s'applique à toute fonction de u, v, w et non pas seulement à celle qu'on a appelée y ou f, on convient d'en effacer la lettre y ou f, pour en faire ce qu'on appelle une formule symbolique, c'est-à-dire l'expression d'un certain mode de calcul. Elle devient alors

$$\frac{d}{dx} = u'\frac{d}{du} + v'\frac{d}{dv} + w'\frac{d}{dw}.$$

La place de la fonction qu'on différentie est laissée en blanc, pour montrer qu'à cette place on peut inscrire n'importe quelle fonction de u, v, w.

Cela posé, observons que la dérivée première de y,

$u'\frac{df}{du}+v'\frac{df}{dv}+w'\frac{df}{dw}$, est, tout comme $f(u,v,w)$, une certaine fonction de u, v, w, vu qu'on peut toujours concevoir que u', v', w' y soient exprimés en fonction de u, v, w, c'est-à-dire en fonction des variables dont dépendent déjà les dérivées partielles $\frac{df}{du}$, $\frac{df}{dv}$, $\frac{df}{dw}$. En effet, même dans le cas où u', v', w' seraient donnés directement en fonction de x, rien n'aurait empêché de compter x au nombre de l'une des variables appelées u, v, w; car u, v, w désignent des fonctions quelconques de x, fonctions dont la plus simple est x. En d'autres termes, si u', v', w' étaient donnés ~~en x seul, on concevrait~~ que l'une des variables u, v, w ne fût autre que x lui-même. Ainsi, l'expression trouvée pour la dérivée première $\frac{dy}{dx}$ est une certaine fonction de u, v, w, tout comme la fonction $f(u,v,w)$ elle-même. On pourra lui appliquer la règle de différentiation exprimée par la formule symbolique ci-dessus et il viendra, sous forme symbolique,

$$\frac{d^2y}{dx^2}=\left(u'\frac{d}{du}+v'\frac{d}{dv}+w'\frac{d}{dw}\right)\left(u'\frac{df}{du}+v'\frac{df}{dv}+w'\frac{df}{dw}\right).$$

Cette formule signifie qu'on devra prendre successivement la dérivée par rapport à u, la dérivée par rapport à v et la dérivée par rapport à w, de chacun des termes qui composent $\frac{dy}{dx}$, puis multiplier respectivement ces dérivées par u', v', w' et faire la somme.

Dans le développement des calculs, chaque terme différentié, $u'\frac{df}{du}$ par exemple, se dédouble en deux. Ainsi, quand on prend la dérivée de ce terme par rapport à u, il vient

$$\frac{d}{du}\left(u'\frac{dy}{du}\right)=u'\frac{d^2y}{du^2}+\frac{du'}{du}\frac{dy}{du}.$$

On aurait de même

$$\frac{d}{du}\left(v'\frac{dy}{dv}\right)=v'\frac{d^2y}{dv\,du}+\frac{dv'}{du}\frac{dy}{dv},$$

et ainsi de suite. Le développement de la dérivée seconde $\frac{d^2y}{dx^2}$ sera généralement long ; et voilà pourquoi il importe de bien comprendre les formules symboliques qui l'expriment sous une forme condensée.

Pour montrer que ce calcul d'une dérivée seconde n'a rien de particulier à y, mais s'appliquerait à toute fonction de u, v, w, on effacera y en écrivant

$$\frac{d^2}{dx^2} = \left(u'\frac{d}{du} + v'\frac{d}{dv} + w'\frac{d}{dw}\right)\left(u'\frac{d}{du} + v'\frac{d}{dv} + w'\frac{d}{dw}\right);$$

et, pour appliquer la formule à une fonction quelconque, y par exemple, on ajoute la lettre y après la dernière parenthèse, ainsi qu'il suit :

$$\frac{d^2y}{dx^2} = \left(u'\frac{d}{du} + v'\frac{d}{dv} + w'\frac{d}{dw}\right)\left(u'\frac{d}{du} + v'\frac{d}{dv} + w'\frac{d}{dw}\right) y.$$

D'après une remarque faite plus haut, u', v', w' étant des fonctions de u, v, w, leurs dérivées partielles seront aussi des fonctions de u, v, w. Donc, l'expression trouvée pour la dérivée seconde $\frac{d^2y}{dx^2}$ est elle même une fonction de u, v, w, qu'on pourra différentier encore par la même règle ; et l'on aura

$$\frac{d^3y}{dx^3} = \left(u'\frac{d}{du} + v'\frac{d}{dv} + w'\frac{d}{dw}\right)\left(u'\frac{d}{du} + v'\frac{d}{dv} + w'\frac{d}{dw}\right)\left(u'\frac{d}{du} + v'\frac{d}{dv} + w'\frac{d}{dw}\right) y.$$

Il en serait de même pour les dérivées quatrième, cinquième, etc..

5ème Leçon. — Dérivées d'ordre supérieur des fonctions composées de fonctions linéaires, des fonctions implicites, etc. — Changement de la variable indépendante.

27 — Cas où la fonction composée y dépend de fonctions linéaires de x.

Les résultats se simplifient quand les variables intermédiaires u, v, w sont des fonctions linéaires de x, c'est-à-dire des fonctions exprimées par des formules de la forme

$$u = ax + \alpha, \qquad v = by + \beta, \qquad w = cz + \gamma,$$

$a, b, c, \alpha, \beta, \gamma$ étant des constantes. Alors les trois dérivées premières u', v', w' sont $u' = a$, $v' = b$, $w' = c$, et la formule symbolique générale de toutes les différentiations se réduit à

$$\frac{d}{dx} = a\frac{d}{du} + b\frac{d}{dv} + c\frac{d}{dw}.$$

D'où, en particulier,

$$\frac{dy}{dx} = a\frac{dy}{du} + b\frac{dy}{dv} + c\frac{dy}{dw}.$$

Quand on passera à la dérivée 2ème et qu'il y aura à différentier les termes $a\frac{dy}{du}$, etc.... par rapport à u, à v et à w, les coefficients a, b, c, étant constants, sortiront du signe de la différentiation sans qu'il y ait lieu à un dédoublement de termes. Ainsi, dans ce cas, les différentiations s'effectueront à la manière des multiplications algébriques, c'est-à-dire (si l'on fait abstraction de la lettre y) en multipliant mécaniquement $a\frac{d}{dx} + b\frac{d}{dy} + c\frac{d}{dz}$ par $a\frac{d}{dx} + b\frac{d}{dy} + c\frac{d}{dz}$ et traitant a, b, c comme des coefficients qui se multiplient entr'eux au commencement des termes.

On écrira donc simplement (et symboliquement)

$$\frac{d^2y}{dx^2} = \left(a\frac{d}{du} + b\frac{d}{dv} + c\frac{d}{dw}\right)^2 y,$$

expression dont le développement sera

$$\frac{d^2y}{dx^2} = a^2\frac{d^2y}{du^2} + b^2\frac{d^2y}{dv^2} + c^2\frac{d^2y}{dw^2} + 2bc\frac{d^2y}{dv\,dw} + 2ca\frac{d^2y}{dw\,du} + 2ab\frac{d^2y}{du\,dv}.$$

Ce qui empêchait d'avoir un résultat aussi simple, c'est-à-dire un carré symbolique, quand u', v', w' étaient variables, c'est que, u', v', w' ayant alors des dérivées, les différentiations entraînaient des dédoublements de termes; en sorte qu'on avait dans le résultat, outre le carré symbolique, certains termes affectés des dérivées de u', v', w'.

Revenons au cas particulier où u', v', w' sont des constantes a, b, c. Il est clair qu'une troisième différentiation pourra s'effectuer, comme la seconde, à la manière d'une multiplication d'un polynome par un polynome; et l'on aura

$$\frac{d^3y}{dx^3} = \left(a\frac{d}{du} + b\frac{d}{dv} + c\frac{d}{dw}\right)^3 y.$$

On trouvera de même, en général,

$$\frac{d^ny}{dx^n} = \left(a\frac{d}{du} + b\frac{d}{dv} + c\frac{d}{dw}\right)^n y.$$

28 — Calcul des dérivées d'ordre supérieur des fonctions implicites.

Soit y une fonction implicite de x, c'est-à-dire une fonction donnée par une équation de la forme $f(x.y) = 0$. Proposons-nous d'obtenir ses dérivées partielles d'ordre supérieur. Nous aurons à considérer la fonction composée f, dont les variables, au lieu d'être u, v, w, se réduisent à x et à y. Donc la formule symbolique de différentiation si l'on pose $x = u$, $y = v$, sera $u'\frac{d}{du} + v'\frac{d}{dv}$, ou bien, en observant que la dérivée de $x = 1$ et appelant y' la dérivée de y,

$$\frac{d}{dx} + y'\frac{d}{dy}.$$

En d'autres termes, la dérivée complète de toute fonction de x et y s'obtient en prenant sa dérivée par rapport à x, sa dérivée par rapport à y, multipliant respectivement ces dérivées par 1 et y', puis ajoutant. D'après l'équation $f(x, y) = 0$, la fonction doit rester constamment nulle. Donc toutes ses dérivées complètes sont nulles elles-mêmes. Une première différentiation donne, comme nous savions déjà,

$$\left(\frac{d}{dx} + y'\frac{d}{dy}\right) f = 0 \text{ ou } \frac{df}{dx} + y'\frac{df}{dy} = 0.$$

Pour différentier ce résultat, appliquons la même règle et il vient

$$\left(\frac{d}{dx}+y'\frac{d}{dy}\right)\frac{df}{dx}+\left[\left(\frac{d}{dx}+y'\frac{d}{dy}\right)\frac{df}{dy}\right]y'+\frac{df}{dy}y''=0,$$

ou bien,

$$\left(\frac{d^2f}{dx^2}+2y'\frac{d^2f}{dx\,dy}+y'^2\frac{d^2f}{dy^2}\right)+\frac{df}{dy}y''=0.$$

On voit que le premier membre contient bien le carré symbolique de $\left(\frac{d}{dx}+y'\frac{d}{dy}\right)$, mais, comme la dérivée première y' n'est pas constante, il y a en outre le terme $\frac{df}{dy}y''$, affecté de sa dérivée y''.

Une troisième différentiation nous donnera

$$\frac{d^3f}{dx^3}+3y'\frac{d^3f}{dx^2dy}+3y'^2\frac{d^3f}{dx\,dy^2}+y'^3\frac{d^3f}{dy^3}+3y''\left(\frac{d^2f}{dx\,dy}+y'\frac{d^2f}{dy^2}\right)+\frac{df}{dy}y'''=0;\text{ etc.}$$

De la première des équations ainsi obtenues on déduit, comme nous savions déjà, $y'=-\frac{\frac{df}{dx}}{\frac{df}{dy}}$. Cette valeur, portée dans la deuxième, nous permettra de tirer de même, de la deuxième équation qui contient le terme $\frac{df}{dy}y''$, la valeur de y''. Puis la troisième nous donnera y''', et ainsi de suite. Nous obtiendrons donc, en fonction de x et y, toutes les dérivées successives, y', y'', y'''... de la fonction implicite.

Prenons comme exemple la fonction y que définit l'équation.

$$(1)\qquad \frac{x^2}{a^2}+\frac{y^2}{b^2}-1=0.$$

Différentions, et divisons le résultat par 2. Il vient

$$(2)\qquad \frac{x}{a^2}+\frac{yy'}{b^2}=0;$$

Une deuxième différentiation nous donne

$$(3)\quad \frac{1}{a^2}+\frac{y'^2+yy''}{b^2}=0;$$

une troisième, $\quad(4)\quad \frac{3y'y''+yy'''}{b^2}=0;$

et ainsi de suite. De l'équation (2) nous tirons $y'=-\frac{b^2x}{a^2y}$, etc.

29. — Changement de la variable indépendante.

Il peut arriver qu'après avoir choisi une variable indépendante x on trouve avantage à en prendre une autre t, liée à x par une relation de la forme $x=\varphi(t)$. Alors il y a lieu de se demander comment s'expriment les dérivées de toute fonction y, prises par rapport à l'ancienne variable x, en fonction de la nouvelle variable t. Pour cela, observons que y, qui dépend de t, peut être considéré comme dépendant de x à la manière des fonctions de fonction:

en effet, t est la fonction de x définie par l'équation $x = \varphi(t)$. On aura donc

$$\frac{dy}{dx} = \frac{dy}{dt}\,\frac{dt}{dx} = \frac{dt}{dx}\,\frac{dy}{dt}.$$

Cette formule s'appliquant à toutes les fonctions de x ou de t, on peut l'écrire symboliquement

$$\frac{d}{dx} = \frac{dt}{dx}\,\frac{d}{dt}.$$

Mais $\frac{dt}{dx}$ est l'inverse de $\frac{dx}{dt} = \varphi'(t)$, que nous pourrons aussi représenter par x'. Donc la formule symbolique devient

$$\frac{d}{dx} = \frac{1}{x'}\,\frac{d}{dt} = \frac{1}{\varphi'(t)}\,\frac{d}{dt}.$$

Elle exprime que la dérivée de toute fonction par rapport à x est égale au facteur $\frac{1}{x'}$, ou $\frac{1}{\varphi'(t)}$, multiplié par la dérivée de cette fonction par rapport à t.

Cette loi, appliquée à la dérivée première elle-même, donne

$$\frac{d}{dx}\,\frac{dy}{dx} \quad \text{ou} \quad \frac{d^2y}{dx^2} = \frac{1}{\varphi'(t)}\,\frac{d}{dt}\left(\frac{1}{\varphi'(t)}\,\frac{dy}{dt}\right).$$

En l'appliquant encore à cette dérivée seconde, il vient de même

$$\frac{d^3y}{dx^3} = \frac{1}{\varphi'(t)}\,\frac{d}{dt}\left[\frac{1}{\varphi'(t)}\,\frac{d}{dt}\left(\frac{1}{\varphi'(t)}\,\frac{dy}{dt}\right)\right];$$

et ainsi de suite indéfiniment. Si, pour abréger, nous posons $\varphi'(t) = x'$ et $\frac{dy}{dt} = y'$, ces formules s'écriront

$$\frac{dy}{dx} = \frac{y'}{x'},\quad \frac{d^2y}{dx^2} = \frac{1}{x'}\,\frac{d}{dt}\left(\frac{y'}{x'}\right),\quad \frac{d^3y}{dx^3} = \frac{1}{x'}\,\frac{d}{dt}\left[\frac{1}{x'}\,\frac{d}{dt}\left(\frac{y'}{x'}\right)\right];\ \text{etc.}$$

Il n'y aura plus qu'à développer les calculs, en observant, par exemple, que

$$\frac{d}{dt}\left(\frac{y'}{x'}\right) = \frac{x'y''-y'x''}{x'^2},\ \text{etc},$$

et nous aurons

$$\frac{d^2y}{dx^2} = \frac{x'y''-y'x''}{x'^3}.$$

On trouve ensuite

$$\frac{d^3y}{dx^3} = \frac{x'^3\,(x'y'''-y'x''')-3(x'y''-y'x'')\,x'^2x''}{x'^7};\ \text{etc.}$$

30. — Application aux fonctions inverses.

Supposons que t ne soit autre que y, ou, en d'autres termes, que la variable indépendante x devienne la fonction que l'on veut considérer, tandis que sa fonction y deviendra la variable indépendante. Dans les formules ci-dessus, on fera $y = t$, ce qui donne $\frac{dy}{dt} = 1$, ou $y' = 1$, et toutes les dérivées de y' seront nulles. Par suite, les formules ci-dessus se réduiront à

$$\frac{dy}{dx} = \frac{1}{x'},\quad \frac{d^2y}{dx^2} = -\frac{x''}{x'^3},\quad \frac{d^3y}{dx^3} = \frac{3x''^2-x'x'''}{x'^5},\ \text{etc.}$$

6ème Leçon — Étude des fonctions de plusieurs variables indépendantes.

31 — Point de vue auquel nous nous plaçons pour cette étude.

Considérons une fonction u dépendant de plusieurs variables indépendantes x, y, z :

$$u = f(x, y, z).$$

Dans chaque cas, ces variables x, y, z changent d'une certaine manière, c'est-à-dire prennent simultanément des valeurs qui se transforment ensuite pour toutes à la fois, et qui constituent de la sorte autant de séries ou successions, se correspondant terme à terme, qu'il y a de variables x, y, z. Seulement, la manière dont on fait varier ainsi à la fois x, y, z reste quelconque, ou peut être choisie à volonté et même être changée arbitrairement : idée qu'on exprime en disant que les variables x, y, z sont indépendantes. Mais cette indépendance n'empêche pas que, dans chaque cas particulier, certaines valeurs déterminées de y, z ne correspondent aux valeurs de x et ne soient ainsi fonctions de x. Plus généralement même, toutes ces variables, x, y, z, peuvent être censées fonctions d'une variable indépendante auxiliaire t. Pour le concevoir, il suffit d'imaginer que t désigne le temps, compté à partir d'un instant fixe, et qu'on donne à x, y, z, à mesure que le temps s'écoule, des valeurs, déterminées pour chaque instant, mais variant avec continuité d'un instant au suivant. Ces quantités x, y, z seront donc fonction de t. Ainsi, une fonction de plusieurs variables indépendantes peut être considérée comme une fonction composée, qui dépendrait de fonctions, x, y, z, d'une même variable indépendante t. Seulement, ces dernières fonctions, x, y, z, doivent être appelées des fonctions arbitraires, parce que rien ne définit leur nature, qui peut être choisie à volonté.

32 — Différentielle totale et différentielles partielles d'une fonction de plusieurs variables indépendantes.

Il suit immédiatement de ce qui précède que les propriétés communes à toutes les fonctions composées et continues s'appliquent à une fonction u de plusieurs variables indépendantes x, y, z. En particulier, si on donne à x, y, z de très-petits accroissements, positifs ou négatifs, Δx, Δy, Δz, l'accroissement simultané de u, Δu, sera

$$\Delta u = \left(\frac{df}{dx} + \varepsilon\right)\Delta x + \left(\frac{df}{dy} + \varepsilon_1\right)\Delta y + \left(\frac{df}{dz} + \varepsilon_2\right)\Delta z,$$

c'est-à-dire

$$\Delta u = \frac{df}{dx}\Delta x + \frac{df}{dy}\Delta y + \frac{df}{dz}\Delta z,$$

avec une erreur relative aussi petite que l'on voudra si Δx, Δy et Δz sont assez petits. A la limite, ou si l'on a l'intention de faire décroître ces différences jusqu'à zéro et de n'introduire leurs expressions que dans des calculs de résultats-limites, l'erreur relative s'annule même et la formule approchée devient exacte quant à toutes les conséquences qu'on en déduit. Comme nous savons qu'en même temps les différences prennent le nom de différentielles, et aussi qu'elles s'expriment par d (au lieu de Δ), nous aurons

$$du = \frac{df}{dx}dx + \frac{df}{dy}dy + \frac{df}{dz}dz.$$

Cette expression de du s'appelle la différentielle totale de la fonction; chacun des termes du second membre, $\frac{df}{dx}dx$ par exemple, est dit une différentielle partielle de la fonction; c'est ce à quoi se réduirait la différentielle totale, si on ne faisait varier qu'une seule des variables de la fonction, x par exemple.

On peut donc dire que la différentielle totale, ou accroissement infiniment petit, d'une fonction de plusieurs variables indépendantes est la somme de ses différentielles partielles prises par rapport à chacune des variables, c'est-à-dire la somme des accroissements infiniment petits qu'éprouverait la fonction, si l'on donnait à une seule de ces variables l'accroissement infiniment petit qu'elle éprouve en effet, en laissant à toutes les autres variables leurs valeurs premières.

33. — Existence d'une formule analogue pour les calculs d'approximation.

Nous avons trouvé ci-dessus la formule approchée

$$\Delta u = \frac{df}{dx}\Delta x + \frac{df}{dy}\Delta y + \frac{df}{dz}\Delta z :$$

elle exprime qu'un accroissement très-petit, Δu, d'une fonction de plusieurs variables indépendantes est la somme des accroissements obtenus en n'attribuant qu'à une seule des variables x, y, z sa petite variation, Δx, Δy ou Δz, tandis qu'on laisserait les autres constantes. Seulement, cette formule n'est qu'approchée. Mais elle suffit largement dans bien des calculs d'approximation.

34. — Différentiation des fonctions composées de fonctions de plusieurs variables indépendantes.

Soit $u = f(v, w)$ une fonction de plusieurs variables v, w, lesquelles sont supposées dépendre elles-mêmes de variables indépendantes x, y, z. Comme celles-ci peuvent être censées dépendre d'une dernière et unique variable t, les variables v, w seront ainsi fonction de t, et la règle donnée pour les fonctions composées suffira encore. On aura

$$du = \frac{df}{dv}dv + \frac{df}{dw}dw.$$

Seulement, dans cette formule, les différentielles dv, dw seront des différentielles totales, si on fait varier à la fois x, y, z, et des différentielles partielles, si on ne fait varier qu'une seule de ces variables, x, y, z.

Prenons ce dernier cas, et supposons que x seul varie. Alors, en divisant la formule par dx, il viendra

$$\frac{du}{dx} = \frac{df}{dv}\,\frac{dv}{dx} + \frac{df}{dw}\,\frac{dw}{dx}.$$

En d'autres termes, la dérivée de la fonction composée f par rapport à une variable indépendante égale la somme des produits respectifs de ses dérivées partielles, prises par rapport aux variables v, w dont elle dépend, par les dérivées de celles-ci par rapport à la variable indépendante considérée.

Ces dernières dérivées, $\frac{dv}{dx}$, $\frac{dw}{dx}$ par exemple, ne peuvent plus s'écrire simplement v', w', comme dans le cas où il n'y avait qu'une seule variable indépendante x, parce qu'il faut pouvoir les distinguer de

$\frac{dv}{dy}$, $\frac{dw}{dy}$ et de $\frac{dv}{dz}$, $\frac{dw}{dz}$.

Les dérivées partielles d'ordre supérieur de la fonction $f(v, w)$

s'obtiendront aisément, en différentiant les expressions des dérivées premières et en observant que $\frac{df}{dv}$, $\frac{df}{dw}$ sont, dans chaque cas, des fonctions connues de v, w. Leurs propres dérivées partielles seront donc régies par les lois auxquelles obéissent les dérivées d'ordre supérieur des fonctions composées.

Par exemple, la dérivée par rapport à x de $\frac{df}{dv}$ sera

$$\frac{d\frac{df}{dv}}{dx} = \frac{d^2f}{dv^2}\frac{dv}{dx} + \frac{d^2f}{dv\,dw}\frac{dw}{dx}.$$

On aurait de même

$$\frac{d\frac{df}{dw}}{dx} = \frac{d^2f}{dv\,dw}\frac{dv}{dx} + \frac{d^2f}{dw^2}\frac{dw}{dx}.$$

En conséquence, la dérivée seconde de u par rapport à x sera

$$\frac{d^2u}{dx^2} = \frac{d^2f}{dv^2}\left(\frac{dv}{dx}\right)^2 + 2\frac{d^2f}{dv\,dw}\frac{dv}{dx}\frac{dw}{dx} + \frac{d^2f}{dw^2}\left(\frac{dw}{dx}\right)^2 + \frac{df}{dv}\frac{d^2v}{dx^2} + \frac{df}{dw}\frac{d^2w}{dx^2}.$$

On trouverait de même la dérivée $\frac{d^2u}{dx\,dy}$, et les autres dérivées partielles d'ordre supérieur de la fonction composée u.

35. — Différentiation des fonctions implicites dépendant de plusieurs variables indépendantes.

A l'aide des règles précédentes, on peut calculer les dérivées des fonctions implicites de plusieurs variables. Soit, par exemple, z une fonction de deux variables indépendantes, x et y, définie par l'équation non résolue

$$f(x, y, z) = 0.$$

Une telle fonction est particulièrement à considérer dans l'étude des surfaces, comme nous verrons plus loin. On a l'habitude de désigner par une seule lettre chaque dérivée partielle de z et l'on pose

$$\frac{dz}{dx} = p, \quad \frac{dz}{dy} = q, \quad \frac{d^2z}{dx^2} = r, \quad \frac{d^2z}{dx\,dy} = s, \quad \frac{d^2z}{dy^2} = t.$$

Proposons-nous d'obtenir ces dérivées sans avoir besoin de résoudre l'équation $f = 0$. L'expression appelée f est une fonction composée, dans laquelle paraît d'abord z, fonction de x et de y, et où entrent aussi x et y que l'on peut considérer comme étant les plus simples des fonctions de x et y elles-mêmes.

Différentions d'abord cette fonction f en y laissant y constant, c'est-à-dire en n'y faisant varier que x, et z (en tant qu'il dépend de x). Nous aurons, pour valeur de la dérivée complète de f par rapport à x,

$$\frac{df}{dx} + \frac{df}{dz}\frac{dz}{dx} \quad \text{ou} \quad \frac{df}{dx} + \frac{df}{dz}p,$$

puisque la dérivée de x par rapport à x est 1 et que celle de z s'appelle

p. Mais, z devant justement varier de manière que l'on ait sans cesse $f=0$, cette dérivée complète de f par rapport à x est nulle; en sorte qu'il vient

$$(1)\quad \frac{df}{dx}+\frac{df}{dz}p=0 \quad \text{d'où} \quad p=-\frac{\frac{df}{dx}}{\frac{df}{dz}}.$$

On aurait de même, en ne faisant varier que y, et z en tant qu'il dépend de y,

$$(2)\quad \frac{df}{dy}+\frac{df}{dz}q=0, \text{ ou } q=-\frac{\frac{df}{dy}}{\frac{df}{dz}}.$$

Les deux dérivées partielles de z par rapport à x et à y s'exprimeront donc en fonction de x, y, z, tandis qu'on les aurait eues en fonction de x et y seulement si z avait été une fonction _explicite_ de x et y.

On trouvera les dérivées partielles secondes r, s, t, en différentiant les équations (1) et (2) elles-mêmes, soit par rapport à x, soit par rapport à y.

Par exemple, la première (1), différentiée en x, c'est-à-dire en y faisant varier seulement x, et z en tant qu'il dépend de x, donne

$$\frac{d^2f}{dx^2}+\frac{d^2f}{dx\,dz}p+\left(\frac{d^2f}{dx\,dz}+\frac{d^2f}{dz^2}p\right)p+\frac{df}{dz}\,\frac{dp}{dx}=0,$$

ou, en réduisant et observant que $\frac{dp}{dx}$ n'est autre que $\frac{d^2z}{dx^2}=r$,

$$(3)\quad \frac{d^2f}{dx^2}+2\frac{d^2f}{dx\,dz}p+\frac{d^2f}{dz^2}p^2+\frac{df}{dz}r=0.$$

On en tirera r en fonction de x, y, z après avoir remplacé p par sa valeur donnée tout à l'heure.

La même équation (1), différentiée par rapport à y, donne de même

$$\frac{d^2f}{dx\,dy}+\frac{d^2f}{dx\,dz}q+\left(\frac{d^2f}{dy\,dz}+\frac{d^2f}{dz^2}q\right)p+\frac{df}{dz}\,\frac{dp}{dy}=0,$$

ou, en simplifiant et observant que $\frac{dp}{dy}$ n'est autre que $\frac{d^2z}{dx\,dy}=s$,

$$(4)\quad \frac{d^2f}{dx\,dy}+\frac{d^2f}{dx\,dz}q+\frac{d^2f}{dy\,dz}p+\frac{d^2f}{dz^2}pq+\frac{df}{dz}s=0;$$

d'où l'on tirera s en fonction de x, y, z, après avoir remplacé p, q par leurs valeurs obtenues plus haut. On trouverait autrement la même valeur de s, et aussi la valeur de t, en différentiant, soit par rapport à x, soit par rapport à y, l'équation (2) et non plus l'équation (1). De même, les différentiations des équations (3), (4) et autres analogues conduiraient aux expressions des dérivées partielles troisièmes de z; et ainsi de suite. La dérivée cherchée ne se présenterait, chaque fois, qu'au premier degré, à la fin du premier membre de l'équation obtenue, et multipliée seulement par $\frac{df}{dz}$.

Exemple — Soit l'équation de la sphère,

(5) $$x^2+y^2+z^2-R^2=0,$$

où R est le rayon constant. Différentions par rapport à x et divisons les résultats par 2. Il vient

(6) $$x+zp=0.$$

La différentiation par rapport à y donne de même

(7) $$y+zq=0.$$

Des équations (6) et (7) différentiées elles-mêmes on déduit

(8) $$1+p^2+zr=0,\quad qp+zs=0,\quad 1+q^2+zt=0.$$

Enfin, les formules (6), (7), (8) donnent successivement :

$$p=-\frac{x}{z},\quad q=-\frac{y}{z};\qquad r=-\frac{1+p^2}{z}=-\frac{x^2+z^2}{z^3},\quad s=-\frac{pq}{z}=-\frac{xy}{z^3},$$

$$t=-\frac{1+q^2}{z}=-\frac{y^2+z^2}{z^3}.$$

7me Leçon — Élimination des constantes et des fonctions arbitraires par la différentiation. Équations différentielles et aux dérivées partielles. — Fonctions homogènes.

36. — Élimination des constantes arbitraires. Équations différentielles.
Supposons qu'on donne une équation où paraissent une variable indépendante, x, une fonction, y, de cette variable et une constante ou paramètre, c :

$$(1) \quad F(x, y, c) = 0.$$

En la différentiant, on aura

$$(2) \quad \frac{dF}{dx} + \frac{dF}{dy} y' = 0.$$

Éliminons c entre ces deux équations, en tirant, par exemple, de la première c en fonction de x et y, pour en porter la valeur dans la seconde. Comme celle-ci ne contiendra plus que la variable indépendante x, sa fonction y et la dérivée y' de y, il viendra une relation de la forme

$$(3) \quad f(x, y, y') = 0.$$

Cette relation s'appelle une équation différentielle.

L'équation proposée (1) représente une famille de courbes, dont c est dit le paramètre. En effet, pour chaque valeur donnée à c, cette équation (1) est bien l'équation d'une certaine courbe, caractérisée par cette valeur constante c ; en sorte que l'équation (1), dans sa généralité, exprime autant de courbes qu'on peut donner de valeurs à c, savoir, une infinité, dont chacune s'écarte infiniment peu de la suivante si l'on fait varier c avec continuité. Or, l'équation différentielle (3), où le paramètre c, propre à chaque courbe, ne paraît plus, est une relation entre les coordonnées x, y de chaque point de toutes ces courbes et le coëfficient angulaire de leur tangente au même point. Cette équation différentielle exprimera donc, dans chaque cas particulier, une propriété ayant trait à la tangente, propriété qui appartiendra à toute la famille et non pas seulement à une des courbes qui la composeront.

Exemple. — Soit l'équation

$$(4) \quad y^2 = 2cx,$$

qui représente toutes les paraboles, telles que SM, ayant l'axe des x pour axe et l'origine pour sommet. La différentiation donne

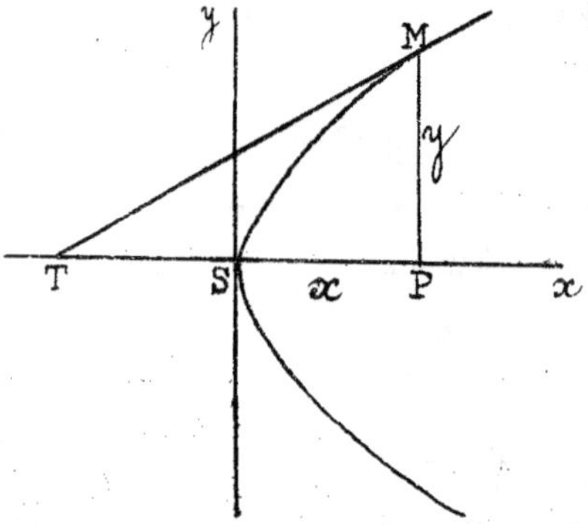

$$(5) \quad 2yy' = 2c \quad \text{ou} \quad yy' = c.$$

Cela posé, on tire de (4),

$c = \frac{y^2}{2x}$; ce qui change (5) en $yy' = \frac{y^2}{2x}$, équation différentielle qu'on peut écrire plus simplement

$$(6) \quad \frac{y}{y'} = 2x;$$

et celle-ci exprime que la sous-tangente, dans toutes les courbes proposées, égale le double de l'abscisse, propriété, bien connue, de la parabole. En effet, soit M un point de la courbe, MP l'ordonnée, MT la tangente.

On a, d'après la figure, $\frac{y}{y'} = \frac{MP}{\operatorname{tg} MTP} = TP$, $x = SP$.

Donc, l'équation (6) revient à écrire $TP = 2 . SP$,

ce qu'il fallait démontrer. Ainsi, le sommet S de la courbe divise la sous-tangente TP en deux parties égales.

37. — Élimination des fonctions arbitraires.

Lorsqu'il y a plusieurs variables indépendantes, ce n'est pas seulement une constante arbitraire, telle que c, que la différentiation permet d'éliminer, mais même toute une fonction arbitraire; et l'on obtient alors des équations avec dérivées partielles, qu'on appelle équation aux dérivées partielles. La question suivante en offre un bel exemple.

38.— Propriétés des fonctions homogènes.

On sait qu'une fonction homogène, u, de plusieurs variables, x, y, z, est une fonction telle, que, si on la divise par une puissance convenablement choisie de l'une de ces variables, x^m par exemple, le quotient ne dépend que des rapports des autres variables, y, z, à celle-là, x; et, alors, l'exposant m de la puissance ainsi choisie est dit le degré d'homogénéité de la fonction. En d'autres termes, la fonction u est homogène et de degré m quand le rapport $\frac{u}{x^m}$ est une certaine fonction φ ne dépendant plus que des variables $\frac{y}{x}$, $\frac{z}{x}$, ou qu'on a

$$\frac{u}{x^m} = \varphi\left(\frac{y}{x}, \frac{z}{x}\right).$$

Cela revient à écrire

$$(1) \qquad u = x^m \varphi\left(\frac{y}{x}, \frac{z}{x}\right).$$

Nous voyons que l'expression de u contient une fonction arbitraire, c'est-à-dire quelconque, φ, des variables $\frac{y}{x}$, $\frac{z}{x}$.

Proposons-nous d'éliminer cette fonction arbitraire par la différentiation.

Différentions d'abord l'équation (1) par rapport à x. En observant que x paraît dans les variables auxiliaires $\frac{y}{x}$, $\frac{z}{x}$, ou que u est à la fois une fonction de fonction et une fonction composée, nous trouverons

$$\frac{du}{dx} = m x^{m-1} \varphi\left(\frac{y}{x}, \frac{z}{x}\right) + x^m \left[\frac{d\varphi}{d\left(\frac{y}{x}\right)} \frac{-y}{x^2} + \frac{d\varphi}{d\left(\frac{z}{x}\right)} \frac{-z}{x^2}\right].$$

Ce résultat peut s'écrire

$$(2) \quad \frac{du}{dx} = m x^{m-1} \varphi\left(\frac{y}{x}, \frac{z}{x}\right) - x^{m-1}\left[\frac{d\varphi}{d\left(\frac{y}{x}\right)} \frac{y}{x} + \frac{d\varphi}{d\left(\frac{z}{x}\right)} \frac{z}{x}\right].$$

Observons que le second membre, si on le divisait par la fonction x^{m-1}, ne contiendrait plus que les rapports $\frac{y}{x}$, $\frac{z}{x}$. Cette dérivée $\frac{du}{dx}$ est donc elle-même une fonction homogène de degré $m-1$.

Cherchons maintenant les dérivées par rapport à y et z, dont u ne dépend que par l'intermédiaire des variables auxiliaires $\frac{y}{x}$, $\frac{z}{x}$. En observant que la dérivée de $\frac{y}{x}$ en y, par exemple, est $\frac{1}{x}$, il viendra

$$(3) \quad \frac{du}{dy} = x^m \frac{d\varphi}{d\left(\frac{y}{x}\right)} \frac{1}{x}, \text{ ou bien }, \quad \frac{du}{dy} = x^{m-1} \frac{d\varphi}{d\left(\frac{y}{x}\right)}.$$

On aurait de même

$$(4) \qquad \frac{du}{dz} = x^{m-1} \frac{d\varphi}{d\left(\frac{z}{x}\right)}.$$

Nous remarquerons pour ces dérivées ce que nous avons déjà observé pour $\frac{du}{dx}$, à savoir, qu'elles sont des fonctions homogènes de degré $m-1$. Cela posé, ajoutons les équations (2), (3), (4), après les avoir respectivement multipliées par x, y, z. Tous les termes des seconds membres s'entredétruiront à l'exception du premier, et nous aurons

$$x\frac{du}{dx}+y\frac{du}{dy}+z\frac{du}{dz}=mx^m\varphi\left(\frac{y}{x},\frac{z}{x}\right).$$

Or $x^m\varphi\left(\frac{y}{x},\frac{z}{x}\right)$ peut se remplacer par sa valeur u tirée de (1), et il vient

$$(5)\quad x\frac{du}{dx}+y\frac{du}{dy}+z\frac{du}{dz}=mu,$$

résultat d'où la fonction arbitraire φ est éliminée, et où paraissent, en même temps que les variables indépendantes x, y, z, la fonction u et ses dérivées partielles. Cette équation (5) est donc une équation aux dérivées partielles commune à toutes les fonctions homogènes. Elle signifie que la somme des dérivées partielles premières d'une fonction homogène, multipliées respectivement par les variables correspondantes, est égale au produit de la fonction homogène par son degré d'homogénéité. C'est ce qu'on appelle le théorème des fonctions homogènes.

Considérons, par exemple, la fonction homogène et entière du second degré

$$u=Ax^2+By^2+Cz^2+2Dyz+2Ezx+2Fxy.$$

Nous aurons d'abord

$$\frac{du}{dx}=2(Ax+Fy+Ez),$$
$$\frac{du}{dy}=2(Fx+By+Dz),$$
$$\frac{du}{dz}=2(Ex+Dy+Cz),$$

et ensuite

$$x\frac{du}{dx}+y\frac{du}{dy}+z\frac{du}{dz}=2(Ax^2+By^2+Cz^2+2Dyz+2Ezx+2Fxy).$$

On voit que la somme calculée reproduit bien la fonction u, multipliée par son degré d'homogénéité, 2.

On sait à quoi tient surtout l'importance des fonctions homogènes. Toutes les lois, exprimées par des formules, que l'on trouve en Géométrie et en mécanique, sont indépendantes des unités particulières de longueur ou de temps que l'on a choisies.

Or, quand, dans une question, on prend, par exemple, pour unité de longueur l'une, x, des lignes, x, y, z, etc., considérées dans la question, les autres longueurs, $y, z, \ldots$ acquièrent évidemment les valeurs numériques $\frac{y}{x}, \frac{z}{x}$, etc ; en sorte que les relations existant entre toutes ces lignes ne dépendent plus que des rapports $\frac{y}{x}, \frac{z}{x}$ et ont par conséquent pour membres des fonctions homogènes de degré zéro. Donc, les formules analytiques qui expriment des lois naturelles peuvent toujours être présentées de manière à ne contenir, dans tous leurs termes, que les rapports mutuels des diverses variables d'une même espèce qui y entrent, c'est-à-dire de manière à n'avoir pour membres que des fonctions homogènes de degré 0. Si, alors, on multiplie ces équations par une puissance, x^m, de l'une des variables, elles deviennent de degré m, mais ne cessent pas d'être homogènes. En résumé, toutes les lois de la géométrie, de la mécanique, de la physique, etc. se représentent par des équations plus ou moins compliquées, mais homogènes, c'est-à-dire ayant tous leurs termes de même degré, du moins tant que les unités de mesure choisies n'y sont pas spécifiées, et tant qu'on assimile à des variables les paramètres physiques, c'est-à-dire les coëfficients dont la valeur change en même temps que les unités de longueur, de temps, de poids, etc.

8ème Leçon – Applications analytiques du calcul différentiel : application au développement des fonctions en série. – Séries de Taylor et de Mac-Laurin pour les fonctions d'une seule variable.

39. – Série de Taylor – Sa forme.

Les fonctions plus ou moins compliquées (irrationnelles, transcendantes, empiriques, etc., ou même simplement fractionnaires) dont le calcul direct est impossible ou seulement difficile, peuvent souvent se mettre sous la forme de séries convergentes, du genre de celles dont on s'est occupé dans le cours de Mathématiques Spéciales. La plus importante des formules qui servent à cet effet est la série de Taylor. Elle a pour but de développer, dans certains cas, l'accroissement qu'éprouve une fonction, suivant les puissances entières et positives de l'accroissement simultané reçu par sa variable. Étant donnée une fonction, $f(x)$, d'une variable, x, qui éprouve un certain accroissement, h, positif ou négatif, la formule de Taylor se propose donc d'exprimer la nouvelle valeur, $f(x+h)$, de la fonction sous la forme

$$f(x+h) = A_0 + A_1 h + A_2 h^2 + A_3 h^3 + \cdots + A_n h^n + \cdots$$

Admettons d'abord que ce mode de développement soit possible, du moins pour d'assez petites valeurs absolues de h, et proposons-nous de déterminer les coëfficients, $A_0, A_1, A_2, \ldots$, qui y multiplieront les diverses puissances de h. A cet effet, différentions les deux membres de l'égalité ci-dessus, en y regardant h comme la variable et, par suite, x comme une constante. L'expression $f(x+h)$ est une fonction de la variable $x+h$, qui est elle-même fonction de h ; sa dérivée sera $f'(x+h)$, car la dérivée de $x+h$ par rapport à h est 1. D'ailleurs, le second membre, qui est une série convergente, pourra se différencier terme à terme comme un polynome fini ; car, si l'on concevait pour un instant qu'on le bornât à un nombre limité, mais assez grand, de termes, le reste qu'on y négligerait, se maintenant, pour ainsi dire, infiniment voisin de zéro pour toutes les valeurs de h considérées ici, aurait sa dérivée plus petite que tout nombre donné, à cause de la continuité que nous supposons dans nos fonctions ; en sorte que l'erreur commise sur la dérivée de la série tendrait elle-même vers zéro à mesure qu'on prendrait plus de termes. La différentiation indiquée donnera donc

$$f'(x+h) = A_1 + 2A_2 h + 3A_3 h^2 + 4A_4 h^3 + \cdots$$

Différentions de même cette nouvelle égalité, et ainsi de suite. Il viendra :

$$f''(x+h) = 1\cdot 2\, A_2 + 2\cdot 3\, A_3 h + 3\cdot 4\, A_4 h^2 + \cdots$$

$$f'''(x+h) = 1\cdot 2\cdot 3\, A_3 + 2\cdot 3\cdot 4\, A_4 h + \cdots$$

$$f^{IV}(x+h) = 1\cdot 2\cdot 3\cdot 4\, A_4 + \cdots, \text{ etc.}$$

Supposons maintenant que h tende vers zéro dans toutes ces formules. A la limite $h=0$, il viendra

$$f(x) = A_0,\ f'(x) = 1\cdot A_1,\ f''(x) = 1\cdot 2 A_2,\ f'''(x) = 1\cdot 2\cdot 3\, A_3, \ldots$$

relations qui donnent successivement

$$A_0 = f(x),\ A_1 = \frac{f'(x)}{1},\ A_2 = \frac{f''(x)}{1\cdot 2},\ A_3 = \frac{f'''(x)}{1\cdot 2\cdot 3}, \ldots \text{ etc.}$$

Portons enfin ces valeurs des coëfficients $A_0, A_1, \ldots$ dans la formule primitive, et nous aurons ce qu'on appelle la série de Taylor :

$$f(x+h) = f(x) + \frac{h}{1} f'(x) + \frac{h^2}{1\cdot 2} f''(x) + \frac{h^3}{1\cdot 2\cdot 3} f'''(x) + \cdots + \frac{h^n}{1\cdot 2\cdot 3 \ldots n} f^{(n)}(x) + \cdots$$

40. — Expression générale du reste ou terme complémentaire.

Telle est donc la forme nécessaire que doit avoir le développement de $f(x+h)$ suivant les puissances de h. Mais il reste à évaluer l'erreur que l'on commet lorsqu'on arrête la série au terme quelconque $\frac{h^n}{1\cdot 2 \ldots n} f^{(n)}(x)$, c'est-à-dire à former une expression de cette erreur, qui soit propre à faire reconnaître les cas où la formule est applicable et quelle approximation elle comporte.

A cet effet, appelons R_n ce qu'il faut ajouter, après le terme $\frac{h^n}{1\cdot 2\cdot 3 \ldots n} f^{(n)}(x)$, pour rendre le second membre égal au premier $f(x+h)$. Nous aurons ainsi l'égalité évidente

$$(1)\quad f(x+h) = f(x) + hf'(x) + \frac{h^2}{1.2} f''(x) + \cdots + \frac{h^n}{1.2.3\ldots n} f^{(n)}(x) + R_n .$$

Rien ne nous empêche de poser

$$(2)\qquad R_n = h^p M,$$

p désignant un exposant <u>positif</u> quelconque, entier ou fractionnaire, et M le quotient, quel qu'il soit, de R_n par h^p. Appelons en outre X la valeur finale, $x+h$, de la variable, ou posons

$$h = X - x .$$

Substituons a R_n et à h ces valeurs dans la formule (1), puis, dans celle-ci, transposons tous les termes du second membre. Il viendra

$$(3)\ f(X) - f(x) - \frac{X-x}{1} f'(x) - \frac{(X-x)^2}{1.2} f''(x) - \cdots - \frac{(X-x)^n}{1.2.3\ldots n} f^{(n)}(x) - M(X-x)^p = 0.$$

Si nous considérons spécialement le premier membre de cette égalité et que nous y remplacions la quantité fixe x par une variable z, nous aurons la fonction

$$(4)\ f(X) - f(z) - \frac{X-z}{1} f'(z) - \frac{(X-z)^2}{1.2} f''(z) - \frac{(X-z)^3}{1.2.3} f'''(z) - \cdots - \frac{(X-z)^n}{1.2.3\ldots n} f^{(n)}(z) - M(X-z)^p.$$

Étudions un instant cette fonction de z. Elle s'annule pour $z = X$, car alors les deux premiers termes, $f(X)$, $-f(z)$, se détruisent, et les autres s'annulent, même le dernier (où l'exposant p de $X-z$ est <u>positif</u>). D'autre part, cette fonction s'annule aussi pour $z = x$, à cause de l'égalité (3). Par suite, si la fonction considérée (4) de z est continue entre $z = x$, $z = X$, on peut affirmer qu'elle passe, entre ces limites, par un maximum ou un minimum; car, devant s'annuler à la plus grande de ces limites après s'être annulée déjà à la plus petite, il faut qu'elle finisse par croître si elle avait commencé par décroître, ou qu'elle finisse par décroître, si elle avait commencé par croître. Il y a donc un moment où la dérivée de (4), si elle a commencé par être positive, devient négative, ou, si elle a commencé par être négative, devient positive. Dans les deux cas, cette dérivée change de signe, et, si elle est continue elle-même, comme nous l'admettrons, elle est forcée à ce moment de s'annuler. Or, différentions (4) par rapport à z, afin d'obtenir la dérivée dont il s'agit. Le calcul donnera

$$-f'(z) + f'(z) - \frac{(X-z)}{1} f''(z) + \frac{(X-z)}{1} f''(z) - \frac{(X-z)^2}{1.2} f'''(z) + \frac{(X-z)^2}{1.2} f'''(z) \ldots$$

et ainsi de suite, jusqu'aux termes $-\dfrac{(X-z)^n}{1.2.3\ldots n} f^{(n+1)}(z) + Mp(X-z)^{p-1}$.

Dans cette expression, chaque terme détruit exactement le suivant, à l'exception de l'avant-dernier et du dernier. La dérivée de la fonction (4) se réduit donc à

$$(5) \qquad -\frac{(X-z)^n}{1.2.3\ldots n} f^{(n+1)}(z) + p\,M\,(X-z)^{p-1}.$$

Nous avons remarqué que cette dérivée, supposée continue comme la fonction (4), s'annule entre les limites $z = x$ et $z = X$.

La valeur intermédiaire z pour laquelle cela arrive se compose évidemment de la valeur initiale x et d'une certaine fraction de l'intervalle, $X-x$ ou h, des deux valeurs extrêmes X, x. Si l'on appelle θ cette fraction, nombre inconnu compris entre zéro et 1, la valeur de z considérée, pour laquelle la dérivée (5) s'annule, pourra s'écrire

$$z = x + \theta h = x + \theta(X-x),$$

et elle donnera

$$X - z = X - x - \theta h = h - \theta h = h(1-\theta).$$

En écrivant que l'expression (5) s'annule pour ces valeurs de z et $X-z$, il vient

$$-\frac{h^n(1-\theta)^n}{1.2..n} f^{(n+1)}(x+\theta h) + p\,M\,h^{p-1}(1-\theta)^{p-1} = 0.$$

On tire de là

$$M = \frac{h^{n+1-p}(1-\theta)^{n+1-p}}{(1.2.3\ldots n)\,p} f^{(n+1)}(x+\theta h);$$

par suite, la valeur (2) de R_n devient

$$(6) \qquad R_n = \frac{h^{n+1}(1-\theta)^{n+1-p}}{1.2.3\ldots n\,)\,p} f^{(n+1)}(x+\theta h).$$

C'est l'expression générale cherchée du terme complémentaire de la formule de Taylor, c'est-à-dire de l'erreur que l'on commet lorsqu'on remplace la vraie valeur de $f(x+h)$ par la série de Taylor arrêtée au terme $\frac{h^n}{1.2..n} f^{(n)}(x)$. Mais cette expression n'est démontrée, comme on a vu, et, par suite, ne peut être admise, qu'autant que les fonctions (4) et (5) de z sont continues entre les limites $z = x$ et $z = x + h$; ce qui exige, en général, que la fonction $f(z)$, et ses dérivées entrant dans les expressions (4) et (5), c'est-à-dire les dérivées

$$f'(z),\ f''(z),\ f'''(z), \ldots f^{(n+1)}(z),$$

soient continues entre les mêmes limites. Si ces conditions de continuité sont satisfaites, et si, en outre, on peut prouver que la valeur (6) de R_n tend vers zéro à mesure que n grandit indéfiniment, la série de Taylor sera applicable.

41. — Expressions usuelles du terme complémentaire, déduites de l'expression générale.

L'expression (6) de R_n en comprend une infinité, puisque le nombre p peut recevoir toutes les valeurs plus grandes que zéro. Mais il n'y en a que deux distinctes qui soient utilisées. La première et la plus simple s'obtient en donnant à p une valeur telle, que le facteur $(1-\theta)^{n+1-p}$ s'élimine de la formule. Il faut et il suffit, pour cela, d'annuler l'exposant $n+1-p$, ou de poser $p=n+1$. Il vient alors

$$(7) \quad R_n = \frac{h^{n+1}}{1.2.3.\ldots.(n+1)} f^{n+1}(x+\theta h).$$

La seconde forme usuelle s'obtient en donnant à p sa valeur entière la plus petite possible, valeur qui, devant être supérieure à zéro, n'est autre que 1. Faisons donc $p=1$, dans (6), et nous aurons

$$(8) \quad R_n = \frac{h^{n+1}(1-\theta)^n}{1.2.3\ldots n} f^{(n+1)}(x+\theta h).$$

Cette forme (8) est la plus employée dans les cas où l'on a de la peine à reconnaître si la série de Taylor s'applique bien (c'est-à-dire si R_n tend vers zéro quand n grandit indéfiniment), parce qu'elle contient, de plus que la précédente (7), les n facteurs $(1-\theta)^n$, plus petits que l'unité et qui, croissant en nombre à mesure que n grandit, tendent, en quelque sorte, à rapetisser R_n.

Enfin, on tire de la formule (7) une nouvelle expression du reste, qui est quelquefois utile : elle s'emploierait, en particulier, si la dérivée $f^{(n+1)}(x)$ n'était pas continue entre les limites x, $x+h$; et que, cependant, on voulût utiliser le terme

$$\frac{h^n}{1.2.3\ldots n} f^{(n)}(x)$$

de la série. Pour obtenir cette nouvelle forme de R_n, concevons qu'on eût arrêté la série au terme

$$\frac{h^{n-1}}{1.2.3\ldots(n-1)} f^{(n-1)}(x).$$

Alors, d'après (7), le terme complémentaire R_{n-1} aurait pu s'écrire

$$R_{n-1} = \frac{h^n}{1.2.3\ldots n} f^{(n)}(x+\theta h).$$

Or, il suffit évidemment, pour avoir R_n, d'en extraire le dernier terme que l'on veut conserver,

$$\frac{h^n}{1.2.3\ldots n} f^{(n)}x;$$

ce qui donne l'expression cherchée

$$(9) \qquad R_n = \frac{h^n}{1.2.3\ldots} \left[f^{(n)}(x+\theta h) - f^{(n)}(x) \right].$$

Observons que le nombre inconnu θ, compris entre zéro et un, n'est pas le même dans les formules (7), (8) et (9); car il change avec n et p.

42. — Cas généraux de convergence.

Nous distinguerons deux cas principaux, et d'une assez grande généralité, où la série de Taylor est convergente.

1°. — Premier cas, qui est celui où les dérivées successives de la fonction ne grandissent pas indéfiniment à mesure que leur ordre s'élève. Un premier cas général de convergence de la série de Taylor se présente quand la fonction $f(x)$, finie et continue, a toutes ses dérivées finies et continues également, et que la valeur absolue de ces dérivées n'augmente pas indéfiniment à mesure que leur ordre s'élève. Alors, en effet, quel que soit l'accroissement h donné à la variable, l'expression (7) de R_n peut s'écrire

$$R_n = \left(\frac{h}{1} \; \frac{h}{2} \cdots \frac{h}{p}\right) \left(\frac{h}{p+1} \cdot \frac{h}{p+2} \cdot \frac{h}{p+3} \cdots \frac{h}{n+1}\right) f^{(n+1)}(x+\theta h),$$

en supposant n très-grand et appelant p un nombre entier constant, choisi très-supérieur à h en valeur absolue. Désignons par M le produit

$$\left(\frac{h}{1} \cdot \frac{h}{2} \cdots \frac{h}{p}\right) f^{(n+1)}(x+\theta h),$$

qui, par hypothèse, ne grandit pas indéfiniment à mesure que n augmente. Le terme complémentaire R_n vaudra donc le produit du nombre fini M par les facteurs $\frac{h}{p+1}, \frac{h}{p+2}, \ldots \frac{h}{n+1}$, tous moindres que $\frac{h}{p}$, et dont le produit, par suite, tend vers zéro, à mesure que leur nombre croît, encore plus vite que n'y tendent, comme on sait, les puissances successives de la fraction proprement dite $\frac{h}{p}$. Donc, R_n tend vers zéro, et la série de Taylor a bien pour valeur-limite $f(x+h)$; ce qu'il fallait démontrer.

Ce premier cas général de convergence comprend les fonctions exponentielle et trigonométriques.

$$e^x \quad , \quad \sin x \quad , \quad \cos x,$$

qui se reproduisent indéfiniment et périodiquement par la différentiation, en sorte que leurs dérivées n'augmentent pas indéfiniment en même temps que leur ordre s'élève.

2°. — Second cas général de convergence, qui se présente lorsque les accroissements h sont assez petits en valeur absolue. Alors le développement par la série de Taylor est toujours possible, pourvu que les dérivées que l'on emploie dans la partie développée soient finies et continues, comme il a été dit. De plus, la convergence est tellement rapide, que l'erreur commise en s'arrêtant à un terme quelconque inclusivement est une fraction aussi petite que l'on veut de ce terme lui-même (supposé différent de zéro).

Pour le démontrer, il suffit de prendre la troisième forme usuelle du reste

$$R_n = \frac{h^n}{1.2.3\ldots n}\left[f^{(n)}(x+\theta h) - f^{n}(x)\right]$$

et de comparer ce dernier au dernier terme employé, $\frac{h^n}{1.2\ldots n} f^{(n)}(x)$.

Le rapport est

$$\frac{R_n}{\frac{h^n}{1.2.3\ldots n} f^{(n)}(x)} = \frac{f^{(n)}(x+\theta h) - f^{(n)}(x)}{f^{(n)}(x)}.$$

Or, le dernier terme employé étant, par hypothèse, différent de zéro, la dérivée $n^{\text{ème}}$, $f^{(n)}(x)$, n'est pas nulle pour la valeur de x considérée. Le dénominateur du second membre est donc fini, tandis que le numérateur, $f^{(n)}(x+\theta h) - f^{(n)}(x)$, accroissement qu'éprouve la fonction $f^{(n)}(x)$, continue par hypothèse, quand la variable x grandit d'une partie θh de son accroissement total h, devient aussi petit qu'on veut lorsqu'on prend h et, par suite, l'accroissement θh de la variable suffisamment petits. Donc le rapport en question tend bien vers zéro. Ainsi chaque terme de la série, dès qu'il n'est pas nul, ne laisse subsister après lui, si la valeur absolue de h est assez faible, qu'une erreur aussi petite qu'on veut par rapport à lui-même; ce qui revient à dire qu'il égale, à lui seul, la presque-totalité de l'erreur qu'on aurait commise en le négligeant. Et le terme suivant serait beaucoup plus petit, car il différerait de même fort peu de l'erreur encore subsistante; etc.

43. — Importance de la série de Taylor.

L'importance extrême de la série de Taylor résulte principalement de ce second cas de convergence, c'est-à-dire du fait que cette série est généralement applicable, toutes les fois qu'on n'étudie une fonction que dans le voisinage d'une de ses valeurs, en ne donnant, par suite, à la variable, que de très-petits accroissements h, positifs ou négatifs. En effet, quelque compliquée que soit la fonction, pourvu qu'elle ait une continuité suffisante dans l'intervalle où on la considère, la formule de Taylor permettra de la mettre, avec une approximation illimitée, sous la forme algébrique la plus simple possible, celle d'un polynome, ordonné par rapport aux puissances entières et positives de sa variable h.

44. — Série de Mac-Laurin.

La série de Taylor devient celle de Mac-Laurin, lorsqu'on suppose que les accroissements h se comptent à partir d'une valeur nulle de la variable, c'est-à-dire lorsqu'on pose dans la série de Taylor $x = 0$, et qu'on change h en x dans chaque terme. Il vient ainsi :

$$(10)\quad f(x) = f(0) + \frac{x}{1} f'(0) + \frac{x^2}{1.2} f''(0) + \cdots + \frac{x^n}{1.2.3\ldots n} f^{(n)}(0) + R_n.$$

Les formules usuelles de R_n se déduisent immédiatement des expressions correspondantes, (7), (8) et (9), que nous avons trouvées pour le reste de la série de Taylor.

La première est

$$(11)\quad R_n = \frac{x^{n+1}}{1.2.3\ldots(n+1)} f^{(n+1)}(\theta x).$$

La deuxième est de même

$$(12)\quad R_n = \frac{x^{n+1}(1-\theta)^n}{1.2.3\ldots\ldots n} f^{(n+1)}(\theta x)$$

et, la troisième,

$$(13)\quad R_n = \frac{x^n}{1.2.3\ldots\ldots n} \left[f^{(n)}(\theta x) - f^{(n)}(0) \right].$$

Observons à ce propos, comme nous l'avons fait pour la série de Taylor, que la valeur de θ, toujours comprise entre zéro et un, change avec la formule.

Les mêmes cas généraux de convergence se présentent pour la série de Mac-Laurin que pour celle de Taylor, dont elle n'est qu'une spécification, ou, autrement dit, qu'une forme particulière. On pourra donc appliquer la série toutes les fois que les dérivées ne croîtront pas indéfiniment à mesure que leur ordre augmentera et aussi lorsque, les fonctions

$$f(x),\ f'(x),\ f''(x),\ \text{etc.}$$

étant continues dans le voisinage de $x = 0$, on n'attribuera à x que des valeurs très-petites.

Nous avons déduit la série de Mac-Laurin de celle de Taylor ; mais on pourrait, à l'inverse, déduire celle-ci de la série de Mac-Laurin. Développons, en effet, par la formule (10), suivant les puissances de x, une fonction de la forme $\varphi(a+x)$, en posant ainsi $f(x)=\varphi(a+x)$, et, par suite,

$$f'(x)=\varphi'(a+x),\ f''(x)=\varphi''(a+x),\ \text{etc.},$$
$$f(0)=\varphi(a),\ f'(0)=\varphi'(a),\ f''(0)=\varphi''(a);\ \text{etc.}$$

Il viendra

$$\varphi(a+x)=\varphi(a)+\frac{x}{1}\varphi'(a)+\frac{x^2}{1.2}\varphi''(a)+\cdots,$$

et il suffit de remplacer, dans celle-ci, a par x, x par h et φ par f, changements de lettres insignifiants, pour avoir

$$f(x+h)=f(x)+\frac{h}{1}f'(x)+\frac{h^2}{1.2}f''(x)+\cdots\cdots;$$

ce qui est précisément la série de Taylor. Ainsi, les deux formules de Taylor et de Mac-Laurin ont, au fond, la même étendue l'une que l'autre: ce sont deux expressions différentes d'une seule et même formule.

45.— Sur des cas exceptionnels de fonctions qui échappent au développement, quand les accroissements h ou x sont comptés à partir de certaines valeurs de la variable.

Il est assez important de remarquer que certaines fonctions ou parties de fonctions peuvent, quelquefois, ne pas se laisser développer par la série de Taylor ou de Mac-Laurin, même quand elles sont continues, ainsi que leurs dérivées, et quand, en outre, les accroissements h ou x attribués à la variable restent extrêmement petits. Nous avons supposé de plus, en effet, dans l'étude du second cas général de convergence, que certains au moins des termes développés de la série n'étaient pas nuls, et nous avons prouvé alors que l'erreur commise en s'arrêtant à l'un quelconque de ces termes n'était qu'une fraction très-petite du terme considéré. Mais, dans les fonctions ou parties de fonctions dont il s'agit en ce moment, il existe justement des régions exceptionnelles où leur manière de varier est tellement peu rapide, que tous les termes

$$\frac{h}{1}f'(x),\ \frac{h^2}{1.2}f''(x),\cdots$$

s'y trouvent nuls, vu que toutes les dérivées $f'(x), f''(x), f'''(x)$.... s'annulent pour la valeur spéciale de x choisie comme point de départ des accroissements h. Alors toute l'expression de l'accroissement $f(x+h) - f(x)$ se réfugie, en quelque sorte, dans le terme complémentaire non développé R_n : ce qui revient à dire que la série proprement dite n'a pas de prise sur la fonction, pour la valeur particulière de x choisie comme point de départ. On cite, comme exemple de fonction échappant ainsi à la formule de Mac-Laurin,

$$f(x) = e^{-\frac{1}{x^2}}$$

Elle est représentée par une courbe ayant la forme ci-dessous.

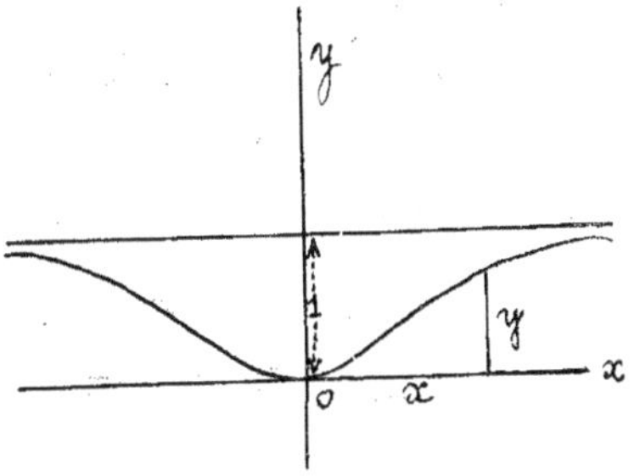

On reconnait que, pour $x = 0$, cette fonction $f(x)$ et toutes ses dérivées jusqu'à l'infini, contenant en facteur $e^{-\frac{1}{x^2}}$, s'annulent; en sorte que la courbe est, à l'origine O, comme couchée sur l'axe des x ou possède un long contact avec cet axe. On a donc

$$f(0) = 0, f'(0) = 0, f''(0) = 0, f'''(0) = 0,$$

et ainsi de suite jusqu'à l'infini. Tous les termes développés du second membre de la formule de Mac-Laurin sont donc alors nuls; et la série ne mord pas sur la fonction, qui se cache, en quelque sorte obstinément, dans le terme complémentaire.

Cet exemple prouve qu'il ne faut jamais employer les séries de Taylor ou de Mac-Laurin sans vérifier si le reste R_n tend bien vers 0 quand n grandit, ou si, du moins, il devient inférieur aux erreurs que l'on pourrait se permettre dans des calculs d'approximation.

9ème Leçon — Application de la série de Mac-Laurin au développement des fonctions exponentielles, sinus et cosinus et à la démonstration générale de la formule du binôme.

46 — Développements de e^x, $\cos x$, $\sin x$.

Ces fonctions rentrent dans le premier cas général de convergence, car leurs dérivées, pour toute valeur de x, sont finies, continues et ne grandissent pas indéfiniment à mesure que leur ordre s'élève. On pourra donc les développer par la série de Mac-Laurin.

1°. — Posons d'abord, dans la formule de Mac Laurin,

$$f(x) = e^x;\quad \text{d'où } f'(x) = e^x, f''(x) = e^x, \text{ etc.}$$

Pour $x = 0$, on a $f(0) = 1, f'(0) = 1, f''(0) = 1$, etc.

La série de Mac-Laurin donne donc

$$e^x = 1 + \frac{x}{1} + \frac{x^2}{1.2} + \frac{x^3}{1.2.3} + \frac{x^4}{1.2.3.4} + \cdots\cdots$$

2°. Fonction $\cos x$. — Posons actuellement $f(x) = \cos x$; d'où

$$f'(x) = -\sin x, f''(x) = -\cos x, f'''(x) = +\sin x, f^{IV}(x) = \cos x, \text{ etc.}$$

A partir de $f^{IV}(x)$, nous retombons sur les dérivées déjà trouvées. Faisons $x = 0$ et il viendra:

$$f(0) = 1, f'(0) = 0, f''(0) = -1, f'''(0) = 0, f^{IV}(0) = 1, \text{ etc.}$$

La fonction et ses dérivées successives d'ordre pair valent alternativement 1 et −1; quant aux dérivées d'ordre impair, elles sont toutes nulles. Donc, nous aurons

$$\cos x = 1 - \frac{x^2}{1.2} + \frac{x^4}{1.2.3.4} - \cdots$$

Nous remarquerons que cette expression contient les termes de degré pair qui entrent dans le développement de e^x, mais ils se trouvent pris alternativement avec les signes + et —.

3° Fonction $\sin x$ — Ici nous aurons $f(x) = \sin x$; d'où

$$f'(x) = \cos x,\ f''(x) = -\sin x,\ f'''(x) = -\cos x,\ f^{IV}(x) = \sin x;\ \text{etc.}$$

Pour $x = 0$, la fonction $f(x)$ et ses dérivées d'ordre pair s'annulent, tandis que les dérivées d'ordre impair valent alternativement +1 et −1. Il vient

$$\sin x = \frac{x}{1} - \frac{x^3}{1.2.3} + \frac{x^5}{1.2.3.4.5} - \dots$$

L'expression de $\sin x$ contient donc les termes de degré impair entrant dans l'expression de e^x; seulement, ils sont ici affectés alternativement des signes + et —.

47.— Exponentielles imaginaires; sinus et cosinus d'arcs imaginaires.

Les séries trouvées pour e^x, $\cos x$, $\sin x$ étant convergentes pour toutes les valeurs de x et donnant toujours les vraies valeurs de ces fonctions, on peut les prendre comme les définitions même des fonctions e^x, $\cos x$, $\sin x$; et ces définitions nouvelles présentent l'avantage de pouvoir être étendues aux valeurs imaginaires de x. En effet, rien n'empêchera, par exemple, d'appeler $e^{a+b\sqrt{-1}}$ le développement

$$1 + \frac{(a+b\sqrt{-1})}{1} + \frac{(a+b\sqrt{-1})^2}{1.2} + \frac{(a+b\sqrt{-1})^3}{1.2.3} + \dots$$

De même, on pourra convenir de poser

$$\cos(a+b\sqrt{-1}) = 1 - \frac{(a+b\sqrt{-1})^2}{1.2} + \frac{(a+b\sqrt{-1})^4}{1.2.3.4} \dots\dots,$$

$$\sin(a+b\sqrt{-1}) = \frac{(a+b\sqrt{-1})}{1} - \frac{(a+b\sqrt{-1})^3}{1.2.3} + \dots\dots$$

Or, cette considération d'exponentielles imaginaires, de cosinus et de sinus d'arcs imaginaires est féconde, en ce qu'elle fait entrer dans une même classe analytique des fonctions qui seraient restées, sans cela, irréductibles les unes aux autres, et aussi en ce qu'elle simplifie certaines démonstrations.

Pour le reconnaître, remplaçons x par $x\sqrt{-1}$ dans le développement de e^x. Nous aurons

$$e^{x\sqrt{-1}} = 1 + \frac{x\sqrt{-1}}{1} + \frac{(x\sqrt{-1})^2}{1.2} + \frac{(x\sqrt{-1})^3}{1.2.3} + \frac{(x\sqrt{-1})^4}{1.2\dots4} + \dots$$

Groupons maintenant les termes de degré pair et les termes de degré impair, en observant que les puissances de $\sqrt{-1}$ sont, par définition, $\sqrt{-1}, -1, -\sqrt{-1}, 1, \sqrt{-1}$, etc.

Il viendra

$$e^{x\sqrt{-1}} = \left(1 - \frac{x^2}{1.2} + \frac{x^4}{1.2.3.4} - \dots\right) + \sqrt{-1}\left(\frac{x}{1} - \frac{x^3}{1.2.3} + \frac{x^5}{1.2.3.4.5} - \dots\right).$$

La première parenthèse est justement le développement de $\cos x$ et, la deuxième, celui de $\sin x$. On a donc

$$(1)\quad e^{x\sqrt{-1}} = \cos x + \sqrt{-1}\,\sin x.$$

Nous obtiendrions de même l'expression de $e^{-x\sqrt{-1}}$. Mais on y arrive plus vite en changeant, dans la formule précédente (1), x en $-x$, ce qui, comme on sait, ne modifie pas $\cos x$, mais fait changer de signe $\sin x$. Il vient

$$(2)\quad e^{-x\sqrt{-1}} = \cos x - \sqrt{-1}\,\sin x.$$

Si l'on prend la somme et la différence des deux égalités (1) et (2), on trouve

$$e^{x\sqrt{-1}} + e^{-x\sqrt{-1}} = 2\cos x,\quad e^{x\sqrt{-1}} - e^{-x\sqrt{-1}} = 2\sqrt{-1}\,\sin x;$$

et l'on tire de là :

$$(3)\left\{\begin{aligned} \cos x &= \frac{1}{2}\left(e^{x\sqrt{-1}} + e^{-x\sqrt{-1}}\right),\\ \sin x &= \frac{1}{2\sqrt{-1}}\left(e^{x\sqrt{-1}} - e^{-x\sqrt{-1}}\right).\end{aligned}\right.$$

Ainsi, le cosinus et le sinus d'une variable x égalent respectivement la demi-somme, et la demi-différence divisée par $\sqrt{-1}$, des deux exponentielles $e^{x\sqrt{-1}}$, $e^{-x\sqrt{-1}}$. Ces fonctions cosinus et sinus sont donc certaines combinaisons d'exponentielles. Réciproquement, l'exponentielle e^x s'exprime en fonction d'un cosinus et d'un sinus. Pour le reconnaître, il suffit de remplacer, dans la formule (1), x par $-x\sqrt{-1}$. Si nous observons que $-x\sqrt{-1}$ multiplié par $\sqrt{-1}$ est égal à x, que $\cos(-x\sqrt{-1}) = \cos(x\sqrt{-1})$ et que $\sin(-x\sqrt{-1}) = -\sin(x\sqrt{-1})$, il vient

$$(4)\quad e^x = \cos(x\sqrt{-1}) - \sqrt{-1}\,\sin(x\sqrt{-1}).$$

48. — Utilité que présente parfois la réduction des fonctions cosinus et sinus à des exponentielles imaginaires.

Les trois fonctions exponentielle, cosinus et sinus se ramenant les unes aux autres, on conçoit la possibilité de s'épargner bien des calculs pénibles en faisant servir, par exemple, pour des fonctions cosinus et sinus, certains résultats qu'on aura obtenus sur des fonctions exponentielles, lesquelles sont beaucoup plus faciles à manier parce qu'elles se reproduisent à chaque différentiation. Il suffira souvent, pour cela, de changer x en $x\sqrt{-1}$, sans recommencer aucune opération. On aura, pour ainsi dire, transposé du coup, dans le monde des cosinus et des sinus, les faits d'analyse qu'on avait reconnu exister dans le monde des exponentielles.

Voici, comme exemple, une transformation qui est utile dans un chapitre du calcul intégral et aussi, en mécanique, dans la question du mouvement vibratoire d'un point. Proposons-nous de donner une forme réelle, c'est-à-dire débarrassée du symbole $\sqrt{-1}$, à l'expression

$$(5)\quad M e^{ax+bx\sqrt{-1}} + N e^{ax-bx\sqrt{-1}},$$

M et N désignant des coëfficients arbitraires qui peuvent être imaginaires et qui, d'ordinaire, sont conjugués; quant à a et b, ce sont deux constantes réelles. En mettant e^{ax} en facteur commun, l'expression proposée (5) devient

$$e^{ax}\left(M e^{bx\sqrt{-1}} + N e^{-bx\sqrt{-1}}\right).$$

Remplaçons maintenant les exponentielles imaginaires par leurs valeurs en cosinus et sinus, qui sont

$$e^{bx\sqrt{-1}} = \cos bx + \sqrt{-1}\sin bx,$$
$$e^{-bx\sqrt{-1}} = \cos bx - \sqrt{-1}\sin bx.$$

Nous aurons

$$(6)\quad M e^{bx\sqrt{-1}} + N e^{-bx\sqrt{-1}} = (M+N)\cos bx + (M-N)\sqrt{-1}\sin bx.$$

M et N étant deux constantes imaginaires conjuguées, M + N est une nouvelle constante réelle A et $(M-N)\sqrt{-1}$ est une autre constante réelle B. Le second membre de (6) peut donc s'écrire

$$A\cos bx + B\sin bx,$$

et l'expression proposée (5) devient

$$(7)\quad e^{ax}(A\cos bx + B\sin bx).$$

On peut encore la simplifier, en posant

$$A = \sqrt{A^2+B^2}\cos\alpha,$$
$$B = \sqrt{A^2+B^2}\sin\alpha,$$

où α désignera un angle auxiliaire compris entre $-\pi$ et $+\pi$. En effet, les deux quotients $\frac{A}{\sqrt{A^2+B^2}}$ et $\frac{B}{\sqrt{A^2+B^2}}$ sont respectivement un certain cosinus et le sinus correspondant, puisque la somme de leurs carrés égale l'unité. Si l'on appelle K la nouvelle constante positive $\sqrt{A^2+B^2}$, l'expression proposée s'écrira donc

$$(8)\quad K e^{ax}(\cos\alpha \cos bx + \sin\alpha \sin bx) = K e^{ax}\cos(bx-\alpha).$$

Ainsi, il revient au même d'avoir l'expression (5), imaginaire en apparence, que d'avoir l'expression plus simple et de forme réelle

$$K e^{ax}\cos(bx-\alpha).$$

49. — Développement de e^{ax}.

Pour arriver plus vite à ce développement, on observe que $a = e^{\log a}$ (les log étant népériens). On a, par conséquent,

$$a^x = (e^{\log a})^x = e^{x \log a}.$$

Si donc, posant $x \log a = u$, nous appliquons la formule trouvée

$$e^u = 1 + \frac{u}{1} + \frac{u^2}{1.2} + \frac{u^3}{1.2.3} + \cdots,$$

il viendra

$$a^x = e^{x\log a} = 1 + \frac{x \log a}{1} + \frac{x^2 \log^2 a}{1.2} + \frac{x^3 \log^3 a}{1.2.3} + \cdots$$

50. — Application de la série de Mac-Laurin au développement de $(a+b)^m$, c'est-à-dire à la formule du binôme généralisée.

Proposons-nous de développer l'expression $(a+b)^m$, suivant les puissances décroissantes de a et croissantes de b, pour le cas où l'exposant m se trouve quelconque, c'est-à-dire entier ou fractionnaire, positif ou négatif. Le développement n'est possible, en général, que lorsqu'on connaît quelle est la plus petite, en valeur absolue, des deux quantités a et b. Nous admettrons que ce soit b, ou qu'on ait $b < a$ en valeur absolue. Nous démontrerons que le développement est celui-ci :

$$(a+b)^m = a^m + \frac{m}{1}a^{m-1}b + \frac{m(m-1)}{1.2}a^{m-2}b^2 + \cdots + \frac{m(m-1)(m-2)(m-3)\cdots(m-n+1)}{1.2.3\cdots\cdots n}a^{m-n}b^n + \cdots$$

La formule déjà connue du binôme s'étend donc à toutes les valeurs réelles de m. Seulement, cette formule devient une série infinie dès que m n'est plus entier et positif, car la circonstance qui seule fait qu'elle se termine pour m entier et positif consiste en ce que, dans la suite des facteurs

$$m,\ m-1,\ m-2,\ m-3, \ldots\ m-n, \ldots,$$

il finit alors par s'en présenter un qui est nul et qui fait annuler tous les termes où il paraît, c'est-à-dire tous les termes qui suivent celui où commence à figurer le facteur nul. Mais cette circonstance n'a plus lieu, soit quand m est négatif, vu que les facteurs $m-1$, $m-2$..., vont alors en s'éloignant de plus en plus de zéro, soit lorsque m est fractionnaire, vu qu'en en retranchant des unités entières on laisse toujours subsister une fraction, qui ne s'annule jamais. Donc, la formule du binôme devient bien une série infinie dans les cas autres que celui de m entier et positif.

Il nous reste à la démontrer pour ces cas.

A cet effet, nous souvenant que b est plus petit que a en valeur absolue, nous poserons $\frac{b}{a} = x$, x étant un nombre compris entre -1 et $+1$. Par suite, $b = ax$ et

$$a + b = a(1+x).$$

L'expression à développer est donc $a^m(1+x)^m$, et, pour démontrer la formule donnée ci-dessus, il suffit évidemment de faire voir que $(1+x)^m$ égale le quotient de la série occupant le second membre de cette formule par a^m,

quotient qui est

$$1 + \frac{m}{1}\frac{b}{a} + \frac{m(m-1)}{1.2}\frac{b^2}{a^2} + \frac{m(m-1)(m-2)}{1.2.3}\frac{b^3}{a^3} + \dots$$

Par suite, comme $\frac{b}{a}$ ne diffère pas de x, la formule qu'il s'agira de démontrer est celle-ci:

$$(1+x)^m = 1 + \frac{m}{1}x + \frac{m(m-1)}{1.2}x^2 + \frac{m(m-1)(m-2)}{1.2.3}x^3 + \dots + \frac{m(m-1)(m-2)\dots\dots(m-n+1)}{1.2.3\dots\dots n}x^n + \dots$$

Pour cela, développons $(1+x)^m$ par la série de Mac-Laurin, en nous souvenant que x est inférieur à 1 en valeur absolue. Posons donc

$$f(x) = (1+x)^m,$$

et, par suite,

$$f'(x) = m(1+x)^{m-1},$$

$$f''(x) = m(m-1)(1+x)^{m-2},$$

$$f'''(x) = m(m-1)(m-2)(1+x)^{m-3}, \dots\dots,$$

$$f^n(x) = m(m-1)(m-2)\dots\dots\dots(m-n+1)(1+x)^{m-n},$$

$$f^{n+1}(x) = m(m-1)\dots\dots(m-n)(1+x)^{m-n-1}.$$

Portons ces valeurs, en faisant au besoin $x=0$, dans la formule de Mac-Laurin

$$f(x) = f(0) + \frac{f'(0)}{1}x + \frac{f''(0)}{1.2}x^2 + \dots + \frac{f^n(0)}{1.2\dots n}x^n + R_n,$$

et aussi dans le reste, pris sous la forme

$$R_n = \frac{x^{n+1}(1-\theta)^n}{1.2\dots\dots n} f^{n+1}(\theta x).$$

Nous aurons

$$(1+x)^m = 1 + \frac{m}{1}x + \frac{m(m-1)}{1.2}x^2 + \dots + \frac{m(m-1)(m-2)\dots(m-n+1)}{1.2.3\dots n}x^n + R_n$$

et

$$R_n = \frac{x^{n+1}(1-\theta)^n}{1.2\dots\dots\dots\dots n} m(m-1)\dots(m-n) \frac{(1+\theta x)^{m-1}}{(1+\theta x)^n}.$$

La série trouvée pour $(1+x)^m$ est bien, identiquement, celle que nous devions obtenir; en sorte qu'il suffit de démontrer que R_n tend vers 0 à mesure que n va en augmentant. A cet effet, nous grouperons les facteurs, entrant dans l'expression de R_n, de la manière suivante:

$$R_n = \left[mx(1+\theta x)^{m-1}\right]\left(\frac{m-1}{1}\ \frac{x-\theta x}{1+\theta x}\right)\left(\frac{m-2}{2}\ \frac{x-\theta x}{1+\theta x}\right)\left(\frac{m-3}{3}\ \frac{x-\theta x}{1+\theta x}\right)\dots\left(\frac{m-n}{n}\ \frac{x-\theta x}{1+\theta x}\right).$$

Dans le second membre, faisons pour un moment abstraction de la première parenthèse, où il n'entre que m, x et θx. Tous les autres facteurs sont de la forme $\frac{m-i}{i}\ \frac{x-\theta x}{1+\theta x}$, i désignant successivement les nombres entiers 1, 2, 3, ... n.

Si l'on prend i assez grand, m est peu de chose en comparaison de i et la fraction $\frac{m-i}{i}$ tend vers −1. D'autre part, le facteur $\frac{x-\theta x}{1+\theta x}$ est toujours plus petit que x en valeur absolue. Pour le démontrer, distinguons les deux cas $x > 0$, $x < 0$. Pour $x > 0$, l'excès, $x - \theta x$, de x sur une partie, θx, de x lui-même, est plus petit que x, et cet excès devient encore plus faible quand on le divise par le nombre $1+\theta x$, supérieur à l'unité. Si, au contraire, x est négatif, mettons son signe en évidence en posant $x = -z$; ce qui donne à $\frac{x-\theta x}{1+\theta x}$ la valeur absolue $\frac{z-\theta z}{1-\theta z}$. Or cette valeur absolue est moindre que z, vu que, en la retranchant de z, on trouve

$$z - \frac{z-\theta z}{1-\theta z} = \frac{z-\theta z^2-z+\theta z}{1-\theta z} = \frac{\theta z(1-z)}{1-\theta z},$$

quantité essentiellement positive. Donc, pour i assez grand, le rapport du facteur $\frac{m-i}{i}\ \frac{x-\theta x}{1+\theta x}$ à x est, en valeur absolue, inférieur à l'unité, ou, tout au plus, dépasse d'aussi peu qu'on veut l'unité. C'est dire que le produit d'un nombre de plus en plus grand p de pareils facteurs est inférieur à x^p ou, du moins, à la puissance $p^{ème}$ d'un nombre dépassant x d'aussi peu qu'on veut, puissance qui tend vers zéro, comme on le sait, à mesure que p grandit, vu que x est supposé inférieur à l'unité en valeur absolue. Donc, l'expression de R_n est le produit de $mx(1+\theta x)^{m-1}$, facteur fini (compris entre les deux valeurs mx et $mx(1+x)^{m-1}$ qu'il prend quand on donne à θ ses deux valeurs extrêmes zéro et 1), par un nombre <u>déterminé</u> d'autres facteurs finis, tels que $\frac{m-1}{1}$ $\frac{x-\theta x}{1+\theta x}$, etc, et, enfin, par un nombre <u>indéfiniment croissant</u> de facteurs inférieurs ou sensiblement égaux à x. Le produit de ces derniers tendant vers zéro et les autres étant en nombre restreint, il est clair que le produit total, c'est-à-dire R_n, tend vers zéro à mesure que n grandit de plus en plus. Ainsi, la formule du binôme est bien démontrée pour le cas d'un exposant quelconque.

10ème Leçon — Formules de Taylor et de Mac-Laurin pour les fonctions de plusieurs variables. Théorie des maxima et des minima des fonctions d'une seule variable indépendante.

51. — Extension de la série de Taylor aux fonctions de plusieurs variables indépendantes. Considérons une fonction de plusieurs variables, $f(x, y, z)$, et, donnant aux variables x, y, z des accroissements positifs ou négatifs h, k, l, proposons-nous de développer la valeur de

$$f(x+h, y+k, z+l)$$

suivant les puissances entières et positives de h, k, l. A cet effet, nous imaginerons que les variables grandissent, toutes à la fois, proportionnellement à leurs accroissements totaux h, k, l, ou, en d'autres termes, en appelant t une variable auxiliaire qui croîtra de de 0 à 1, nous concevrons que les accroissements de x, y, z soient à un moment quelconque ht, kt, lt, et nous développerons la fonction $f(x+ht, y+kt, z+lt)$, que nous appellerons $\varphi(t)$, suivant les puissances croissantes de cette variable auxiliaire t. Nous aurons donc, par la série de Mac-Laurin,

$$\varphi(t) = \varphi(0) + \frac{t}{1}\varphi'(0) + \frac{t^2}{1.2}\varphi''(0) + \frac{t^3}{1.2.3}\varphi'''(0) + \cdots + \frac{t^n}{1.2\ldots n}\varphi^{(n)}(0) + R_n,$$

et, en adoptant la troisième forme nouvelle du reste R_n,

$$R_n = \frac{t^n}{1.2.3\ldots n}\left[\varphi^n(\theta t) - \varphi^n(0)\right].$$

Il faudra faire ensuite dans les résultats $t = 1$, pour que la fonction $\varphi(t)$ se réduise à $\varphi(1) = f(x+h, y+k, z+l)$. Il viendra donc

$$\begin{cases} f(x+h, y+k, z+l) = f(x, y, z) + \frac{1}{1}\varphi'(0) + \frac{1}{1.2}\varphi''(0) + \cdots + \frac{1}{1.2.3\ldots n}\varphi^n(0) + R_n, \\ \text{avec } R_n = \frac{1}{1.2.3\ldots n}\left[\varphi^n(\theta) - \varphi^n(0)\right]. \end{cases}$$

Il ne reste plus qu'à calculer les dérivées de φ par rapport à t. Or, cette fonction φ est une fonction composée, dans l'expression de laquelle entrent les variables $x+ht$, $y+kt$, $z+lt$, et celles-ci sont trois fonctions linéaires de t ayant pour dérivées par rapport à t les constantes h, k, l. Donc nous aurons à calculer les dérivées successives d'une fonction composée, pour le cas où nous savons que ces dérivées admettent la forme simple de puissances symboliques. Observons d'ailleurs que, prendre la dérivée de la fonction f par rapport à une de ses variables, $x+ht$ par exemple, c'est la même chose que de prendre la dérivée de f par rapport à x, vu que x n'y paraît que par cette variable $x+ht$, et aussi que la dérivée de $x+ht$ en x est 1. Il reviendra donc au même d'écrire $\frac{df}{dx}$ que d'écrire $\frac{df}{d(x+ht)}$, et ce sera un peu plus simple. On pourrait en dire autant des dérivées par rapport à $y+kt$ ou $z+lt$, qui s'écriront simplement $\frac{d}{dy}$ et $\frac{d}{dz}$. Une première différentiation donnera donc la formule symbolique :

$$\varphi'(t)=\left(h\frac{d}{dx}+k\frac{d}{dy}+l\frac{d}{dz}\right)f(x+ht, y+kt, z+lt).$$

Le résultat étant lui-même une nouvelle fonction des trois variables

$$x+ht,\quad y+kt,\quad z+lt,$$

on le différentiera par la même règle et l'on aura

$$\varphi''(t)=\left(h\frac{d}{dx}+k\frac{d}{dy}+l\frac{d}{dz}\right)^2 f(x+ht, y+kt, z+lt).$$

Et l'on continuera de même jusqu'à

$$\varphi^n(t)=\left(h\frac{d}{dx}+k\frac{d}{dy}+l\frac{d}{dz}\right)^n f(x+ht, y+kt, z+lt).$$

Faisant $t=0$ dans ces formules, on trouvera donc :

$$\varphi'(0)=\left(h\frac{d}{dx}+k\frac{d}{dy}+l\frac{d}{dz}\right)f(x,y,z),$$

$$\varphi''(0)=\left(h\frac{d}{dx}+k\frac{d}{dy}+l\frac{d}{dz}\right)^2 f(x,y,z),\ \ldots\ldots,$$

$$\varphi^{(n)}(0)=\left(h\frac{d}{dx}+k\frac{d}{dy}+l\frac{d}{dz}\right)^n f(x,y,z);$$

et aussi

$$\varphi^n(\theta)=\left(h\frac{d}{dx}+k\frac{d}{dy}+l\frac{d}{dz}\right)^n f(x+\theta h, y+\theta k, z+\theta l).$$

Substituant enfin ces valeurs dans les expressions de $\varphi(1)$ et de R_n, il vient :

$$\left\{\begin{array}{l} f(x+h, y+k, z+l)=f(x,y,z)+\frac{1}{1}\left(h\frac{d}{dx}+k\frac{d}{dy}+l\frac{d}{dz}\right)f(x,y,z) \\ +\frac{1}{1.2}\left(h\frac{d}{dx}+k\frac{d}{dy}+l\frac{d}{dz}\right)^2 f(x,y,z)+\cdots+\frac{1}{1.2.3\ldots n}\left(h\frac{d}{dx}+k\frac{d}{dy}+l\frac{d}{dz}\right)^n f(x,y,z)+R_{n+1}\end{array}\right.$$

$$R_n = \frac{1}{1.2.3\ldots n}\left[\left(h\frac{d}{dx}+k\frac{d}{dy}+l\frac{d}{dz}\right)^n f(x+\theta h, y+\theta k, z+\theta l) - \left(h\frac{d}{dx}+k\frac{d}{dy}+l\frac{d}{dz}\right)^n f(x,y,z)\right].$$

Ce sont les formules demandées. En effet, voyons ce que représente l'expression trouvée de $f(x+h, y+k, z+l)$. Son premier terme n'est autre que la valeur primitive $f(x,y,z)$ de la fonction. Le terme complexe suivant,

$$\frac{1}{1}\left(h\frac{d}{dx}+k\frac{d}{dy}+l\frac{d}{dz}\right)f(x,y,z) = \frac{df}{dx}h + \frac{df}{dy}k + \frac{df}{dz}l,$$

est un ensemble de termes du premier degré en h, k, l, ensemble qui est l'analogue du terme unique $h\frac{df}{dx}$ ou $\frac{h}{1}f'(x)$ qu'on aurait dans le cas d'une seule variable x. Le terme complexe suivant, si on développe le carré symbolique qui y paraît, devient

$$\frac{1}{1.2}\left[h^2\frac{d^2f}{dx^2}+k^2\frac{d^2f}{dy^2}+l^2\frac{d^2f}{dz^2}+2kl\frac{d^2f}{dy\,dz}+2lh\frac{d^2f}{dz\,dx}+2hk\frac{d^2f}{dx\,dy}\right].$$

On voit qu'il contient de même un ensemble de termes du second degré par rapport à h, k, l, ensemble qui se réduirait à $\frac{h^2}{1.2}\frac{d^2f}{dx^2}$, ou $\frac{h^2}{1.2}f''(x)$, s'il n'y avait qu'une variable x. Pareillement, le terme suivant, qui contient un cube symbolique, donnerait des termes du troisième degré en h, k, l et dont les coefficients seraient affectés des dérivées partielles du troisième ordre de $f(x,y,z)$. Et ainsi de suite. Donc la formule considérée développe bien $f(x+h, y+k, z+l)$ suivant les puissances croissantes de h, k, l.

Considérons enfin l'expression du reste complémentaire R_n. Elle contient la puissance symbolique

$$\left(h\frac{d}{dx}+k\frac{d}{dy}+l\frac{d}{dz}\right)^n f(x+\theta h, y+\theta k, z+\theta l),$$ dont le développement,

$$h^n\frac{d^nf(x+\theta h, y+\theta k, z+\theta l)}{dx^n} + \frac{n}{1}h^{n-1}k\frac{d^nf(x+\theta h, y+\theta k, z+\theta l)}{dx^{n-1}dy} + \text{etc.}$$

se compose de termes du $n^{\text{ème}}$ degré en h, k, l, affectés en coefficient des dérivées partielles $n^{\text{èmes}}$ de $f(x+\theta h, y+\theta k, z+\theta l)$ par rapport à ses variables $x+\theta h, y+\theta k, z+\theta l$. Mais cette expression se trouve diminuée d'une autre pareille, qui s'en déduit en posant $\theta = 0$, ou en réduisant ces dérivées partielles du $n^{\text{ème}}$ ordre à leurs valeurs initiales qui dépendent de x, y, z seulement. On a donc

$$R_n = \frac{1}{1.2.3\ldots n}\left[h^n\left(\frac{d^nf(x+\theta h, y+\theta k, z+\theta l)}{dx^n} - \frac{d^nf(x,y,z)}{dx^n}\right) + \frac{n}{1}h^{n-1}k\left(\frac{d^nf(x+\theta h, y+\theta k, z+\theta l)}{dx^{n-1}dy} - \frac{d^nf(x,y,z)}{dx^{n-1}dy}\right) \ldots\ldots\right].$$

Il va sans dire que les dérivées partielles successives de la fonction f, employées dans le développement, devront être finies et continues quand les variables iront de x, y, z à $x+h, y+k, z+l$; sans quoi les dérivées correspondantes de la fonction auxiliaire $\varphi(t)$ seraient en général discontinues et, cette fonction $\varphi(t)$ n'étant plus développable par la formule de Mac-Laurin, notre démonstration, ainsi que ses résultats, cesserait d'être légitime.

52 — Rapide convergence de la série quand les accroissements h, k, l sont très-petits.

Nous n'aurons à appliquer la formule de Taylor à des fonctions de plusieurs variables que dans des problèmes où h, k, l seront très petits, c'est-à-dire que dans des cas où l'on étudiera les petites variations éprouvées par la fonction f aux environs d'une valeur donnée, et où, d'ailleurs, les dérivées qui entreront dans tous les termes développés seront supposées finies et continues entre les limites où varieront h, k, l. Alors, la série sera, non seulement convergente, mais très-convergente, au point que l'erreur commise en s'arrêtant à un certain terme (inclusivement) égalera une fraction aussi petite qu'on voudra de ce terme lui-même, pourvu qu'il ne soit pas nul.

C'est ce qu'on reconnait en comparant l'expression de R_n donnée ci-dessus au dernier des termes complexes (exprimés) de la série, terme dont le développement est

$$\frac{1}{1.2.3\ldots n}\left[h^n \frac{d^n f(x,y,z)}{dx^n} + \frac{n}{1} h^{n-1} k \frac{d^n f(x,y,z)}{dx^{n-1}dy} + \ldots\ldots\right].$$

On voit que les diverses parties de ce terme complexe et celles de R_n se correspondent chacune à chacune. Les rapports des parties correspondantes sont respectivement,

$$\frac{\frac{d^n f(x+\theta h, y+\theta k, z+\theta l)}{dx^n} - \frac{d^n f(x,y,z)}{dx^n}}{\frac{d^n f(x,y,z)}{dx^n}}, \quad \frac{\frac{d^n f(x+\theta h, y+\theta k, z+\theta l)}{dx^{n-1}dy} - \frac{d^n f(x,y,z)}{dx^{n-1}dy}}{\frac{d^n f(x,y,z)}{dx^{n-1}dy}}, \text{etc.}$$

Les dénominateurs y sont égaux aux valeurs initiales des diverses dérivées partielles $n^{\text{èmes}}$ de la fonction f, et les numérateurs, aux accroissements qu'éprouvent ces dérivées lorsque x, y, z y varient de $\theta h, \theta k, \theta l$, accroissements infiniment petits quand h, k, l tendent vers zéro, puisque ces dérivées sont continues. Donc, les diverses parties du dernier terme complexe (exprimé) de la série, dès qu'elles ne sont pas nulles, se trouvent incomparablement plus grandes que les parties correspondantes du reste R_n, du moins lorsque h, k, l deviennent assez petits; et, par suite, en exceptant le cas où les parties de ce terme complexe s'entredétruiraient presque exactement, le terme tout entier dont il s'agit, quoi qu'il soit du $n^{ème}$ degré (ou du $n^{ème}$ ordre de petitesse) en h, k, l, est incomparablement supérieur à l'erreur commise R_n. Or c'est justement ce qu'on voulait démontrer.

53. — Série de Mac-Laurin pour les fonctions de plusieurs variables indépendantes.

Supposons qu'on prenne, dans la formule précédente de Taylor, $x=0, y=0, z=0$, et qu'on indique par $(f)_0$, $\left(\frac{df}{dx}\right)_0$, $\left(\frac{df}{dy}\right)_0$, $\left(\frac{df}{dz}\right)_0$, etc, les valeurs que reçoivent les fonctions f, $\frac{df}{dx}$, $\frac{df}{dy}$, $\frac{df}{dz}$, etc, quand on pose ainsi $x=0, y=0, z=0$. Cette formule deviendra

$$f(h,k,l)=(f)_0+\left(\frac{df}{dx}\right)_0 h+\left(\frac{df}{dy}\right)_0 k+\left(\frac{df}{dz}\right)_0 l+\frac{1}{2}\left[\left(\frac{d^2f}{dx^2}\right)_0 h^2+\left(\frac{d^2f}{dy^2}\right)_0 k^2+\left(\frac{d^2f}{dz^2}\right)_0 l^2+\dots\right]+\dots\dots,$$

et, si nous appelons x, y, z les accroissements désignés jusqu'ici par h, k, l,

$$f(x,y,z)=(f)_0+\left(\frac{df}{dx}\right)_0 x+\left(\frac{df}{dy}\right)_0 y+\left(\frac{df}{dz}\right)_0 z+\frac{1}{2}\left[\left(\frac{d^2f}{dx^2}\right)_0 x^2+\left(\frac{d^2f}{dy^2}\right)_0 y^2+\left(\frac{d^2f}{dz^2}\right)_0 z^2+2\left(\frac{d^2f}{dy\,dz}\right)_0 yz+\dots\right]+\dots,$$

C'est la série de Mac-Laurin pour le cas de plusieurs variables indépendantes. Elle n'est donc qu'une spécification de celle de Taylor et on pourra lui appliquer tout ce que nous avons dit à propos de celle-ci, en ce qui concerne, notamment, la convergence rapide quand les accroissements h, k, l, appelés maintenant x, y, z, sont très-petits.

54. — Des Maxima et minima des fonctions.

Passons à une nouvelle application analytique, très-importante, du calcul différentiel, savoir, à la théorie des maxima et des minima des fonctions.

Une fonction d'une ou plusieurs variables est dite *minimum*, à un certain moment, ou pour certaines valeurs des variables, lorsqu'elle est, à ce moment, plus petite que pour toutes les valeurs voisines possibles données aux variables, tant celles qui précèdent les valeurs actuelles que celles qui les suivent: elle est dite, au contraire, *maximum*, lorsqu'elle est actuellement plus grande que pour toutes les valeurs voisines possibles des variables.

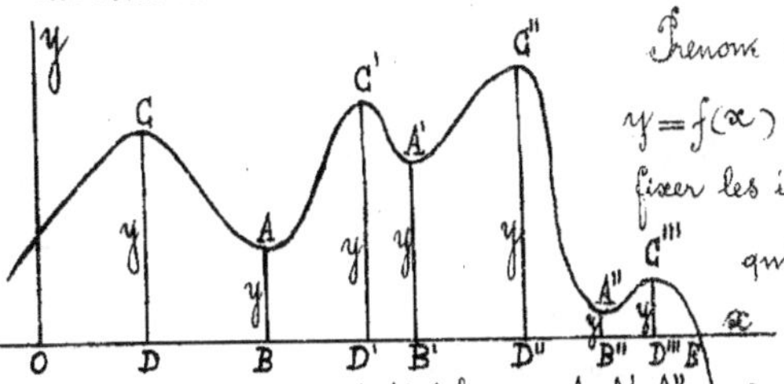

Prenons comme exemple une fonction $y=f(x)$ d'une seule variable x, et, pour fixer les idées, construisons la courbe CAC'.... qui a l'équation $y=f(x)$. Son ordonnée $y=f(x)$ sera minimum en des points tels que A, A', A'', où elle est moindre que dans tout le voisinage; et elle aura, au contraire, des maximums (ou des <u>maxima</u>) aux points C, C', C'' C''', car les ordonnées CD, C'D', etc., se trouvent plus grandes que toutes les ordonnées voisines. D'après cela, un minimum peut être plus grand qu'un maximum, comme il arrive pour le minimum A B, supérieur au maximum C'''D'''.

Observons que la plus grande ou la plus petite des valeurs prises par la fonction (supposée continue), entre certaines valeurs de la variable x, peut n'être ni un maximum, ni un minimum, mais correspondre à l'une des valeurs extrêmes données de x: par exemple, sur la figure, la plus petite valeur de y, pour x compris entre l'abscisse zéro et l'abscisse OE, c'est l'ordonnée nulle que présente la courbe à la limite supérieure, c'est-à-dire au point E; et cette valeur n'est pourtant pas un minimum, car, si l'on continuait à faire grandir x, l'ordonnée décroîtrait encore, comme on voit, puisqu'elle deviendrait négative. Ainsi, <u>la valeur la plus petite et la valeur la plus grande que reçoive une fonction continue, entre certaines limites où varient ses variables, doivent être cherchées, soit à ces limites mêmes, soit parmi les maxima ou minima qu'admet la fonction entre les mêmes limites.</u>

55. — <u>Théorie des maxima et minima pour les fonctions d'une seule variable.</u>

Considérant d'abord une fonction $y=f(x)$ d'une seule variable x, supposons que, pour une certaine valeur de x, elle devienne minimum: un instant auparavant, c'est-à-dire quand cette valeur de x n'était pas tout-à-fait atteinte, la fonction décroissait donc et sa dérivée $f'(x)$ était négative, tandis que la fonction va croître, et sa dérivée $f'(x)$ devenir positive, dès que x grandira. <u>Ainsi, on</u>

reconnaît un minimum à ce signe, que la dérivée $f'(x)$ y devient, de négative, positive, dès que x grandit. De même, au moment où un maximum est atteint, la fonction, qui croissait, va décroître, et la dérivée $f'(x)$ cesse à l'instant d'être positive pour devenir négative. En résumé, les maxima et les minima d'une fonction $f(x)$ correspondent aux valeurs de x pour lesquelles la dérivée $f'(x)$ change de signe.

On déduit de ce principe une règle usuelle pour trouver soit les maximum, soit les minimum. Les fonctions, $f(x)$, qui se présentent dans l'analyse ou dans l'étude de la nature ne changent guère de signe qu'en passant, soit par zéro, soit par l'infini; car, lorsqu'elles ne sont pas continues et qu'elles peuvent, par suite, changer de signe autrement qu'en s'annulant, c'est, d'ordinaire, parce que leur expression contient un dénominateur continu susceptible de changer lui-même de signe à l'instant où il passe par zéro, cas où la fraction passe brusquement de $\pm\infty$ à $\mp\infty$. Ainsi, toutes les valeurs de x pour lesquelles une fonction $f(x)$ a quelque chance de devenir minimum ou maximum s'obtiendront en résolvant, soit l'équation

$$f'(x) = 0,$$

soit l'équation

$$f'(x) = \pm\infty \quad \text{ou} \quad \frac{1}{f'(x)} = 0.$$

Dans le premier cas, la tangente à la courbe $y = f(x)$ devient parallèle à l'axe des x, puisque son coefficient angulaire $f'(x)$ s'annule; et c'est ce

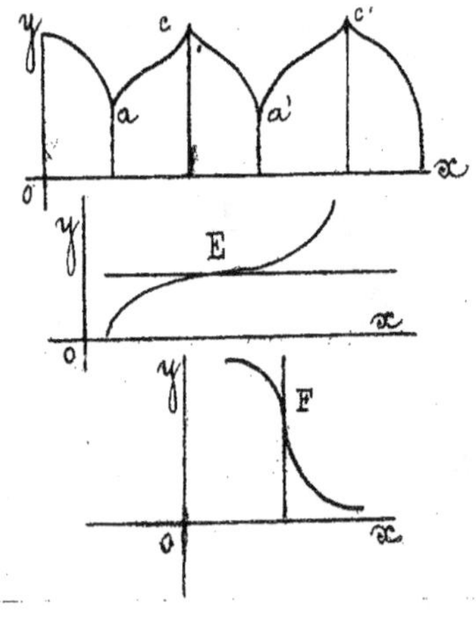

qu'on voit aux points C, A, C', A', etc. de la figure précédente. Dans le second cas, le coefficient angulaire $f'(x)$ étant infini, la tangente devient parallèle à l'axe des y, comme il arrive, dans la première figure ci-contre, en des points tels que a, c, a', c', points, dits de rebroussement, où la tangente change brusquement de direction en se retournant de 180 degrés et où l'on voit que l'ordonnée se trouve, soit constamment plus petite, soit constamment plus grande qu'en tous les points voisins.

Toutefois, il peut fort bien se faire que la dérivée $f'(x)$ soit, ou nulle (comme au point E de la seconde figure ci-contre), ou infinie (comme au point F de la troisième figure), sans qu'il y ait ni maximum, ni minimum, mais seulement un point d'inflexion, où la tangente croise la courbe sans que son changement de direction présente aucune discontinuité. Après avoir déterminé chaque racine des équations $f'(x)=0$, $f'(x)=\pm\infty$, il reste donc encore à examiner si la dérivée $f'(x)$ y change effectivement de signe, condition sans laquelle cette valeur de x ne correspondrait à aucun maximum, ni à aucun minimum.

Bornons-nous, dans cet examen général, au cas où la fonction $f(x)$ est continue, ainsi que ses dérivées. Alors la dérivée $f'(x)$ ne change de signe qu'en s'annulant, en sorte qu'il suffira de considérer et de résoudre l'équation $f'(x)=0$. Supposons que, pour chaque valeur x vérifiant cette équation, on évalue la fonction $f''(x)$, dérivée de $f'(x)$ et qui pourra bien, dans quelques cas exceptionnels, se trouver alors nulle, mais qui sera presque toujours, ou positive, ou négative. Si elle est positive, c'est une preuve que la fonction $f'(x)$ est en train de croître, au moment où x atteint la valeur considérée qui l'annule: par suite $f'(x)$ passe du négatif au positif et la fonction proposée $f(x)$ est elle-même minimum. Au contraire, si $f''(x)$ se trouve négative, c'est une preuve que $f'(x)$, en train de décroître et actuellement nulle, passe du positif au négatif, ou que $f(x)$ est maximum. Ainsi, il y a minimum, quand la valeur de x qui annule $f'(x)$ donne $f''(x)>0$; maximum, quand elle donne $f''(x)<0$.

Il ne peut rester de doute, que dans le cas exceptionnel où la valeur de x qui annule la dérivée première annulerait aussi la dérivée seconde. Concevons que l'on calcule alors les dérivées successives $f'''(x)$, $f^{IV}(x)$, ... jusqu'à ce qu'il s'en présente une, $f^{(n)}(x)$, qui ne s'annule pas. La série de Taylor, si on y fait croître x d'une très-petite quantité h, positive ou négative, donnera

$$f(x+h)-f(x)=\frac{h^n}{1.2.3\ldots n}f^n(x)+R_n,$$

et nous savons que R_n pourra être négligé à côté du terme précédent

$$\frac{h^n}{1.2.3\ldots n}f^n(x),$$

dont le signe sera, par suite, celui de l'accroissement même, $f(x+h)-f(x)$, éprouvé par la fonction à partir de sa valeur actuelle $f(x)$. Or, si l'exposant n est impair, ce terme changera de signe, en même temps que son facteur variable h^n, quand on remplacera h par h, et le petit accroissement $f(x+h)-f(x)$ sera tantôt positif, tantôt négatif; en sorte que $f(x)$ ne se trouvera, ni maximum, ni minimum.

Mais si n est pair, le facteur h^n sera essentiellement positif et le terme $\frac{h^n}{1.2\ldots n} f^{(n)}(x)$ aura toujours le signe de $f^{(n)}(x)$. Alors, quand $f^{(n)}(x)$ sera positif, le petit accroissement $f(x+h)-f(x)$ éprouvé par la fonction le sera lui-même toujours, et la valeur actuelle $f(x)$, se trouvant plus petite que toutes ses voisines, sera minimum. Elle serait, pareillement, maximum, si la dérivée $f^{(n)}(x)$ était négative, ce qui rendrait essentiellement négative aussi toute petite variation, $f(x+h)-f(x)$, de la fonction $f(x)$.

En résumé, Pour reconnaître si une valeur de x qui annule la dérivée première $f'(x)$ correspond à un minimum de la fonction $f(x)$, ou à un maximum, ou ne correspond ni à un maximum, ni à un minimum, on calcule, pour cette valeur de x, les dérivées $f''(x)$, $f'''(x)$, ... jusqu'à ce qu'on en trouve une qui ne s'annule pas, quand cette première dérivée qui ne s'annule pas est d'ordre impair, il n'y a ni maximum, ni minimum, lorsque elle se trouve être d'ordre pair, il y a minimum, quand elle est positive, maximum, quand elle est négative. Cette règle comprend évidemment le cas ordinaire où la première dérivée qui ne s'annule pas est $f''(x)$.

56. — Principe de Fermat ou de Kepler.

Dans la pratique, il arrive souvent qu'un simple coup d'œil jeté sur la question fait voir si l'on a à faire à un maximum, ou à un minimum, ou s'il n'y a ni l'un, ni l'autre. Alors il suffit en général de résoudre l'équation $f'(x)=0$. Or, comme $f'(x)$ n'est autre que limite de $\frac{f(x+\Delta x)-f(x)}{\Delta x}$ quand Δx tend vers zéro, on exprime ainsi qu'au moment où une fonction devient maximum ou minimum, tout accroissement très-petit donné à la variable ne fait éprouver à la fonction qu'un accroissement incomparablement moindre encore, ou, plus brièvement, qu'une fonction n'a pas de variations sensibles aux environs de ses maxima et de ses minima. Ce principe, un des plus importants de la philosophie naturelle et déjà connu sans doute des anciens, a été mis en vue, au XVIIème siècle, par Képler et Fermat, qui en ont donné des applications célèbres.

11.ème Leçon — Suite de la Théorie des maxima et des minima : problème de Fermat, etc ; maxima et minima des fonctions de plusieurs variables.

57. — Applications. Distance minimum d'un point à une courbe.

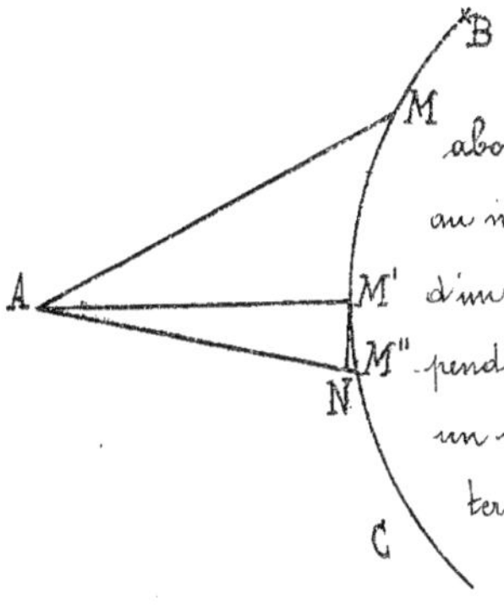

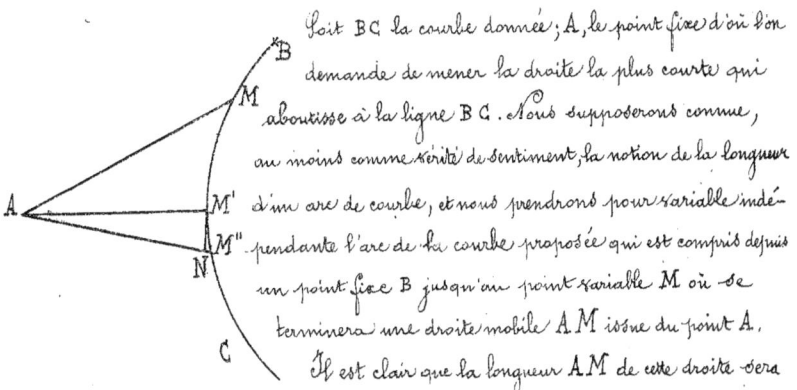

Soit BC la courbe donnée ; A, le point fixe d'où l'on demande de mener la droite la plus courte qui aboutisse à la ligne BC. Nous supposerons connue, au moins comme vérité de sentiment, la notion de la longueur d'un arc de courbe, et nous prendrons pour variable indépendante l'arc de la courbe proposée qui est compris depuis un point fixe B jusqu'au point variable M où se terminera une droite mobile AM issue du point A.

Il est clair que la longueur AM de cette droite sera une fonction déterminée de l'arc BM ; car, à chaque position du point M, il en correspond une de AM et une seule. Nous cherchons à quel moment, ou pour quelle position du point M, la droite AM est minimum.

Appelons M' cette position, ou AM' la droite minimum, et appliquons le principe de Fermat. Il faudra, pour cela, faire croître BM' d'une quantité très-petite M'M'', puis construire l'accroissement AM''-AM', éprouvé en même temps par la fonction, en portant AM' sur AM" et formant le triangle isocèle AM'N (ce qui donne NM" pour cet accroissement), enfin, exprimer que le rapport de l'accroissement, NM", de la fonction à celui, M'M", de la variable est très-petit, ou tend vers zéro en même temps que M'M". L'équation du problème est donc

$$\frac{NM''}{M'M''} = \text{une quantité évanouissante } \varepsilon.$$

Interprétons-la en observant que, dans le triangle M'M"N, les deux côtés NM", M'M" sont entr'eux comme les sinus des angles opposés : le sinus de l'angle NM'M" sera donc la fraction infiniment petite ε du sinus de l'angle N ; ce qui exige que sin NM'M" soit lui-même infiniment petit ou que M'N fasse un angle nul à la limite avec la corde très-petite M'M", c'est-à-dire avec la tangente à la courbe. Comme, d'ailleurs, l'angle à la base, AM'N, du triangle isocèle tend vers un droit lorsque l'angle au sommet A tend vers zéro, on voit que AM' est perpendiculaire à la tangente en M' à la courbe. Donc la condition fournie par le principe de Fermat exprime que la droite minimum est normale à la courbe.

58. — Autre exemple ; réflexion de la lumière.

Fermat, pour se rendre compte des lois de la réflexion et de la réfraction, admit que la lumière, en allant d'un point à un autre, choisit le trajet qui se fait dans le temps le plus court possible ; et ce principe a été confirmé en effet par la théorie des ondes lumineuses, dans laquelle on prouve que, si l'on considère tous les mouvements vibratoires envoyés d'un point à un autre à travers divers milieux ou par diverses voies, les seuls de ces mouvements qui subsistent au point d'arrivée, c'est-à-dire les seuls qui n'y soient pas entièrement neutralisés par d'autres, sont ceux qui arrivent les premiers. Fermat remarqua d'abord que son postulatum de l'économie du temps s'appliquait bien à la marche de la lumière à travers un milieu homogène ; puisque cette marche s'effectue en ligne droite, avec une vitesse dépendant de la nature du milieu. Et il remarqua aussi que le même postulatum s'appliquait à la réflexion ; car on savait depuis longtemps qu'un mobile qui doit aller, avec une vitesse constante, d'un point A à un point B en touchant un plan RS, arrive le plus tôt possible, quand le point M où il touche le plan est tel 1° que le plan AMB soit normal à la surface RS ou contienne

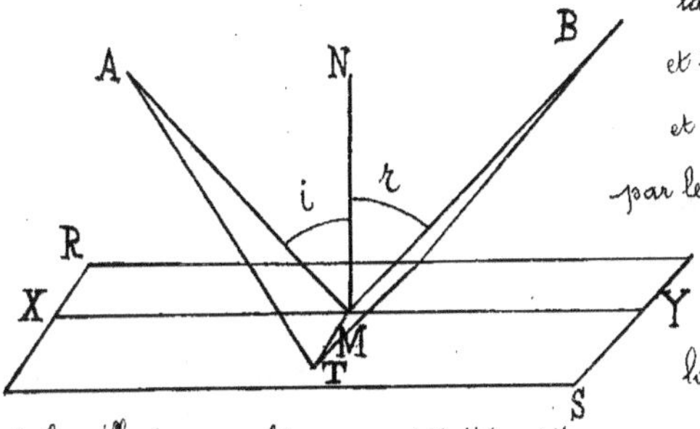

la normale MN à cette surface et 2° que les deux angles d'incidence et de réflexion, AMN et NMB, faits par les deux parties du chemin parcouru avec la normale à la surface donnée soient égaux : lois justement identiques à celles de la réflexion, que l'on connaissait aussi.

Voici, du reste, la solution de ce problème de minimum par le principe de Fermat. La vitesse du mobile étant constante dans tout le milieu traversé, le plus petit temps correspondra à la plus courte trajectoire et il faudra rendre minimum le chemin décrit lui-même. Et, d'abord, ce chemin, qui se compose évidemment de deux droites, devra se trouver dans le plan ABXY mené suivant A et B perpendiculairement à la surface réfléchissante RS, plan dont l'intersection avec RS est la droite XY qui contient les projections des points A et B sur RS, car, tout chemin, ATB par exemple, situé en dehors du plan normal ABXY, se projette sur ce plan suivant un autre chemin, AMB, dont chaque partie, AM, MB, est évidemment moindre que la partie correspondante, AT, TB, du proposé et sera, par suite, décrite dans un temps plus court. Ainsi, le trajet minimum cherché est un de ceux, tels que AMB, que définit chaque point M de la droite fixe XY. Cela posé, prenons sur cette droite un point fixe X et soit XM notre variable indépendante : la fonction qu'il s'agit de rendre minimum sera AM+MB. Si l'on fait croître la variable d'une quantité infiniment petite MM', la fonction devient AM'+M'B, et son accroissement est (AM'−AM) − (BM−BM'), c'est-à-dire PM'−QM, si l'on construit des triangles isocèles AMP et BM'Q en portant AM sur AM' et BM' sur BM.

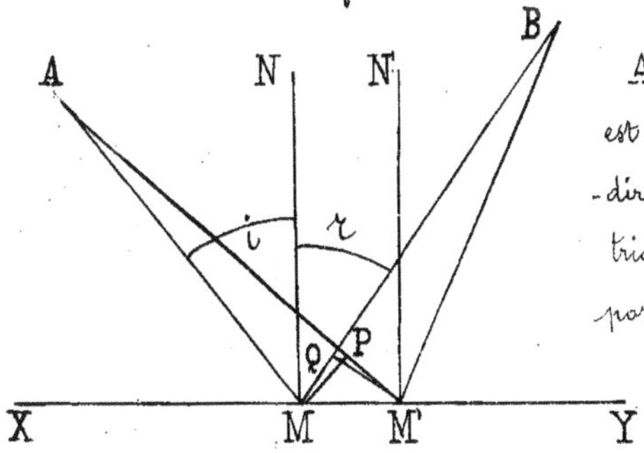

D'après le principe de Fermat, le

rapport, $\frac{PM' - QM}{MM'}$, de ces deux accroissements sera un infiniment petit ε au moment du minimum. Donc l'équation du problème est

$$\frac{PM'}{MM'} - \frac{QM}{MM'} = \varepsilon.$$

Or, dans les triangles PM'M, QM'M, la proportion des sinus donne:

$\frac{PM'}{MM'} = \frac{\sin PMM'}{\sin P}$ et $\frac{QM}{MM'} = \frac{\sin QM'M}{\sin Q}$. D'ailleurs, P et Q étant les suppléments d'angles à la base (de triangles isocèles) infiniment peu différents d'un droit, il vient, à la limite $\sin P = 1$, $\sin Q = 1$: en outre, les côtés de l'angle PMM' sont perpendiculaires, du moins à la limite, à ceux de l'angle d'incidence AMN ou i, en sorte qu'on a $\sin PMM' = \sin i$ (à la limite), et, de même, le sinus de l'angle QM'M diffère infiniment peu de celui de l'angle N'M'B, où M'N' est parallèle à MN, et N'M'B n'est autre, à la limite, que NMB, c'est-à-dire l'angle de réflexion, r. L'équation ci-dessus du minimum devient donc, finalement.

$$\sin i - \sin r = 0 \text{ ou } \frac{\sin i}{\sin r} = 1.$$

Ainsi, les deux angles d'incidence et de réflexion doivent bien être égaux, puisqu'ils ont même sinus et que ce sont des angles aigus.

Fermat, ayant reconnu de la sorte que le principe de l'économie du temps s'appliquait aux deux phénomènes de la transmission de la lumière dans un milieu homogène et de la réflexion, l'étendit par induction à celui de la réfraction, qu'il put alors **aborder** comme il suit.

59.— Problème de la réfraction de la lumière traité par Fermat.

Appelons V la vitesse constante de la lumière dans le premier milieu (c'est-à-dire dans celui où est le point A d'où part le mouvement lumineux) et V' la vitesse également constante de la lumière dans le second milieu, où est le point d'arrivée B. Le chemin suivi se composera évidemment de deux lignes droites, se joignant en un point de la surface de séparation des deux milieux, et l'on reconnaitra, comme dans le cas de la réflexion, que ce trajet devra être dans le plan ABXY mené suivant AB normalement à la surface de séparation; sans quoi la projection du trajet proposé sur ce plan donnerait un nouveau trajet ayant ses deux parties séparement plus courtes et, par suite, susceptibles d'être parcourues dans des temps moindres.

Ainsi, nous pourrons nous borner aux chemins, tels que A M B, situés dans le plan A B X Y, ou parfaitement définis par la distance, X M, d'un point fixe X de la droite X Y au point M où le trajet considéré coupe la surface de séparation des deux milieux. La variable indépendante sera donc X M. Quant à la fonction qui doit être rendue minimum, ce sera

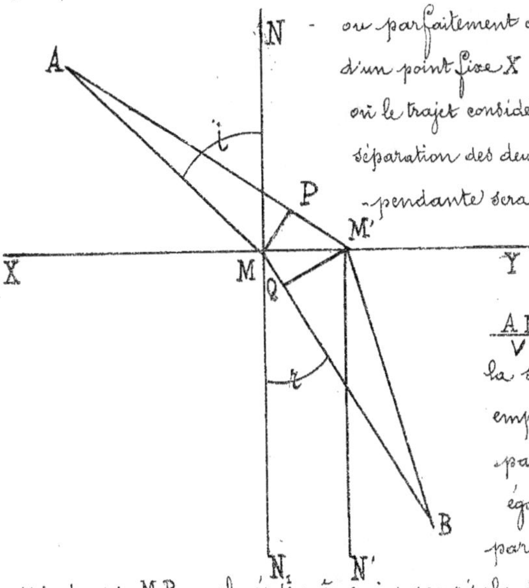

$$\frac{AM}{V} + \frac{MB}{V'},$$ c'est-à-dire la somme du temps, $\frac{AM}{V}$, employé à parcourir la première partie, A M, du trajet (temps qui égale le quotient de l'espace AM par la vitesse correspondante V), et du temps, $\frac{MB}{V'}$, employé de même à parcourir la deuxième partie, M B, du trajet, avec la seconde vitesse donnée, V'. Cela posé, si X M reçoit l'accroissement infiniment petit M M', le trajet deviendra AM' + M'B, et sa durée totale, ou le temps mis par le mobile à le décrire, sera $\frac{AM'}{V} + \frac{BM'}{V'}$. L'accroissement de la fonction vaudra donc

$$\frac{AM' - AM}{V} - \frac{BM - BM'}{V'},$$ ou bien $$\frac{PM'}{V} - \frac{QM}{V'}$$
si, portant A M sur AM' et B M' sur B M, nous construisons les triangles isocèles

AMP, BM'Q.

D'après le principe de Fermat, le rapport de cet accroissement à celui, M M', de la variable, est infiniment petit au moment du minimum. Ainsi, l'équation cherchée du minimum est

$$\frac{1}{V}\ \frac{PM'}{MM'} - \frac{1}{V'}\ \frac{QM}{MM'} = \text{un infiniment petit.}$$

On la transforme en observant, comme dans le problème précédent, que $\frac{PM'}{MM'}$ peut être remplacé par $\frac{\sin PMM'}{\sin P}$, ou, à la limite, par $\sin AMN = \sin i$, et que, de même, $\frac{QM}{MM'}$ peut être remplacé par $\frac{\sin QM'M}{\sin Q}$, ou, à la limite, par $\sin BM'N'$ ou encore, finalement, par $\sin BMN_1$, $BMN_1 = r$ étant l'angle formé par le rayon réfracté MB et le prolongement MN_1 de la normale, angle dit de réfraction. Il vient donc

$$\frac{\sin i}{V} - \frac{\sin r}{V'} = 0, \text{ ou } \frac{\sin i}{\sin r} = \frac{V}{V'}.$$

Or, cette formule exprime la loi suivante, qui est précisément la véritable loi expérimentale de la réfraction : le sinus de l'angle d'incidence est au sinus de l'angle de réfraction dans un rapport constant, égal au rapport même des deux vitesses de la lumière dans les deux milieux respectifs. Ce rapport s'appelle, comme on sait, l'indice de réfraction, et il vaut $\frac{3}{2}$ environ quand le trajet a lieu de l'air dans le verre, $\frac{4}{3}$ environ quand il a lieu de l'air dans l'eau.

Le principe de l'économie du temps revient encore à dire que la lumière suit toujours la voie où elle éprouve le moins de résistance, car il est naturel de supposer la durée du trajet d'autant plus courte, que la résistance totale opposée au mouvement est moindre. Il rentre donc dans un principe plus général, dit de moindre résistance ou de la moindre action, en vertu duquel les phénomènes se produisent par les voies les plus faciles et s'enchaînent de manière à amener ceux qui nécessitent les moindres efforts : principe d'une haute importance, tant pour l'ingénieur que pour le philosophe ; car il donne la clef d'un grand nombre de faits qui s'observent soit dans la nature, soit dans les arts.

60. — Maxima et Minima des fonctions de plusieurs variables indépendantes : Théorie générale.

Appelons $f(x, y, z)$ une fonction de plusieurs variables indépendantes : elle sera dite minimum pour certaines valeurs de x, y, z, quand elle se trouvera plus petite, pour ces valeurs particulières, que pour des valeurs voisines obtenues en faisant varier x, y, z d'une manière quelconque ; elle serait maximum, si elle se trouvait, au contraire, plus grande que pour toutes les valeurs voisines de x, y, z, sans exception.

Quand la fonction est actuellement, ou plus petite, ou plus grande que dans tous ses états voisins, elle l'est, en particulier, lorsqu'on ne fait varier qu'une seule des variables x, y, z, et elle vérifie les conditions de minimum ou maximum des fonctions dépendant d'une variable unique, x, y ou z. Or, la principale de ces conditions s'obtient en égalant, soit à zéro, soit à l'infini, la dérivée première de la fonction par rapport à la variable considérée, dérivée qui doit changer de signe au moment d'un maximum ou d'un minimum. On aura donc, pour déterminer x, y, z, les équations:

$$\begin{cases} \dfrac{df}{dx} = 0 \text{ et } \dfrac{1}{\dfrac{df}{dx}} = 0, \\ \dfrac{df}{dy} = 0 \text{ et } \dfrac{1}{\dfrac{df}{dy}} = 0, \\ \dfrac{df}{dz} = 0 \text{ et } \dfrac{1}{\dfrac{df}{dz}} = 0. \end{cases}$$

En les résolvant, on trouve tous les systèmes de valeurs de x, y, z qui ont quelque chance de rendre maxima ou minima la fonction donnée.

Mais bornons-nous aux fonctions $f(x, y, z)$ dont les dérivées partielles sont finies et continues. Alors ces dérivées ne changent de signe qu'en passant par zéro, et l'on a simplement à résoudre les équations

$$\frac{df}{dx} = 0, \frac{df}{dy} = 0, \frac{df}{dz} = 0.$$

Celles-ci, étant en même nombre que les inconnues x, y, z, ne donnent d'ordinaire qu'un nombre fini de systèmes distincts de valeurs x, y, z et il reste à décider, pour chacun d'eux en particulier, si la fonction $f(x, y, z)$ est bien minimum, ou maximum, ou si elle n'est ni l'un, ni l'autre.

Bornons-nous, dans cette recherche, au cas le plus simple, qui est celui d'une fonction, $f(x, y)$, de deux variables x et y seulement. Supposons donc que les valeurs choisies pour x et y annulent les deux dérivées partielles premières $\frac{df}{dx}$, $\frac{df}{dy}$, et, attribuant à x et à y de très-petits accroissements h et k, développons $f(x+h, y+k) - f(x, y)$ par la série de Taylor, suivant les puissances de h et k. Comme les termes du premier degré seront nuls par suite des conditions $\frac{df}{dx} = 0, \frac{df}{dy} = 0$, il viendra, en s'arrêtant aux termes du second degré (que nous supposerons différents de zéro) et en y mettant k^2 en facteur commun,

$$f(x+h, y+k) - f(x, y) = \frac{k^2}{2}\left[\frac{d^2f}{dx^2}\left(\frac{h}{k}\right)^2 + 2\frac{d^2f}{dx\,dy}\left(\frac{h}{k}\right) + \frac{d^2f}{dy^2}\right] + R_2.$$

Quand h et k sont très-petits, et quel que soit leur rapport mutuel $\frac{h}{k}$, nous savons que R_2 est insensible à côté des termes du second degré. Si donc l'ensemble de ces termes conserve toujours le même signe sans s'annuler, tout le second membre aura constamment ce signe et l'accroissement,

$f(x+h, y+k) - f(x, y)$, de la fonction, aux environs de la valeur considérée $f(x, y)$, sera, ou toujours positif, ou toujours négatif ; donc la fonction f se trouvera actuellement, ou minimum, ou maximum. Au contraire, s'il arrivait que l'ensemble des termes du second degré en h et k changeât de signe quand on fait varier le rapport $\frac{h}{k}$, tout le second membre changerait aussi forcément de signe et l'accroissement de la fonction serait tantôt plus grand que zéro, tantôt plus petit que zéro : il n'y aurait ni maximum, ni minimum. Ainsi, l'examen des termes du second degré permet de décider de l'existence ou de la non-existence d'un maximum ou d'un minimum, en exceptant les cas exceptionnels où cet ensemble s'annulerait, sans changer de signe, soit pour certaines valeurs de $\frac{h}{k}$, soit identiquement.

Faisons abstraction de ces cas. Il y a minimum, comme on vient de dire, toutes les fois que l'ensemble des termes du second degré est essentiellement positif, maximum, toutes les fois qu'il est essentiellement négatif, absence de maximum et de minimum, quand il change de signe. Or, dans ces termes, le facteur commun $\frac{k^2}{2}$ est essentiellement positif, et le signe qu'affecte leur somme est celui de l'autre facteur, c'est-à-dire du trinôme du second degré en $\frac{h}{k}$

$$\frac{d^2 f}{dx^2}\left(\frac{h}{k}\right)^2 + 2\frac{d^2 f}{dx\,dy}\left(\frac{h}{k}\right) + \frac{d^2 f}{dy^2}.$$

Un tel trinôme, de la forme $a x^2 + 2bx + c$, ne change pas de signe, quand, en l'égalant à zéro, on lui trouve des racines imaginaires, c'est-à-dire quand on a $b^2 - ac < 0$, $ac > b^2$ ou, vu les valeurs qu'ont ici a, b, c, quand les trois dérivées partielles secondes de la fonction f vérifient l'inégalité

$$\frac{d^2 f}{dx^2}\,\frac{d^2 f}{dy^2} > \left(\frac{d^2 f}{dx\,dy}\right)^2$$

Donc, <u>lorsque le produit des deux dérivées</u> $\frac{d^2 f}{dx^2}$, $\frac{d^2 f}{dy^2}$ <u>est positif et plus grand que le carré de la troisième dérivée seconde</u>, $\frac{d^2 f}{dx\,dy}$, <u>il y a minimum ou maximum, savoir, minimum, si ces dérivées</u> $\frac{d^2 f}{dx^2}$, $\frac{d^2 f}{dy^2}$, (alors de même signe puisque leur produit est positif) <u>sont positives</u>, cas où le trinôme est essentiellement positif, <u>maximum, si elles sont négatives</u>, cas où le trinôme est toujours négatif. Et <u>lorsque, au contraire, on a $b^2 - ac > 0$, c'est-à-dire</u>

$$\frac{d^2 f}{dx^2}\,\frac{d^2 f}{dy^2} < \left(\frac{d^2 f}{dx\,dy}\right)^2,$$

il n'y a ni maximum, ni minimum; car le trinôme prend des signes différents pour différentes valeurs du rapport $\frac{h}{k}$.

61. — Extension du principe de Fermat ou de Képler aux fonctions d'un nombre quelconque de variables.

Dans la pratique, la nature de la question fait voir le plus souvent s'il s'agit d'un minimum, ou d'un maximum, ou s'il n'y a ni maximum, ni minimum. Alors la discussion précédente est inutile et il suffit ordinairement, pour avoir les valeurs cherchées de x, y, z, de résoudre les équations

$$\frac{df}{dx}=0,\quad \frac{df}{dy}=0,\quad \frac{df}{dz}=0.$$

Si l'on appelle Δf un très-petit accroissement éprouvé par la fonction pour de petits accroissements, $\Delta x, \Delta y, \Delta z$, des variables, la formule connue

$$\Delta f=\left(\frac{df}{dx}+\varepsilon_1\right)\Delta x+\left(\frac{df}{dy}+\varepsilon_2\right)\Delta y+\left(\frac{df}{dz}+\varepsilon_3\right)\Delta z$$

se réduit à

$$\Delta f=\varepsilon_1\,\Delta x+\varepsilon_2\,\Delta y+\varepsilon_3\,\Delta z$$

et, en divisant par un des accroissements $\Delta x, \Delta y, \Delta z$, il vient

$$\frac{\Delta f}{\Delta x}=\varepsilon_1+\varepsilon_2\frac{\Delta y}{\Delta x}+\varepsilon_3\frac{\Delta z}{\Delta x}=\text{une quantité très-petite } \varepsilon'.$$

En d'autres termes, au moment d'un maximum ou d'un minimum, de très faibles variations quelconques éprouvées par la fonction sont extrêmement petites en comparaison des changements correspondants des variables. C'est le principe de Fermat et de Képler pour le cas où la fonction, supposée bien continue, dépend d'un nombre quelconque de variables indépendantes.

Ce principe revient, évidemment, à annuler la différentielle totale

$$df=\frac{df}{dx}\,dx+\frac{df}{dy}\,dy+\frac{df}{dz}\,dz$$

de la fonction, pour toutes les valeurs que peuvent prendre les rapports mutuels de dx, dy, dz. Or, comme on peut supposer, 1° soit dx différent de zéro et dy, dz, nuls, ce qui donne $df=\frac{df}{dx}dx$, 2° soit dy différent de zéro et dz, dx nuls, ce qui réduit df au terme $\frac{df}{dy}dy$, 3° soit dz seul différent de zéro, d'où $df=\frac{df}{dz}dz$, l'annulation de df dans ces divers cas oblige à annuler séparément toutes les dérivées partielles premières

$$\frac{df}{dx},\quad \frac{df}{dy},\quad \frac{df}{dz}.$$

Donc l'équation unique $df=0$, supposée vérifiée pour toutes les valeurs de dx, dy, dz, équivaut au système des équations posées ci-dessous

$$\frac{df}{dx}=0,\quad \frac{df}{dy}=0,\quad \frac{df}{dz}=0,$$

et elle n'est qu'une manière de les écrire toutes sous une forme extrêmement condensée.

12ème Leçon. — Fin de la Théorie des maxima et des minima : distance minimum de deux courbes, etc ; méthode des moindres carrés ; maxima et minima relatifs.

62. — Distance minimum de deux courbes.

Appliquons les méthodes précédentes à quelques exemples, et, d'abord, au problème de la droite la plus courte qu'on peut mener entre deux courbes donnés AB, CD.

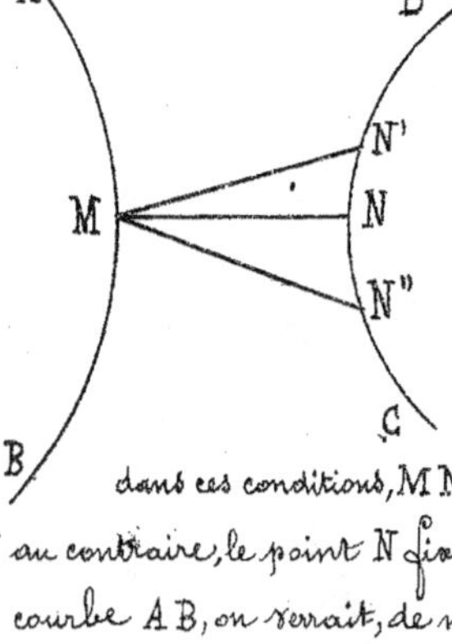

Soit MN cette droite. Elle est évidemment moindre que toutes les autres droites menées de M à la ligne CD : donc MN est la droite minimum tirée d'un point M à une courbe CD, et nous sommes ramenés à un problème de minimum pour une fonction ne dépendant que d'une seule variable. Nous avons trouvé plus haut que, dans ces conditions, MN doit être perpendiculaire à CD. En supposant, au contraire, le point N fixe, et l'extrémité M, de la droite, mobile sur la courbe AB, on verrait, de même, que MN coupe à angle droit cette courbe AB. Donc deux courbes quelconques, comme deux droites, ont pour distance minimum la longueur de la normale commune menée entr'elles.

63. — Distance minimum d'un point à une surface.

Soit MN une surface, et A un point fixe, d'où l'on propose de mener la droite la plus courte à la surface. Appelons AB cette droite. On pourra tracer sur la surface, à partir de B, diverses courbes, ayant chacune leur tangente; et il est clair que AB mesurera la distance minimum du point A à l'une quelconque de ces courbes. Donc, d'après ce que nous avons vu plus haut (N° 57),

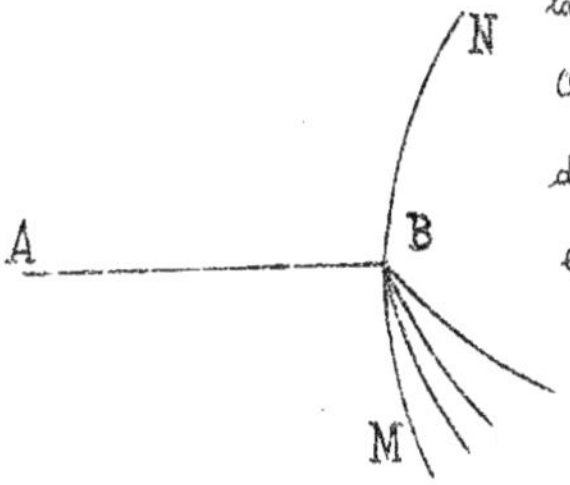

AB sera perpendiculaire à toutes les tangentes menées en B à ces différentes courbes, propriété qu'on exprime en disant que AB sera normale à la surface. Ainsi, la distance minimum d'un point fixe à une surface est mesurée par la normale abaissée du point sur la surface.

64. — Distance minimum de deux surfaces.

On reconnaît, en raisonnant comme dans l'avant-dernier exemple (N° 62), que la droite minimum qui joint deux surfaces est la normale commune à ces deux surfaces, menée entr'elles.

65. — Méthode des moindres carrés.

La plupart des lois de la physique et, en général, des lois qui régissent les phénomènes naturels sont exprimées, avec une approximation plus ou moins grande, par des formules analytiques dans lesquelles il entre certains coefficients constants, d'abord inconnus, mais qui se déterminent au moyen d'un nombre suffisant d'expériences: par exemple, tous les phénomènes qui se rattachent à la pesanteur dépendent du nombre $g = 9^{\text{mètres}},809$ environ; les phénomènes qui se rattachent à la dilatation des corps par la chaleur dépendent des coefficients de dilatation; etc. Pour déterminer ces diverses constantes, le physicien fait un bien plus grand nombre d'observations qu'il n'en faudrait strictement parlant, c'est-à-dire un nombre d'observations très-supérieur à celui des constantes inconnues; car, outre que chaque observation en excédant lui fournit un précieux contrôle de la loi qu'il s'agit d'appliquer, il peut ainsi faire concourir, à la détermination d'une même constante, plusieurs résultats d'expérience, en les combinant de manière à élaguer, au moins en partie, les erreurs accidentelles propres à chacun de ceux-ci et dues à l'imperfection de nos procédés d'observation. On sait, en effet, qu'une moyenne, prise entre les résultats de plusieurs mesures effectuées sur une même chose, est d'ordinaire une expression plus exacte de cette chose que les résultats individuels considérés; vu que les inexactitudes entachant ceux-ci sont tantôt par excès, tantôt par défaut, et tendent surtout à se compenser en somme quand grandit le nombre des mesures.

Supposons, par exemple, qu'on veuille exprimer la longueur l d'une barre métallique, aux diverses températures t comprises entre $0°$ et $100°$, sachant que cette longueur est représentée, avec une grande approximation, par une formule de la forme

$$l = a + bt + ct^2,$$

où a, b, c désignent trois constantes qu'il s'agit de déterminer. Le physicien plongera la barre en question dans un réservoir contenant de l'eau, dont il fera varier peu à peu la température, et il mesurera, par des procédés que nous n'avons pas à décrire ici, un grand nombre de températures successives, ainsi que les longueurs correspondantes de la barre. Soient: t_1 et l_1 ces deux données dans une première expérience; t_2 et l_2 leurs valeurs dans une deuxième expérience; et ainsi de suite, jusqu'à t_n et l_n, valeurs de t et l dans la $n^{\text{ème}}$ expérience. On aura évidemment, entre a, b et c, les n équations approchées

$$\begin{cases} a + t_1 b + t_1^2 c - l_1 = 0, \\ a + t_2 b + t_2^2 c - l_2 = 0, \\ a + t_3 b + t_3^2 c - l_3 = 0, \\ \text{-------------------} \\ \text{-------------------}, \\ a + t_n b + t_n^2 c - l_n = 0. \end{cases}$$

D'ailleurs, comme toutes ces observations seront légèrement inexactes, c'est-à-dire que les nombres $t_1, l_1, t_2, l_2, \ldots$ ne pourront être connus rigoureusement, et, comme, d'autre part, la formule $l = a + bt + ct^2$ elle-même n'est pas une expression parfaite de la loi qui relie l à t, les n équations ainsi posées se trouveront généralement incompatibles entr'elles, ou impossibles à vérifier toutes à la fois par un même système de valeurs attribuées aux inconnues a, b, c. Le physicien sera donc conduit à résoudre la question suivante : satisfaire, de la manière la plus avantageuse, à des équations incompatibles, dont le nombre n est beaucoup plus grand que celui des inconnues.

Pour plus de généralité, soient

$$(1)\quad \begin{cases} a_1 x + b_1 y + c_1 z - d_1 = 0, \\ a_2 x + b_2 y + c_2 z - d_2 = 0, \\ \text{- - - - - - - - - - - - - - - -}, \\ a_n x + b_n y + c_n z - d_n = 0, \end{cases}$$

les n équations données, du premier degré, entre un nombre bien moindre d'inconnues x, y, z. Dans l'impossibilité d'annuler tous les premiers membres de ces équations par aucun système de valeurs de x, y, z, Legendre eut l'idée de rendre du moins minimum la somme de leurs carrés, c'est-à-dire l'expression

$$(a_1 x + b_1 y + c_1 z - d_1)^2 + (a_2 x + b_2 y + c_2 z - d_2)^2 + \dots\dots + (a_n x + b_n y + c_n z - d_n)^2.$$

Ce minimum existe en général, car cette somme, étant composée de carrés qui ne deviennent jamais négatifs, ne peut descendre au dessous d'une certaine valeur, laquelle serait la plus petite possible, c'est-à-dire nulle, dans le cas unique où, tous les carrés s'annulant, les équations proposées (1) se trouveraient compatibles entre elles. De plus, ce minimum sera très-petit, si les équations (1) sont suffisamment approchées (comme on le suppose) et si, par suite, elles sont presque compatibles. Donc les valeurs de x, y, z qui rendront minimum la somme des carrés des premiers membres ne donneront, a fortiori, à chacun de ces carrés, et par suite, aux premiers membres eux-mêmes, que de très petites valeurs, et, elles vérifieront assez bien toutes les équations (1), sans en sacrifier aucune. Au contraire, on n'atteindrait nullement le but en essayant de rendre minimum la somme des premiers membres : car, d'une part, un tel minimum n'existe pas, la somme dont il s'agit pouvant être autant négative que positive et prendre, en conséquence, toutes les valeurs entre $-\infty$ et $+\infty$; d'autre part, cette somme pourrait devenir très-petite, nulle même, et se composer néanmoins de parties, les unes positives, les autres négatives, fort grandes pour la valeur absolue, en sorte que la petitesse de la somme des premiers membres des équations (1) n'entraînerait nullement celle de ces premiers membres eux-mêmes, ni, par suite, la vérification approchée des équations.

Occupons-nous donc de rendre ~~minimum~~ la somme des carrés des premiers membres des équations (1), somme qu'on représente, d'une manière abrégée, par

$$\Sigma\,(ax+by+cz-d)^2.$$

Nous savons qu'il faudra, pour cela, égaler à zéro sa dérivée par rapport à chacune des variables, x, y, z, dont elle dépend. La dérivée par rapport à x est
$\Sigma 2(ax+by+cz-d)a$, ou $2(a_1x+b_1y+c_1z-d_1)a_1+2(a_2x+b_2y+c_2z-d_2)a_2+\dots\dots$.
Cette dérivée devant être égale à zéro, on peut supprimer le facteur 2 et grouper à part les termes en x, y, z : il vient

$$(\Sigma a^2)x+(\Sigma ab)y+(\Sigma ac)z=\Sigma ad.$$

On formera de même d'autres relations, en annulant les dérivées en y et z.
En définitive, les équations du minimum seront :

$$(2)\left\{\begin{array}{l}(\Sigma a^2)x+(\Sigma ab)y+(\Sigma ac)z=(\Sigma ad),\\(\Sigma ba)x+(\Sigma b^2)y+(\Sigma bc)z=(\Sigma bd),\\(\Sigma ca)x+(\Sigma cb)y+(\Sigma c^2)z=(\Sigma cd).\end{array}\right.$$

Gauss les a appelées les <u>équations normales</u> : on voit qu'elles sont du premier degré, en même nombre que les inconnues et très-propres à déterminer celles-ci.

Le principal inconvénient de cette méthode consiste dans la longueur des calculs nécessaires pour connaître les coefficients des équations à résoudre (2), coefficients qui sont

$$\Sigma a^2=a_1^2+a_2^2+\dots\dots+a_n^2,\quad \Sigma ab=a_1b_1+\dots\dots+a_nb_n,\ \text{etc.}$$

Aussi préfère-t-on souvent employer des procédés graphiques, où chaque observation est représentée par un point (*) et l'ensemble d'un grand nombre d'observations par une courbe menée entre tous les points pareils. Ces procédés, un peu moins satisfaisants peut-être sous le rapport de la précision, ont, par contre, l'immense avantage de peindre les résultats aux yeux et de permettre ainsi de juger en un coup d'œil de leur ensemble, de manière à faire intervenir dans ce jugement le bon sens naturel, qui, au contraire, ne trouve guère à s'exercer au milieu des calculs mis en œuvre par la méthode des moindres carrés.

(*) On donne à ce point, pour abscisse et pour ordonnée, les valeurs respectives, obtenues expérimentalement, de la variable et de la fonction considérées, qui seraient, dans notre exemple d'une barre, la température t et la longueur l.

66 — Application à la règle usuelle des moyennes.

Voici un exemple très-simple, qui montre d'ailleurs que la méthode des moindres carrés, bien employée, est également d'accord avec le bon sens. Supposons que n observateurs aient mesuré une même longueur: soit x cette longueur. Le premier a trouvé a_1; le deuxième, a_2; etc; enfin, le $n^{ème}$ a trouvé pour cette longueur a_n. La quantité x doit donc être déduite le mieux possible des n équations incompatibles

$$x - a_1 = 0,\ x - a_2 = 0, \dots, x - a_n = 0.$$

La méthode nous dit de rendre minimum la somme $(x-a_1)^2+(x-a_2)^2+\dots+(x-a_n)^2$. La demi-dérivée de $(x-a_1)^2$ étant $x-a_1$, celle de $(x-a_2)^2$, $x-a_2$, et ainsi de suite, il vient l'équation

$$n\,x - (a_1+a_2+a_3+\dots\dots+a_n) = 0;$$

d'où

$$x = \frac{a_1+a_2+\dots\dots\dots+a_n}{n}.$$

La meilleure valeur qu'on puisse attribuer à x est donc, d'après la méthode des moindres carrés, la moyenne arithmétique de toutes les valeurs fournies par diverses expériences également soignées: ce qui est bien conforme à la règle usuelle suivie en pareil cas et dictée par le sens commun.

67 — Des maxima et des minima relatifs.

Soit $f(x, y, z, u, v)$ une fonction de plusieurs variables. Les maxima et minima que nous avons appris à déterminer, ou qui s'obtiennent en regardant toutes les variables x, y, z, u, v comme indépendantes, s'appellent des maxima ou minima absolus: ce sont des valeurs soit plus grandes, soit plus petites que toutes celles que prend la fonction quand on y fait varier très-peu, mais d'ailleurs à volonté, les diverses variables. Or on conçoit que certaines valeurs de la fonction, sans être ni maximum ni minimum quand on fait changer arbitrairement x, y, z, u, v, puissent néanmoins se trouver ou constamment plus grandes, ou constamment plus petites, que certaines catégories de valeurs voisines, obtenues en astreignant x, y, z, u, v à vérifier des relations données. De telles valeurs sont dites des maxima ou des minima *relatifs*.

Considérons, par exemple, l'altitude de diverses régions de la surface terrestre, et supposons qu'on parte d'un col, c'est-à-dire d'un point situé, entre deux montagnes, à l'origine supérieure de deux vallées opposées. L'altitude va évidemment en croissant, quand on s'élève de là vers l'une ou vers l'autre des montagnes, en décroissant, quand on descend au contraire vers l'une ou l'autre des deux vallées : ainsi, elle n'est, sur le col, ni un maximum absolu, ni un minimum absolu. Mais elle y serait un minimum relatif, si on convenait de n'aller que vers les montagnes, et un maximum relatif, si l'on convenait de suivre seulement les vallées.

Cherchons donc les maxima et minima relatifs de la fonction $f(x,y,z,u,v)$, en supposant que les variables doivent vérifier, par exemple, deux relations de la forme

$$(1) \qquad \varphi_1(x,y,z,u,v)=0,\ \varphi_2(x,y,z,u,v)=0.$$

La question reviendrait de suite à la recherche d'un maximum ou minimum absolus, si, tirant des deux équations $\varphi_1=0$, $\varphi_2=0$ deux des variables en fonction des autres, u et v, par exemple, en fonction de x, y, z, nous transportions ces valeurs de u, v dans l'expression de f, qui deviendrait ainsi une fonction de trois variables complètement indépendantes, x, y, z. Mais on peut former directement les équations du maximum ou du minimum sans effectuer l'élimination de u, v. Appliquons, en effet, à la fonction $f(x,y,z,u,v)$, le principe de Fermat, en annulant la différentielle totale de f ou posant

$$(2) \quad \frac{df}{dx}dx+\frac{df}{dy}dy+\frac{df}{dz}dz+\frac{df}{du}du+\frac{df}{dv}dv=0.$$

Puis, exprimons que, vu les conditions constamment vérifiées $\varphi_1=0$, $\varphi_2=0$, les deux différentielles du et dv ne sont pas arbitraires, mais doivent être déterminées, en fonction de dx, dy, dz, de telle manière qu'on ait $d\varphi_1=0$, $d\varphi_2=0$, c'est-à-dire

$$(3)\quad \left\{\begin{aligned} &\frac{d\varphi_1}{dx}dx+\frac{d\varphi_1}{dy}dy+\frac{d\varphi_1}{dz}dz+\frac{d\varphi_1}{du}du+\frac{d\varphi_1}{dv}dv=0,\\ &\frac{d\varphi_2}{dx}dx+\frac{d\varphi_2}{dy}dy+\frac{d\varphi_2}{dz}dz+\frac{d\varphi_2}{du}du+\frac{d\varphi_2}{dv}dv=0.\end{aligned}\right.$$

Nous éliminerons le plus simplement possible du et dv de l'équation (2), en ajoutant à (2) les relations (3), respectivement multipliées par deux quantités λ, μ, que nous nous réserverons de déterminer ultérieurement. Il viendra

$$(4)\ \left\{\begin{aligned} &\left(\frac{df}{dx}+\lambda\frac{d\varphi_1}{dx}+\mu\frac{d\varphi_2}{dx}\right)dx+\left(\frac{df}{dy}+\lambda\frac{d\varphi_1}{dy}+\mu\frac{d\varphi_2}{dy}\right)dy+\left(\frac{df}{dz}+\lambda\frac{d\varphi_1}{dz}+\mu\frac{d\varphi_2}{dz}\right)dz\\ &+\left(\frac{df}{du}+\lambda\frac{d\varphi_1}{du}+\mu\frac{d\varphi_2}{du}\right)du+\left(\frac{df}{dv}+\lambda\frac{d\varphi_1}{dv}+\mu\frac{d\varphi_2}{dv}\right)dv=0.\end{aligned}\right.$$

Or, on peut disposer de λ et μ de manière à annuler, dans ce résultat, les coefficients des deux différentielles non arbitraires du et dv, c'est-à-dire de manière à faire vérifier à λ et μ les deux équations du premier degré

$$(5)\quad \frac{df}{du}+\lambda\frac{d\varphi_1}{du}+\mu\frac{d\varphi_2}{du}=0,\quad \frac{df}{dv}+\lambda\frac{d\varphi_1}{dv}+\mu\frac{d\varphi_2}{dv}=0.$$

Alors il ne restera dans le premier membre de (4) que des différentielles indépendantes dx, dy, dz et un raisonnement donné à la fin du N° 61 montre que l'annulation de ce premier membre entraînera celle de chacun des trois coefficients de dx, dy, dz. On aura donc, en outre de (5), les relations

$$(6)\quad \frac{df}{dx}+\lambda\frac{d\varphi_1}{dx}+\mu\frac{d\varphi_2}{dx}=0,\quad \frac{df}{dy}+\lambda\frac{d\varphi_1}{dy}+\mu\frac{d\varphi_2}{dy}=0,\quad \frac{df}{dz}+\lambda\frac{d\varphi_1}{dz}+\mu\frac{d\varphi_2}{dz}=0.$$

Les équations (5) et (6) seront, de la sorte, en même nombre que les variables x, y, z, u, v, et, en y joignant les équations de condition $\varphi_1=0$, $\varphi_2=0$, lesquelles sont elles-mêmes en même nombre que les facteurs auxiliaires λ, μ, on aura bien autant de relations qu'il y a d'inconnues

$$x, y, z, u, v, \lambda, \mu.$$

Il importe de remarquer qu'on serait arrivé à toutes ces équations, si on avait cherché le maximum ou minimum absolu, non pas de la fonction f seule, mais de l'expression $f+\lambda\varphi_1+\mu\varphi_2$, considérée en y regardant toutes les variables $x, y, z, u, v, \lambda, \mu$ comme indépendantes. En effet, dans ce problème de maximum ou minimum absolu, la règle usuelle aurait fait égaler à zéro toutes les dérivées partielles premières de $f+\lambda\varphi_1+\mu\varphi_2$, tant par rapport à x, y, z, u, v — ce qui aurait donné les relations (6) et (5) — que par rapport à λ et μ, ce qui aurait fait poser les équations de condition $\varphi_1=0$, $\varphi_2=0$. Donc, <u>on obtient le maximum ou minimum relatif d'une fonction f, quand il existe entre les variables dont cette fonction dépend certaines relations telles que $\varphi_1=0, \varphi_2=0$, en opérant comme si l'on cherchait le maximum ou minimum absolu de l'expression $f+\lambda\varphi_1+\mu\varphi_2$, où λ et μ désignent des variables indépendantes auxiliaires.</u>

68. — <u>Décomposition d'un nombre A en parties x, y, z, telles, que le produit $x^\alpha y^\beta z^\gamma$ soit maximum.</u>

Comme exemple, cherchons le maximum relatif du produit $f=x^\alpha y^\beta z^\gamma$, où α, β, γ désignent trois exposants positifs donnés et où x, y, z sont trois nombres dont la somme doit égaler une quantité positive donnée A. Le maximum existe, puisque, si l'on considère toutes les valeurs positives de x, y, z, le produit $x^\alpha y^\beta z^\gamma$ est positif, constamment inférieur à $A^{\alpha+\beta+\gamma}$ (Vu que x, y, z y sont moindres que A), tandis qu'il s'annule à l'instant où l'un des facteurs x, y, z passe par zéro et où, par suite, la somme des autres facteurs atteint sa valeur maximum A. Appliquons donc à la recherche du maximum relatif demandé la règle ci-dessus. Comme nous n'avons ici entre les variables qu'une relation de condition, laquelle est $x+y+z-A=0$, ou bien $\varphi_1=0$ si l'on pose $\varphi_1=x+y+z-A$, les équations se formeront comme s'il s'agissait de trouver le maximum absolu de $f+\lambda\varphi_1$, c'est-à-dire de $f+\lambda(x+y+z-A)$. Égalant ainsi à zéro les dérivées de $f+\lambda(x+y+z-A)$ en x, y, z, il vient

$$\frac{df}{dx}+\lambda=0,\quad \frac{df}{dy}+\lambda=0,\quad \frac{df}{dz}+\lambda=0,$$

ou, par l'élimination de λ,

$$\frac{df}{dx}=\frac{df}{dy}=\frac{df}{dz}.$$

Mais, en différentiant $f=x^\alpha y^\beta z^\gamma$, on trouve

$$\frac{df}{dx}=\alpha x^{\alpha-1}y^\beta z^\gamma=\frac{\alpha}{x}f,$$

et, de même,

$$\frac{df}{dy}=\frac{\beta}{y}f,\quad \frac{df}{dz}=\frac{\gamma}{z}f.$$

Les équations de minimum obtenues reviennent donc, en supprimant le facteur commun f et renversant les rapports, à poser

$$\frac{x}{\alpha}=\frac{y}{\beta}=\frac{z}{\gamma}.$$

Le produit $x^\alpha y^\beta z^\gamma$ est donc maximum, quand on partage le nombre proposé A en parties, x, y, z, proportionnelles aux exposants donnés α, β, γ.

Si l'on cherche, en particulier, le maximum de xyz, il suffit de prendre $\alpha=\beta=\gamma=1$, et il vient $x=y=z$. Donc, quand on demande de partager une quantité positive en un nombre donné de parties dont le produit soit maximum, il faut prendre toutes ces parties égales entr'elles.

13ème Leçon — Vraies valeurs des expressions qui se présentent sous des formes indéterminées.

69. — Expressions de la forme $\frac{0}{0}$: règle générale.

Supposons qu'on ait à évaluer le quotient, $\frac{f(x)}{\varphi(x)}$, de deux fonctions $f(x)$, $\varphi(x)$ et que, pour une valeur particulière $x = a$ de la variable, ces deux fonctions s'annulent, ou qu'on ait $f(a) = 0$, $\varphi(a) = 0$. Alors l'expression $\frac{f(x)}{\varphi(x)}$ serait indéterminée, comme on sait, si x ne devait pas recevoir d'autres valeurs que a; mais, comme x est variable et qu'il est naturel de supposer continues les fonctions toutes les fois qu'on le peut, on appellera vraie valeur de la fractions pour $x = a$, une valeur infiniment peu différente de celles qu'elle prend quand x devient infiniment voisin de a. Cette valeur ne se trouve évidemment déterminée, et il n'y a lieu de la chercher, qu'autant que la fraction $\frac{f(x)}{\varphi(x)}$ tend vers une limite à mesure que x s'approche de a, et elle n'est autre que cette limite même.

Quand les fonctions $f(x)$, $\varphi(x)$ et leurs dérivées premières $f'(x)$, $\varphi'(x)$ sont continues, on arrive généralement à la vraie valeur dont il s'agit, en prenant le rapport des deux dérivées $f'(x)$, $\varphi'(x)$ et en cherchant si ce rapport tend vers une limite pour $x = a$: lorsqu'il y tend en effet, cette limite est la vraie valeur cherchée de $\frac{f(x)}{\varphi(x)}$. Si les deux dérivées $f'(a)$, $\varphi'(a)$ s'annulaient comme $f(a)$ et $\varphi(a)$, on appliquerait à leur rapport $\frac{f'(a)}{\varphi'(a)}$ la même règle, c'est-à-dire qu'on calculerait $\frac{f''(a)}{\varphi''(a)}$, sauf à supprimer préalablement les facteurs communs de $f'(a)$, $\varphi'(a)$, dans le cas où il s'en trouverait de tels ; et ainsi de suite.

Pour démontrer cette règle, qui n'est en défaut qu'assez rarement, nous établirons d'abord le théorème suivant, dû à Cauchy.

70. — Théorème de Cauchy.

Quand deux fonctions $f(x)$ et $\varphi(x)$ sont continues, ainsi que leurs dérivées premières, pour x compris entre deux certaines valeurs a et $a+h$, le rapport de leurs accroissements simultanés $f(a+h)-f(a)$ et $\varphi(a+h)-\varphi(a)$ est égal au rapport des dérivées premières de ces deux fonctions pour une valeur intermédiaire, $a+\theta h$, de la variable.

En d'autres termes, si l'on appelle θ un nombre compris entre zéro et un, ou θh une fraction de l'intervalle h, on aura

$$(1) \qquad \frac{f(a+h)-f(a)}{\varphi(a+h)-\varphi(a)} = \frac{f'(a+\theta h)}{\varphi'(a+\theta h)}.$$

Appelons, en effet, M la valeur du premier membre de cette égalité, de manière à avoir

$$f(a+h)-f(a) = M\left[\varphi(a+h)-\varphi(a)\right],$$

ou encore

$$(2) \qquad f(a+h)-f(a) - M\left[\varphi(a+h)-\varphi(a)\right] = 0.$$

En remplaçant, dans le premier membre de celle-ci, $a+h$ par une variable x, nous aurons la fonction

$$f(x)-f(a)-M\left[\varphi(x)-\varphi(a)\right],$$

qui est, évidemment, continue (puisque $f(x)$ et $\varphi(x)$ sont continues, par hypothèse, dans l'intervalle considéré) et qui, de plus, s'annule aux deux limites $x=a$, $x=a+h$, savoir, identiquement, pour $x=a$, et en vertu de l'égalité (2) ci-dessus, pour $x=a+h$. Donc, sa dérivée change forcément de signe dans l'intervalle, c'est-à-dire pour une valeur de x que nous pouvons appeler $a+\theta h$. Or, cette dérivée n'est autre que

$$f'(x) - M\,\varphi'(x),$$

et, comme elle est continue dans l'intervalle considéré (vu que les deux dérivées $f'(x)$ et $\varphi'(x)$ sont supposées l'être elles-mêmes), elle ne peut que s'annuler au moment où, x égalant $a+\theta h$, elle change de signe. Il vient donc

$$f'(a+\theta h) - M\varphi'(a+\theta h) = 0,$$

et, par suite,

$$M = \frac{f'(a+\theta h)}{\varphi'(a+\theta h)}.$$

Donc M, rapport des deux accroissements simultanés,

$$f(a+h)-f(a) \text{ et } \varphi(a+h)-\varphi(a),$$

des deux fonctions $f(x)$, $\varphi(x)$, est bien aussi le rapport des deux dérivées $f'(x)$, $\varphi'(x)$, pour la valeur intermédiaire $x = a+\theta h$; ce qu'il fallait démontrer.

71. — Démonstration de la règle. — Cas d'exception.

Appliquons actuellement le théorème de Cauchy à la question particulière étudiée, c'est-à-dire au cas où $f(a)$ et $\varphi(a)$ s'annulent. Alors la formule précédente (1) se réduit à

$$(*) \qquad \frac{f(a+h)}{\varphi(a+h)} = \frac{f'(a+\theta h)}{\varphi'(a+\theta h)}.$$

Admettons que le rapport des dérivées $\frac{f'(x)}{\varphi'(x)}$ tende vers une certaine limite lorsque x s'approche indéfiniment de a. Alors, pour h assez petit, θh étant encore plus petit, la variable $a+\theta h$ différera aussi peu qu'on veut de a et le second membre de l'équation tendra vers limite $\frac{f'(x)}{\varphi'(x)}$. Donc, h s'approchant avec continuité de zéro, le premier membre ne peut manquer de tendre vers la même limite, et l'on a bien

$$\text{limite de } \frac{f(x)}{\varphi(x)} = \text{limite de } \frac{f'(x)}{\varphi'(x)}.$$

Ainsi, quand $\frac{f'(x)}{\varphi'(x)}$ tend vers une limite, $\frac{f(x)}{\varphi(x)}$ tend aussi vers la même limite.

Mais il pourrait arriver que $\frac{f(a+h)}{\varphi(a+h)}$, ou $\frac{f(x)}{\varphi(x)}$, tendît vers une limite, et que cependant $\frac{f'(x)}{\varphi'(x)}$ oscillât indéfiniment dans un intervalle fini (sans se fixer ou tendre vers une limite), à mesure que x s'approcherait de a.

En effet, tout ce que la formule (*) permet de démontrer, c'est que

$$\text{limite de } \frac{f(a+h)}{\varphi(a+h)} = \text{limite de } \frac{f'(a+\theta h)}{\varphi'(a+\theta h)}.$$

Or, il n'est pas impossible que, lorsque h tend avec continuité vers zéro, θh varie parfois brusquement, tout en étant sans cesse plus petit que h. Quand cela arrive, la fraction $\frac{f'(a+\theta h)}{\varphi'(a+\theta h)}$ ne reçoit pas toutes les valeurs qu'elle prendrait si θh s'y approchait avec continuité de zéro. Alors les valeurs particulières qu'elle admet tendent bien vers limite $\frac{f(a+h)}{\varphi(a+h)}$, mais rien n'assure que la série continue des valeurs de $\frac{f(a+h)}{\varphi'(a+h)}$, ou de $\frac{f'(x)}{\varphi'(x)}$, comporte aucune limite.

C'est ce que l'on voit sur l'expression $x \sin \frac{1}{x}$ ou $\frac{x^2 \sin \frac{1}{x}}{x}$, quand on y fait $x = 0$. Comme le sinus d'un arc réel est toujours moindre que un, le produit $0 \times \sin \frac{1}{x}$ vaut zéro. Donc, le rapport $\frac{x^2 \sin \frac{1}{x}}{x}$ tend vers zéro, comme ses deux termes, en même temps que x. Or, la dérivée de $\sin \frac{1}{x}$ est $(\cos \frac{1}{x})(\frac{-1}{x^2})$, et, par suite, celle de $x^2 \sin \frac{1}{x}$ est $2x \sin \frac{1}{x} - \cos \frac{1}{x}$, ce qui se réduit sensiblement à $-\cos \frac{1}{x}$ quand x est très-près de zéro. D'autre part, la dérivée du dénominateur x égale 1, en sorte que, pour x infiniment petit, le rapport des dérivées des deux termes de la fraction devient $-\cos \frac{1}{x}$. On voit qu'il oscille indéfiniment entre -1 et 1, sans tendre vers aucune limite, à mesure que x approche de zéro ou que l'arc $\frac{1}{x}$ grandit sans fin. Donc, ce rapport des dérivées, tout en prenant de temps à autre et une infinité de fois des valeurs qui tendent vers la limite trouvée zéro, ou qui même lui sont égales, reçoit aussi d'autres valeurs très-différentes: ce qui empêche la série continue de ses valeurs de s'approcher d'aucune limite.

72. — Application de la règle à un exemple.

Soit à chercher la vraie valeur, pour $x = 0$, de la fraction $\frac{(e^x - e^{-x}) - x(e^x + e^{-x})}{\sin x - x \cos x}$ dont les deux termes s'annulent à cette limite $x = 0$. C'est ce que nous indiquerons ainsi,

$$\left[\frac{(e^x - e^{-x}) - x(e^x + e^{-x})}{\sin x - x \cos x}\right]_{x=0},$$

en mettant l'expression donnée entre crochets, et en inscrivant, à la suite et au bas, la valeur particulière ($x = 0$) qu'on veut donner à x.

Prenons les dérivées des deux termes. Celle du numérateur est

$$(e^x + e^{-x}) - (e^x + e^{-x}) - x(e^x - e^{-x}) = -x(e^x - e^{-x}),$$

et, celle du dénominateur,

$$\cos x - \cos x + x \sin x = x \sin x.$$

Le rapport des dérivées égale donc

$$\frac{-x(e^x - e^{-x})}{x \sin x} = -\frac{e^x - e^{-x}}{\sin x};$$

et l'on peut écrire, avec la notation convenue,

$$\left[\frac{(e^x - e^{-x}) - x(e^x + e^{-x})}{\sin x - x \cos x}\right]_{x=0} = -\left[\frac{e^x - e^{-x}}{\sin x}\right]_{x=0}.$$

Or, pour $x=0$, l'expression $\frac{e^x-e^{-x}}{\sin x}$ devient elle-même indéterminée, de la forme $\frac{0}{0}$. Prenons donc encore le rapport des dérivées, qui est maintenant $\frac{e^x+e^{-x}}{\cos x}$, et qui se réduit à $\frac{1+1}{1}=2$ pour $x=0$. Nous aurons, en résumé,

$$\left[\frac{(e^x-e^{-x})-x(e^x+e^{-x})}{\sin x - x\cos x}\right]_{x=0} = -\left[\frac{e^x-e^{-x}}{\sin x}\right]_{x=0} = -\left[\frac{e^x+e^{-x}}{\cos x}\right]_{x=0} = -2.$$

La vraie valeur demandée est donc -2. Vérifions-le directement, pour contrôler la règle. A cet effet, développons en séries les fonctions e^x, e^{-x}, $\sin x$, $\cos x$. Il viendra :

$$e^x = 1+\frac{x}{1}+\frac{x^2}{1.2}+\frac{x^3}{1.2.3}+\dots,\quad e^{-x}=1-\frac{x}{1}+\frac{x^2}{1.2}-\frac{x^3}{1.2.3}+\frac{x^4}{1.2.3.4}-\dots,$$

$$e^x-e^{-x}=2\left(\frac{x}{1}+\frac{x^3}{1.2.3}+\dots\dots\right),\quad e^x+e^{-x}=2\left(1+\frac{x^2}{1.2}+\dots\dots\right),$$

$$\sin x = \frac{x}{1}-\frac{x^3}{1.2.3}+\dots,\quad \cos x = 1-\frac{x^2}{1.2}+\dots\dots;$$

et l'expression proposée sera

$$\frac{2\left(\frac{x}{1}+\frac{x^3}{1.2.3}+\dots\right)-2\left(\frac{x}{1}+\frac{x^3}{1.2}+\dots\right)}{\left(\frac{x}{1}-\frac{x^3}{1.2.3}+\dots\right)-\left(x-\frac{x^3}{1.2}+\dots\right)} = 2\,\frac{\left(1+\frac{x^2}{6}+\dots\right)-\left(1+\frac{x^2}{2}+\dots\right)}{\left(1-\frac{x^2}{6}+\dots\right)-\left(1-\frac{x^2}{2}+\dots\right)}.$$

En effectuant les soustractions indiquées dans les deux termes de cette dernière fraction, on la réduit à

$$2\,\frac{-\frac{x^2}{3}+\dots}{\frac{x^2}{3}+\dots} = -2\,\frac{x^2+\dots}{x^2+\dots}:$$

enfin, supprimant partout le facteur commun x^2, puis posant $x=0$, de manière à faire annuler tous les termes indiqués par des points et qui contiendront encore des puissances de x, nous aurons pour valeur-limite cherchée $-2\,\frac{1}{1}=-2$, résultat qui est bien celui auquel la règle générale nous avait conduit beaucoup plus vite.

73. — Expressions qui se présentent sous la forme $\frac{\infty}{\infty}$.

Considérons le quotient de deux fonctions, $\frac{f(x)}{\varphi(x)}$, mais supposons que, pour $x=a$, ces deux fonctions $f(x)$, $\varphi(x)$, au lieu d'être nulles, deviennent infinies. On appelle encore vraie valeur de la fraction pour $x=a$ la limite (quand elle existe) vers laquelle tend la fraction $\frac{f(x)}{\varphi(x)}$ à mesure que x s'approche de a. La règle à suivre est la même que pour les expressions de la forme $\frac{0}{0}$: on remplacera le rapport des deux fonctions $f(x)$ et $\varphi(x)$ par celui de leurs dérivées $f'(x)$ et $\varphi'(x)$.

Pour le démontrer, posons $x=a+h$ et considérons le rapport $\frac{f(a+h)}{\varphi(a+h)}$. Nous pouvons l'écrire $\frac{\frac{1}{\varphi(a+h)}}{\frac{1}{f(a+h)}}$, de manière à avoir à comparer deux fonctions, $\frac{1}{\varphi(x)}$, $\frac{1}{f(x)}$, qui tendent vers zéro et non plus vers l'infini. Les dérivées de ces deux fonctions par rapport à x étant $-\frac{\varphi'(x)}{[\varphi(x)]^2}$ et $-\frac{f'(x)}{[f(x)]^2}$, le rapport des deux accroissements simultanés $\frac{1}{\varphi(a+h)}$ et $\frac{1}{f(a+h)}$ vaudra, d'après le théorème de Cauchy, le rapport de leurs dérivées,

$$-\frac{\varphi'(a+\theta h)}{\varphi(a+\theta h)^2}, \quad -\frac{f'(a+\theta h)}{f(a+\theta h)^2},$$

pour une valeur, $x = a+\theta h$, intermédiaire entre a et $a+h$. Nous aurons donc

$$\frac{\frac{1}{\varphi(a+h)}}{\frac{1}{f(a+h)}} \text{ ou } \frac{f(a+h)}{\varphi(a+h)} = \frac{\varphi'(a+\theta h)}{f'(a+\theta h)}\left[\frac{f(a+\theta h)}{\varphi(a+\theta h)}\right]^2.$$

Résolvons cette égalité par rapport à la fraction $\frac{f'(a+\theta h)}{\varphi'(a+\theta h)}$, et divisons ensuite par $\frac{f(a+\theta h)}{\varphi(a+\theta h)}$. Il viendra la proportion

$$(1) \qquad \frac{\frac{f(a+\theta h)}{\varphi(a+\theta h)}}{\frac{f(a+h)}{\varphi(a+h)}} = \frac{\frac{f'(a+\theta h)}{\varphi'(a+\theta h)}}{\frac{f(a+\theta h)}{\varphi(a+\theta h)}}.$$

Supposons actuellement qu'on fasse tendre h vers zéro, et admettons que les deux fractions $\frac{f(x)}{\varphi(x)}$, $\frac{f'(x)}{\varphi'(x)}$ tendent vers des limites, soit déterminées, soit infinies. Trois cas pourront se présenter, suivant que $\lim \frac{f(x)}{\varphi(x)}$ sera, ou finie et différente de zéro, ou nulle, ou infinie.

Et d'abord, si $\lim \frac{f(x)}{\varphi(x)}$ est finie, les deux termes du premier rapport de la proportion (1) tendront vers cette limite, en sorte que, ce rapport valant un, le deuxième rapport ou membre de la proportion, devenu $\frac{\lim \frac{f'(x)}{\varphi'(x)}}{\lim \frac{f(x)}{\varphi(x)}}$, vaudra aussi un à cette limite. Ainsi, on aura $\lim \frac{f(x)}{\varphi(x)} = \lim \frac{f'(x)}{\varphi'(x)}$, ce qu'il fallait démontrer.

Si, en deuxième lieu, $\lim \frac{f(x)}{\varphi(x)}$ égale zéro, le premier membre de la proportion (1) aura son numérateur, $\frac{f(a+\theta h)}{\varphi(a+\theta h)}$, plus proche (au moins en général) de sa limite nulle, que ne le sera le dénominateur $\frac{f(a+h)}{\varphi(a+h)}$, vu que la variable $a+\theta h$ sera elle-même plus proche de a que $a+h$. Donc, le premier membre de la proportion ne pourra pas tendre vers l'infini à mesure que h tendra vers zéro, et il devra même prendre sans fin des valeurs moindres que l'unité. Par suite, le numérateur du second membre, $\frac{f'(a+\theta h)}{\varphi'(a+\theta h)}$, ne pourra pas non plus devenir infiniment plus grand que le dénominateur correspondant, $\frac{f(a+\theta h)}{\varphi(a+\theta h)}$, et, comme on a $\lim \frac{f(x)}{\varphi(x)} = 0$, on aura aussi forcément $\lim \frac{f'(x)}{\varphi'(x)} = 0$. Observons toutefois que, pour x très-voisin de a, le premier membre de la proportion (1) peut tendre vers zéro, en sorte que, le deuxième membre y tendant par le fait même, l'expression $\frac{f'(a+\theta h)}{\varphi'(a+\theta h)}$ sera alors beaucoup plus voisine de sa limite zéro que l'expression $\frac{f(a+\theta h)}{\varphi(a+\theta h)}$. Donc, les deux limites $\lim \frac{f(x)}{\varphi(x)}$ et $\lim \frac{f'(x)}{\varphi'(x)}$, tout en étant nulles toutes les deux, peuvent être, en quelque sorte, des infiniments petits d'un ordre différent dont le plus élevé est celui qui exprime $\frac{f'(x)}{\varphi'(x)}$.

Enfin, quand limite $\frac{f(x)}{\varphi(x)}$ est infinie, le premier membre de (1) a son numérateur, $\frac{f(a+\theta h)}{\varphi(a+\theta h)}$, en général plus voisin de sa limite infinie que le dénominateur $\frac{f(a+h)}{\varphi(a+h)}$, vu que $a+\theta h$ se trouve plus proche que $a+h$ de la limite a. Donc, ce premier membre est positif et présente une infinité de valeurs successives plus grandes que l'unité, sinon même indéfiniment croissantes. Par suite le deuxième membre ne saurait tendre vers zéro, et $\frac{f'(a+\theta h)}{\varphi'(a+\theta h)}$ ne peut pas tendre vers une moindre limite que $\frac{f(a+\theta h)}{\varphi(a+\theta h)}$. Donc, puisque on a, par hypothèse, $\lim \frac{f(x)}{\varphi(x)} = \pm\infty$, on aura aussi $\lim \frac{f'(x)}{\varphi'(x)} = \pm\infty$. Seulement, il faut remarquer, pareillement à ce que nous avons fait dans le cas précédent, que le rapport de ces deux limites n'est pas l'unité, ni même, en général, un nombre fini, vu que le premier membre de la proportion (1) peut grandir indéfiniment, de manière à rendre, à la limite, $\frac{f'(a+\theta h)}{\varphi'(a+\theta h)}$ infiniment plus grand que $\frac{f(a+\theta h)}{\varphi(a+\theta h)}$.

Observons que, lorsque la valeur a de x pour laquelle $f(x)$ et $\varphi(x)$ deviennent infinies est une quantité finie et déterminée, les dérivées $f'(x)$, $\varphi'(x)$ sont elles-mêmes infinies, à plus forte raison; car si, dans une courbe, $y = f(x)$, par exemple, le coefficient angulaire $f'(x)$ de la tangente peut devenir infini, ou la tangente devenir parallèle à l'axe des ordonnées y, en des points où l'ordonnée elle-même est finie, par contre, jamais l'ordonnée ne devient infinie pour une valeur finie a de x (quand, du moins, x varie toujours dans un même sens en s'approchant de a) sans que la tangente devienne en même temps parallèle à l'axe des y, c'est-à-dire sans qu'on ait $f'(x) = \pm\infty$. Ainsi, la règle qui dit de remplacer le rapport $\frac{f(x)}{\varphi(x)}$ par $\frac{f'(x)}{\varphi'(x)}$ est illusoire quand x reste fini, dans le cas des expressions de la forme $\frac{\infty}{\infty}$, à moins que les fonctions $f'(x)$, $\varphi'(x)$

ne se trouvent avoir des facteurs communs indéfiniment croissants et dont la suppression donne des quotients finis. Cette règle n'aurait donc pas grand usage pour les expressions de la forme $\frac{\infty}{\infty}$, si on ne l'employait que pour des valeurs finies de x. Mais nous allons voir qu'on peut aussi l'utiliser quand x devient infini, cas où les fonctions $f(x)$, $\varphi(x)$ peuvent grandir indéfiniment sans que leurs dérivées $f'(x)$, $\varphi'(x)$ cessent d'être finies.

74. — Extension des règles précédentes au cas où la valeur particulière a de x devient infinie.

Les règles précédentes s'appliquent parfaitement quand la valeur a de x, pour laquelle les deux fonctions deviennent toutes les deux ou nulles, ou infinies, est infinie elle-même, c'est-à-dire quand on a, soit $f(\pm\infty)=0$ et $\varphi(\pm\infty)=0$, soit $f(\pm\infty)=$ l'infini et $\varphi(\pm\infty)=$ l'infini.

Pour le reconnaître, posons, dans ces cas, $x=\frac{1}{y}$, et observons que y tendra vers zéro à mesure que x croîtra en valeur absolue. Alors nous aurons à considérer la fraction $\frac{f\left(\frac{1}{y}\right)}{\varphi\left(\frac{1}{y}\right)}$, pour $y=0$, valeur finie de la variable qui met cette fraction sous l'une des formes $\frac{0}{0}$, $\frac{\infty}{\infty}$. Les dérivées de $f\left(\frac{1}{y}\right)$ et de $\varphi\left(\frac{1}{y}\right)$ étant $f'\left(\frac{1}{y}\right)\left(\frac{-1}{y^2}\right)$ et $\varphi'\left(\frac{1}{y}\right)\left(\frac{-1}{y^2}\right)$, l'application de la règle donne

$$\lim \frac{f\left(\frac{1}{y}\right)}{\varphi\left(\frac{1}{y}\right)} = \lim \frac{f'\left(\frac{1}{y}\right)\frac{-1}{y^2}}{\varphi'\left(\frac{1}{y}\right)\frac{-1}{y^2}} = \lim \frac{f'\left(\frac{1}{y}\right)}{\varphi'\left(\frac{1}{y}\right)} \quad (\text{pour } y=0),$$

ou enfin, en observant que $\frac{1}{y}=x$,

$$\lim \frac{f(x)}{\varphi(x)} = \lim \frac{f'(x)}{\varphi'(x)} \quad (\text{pour } x \text{ infini});$$

ce qu'il fallait démontrer.

75. — Exemples : Comparaison d'exponentielles et de logarithmes indéfiniment croissants à des fonctions algébriques devenant aussi infinies.

Comme application, cherchons la vraie valeur de $\frac{x^m}{e^x}$ pour x infini, l'exposant m étant positif. Comme la fraction devient de la forme $\frac{\infty}{\infty}$ quand x grandit indéfiniment, il y a lieu d'appliquer la règle, en cherchant le rapport des dérivées de x^m et de e^x. Il vient ainsi

$$\left(\frac{x^m}{e^x}\right)_{x=\infty} = \left(\frac{m x^{m-1}}{e^x}\right)_{x=\infty}.$$

Si m est compris entre 0 et 1, ou est égal à 1, le numérateur mx^{m-1} contiendra x élevé à une puissance ou négative, ou nulle, et il sera, ou infiniment petit, ou constant et fini, quand x croîtra sans limite. Quant au dénominateur, il devient infini pour x infini. Donc la vraie valeur cherchée sera zéro. Si, au contraire, m est plus grand que 1, cas où $\frac{mx^{m-1}}{e^x}$ tend vers la forme $\frac{\infty}{\infty}$, on appliquera encore la règle, en prenant le rapport des dérivées. On aura, pour ce dernier, $\left(\frac{m(m-1)x^{m-2}}{e^x}\right)_{x=\infty}$, rapport qui sera, ou nul, ou de la forme $\frac{\infty}{\infty}$. Dans ce dernier cas, on prendra de nouveau le rapport des dérivées, et ainsi de suite. On finira toujours par obtenir, au numérateur, une puissance négative ou au moins nulle de x; et alors la fraction deviendra de la forme $\frac{0}{\infty}=0$. On aura donc, en général,

$$\left[\frac{x^m}{e^x}\right]_{x=\infty}=0.$$

Il en résulte la propriété suivante dont jouit la fonction exponentielle et qu'il importe de connaître : Toutes les fois que l'exponentielle e^x devient infinie, elle le devient infiniment plus que toute puissance positive de x; ou, encore, Toute puissance de x et, par suite, toute fonction algébrique de x, qui devient infinie, l'est infiniment moins qu'une exponentielle telle que e^x.

Revenons à la formule $\left(\frac{x^m}{e^x}\right)_{x=\infty}=0$. Appelons-y y l'exponentielle e^x et posons, en conséquence, $x=\log y$. Comme y et son logarithme x deviennent infinis en même temps, nous aurons $\left[\frac{(\log y)^m}{y}\right]_{y=\infty}=0$. Ainsi l'expression $\left(\frac{\log y}{y^{\frac{1}{m}}}\right)^m$ devient nulle pour y infini; ce qui exige que l'expression $\frac{\log y}{y^{\frac{1}{m}}}$ devienne elle-même nulle. Mais, m étant un exposant positif quelconque, son inverse, $\frac{1}{m}$, est aussi un exposant positif quelconque, qu'on peut appeler n, en sorte que la relation $\left(\frac{x^m}{e^x}\right)_{x=\infty}=0$ ne diffère pas, au fond, de celle-ci, $\left(\frac{\log y}{y^n}\right)_{y=\infty}=0$. Donc, lorsque le logarithme d'une variable y devient infini, il le devient infiniment moins que toute puissance positive, y^n, de cette variable, ou, par suite, infiniment moins que toute fonction algébrique de y indéfiniment croissante. C'est du reste, ce qu'aurait montré l'application directe de la règle; car les dérivées de $\log y$ et de y^n par rapport à y sont respectivement $\frac{1}{y}$ et ny^{n-1}, quantités dont le rapport, $\frac{1}{ny^n}$, devient bien nul pour y infini.

76. — Expressions indéterminées de la forme $0 \times \infty$.

Ces expressions, de la forme $0 \times \infty$, se présentent lorsqu'on évalue le produit de deux fonctions, $f(x)$, $\varphi(x)$, et que, pour $x = a$, un des facteurs, $f(a)$, s'annule, tandis que l'autre, $\varphi(a)$, devient infini. On ramène ces expressions à la forme $\frac{0}{0}$, en remplaçant le produit $f(x)\varphi(x)$ par le quotient équivalent $\frac{f(x)}{\frac{1}{\varphi(x)}}$, et l'on prend alors le rapport des dérivées de $f(x)$ et de $\frac{1}{\varphi(x)}$.

77. — Exemple: formule de Briggs pour le calcul des logarithmes naturels.

Cherchons vers quelle limite tend l'expression $x\left(\sqrt[x]{A} - 1\right)$ pour x infini, A étant un nombre positif quelconque. A la limite $x = \infty$, le facteur $\sqrt[x]{A} - 1$ ou $A^{\frac{1}{x}} - 1$ devient $A^0 - 1$ ou zéro, tandis que l'autre facteur, x, devient infini. L'expression est donc de la forme $0 \times \infty$. On la ramène à $\frac{0}{0}$ en remplaçant ce deuxième facteur x par $\frac{1}{\frac{1}{x}}$, c'est-à-dire en présentant l'expression proposée sous la forme $\frac{A^{\frac{1}{x}} - 1}{\frac{1}{x}}$. Appelons, dans celle-ci, y la fraction $\frac{1}{x}$, qui devient nulle pour $x = \infty$. La quantité à évaluer sera $\frac{A^y - 1}{y}$, pour $y = 0$. La dérivée de A^y étant $A^y \log A$, et celle de y étant 1, l'application de la règle donne

$$\left(\frac{A^y - 1}{y}\right)_{y=0} = \left(\frac{A^y \log A}{1}\right)_{y=0} = \log A.$$

Ainsi,

$$\log A = \text{limite de } x\left(\sqrt[x]{A} - 1\right), \text{ pour } x \text{ infini}.$$

Cette formule est importante, en ce qu'elle présente les logarithmes népériens comme des limites d'expressions algébriques. Le calcul de $\sqrt[x]{A}$ n'y exige que des extractions de racines carrées, quand on prend pour x une puissance de 2.

78. — Expressions qui se présentent sous l'une des formes indéterminées 1^∞, ∞^0, 0^0.

On est conduit à des expressions de cette nature, quand on évalue une exponentielle de la forme $f(x)^{\varphi(x)}$ et que, pour $x = a$, la base, $f(a)$, vaut un, l'infini ou zéro, tandis que l'exposant $\varphi(a)$ est infini ou nul. La vraie valeur de ces expressions s'obtient en cherchant celle de leurs logarithmes népériens, qui sont $\varphi(x) \log f(x)$, et qui se présentent alors sous les formes précédemment étudiées $0 \times \infty$ ou $\infty \times 0$. Il est facile ensuite de passer du logarithme au nombre.

79. — *Exemple : exponentielles présentées comme limites d'expressions algébriques.*

Comme application, cherchons la limite vers laquelle tend l'expression algébrique $\left(1+\frac{A}{x}\right)^x$ quand x grandit indéfiniment, A étant un nombre positif quelconque.

Pour x infini, cette expression prend la forme $\left(1+\frac{A}{\infty}\right)^\infty$, ou 1^∞, qui est l'une de celles dont il s'agit actuellement. Considérons son logarithme népérien, $x \log\left(1+\frac{A}{x}\right)$, qui, devenant $\infty \times \log 1$ ou $\infty \times 0$, sera ramené à la forme $\frac{0}{0}$ si on l'écrit ainsi,

$$\frac{\log\left(1+\frac{A}{x}\right)}{\frac{1}{x}}.$$

Comme cette nouvelle expression ne contient pas d'autre variable que l'inverse de x, posons $\frac{1}{x}=y$, et observons que y s'annule quand x devient infini. Le logarithme népérien cherché sera donc

$$\frac{\log(1+Ay)}{y} \ (\text{pour } y=0).$$

Or, la dérivée de $\log(1+Ay)$ par rapport à y est $\frac{A}{1+Ay}$, et celle du dénominateur y vaut 1. Il vient donc

$$\left[\frac{\log(1+Ay)}{y}\right]_{y=0} = \left(\frac{A}{1+Ay}\right)_{y=0} = A.$$

La vraie valeur cherchée du logarithme népérien de $\left(1+\frac{A}{x}\right)^x$ pour x infini étant ainsi A, ce nombre lui-même, $\left(1+\frac{A}{x}\right)^x$, vaut alors e^A, et l'on a la formule, bien classique,

$$e^A = \text{limite de} \left(1+\frac{A}{x}\right)^x \text{ pour } x \text{ infini}.$$

Celle-ci est l'inverse de la formule de Briggs, donnée précédemment, et elle pourrait s'en déduire.

14ème Leçon — Applications géométriques du calcul différentiel : des arcs des courbes planes et des contacts de ces courbes.

80. — Définition d'un arc de courbe plane.

Passons maintenant aux applications géométriques du calcul différentiel, et, d'abord, à la théorie des courbes planes. Nous supposerons connues l'existence et l'équation de la tangente, ainsi que l'équation de la normale, dont il a été longuement question en mathématiques spéciales. Voyons d'abord ce qu'il faut entendre au juste par un arc d'une courbe plane quelconque, que représente, en coordonnées rectangulaires, une relation donnée, de la forme $y = f(x)$.

Prenons sur la courbe un point fixe A, choisi comme origine des distances le long de la courbe, et proposons-nous de définir ce qu'on nomme l'arc compris entre deux points quelconques A et B de la courbe.

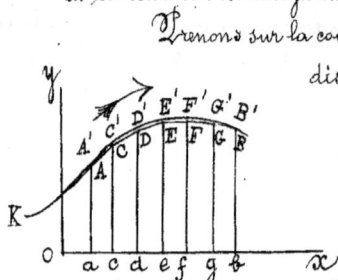

Pour cela, nous concevrons qu'on mène, du point A au point B, ou, plus généralement, d'un point ayant même abscisse que le point A à un autre ayant même abscisse que le point B, une ligne polygonale, se composant de côtés très-petits, très-voisins de la courbe et très-peu inclinés sur la tangente menée à la courbe aux points voisins. Imaginons que cette ligne polygonale soit variable, que ses côtés tendent vers zéro, se rapprochent en même temps de plus en plus de la courbe, et que chacun des côtés devienne de moins en moins incliné par rapport à la tangente aux points voisins, comme il arrivera, par exemple, si la ligne polygonale est inscrite dans la courbe et qu'on multiplie indéfiniment ses sommets. Je dis que la longueur totale de la ligne polygonale tendra vers une limite déterminée, et c'est précisément cette limite qui sera appelée l'arc de courbe A B.

Pour le démontrer, rappelons le caractère auquel on reconnaît qu'une quantité variable tend vers une limite: il faut et il suffit, pour cela, que, si l'on prend une valeur de cette quantité suffisamment éloignée dans la série des valeurs qu'elle reçoit, cette valeur diffère d'aussi peu que l'on voudra de l'une quelconque de celles qui viennent après. Soit donc A C D E F G B une des lignes polygonales considérées, ayant déjà ses côtés très-petits, très-voisins de la courbe et très-peu inclinés sur les tangentes respectives. Considérons une autre quelconque des lignes polygonales qui ont leurs côtés encore plus petits, plus rapprochés de la courbe et moins inclinés sur les tangentes. Par les points A, C, ..., G, B, menons les ordonnées A a, C c, ..., G g, B b, et appelons A', C', ..., G', B' les points où ces ordonnées (prolongées s'il le faut) viennent couper la seconde ligne polygonale considérée, c'est-à-dire celle dont les côtés sont plus petits. Nous voulons démontrer que la différence entre les longueurs totales de ces deux lignes polygonales est aussi faible que l'on veut, si les côtés de la première ont été pris assez petits.

Observons, en effet, que deux parties correspondantes des deux lignes polygonales, F G et F' G' par exemple, ont une même projection, f g, sur l'axe des x. Or, si l'on considère f g comme étant la projection de F G, cette ligne f g sera le produit de F G par le cosinus de l'angle que fait F G avec l'axe des x. D'ailleurs, cet angle différant aussi peu que l'on veut de celui que fait avec l'axe des x la tangente au point où l'ordonnée f F coupe la courbe, sa tangente trigonométrique se confondra presque avec le coefficient angulaire correspondant, qui a pour expression la dérivée de l'ordonnée, y', ou f'(x) si x désigne l'abscisse du point F. Par suite, son cosinus ne différera pas sensiblement de celui, $\frac{1}{\sqrt{1+y'^2}}$, qui définirait la direction de la tangente, et on pourra le représenter par $\frac{1+\varepsilon}{\sqrt{1+y'^2}}$, en appelant ε une quantité très-petite. Donc on a

$$fg = \frac{1+\varepsilon}{\sqrt{1+y'^2}} \times FG.$$

Comparons de même $F'G'$ à sa projection fg. La deuxième ligne polygonale ayant ses côtés plus petits que la première, $F'G'$ se composera d'un nombre plus ou moins grand de fragments rectilignes, dont chacun aura pour projection une partie correspondante de fg. Le rapport de cette partie de fg à la partie analogue de $F'G'$ égalera le cosinus de l'angle sous lequel se fait la projection, cosinus qui diffère évidemment très-peu, comme le précédent, de $\frac{1}{\sqrt{1+y'^2}}$. Les parties de fg, comparées aux parties correspondantes de $F'G'$, donneront donc une série de rapports, presque égaux entr'eux et très-peu différents de $\frac{1}{\sqrt{1+y'^2}}$. Or, on sait que, si l'on a une suite de rapports dont les dénominateurs soient tous positifs et qu'on les ajoute terme à terme, la somme des numérateurs forme avec celle des dénominateurs un nouveau rapport compris entre le plus petit et le plus grand des rapports proposés. Donc, la projection totale fg sera, à la ligne projetée $F'G'$ tout entière, dans un rapport extrêmement peu différent de $\frac{1}{\sqrt{1+y'^2}}$; et ce rapport pourra s'écrire $\frac{1+\varepsilon_1}{\sqrt{1+y'^2}}$, ε_1 désignant une quantité très-petite, en sorte qu'on aura

$$fg = \frac{1+\varepsilon_1}{\sqrt{1+y'^2}} \times F'G'.$$

Les deux égalités précédentes donnent

$$FG = \frac{(\sqrt{1+y'^2}) \times fg}{1+\varepsilon},\quad F'G' = \frac{(\sqrt{1+y'^2}) \times fg}{1+\varepsilon_1},$$

et, par suite,

$$\frac{FG}{F'G'} = \frac{1+\varepsilon_1}{1+\varepsilon}.$$

Le deuxième membre diffère de 1 d'aussi peu que l'on veut, car ε et ε_1 sont très-petits et tendraient vers zéro en même temps que FG et $F'G'$. Donc, deux parties correspondantes, FG et $F'G'$, des deux lignes polygonales ont un rapport extrêmement peu différent de 1. Il en résulte que les rapports $\frac{AC}{A'C'}$, $\frac{CD}{C'D'}$, ..., $\frac{GB}{G'B'}$, sont sensiblement égaux à l'unité. En les ajoutant terme à terme et appliquant la propriété énoncée tout-à-l'heure, il viendra

$$\frac{ACD\ldots\ldots GB}{A'C'D'\ldots\ldots G'B'} = 1 \text{ à la limite.}$$

C'est dire que les deux lignes polygonales diffèrent l'une de l'autre d'une fraction aussi petite que l'on veut de leur valeur, et, comme chacune d'elles est finie (comparable à ab), leur différence tend vers zéro en même temps que leurs côtés, ou, en d'autres termes, elles tendent vers une limite. Celle-ci est précisément l'arc de courbe AB.

Nous désignerons cet arc par la lettre s et nous le compterons, à partir de l'origine ou extrémité fixe A, positivement dans le sens de la flèche, c'est-à-dire quand l'extrémité mobile B sera d'un certain côté de A, et négativement dans le cas contraire où l'extrémité mobile serait, par exemple, en K. L'arc s aura ainsi une valeur déterminée, dès que la position du point B se trouvera déterminée elle-même par son abscisse: ce sera une certaine fonction de x, tout comme l'ordonnée y. Il y a donc lieu de chercher sa différentielle.

81. — Limite du rapport d'un arc à sa corde.

Mais, auparavant, tirons, du rapprochement des valeurs de F G et de F' G' données tout-à-l'heure, le théorème suivant, qui est d'une grande importance.

Théorème: Le rapport d'un arc à sa corde tend vers l'unité quand l'arc devient infiniment petit.

Pour déduire cette loi des formules ci-dessus, supposons que la seconde des deux lignes polygonales soit remplacée par sa limite même, qui est un arc très-petit de courbe, ou admettons que ses côtés aient décrû jusqu'à zéro. Alors F' G' sera un petit arc et, d'ailleurs, rien n'empêchera de prendre pour F G sa corde. La formule $\frac{FG}{F'G'} = \frac{1+\varepsilon_1}{1+\varepsilon}$ deviendra donc

$$\frac{\text{corde } FG}{\text{arc } F'G'} = \frac{1+\varepsilon_1}{1+\varepsilon} = 1 \text{ à la limite.}$$

C'est justement ce qu'il fallait démontrer.

82. — Différentielle d'un arc de courbe.

Considérons la formule du n° 80 (p. 107) qui donne F'G' :

$$F'G' = \frac{\sqrt{1+y'^2}}{1+\varepsilon_1} \times fg.$$

En nous plaçant au même point de vue qu'au numéro précédent, F'G' est l'accroissement que reçoit l'arc AF, compté à partir du point A, lorsque sa seconde extrémité passe du point F au point G, ou que l'abscisse de cette extrémité, au lieu d'être x, devient $x + \Delta x$, Δx désignant ainsi le petit accroissement fg qu'elle éprouve. La ligne F'G' sera donc l'accroissement correspondant Δs de l'arc, et l'on aura

$$F'G' \text{ ou } \Delta s = \frac{\sqrt{1+y'^2}}{1+\varepsilon_1}\,\Delta x.$$

On tire, de là, $\dfrac{\Delta s}{\Delta x} = \dfrac{\sqrt{1+y'^2}}{1+\varepsilon_1}$, et, si l'on a l'intention de passer à la limite, c'est-à-dire si les différences finies deviennent des différentielles,

$$\frac{ds}{dx} = \sqrt{1+y'^2}.$$

Telle est l'expression de la dérivée de l'arc s. Sa différentielle, ds, vaut, par suite,

$$ds = \sqrt{1+\frac{dy^2}{dx^2}}\;dx = \sqrt{dx^2+dy^2}.$$

En l'élevant au carré, il vient

$$ds^2 = dx^2 + dy^2.$$

83. — Triangle infinitésimal.

Il est aisé de voir ce que représente géométriquement cette dernière formule.

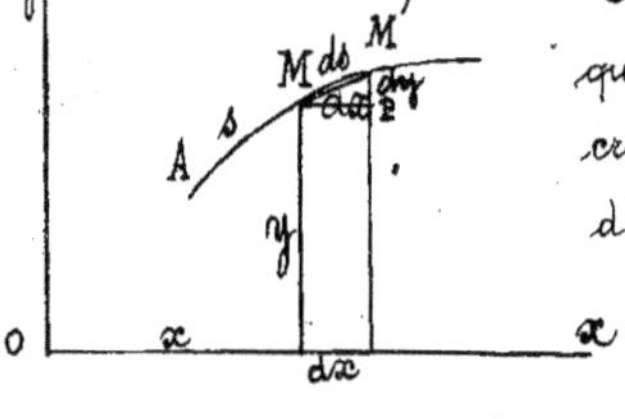

Soit A l'origine des arcs, AM la valeur actuelle de l'arc s, quand l'abscisse de son extrémité M est x. Faisons croître s de l'arc infiniment petit MM' $= ds$, qui, d'après un théorème précédent, pourra être remplacé par sa corde, et construisons le triangle rectangle MPM', dont la base, MP, parallèle à Ox, égale l'accroissement dx qu'éprouve l'abscisse, tandis que sa hauteur PM' vaut l'accroissement dy de l'ordonnée. On voit que la corde de l'arc est l'hypoténuse de ce triangle. On a donc bien

$$ds^2 = dx^2 + dy^2.$$

Le triangle MPM', qui cesserait d'être rectangle si l'angle des axes n'était plus droit, mais qui peut toujours se construire sur deux côtés dx, dy, parallèles aux axes et dont le troisième côté est un élément ds de l'arc, a été considéré par Barrow, géomètre anglais du XVIIème siècle. Il sert à résoudre presque intuitivement tous les problèmes concernant les tangentes aux courbes planes, tangentes données par le prolongement de son troisième côté MM' ou ds : on l'appelle le triangle infinitésimal.

84. — Des contacts des courbes planes.

Considérons deux courbes planes, AB, AB', ayant un point commun, A, et rapportées à un système d'axes coordonnés rectilignes quelconques Ox, Oy.

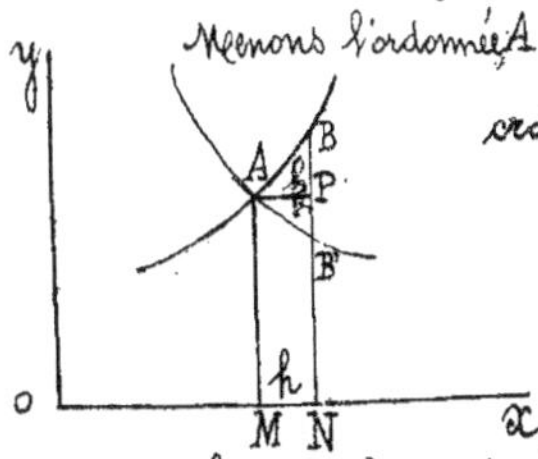

Menons l'ordonnée A M, et l'abscisse, O M, du point commun; puis, faisons croître l'abscisse d'une quantité fort petite, positive ou négative, M N $= h$; tirons les deux ordonnées correspondantes, B N, B'N, des deux courbes et appelons k leur différence B B'. Comme, par hypothèse, l'accroissement h est très-petit, les cordes AB, AB' sont infiniment peu inclinées sur les tangentes menées en A aux deux courbes, et leur angle BAB' diffère aussi peu que l'on veut de celui des deux tangentes mêmes. D'autre part, ces tangentes, n'étant généralement pas parallèles à l'axe des y, font avec celui-ci des angles finis, et les cordes AB, AB', qui ont sensiblement les mêmes directions que les tangentes, font aussi des angles finis avec la parallèle BN à l'axe des y. Dans le triangle ABB', les trois angles sont donc finis, et l'on a

$$(1) \qquad \frac{k}{AB} = \frac{\sin BAB'}{\sin B'} = \text{un nombre fini.}$$

De plus, M N et A B ont aussi entr'eux un rapport fini : il suffit, pour le reconnaître, d'observer que M N est une projection (rectangulaire ou oblique) de AB, sous un angle n'annulant pas cette projection, et que si, par exemple, on mène AP $=$ MN parallèle à l'axe des x, il vient

$$(2) \qquad \frac{AP}{AB} \text{ ou } \frac{h}{AB} = \frac{\sin B}{\sin P} = \text{un nombre fini.}$$

En divisant les deux égalités (1) et (2) l'une par l'autre, nous aurons donc

$$\frac{k}{h} = \text{un quotient fini.}$$

En d'autres termes, quand deux courbes ont un point commun et que les tangentes qu'on leur mène en ce point font entr'elles un angle fini, si l'on prend, aux environs du point commun, deux points de ces courbes qui soient sur une même ordonnée, leur distance, ou écart des deux courbes sur l'ordonnée, sera du même ordre de petitesse que l'accroissement éprouvé par l'abscisse à partir du point commun. On dit alors qu'il n'y a pas contact des deux courbes, ou que les deux courbes se coupent sans contact, ou encore que le contact est d'ordre zéro.

Mais admettons que les deux courbes aient, au point A, tangente commune. Alors, dans la proportion (1) ci-dessus, l'angle A des deux cordes tendra vers zéro en même temps que h, et l'on aura.

$$\frac{k}{AB} = \text{un nombre infiniment petit.}$$

D'ailleurs, le rapport $\frac{h}{AB}$ ne cessera pas d'être fini, et, par suite, il viendra

$$\frac{k}{h} = \text{un nombre infiniment petit.}$$

Dans ce cas, on dit qu'il y a contact des deux courbes, ou que les courbes se touchent.

Il reste à fixer ce qu'on appelle l'ordre du contact. Pour cela, on remarquera que, h étant supposé excessivement petit, ses puissances successives sont de plus en plus faibles. Donc, le contact sera d'autant plus intime que la différence k des deux ordonnées, qui mesure l'écart des deux courbes, se trouvera comparable à une puissance plus haute de h. Cela posé, lorsque l'écart k est infiniment petit par rapport à une certaine puissance, h^n, de l'accroissement de l'abscisse, mais qu'il n'est plus infiniment petit par rapport à la puissance entière suivante h^{n+1}, on dit que le contact est d'ordre n. Ainsi, le contact sera d'ordre n si l'on a $\frac{k}{h^n} = \varepsilon$, ε étant un infiniment petit, et si, en même temps, $\frac{k}{h^{n+1}}$ égale un nombre qui ne tende pas vers zéro en même temps que h.

85. — L'Ordre d'un contact est indépendant du choix des axes.

Démontrons maintenant que l'ordre du contact dépend seulement des deux courbes et non pas des axes choisis. En d'autres termes, l'ordre du contact de deux courbes est le même dans tous les systèmes de coordonnées, pourvu que l'axe des y ne soit pas parallèle à la tangente commune.

En effet, concevons qu'on rapporte à de nouveaux axes O_1x_1, O_1y_1 les deux courbes AB, AB', qui ont, par hypothèse, en A un contact d'ordre n dans le système des axes Ox, Oy, c'est-à-dire qui sont telles, que, des deux rapport $\frac{BB'}{(MN)^n} = \frac{k}{h^n}$ et $\frac{BB'}{(MN)^{n+1}} = \frac{k}{h^{n+1}}$, le premier tend vers zéro, mais non le second, quand h s'annule. Construisons la nouvelle ordonnée AP, et la nouvelle abscisse, O_1P, du point A. Puis, par le point B, menons également une ordonnée BQ, qui coupera la la deuxième courbe au point B_1. Dans le nouveau système d'axes, l'écart des deux courbes sera BB_1, et l'accroissement correspondant éprouvé par l'abscisse sera PQ. Il faut donc prouver que l'on aura tout à la fois:

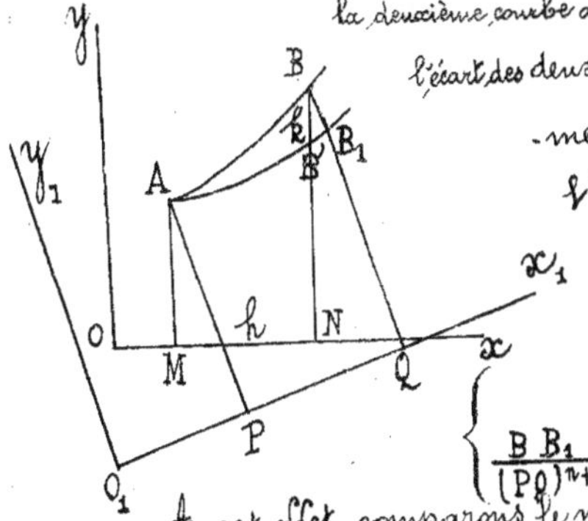

$$\begin{cases} \dfrac{BB_1}{(PQ)^n} = \text{un nombre infiniment petit,} \\ \dfrac{BB_1}{(PQ)^{n+1}} = \text{un nombre qui ne tend pas vers zéro.} \end{cases}$$

A cet effet, comparons le nouvel écart, BB_1, des deux courbes à l'ancien, BB', et le nouvel accroissement, PQ, des abscisses à l'ancien, MN. Dans le triangle BB_1B', deux côtés, BB' et BB_1, sont parallèles aux deux axes des ordonnées, tandis que la base, B_1B', est une corde très-petite, infiniment peu inclinée sur la tangente à la courbe en B' et, par suite aussi, sur la tangente commune en A, puisqu'on est dans le voisinage du point A. Donc, B_1B' a sensiblement la direction de la tangente commune, qui fait, par hypothèse, des angles finis avec les axes des ordonnées, et l'on a

$$\frac{BB_1}{BB'} = \frac{\sin B'}{\sin B_1} = \text{un nombre fini } \alpha.$$

D'autre part, MN et PQ sont deux certaines projections, perpendiculaires ou obliques, de la corde AB. Or nous avons vu que de telles projections se trouvent comparables à la ligne projetée et, par suite, comparables entre elles, toutes les fois du moins que la tangente commune n'est pas parallèle aux axes des ordonnées. Ainsi, en appelant β un nombre fini, on aura

$$\frac{PQ}{MN} = \beta.$$

Les deux égalités ci-dessus donnant

$$BB_1 = \alpha\,(BB') = \alpha k, \quad PQ = \beta\,(MN) = \beta h,$$

on en déduit

$$\frac{BB_1}{(PQ)^n} = \frac{\alpha k}{\beta^n h^n} = \frac{\alpha}{\beta^n} \times \frac{k}{h^n}, \quad \frac{BB_1}{(PQ)^{n+1}} = \frac{\alpha k}{\beta^{n+1} h^{n+1}} = \frac{\alpha}{\beta^{n+1}} \frac{k}{h^{n+1}}.$$

Par suite, les deux rapports $\frac{BB_1}{(PQ)^n}$, $\frac{BB_1}{(PQ)^{n+1}}$ sont, l'un, infiniment petit, l'autre, fini ou infiniment grand, par le fait même que les rapports $\frac{k}{h^n}$, $\frac{k}{h^{n+1}}$ sont, le premier, infiniment petit, le deuxième, fini ou indéfiniment croissant à mesure que h tend vers zéro. C'est bien dire que l'ordre du contact des deux courbes est n dans le nouveau système d'axes comme dans l'ancien.

15ème Leçon. — Suite de l'étude des contacts de courbes. — Des courbes osculatrices.

86. — Conditions analytiques d'un contact d'ordre n.

Considérons deux courbes, AM et AM', qui se coupent en A et qui ont en ce point un contact d'ordre n. Soit $Y = f(x)$ l'équation de la première et $y = \varphi(x)$ celle de la seconde. Appelons x l'abscisse du point commun A, $x+h$ celle de deux points voisins, M et M', se correspondant sur les deux courbes.

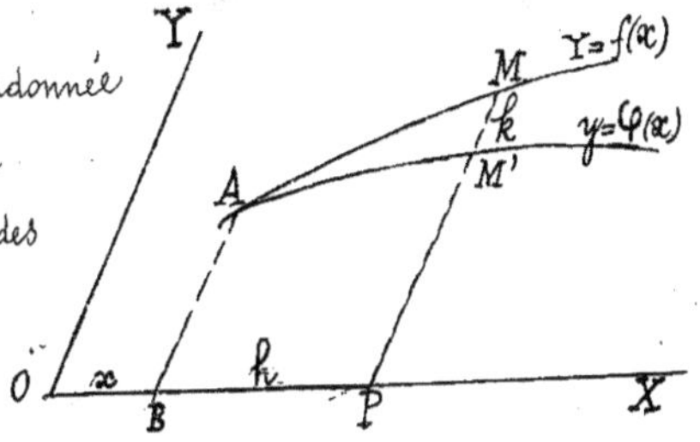

Nous aurons, pour l'ordonnée du premier, $MP = f(x+h)$, et, pour l'ordonnée du second, $M'P = \varphi(x+h)$. Leur différence, c'est-à-dire l'écart k des deux courbes, sera donc

$$k = f(x+h) - \varphi(x+h).$$

Si nous admettons que les fonctions f et φ soient développables par la série de Taylor, suivant les puissances du petit accroissement h de l'abscisse, il viendra

$$k = [f(x)-\varphi(x)] + \frac{h}{1}[f'(x)-\varphi'(x)] + \frac{h^2}{1.2}[f''(x)-\varphi''(x)] + \cdots + \frac{h^n}{1.2.3\ldots n}[f^n(x)-\varphi^n(x)] + \frac{h^{n+1}}{1.2.3\ldots(n+1)}[f^{n+1}(x)-\varphi^{n+1}(x)] + \cdots$$

Nous savons que, h étant très faible, les termes non écrits à la fin de la formule ont leur somme égale à une aussi petite fraction qu'on veut du dernier terme écrit, pourvu que celui-ci ne soit pas nul. Cela posé, comme le point A est commun aux deux courbes, la différence k des ordonnées s'annule pour $h = 0$, c'est-à-dire quand le deuxième membre de l'équation se réduit au premier terme, $f(x) - \varphi(x)$.

On a donc

$$f(x)-\varphi(x)=0, \quad \text{ou } f(x)=\varphi(x).$$

Alors l'expression de k contient h en facteur commun. Or, le rapport $\frac{k}{h}$ devient infiniment petit quand h tend vers 0, puisque même le rapport $\frac{k}{h^n}$ doit tendre vers zéro. Donc l'expression

$$\frac{k}{h}=\left[f'(x)-\varphi'(x)\right]+\frac{h}{1.2}\left[f''(x)-\varphi''(x)\right]+\cdots$$

s'annule pour $h=0$, et l'on a

$$f'(x)-\varphi'(x)=0, \quad \text{ou } f'(x)=\varphi'(x).$$

Divisons maintenant l'expression de $\frac{k}{h}$ par h. Il vient

$$\frac{k}{h^2}=\frac{1}{1.2}\left[f''(x)-\varphi''(x)\right]+\cdots\cdots\cdots.$$

On reconnaîtra de même que le deuxième membre s'annule pour $h=0$; ce qui exige encore la relation

$$f''(x)-\varphi''(x)=0, \quad \text{ou } f''(x)=\varphi''(x).$$

En continuant de même, on sera conduit à égaler, pour le point A, les dérivées successives des fonctions $f(x)$, $\varphi(x)$, jusqu'à $f^n(x)$ et $\varphi^{(n)}(x)$ inclusivement; et l'expression de k donnée ci-dessus se trouvera réduite à

$$k=\frac{h^{n+1}}{1.2.3\ldots(n+1)}\left[f^{n+1}(x)-\varphi^{n+1}(x)\right]+\cdots$$

Or, le contact n'est, par hypothèse, que d'ordre n, et le quotient $\frac{k}{h^{n+1}}$ ne doit pas tendre vers zéro en même temps que h. Donc, comme il se réduit à

$$\frac{1}{1.2.3\ldots\ldots\ldots(n+1)}\left[f^{n+1}(x)-\varphi^{n+1}(x)\right]$$

pour $h=0$, la différence $f^{n+1}(x)-\varphi^{n+1}(x)$ doit être différente de zéro. Ainsi, aux $n+1$ conditions

$$f(x)=\varphi(x),\ f'(x)=\varphi'(x),\ f''(x)=\varphi''(x),\ldots,\ f^{(n)}(x)=\varphi^{(n)}(x),$$

pour que le contact soit d'ordre n, il faut joindre encore celle-ci,

$$f^{n+1}(x)\gtrless\varphi^{n+1}(x).$$

A l'inverse, si l'on suppose ces conditions vérifiées, l'expression de k, $f(x+h)-\varphi(x+h)$, en la développant suivant les puissances croissantes de h, aura ses $n+1$ premiers termes nuls, et elle deviendra

$$k=\frac{h^{n+1}}{1.2.3\ldots\ldots(n+1)}\left[f^{n+1}(x)-\varphi^{n+1}(x)\right]+\cdots\cdots$$

Le rapport $\frac{k}{h^n}$ tendra donc bien vers zéro, tandis que le rapport $\frac{k}{h^{n+1}}$ restera fini à la limite $h=0$: ce qui exprime que les deux courbes auront un contact d'ordre n. On peut, par conséquent, énoncer la loi générale suivante :

Pour que deux courbes, dont les ordonnées sont exprimées par deux fonctions $Y = f(x)$, $y = \varphi(x)$, présentent un contact d'ordre n quand l'abscisse reçoit une valeur particulière x, il faut et il suffit que ces fonctions, $f(x)$ et $\varphi(x)$, se trouvent alors égales, ainsi que leurs dérivées respectives (chacune à chacune) jusqu'à celles d'ordre n inclusivement, mais que leurs dérivées d'ordre $n+1$ soient différentes.

87. — Un contact d'ordre n équivaut à $n+1$ points communs infiniment voisins. Les mêmes conditions peuvent être mises sous une autre forme, qu'il importe de connaître. Les dérivées $f'(x), f''(x), \ldots f^{(n)}(x)$ s'écrivant aussi $\frac{dY}{dx}$, $\frac{d^2Y}{dx^2}$, $\frac{d^nY}{dx^n}$, et les dérivées $\varphi'(x), \varphi''(x), \ldots, \varphi^n(x)$ s'exprimant de même par $\frac{dy}{dx}$, $\frac{d^2y}{dx^2}, \ldots\ldots, \frac{d^ny}{dx^n}$, admettre l'égalité respective de ces dérivées chacune à chacune, c'est poser les relations

$$dY = dy, d^2Y = d^2y \ldots, d^nY = d^ny.$$

Or, la différence dY, jointe à la valeur actuelle Y de l'ordonnée de la première courbe, définit les deux ordonnées de cette courbe qui correspondent à deux abscisses voisines x et $x+dx$; de même, les trois quantités Y, dY et d^2Y définissent complètement trois ordonnées successives, correspondant aux abscisses x, $x+dx$, $x+2\,dx$; etc. ; et les $n+1$ quantités $Y, dY, d^2Y, \ldots\ldots, d^nY$ définissent les $n+1$ ordonnées successives de la courbe pour les abscisses $x, x+dx, x+2\,dx, \ldots, x+n\,dx$. Il en est de même, dans la seconde courbe, des quantités $y, dy, d^2y, \ldots\ldots d^ny$. Donc, les égalités

$$Y = y, dY = dy, d^2Y = d^2y, \ldots, d^nY = d^ny,$$

prises toutes ensemble, reviennent à dire que les deux courbes ont, au point A, $n+1$ ordonnées, équidistantes et infiniment voisines, communes ou $n+1$ points communs infiniment voisins. En d'autres termes, des deux courbes proposées, l'une est la limite d'une courbe variable, qui couperait l'autre en $n+1$ points de plus en plus voisins et réunis finalement au point A.

C'est ce que l'on peut voir encore d'une autre manière, en formant l'équation propre à déterminer les points communs des deux courbes. Pour les environs du point A, ou alors que les abscisses ne dépassent la constante x que d'une quantité très-petite h, positive ou négative, cette équation, propre à déterminer les abscisses des points communs aux deux courbes, s'obtient évidemment en égalant à zéro l'expression $k = f(x+h) - \varphi(x+h)$ de leur écart, expression que nous avons trouvé se réduire à $\frac{h^{n+1}}{1.2\ldots(n+1)}\left[f^{(n+1)}(x) - \varphi^{(n+1)}(x)\right] + \cdots$

En mettant h^{n+1} en facteur, l'équation considérée sera donc

$$h^{n+1}\left[\frac{f^{(n+1)}(x) - \varphi^{n+1}(x)}{1.2.3\ldots(n+1)} + \cdots\cdots\right] = 0.$$

On voit qu'elle admet $n+1$ racines nulles $h = 0$, ou qu'on y satisfait en égalant à zéro le premier facteur, multiple, h^{n+1}. Ainsi, on peut bien dire que, lorsque deux courbes ont un contact d'ordre n, leur point commun est la limite de $n+1$ points d'intersection ~~devenus~~ infiniment voisins.

88. — Caractère distinctif des contacts d'ordre pair et des contacts d'ordre impair.

Considérons encore l'écart, $k = MM'$, des deux courbes, écart dont la valeur est

$$MP - M'P = \frac{h^{n+1}}{1.2.3\cdots\cdots(n+1)}\left[f^{n+1}(x) - \varphi^{n+1}(x)\right] + \cdots\cdots$$

Nous savons que, pour h très-petit en valeur absolue, le second membre se réduit sensiblement à son premier terme, seul écrit. Or, examinons le signe de ce terme, en supposant, pour fixer les idées, que l'on ait $f^{n+1}(x) > \varphi^{n+1}(x)$, ou que AM soit celle des deux courbes dans laquelle la dérivée $n+1^{\text{ème}}$ de l'ordonnée est la plus grande au point A. Distinguant le cas où n est pair du cas où n est impair, admettons d'abord que n soit pair. Alors le facteur h^{n+1} change de signe en même temps que h et le second membre considéré, positif pour $h > 0$, est négatif pour $h < 0$. Donc, l'ordonnée MP de la première courbe, supérieure à l'ordonnée correspondante M'P de l'autre courbe tant qu'on est d'un côté du point A, lui devient inférieure de l'autre côté, et les deux courbes se croisent au point A. Ainsi, quand le contact est d'ordre pair, les deux courbes se coupent ou se traversent mutuellement.

Si, au contraire, le contact est d'ordre impair, l'exposant $n+1$ de h est pair et, par conséquent, h^{n+1} est un facteur essentiellement positif : donc la différence k des deux ordonnées MP, M'P est positive des deux côtés du point A, autant pour h négatif que pour h positif, et la courbe dont l'ordonnée Y a la dérivée $n+1^{ème}$ la plus grande a aussi, dans toute la région avoisinant le point A, des ordonnées plus grandes que l'autre courbe. Donc, quand le contact est d'ordre impair, les deux courbes se touchent sans se croiser et celle pour laquelle la dérivée $n+1^{ème}$ de l'ordonnée a la plus grande valeur au point commun se trouve être, par rapport à l'autre, du côté des y positifs aux environs du point commun.

89. — Des Courbes osculatrices.

Supposons qu'on donne une courbe quelconque, $y=f(x)$, et considérons, d'autre part, la courbe variable que représente l'équation $\varphi(x, y, a, b, c, ..)=0$, où φ désigne une fonction déterminée contenant, en outre de x et y, $n+1$ coefficients arbitraires $a, b, c, ...$ On peut se proposer de déterminer ces coefficients, $a, b, c, ...$ de manière à faire acquérir à la deuxième courbe, pour une abscisse donnée quelconque x, un point commun avec la première et à lui faire avoir en ce point le contact le plus élevé possible avec cette courbe $y=f(x)$.

Le point proposé sera commun aux deux courbes, si on attribue à a, b, c, des valeurs telles, que y ait la même valeur, pour la valeur donnée x de l'abscisse, dans la deuxième courbe que dans la première. Il y aura, de plus, contact du premier ordre, si on égale, en outre, les valeurs de y'; du second ordre, si on égale encore celles de y''; et ainsi de suite. Le contact pourra, en général, monter ainsi jusqu'à l'ordre n, c'est-à-dire jusqu'au moment où, ayant égalé, pour la valeur x de l'abscisse, les expressions de $y, y', y'', y''', .., y^{(n)}$ dans les deux courbes, on aura posé les $n+1$ équations nécessaires et suffisantes pour déterminer les $n+1$ paramètres arbitraires $a, b, c...$ Alors la deuxième courbe, étant complètement fixée, aura acquis le contact le plus élevé qu'elle puisse avoir, au point donné (x, y), avec la courbe proposée $y=f(x)$: on l'appelle la courbe osculatrice de celle-ci $y=f(x)$.

Son contact avec elle n'est, en général, que de l'ordre n, car on n'a pas égalé les dérivées $n+1^{\text{èmes}}$ de l'ordonnée dans les deux courbes ; et ce ne serait que par un hasard singulier que ces dérivées pourraient s'y trouver d'elles-mêmes égales.

Quand, par exemple, la deuxième courbe est une section conique, dont l'équation,

$$Ay^2+2Bxy+Cx^2+Dy+Ex=1,$$

contient cinq coefficients arbitraires A, B, C, D, E, on peut disposer de ceux-ci de manière que la section conique ait la même ordonnée $f(x)$ que la courbe proposée et les mêmes dérivées des quatre premiers ordres, $y'=f'(x)$, $y''=f''(x)$, $y'''=f'''(x)$, $y^{IV}=f^{IV}(x)$, pour la valeur particulière de x que l'on considère. Alors cette section conique, présentant le contact le plus élevé possible avec la courbe, sera dite la conique osculatrice de la courbe. Le contact considéré sera du quatrième ordre, à moins que la dérivée cinquième y^V se trouve d'elle-même avoir la même valeur, au point (x, y), dans la conique et dans la courbe, et que, par suite, l'ordre du contact s'élève davantage.

90. Utilité des Courbes osculatrices.

On conçoit aisément cette utilité, dans tous les cas où on n'emploie une courbe $y=f(x)$ qu'aux environs d'un de ses points, et où une certaine approximation seulement est requise, comme, par exemple, quand des écarts k du second ordre de petitesse, c'est-à-dire comparables au carré h^2 des variations de l'abscisse, seraient jugés sans importance et pourraient être négligés. Alors, en effet, on trouverait tout avantage à remplacer cette courbe par la ligne la plus simple possible qui aurait avec elle un contact du premier ordre, dans la petite région à examiner ; et il suffirait, pour cela, de lui substituer la droite osculatrice, qui, ayant dans son équation, $y=ax+b$, deux paramètres arbitraires, pourrait acquérir effectivement avec le petit arc donné de la courbe $y=f(x)$ un contact du premier ordre. Si, l'approximation devant être plus grande, un écart du troisième ordre seulement de petitesse restait négligeable, on remplacerait la courbe par la plus simple des lignes qui sont capables d'acquérir avec elle un contact du second ordre, et cette ligne serait le cercle osculateur. Effectivement, l'équation du cercle en coordonnées rectangulaires, $(x-a)^2+(y-b)^2=c^2$, contient trois paramètres arbitraires a, b, c, et l'on peut en disposer de manière à faire acquérir au cercle un contact du second ordre avec un très-petit arc quelconque de courbe.

La considération des courbes osculatrices peut donc rendre de grands services, à cause de la faculté qu'elle donne de substituer les lignes les plus simples qui existent aux courbes les plus compliquées, quand on n'étudie celles-ci que dans le voisinage d'un de leurs points et à certains degrés d'approximation.

91. — De la droite osculatrice.

Commençons par l'étude de la droite osculatrice menée à une courbe $y=f(x)$. Appelons x et y les coordonnées du point de contact, x_1, y_1 les coordonnées courantes. L'équation de la droite sera $y_1 = ax_1+b$, et, en la différentiant pour trouver la dérivée y_1' de l'ordonnée, il viendra $y_1'=a$. Nous avons à déterminer a et b de manière que, pour la valeur donnée x de l'abscisse x_1, l'ordonnée y_1 de la droite égale l'ordonnée y ou $f(x)$ de la courbe et que la dérivée première de y_1 soit la même dans la droite, où elle vaut a, que dans la courbe, où elle est y' ou $f'(x)$. Les équations d'où se tireront a et b sont donc

$$a=y'=f'(x) \text{ et } ax+b=y=f(x).$$

En portant dans la seconde la valeur

$$a=y',$$

fournie par la première, il vient

$$b=y-ax=y-y'x;$$

en sorte que l'équation de la droite osculatrice à la courbe proposée sera

$$y_1=y'x_1+y-y'x, \text{ ou } y_1-y=y'(x_1-x).$$

On reconnaît l'équation de la tangente à la courbe. Donc, la droite osculatrice à une courbe n'est autre que sa tangente. C'est ce qu'on pouvait prévoir, car la tangente, ayant été définie la limite des sécantes dont deux points d'intersection avec la courbe se confondent en un seul, est une droite qui a, avec la courbe, deux points communs infiniment voisins et, par suite, le seul contact, généralement du premier ordre, que comporte la nature de la ligne droite.

92. — Convexité et Concavité d'une courbe.

Une tangente a donc, en général, avec sa courbe un contact du premier ordre, c'est-à-dire d'ordre impair. D'après le caractère commun de cette sorte de contacts, les deux lignes se touchent sans se croiser, et, aux environs du point commun, celle-là est, par rapport à l'autre, du côté des y positifs, pour laquelle la première dérivée de l'ordonnée qui n'est pas égale en ce point dans les deux courbes y reçoit la plus grande valeur. Or, dans la ligne droite, la dérivée seconde de l'ordonnée vaut zéro (puisque la dérivée première égale une constante a), tandis que, dans la courbe $y=f(x)$, la dérivée seconde est $f''(x)$. Donc, aux environs du point commun, la courbe sera, par rapport à sa tangente, du côté des y positifs, si on a $f''(x)>0$; alors on dit que la courbe est concave du côté des y positifs, convexe du côté des y négatifs. Telle est, par exemple, la ligne CD au point E.

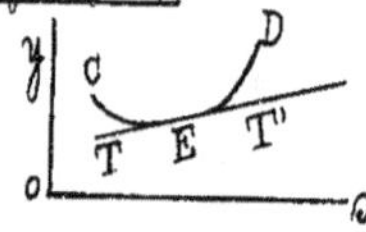

Au contraire, la courbe se trouverait, par rapport à sa tangente et aux environs du point commun, du côté des y négatifs, si l'on avait $f''(x)<0$. Alors la courbe serait dite concave du côté des y négatifs, convexe du côté des y positifs. Telle est la courbe C'D', au point E'.

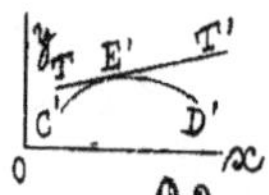

93. — Des inflexions d'une courbe plane.

Il reste à considérer le cas exceptionnel où $f''(x)$ s'annulerait pour la valeur donnée de x, ce qui ne peut arriver qu'en certains points d'une courbe. Dans ce cas, la dérivée seconde de l'ordonnée reçoit la même valeur, zéro, dans la courbe que dans sa tangente. Donc le contact de ces deux lignes devient d'un ordre plus élevé que le premier, c'est-à-dire, en général, du deuxième; car il faudrait des circonstances bien singulières pour que la dérivée suivante, $f'''(x)$, s'annulât dans la courbe comme elle le fait dans la droite, et, cela, à l'instant même où la dérivée deuxième $f''(x)$ s'annule déjà. Ainsi, aux points où $f''(x)=0$, le contact de la courbe avec sa tangente est d'ordinaire du second ordre, et, comme cet ordre est pair, les deux lignes se coupent, ou, en d'autres termes, la courbe est croisée par sa tangente. Tel est, dans la courbe A B, le point M, où la tangente est T T'.

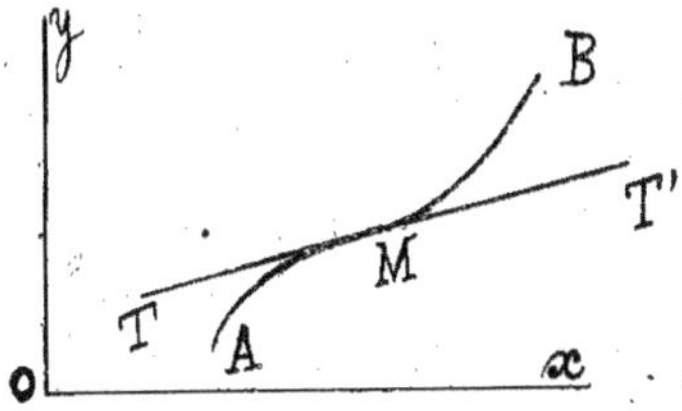

Ces points particuliers sont dits des points d'inflexion. On appelle inflexion le renversement qu'y présente la concavité ou la convexité de la courbe, concavité ou convexité qui, après avoir été dirigée du côté des y positifs, par exemple, se trouve, au delà, tournée du côté opposé des y négatifs. On dit aussi que la courbure de la courbe y change de sens.

16ème Leçon — Du cercle osculateur et de la courbure, dans les courbes planes.

94. — Du Cercle Osculateur à une courbe.

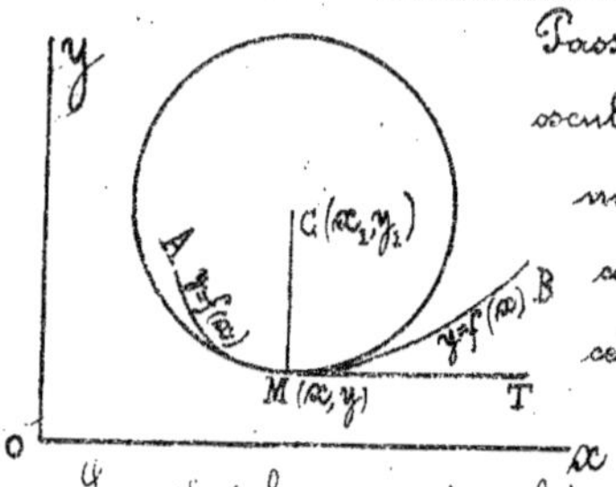

Passons maintenant à l'étude du cercle osculateur mené à une courbe $y = f(x)$, en un point M dont on donne les deux coordonnées x, y. Ce cercle est, par définition, celui qui a avec la courbe proposée A B, au point M, le contact le plus élevé possible.

Supposons les axes rectangulaires, et appelons x_1, y_1 les deux coordonnées de son centre C, R son rayon. L'équation du cercle est alors

$$(1) \qquad (x - x_1)^2 + (y - y_1)^2 = R^2.$$

Elle contient trois coefficients, x_1, y_1, R, qu'on peut astreindre à vérifier trois équations et dont nous devons disposer, en conséquence, de manière que, pour x égal à l'abscisse du point M, les valeurs de y, y' et y'' soient, dans le cercle, les mêmes que dans la courbe, c'est-à-dire égales à $f(x)$, $f'(x)$, $f''(x)$. Il est clair d'avance que le cercle ainsi déterminé sera le cercle osculateur et aura généralement un contact du second ordre avec la courbe, ou, en d'autres termes, ne s'écartera de la courbe, aux environs du point commun M, que de quantités k du troisième ordre de petitesse par rapport à la distance où l'on se trouvera du point commun.

Mais effectuons ce calcul des paramètres x_1, y_1, R. Pour cela, différentions d'abord deux fois l'équation (1) du cercle, afin de chercher les valeurs que y' et y'' y reçoivent. Une première différentiation donne

$$2(x-x_1)+2(y-y_1)y'=0,$$

car $x_1 y_1$ sont des constantes. En supprimant le facteur commun 2, il vient donc

$$(2) \qquad (x-x_1)+(y-y_1)y'=0.$$

Différentions cette équation (2) elle-même, et nous aurons

$$(3) \qquad 1+y'^2+(y-y_1)y''=0.$$

Comme les valeurs de y, y', y'', pour l'abscisse donnée x du point M, sont les mêmes dans le cercle que dans la courbe, les coordonnées $x_1 y_1$ du centre du cercle et le rayon R de ce cercle résulteront des trois équations (1), (2) et (3), si x y reçoit pour valeur l'abscisse du point M et que y, y', y'' y désignent en même temps l'ordonnée correspondante $f(x)$ de la courbe et ses deux dérivées première et seconde $y'=f'(x)$, $y''=f''(x)$.

La dernière de ces équations, (3), nous donne d'abord

$$y-y_1=-\frac{1+y'^2}{y''},$$

et celle-ci nous fera connaître l'ordonnée y_1 du centre du cercle. Si nous portons la valeur de $y-y_1$ qui en résulte dans l'équation (2) résolue par rapport à $x-x_1$, il vient

$$x-x_1=\frac{(1+y'^2)y'}{y''},$$

relation qui fera connaître l'abscisse x_1 du centre.

95. — Calcul du rayon de ce cercle **et construction de son centre.**

Enfin, les valeurs ainsi obtenues pour $x-x_1, y-y_1$, portées dans l'équation (1) du cercle, la changent en

$$R^2=\frac{(1+y'^2)^2(1+y'^2)}{y''^2}=\frac{(1+y'^2)^3}{y''^2}.$$

Extrayons la racine carrée et nous aurons, pour l'expression du rayon du cercle,

$$(4) \qquad R=\pm\frac{(1+y'^2)^{\frac{3}{2}}}{y''}.$$

Cette valeur de R peut être prise positivement, puisque le rayon d'un cercle est, par sa nature, une certaine longueur absolue.

Mais on peut aussi convenir de lui attribuer un signe, celui de y'' par exemple, en posant

$$(5)\qquad R = \frac{(1+y'^2)^{\frac{3}{2}}}{y''}.$$

Alors le rayon du cercle osculateur sera censé positif, lorsque la dérivée y'' sera positive elle-même, c'est-à-dire quand la courbe tournera sa concavité vers les y positifs, et il sera négatif dans le cas contraire. Grâce à l'adjonction de ce signe, la valeur de R déterminera, d'une manière précise, la position du centre de cercle osculateur.

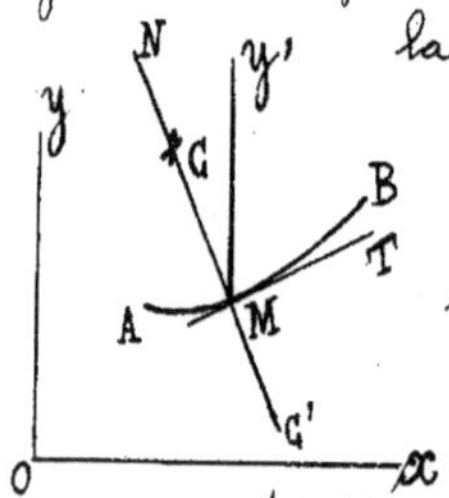

En effet, y' étant le même dans le cercle que dans la courbe, la tangente MT à celle-ci sera tangente au cercle, et le centre cherché se trouvera, par suite, sur la normale MN à la courbe. D'ailleurs, la dérivée y'' est encore la même dans le cercle et dans la courbe; donc, le cercle tournera sa concavité ou sa convexité vers les y positifs, en même temps que la courbe, et son centre C, qui est évidemment dans la concavité, devra être pris, par rapport au point M, du côté des y positifs, si y'' se trouve plus grand que zéro, et dans le sens contraire, c'est-à-dire quelque part en C', sur le prolongement de la normale du côté des y négatifs, si l'on avait $y''<0$. On voit par là que le signe attribué à R indiquera le sens dans lequel il faudra porter, sur la normale, à partir du point donné M, la valeur (5) de R, pour avoir le centre C du cercle osculateur. Ainsi, suivant que la formule (5) donnera R positif ou négatif, on prendra, sur la normale MN, ce rayon MC dans la direction qui fait un angle aigu y'MC avec une parallèle My' à l'axe des y positifs, menée à partir du point de contact M, ou dans la direction opposée MC'.

On peut donner à l'expression absolue (4) de R une autre forme, en multipliant ses deux termes par y^3. Il vient alors

$$R = \pm\frac{y^3(1+y'^2)^{\frac{3}{2}}}{y^3y''} = \pm\frac{(y^2+y^2y'^2)^{\frac{3}{2}}}{y^3y''}.$$

Or, l'expression $y^2+y^2y'^2$ n'est autre chose que le carré de la normale MQ menée depuis le point de contact M jusqu'à la rencontre de l'axe des abscisses. En effet, la normale MQ fait avec l'ordonnée MP un angle égal à celui de la tangente MT avec l'axe des x ou avec sa parallèle Mx', et l'on sait

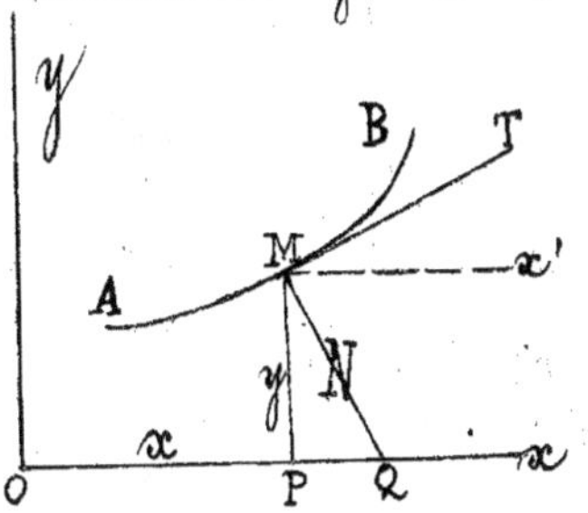

que cet angle a pour tangente trigonométrique y'. Dans le triangle rectangle MPQ, on a donc

$$PQ = MP \operatorname{tg} PMQ = yy',$$

et, par suite,

$$\overline{MQ}^2 = \overline{MP}^2 + \overline{PQ}^2 = y^2 + y^2 y'^2.$$

Donc, l'expression $y^2 + y^2 y'^2$ est bien le carré de la normale MQ, que nous désignerons simplement par N, et la formule précédente de R devient

$$(6) \qquad R = \pm \frac{N^3}{y^3 y''} \quad \text{(en valeur absolue)}.$$

En d'autres termes, le rayon du cercle osculateur est égal au cube de la normale, divisé par la valeur absolue de l'expression $y^3 y''$.

96. — Cercle Osculateur à une section conique.

Rapportons la section conique proposée à son axe focal (contenant les foyers), pour axe des x, et à une tangente au sommet pour axe des y, en dirigeant les x positifs du côté où se trouve la branche de courbe dont un sommet sert ainsi d'origine. On sait que, dans ces conditions, les trois espèces de sections coniques sont représentées par l'équation unique $y^2 = 2px - qx^2$, où p, quantité appelée demi-paramètre, désigne le quotient, $\frac{b^2}{a}$, du carré du demi-axe b dont la direction ne contient aucun foyer par l'autre demi-axe a, et où le coefficient q, égal à $\pm\frac{b^2}{a^2}$, est positif dans l'ellipse, nul dans la parabole, négatif dans l'hyperbole.

Pour évaluer le rayon R du cercle osculateur, il nous faut connaître y' et y''. A cet effet, différentions deux fois l'équation,

$$(7) \qquad y^2 = 2px - qx^2,$$

de la courbe. Une première différentiation, si l'on divise par 2 les résultats, donne

$$(8) \qquad y y' = p - q x.$$

En différentiant encore, il vient

$$(9) \qquad y y'' + y'^2 = - q.$$

Comme nous voulons obtenir en particulier $y^3 y''$, multiplions (9) par y^2. Nous aurons

$$y^3 y'' + (y y')^2 = - q y^2;$$

ou bien

$$y^3 y'' = -(y y')^2 - q y^2.$$

Enfin, portons dans celle-ci la valeur (8) de $y y'$ et la valeur (7) de y^2: il viendra

$$y^3 y'' = -(p^2 - 2pqx + q^2 x^2) - q(2px - qx^2), \text{ ou bien, } y^3 y'' = -p^2$$

Par suite, la formule (6) de R se réduit ici à

$$(10) \qquad R = \frac{N^3}{p^2}.$$

Donc, dans toute section conique, le rayon du cercle osculateur s'obtient en divisant le cube de la normale, N, menée du point de contact jusqu'à la rencontre de l'axe focal, par le carré du demi-paramètre p.

A mesure que l'on s'éloigne du sommet O de la courbe (qui est, soit une ellipse OA, soit une parabole OB, soit une hyperbole OD), la normale MN grandit jusqu'au moment (qui ne peut être atteint que dans l'ellipse) où elle devient perpendiculaire à l'axe des x, et le rayon MG du cercle osculateur grandit aussi, puisqu'il est constamment proportionnel au cube de la normale.

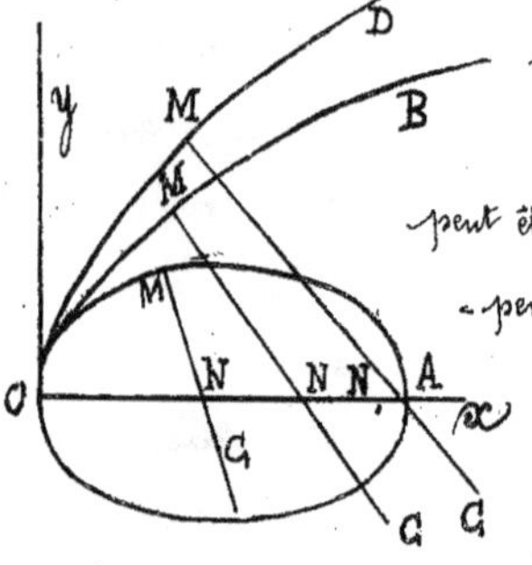

Au moyen des formules (7) et (8), on exprimerait aisément, en fonction soit de x, soit de y, la normale $N = \sqrt{y^2 + (y y')^2}$ et l'on reconnaîtrait ainsi qu'elle grandit bien, en effet, avec y.

97. — Propriété Géométrique du centre du cercle osculateur.

Les deux équations qui nous ont servi à déterminer le centre du cercle osculateur sont

$$(1) \qquad (x - x_1) + (y - y_1) y' = 0,$$

$$(2) \qquad 1 + y'^2 + (y - y_1) y'' = 0.$$

La deuxième a été obtenue en différentiant la première, de manière à y faire croître x de dx, y de $y'\,dx$ ou dy, et y' de $y''\,dx$ ou dy', tout en laissant constants x_1 et y_1. Si donc on multiplie par dx la seconde, (2'), celle-ci ne sera autre que la différentielle de la première, (1), et, en l'ajoutant alors à la première, elle donnera évidemment une équation pareille à celle-ci, (1), mais où x, y et y' se trouveront accrus respectivement de dx, $y'\,dx$ et $y''\,dx$.

Cette nouvelle équation, propre à remplacer (2), est, par conséquent,

$$(x+dx-x_1)+(y+y'\,dx-y_1)(y'+y''\,dx)=0.$$

D'ailleurs, y' et y'' ayant les mêmes valeurs dans le cercle que dans la courbe, $y'\,dx$ ou dy n'est autre chose que l'accroissement éprouvé par l'ordonnée y de la courbe, quand on passe du point proposé $M(x,y)$ à un point suivant, infiniment voisin, M', et $y''\,dx$ est aussi l'accroissement dy' qu'éprouve le coefficient angulaire de la tangente lors du même passage de M à M'. Ainsi, les deux relations d'où peuvent se déduire les coordonnées x_1, y_1 du centre du cercle osculateur sont, en définitive,

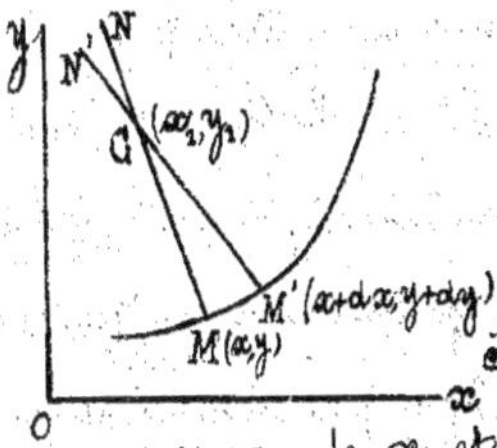

$$(3)\quad \begin{cases} (x-x_1)+(y-y_1)\,y'=0, \\ (x+dx-x_1)+(y+dy-y_1)(y'+dy')=0. \end{cases}$$

Interprétons-les géométriquement. La première, si l'on y regarde x_1 et y_1 comme des coordonnées courantes, est l'équation, bien connue, de la normale MN menée à la courbe au point proposé (x,y), normale qui passe par le point de contact M et dont le coefficient angulaire, $-\frac{1}{y'}$, est l'inverse, changé de signe, de celui, y', de la tangente. Ainsi, la première équation (3) exprime que le centre $C\ (x_1, y_1)$ du cercle osculateur est situé sur la normale MN. Mais, de même, la deuxième (3) est l'équation de la normale, $M'N'$, menée à la courbe en un point M' infiniment voisin de M et où les coordonnées de contact, ainsi que le coefficient angulaire de la tangente, sont $x+dx$, $y+dy$, $y'+dy'$: par suite, cette relation exprime que la normale $M'N'$ contient également le centre $C(x_1, y_1)$ du cercle osculateur. Donc, le point cherché C est le point commun aux deux normales, et l'on peut énoncer le principe suivant: Le centre du cercle osculateur à une courbe se trouve à l'intersection de la normale menée à la courbe au point de contact considéré et d'une autre normale infiniment voisine.

98. — De l'angle de contingence.

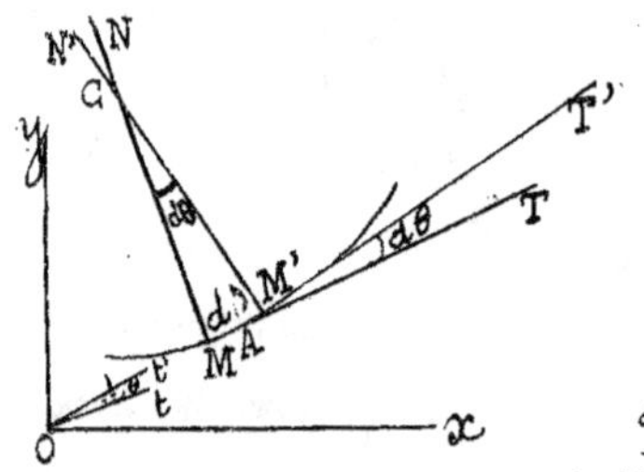

L'angle MCM' de deux normales infiniment voisines MN, M'N' s'appelle angle de contingence. Nous le représenterons par $d\theta$. On le définit aussi, et même le plus souvent, l'angle de deux tangentes infiniment voisines MT, M'T'. Ce dernier angle, TAT', est infiniment petit comme celui, MCM', des deux normales correspondantes, et il a bien la même valeur, vu que les côtés de MCM' sont, par définition, perpendiculaires aux côtés de TAT'. Enfin, la manière ordinairement la plus avantageuse de construire l'angle de contingence consiste à mener, à partir d'un même point, de l'origine O, par exemple, deux droites, Ot, Ot', parallèles aux tangentes MT, M'T' et de mêmes sens. L'angle tOt' de ces deux parallèles égale évidemment l'angle de contingence, et on voit qu'il mesure la petite rotation éprouvée, d'un instant à l'autre, par une droite mobile Ot, qui, issue de l'origine O, se maintiendrait constamment parallèle à la tangente menée successivement aux divers endroits où viendrait se placer un mobile M décrivant la courbe.

Cela posé, évaluons, par deux méthodes, l'une, géométrique, l'autre, analytique, l'angle de contingence $d\theta$.

Dans la première méthode, il suffit de considérer le triangle CMM', limité par les deux normales et par une corde infiniment petite, MM', que nous savons pouvoir être remplacée par l'arc MM' de courbe. La proportion des sinus donne

$$\frac{\sin C}{MM'} = \frac{\sin M'}{CM}.$$

Mais, l'angle C étant infiniment petit, son sinus peut être remplacé, comme on sait, par l'arc correspondant $d\theta$, pris dans le cercle de rayon un; d'autre part, la corde MM' peut être prise pour la différentielle ds de l'arc de la courbe, c'est-à-dire pour l'accroissement qu'éprouve cet arc quand on passe du point $M(x,y)$ au point suivant $M'(x+dx, y+dy)$: enfin, l'angle M' diffère infiniment peu d'un droit et, son sinus, infiniment peu de l'unité, puisque la droite M'N, normale à la courbe, est sensiblement perpendiculaire à la corde infiniment petite M'N, dont la position limite serait la tangente en M'. Comme, en outre, MC n'est autre que le rayon R du cercle osculateur, la proportion précédente devient

$$(4) \qquad \frac{d\theta}{ds} = \frac{1}{R}.$$

L'angle de contingence $d\theta$ a donc pour valeur $\frac{ds}{R}$. Mais on peut y remplacer ds et R par leurs expressions, $\sqrt{1+y'^2}\,dx$ et $\frac{(1+y'^2)^{\frac{3}{2}}}{y''}$, trouvées plus haut (N°s 82 et 95). Il vient

$$(5) \qquad d\theta = \frac{y''\,dx}{1+y'^2}.$$

Voici maintenant une méthode plus analytique pour arriver immédiatement à ce dernier résultat. L'angle $d\theta$, ou tot', est évidemment l'accroissement qu'éprouve l'angle fini tox, mesurant l'inclinaison de la tangente MT sur l'axe des x, quand l'abscisse x du point M croît de dx. On a donc

$$d\theta = d.tox, \text{ ou } d\theta = d \text{ arc tg } y';$$

vu que tox a, comme on sait, pour tangente trigonométrique le coefficient angulaire y' de la tangente à la courbe. En différentiant l'arc tangente, il viendra

$$d\theta = \frac{dy'}{1+y'^2} = \frac{y''\,dx}{1+y'^2},$$

résultat conforme à la valeur obtenue par le premier procédé.

99. — Courbure d'une Courbe plane.

La notion de la courbure d'une ligne est une des premières que nous acquérions instinctivement, et nous concevons ainsi que cette courbure aux différents endroits d'une courbe, est d'autant plus grande que la tangente y change plus vite de direction sur une petite longueur, prise toujours la même. Il sera donc naturel d'appeler courbure de la ligne proposée, en un certain point M, ou le long d'un arc infiniment petit MM' comprenant ce point, le rapport du changement de direction qu'y éprouve la tangente, d'un bout à l'autre de l'arc considéré, à la longueur même de l'arc, rapport exprimant le changement total de direction que subirait la tangente le long d'un arc égal à un, si ce changement continuait à se produire, sur une telle longueur finie, aussi uniformément qu'il le fait sur l'arc infiniment petit MM'. D'ailleurs, le changement de direction de la tangente, d'un instant à l'autre, est évidemment mesuré par l'angle de contingence décrit, $d\theta$; en sorte que la courbure en M est, par définition, le rapport, $\frac{d\theta}{ds}$, de l'angle de contingence à l'arc correspondant, infiniment petit, compté sur la courbe à partir de ce point M.

La formule (4) du N° précédent montre que ce rapport n'est autre que $\frac{1}{R}$, c'est-à-dire l'inverse du rayon du cercle osculateur.

La courbure a donc pour valeur

$$(6) \qquad \frac{1}{R} = \frac{y''}{(1+y'^2)^{\frac{3}{2}}}.$$

Elle dépend des deux dérivées y' et y'', qui sont les mêmes pour la courbe que pour son cercle osculateur; d'où il suit qu'elle a la même valeur dans la courbe que dans le cercle. Et comme, évidemment, un cercle n'a pas d'autre cercle osculateur que lui-même, elle est aussi $\frac{1}{R}$ tout le long de ce cercle, ou constante et égale à l'inverse de son rayon.

Voilà pourquoi le cercle osculateur est dit cercle de courbure et pourquoi aussi l'on appelle le plus souvent le rayon du cercle osculateur rayon de courbure et, son centre, centre de courbure.

17ème Leçon — Théorie des développées des courbes planes.

100. — Développée d'une courbe plane.

Soit ABCDE.... une courbe ayant pour équation

$$(1) \qquad f(x,y) = 0.$$

Menons, en ses divers points A, B, C, D, E ..., les rayons de courbure AA', BB', CC', ..., et marquons les centres correspondants de courbure A', B', C', ... Le lieu de ces centres sera évidemment une nouvelle courbe : on l'appelle la développée de la courbe proposée.

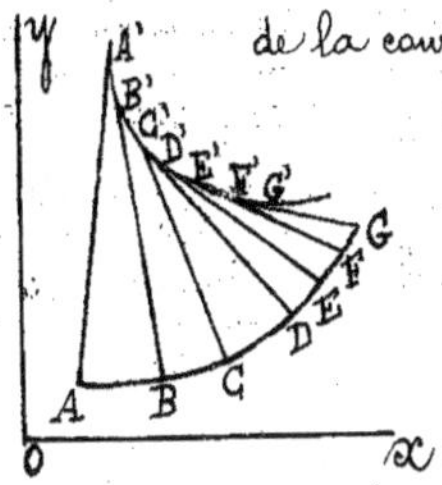

Voyons comment s'obtiendra l'équation de cette développée A'B'C'D'.... Continuons à appeler x_1, y_1 les coordonnées rectangulaires du centre de courbure qui correspond à un point quelconque (x,y) de la courbe proposée, coordonnées vérifiant les deux équations

$$(2) \quad \begin{cases} (x - x_1) + (y - y_1)\, y' = 0, \\ 1 + y'^2 + (y - y_1)\, y'' = 0. \end{cases}$$

Si l'on tire y, y' et y'' de la relation $f(x,y) = 0$ et de celles qu'on en déduit par deux différentiations successives, pour porter leurs valeurs en fonction de x dans ces équations (2), celles-ci, résolues, donneront également x_1, y_1 en fonction de x et permettront, en faisant varier x, de construire point par point la développée, dont les coordonnées courantes sont justement x_1 et y_1. On aura donc x_1 et y_1 en fonction de la variable auxiliaire x. Et il suffira d'éliminer x entre les deux équations exprimant ainsi x_1 et y_1, ou, ce qui revient au même, il suffira d'éliminer x et y des trois équations (1) et (2), après avoir remplacé y' et y'' par leurs expressions en x et y déduites de (1), pour obtenir, entre x_1 et y_1, une relation qui ne sera autre que l'équation de la développée. On tirera, par exemple, des équations (2), x et y en fonction de x_1 et y_1, et l'on substituera leurs valeurs à x et à y dans l'équation (1), de la courbe.

101. — Première propriété générale des développées.

Avant de donner des exemples de ces éliminations, étudions les propriétés générales des développées. La première s'énonce ainsi :

Les Normales à la courbe proposée sont tangentes à sa développée.

Pour le démontrer, considérons, non pas, tout de suite, la véritable développée, mais une ligne continue joignant l'un à l'autre les points,

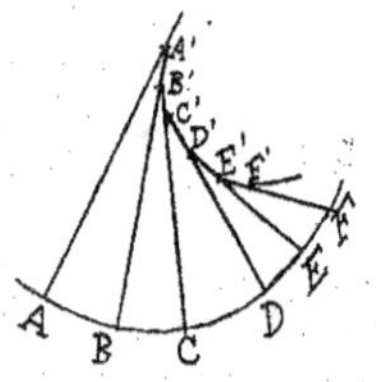

A', B', C', D',... où se coupent successivement les normales AA', BB', CC', DD', etc., menées en des points très-voisins A, B, C, D, ... de la courbe proposée. Chacun des points d'intersection, A' par exemple, sera très-proche du centre de courbure pour le point correspondant, A, de la courbe, vu que le centre de courbure dont il s'agit est situé sur AA' à la position limite que prendrait le point de concours A' de la normale voisine BB', si celle-ci s'approchait indéfiniment de la première. Donc, la courbe A'B'C'... différera aussi peu qu'on voudra de la développée, et elle tendra vers la développée si les normales AA', BB', CC', etc. se rapprochent et se multiplient de plus en plus. Or, l'une quelconque des normales, supposée fixe, BB' par exemple, a deux points très-voisins sur la courbe A'B'C'D'..., savoir, le point A' où elle est coupée par la normale précédente et le point B' où elle coupe la suivante. De plus, ces deux points d'intersection tendent évidemment à se réunir en un seul, à mesure que la courbe A'B'C'D'... diffère de moins en moins de la développée; et l'on sait que, dans de pareilles conditions, la double intersection se change en un contact. Donc, à la limite, c'est-à-dire à l'instant même où la courbe A'B'C'.. devient la développée de la ligne ABCD..., elle devient aussi tangente à la normale BB', ce qu'il fallait démontrer.

102. — Deuxième propriété générale des développées.

Un arc quelconque de développée équivaut à la différence des deux rayons de courbure menés à la courbe proposée en partant des extrémités de cet arc.

Je dis, par exemple, que l'arc de développée A'G' égale la différence, A'A-G'G, des deux rayons de courbure menés, à ses deux extrémités, à la courbe proposée AG. En effet, divisons l'arc A'G' en parties infiniment petites, et, par les points de division, menons les rayons de courbure intermédiaires BB', CC', etc.; puis, considérons la figure, C'CDD'C' par exemple, formée par deux rayons de courbure consécutifs et par les deux arcs élémentaires correspondants qu'ils comprennent dans les deux courbes.

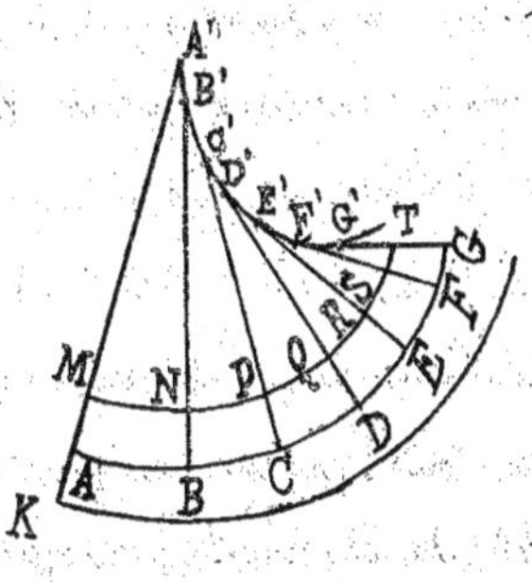

Projetons sur l'un de ces deux rayons, sur CC', la ligne mixte CDD'C', qui se termine aux mêmes extrémités, et exprimons que sa projection totale est égale à CC'. Cette projection se compose: 1° de celle de CD, 2° de celle de DD', 3° de celle de D'C'.

Et, d'abord, la projection de CD sur CC', se faisant sous des angles presque droits, est, évidemment, infiniment plus petite que l'arc CD lui-même. Or, il est clair que l'arc CD de courbe est comparable à l'arc C'D' de développée, vu que, à des arcs finis de courbe il correspond des arcs finis de développée et, par suite, à des arcs très-petits de courbe des arcs de développée qui sont aussi, en général, très-petits du même ordre. Donc, la projection de CD sur CC' sera négligeable à côté de celle de D'C', laquelle se fait au contraire sous des angles infiniment petits et ne diffère pas sensiblement de D'C'. Enfin, si $d\theta$ désigne l'angle de contingence formé par les deux normales CC', DD', la projection de DD' vaut le produit de DD' par $\cos d\theta$. Mais la formule qui exprime le cosinus d'un petit arc, en série très-convergente procédant suivant les puissances de l'arc, donne à fort peu près $\cos d\theta = 1 - \frac{(d\theta)^2}{2} + \cdots$ et, par suite, $DD' \cos d\theta = DD' - \frac{DD'}{2}(d\theta)^2 + \cdots$, Or la valeur (N° 98) de l'angle de contingence $d\theta$ est $\frac{ds}{R}$, c'est-à-dire $\frac{DC}{DD'}$, en sorte que la projection trouvée de DD' devient $DD' - \frac{(DC)^2}{2DD'} + \cdots$, formule dont le premier terme seul n'est pas négligeable ; car le suivant, qui est de beaucoup plus grand que tous ceux qui viendraient après, vaut le produit de l'arc DC par le rapport infiniment petit $\frac{DC}{2DD'}$ et n'égale qu'une ligne insensible en comparaison de DC ou de D'C'. En définitive, la projection totale de CDD'C' se réduit à DD' + D'C', sauf erreur négligeable en comparaison de D'C', et, comme cette projection n'est autre que CC', il vient

$$CC' = DD' + D'C' \text{ ou } D'C' = C'C - D'D.$$

Cette égalité montre qu'un arc infiniment petit quelconque, D'C', décrit par un point qui se meut le long de la développée, équivaut à l'accroissement correspondant, C'C − D'D, qu'éprouve, d'un bout à l'autre de cet arc, le rayon de courbure mené à la ligne donnée AG.

Par suite, si l'on parcourt un arc fini de développée, G'A' par exemple, le chemin qu'on fait à chaque instant égale la variation simultanée du rayon de courbure, et l'arc total G'A' vaut bien la différence des deux rayons de courbure extrêmes, A'A − G'G.

103. — Description d'une courbe par l'enroulement de son rayon de courbure sur sa développée.

Cette deuxième propriété, qui fait du rayon de courbure A'A, ou, du moins, de son excédant sur G'G, une sorte de développement de l'arc A'G', est précisément celle qui justifie le nom de développée donné à la courbe A'G'; et, jointe à la première propriété, elle conduit à un mode curieux de description de la courbe proposée AG au moyen d'un fil tendu.

Imaginons qu'on ait découpé le bord d'un corps plat d'après la forme même de la développée, et qu'on ait appliqué ce corps sur le plan de la figure précédente, de manière qu'il se termine suivant l'arc A'G' et laisse libre l'espace compris entre cet arc et la courbe proposée AB. Concevons qu'un fil flexible et inextensible, A'A, soit fixé en A' par une de ses extrémités, tandis que l'autre extrémité A sera mobile et portera un crayon. Cela posé, si l'on tient le fil tendu et qu'on fasse tourner, de A vers G, l'extrémité A autour de A', il est clair qu'une partie de plus en plus grande du fil s'enroulera sur la développée et que, à chaque instant, la partie non enroulée sera tangente à A'G', ou, par suite, normale à AG. Or, d'après la deuxième propriété des développées, cette seconde partie, excédant du rayon de courbure primitif A'A sur un arc de développée, A'D' par exemple, égalera le rayon de courbure correspondant, D'D, de la courbe proposée; en sorte que l'extrémité mobile du fil sera en D et ne quittera pas la courbe. Donc, dans ces conditions, l'extrémité mobile du fil décrira bien la courbe proposée ABCDEFG...

104. — Des développantes d'une courbe.

Si le point A du fil A'A décrit la courbe AG, pendant que le fil s'enroule sur la développée A'G', quelles courbes les autres points de ce fil, M par exemple, décriront-ils?

Pour le voir, il suffit d'imaginer qu'on mène de proche en proche, à partir du point M, une courbe, MNPQRS..., coupant à angle droit toutes les normales de la ligne AG. Cette courbe aura donc les mêmes normales que la proposée et donnera lieu, par suite, aux mêmes intersections successives de ces normales, c'est-à-dire, possèdera les mêmes centres de courbure et la même développée A'G'. En conséquence, il suffira de concevoir le fil A'A terminé en M, ou réduit à A'M, pour que son enroulement sur A'G' fasse tracer à son extrémité mobile, devenue M, la courbe MNPQ... En d'autres termes, tous les points, M par exemple, du fil A'A, ou de son prolongement AK, décrivent des courbes ayant normales communes, mêmes centres de courbure et même développée A'G'. Ces courbes, dont la distance mutuelle est évidemment constante, mesurée par la partie invariable du fil qu'elles interceptent, et dont les éléments correspondants sont parallèles (comme perpendiculaires à une même position du fil), constituent ce qu'on appelle une famille de lignes parallèles.

Elles sont dites les développantes de leur développée commune, c'est-à-dire les développantes de la courbe sur laquelle s'enroule le fil dont les divers points les tracent.

Observons qu'un mouvement infiniment petit du fil, de B'B à C'C, par exemple, peut être assimilé à une rotation de la partie de ce fil restée encore droite, autour de son point de contact actuel B' avec la courbe A'G'. Cela résulte de ce que B' est le centre des cercles osculateurs menés à toutes les développantes; en sorte que les cercles décrits par les divers points de la droite B'B, dans une rotation de cette droite autour de B', ont un contact du second ordre avec les courbes AG, MT,... et ne s'éloignent de celles-ci, entre les deux positions voisines B'B, C'C du fil, qu'à des distances du troisième ordre de petitesse seulement.

105.— Développée de la Parabole.

Après cette étude générale des développées, cherchons, en particulier, les développées des sections coniques, en commençant par celle de la parabole.

Soit donc

$$(1) \qquad y^2 = 2px$$

l'équation de la courbe. Différentions-la une première fois et divisons le résultat par 2. Nous aurons

$$(2) \qquad y y' = p.$$

Par une deuxième différentiation, on trouve

$$(3) \qquad y'^2 + y y'' = 0.$$

Ces deux relations permettent aisément d'exprimer y' et y'' en fonction de y; car on tire, de (2), $y' = \frac{p}{y}$ et cette valeur, portée dans l'équation (3) qu'on peut résoudre par rapport à y'', donne

$$(4) \qquad y'' = -\frac{y'^2}{y} = -\frac{p^2}{y^3}.$$

Cela posé, rappelons (N° 100) les équations qui déterminent les coordonnées x_1 et y_1 du centre de courbure :

$$(5) \qquad x - x_1 + (y - y_1)\, y' = 0,$$

$$(6) \qquad 1 + y'^2 + (y - y_1)\, y'' = 0.$$

On peut d'abord supprimer de (6) les deux termes y'^2, yy'', dont la somme est nulle en vertu de (3), et cette équation, réduite à $1 - y_1 y'' = 0$, devient, si l'on y porte la valeur (4) de y'',

$$(7) \qquad 1 + y_1 \frac{p^2}{y^3} = 0, \text{ ou } y^3 = -p^2 y_1.$$

D'autre part, si l'on remplace, dans l'équation (5), le terme yy' par sa valeur p que donne (2) et le terme $-y_1 y'$ par sa valeur, $\frac{y^3}{p^2}\frac{p}{y} = \frac{y^2}{p} = 2x$, obtenue en substituant à y' et à y_1 leurs valeurs tirées de (2) et de (7), il vient

$$x - x_1 + p + 2x = 0,$$

ou bien

$$(8) \qquad x = \frac{x_1 - p}{3}.$$

Les équations (7) et (8) ainsi trouvées donnent, en fonction de x_1 et y_1, les coordonnées x et y d'un point de la parabole.

Conformément à la marche indiquée à la fin du N° 100,

il suffira de porter ces valeurs dans l'équation (1) de la courbe pour avoir, en x_1 et y_1, une relation qui sera l'équation cherchée de la développée.

L'élimination sera plus facile si on élève (7) au cube, ce qui donne

$$(y^3)^2 = 8\,p^3\,x^3.$$

La valeur (7) de y^3 et celle, (8), de x, transforment celle-ci en

$$p^4 y_1^2 = 8\,p^3\,\frac{(x_1-p)^3}{27};$$

et il vient enfin l'équation de la développée

$$(9) \qquad y_1^2 = \frac{8}{27p}(x_1-p)^3 \quad \text{ou} \quad y_1 = \pm\sqrt{\frac{8}{27p}}\,(x_1-p)^{\frac{3}{2}}.$$

Cette courbe est ce qu'on appelle ~~une~~ seconde parabole cubique.

Elle est évidemment symétrique par rapport à l'axe des x, axe de la parabole. Comme, de plus, y_1 n'y est réel que pour $x_1 \geqq p$, les abscisses y varient depuis $x_1 = p$ jusqu'à $x_1 = \infty$.

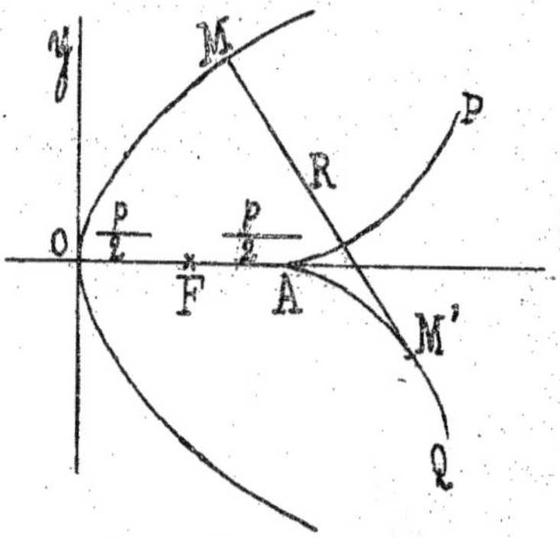

La courbe part du point A, situé sur l'axe, au delà du foyer F, à une distance p, du sommet O, double de celle, $\frac{p}{2}$, du foyer lui-même, et elle s'y divise en deux branches AP, AQ. La branche inférieure par exemple, AQ, est le lieu des centres de courbure de la partie supérieure OM de la parabole. Ainsi, pour avoir le centre de courbure correspondant au point M de la parabole, il suffit de mener à celle-ci la normale MM' jusqu'au point M' où elle vient être tangente à la développée : ce point M' est le centre de courbure demandé.

L'équation (9) donnant y_1 proportionnel à $(x_1-p)^{\frac{3}{2}}$, sa dérivée $\frac{dy_1}{dx_1}$, coefficient angulaire de la tangente à la développée, sera elle-même proportionnelle à $(x_1-p)^{\frac{1}{2}}$ et croîtra, en valeur absolue, de zéro à l'infini, quand x_1 grandira de p à ∞, c'est-à-dire quand on s'éloignera du point de départ A des branches le long de AP ou de AQ. Donc, la tangente à la développée, couchée sur l'axe des x à ce point de départ A des deux branches, s'écarte de plus en plus de sa direction première lorsqu'on s'éloigne du même point; d'où il suit que la courbe est partout convexe du côté des x positifs.

La seconde propriété générale des développées nous apprend qu'un arc de cette courbe, AM' par exemple, égale l'accroissement qu'éprouve la normale menée de ses divers points à la parabole, quand on passe du centre de courbure A, qui correspond au sommet O, au centre de courbure M' correspondant à M. Cet arc AM' vaut donc la différence, M'M − AO, des deux rayons de courbure extrêmes. Ainsi se trouve, bien simplement, la longueur d'un arc de seconde parabole cubique : ce qu'on exprime en disant qu'on rectifie la courbe, c'est-à-dire qu'on la transforme en une droite calculable.

106. — Développée de l'Ellipse.

Cherchons maintenant la développée de l'ellipse qui a pour équation

$$(1) \qquad \frac{x^2}{a^2} + \frac{y^2}{b^2} = 1.$$

Différentions-la et divisons tous les résultats par 2 : il vient

$$(2) \qquad \frac{x}{a^2} + \frac{yy'}{b^2} = 0.$$

Une nouvelle différentiation donne

$$(3) \qquad \frac{1}{a^2} + \frac{y'^2 + yy''}{b^2} = 0,$$

équation équivalant à

$$(4) \qquad y'^2 + yy'' = -\frac{b^2}{a^2}.$$

On tire, de (2),

$$(5) \qquad y' = -\frac{b^2 x}{a^2 y},$$

valeur qui change (4), après y avoir isolé yy'', en

$$yy'' = -\frac{b^2}{a^2} - \frac{b^4 x^2}{a^4 y^2} = -\frac{b^2(a^2y^2 + b^2x^2)}{a^4y^2},$$

et qui donne par suite, vu l'équation (1) permettant de remplacer $a^2y^2 + b^2x^2$ par a^2b^2,

$$yy'' = -\frac{b^2a^2b^2}{a^4y^2} = -\frac{b^4}{a^2y^2}.$$

On en tire donc

$$(6) \qquad y'' = -\frac{b^4}{a^2 y^3}.$$

Considérons actuellement l'une des équations qui déterminent les coordonnées, x_1, y_1, des centres de courbure, savoir, la seconde (destinée au calcul de y_1), $1+y'^2+(y-y_1)\,y''=0$.

Elle contient les deux termes y'^2 et yy'' dont la somme, d'après (4), vaut $-\frac{b^2}{a^2}$. On peut donc l'écrire

$$1-\frac{b^2}{a^2}-y_1 y''=0,$$

ou bien, si l'on remplace y'' par sa valeur (6),

$$\frac{a^2-b^2}{a^2}+\frac{b^4 y_1}{a^2 y^3}=0.$$

On en tire $y^3=-\frac{b^4 y_1}{a^2-b^2}$ et, par suite,

$$(7) \qquad \frac{y^3}{b^3}=-\frac{y_1}{\frac{a^2-b^2}{b}}.$$

Telle est la formule destinée à donner, en fonction de y_1, la valeur de $\frac{y}{b}$ qu'il faudra porter finalement dans l'équation (1) de l'ellipse pour avoir l'équation de sa développée. On en déduit de suite, sans recourir à la formule générale déterminant l'abscisse x_1 d'un centre de courbure, une valeur analogue pour $\frac{x}{a}$. Il suffit d'observer que, vu la symétrie de l'équation de l'ellipse en $\frac{x}{a}$ et $\frac{y}{b}$, rien n'aurait été changé aux calculs précédents si l'on avait appelé x ce qu'on a nommé y, a ce qu'on a désigné par b, et *vice versa*. Donc, on peut, dans (7), changer y en x et y_1 en x_1, pourvu qu'on permute en même temps a et b. Cela donne

$$(8) \qquad \frac{x^3}{a^3}=-\frac{x_1}{\left(\frac{b^2-a^2}{a}\right)}=\frac{x_1}{\left(\frac{a^2-b^2}{a}\right)}.$$

Posons, pour abréger, si a est le demi-grand axe de l'ellipse et b le demi-petit axe,

$$(9) \qquad \frac{a^2-b^2}{a}=A, \quad \frac{a^2-b^2}{b}=B,$$

et extrayons les racines cubiques des deux membres de (7) et (8), en observant qu'une racine cubique réelle a toujours le même signe que son cube. Il viendra

$$(10) \qquad \frac{x}{a}=\left(\frac{x_1}{A}\right)^{\frac{1}{3}}, \quad \frac{y}{b}=-\left(\frac{y_1}{B}\right)^{\frac{1}{3}}.$$

Enfin, ces valeurs de $\frac{x}{a}$ et $\frac{y}{b}$, portées dans l'équation (1) de l'ellipse, la transforment dans celle de sa développée,

$$(11) \quad \left(\frac{x_1}{A}\right)^{\frac{2}{3}} + \left(\frac{y_1}{B}\right)^{\frac{2}{3}} = 1.$$

On voit que celle-ci ne dépend de x et y que par leurs carrés x^2, y^2. La développée est donc symétrique par rapport aux deux axes de l'ellipse, ce qui était évident. Pour trouver les points où elle coupe ces axes, il suffit de poser, dans l'équation (11), soit $y_1 = 0$, ce qui donne $\left(\frac{x_1}{A}\right)^{\frac{2}{3}} = 1$ ou $x_1 = \pm A$, soit $x_1 = 0$, ce qui donne de même $y_1 = \pm B$. Si donc on prend sur le demi-grand axe OA une longueur $OP = A = \frac{a^2-b^2}{a}$ et sur le demi-petit axe OB une autre longueur plus grande $OQ = B = \frac{a^2-b^2}{b}$, la portion de développée qui est dans l'angle des coordonnées positives sera une branche telle que PQ.

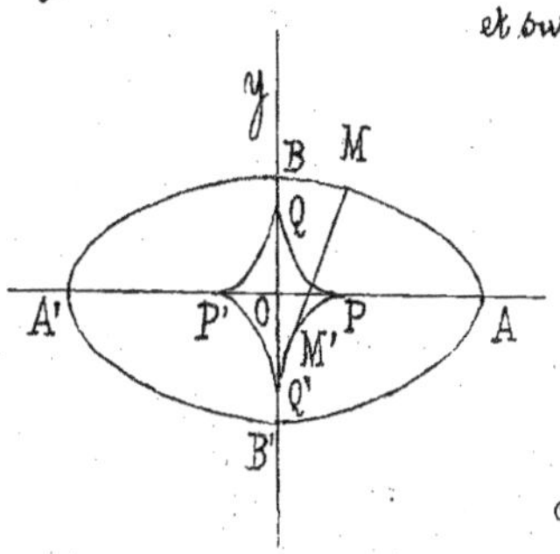

La développée se compose de cette branche et de trois autres pareilles PQ', QP', P'Q'.

On reconnaîtrait aisément qu'elles tournent leur convexité vers le centre O et qu'elles ont pour tangentes, aux points extrêmes P, Q, P', Q', les axes mêmes AA', BB'.

Le centre de courbure pour un point M de l'ellipse s'obtient évidemment en menant, en ce point, une normale et en la prolongeant jusqu'au point, M', où elle va toucher la développée après avoir traversé le grand axe : M' est le centre de courbure demandé et M'M le rayon de courbure correspondant.

Les sommets P et P' de la développée situés sur le grand axe sont toujours à l'intérieur de l'ellipse ; car la valeur de

$$A = \frac{a^2-b^2}{a} = a\left(1 - \frac{b^2}{a^2}\right),$$

est moindre que le produit $a \times 1$, c'est-à-dire moindre que a. On a donc toujours $OP < OA$.

Quant aux sommets Q et Q', situés sur le petit axe, et toujours plus éloignés du centre que ne le sont P, P' (vu que $\frac{OQ}{OP} = \frac{B}{A} = \frac{a}{b}$), ils peuvent se trouver, soit au dehors de l'ellipse, soit au dedans, suivant que cette courbe est plus ou moins aplatie. Imaginons, en effet, que la demi-distance focale, $c^2 = a^2 - b^2$, reste constante, mais que le demi-petit axe b, d'abord infini, aille en diminuant jusqu'à zéro. La valeur de B, $\frac{a^2-b^2}{b}$ ou $\frac{c^2}{b}$, grandira évidemment depuis zéro jusqu'à l'infini; tandis que celle de A, égale à $\frac{c^2}{a}$, ne croîtra que de zéro à c. La développée, d'abord réduite au centre O, s'allongera donc de plus en plus dans le sens QQ', en même temps que l'ellipse se rétrécira dans ce sens; et les deux points Q, B iront au devant l'un de l'autre. On voit que ces deux points, dans leurs marches inverses, coïncident au moment où $B = b$, et que, par conséquent, les points Q, Q' se trouvent justement sur l'ellipse quand on a

$$\frac{a^2-b^2}{b} = b, \text{ c'est-à-dire } a^2 = 2b^2.$$

Ainsi, lorsque le carré du demi-petit axe est la moitié du carré du demi-grand axe, ou que le rapport $\frac{b}{a}$ vaut $\frac{1}{\sqrt{2}} = 0{,}707\ldots$, la développée a ses deux sommets les plus distants du centre, Q, Q' en coïncidence avec les deux sommets correspondants, B, B' de l'ellipse; elle est, au contraire, entièrement intérieure à l'ellipse quand celle-ci est moins aplatie, ou que $\frac{b}{a}$ se trouve plus grand que $\frac{1}{\sqrt{2}}$, et elle est en partie extérieure (vu que les points Q, Q' sont situés hors de l'ellipse) quand le rapport $\frac{b}{a}$ est inférieur $\frac{1}{\sqrt{2}}$.

107. — Développée d'une ellipse peu aplatie, comme est le méridien terrestre.

Un cas particulièrement intéressant est celui où l'ellipse considérée a une forme peu aplatie, comme l'est, par exemple, celle d'un méridien terrestre. Alors la demi-distance focale $c = \sqrt{a^2-b^2}$ n'est, comme on sait, qu'une certaine fraction, e, très-petite, du demi-grand axe a.

Par suite, la distance OP, exprimée par $A = \frac{c^2}{a} = \frac{a^2e^2}{a} = a\,e^2$, n'est que la fraction e^2, beaucoup plus faible encore, de a, et la distance OQ, exprimée par $B = \frac{c^2}{b} = A\,\frac{a}{b}$, ne dépasse plus sensiblement OP puisque son rapport à OP vaut $\frac{a}{b}$ ou, à fort peu près, l'unité. La développée se réduit donc à une très-petite ligne courbe, dont les quatre branches, symétriques non seulement par rapport aux axes de l'ellipse, mais encore, sensiblement, par rapport aux bissectrices des angles de ces axes, sont comme ramassées autour du centre O, auquel elles se réduiraient si l'ellipse devenait un cercle. C'est sur cette ligne que viennent se couper successivement les normales menées aux divers points de l'ellipse, c'est-à-dire les diverses verticales, s'il s'agit d'un méridien terrestre.

On voit que les deux verticales menées en deux points d'un même méridien, pris infiniment voisins l'un de l'autre et tout près de l'équateur, c'est-à-dire près d'une extrémité du grand axe, de A par exemple, vont concourir sensiblement en P, ou avant d'être arrivées au centre de la terre. Au contraire, les verticales menées en deux points du méridien contigus aussi, mais pris aux environs d'un pôle, de B par exemple, vont se joindre sensiblement en Q, ou après avoir dépassé le centre de la terre.

108. — Développée de l'Hyperbole.

Il suffit, pour obtenir l'équation de la développée de l'hyperbole, de changer, dans l'équation de la développée de l'ellipse, b^2 en $-b^2$. La raison en est que l'équation de l'hyperbole, $\frac{x^2}{a^2} - \frac{y^2}{b^2} = 1$, se déduit de celle de l'ellipse par ce changement de b^2 en $-b^2$, et que, par suite, des calculs généraux faits pour l'ellipse, si on les recommençait pour l'hyperbole, ne contiendraient dans leurs résultats aucune autre modification que celle-là. La formule (11) ci-dessus qui, vu les relations (9), équivaut à

$$\left(\frac{x_1^2}{\frac{(a^2-b^2)^2}{a^2}}\right)^{\frac{1}{3}} + \left(\frac{y_1^2}{\frac{(a^2-b^2)^2}{b^2}}\right)^{\frac{1}{3}} = 1,$$

deviendra donc

$$\left(\frac{x_1^2}{\frac{(a^2+b^2)^2}{a^2}}\right)^{\frac{1}{3}} + \left(\frac{y_1^2}{\frac{(a^2+b^2)^2}{-b^2}}\right)^{\frac{1}{3}} = 1,$$

ou bien

$$\left(\frac{x_1}{A}\right)^{\frac{2}{3}} - \left(\frac{y_1}{B}\right)^{\frac{2}{3}} = 1,$$

si l'on pose, pour abréger,

$$\frac{a^2+b^2}{a} = A, \quad \frac{a^2+b^2}{b} = B.$$

Telle est l'équation de la développée de l'hyperbole.

Cette courbe rappelle, par sa forme générale, la développée de la parabole, que nous avons étudiée.

18ème Leçon — Des Courbes enveloppes — Coup d'œil sur les points singuliers des courbes planes.

109. Définition et équation d'une famille de courbes.

On appelle famille de lignes, ou famille de courbes, l'ensemble constitué par une infinité de lignes, telles, que l'on puisse passer de l'une d'elles à la suivante au moyen de déformations infiniment petites. On peut concevoir que ces courbes soient distinguées les unes des autres

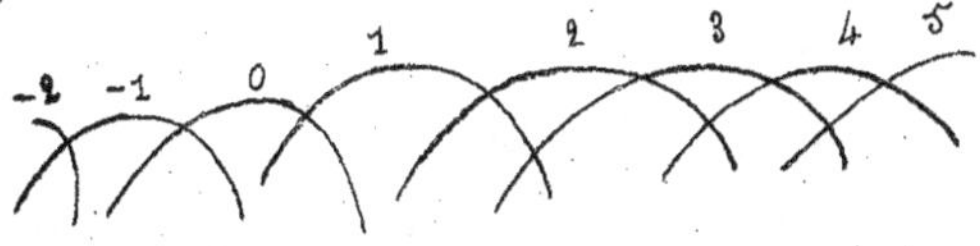

au moyen d'un numéro d'ordre, -2, -1, 0, 1, 2, etc., positif ou négatif, imposé à chacune ; seulement, comme il y en a une infinité et comme on en peut intercaler un nombre quelconque entre deux voisines, entre celles, par exemple, auxquelles on aura donné les numéros n et $n+1$, il faut imaginer que ce numéro d'ordre puisse devenir fractionnaire, ou varie avec continuité quand on passe de chaque courbe à d'autres, contiguës. Le numéro d'ordre caractéristique des diverses courbes est donc une variable comme une autre : on l'appelle le paramètre de la famille de courbes.

L'ordonnée y de ces courbes est fonction, tout à la fois, de leur abscisse x, distinguant chacun des points d'une courbe de ses autres points, et du paramètre, qui distingue, de son côté, la courbe considérée d'avec les autres : en effet, l'ordonnée qui correspond à une certaine abscisse x est croisée par une infinité de courbes de la famille et change de longueur suivant qu'on la termine à l'une ou à l'autre de celles-ci.

Nous représenterons le paramètre par la lettre c. On pourra le changer, suivant la forme qu'on donnera à l'équation de la famille, car toute fonction de c, c'est-à-dire toute circonstance exprimable analytiquement et susceptible de caractériser les diverses courbes, est apte à servir de paramètre. Telle sera, par exemple l'ordonnée à l'origine propre à chaque courbe, distance qu'il y a depuis l'origine des coordonnées choisies jusqu'au point où la courbe coupe l'axe des y.

Ainsi, l'équation d'une famille de courbes peut toujours être mise sous la forme $y = f(x, c)$, c étant constant tout le long d'une même courbe, mais variable avec continuité d'une courbe à d'autres voisines.

Considérons, par exemple, la famille de droites constituée par les tangentes à une même courbe donnée, $y = f(x)$, et appelons c l'abscisse du point de contact. L'ordonnée de ce point est $f(c)$, le coefficient angulaire de la tangente, $f'(c)$, et l'équation de cette droite, $y = f(c) + f'(c)(x - c)$. Telle sera donc l'équation de la famille, quand on prendra pour paramètre l'abscisse du point de contact. De même, les normales à la courbe $y = f(x)$ constituent une seconde famille de lignes, dont l'équation est

$$y = f(c) - \frac{x-c}{f'(c)}, \text{ ou } x - c + f'(c)\left[y - f(c)\right] = 0.$$

110.— De l'enveloppe d'une famille de courbes.

Considérons diverses courbes, AB, A'B', A''B'', etc., appartenant à une même famille. Il arrive souvent que l'une quelconque de ces courbes, A'B' par exemple, est coupée par celles qui en sont voisines, et, notamment, par la précédente, AB, et par la suivante, A''B'', en certains

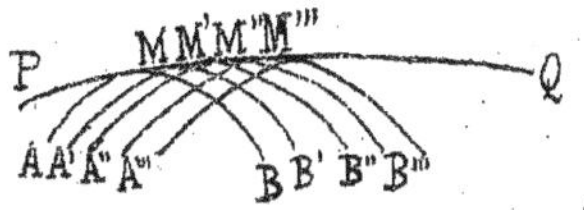

points, M et M'. Alors ces points d'intersection successifs, M, M', M'', M''',..., de chaque courbe par celle qui suit forment, à la limite (c'est-à-dire quand les courbes deviennent infiniment voisines les unes des autres), une ligne continue, PQ, qu'on appelle <u>l'enveloppe</u> de la famille.

Par exemple, la développée d'une courbe, lieu des intersections successives de ses normales, n'est pas autre chose que l'enveloppe de la famille de lignes constituée par les normales à cette courbe.

Il est aisé, d'après cela, de trouver l'équation de l'enveloppe quand on donne celle, $y = f(x, c)$, de la famille. Cherchons l'intersection de l'une quelconque des courbes, celle qui a l'équation $y = f(x, c)$, où c reçoit une certaine valeur, par la courbe voisine dont l'équation est $y = f(x, c + \Delta c)$, Δc désignant un très-petit accroissement donné au paramètre. Les coordonnées x, y d'un point commun à ces deux courbes résulteront évidemment du système des deux équations

$$y = f(x, c),\quad y = f(x, c + \Delta c).$$

Retranchons la première de la seconde et divisons le résultat par Δc. Il viendra

$$0 = \frac{f(x, c + \Delta c) - f(x, c)}{\Delta c},$$

équation ne contenant que x et qui fera connaître, par conséquent, l'abscisse x du point commun. Si nous faisons maintenant tendre Δc vers zéro, afin d'avoir la position limite, demandée, du point où une courbe de la famille coupe la courbe suivante, cette équation deviendra $0 = \frac{df(x,c)}{dc}$; car l'expression $\frac{f(x, c+\Delta c) - f(x, c)}{\Delta c}$ tend évidemment vers la dérivée de $f(x, c)$ par rapport à c, quand Δc y décroît jusqu'à zéro. Ainsi, les deux coordonnées x et y du point commun à une des courbes et à sa voisine, point appartenant à la courbe enveloppe, sont définies par les deux équations

$$(1) \qquad y = f(x,c), \quad \frac{df(x,c)}{dc} = 0.$$

En tirant de la dernière, comme il a été dit, x en fonction de c, et puis de la première, y, on connaîtra le point (x, y) de chacune des courbes de la famille qui appartient à l'enveloppe, et il suffira de faire varier c, c'est-à-dire de passer d'une courbe aux suivantes, pour construire l'enveloppe point par point.

En d'autres termes, x et y seront déterminés en fonction de la variable auxiliaire c.

Mais on pourra aussi éliminer c entre les deux équations (1), et alors on obtiendra, entre x et y, une relation qui sera l'équation demandée de l'enveloppe. Pour cela, on tirera, par exemple, de la deuxième (1), c'est-à-dire de $\frac{df(x,c)}{dc} = 0$, la valeur de c en fonction de x, et cette valeur, portée dans la première (1), transformera celle-ci, $y = f(x,c)$, dans l'équation même de l'enveloppe.

On voit que *la relation $y = f(x,c)$ ne représente pas seulement les diverses courbes de la famille : elle représente aussi leur enveloppe, quand on y regarde le paramètre c, non plus comme constant, mais comme étant la fonction de x que définit l'équation implicite $\frac{dy}{dc} = 0$, ou $\frac{df(x,c)}{dc} = 0$, obtenue en égalant à zéro la dérivée partielle de l'ordonnée y par rapport au paramètre sans faire varier l'abscisse x.*

111. Première propriété générale des enveloppes.

Avant d'appliquer ce qui précède à des exemples (très-simples), voyons quelles propriétés générales résultent de la définition même d'une courbe enveloppe. La première s'énonce ainsi :

En chaque point d'une enveloppe, la tangente est commune à l'enveloppe et à la courbe de la famille qui s'y trouve coupée par la courbe suivante.

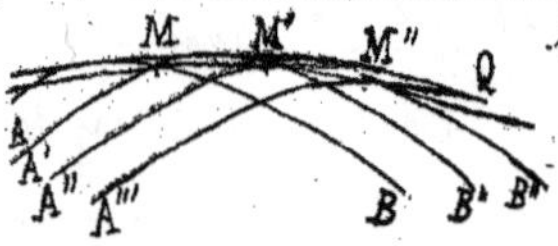

Démontrons d'abord ce théorème géométriquement.

Soient AB, A'B', A''B'', etc., des courbes de la famille, très-voisines l'une de l'autre, et M, M', M",... leurs points d'intersection successifs, points très-voisins de leurs positions limites sur chacune des courbes et, par conséquent, très-voisins de l'enveloppe, lieu de ces positions limites. Une ligne continue M M' M"..., menée par tous ces points, s'écarte donc partout très-peu de l'enveloppe PQ et aurait même celle-ci pour limite, si l'on rapprochait davantage les courbes A B, A' B', A" B", etc. D'ailleurs, il y a une corde très-petite, M M', commune à cette ligne M M' M"... et à l'une quelconque A' B' par exemple, des courbes de la famille. Or, on sait que cette corde tend, par définition, à devenir tangente à l'une et à l'autre des deux courbes, à mesure que les deux points d'intersection M et M' se rapprochent indéfiniment. Donc, à l'instant où la ligne M M' M"... devient l'enveloppe, la corde M M' lui devient tangente et le devient en même temps à la courbe A' B', au point où celle-ci est coupée par celles qui en sont infiniment voisines, tant la précédente, A B, que la suivante, A" B". C'est dire que la courbe A' B' est, en ce point, tangente à l'enveloppe.

Arrivons maintenant à ce résultat d'une manière plus analytique, en partant de l'équation $y = f(x, c)$, qui représente tout à la fois, comme on a vu, chaque courbe de la famille et l'enveloppe. Il suffit évidemment de prouver que, si, en un point (x, y) de l'enveloppe où c a une certaine valeur, on mène la tangente à l'enveloppe et aussi la tangente à la courbe de la famille qui y passe ou sur laquelle c reçoit précisément cette valeur, les deux tangentes auront même coefficient angulaire y' et, par conséquent, même direction. Or, c'est ce qui arrive, car, dans la courbe $y = f(x, c)$, le long de laquelle c ne varie pas, on aura $y' = \frac{df}{dx}$, et, dans l'enveloppe, où c varie, on aura $y' = \frac{df}{dx} + \frac{df}{dc}\,\frac{dc}{dx}$, expression qui se réduit bien à $\frac{df}{dx}$, vu que, tout le long de l'enveloppe, on a justement $\frac{df}{dc} = 0$ d'après la manière même dont x y est déterminé en fonction de c.

Observons que cette première propriété, consistant en ce que l'enveloppe touche les lignes de la famille, comprend comme cas particulier celle, dont jouit la développée d'une courbe, d'être tangente aux normales menées à la courbe. En effet, la développée, lieu des intersections successives des normales à la courbe donnée, n'est pas autre chose que l'enveloppe de la famille de lignes constituée par ces normales.

112. — Deuxième propriété générale, justifiant les dénominations d'enveloppe et d'enveloppées.

En général, deux courbes qui possèdent même tangente en un point commun n'ont en ce point qu'un contact du premier ordre; car l'égalité entre les dérivées secondes de leurs ordonnées, qui devrait y avoir lieu pour que le contact passât au second ordre, est une condition spéciale qui n'a qu'une probabilité infiniment petite de se réaliser d'elle-même et qui, ainsi, ne se produit que très-exceptionnellement. Le contact des diverses lignes appartenant à une même famille avec leur enveloppe est donc, en général, du premier ordre, c'est-à-dire d'ordre impair, et l'on sait que, dans ces conditions, les courbes ne se croisent pas.

Par suite, les lignes considérées, composant une famille, se trouvent tout entières d'un même côté de l'enveloppe, au moins dans le voisinage du point de contact; en sorte que l'enveloppe sépare la partie du plan où est située la famille donnée de la partie du plan qu'elle n'occupe pas.

Cette seconde propriété, consistant en ce que l'enveloppe entoure ou du moins limite l'ensemble des courbes de la famille, a fait donner à toutes ces courbes le nom d'enveloppées, et elle justifie son propre nom d'enveloppe.

113. — Premier exemple: enveloppe des tangentes menées à une courbe.

Terminons cette étude par quelques exemples, et cherchons, en premier lieu, l'enveloppe de la famille des tangentes à une courbe.

Soit $y = f(x)$ l'équation de la courbe.

Appelons c l'abscisse du point de contact pour une de ses tangentes. L'ordonnée du même point sera $f(c)$ et le coefficient angulaire de la tangente $f'(c)$. On aura donc pour équation de cette tangente et, par suite, de toute la famille considérée de droites, en appelant y et x les coordonnées courantes,

$$(1) \quad y - f(c) = f'(c)(x-c) \text{ ou bien } y = f(c) + f'(c)(x-c).$$

D'après la règle donnée au numéro 110, il faut, pour avoir un point de l'enveloppe, égaler à zéro la dérivée de y par rapport au paramètre c, dérivée qui est ici

$$f'(c) + f'(c)(-1) + f''(c)(x-c) = f''(c)(x-c).$$

Comme le facteur $f''(c)$ diffère de zéro par le fait même que $f'(c)$ est variable ou que toutes les tangentes à la courbe donnée n'ont pas le même coefficient angulaire, l'annulation de cette dérivée de y par rapport à c revient à poser $x - c = 0$ ou $x = c$. Alors, l'équation (1) se réduit à $y = f(c)$, et l'élimination de c entre ces deux relations donne, de suite, $y = f(x)$, pour équation de l'enveloppe. Celle-ci n'est donc autre que la courbe donnée elle-même.

Ainsi, l'analyse est bien d'accord avec la vue simple des choses pour montrer qu'une courbe est l'enveloppe de ses tangentes.

114.— Deuxième exemple : enveloppe d'une famille de cercles.

Comme autre exemple très-simple, cherchons l'enveloppe des cercles d'un rayon constant r qui ont leurs centres alignés sur l'axe de x.

Si l'on appelle c l'abscisse du centre de l'un quelconque de ces cercles, l'équation de la famille sera

$$(x-c)^2 + y^2 = r^2 \quad \text{ou bien} \quad y = \pm\sqrt{r^2 - (x-c)^2}.$$

Egalons à zéro la dérivée de y par rapport à c, dérivée qui est

$$\mp \frac{2(x-c)}{2\sqrt{r^2-(x-c)^2}} = \mp \frac{x-c}{\sqrt{r^2-(x-c)^2}}.$$

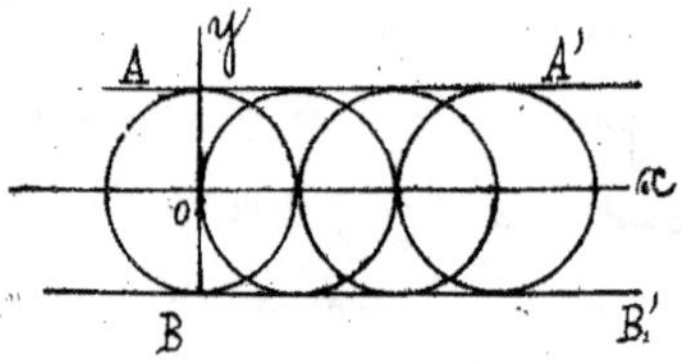

Pour cela, nous ne pouvons rendre infini le dénominateur $\sqrt{r^2-(x-c)^2}$, toujours moindre que r : donc, il faut égaler à zéro le numérateur, en posant $x-c=0$, ou $c=x$.

Cette valeur de c, portée dans l'équation de la famille, $(x-c)^2+y^2=r^2$, donne simplement $y^2=r^2$ ou $y=\pm r$. L'enveloppe est donc constituée par les deux droites AA', BB' menées, parallèlement à l'axe des x, de part et d'autre de cet axe et à une distance égale au rayon des cercles. On voit bien, en effet, que ces deux droites, tangentes communes à tous les cercles considérés, limitent ou entourent des deux côtés la partie du plan occupée par la famille de ces cercles.

115. — Troisième exemple — Enveloppe d'une famille de paraboles.

Cherchons enfin l'enveloppe des paraboles, $y=c^2(x-c)^2$, qui ont pour sommets les divers points de l'axe des x, pour tangente au sommet cet axe, et, pour paramètres, des droites inversement proportionnelles à c^2, c'est-à-dire au carré de l'abscisse de leur sommet. Il est clair qu'on y a constamment $y>0$ ou $y=0$; par suite, ces courbes ont pour enveloppe l'axe des x, droite dont l'équation est $y=0$.

Mais, si on résout l'équation $y=c^2(x-c)^2$ par rapport à c, en extrayant d'abord la racine carrée des deux membres, ce qui donne

$$c(x-c)=\pm\sqrt{y} \text{ ou } c^2-xc\pm\sqrt{y}=0,$$

et puis résolvant la double équation du second degré ainsi obtenue, on trouve

$$\text{soit } c=\frac{x}{2}\pm\sqrt{\frac{x^2}{4}-\sqrt{y}}, \text{ soit } c=\frac{x}{2}\pm\sqrt{\frac{x^2}{4}+\sqrt{y}};$$

et l'on voit que, pour toutes les valeurs positives de y, c'est-à-dire pour tous les points de l'espace (x,y) situés du côté des y positifs, il y a au moins deux valeurs de c qui sont réelles, savoir les deux valeurs $c=\frac{x}{2}\pm\sqrt{\frac{x^2}{4}+\sqrt{y}}$, et que, de plus, aux points pour lesquels on a $\frac{x^2}{4} - \sqrt{y} > 0$ ou $y < \frac{x^4}{16}$, deux autres valeurs de c sont aussi réelles, c'est-à-dire possibles, savoir les deux valeurs $c = \frac{x}{2} \pm \sqrt{\frac{x^2}{4} - \sqrt{y}}$. Donc, il passe quatre courbes de la famille dans l'espace pour lequel on a $y < \frac{x^4}{16}$, tandis qu'il n'en passe que deux dans l'espace où y est $> \frac{x^4}{16}$; en sorte que la ligne ayant pour équation $y = \frac{x^4}{16}$ est aussi une sorte d'enveloppe, séparant, non pas, comme la droite $y = 0$, la partie du plan où sont les courbes proposées de celle où elles ne sont pas, mais bien la partie du plan que recouvrent en chaque endroit quatre courbes de celle que recouvrent deux courbes seulement.

Eh bien, cherchons si la méthode générale indiquée au numéro 110 (p. 149), et qui consiste à éliminer c entre l'équation donnée des courbes et celle qu'on obtient en écrivant $\frac{dy}{dc} = 0$, nous fournira ces deux enveloppes, qui sont, l'une, extérieure, l'autre, intérieure. Éliminons donc c entre l'équation de la famille,

$$y = c^2(x-c)^2 = (cx - c^2)^2,$$

et celle qu'on en déduit en égalant à zéro la dérivée de y par rapport à c,

$$\frac{dy}{dc} = 2(cx - c^2)(x - 2c).$$

On peut évidemment, annuler, soit le facteur $cx - c^2$, soit le facteur $x - 2c$. Si l'on annule l'expression $cx - c^2$, l'équation de la famille donne $y = 0$, ce qui représente bien l'enveloppe extérieure $y = 0$. Si, au contraire, l'on annule $x - 2c$, il vient $c = \frac{x}{2}$ et l'équation de la famille donne

$$y = \frac{x^2}{4}\left(x - \frac{x}{2}\right)^2 = \frac{x^4}{16},$$

relation qui représente bien, comme on voit, l'enveloppe intérieure.

Celle-ci est, à proprement parler une enveloppe de la famille des parties de ligne représentées par l'équation $c^2 - xc + \sqrt{y} = 0$ et comprises dans la famille proposée $y = c^2(x-c)^2$, parties occupant tout l'espace qui s'étend entre la droite $y = 0$ et la courbe $y = \frac{x^4}{16}$.

116. — Des points singuliers des courbes planes, leur définition générale.

Si l'on considère un point quelconque M d'une courbe et qu'on décrive, autour de ce point comme centre, une circonférence d'un rayon infiniment petit, cette circonférence coupe d'ordinaire la courbe en deux points, A et B, placés de telle manière, que les rayons MA et MB font un angle infiniment peu différent de deux droits et tendent à se confondre avec la tangente menée en M à la courbe.

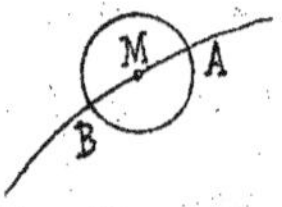

En d'autres termes, il passe, par le point M considéré, une branche unique de courbe, qui s'étend des deux côtés du point. Tel est le caractère que présentent les points ordinaires d'une courbe et même ceux d'inflexion. Quand il existe des points satisfaisant à l'équation de la courbe et où il en est autrement, on les appelle des points singuliers.

117. — Diverses variétés de points singuliers.

Un point peut être singulier de différentes manières; d'où il résulte qu'il y a plusieurs sortes de points singuliers. Enumérons-les en donnant quelques exemples à l'appui.

1°. Le cas de singularité le plus simple est celui qui se présente quand la circonférence ne rencontre aucune branche de courbe, si petit que devienne son rayon. Alors le point considéré, tout en satisfaisant à l'équation de la courbe, n'est contigu à aucun autre point de celle-ci ou, du moins, ne fait partie d'aucun arc fini lui appartenant: on l'appelle point isolé.

Soit, par exemple, la courbe qui a pour équation

$$y = \pm k(x+1)\sqrt{x} \quad \text{ou} \quad y^2 = k^2(x+1)^2 x,$$

k désignant un coefficient constant. Elle se compose d'une branche, MOM', située du côté des x positifs et symétrique de part et d'autre de l'axe des x. Mais, pour $x < 0$, la valeur de y est imaginaire, si ce n'est à l'instant où $x = -1$ et où elle s'annule. Donc le point A, qui a les coordonnées $y = 0$, $x = -1$, fait partie de la courbe tout en étant séparé des autres points de celle-ci : il est <u>isolé</u>.

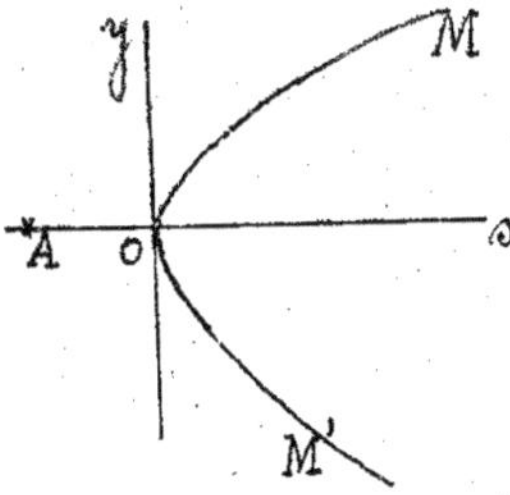

2°. Un cas extrêmement rare de singularité, ne se présentant même jamais dans les courbes algébriques ni dans toutes celles qui jouissent du même genre de continuité que les courbes algébriques, mais qui vient naturellement à l'esprit après celui des points isolés, est le cas où le petit cercle, de rayon indéfiniment décroissant, décrit autour de M comme centre, ne coupe la courbe qu'en un point A ; ce qui revient à dire qu'une branche unique de courbe part du point M sans se prolonger en deçà. Alors ce point M est dit point <u>d'arrêt</u>.

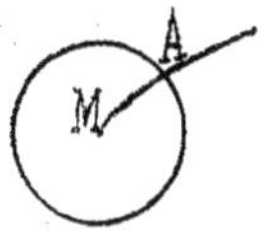

3°, Vient ensuite un cas tout aussi rare et ne se présentant pas davantage dans les courbes algébriques ou autres analogues, celui où la circonférence coupe la courbe en deux points, A et B, tels, que les deux rayons MA, MB fassent entre eux un angle ne tendant, ni vers deux droits, ni vers zéro. Alors le point considéré est une sorte de point d'arrêt double ; car il en part brusquement deux branches MA, MB, qui ne se prolongent pas en deçà. Ces deux branches formant un certain angle, que délimitent leurs deux tangentes, le point M est dit <u>anguleux ou saillant</u>.

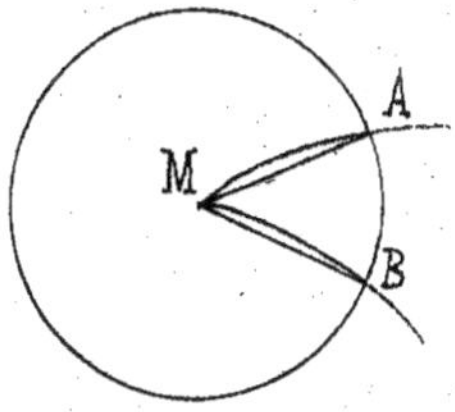

4°. Si les deux branches de courbe MA, MB faisaient un angle infiniment petit, c'est-à-dire, si elles n'avaient qu'une tangente MT, on aurait un cas tout distinct du précédent ; car on pourrait

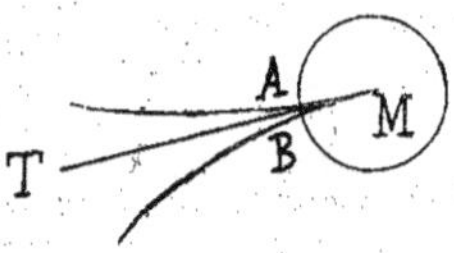

considérer une des branches, MB, comme le prolongement de l'autre, AM, avec brusque retournement ou changement de direction de 180° effectué par la tangente au point M, changement qui est censé rompre beaucoup moins la continuité que tout autre, de même qu'un brusque passage d'une fonction par l'infini, tenant simplement au passage par zéro d'un dénominateur qui s'annule, rompt moins la continuité que tout autre changement brusque qui surviendrait dans la fonction. Aussi de tels points se présentent-ils dans les courbes algébriques, qui n'admettent, ni point d'arrêt, ni point anguleux. On les appelle des points de rebroussement, parce qu'un mobile, qui, décrivant la courbe, y passerait, se trouverait rebrousser chemin à ce moment.

D'ordinaire, les deux branches MA, MB sont, l'une, d'un côté de la tangente commune MT, l'autre, de l'autre côté : un tel rebroussement est dit de première espèce. Mais, dans certains cas, la tangente commune OT se trouve d'un même côté des deux branches OA, OB : alors le rebroussement est de seconde espèce.

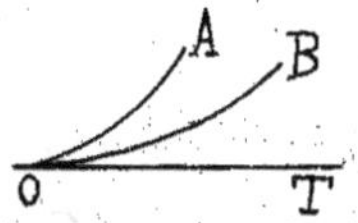

Les développées des sections coniques, que nous avons étudiées plus haut, présentent des exemples remarquables de points de rebroussement, aux endroits où ces courbes sont rencontrées par leurs axes de symétrie, lesquels sont tangents aux deux branches qui viennent s'y joindre.

5° Enfin, il peut arriver que la petite circonférence, décrite du point M comme centre, ait plus de deux intersections avec la courbe.

Alors ces intersections sont d'ordinaire en nombre pair et se font sur des rayons sensiblement opposés deux à deux. En d'autres termes, le point M est un point où se croisent plusieurs branches de courbe : on l'appelle point multiple. Il est dit point double, s'il y passe deux branches seulement, comme dans la figure ci-contre, point triple s'il y en passe trois, etc.

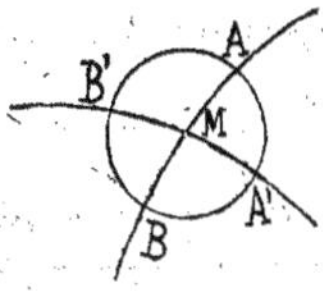

Les points doubles sont, avec les points isolés, ceux de tous les points singuliers qui se présentent le plus fréquemment. Un exemple remarquable en est fourni par la lemniscate ordinaire, lieu des points N tels, que le produit de leurs deux distances NA, NB à deux points fixes A et B soit égal au carré de la moitié de AB.

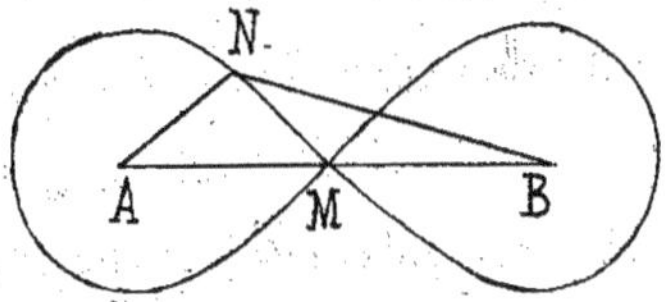

Cette courbe a la forme d'une double boucle dont le point de soudure ou de jonction serait le milieu M de AB. On voit, sur la figure, que ce point, où deux branches de courbe se croisent, est, tout à la fois, le centre de la courbe et un point double.

118. Caractère général des points singuliers

En faisant abstraction des points d'arrêt, qui ne se présentent que dans des courbes très discontinues, on remarquera que tous les points singuliers sont caractérisés par ce fait, qu'on ne peut pas y mener à la courbe une tangente unique (ou qui soit du moins unique au point de vue analytique). En effet, d'une part, il ne passe aucune tangente par les points isolés ; d'autre part, il en passe plusieurs par les points multiples ; et, quant aux points de rebroussement, la tangente MT, géométriquement unique, que la courbe y comporte équivaut algébriquement à deux, infiniment voisines, ou est une sorte de tangente double, comme on le reconnaît en considérant les tangentes.

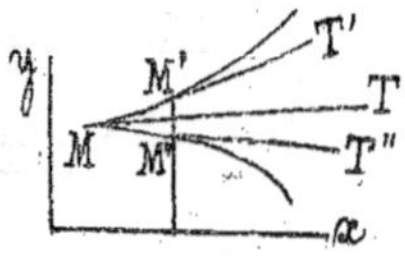

voisines M'T', M''T'', menées aux deux branches en deux points M', M'', qui aient une même abscisse, et en faisant tendre cette abscisse vers celle du point de rebroussement M.

En d'autres termes, un point de rebroussement est une sorte de point double, ou comme l'intersection de deux branches distinctes qui deviennent imaginaires d'un côté de ce point.

Du reste, une analyse minutieuse, qu'il serait trop long de donner ici, démontre bien la parfaite exactitude de ces aperçus et permet d'énoncer en principe que les points singuliers d'une courbe sont ceux où la courbe n'admet pas une tangente unique.

On en déduit, comme il suit, un caractère analytique commun à tous ces points et une méthode générale pour les trouver.

119. – Méthode analytique qui résulte de ce caractère pour la recherche des points singuliers.

Considérons la courbe définie par une équation de la forme

$$(1) \qquad f(x, y) = 0$$

et dont le premier membre soit fini et continu, ainsi que ses dérivées partielles en x et y, pour toutes les valeurs finies des variables. Telles sont, en particulier, toutes les courbes algébriques, quand on met leur équation sous forme entière et rationnelle.

L'équation $f(x, y) = 0$, différentiée en y regardant x comme la variable indépendante, donne

$$(2) \qquad \frac{df}{dx} + \frac{df}{dy} y' = 0.$$

En différentiant encore, et ainsi de suite un nombre indéfini de fois, il vient

$$(3) \quad \frac{d^2f}{dx^2} + 2 \frac{d^2f}{dx\,dy} y' + \frac{d^2f}{dy^2} y'^2 + \frac{df}{dy} y'' = 0, \text{ etc.}$$

Du résultat de la première différentiation on déduit

$$y' = - \frac{\frac{df}{dx}}{\frac{df}{dy}}.$$

Cela posé, si, en un certain point (x, y) de la courbe, $\frac{df}{dx}$ et $\frac{df}{dy}$ ne s'annulent pas à la fois, la valeur de y', qui y fixe la direction de la tangente, sera ainsi parfaitement déterminée; donc, il passera par le point (x, y) une tangente et une seule, et ce point, d'après ce qui vient d'être admis, ne pourra pas être un point singulier. Par suite, tous les points singuliers satisfont aux deux relations

$$(4) \quad \frac{df}{dx} = 0, \quad \frac{df}{dy} = 0.$$

En résolvant ces équations, on trouvera donc tous les points (x, y) de la courbe qui ont chance d'être des points singuliers, et il suffira d'étudier ensuite les circonstances se présentant aux environs de chacun d'eux, pour reconnaître leur nature.

Ébauchons seulement cette recherche, et soit (x, y) un point où l'on ait, en effet, $\frac{df}{dx} = 0$, $\frac{df}{dy} = 0$. L'équation (2), satisfaite identiquement, ne saurait y donner y'; mais la relation (3), réduite, par la supposition $\frac{df}{dy} = 0$, à

$$(5) \quad \frac{d^2 f}{dx^2} + 2 \frac{d^2 f}{dx\, dy} y' + \frac{d^2 f}{dy^2} y'^2 = 0,$$

devient une équation du second degré en y', pourvu que les dérivées partielles secondes de la fonction f, qui y paraissent comme coefficients, ne s'annulent pas elles-mêmes au point (x, y) [cas où il faudrait passer aux équations suivantes, contenant des puissances de y' supérieures à la seconde et affectées des dérivées troisièmes, quatrièmes, etc. de la fonction f]. Donc, suivant que les deux racines de l'équation (5) seront, ou imaginaires, ou réelles et inégales, ou réelles et égales, il y aura, ou absence complète de tangentes au point considéré (x, y), ou deux tangentes distinctes, ou enfin une seule tangente, provenant de la fusion de deux infiniment voisines. Et l'on prévoit, sans que nous ayons le temps d'insister davantage, que le point sera, ou isolé, ou double, ou de rebroussement. Etc.

120. — Les points singuliers sont beaucoup plus exceptionnels dans les courbes que les points d'inflexion.

En résumé, le caractère analytique commun à tous les points singuliers est exprimé par les deux relations $\frac{df}{dx} = 0, \ \frac{df}{dy} = 0.$ Comme, en outre, les coordonnées x, y vérifient déjà l'équation de la courbe

$$f(x, y) = 0,$$

il existe en tout, pour déterminer les points singuliers, trois équations différentes entre deux inconnues seulement, x, y. Cela revient à dire qu'il y a généralement incompatibilité entre ces trois relations, ou qu'il faut quelque chose de spécial, dans l'équation $f(x, y) = 0$ et, par conséquent, dans la forme de la courbe, pour qu'il existe des points singuliers.

Donc, non seulement les points singuliers sont exceptionnels dans une courbe, mais, de plus, les courbes (du moins les courbes algébriques) qui possèdent des points singuliers présentent elles-mêmes quelque chose de singulier et d'exceptionnel. On voit, par là, avec combien de raison ces points sont ainsi dénommés.

A cet égard, il est rationnel de ne pas comprendre dans leur catégorie les points d'inflexion, qui sont également des points remarquables, et bien distincts ou jouissant, dans une courbe, de propriétés qui ne tiennent qu'à la forme même de la courbe, non aux axes de coordonnées choisis. En effet, les courbes ont généralement des points d'inflexion, vu que les deux coordonnées x et y de ces points ne sont astreintes qu'à satisfaire aux deux équations

$$f(x, y) = 0 \text{ et } y'' = 0.$$

Or, il faut des circonstances spéciales pour qu'il y ait incompatibilité dans ce système d'équations, dont le nombre est égal à celui des inconnus ; en sorte que les points d'inflexion sont loin d'être aussi exceptionnels dans les courbes que les points singuliers.

19ème Leçon. — Des roulettes et de la cycloïde. — Des courbes en coordonnées polaires et, spécialement, de la spirale logarithmique.

121. — Des roulettes : propriété de leurs normales.

Terminons la partie de ce cours consacrée aux lignes planes par une étude rapide de deux courbes très-remarquables, la cycloïde et la spirale logarithmique, qui présentent toutes les deux ce caractère, d'être égales à leurs développées.

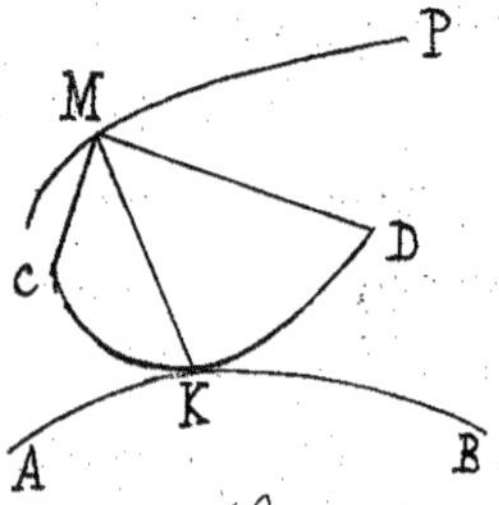

Elles appartiennent à deux classes importantes de courbes dont nous dirons un mot à leur occasion : les roulettes et les spirales. Commençons par les premières.

Supposons qu'un point M soit lié invariablement (au moyen de deux tiges droites MC et MD, par exemple) à une courbe mobile CD, et que celle-ci roule sur une courbe fixe AB, c'est-à-dire se meuve contre elle en lui étant toujours tangente et de manière que des arcs de même longueur, sur les deux courbes, viennent successivement s'appliquer les uns sur les autres : le point M décrira dans le plan une courbe déterminée MP, qu'on appelle une roulette.

La propriété la plus remarquable des roulettes consiste en ce que la normale à une roulette passe, à chaque instant, par le point actuel de contact de la courbe mobile et de la courbe fixe.

Par exemple, dans la figure précédente, la normale, en M, à la ligne MP est la droite MK qui joint ce point M au point de contact, K, de AB et de CD.

Pour le démontrer, considérons la figure mobile CMD, non pas dans sa position actuelle, mais dans une position très-voisine antérieure, C_1JD_1, pour laquelle le point décrivant de la roulette MP était en J et pour laquelle le point de contact des courbes était en I. Quand le point décrivant vient de J en M, l'arc IK' de la courbe mobile s'applique sur l'arc égal IK de la courbe fixe et, K' venant en K, la droite JK' de la figure mobile prend la position MK. On a donc JK' = MK.

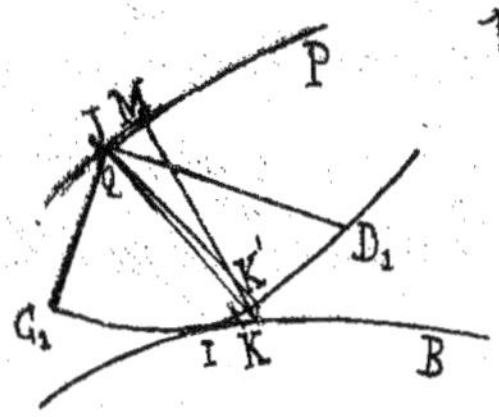

Mais, dans les courbes AB, C_1D_1 qui ont, en I, un contact du premier ordre, les deux arcs égaux IK', IK ne s'écartent l'un de l'autre que de quantités du second ordre de petitesse : c'est dire que l'écart, KK', de leurs extrémités est négligeable en comparaison de IK, et, par suite, en comparaison de l'arc JM de roulette; car, à un roulement fini de la courbe mobile CD il correspond un arc fini de roulette et, par suite, au roulement infiniment petit qui se fait de I en K il doit correspondre, en général, un arc, JM, de roulette, du même ordre que IK. Ainsi, KK' est infiniment petit par rapport à JM et, dans le triangle JKK', la différence entre JK et JK', étant moindre que le troisième coté KK', sera, à plus forte raison, négligeable devant JM. Donc, non seulement MK égale JK', mais encore la différence entre MK et JK, JK−MK ou JK−JK', est infiniment plus petite que la corde JM; en sorte que, si, au moyen d'un triangle isocèle QMK, en portant, par exemple, KM sur KJ, on construit cette différence JQ, le triangle JMQ aura son côté JQ infiniment moindre que JM et, par suite, son angle JMQ nul à la limite.

L'angle JMK se confondant alors avec l'angle à la base, QMK, d'un triangle isocèle dont l'angle au sommet devient infiniment petit, la droite MK est bien la normale, en M, à la position limite de la corde MJ, ou à la roulette MP; ce qu'il fallait démontrer.

122. — De la cycloïde; normale et tangente à cette courbe.

La cycloïde est la roulette décrite par tout point d'une circonférence qui roule sur une droite indéfinie.

S'il s'agit par exemple, de la circonférence C, dont le rayon CN, donné, sera exprimé par r, et si, cette circonférence roulant sur AX, le point décrivant est M, la cycloïde sera la ligne EASA'E'. Cette courbe se compose évidemment d'une infinité de parties égales, telles que ASA', comprises entre deux points consécutifs, A, A', où le point décrivant M vient toucher la droite fixe AX.

Chacune d'elles s'appelle un arceau de la cycloïde, et la portion, AA', de la droite fixe, qu'elle intercepte, est dite la base de l'arceau. Quand la circonférence roule de A en A', tous ses éléments, infiniment petits, de plus en plus éloignés de M le long de MNT, viennent s'appliquer successivement sur des éléments égaux de AA', de plus en plus éloignés de A; de sorte qu'on a, par exemple, en construisant le cercle mobile dans diverses positions et, notamment, dans celle où le point décrivant est au sommet. S, de la courbe,

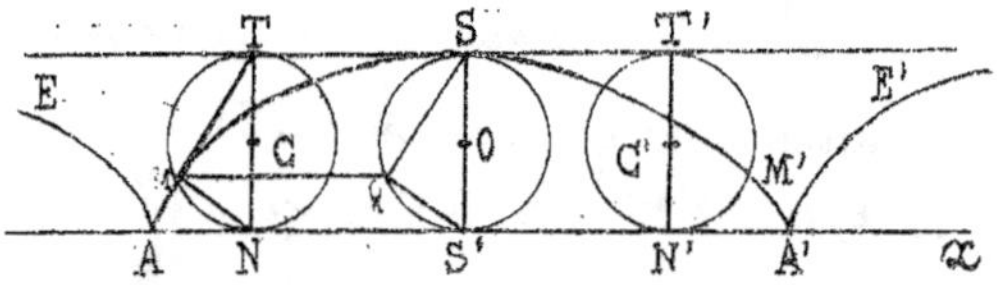

arc NM = NA,

arc S'QS ou πr = S'A,

arc N'T'M' = N'A.

Enfin, au moment où le point décrivant arrive en A', toute la circonférence s'est comme déroulée de A en A'. On peut donc écrire

$$AA' = \text{circonférence } C = 2\pi r,$$

et, par suite, en retranchant, d'une part, AN' de AA', d'autre part, N'T'M' d'une circonférence entière, il vient

$$\text{arc } N'M' = N'A'.$$

C'est dire que la cycloïde pourrait être décrite aussi par le point, M', d'une circonférence C', égale à la proposée C, mais qui, partie du point A' et non du point A, roulerait, sur la base AA', en allant de A' vers A, et non plus de A vers A'.

Si l'on suppose que les deux circonférences mobiles C et C', décrivant ainsi toutes les deux la cycloïde, soient constamment symétriques par rapport à la perpendiculaire SS' abaissée sur AA', on aura S'N = S'N' et, par suite (vu que S'A = S'A' = πr), NA = N'A' et arc NM = arc N'M'. Donc, le point M' sera symétrique de M par rapport à SS'.

Ainsi, un arceau de cycloïde est symétrique de part et d'autre de la perpendiculaire abaissée de son sommet sur sa base.

D'après la propriété générale de la normale aux roulettes, la normale menée à la cycloïde, en M, va passer par le point correspondant de contact, N, de la circonférence mobile et de la droite fixe. Quant à la tangente, comme elle doit être perpendiculaire à la normale MN, on l'aura en joignant le point M à l'extrémité, T, du diamètre NT tiré à partir de N : en effet, l'angle TMN sera droit comme inscrit dans une demi-circonférence.

Si l'on imagine que le cercle C vienne dans la position OSS', de manière que tous ses points décrivent dans ce mouvement des lignes égales et parallèles à NS', les figures telles que MNS'Q, MTSQ seront des parallélogrammes et les cordes QS', QS se trouveront parallèles respectivement à MN, MT. On pourrait donc, sans que le cercle C fut construit, mener en un point donné M la tangente et la normale à la cycloïde, en tirant, de M, une parallèle MQ à la base AA', jusqu'à la rencontre du cercle fixe O, au point Q, puis en joignant le point Q aux deux extrémités, S, S', du diamètre SS' et en menant enfin les parallèles MT et MN à ces deux droites QS, QS'.

Aux extrémités A et A' d'un arceau, la tangente se trouvera évidemment perpendiculaire à la base AA', car elle y sera parallèle à S'S : donc, au point où deux arceaux contigus se joignent, la tangente est commune aux deux arceaux, et la courbe y présente un rebroussement de première espèce.

123. — Développée et rayon de courbure de la cycloïde.

Soit ASA' un arceau de cycloïde.

Menons, au dessous de sa base, à une distance S'B égale à sa hauteur SS', une parallèle HI à cette base AA', et construisons une nouvelle cycloïde,

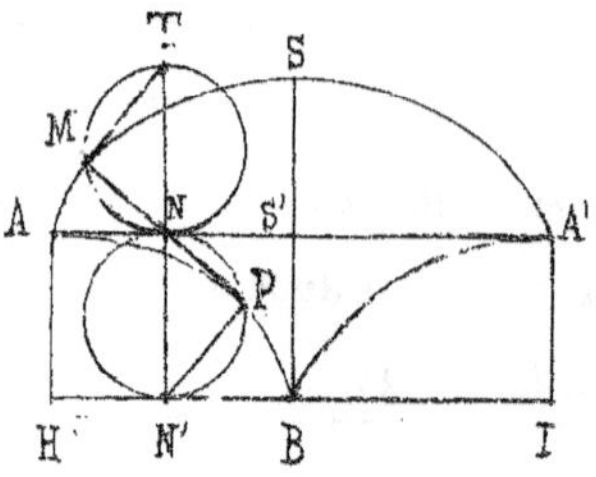

ABA', egale à la première, mais placée de telle manière, que deux-demi arceaux BA, BA' aient leur point de départ commun sur le prolongement de SS' et leurs sommets respectifs en A, A'.

Le demi-arceau BA pourra être supposé décrit par le point P d'une circonférence NPN', qui roulerait sur BH, de B vers H, en sorte que l'on ait, dans une quelconque de ses positions, arc N'P = N'B = NS' et, par suite,

$$\text{arc } NP = NPN' - N'P = \pi r - NS' = AS' - NS' = NA.$$

Cela posé, si l'on construit, pour la cycloïde donnée ASA', le cercle générateur TMN, dans la position où il est tangent, en N, au cercle égal NPN', le point M correspondant de cette cycloïde sera lui-même tel, que l'arc NM = NA. Donc, les deux arcs NP, NM, tous les deux équivalents à NA, sont égaux entr'eux, et, par suite, leurs suppléments PN', MT le sont également.

Il en résulte, d'une part, que les deux cordes NP, NM sont égales, et, d'autre part, que les deux angles inscrits PNN', MNT, dont la mesure est $\frac{1}{2}PN' = \frac{1}{2}MT$, sont égaux. Et comme leurs deux côtés NN', NT, étant des diamètres normaux à la tangente AA' commune aux deux cercles, se trouvent en ligne droite, il faut que ces deux angles, PNN', MNT, soient exactement opposés par le sommet, ou que NP soit le prolongement de MN.

D'ailleurs, d'après la règle donnée tout-à-l'heure pour construire la normale et la tangente à une cycloïde, MN est normale à la proposée et NP tangente à BPA. Cela étant vrai pour toutes les positions correspondantes possibles des deux cercles, on voit que les normales de la première cycloïde coïncident avec les tangentes de la seconde et que, par suite, celle-ci, enveloppe des normales à la première, n'est autre chose que sa développée.

Donc, <u>la développée d'une cycloïde est une cycloïde égale.</u>

De plus, la relation NP = MN montre que MP est le double de MN, et, comme P est évidemment le centre, et MP le rayon, du cercle osculateur pour le point M de la courbe proposée, on voit que <u>le rayon de courbure,</u>

dans la cycloïde, est le double de la normale menée à la courbe jusqu'à la rencontre de sa base.

124. — Rectification de la cycloïde; équation naturelle de cette courbe.

D'après la seconde propriété générale des développées, la longueur d'une partie, AP, de l'arceau BA, comptée à partir du sommet A de l'arceau, égalera la différence des deux rayons de courbure menés, de ses extrémités P et A, à la développante AS.

L'un de ces rayons de courbure étant PM, et l'autre étant nul puisque ses deux extrémités se trouvent réunies en A, on aura donc

$$\text{arc } PA = PM = 2PN;$$

et, à l'instant où le point mobile P arrive en B,

$$\text{arc } BA = BS = 2BS'.$$

On voit que le demi-arceau BA égale le double du diamètre du cercle générateur. Par suite la longueur d'un arceau complet de cycloïde vaut quatre fois le diamètre de son cercle générateur : résultat d'autant plus remarquable, que la base même de l'arceau, égale à la circonférence du cercle générateur ou à $\pi = 3,14159$.... fois son diamètre, n'est pas calculable exactement.

La relation arc PA = 2PN conduit immédiatement à une équation importante.

Prenons pour axe des x la tangente AA', menée au sommet A d'un arceau, et, pour axe des y, la perpendiculaire abaissée de ce point A sur la base de l'arceau. De plus, appelons s l'arc AP, compté positivement quand le point quelconque P de l'arceau est du côté des x positifs,

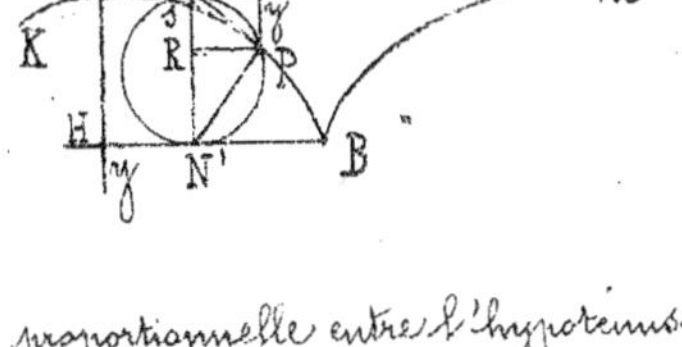

négativement quand il est du côté opposé, c'est-à-dire en allant de A vers K.

La droite NP, dans le triangle rectangle NPN', sera moyenne proportionnelle entre l'hypoténuse $NN' = 2r$ et le segment $NR = P'P$, qui n'est autre que l'ordonnée y du point P. On aura donc $NP = \sqrt{2ry}$, et, par suite,

$$\pm \text{arc } AP = 2\,NP = 2\sqrt{2ry} \quad \text{ou} \pm s = 2\sqrt{2ry}.$$

En élevant au carré et résolvant par rapport à y, il vient enfin la relation cherchée,

$$(1) \qquad y = \frac{s^2}{8r} = \frac{1}{8r}s^2.$$

Donc, dans un arceau de cycloïde, l'ordonnée, tirée perpendiculairement d'un point quelconque de l'arceau sur la tangente au sommet, est proportionnelle au carré de l'arc correspondant, compté à partir du sommet.

Cette propriété fait, de la cycloïde, la courbe la plus simple après la ligne droite, quant aux rapports existant entre l'ordonnée et l'arc. En effet, dans la ligne droite, l'ordonnée est proportionnelle à l'arc (compté à partir du point où l'axe des abscisses coupe la ligne), ce qui est la relation la plus simple possible; mais la moins compliquée après celle-là consiste naturellement dans la proportionnalité de l'ordonnée au carré de l'arc.

Observons encore que la parabole, rapportée à sa tangente au sommet comme axe des x et à la normale correspondante (axe de la courbe) comme axe des y, aurait pour équation $y = \frac{x^2}{2p}$. La parabole diffère donc de la cycloïde en ce que l'ordonnée, au lieu d'y être proportionnelle au carré de l'arc, l'est au carré de l'abscisse rectiligne x, ce qui en fait, au point de vue des rapports existant entre l'ordonnée et l'abscisse, la courbe la plus simple après la ligne droite, de même que l'est la cycloïde au point de vue des rapports existant entre l'ordonnée et l'arc.

L'équation $y = \frac{s^2}{8r}$ est la véritable équation naturelle de la cycloïde: c'est à la propriété exprimée par cette relation que la cycloïde doit de jouer le premier rôle dans plusieurs questions importantes de mécanique.

125.— Équation différentielle de la cycloïde.

Revenons à la relation

$$\text{arc}\,AP = \pm 2\sqrt{2r.P'P},$$

qui relie l'arc AP de cycloïde, compté en partant du sommet voisin A et positivement ou négativement suivant le sens, à la perpendiculaire menée de l'extrémité mobile P de l'arc sur la tangente AA'; et prenons, comme on le fait souvent, pour axe des x, la base Bx de la cycloïde, pour axe des y, la tangente By menée à la courbe au point de départ B de l'arceau. Alors les arcs se comptent, naturellement, de B en P et l'on

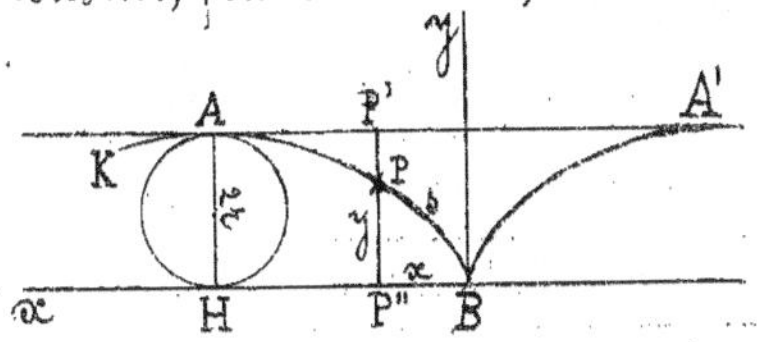

peut poser, pour le point P,

$$x = BP'',\ y = P''P = P'P'' - P'P = 2r - P'P,\ s = \text{arc}\,BP = \text{arc}\,AB - \text{arc}\,AP = 4r - \text{arc}\,AP.$$

Ces relations donnent $PP' = 2r - y$, $AP = 4r - s$,

en sorte que l'égalité entre AP et $\pm 2\sqrt{2r.PP'}$ devient

$$(2)\quad 4r - s = \pm 2\sqrt{2r(2r-y)} = \pm 2\sqrt{2r}\ \sqrt{2r-y}.$$

Différentions celle-ci, où s et y peuvent être regardées comme des fonctions de x. Nous aurons

$$(3)\quad -s' = \pm 2\sqrt{2r}\ \frac{-y'}{2\sqrt{2r-y}} = \mp \frac{\sqrt{2r}}{\sqrt{2r-y}}\,y',$$

et, en élevant au carré les deux membres, puis observant que la valeur générale, bien connue, de s'^2, dans toute courbe plane, est $1+y'^2$,

$$(4)\quad 1+y'^2 = \frac{2r}{2r-y}\,y'^2,\ \text{ou}\ \left(\frac{2r}{2r-y}-1\right)y'^2 = 1.$$

Enfin, si nous réduisons $\frac{2r}{2r-y}-1$ à $\frac{y}{2r-y}$ et que nous résolvions par rapport à y'^2, il vient

$$(5)\quad \left(\frac{dy}{dx}\right)^2 \text{ou}\ y'^2 = \frac{2r-y}{y} = \frac{2r}{y} - 1.$$

Telle est l'équation différentielle de la cycloïde, c'est-à-dire la relation existant entre les deux coordonnées x, y d'un de ses points et le coefficient angulaire de sa tangente au même point, ou les deux accroissements simultanés dx et dy éprouvés par les coordonnées x et y le long d'un arc infiniment petit ds de la courbe.

Cette relation caractérise parfaitement la cycloïde et sert à la reconnaître dans certains problèmes. En effet, on remonterait aisément de l'équation (5) à l'équation (4), puis à la relation (3) qui, pouvant être écrite ainsi,

$$\frac{d(4r-s)}{dx} = \frac{d(\pm 2\sqrt{2r}\sqrt{2r-y})}{dx},$$

ou exprimant que les fonctions $4r-s$, $\pm 2\sqrt{2r}\sqrt{2r-y}$ ont constamment même dérivée, signifie que ces deux fonctions ne doivent différer que par une constante. Or, on peut convenir de compter les arcs à partir d'une origine telle, que $s = 4r$ à l'instant où $y = 2r$: alors les deux fonctions $4r-s$, $\pm 2\sqrt{2r(2r-y)}$, se trouvant, à cet instant, nulles toutes les deux, sont égales et, par suite, le seront constamment. Ainsi, l'équation différentielle (5) revient parfaitement à (2) ou, sauf la différence des notations, à la relation (1) ci-dessus, qui définit la cycloïde d'une manière bien déterminée.

126. — Aires comprises entre un arceau de cycloïde et sa développée ou sa base.

Enfin, pour terminer cette étude des propriétés les plus importantes de la cycloïde, proposons-nous d'évaluer les aires comprises soit entre un arceau ASA' de cycloïde et sa développée AKA', soit entre le même arceau ASA' et sa base AS'A'.

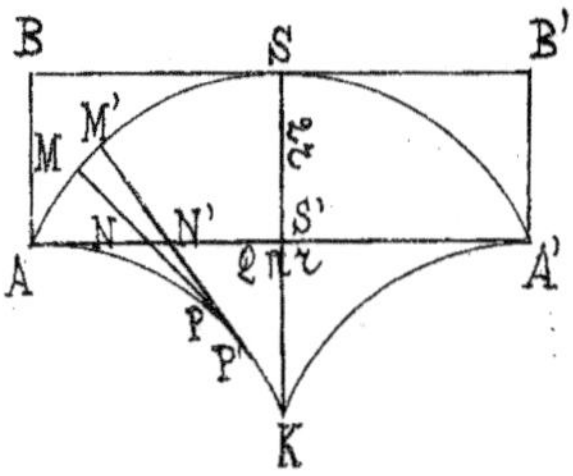

Et, d'abord, les demi-arceaux AK, A'K étant parfaitement égaux, tant pour la longueur que pour la forme, aux demi-arceaux SA', SA, les figures respectives, APKS', A'KS', SA'B', SAB, formées par ces courbes et leurs tangentes extrêmes, sont toutes superposables; en sorte que les deux surfaces triangulaires mixtilignes AS'K, A'S'K peuvent être portées en SB'A', SBA. La surface à évaluer ASA'K sera ainsi transformée en un rectangle, AA'B'B, dont l'aire vaut AA'SS', ou $(2\pi r)(2r) = 4\pi r^2$. Par conséquent, la surface comprise entre un arceau de cycloïde et sa développée vaut quatre fois celle du cercle générateur de la cycloïde.

Demandons-nous actuellement de quelle manière la base AA'

de l'arceau partage la surface ASA'K. Pour cela, divisons cette surface en triangles infiniment petits, tels que P'PMM', par des rayons de courbure voisins, MP, M'P', etc, menés à l'arceau.

Chacun de ces rayons étant, comme on a vu, coupé par AA' en son milieu, N, N', etc., la partie des triangles située du côté de la développée constituera des triangles partiels, NN'P, par exemple, dont les angles au sommet, P, seront les mêmes que pour les triangles totaux, mais dont les côtés adjacents se trouveront moitié moindres. Donc, deux triangles correspondants, tels que P'NN' et P'MM', ayant pour mesure le sinus de leur angle commun au sommet, P', multiplié par le demi-produit des deux côtés adjacents, seront le quart l'un de l'autre, et, par suite, la somme des petits triangles AS'A' égalera juste le quart de la somme des grands, ASA'K. Celle-ci ayant pour expression $4\pi r^2$, on voit que l'aire AS'A'K vaudra πr^2 et, par suite, l'aire ASA'S', $3\pi r^2$.

Donc, la surface comprise entre la base et la développée d'un arceau est équivalente à celle du cercle générateur et la surface comprise entre un arceau et sa base vaut le triple de celle du même cercle.

127. — Des spirales en général, et des spirales d'Archimède et logarithmique en particulier.

Imaginons qu'une droite OP tourne autour d'un point fixe O, appelé pôle, de manière que l'angle, θ, qu'elle fait dans le plan avec une droite fixe Ox, grandisse sans cesse jusqu'à un nombre quelconque de circonférences, après s'être trouvé nul à un certain moment (pris pour origine) et avoir été négatif avant ce moment; de plus, concevons qu'un point M se déplace le long de la droite OP, pendant que celle-ci tourne, et que, pour chaque valeur de θ, ce point M soit ainsi à une distance, r, du pôle, exprimée par une fonction déterminée de θ, $f(\theta)$, qui ne devienne pas la même quand θ croît de 2π, c'est-à-dire quand la droite OP revient à une position antérieure.

Le point mobile M décrira, dans ce double mouvement, une certaine courbe MS, qu'on appelle une spirale, et dont chaque

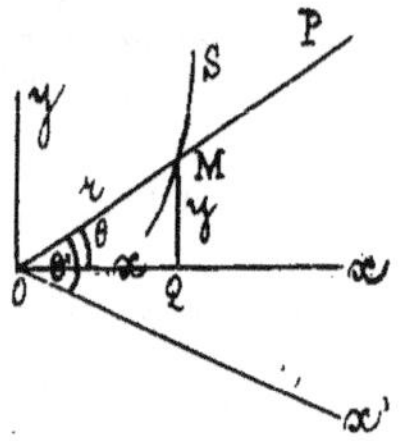

partie décrite pendant un tour complet de OP est appelée une spire. Cette courbe sera parfaitement définie par l'équation $r = f(\theta)$.

L'angle θ, qu'on choisit ordinairement pour variable indépendante, est appelé, comme on sait, angle polaire ou azimut, et, la distance r, rayon vecteur. Ces deux variables r et θ, les plus naturelles qu'on puisse employer dans l'étude de tous les mouvements qui se font autour d'un point ou d'un axe, constituent ce qu'on appelle des coordonnées polaires.

Enfin, la droite fixe Ox, à partir de laquelle se comptent les angles polaires, est désignée sous le nom d'axe polaire. Si on lui mène par le pôle une perpendiculaire Oy, les deux distances, x et y, du point M à ces axes constitueront un système de coordonnées rectilignes, qui a des rapports très-simples avec les coordonnées polaires r, θ. En effet, le triangle rectangle MQO donne évidemment

$$x = r\cos\theta,\quad y = r\sin\theta,$$

relations d'où l'on déduit, à l'inverse, en prenant, soit les rapports respectifs de leurs membres, soit les sommes de leurs carrés,

$$\operatorname{tg}\theta = \frac{y}{x},\quad r^2 = x^2 + y^2.$$

Par suite, l'équation, $r = f(\theta)$, d'une courbe, en coordonnées polaires, devient, en coordonnées rectangulaires, $\sqrt{x^2+y^2} = f\left(\operatorname{arctg}\frac{y}{x}\right)$; et, vice-versa, si la courbe avait, en coordonnées restangulaires, une équation de la forme $F(x,y) = 0$, son équation en coordonnées polaires serait $F(x\cos\theta, y\sin\theta) = 0$.

Parmi les spirales, il y en a deux particulièrement importantes, la spirale d'Archimède et la spirale logarithmique.

Dans la première, le rayon vecteur et, dans la seconde, son logarithme naturel, croissent de quantités proportionnelles aux accroissements correspondants de l'angle polaire.

En d'autres termes, si a et b désignent deux constantes, l'équation de la spirale d'Archimède est

$$r = a\theta + b,$$

et l'équation de la spirale logarithmique est

$$\log r = a\theta + b \ . \ r = e^{a\theta + b}.$$

La constante a peut être supposée positive, car, si elle ne l'était pas, il suffirait de changer le sens suivant lequel se comptent les angles polaires positifs, ou de remplacer θ par $-\theta$, pour que le terme $a\theta$ fût changé en $(-a)\theta$, ce qui y rendrait positif le coefficient de θ. Quant à la constante b, un changement convenable d'axe polaire la fait disparaître. Prenons, en effet, un nouvel axe Ox', incliné de l'angle $\frac{b}{a}$ par rapport au premier, Ox, et dans le sens des angles polaires négatifs quand b est positif. Si nous appelons θ' le nouvel angle polaire $x'OM$, égal à $x'Ox + xOM$ ou à $\frac{b}{a} + \theta$, nous aurons évidemment $\theta + \frac{b}{a} = \theta'$ et, par suite, en multipliant par a, $a\theta + b = a\theta'$. Donc les équations respectives, $r = a\theta + b$, $r = e^{a\theta + b}$, des deux spirales d'Archimède et logarithmique deviendront bien

$$r = a\theta', \quad r = e^{a\theta'},$$

et il n'y aura plus de terme constant b ajouté au terme proportionnel à l'angle polaire. C'est sous cette forme simplifiée que nous prendrons d'ordinaire ces équations. Pour cela, nous supposerons effectué, comme on voit, un changement convenable d'axe polaire ou, ce qui vaut encore mieux, nous imaginerons qu'on imprime à la courbe, autour du pôle, une rotation, $x'Ox$, propre à augmenter tous ses angles polaires θ de la quantité $\frac{b}{a}$ et à donner ainsi au monôme $a\theta$ les valeurs primitives de $a\theta + b$.

Observons que l'équation première de la spirale logarithmique, $r = e^{a\theta + b}$ pourrait aussi s'écrire $r = e^b e^{a\theta}$, ou $r = K e^{a\theta}$, en posant $K = e^b$, ce qui revient encore à désigner par b le logarithme naturel d'une constante positive quelconque K. Donc, quand on allonge ou qu'on raccourcit dans un même rapport quelconque tous les rayons vecteurs d'une spirale logarithmique (en les multipliant par un nombre constant K), on obtient la même spirale, qui se trouve seulement avoir tourné, autour du pôle, de l'angle

$\frac{b}{a} = \frac{\log k}{a}$. Or, en faisant varier proportionnellement les rayons vecteurs ou, pour ainsi dire, les dimensions de la courbe proposée, on produit des courbes qui lui sont semblables ; en sorte que ce qui précède revient encore à dire que toutes les spirales logarithmiques semblables sont égales entr'elles, et que, dans un même spirale logarithmique, deux arcs vus du pôle sous un même angle, mais d'ailleurs quelconques, sont semblables.

Ces propriétés supposent évidemment qu'il y a des rayons vecteurs de toutes les grandeurs, et une infinité de spires, dans une spirale logarithmique. Effectivement, si l'on fait décroître θ de $+\infty$ à $-\infty$, $r = e^{a\theta}$ décroît sans cesse, depuis la valeur $+\infty$ jusqu'à la valeur limite zéro, en sorte que la courbe décrit une infinité de spires microscopiques autour du pôle. Celui-ci est appelé, pour cette raison, un point asymptote.

128 — Tangente, normale, sous-tangente, sous-normale, différentielle de l'arc et courbure, dans une courbe rapportée à des coordonnées polaires.

Soient : AS une courbe étudiée en coordonnées polaires ; r et θ les deux coordonnées d'un quelconque, M, de ses points ; $r = f(\theta)$ son équation.

Prenons, sur cette courbe, à partir du point M, un arc infiniment petit $MM' = ds$, correspondant à un accroissement élémentaire, $MOM' = d\theta$, de l'angle polaire, et menons la tangente TMM'T' ; la normale MN, ainsi qu'une perpendiculaire, TN, au rayon vecteur OM, par le pôle O.

On appelle sous-tangente la partie, OT, de cette perpendiculaire, qui est comprise entre le pôle et la tangente, sous-normale, la partie, ON, de la même perpendiculaire, qui va du pôle à la normale et, enfin, tangente et normale les parties MT, MN, de la tangente et de la normale, qui joignent le point M de contact aux extrémités de la sous-tangente et de la sous-normale.

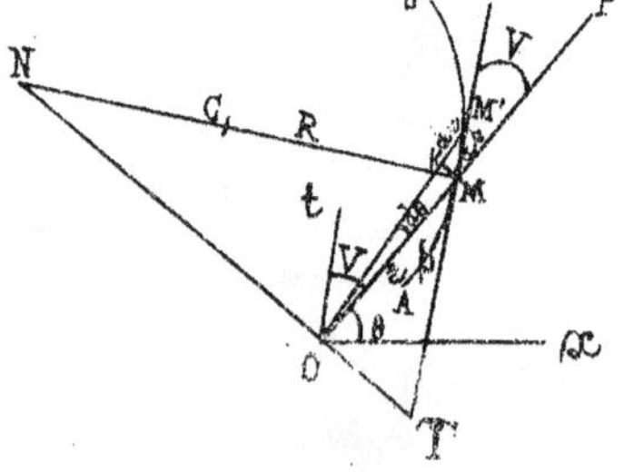

Comme le rayon vecteur $OM = r$ est donné, toutes ces droites s'évalueront aisément si l'on peut connaître l'angle, V, que fait la tangente MT' avec le prolongement MP du rayon vecteur, angle évidemment égal à OMT et à MNT. Or, OM' se confondant à la limite avec OM, l'angle OMT ou V peut être remplacé par OM'T, et, si l'on porte OM sur OM', de manière à construire un triangle isocèle MOK, infiniment aigu en O, ou ayant ses angles à la base sensiblement droits, cet angle OM'T sera un des angles du triangle sensiblement rectangle MKM'. D'ailleurs, le côté KM' de celui-ci, accroissement OM'-OM du rayon vecteur le long de l'arc ds, vaudra

$$dr = r'd\theta = f'(\theta)\,d\theta,$$

et l'autre côté de l'angle droit, KM, sensiblement égal à un arc décrit du point O comme centre avec OM comme rayon, vaudra $OM \times d\theta = r\,d\theta$.

Le triangle rectangle M'KM donnera donc

$$\operatorname{tg} V = \operatorname{tg} MM'K = \frac{KM}{KM'} = \frac{r\,d\theta}{dr},$$

c'est-à-dire

$$(1) \qquad \operatorname{tg} V = \frac{r}{r'} \text{ ou } V = \operatorname{arctg} \frac{r}{r'}.$$

Telle est l'expression de l'angle V, qui définit la direction de la tangente. On en déduit aisément, comme il a été dit, les quatre longueurs ON, OT, MN, MT. Par exemple, le triangle OMN, rectangle en O, donne de suite

$$ON = \frac{OM}{\operatorname{tg} ONM} = \frac{r}{\operatorname{tg} V} = r', \text{ et } MN = \sqrt{\overline{OM}^2 + \overline{ON}^2} = \sqrt{r^2 + r'^2}.$$

Donc, les expressions générales de la sous-normale, que je désignerai par S_n, et de la normale, que je désignerai par N, sont

$$(2) \qquad S_n = r', \quad N = \sqrt{r^2 + r'^2}.$$

D'autre part, si l'on compte l'arc de la courbe à partir d'un point fixe A, sa différentielle $MM' = ds$, hypoténuse du triangle élémentaire MKM', vaudra $\sqrt{\overline{KM}^2 + \overline{KM'}^2}$, ou $\sqrt{r^2 d\theta^2 + dr^2}$, ou enfin $\sqrt{r^2 + r'^2}\,d\theta$.

On aura donc

$$(3) \qquad ds = \sqrt{r^2 + r'^2}\,d\theta = N\,d\theta.$$

Évaluons encore l'angle de contingence et, pour cela, menons, par le pôle O, une droite mobile, Ot, parallèle à la tangente MT'.

Elle fera avec le rayon vecteur OM l'angle V et, par suite, avec la direction fixe Ox, l'angle $\theta + V$ ou $\theta + \text{arc tg}\,\frac{r}{r'}$.

Si donc on fait croître θ de $d\theta$, ou qu'on passe de M à M', la différentielle de tOx, angle de contingence cherché, sera

$$d\theta + d\,\text{arc tg}\,\frac{r}{r'} = d\theta + \frac{\frac{r'^2 - r r''}{r'^2}}{1 + \frac{r^2}{r'^2}}\,d\theta = d\theta + \frac{r'^2 - r r''}{r^2 + r'^2}\,d\theta = \frac{r^2 + 2r'^2 - r r''}{r^2 + r'^2}\,d\theta.$$

Enfin, si l'on divise $ds = \sqrt{r^2 + r'^2}\,d\theta$ par cet angle de contingence, on obtiendra, comme on sait, le rayon de courbure, $MC = R$, de la courbe, pour le point considéré M,

$$(4) \qquad R = \frac{(r^2 + r'^2)^{\frac{3}{2}}}{r^2 + 2r'^2 - r r''}.$$

Avant d'appliquer ces diverses formules à la spirale logarithmique, voyons ce que devient l'expression de la sous-normale $S_n = r'$, dans le cas de la spirale d'Archimède. Alors, la valeur de r étant $a\theta$, la dérivée r' se réduit à la constante a, qui exprime l'accroissement éprouvé par le rayon vecteur r chaque fois que l'angle polaire θ croît d'une unité.

Ainsi, dans la spirale d'Archimède, la sous-normale ON est constante.

Cette propriété permet de construire très-simplement la normale à cette spirale et, par suite, sa tangente.

120. — Propriété caractéristique de la tangente à la spirale logarithmique.

Cherchons sous quel angle V les rayons vecteurs r, prolongés, coupent la spirale logarithmique dont l'équation est $r = e^{a\theta}$, ou, ce qui revient au même, quel angle ces rayons y font avec les tangentes respectives à la courbe. En différentiant l'expression $r = e^{a\theta}$, il vient $r' = a e^{a\theta}$, et, par suite, la tangente de V, égale à $\frac{r}{r'}$, comme on vient de voir, se réduit ici à $\frac{e^{a\theta}}{a e^{a\theta}} = \frac{1}{a}$.

Donc, la spirale logarithmique est coupée par tous ses rayons vecteurs sous un angle constant, dont la tangente vaut $\frac{1}{a}$.

On aurait pu le prévoir, quand on a remarqué que des parties quelconques d'une spirale logarithmique qui occupent, vues du pôle, un même espace angulaire étaient semblables, et devenaient même semblablement placées par l'effet d'une simple rotation autour du pôle; car on sait que les angles homologues sont égaux dans les figures semblables.

Réciproquement, la propriété d'être coupée par tous les rayons vecteurs sous un même angle n'appartient à aucune autre courbe qu'à la spirale logarithmique. En effet, si l'on a, pour tous les points d'une courbe, $\operatorname{tg} V =$ une constante $\frac{1}{a}$, ou $\frac{r}{r'} = \frac{1}{a}$, cette relation revient à prendre $\frac{r'}{r} = a$ ou $\frac{d \log r}{d\theta} = \frac{d\, a\theta}{d\theta}$, et les deux fonctions $\log r$, $a\theta$, ayant constamment même dérivée, ne peuvent différer que par une constante, b. Donc, il vient $\log r = a\theta + b$, ou $r = e^{a\theta + b}$, ce qui est, comme on a vu, l'équation de la spirale $r = e^{a\theta}$, qui aurait seulement tourné d'un angle plus ou moins grand autour du pôle.

La valeur particulière la plus remarquable qu'on puisse donner à a est zéro. Alors il vient $\tan V = \frac{1}{0} = \infty$ ou $V = 90°$; ce qui est la propriété caractéristique des cercles décrits autour du pôle comme centre, car la relation $\tan V = \frac{r}{r'} = \infty$ revient à poser $r' = 0$ ou $r =$ constante.

Donc, quand a devient infiniment petit, la spirale logarithmique coupe à angle droit tous ses rayons vecteurs, et ses spires deviennent des cercles. Il est clair, en effet, que, $r = e^{a\theta}$ croissant alors avec une lenteur infinie, la spirale se compose de spires serrées les unes contre les autres qui recouvrent tout le plan et équivalent à toute la famille des cercles concentriques décrits autour du pôle.

130.— <u>Rayon de courbure et développée de la spirale logarithmique.</u>

L'équation $r = e^{a\theta}$, différentiée deux fois, donne

$$r' = a e^{a\theta}, \; r'' = a^2 e^{a\theta} \text{ et, par suite, } r'^2 = r r''.$$

Alors l'expression (4), ci-dessus, du rayon de courbure R se simplifie, car le dernier terme, $-rr''$, du dénominateur y détruit la moitié du terme précédent, $2r'^2$, et il vient, après réductions,

$$R = \sqrt{r^2 + r'^2} = \text{la normale } N.$$

Donc, <u>dans la spirale logarithmique, le rayon du cercle osculateur est égal à la normale, et le centre de courbure coïncide avec l'extrémité de la sous-normale.</u>

Cherchons, d'après cela, l'équation de la développée de la spirale logarithmique, c'est-à-dire le lieu des centres de courbure C. Leur angle polaire COx, que nous appellerons θ', est égal, comme on voit, à MOx + COM, c'est-à-dire à $\theta + \frac{\pi}{2}$; en sorte qu'on aura $\theta' = \theta + \frac{\pi}{2}$ ou $\theta = \theta' - \frac{\pi}{2}$. D'autre part, leur rayon vecteur OC, n'étant autre que la sous-normale, a pour expression, d'après la première formule (2), la dérivée r' du rayon vecteur $r = e^{a\theta}$.

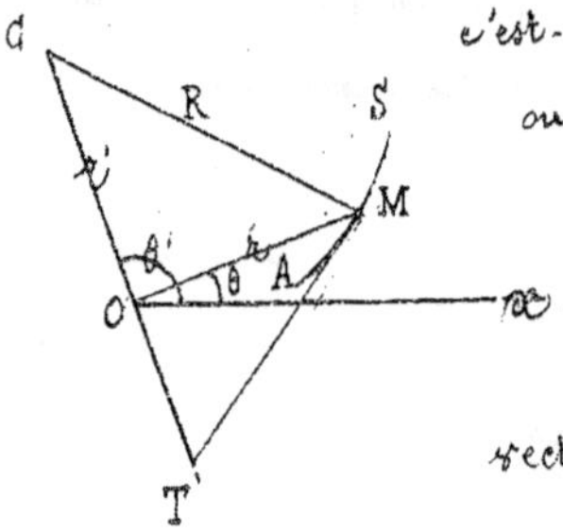

Nous pourrons donc le désigner par r', et sa valeur sera $r' = a e^{a\theta}$ ou, en remplaçant θ par $\theta' - \frac{\pi}{2}$,

$$r' = a e^{a\theta' - \frac{a\pi}{2}} = e^{a\theta' - \frac{\pi a}{2} + \log a}.$$

On aura donc pour équation de la développée

$$r' = e^{a\left[\theta' - \frac{\pi}{2} + \frac{\log a}{a}\right]}.$$

C'est celle d'une spirale logarithmique égale à la proposée, et il suffirait de faire tourner cette spirale, dans le sens de OC vers OM, de l'angle $\frac{\pi}{2} - \frac{\log a}{a}$, ou de lui donner, par rapport à Ox, de nouveaux angles polaires θ'' égaux à $\theta' - \frac{\pi}{2} + \frac{\log a}{a}$, pour que son équation, devenue $r' = e^{a\theta''}$, coïncidât avec celle de la spirale proposée $r = e^{a\theta}$. Donc, la spirale logarithmique a pour développée une courbe qui lui est égale et qu'on lui superposerait en la faisant tourner, autour du pôle, de l'angle $\frac{\pi}{2} - \frac{\log a}{a}$, dans le sens contraire de celui suivant lequel se comptent les angles polaires positifs. Si même la constante a était telle, que l'angle $\frac{\pi}{2} - \frac{\log a}{a}$ égalât un nombre entier de circonférences, il est clair que la rotation dont il s'agit la ramènerait dans sa première position, et que, par suite, la courbe serait alors, elle-même, sa propre développée.

On reconnaîtrait aisément que, non seulement l'extrémité C de la sous-normale, mais aussi l'extrémité, T, de la sous-tangente, décrit une spirale égale à la proposée, et nous avons vu plus haut qu'on retombe encore sur cette même courbe quand on veut en construire d'autres qui lui soient semblables.

La spirale logarithmique manifeste donc, de bien des manières, une curieuse tendance à renaître de ses transformations. Cette tendance est due, comme le montre un examen approfondi, à ce que l'exponentielle qui figure dans l'équation de la courbe se reproduit par la différentiation, ou, encore, à ce que les multiplications d'exponentielles de même base se font par la simple addition de leurs exposants, propriété corrélative de la précédente.

20ème Leçon — De la tangente, du plan normal et de l'arc, dans une courbe à double courbure.

131. — Des courbes à double courbure : leurs équations.

On appelle courbes gauches, ou courbes à double courbure, les lignes dont les divers points ne sont pas contenus dans un même plan.

La manière la plus simple de se les représenter est de les concevoir décrites par un point mobile.

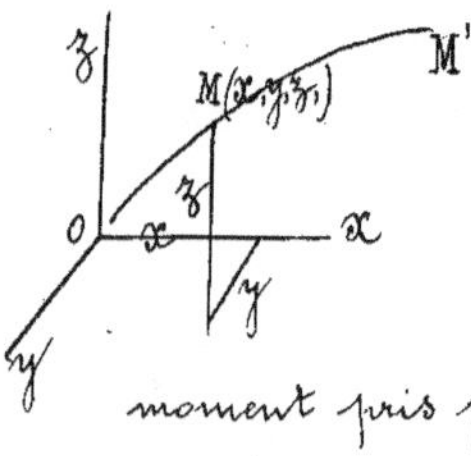

Rapportons ce point à trois axes de coordonnées, rectangulaires ou obliques, $0x$, $0y$, $0z$. Soit M sa position à une époque quelconque t, c'est-à-dire à l'instant qui est séparé par l'intervalle t du moment pris pour origine des temps, et appelons x, y, z les coordonnées de M.

Il est clair que, dans tout mode donné de mouvement du mobile, sa situation M à chaque instant se trouvera déterminée ; ce qui revient à dire que x, y, z seront certaines fonctions de t, qu'on peut représenter par $f_1(t)$, $f_2(t)$, $f_3(t)$.

Par suite, la courbe proposée MM', ensemble ou lieu des positions du mobile, se trouvera définie parfaitement au moyen des trois relations

$$(1)\qquad x = f_1(t),\ y = f_2(t),\ z = f_3(t).$$

Telle est la forme la plus symétrique que comportent les

équations d'une ligne : les coordonnées x, y, z y paraissent toutes les trois de la même manière, comme fonctions d'une variable auxiliaire t. Cette forme n'est cependant pas la plus simple, ni la plus juste ou la plus adéquate, c'est-à-dire, la plus propre à représenter strictement tout ce qui concerne la ligne donnée, sans exprimer rien de trop ou sans y mêler aucun élément étranger. En effet, les trois équations (1) définissent évidemment, à la fois, et la courbe MM', et la manière particulière dont on la suppose décrite par le point M d'un mouvement continu, manière qui pourrait être tout autre sans qu'il y eût rien de changé à la trajectoire MM'. Donc, ces équations expriment, outre ce qui regarde la nature de la courbe, des détails qui lui sont étrangers.

Mais supposons qu'on élimine entr'elles la variable auxiliaire t, en tirant, par exemple, de la première (1) la valeur de t en fonction de x, pour porter ensuite cette valeur dans les deux autres et arriver ainsi à deux relations de la forme

$$(2) \qquad y = f(x), \quad z = \varphi(x),$$

où f et φ désigneront deux certaines fonctions. Alors, il se trouve qu'en éliminant t on aura, du même coup, éliminé tout élément étranger à la nature de la courbe, non sans faire perdre, il est vrai, aux formules, une partie de leur symétrie. Effectivement, si l'on considère une abscisse quelconque $OA = x$ et que, par le point A de l'axe des x, on mène un plan AP parallèle au plan des yz, ce plan coupera la courbe en

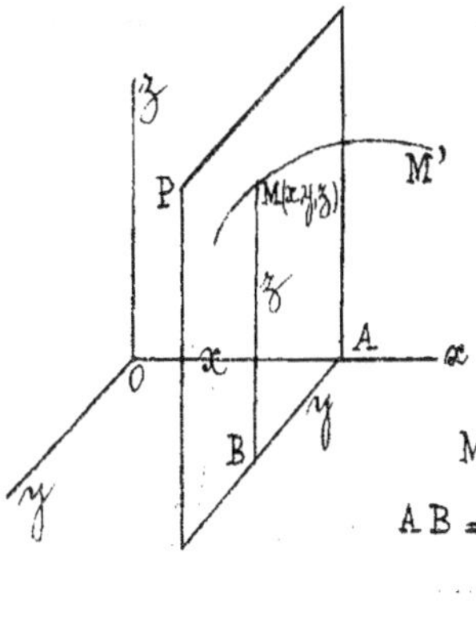

un point M, ou, généralement, en un nombre fini de points, savoir, autant que la courbe comptera de branches se déroulant en face de la partie de l'axe des x qui avoisine le point considéré A. Donc, pour chaque branche en particulier, MM' par exemple, les deux coordonnées $AB = y$, $BM = z$ du point d'intersection M

seront déterminées lorsqu'on connaîtra l'abscisse $OA = x$: ce qui revient à dire que, dès que la branche MM' est donnée, y et z y égalent bien deux certaines fonctions de x, $f(x)$ et $\varphi(x)$, ou que les équations (2) en résultent. Réciproquement, il est clair que, si l'on donne les équations (2), on pourra, pour chaque valeur de l'abscisse $OA = x$, construire la coordonnée $AB = y = f(x)$, puis la coordonnée $BM = z = \varphi(x)$, et déterminer ainsi le point quelconque M de la courbe. Par conséquent, les équations (2), où deux coordonnées, y, z, paraissent comme fonctions de la troisième, x, sont bien propres à exprimer strictement tout ce qui concerne la courbe et sa situation par rapport aux axes, mais non les différentes manières dont elle peut être décrite par un point mobile. Elles contiennent donc moins de choses et, pour cette raison, sont en général plus simples, dans les applications pratiques, que les équations plus générales et plus symétriques (1). Celles-ci, du reste, les comprennent ; car il suffit de prendre les équations (1) de la forme

$$x = t,\ y = f(t),\ z = \varphi(t),$$

ou de concevoir que le point mobile M soit animé de la vitesse constante 1 dans le sens des x, pour que ces équations reviennent à écrire $y = f(x), z = \varphi(x)$.

On donne aux relations (2) plus de symétrie par rapport à x, y et z, en supposant que y et z soient, non pas des fonctions explicites, $f(x)$ et $\varphi(x)$, mais des fonctions implicites de x, définies au moyen de deux équations non résolues, de la forme

$$(3) \qquad F(x,y,z) = 0,\ F_1(x,y,z) = 0.$$

Nous verrons plus loin que chacune des équations (3) représente une certaine surface et que le système de ces deux équations, exprimant les coordonnées x, y, z qui conviennent à des points de ces deux surfaces à la fois, représente la ligne suivant laquelle elles se coupent ; en sorte que la courbe est considérée, dans le mode de représentation (3), comme l'intersection de deux surfaces, et non plus comme la trajectoire d'un point mobile, ainsi qu'il arrivait dans le mode de représentation (1).

132 — De la tangente à une courbe gauche.

Considérons la courbe définie par les trois équations

$$x = f_1(t),\ y = f_2(t),\ z = f_3(t).$$

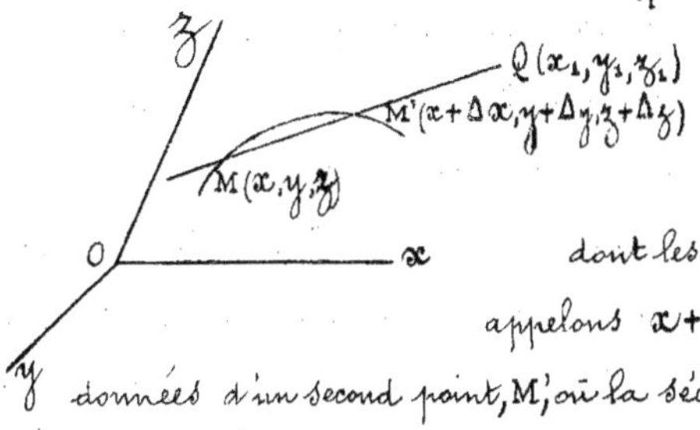

Supposons qu'on mène une sécante MM'Q, à partir du point de la courbe, M, dont les coordonnées sont x, y, z, et appelons $x+\Delta x, y+\Delta y, z+\Delta z$ les coordonnées d'un second point, M', où la sécante coupe la courbe, point correspondant à la valeur $t+\Delta t$ de la variable indépendante. Soit Q un point quelconque de la sécante, et x_1, y_1, z_1 ses coordonnées, dites coordonnées courantes. Les équations de la droite qui passe par deux points donnés M et M' s'obtiennent, comme on sait, en exprimant que les excédants des coordonnées courantes x_1, y_1, z_1 sur les coordonnées x, y, z d'un des points donnés, M, sont proportionnels aux excédants, $\Delta x, \Delta y, \Delta z$, des coordonnées du second point donné, M', sur celles du premier M. On aura donc, pour ces équations,

$$\frac{x_1 - x}{\Delta x} = \frac{y_1 - y}{\Delta y} = \frac{z_1 - z}{\Delta z},$$

ou bien, en divisant les trois dénominateurs par l'accroissement Δt de la variable indépendante auquel correspondent les accroissements $\Delta x, \Delta y, \Delta z$ de ses trois fonctions x, y, z,

$$\frac{x_1 - x}{\frac{\Delta x}{\Delta t}} = \frac{y_1 - y}{\frac{\Delta y}{\Delta t}} = \frac{z_1 - z}{\frac{\Delta z}{\Delta t}}.$$

Si nous concevons actuellement que, la sécante tournant autour du point M, M' se rapproche indéfiniment de M, Δt tendra vers zéro et les trois rapports

$$\frac{\Delta x}{\Delta t},\quad \frac{\Delta y}{\Delta t},\quad \frac{\Delta z}{\Delta t}$$

deviendront, à la limite, les trois dérivées premières, x', y', z', des coordonnées x, y, z de la courbe. Donc la sécante MQ s'approchera indéfiniment de la droite qui a pour équations

$$(4) \qquad \frac{x_1 - x}{x'} = \frac{y_1 - y}{y'} = \frac{z_1 - z}{z'}.$$

Cette droite, position limite des sécantes, s'appelle la tangente menée à la courbe au point M. Ce point M est dit lui-même le point de contact de la tangente.

Nous savons que les trois dérivées x', y', z' sont les quotients d'accroissements infiniments petits simultanés $\frac{dx}{dt}$, $\frac{dy}{dt}$, $\frac{dz}{dt}$. Les équations (4), en y multipliant les dénominateurs par dt, peuvent donc s'écrire

$$\frac{x_1-x}{dx} = \frac{y_1-y}{dy} = \frac{z_1-z}{dz}.$$

Sous cette forme, elles expriment immédiatement que la tangente est le prolongement de la corde infiniment petite qui joint deux points voisins

$$(x,y,z) \text{ et } (x+dx, y+dy, z+dz)$$

de la courbe : ce qui est une autre manière de dire qu'une sécante assez petite, prolongée, s'écarte aussi peu que l'on veut de la tangente ou est aussi voisine que l'on veut d'une droite limite, dite tangente.

133. — Formes diverses des équations de la tangente.

La forme (4) est celle qui convient pour les équations de la tangente, quand les équations de la courbe expriment x, y et z en fonction d'une variable auxiliaire t.

Mais quand y et z sont donnés en fonction de x, ces relations (4) se spécifient davantage, par suite de cette circonstance que x est alors égal à t et qu'il vient, en conséquence,

$$x' = \frac{dx}{dx} = 1, \; y' = \frac{dy}{dx}, \; z' = \frac{dz}{dx}.$$

Les équations de la tangente sont donc alors

$$\frac{x_1-x}{1} = \frac{y_1-y}{y'} = \frac{z_1-z}{z'},$$

ou, en comparant le premier membre à chacun des deux derniers et faisant évanouir les dénominateurs,

$$(5) \quad y_1 - y = y'(x_1 - x), \quad z_1 - z = z'(x_1 - x).$$

La première de ces équations ne contient que les coordonnées courantes x_1 et y_1 : elle représente donc la projection de la tangente sur le plan des xy, projection généralement oblique, effectuée parallèlement à l'axe des z, c'est-à-dire en menant de chaque point projeté une parallèle à l'axe des z, jusqu'à la rencontre du plan des xy. D'ailleurs, nous savons que cette équation représente la tangente à la courbe exprimée par la relation $y = f(x)$, et qui n'est autre que la projection analogue, sur le plan des xy, de la courbe gauche donnée. De même, la seconde équation (5) exprime la tangente à la projection de la courbe sur le plan des xz. On peut donc énoncer le théorème suivant: Lorsqu'une droite est tangente à une courbe, sa projection (perpendiculaire ou oblique) sur un plan est tangente à la projection analogue de la courbe sur ce plan.

Enfin, supposons que les équations de la courbe soient données sous la forme
$$F(x,y,z)=0,\ F_1(x,y,z)=0.$$
Alors les dérivées y' et z', ou $\frac{dy}{dx}$ et $\frac{dz}{dx}$, s'obtiennent par la différentiation de ces équations; ce qui donne

$$(6)\qquad \frac{dF}{dx}+\frac{dF}{dy}y'+\frac{dF}{dz}z'=0,\quad \frac{dF_1}{dx}+\frac{dF_1}{dy}y'+\frac{dF_1}{dz}z'=0.$$

On tirerait de celles-ci y' et z', puis on porterait leurs valeurs dans les deux équations (5) de la tangente. Mais, comme cela revient, en définitive, à éliminer y' et z' entre les équations (5) et (6), on arrive plus simplement au même résultat en tirant, de (5), $y'=\frac{y_1-y}{x_1-x}$, $z'=\frac{z_1-z}{x_1-x}$ et en portant ces valeurs de y' et z' dans (6). Si l'on multiplie enfin les résultats par x_1-x, les équations (6) se transforment en celles-ci:

$$(7)\quad\begin{cases}\frac{dF}{dx}(x_1-x)+\frac{dF}{dy}(y_1-y)+\frac{dF}{dz}(z_1-z)=0,\\ \frac{dF_1}{dx}(x_1-x)+\frac{dF_1}{dy}(y_1-y)+\frac{dF_1}{dz}(z_1-z)=0.\end{cases}$$

Telles sont alors les deux équations existant entre x_1, y_1, z_1, c'est-à-dire les deux équations de la tangente. On voit que chacune, prise en particulier, représente un plan, en sorte que, lorsque la courbe proposée est définie comme l'intersection des deux surfaces $F(x,y,z)=0$, $F_1(x,y,z)=0$, sa tangente se présente comme étant elle-même l'intersection de deux certains plans, qui dépendent, chacun, d'une seule des deux surfaces. Nous verrons plus loin le rôle important que jouent ces plans par rapport aux surfaces correspondantes.

134. — Cosinus directeurs de la tangente, quand les axes sont rectangulaires.

Supposons les axes rectangulaires et soit MT la tangente. On sait que les trois différences x_1-x, y_1-y, z_1-z sont alors les projections, sur les trois axes, de la droite MT, et égalent les produits de MT par les cosinus respectifs des trois angles que fait MT avec les axes.

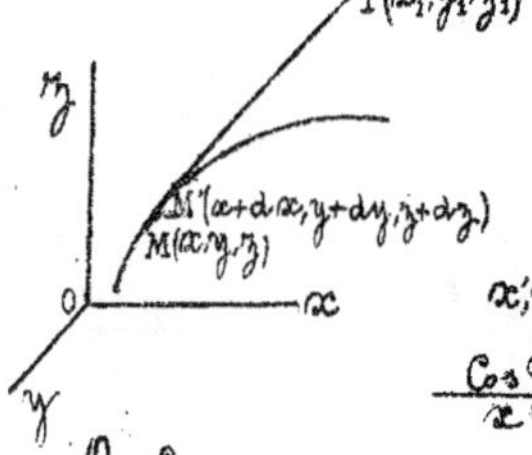

Si donc nous appelons α, β, γ ces angles, nous aurons

$$\frac{\cos\alpha}{x_1-x} = \frac{\cos\beta}{y_1-y} = \frac{\cos\gamma}{z_1-z},$$

Remplaçons les trois dénominateurs x_1-x, y_1-y, z_1-z par les dérivées x', y', z', qui d'après (4), leur sont proportionnelles, et il viendra :

$$\frac{\cos\alpha}{x'} = \frac{\cos\beta}{y'} = \frac{\cos\gamma}{z'}.$$

On forme un nouveau rapport égal à ceux-là en les élevant au carré, puis ajoutant terme à terme et extrayant la racine carrée du résultat. Et comme on sait que la somme des carrés des trois cosinus égale l'unité, ce nouveau rapport n'est autre que

$$\frac{1}{\pm\sqrt{x'^2+y'^2+z'^2}}.$$

On peut prendre à volonté les deux signes devant le radical, car la tangente peut être menée dans la direction de M vers T, ou dans la direction contraire, et ce changement de sens, revenant à remplacer α, β, γ par leurs suppléments, fait simplement changer le signe de chaque cosinus. Nous aurons donc, en somme :

$$(8) \quad \frac{\cos\alpha}{x'} = \frac{\cos\beta}{y'} = \frac{\cos\gamma}{z'} = \frac{1}{\pm\sqrt{x'^2+y'^2+z'^2}};$$

et, par suite,

$$\cos\alpha = \frac{x'}{\pm\sqrt{x'^2+y'^2+z'^2}}, \quad \cos\beta = \frac{y'}{\pm\sqrt{x'^2+y'^2+z'^2}}, \quad \cos\gamma = \frac{z'}{\pm\sqrt{x'^2+y'^2+z'^2}}.$$

Pour achever de déterminer ces cosinus, on convient de mener la tangente, à partir du point de contact M correspondant à la valeur t de la variable indépendante, du côté vers lequel cette variable t grandit. En d'autres termes, si M' est le point de la courbe qui correspond à la valeur $t+dt$ de la variable, point infiniment voisin de M, et qu'on peut regarder comme situé sur la tangente à un infiniment petit du second ordre près, on convient de mener la tangente MT dans le sens de M vers M'. Alors, dt est essentiellement positif au passage de M à M' et la dérivée $x' = \frac{dx}{dt}$ a le signe de dx. Si donc cette dérivée x' est positive, c'est une preuve que la projection, dx, de la droite MM' sur l'axe des x est positive elle-même, ou que M' a une abscisse plus grande que M et est du côté des x positifs par rapport à un plan mené par M normalement à l'axe des x, ou, enfin, que l'angle α, fait par MM' avec une parallèle aux x positifs, tirée à partir de M, est aigu et a un cosinus positif.

On reconnaîtrait de même que $\cos\alpha$ est négatif quand la dérivée x' est <0, en sorte que le premier rapport (8), $\frac{\cos\alpha}{x'}$, sera toujours le quotient de deux quantités de même signe et aura constamment le signe +. Un raisonnement analogue s'appliquant au second et au troisième des rapports (8), on voit que, dans le quatrième, le radical devra être pris avec le signe plus.

Ainsi la convention, qu'on a faite, de mener la tangente MT du côté vers lequel la variable t grandit, a pour conséquence de faire supprimer des formules précédentes les signes inférieurs, et de donner par suite, simplement,

$$(9)\quad \cos\alpha = \frac{x'}{\sqrt{x'^2+y'^2+z'^2}},\ \cos\beta = \frac{y'}{\sqrt{x'^2+y'^2+z'^2}},\ \cos\gamma = \frac{z'}{\sqrt{x'^2+y'^2+z'^2}}.$$

Quand on prend x pour variable indépendante, la tangente doit se mener, d'après la même convention, du côté vers lequel x grandit, c'est-à-dire de manière que MM', ou MT, fassent angle aigu avec l'axe des x positifs. Il suffit donc de poser $x' = 1$ dans les formules (9).

135.— Du plan normal à une courbe gauche.

On appelle plan normal, en un point M d'une courbe gauche, le lieu des normales menées à cette courbe à partir du point considéré, c'est-à-dire le plan qui contient toutes les perpendiculaires, telles que MN, élevées à la tangente MT, au point de contact M. Soient x, y, z les coordonnées de ce point M, et x', y', z' leurs dérivées par rapport à la variable indépendante t,

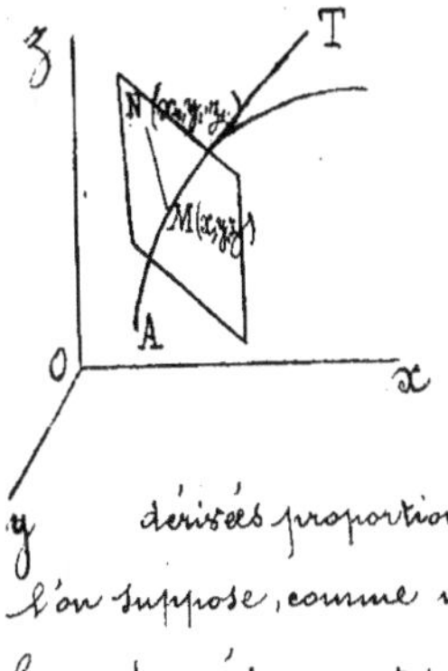

dérivées proportionnelles aux cosinus directeurs de la tangente MT, si l'on suppose, comme nous le ferons, les axes rectangulaires. Appelons x_1, y_1, z_1 les coordonnées courantes du plan normal, c'est-à-dire d'un point quelconque N de ce plan, et menons la normale MN à MT. Les trois cosinus des angles faits avec les axes des x, y, z par MN seront proportionnels aux trois projections

$$x_1 - x,\ y_1 - y,\ z_1 - z$$

de cette droite et, d'après la condition bien connue exprimant que deux certaines directions, dans l'espace, sont rectangulaires, la perpendicularité de MN par rapport à MT s'écrira en égalant à zéro la somme des trois produits respectifs des quantités x', y', z', proportionnelles aux cosinus directeurs de MT, par les quantités $x_1 - x, y_1 - y, z_1 - z$, proportionnelles aux cosinus directeurs de MN. On obtient ainsi la relation

$$(10) \qquad x'(x_1 - x) + y'(y_1 - y) + z'(z_1 - z) = 0 .$$

C'est l'équation du plan normal, puisqu'elle caractérise tous les points, tels que N, appartenant à ce plan.

136—. Définition générale d'un arc de courbe.

Soient A et M deux points d'une courbe rapportée à des axes coordonnés rectangulaires ox, oy, oz. Pareillement à ce que nous avons fait (au N°. 80, p. 105) pour les courbes planes, imaginons qu'on mène, du point A au point M, ou, plus généralement, d'un point ayant même abscisse que le point A à un point ayant même abscisse que le point M, une ligne brisée polygonale, dont tous les côtés soient très-petits, très-voisins de la courbe et très-peu inclinés sur la tangente à la courbe aux points voisins: ce sera, par exemple, la ligne formée par une série de très-petites cordes menées à la courbe. Concevons, d'ailleurs, que les côtés de cette ligne polygonale décroissent indéfiniment et deviennent, en même temps, de plus en plus voisins de la courbe et de moins en moins inclinés sur ses tangentes. Je dis que la longueur de cette ligne tendra vers une limite déterminée; et c'est justement cette limite que nous appellerons l'arc de courbe AM.

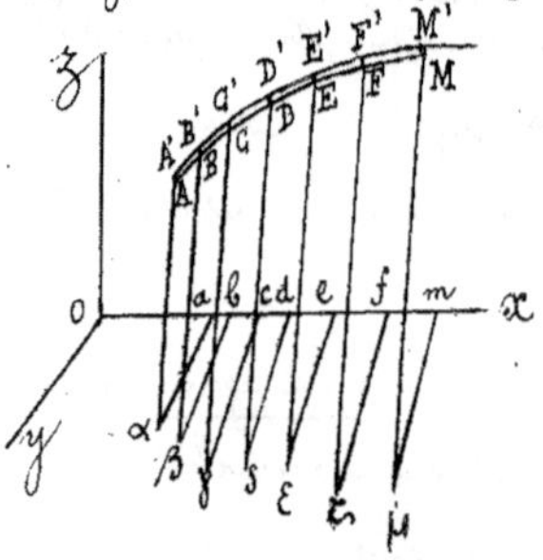

Soient, en effet, A, B, C, D, E,..., M les sommets, déjà fort rapprochés, de la ligne polygonale dans un de ses états. Menons, par ces sommets, des plans Aαa, Bβb, Cγc, etc., perpendiculaires à l'axe des x, qu'ils rencontrent en a, b, c, etc. Ces plans couperont toute autre ligne polygonale, à côtés encore plus petits, en certains points, A', B', C', D', etc, entre deux consécutifs desquels il y aura, en général, plusieurs côtés de la ligne. Appelons a, b, c, d, ... les projections, sur l'axe des x, des points respectifs A et A', B et B', C et C', D et D', etc.; et considérons deux parties correspondantes, CD et C'D', par exemple, des deux lignes polygonales, en les comparant l'une et l'autre à leur projection commune, cd. Nous verrons, par le raisonnement développé au N.° 80 (p. 106 et 107), que les rapports $\frac{cd}{CD}$ et $\frac{cd}{C'D'}$ différeront, tous les deux, aussi peu que l'on voudra du cosinus de l'angle fait avec l'axe des x par la tangente menée à la courbe au point de celle-ci dont l'abscisse est Oc; en sorte que, par suite, CD, C'D', ou, plus généralement, deux parties correspondantes des deux lignes polygonales, et ces deux lignes elles-mêmes, ne différeront, chacune de chacune, que par une fraction aussi petite qu'on voudra de leur valeur. En conséquence, les lignes polygonales en question varient de moins en moins et, finalement, ne varient plus qu'infiniment peu en tout, lorsque leurs côtés ont décru suffisamment; ce qui revient bien à dire qu'elles admettent une certaine limite.

Par définition, l'arc de courbe AM est justement cette limite. Nous le représenterons par s, et, supposant fixe le point A, mais mobile le point M, dont x, y, z désigneront les coordonnées, nous compterons l'arc AM = s positivement d'un certain côté du point A, par exemple, du côté vers lequel le point M ira, à partir de A, quand la variable indépendante se mettra à grandir, et négativement, du côté opposé du point A. De la sorte, l'arc s croîtra sans cesse à mesure que le point M décrira la courbe, si l'on admet, pour plus de simplicité, que la courbe soit parcourue d'un mouvement toujours direct, c'est-à-dire sans que le mobile M rétrograde jamais ou décrive successivement un même chemin dans les deux sens opposés. L'arc s égalera donc une fonction déterminée de la variable indépendante dont x, y, z dépendent déjà, et il a lieu de chercher soit sa dérivée, soit sa différentielle, qui sont évidemment positives dans notre supposition d'arcs décrits toujours d'un mouvement direct.

137 — Limite du rapport d'un arc à sa corde.

Pour cela, on démontrera d'abord, en procédant exactement comme au N.° 81 (p. 108), c'est-à-dire en regardant, par exemple, dans la figure précédente, C'D' comme un petit arc et CD comme sa corde, que le rapport d'un arc de courbe gauche à sa corde tend vers l'unité quand l'arc tend vers zéro.

En effet, le rapport $\frac{C'D'}{CD}$, qu'on a prouvé tout à l'heure différer aussi peu qu'on veut de l'unité pour C'D' assez faible, n'est autre que le rapport d'un arc très-petit à sa corde, lorsqu'on admet que la seconde ligne polygonale A'B'C' .... M' ait été remplacée par la courbe, sa limite, et que la première, AB ... M, soit d'ailleurs inscrite dans celle-ci ou qu'on lui ait choisi pour sommets des points de la courbe même.

138. — Différentielle et dérivée d'un arc.

Actuellement, il est aisé d'exprimer la différentielle et, par suite, la dérivée de l'arc $AM = s$. Donnons à la variable indépendante, désignée en général par t, un accroissement infiniment petit dt, ce qui, correspondant à un certain déplacement MM' du point qui décrit la courbe, fait grandir l'arc s de la quantité, infiniment petite aussi, $MM' = ds$. D'après le théorème précédent, on pourra, sauf une erreur relative négligeable, remplacer cette quantité par la corde sous-tendante MM'. Or il suffit de tirer, à partir du point M, les trois projections $Mm = dx$, $Mm' = dy$, $Mm'' = dz$ de la corde MM' sur trois parallèles à ox, oy, oz, puis de mener, par M, les plans contenant ces projections deux à deux et, par M', trois plans parallèles à ceux-là, pour construire un parallélipipède qui aura dx, dy, dz comme arêtes et $MM' = ds$ comme diagonale.

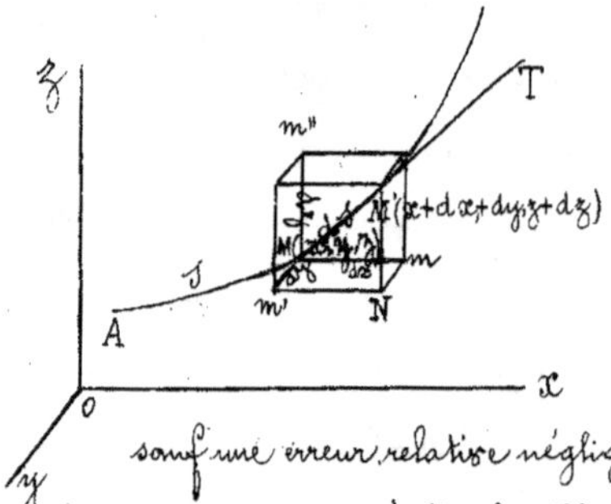

Si donc les axes sont rectangulaires, ainsi qu'on l'admet, le carré de la diagonale MM' égalera la somme des carrés des trois dimensions Mm, Mm', Mm'' du parallélipipède, et l'on aura

$$(11) \qquad ds^2 = dx^2 + dy^2 + dz^2,$$

ou bien, en extrayant la racine carrée et rappelant que la différentielle ds est supposée positive,

$$(12) \qquad ds = \sqrt{dx^2 + dy^2 + dz^2}.$$

Il suffit enfin de diviser cette expression de ds par la différentielle dt de la variable indépendante, pour obtenir la dérivée de l'arc :

$$(13) \qquad \frac{ds}{dt} = \sqrt{\frac{dx^2}{dt^2} + \frac{dy^2}{dt^2} + \frac{dz^2}{dt^2}} \quad \text{ou} \quad s' = \sqrt{x'^2 + y'^2 + z'^2}.$$

Dans le cas particulier où l'abscisse x est prise pour variable indépendante, il faut faire $t = x$, $dt = dx$ et il vient, par suite,

$$(14) \qquad \frac{ds}{dx} = \sqrt{1 + \frac{dy^2}{dx^2} + \frac{dz^2}{dx^2}} \quad \text{ou} \quad s' = \sqrt{1 + y'^2 + z'^2}.$$

139. — Parallélipipède infinitésimal.

Si l'on se figure, dans le parallélipipède que nous venons de construire, le tétraèdre obtenu en joignant les quatre sommets M, m, N, M' et qui a, pour trois de ses arêtes placées bout à bout, les droites $Mm = dx$, $mN = dy$, $NM' = dz$ dont les longueurs et les directions sont celles des trois arêtes Mm, Mm', Mm'', et pour quatrième arête, joignant les extrémités de la ligne formée par les trois précédentes, la corde infiniment petite $MM' = ds$ de la courbe proposée, on aura évidemment un tétraèdre qui sera, dans la théorie des courbes gauches, l'analogue ou l'équivalent du triangle infinitésimal dont il a été question, pour les courbes planes, dans la XIVème leçon (p. 109). Mais il est plus commode de considérer, au lieu du tétraèdre $MmNM'$, le parallélipipède tout entier $Mmm'm''M'$: on peut l'appeler <u>parallélipipède infinitésimal</u>.

La diagonale $MM' = ds$ étant une corde infiniment petite et, par suite, se trouvant infiniment peu différente, quant à la direction, de la tangente en M (limite de cordes très-petites prolongées), on peut la regarder, non seulement comme le premier élément de l'arc qui suit le point M, mais, aussi, comme le premier élément de la tangente MT menée à la courbe en ce point. Ainsi, le parallélipipède infinitésimal détermine la direction de la tangente par les angles $M'Mm$, $M'Mm'$, $M'Mm''$ que fait sa diagonale avec ses trois arêtes, tout comme le triangle infinitésimal la détermine, par l'inclinaison de ses côtés, dans les courbes planes. Ces angles sont évidemment ceux qu'on a appelés α, β, γ, quand les arêtes correspondantes $Mm = dx$, ou $Mm' = dy$, ou $Mm'' = dz$ doivent être prises avec le signe plus, c'est-à-dire quand elles sont menées, à partir du point M, dans les sens des x, des y ou des z positifs; et ils sont les suppléments de α, β, γ dans les cas contraires. Il suit de là que, si les axes se trouvent rectangulaires, comme nous l'admettons ici, $Mm = dx$, $Mm' = dy$, et $Mm'' = dz$ sont les projections de la corde $MM' = ds$, sous les angles α, β, γ. Et il résulte d'une formule connue des projections que l'on a

(15) $$dx = ds.\cos\alpha,\ dy = ds.\cos\beta,\ dz = ds.\cos\gamma,$$

ou, par suite,

(16) $$\cos\alpha = \frac{dx}{ds},\ \cos\beta = \frac{dy}{ds},\ \cos\gamma = \frac{dz}{ds}.$$

140. — Du choix de l'arc comme variable indépendante.

La simplicité de ces formules, pour exprimer les cosinus directeurs de la tangente, invite à prendre l'arc AM = s comme variable indépendante, ou à poser t = s : supposition que rien n'empêche de faire, puisque l'arc s a des valeurs inégales pour les différentes positions du point M, et qu'ainsi, sur une courbe donnée, x, y, z, coordonnées de M, sont déterminées dès que s l'est, ou sont certaines fonctions

$$(17)\qquad x = f_1(s),\ y = f_2(s),\ z = f_3(s)$$

de l'arc s. Alors les rapports de dx, dy, dz à ds deviennent les dérivées de x, y, z, et les formules (16) peuvent s'écrire simplement

$$(18)\qquad \cos\alpha = x',\ \cos\beta = y',\ \cos\gamma = z'.$$

La somme des carrés des trois cosinus valant d'ailleurs l'unité, on a, en même temps,

$$(19)\qquad x'^2 + y'^2 + z'^2 = 1.$$

La considération du parallélipipède infinitésimal rend, comme on voit, ces relations presque évidentes, ou intuitives. Mais on les aurait déduites aussi, bien simplement, des formules (9) en observant que le choix de l'arc comme variable indépendante donne $s' = 1$ et que, par suite, la formule (13) se réduit à $\sqrt{x'^2+y'^2+z'^2} = 1.$

On conçoit qu'une variable indépendante, qui permet d'exprimer par une simple dérivée de coordonnées des éléments aussi importants que les cosinus directeurs de la tangente, présente des avantages considérables, et qu'on doive la préférer, dans bien des cas, à toute autre variable. Mais, par contre, elle a l'inconvénient d'exiger trois fonctions $x = f_1(s), y = f_2(s), z = f_3(s)$ pour définir la courbe, tandis que le choix de l'abscisse x comme variable n'en exigerait que deux, de la forme $y = f(x), z = \varphi(x)$.

Aussi, les trois fonctions $f_1(s), f_2(s), f_3(s)$ ne sont-elles pas arbitraires toutes les trois ; car il existe entre leurs trois dérivées premières x', y', z', quelle que soit la courbe donnée, la relation (19), exprimant que la somme de leurs carrés égale l'unité.

Puisque cette relation importante (19) se vérifie d'une manière continue, c'est-à-dire, non seulement au point M que l'on considère actuellement, mais encore au point suivant, les accroissements simultanés qu'éprouvent ses deux membres quand on passe ainsi d'un point à l'autre, en faisant croître s de ds, sont égaux. En d'autres termes, on peut la différentier, et il vient

$$2x'x''+2y'y''+2z'z''=0,$$

ou, plus simplement,

$$(20)\quad x'x''+y'y''+z'z''=0,$$

formule que nous aurons souvent l'occasion d'utiliser.

21ème — Leçon. — Du plan osculateur et de la normale principale aux courbes gauches.

141. — Équations, en séries simples et très convergentes, d'une petite partie de courbe.

Considérons une courbe rapportée à trois axes rectilignes ox, oy, oz. Soit M un de ses points, ayant des coordonnées, x, y, z, supposées données, en fonction d'une variable indépendante auxiliaire t, par trois relations de la forme

$$x = f_1(t),\ y = f_2(t),\ z = f_3(t).$$

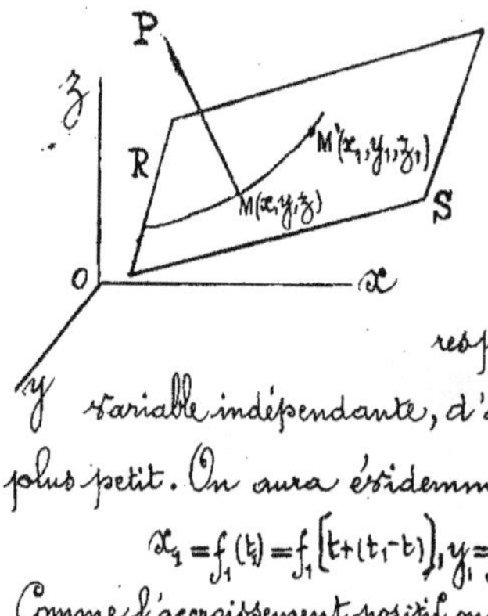

Prenons, dans le voisinage du point M, tout autre point, M', de la courbe et appelons x_1, y_1, z_1 ses coordonnées, qui correspondront à une certaine valeur, t_1, de la variable indépendante, d'autant moins différente de t que l'arc M M' sera plus petit. On aura évidemment

$$x_1 = f_1(t_1) = f_1[t+(t_1-t)],\ y_1 = f_2(t_1) = f_2[t+(t_1-t)],\ z_1 = f_3(t_1) = f_3[t+(t_1-t)].$$

Comme l'accroissement positif ou négatif, $t_1 - t$, de la variable indépendante est supposé très-faible, les fonctions f_1, f_2, f_3 pourront, dans ces formules, se développer par la série de Taylor suivant ses puissances croissantes, et il viendra, par exemple,

$$x_1 \text{ ou } f_1(t_1) = f_1(t) + f_1'(t)(t_1-t) + \frac{f_1''(t)}{1.2}(t_1-t)^2 + \frac{f_1'''(t)}{1.2.3}(t_1-t)^3 + \dots$$

Pour abréger, substituons x à sa valeur $f_1(t)$ et remplaçons aussi $f_1'(t)$, $f_1''(t)$, etc., dérivées successives, par rapport à t, de la coordonnée x, prises au point M, par leurs notations plus simples x', x'', x''', ... Nous aurons la première des trois formules suivantes, dont la seconde et la troisième s'obtiendront en procédant sur $f_2(t_1)$ et sur $f_3(t_1)$ comme sur $f_1(t_1)$:

$$(1)\qquad \begin{cases} x_1 - x = x'(t_1-t) + \dfrac{x''}{2}(t_1-t)^2 + \dfrac{x'''}{6}(t_1-t)^3 + \cdots, \\ y_1 - y = y'(t_1-t) + \dfrac{y''}{2}(t_1-t)^2 + \dfrac{y'''}{6}(t_1-t)^3 + \cdots, \\ z_1 - z = z'(t_1-t) + \dfrac{z''}{2}(t_1-t)^2 + \dfrac{z'''}{6}(t_1-t)^3 + \cdots. \end{cases}$$

Ces expressions de x_1-x, y_1-y, z_1-z sont assimilables, comme on voit, à des polynomes ordonnés suivant les puissances croissantes de t_1-t: elles se trouvent donc, à la fois, très-simples, et de la même forme pour tous les petits arcs de courbes continues. Aussi vont-elles nous permettre de faire, de ces petits arcs, une étude générale, applicable quelle que soit la nature de la courbe.

142. — Du plan osculateur, en un point d'une courbe gauche.

Cherchons d'abord jusqu'à quel degré d'approximation, aux environs du point donné M, la courbe peut être censée comprise dans un plan passant par M. Observons, pour cela, que, dans les seconds membres des formules (1), les seuls termes sensibles à une première approximation sont ceux qui contiennent t_1-t à la première puissance (ou qui sont de l'ordre de MM'), puisque les suivants, bien qu'étant les plus influents de tous les autres, contiennent $(t_1-t)^2$, et se trouvent du second ordre de petitesse, c'est-à-dire comparables seulement au carré de MM'. Ainsi, à une première approximation, les seconds membres des formules (1) sont réductibles à leurs premiers termes. De même, à une deuxième approximation, ils sont réductibles à leurs premiers et deuxièmes termes, en sorte qu'il est permis d'en supprimer ceux du troisième ordre de petitesse, ou affectés de $(t_1-t)^3$, et, à plus forte raison, les suivants. Et ainsi de suite.

Cela posé, si nous considérons un plan RS mené par le point M, et si nous appelons x_1, y_1, z_1 ses coordonnées courantes, son équation sera toujours de la forme

$$(2)\qquad A(x_1-x) + B(y_1-y) + C(z_1-z) = 0,$$

A, B, C désignant trois coefficients, dont les rapports $\frac{A}{C}$, $\frac{B}{C}$ entrent seuls essentiellement, comme on sait, dans l'équation (2) et définissent parfaitement la direction du plan. Tâchons de déterminer ces rapports $\frac{A}{C}$, $\frac{B}{C}$, de manière que le plan s'écarte aussi peu que possible de l'arc MM' c'est-à-dire, de manière que les valeurs (1) de x_1-x, y_1-y, z_1-z vérifient le mieux possible l'équation (2). Portons donc ces valeurs (1) dans (2). Il vient

$$(3)\qquad (Ax'+By'+Cz')(t_1-t)+(Ax''+By''+Cz'')\frac{(t_1-t)^2}{2}+(Ax'''+By'''+Cz''')\frac{(t_1-t)^3}{6}+\dots=0.$$

Nous avons vu qu'à une première approximation il est permis de se borner aux termes du premier ordre de petitesse, c'est-à-dire à ceux qui sont du premier degré en t_1-t. Donc, pour que les coordonnées des divers points du petit arc MM' satisfassent le mieux possible à l'équation du plan, il faut d'abord annuler, dans (3), la partie qui est du premier degré en t_1-t, et choisir, par conséquent, A, B, C de manière qu'on ait

$$(4)\qquad Ax'+By'+Cz'=0.$$

L'arc MM' sera même contenu dans le plan à une deuxième approximation, c'est-à-dire à des erreurs près de l'ordre de $(t_1-t)^3$ ou de $(MM')^3$, si l'on annule de plus, dans (3), le terme du second degré en (t_1-t), ce qui revient à n'y négliger que les puissances, troisième et au dessus, de (t_1-t). Les coefficients A, B, C devront donc encore vérifier la relation

$$(5)\qquad Ax''+By''+Cz''=0.$$

Les deux équations (4) et (5) déterminent complètement les rapports mutuels de A, B, C, comme on voit en les divisant toutes les deux par C, de manière à les changer en deux équations du premier degré par rapport aux deux inconnues $\frac{A}{C}$, $\frac{B}{C}$. Donc, le plan est entièrement fixé dès qu'on a posé les relations (4) et (5), et il est impossible de lui faire contenir l'arc MM' à une approximation plus élevée que la deuxième ou, ce qui revient au même, de rendre plus intime son contact avec la courbe.

Le plan RS ainsi obtenu, ou qui est celui dont la courbe donnée s'écarte le moins possible aux environs du point M, a reçu le nom de plan osculateur de la courbe au point M. Il a avec la courbe un contact du second ordre ; c'est-à-dire qu'en tout point M', voisin de M, il ne s'éloigne de la courbe qu'à une distance comparable à $(MM')^3$ ou à $(t_1-t)^3$. En effet, il suffit, d'après ce qu'on a vu, d'effacer, des expressions (1) de x_1-x, y_1-y, z_1-z, les termes du troisième degré et d'un degré supérieur en t_1-t, ou, par conséquent, d'altérer de quantités du troisième ordre de petitesse les coordonnées et les situations des points tels que M', pour amener ces points dans le plan RS.

143. Courbe plane qui a un contact du second ordre avec la courbe gauche proposée.

On reconnaît, du reste, directement que le contact de la courbe proposée MM' avec son plan osculateur RS est du second ordre, en construisant, à côté de cette courbe MM', une autre courbe MM'' qui ait bien avec elle un contact du second ordre et qui se trouve être exactement contenue dans le plan RS.

Il n'y a, pour cela, qu'à choisir, comme coordonnées X, Y, Z d'un point quelconque M'' de la courbe plane qu'on veut construire, les valeurs qui se déduisent de celles mêmes des coordonnées x_1, y_1, z_1 de M', quand on en supprime tous les termes affectés des puissances de $t_1 - t$ supérieures à la seconde,

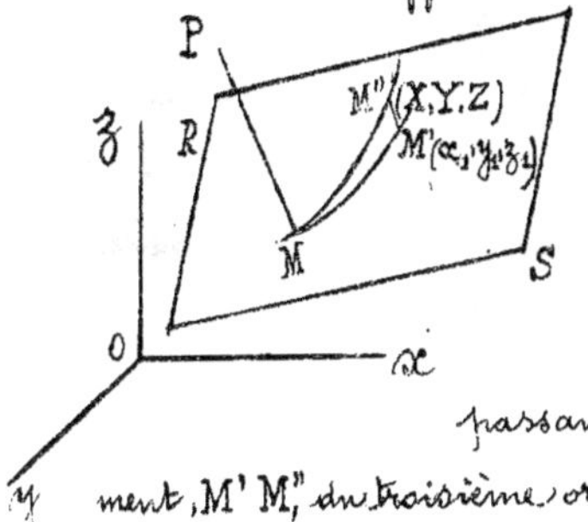

termes dont l'ensemble est de l'ordre de $(t_1-t)^3$. Il est évident qu'on altère ainsi les expressions de x_1, y_1, z_1, de quantités du troisième ordre de petitesse ou comparables à MM'^3, et, par suite, qu'en passant du point M' au point M'', on effectue un déplacement, M'M'', du troisième ordre de petitesse. C'est dire qu'il existe, à côté de la ligne gauche donnée MM', une courbe MM'' qui a avec elle un contact du second ordre. Mais, d'après les formules (1), les coordonnées X, Y, Z, ou plutôt leurs excédants sur celles, x, y, z, du point M, seront

$$(6)\quad \begin{cases} X - x = x'(t_1-t) + \dfrac{x''}{2}(t_1-t)^2, \\ Y - y = y'(t_1-t) + \dfrac{y''}{2}(t_1-t)^2, \\ Z - z = z'(t_1-t) + \dfrac{z''}{2}(t_1-t)^2. \end{cases}$$

Or ces valeurs, mises à la place de $x_1 - x$, $y_1 - y$, $z_1 - z$ dans l'équation (2) du plan osculateur, la vérifient identiquement, vu les relations (4) et (5) auxquelles satisfont A, B, C. Donc, la courbe MM'' est plane, située dans le plan osculateur RS; et la ligne proposée MM', présentant des écarts, M'M'', du troisième ordre de petitesse d'avec la courbe MM'' située dans le plan RS, ne peut s'éloigner de ce plan que de quantités ou égales, ou moindres, qui seront, en général, du même ordre de petitesse. Ainsi, le contact d'une courbe avec son plan osculateur est généralement du second ordre.

144. — Autres définitions du plan osculateur.

Si on ajoute à l'équation (4) la suivante (5) multipliée par dt, en observant que $x''dt = dx'$, $y''dt = dy'$, $z''dt = dz'$, il vient

$$A(x'+dx') + B(y'+dy') + C(z'+dz') = 0.$$

Les deux équations (4) et (5) reviennent donc à celles-ci :

$$(7)\quad \begin{cases} Ax' + By' + Cz' = 0, \\ A(x'+dx') + B(y'+dy') + C(z'+dz') = 0. \end{cases}$$

Or, la première exprime que la tangente à la courbe, au point M, est contenue dans le plan osculateur ; car les équations de la tangente sont

$$\frac{x_1-x}{x'} = \frac{y_1-y}{y'} = \frac{z_1-z}{z'},$$

et, pour que les valeurs de x_1-x, y_1-y, z_1-z relatives à cette droite satisfassent à l'équation (2) du plan, il faut et il suffit qu'on puisse, dans celle-ci, substituer à x_1-x, y_1-y, z_1-z les constantes proportionnelles x', y', z', ce qui donne bien la première relation (7). De même, la seconde (7) exprime que le plan osculateur contient une droite issue du point M et parallèle à la tangente menée à la courbe en un point infiniment voisin de M : cette droite aurait en effet pour équations $\frac{x_1-x}{x'+dx'} = \frac{y_1-y}{y'+dy'} = \frac{z_1-z}{z'+dz'}$, puisque les dérivées x', y', z' caractéristiques de la direction de la tangente, croissent de leurs différentielles dx', dy', dz' quand on passe du point M à un point infiniment voisin, et qu'elles y deviennent ainsi $x'+dx'$, $y'+dy'$, $z'+dz'$. On peut donc dire encore que le plan osculateur est le plan qui contient la tangente au point considéré et qui contient aussi une parallèle à une tangente infiniment voisine.

D'ailleurs, d'après la définition des tangentes, le plan mené suivant la tangente en M et parallèlement à la tangente voisine est la limite des plans qui contiennent une corde infiniment petite, issue de M, et qui sont parallèles à une autre corde, infiniment petite aussi, de plus en plus voisine de la première. Ces plans ne tournant plus sensiblement quand la seconde corde va vers la première et même, par suite, l'atteint, on peut supposer celles-ci menées à partir d'une extrémité commune, savoir, ou toutes les deux à partir de M et du côté de M', ou toutes les deux à partir d'un point intermédiaire entre M et M', mais, l'une, vers M, l'autre, vers M'. Et, en admettant alors que l'une des cordes devienne une tangente avant que l'autre en soit une, on verra que le plan osculateur est la limite des plans menés par la tangente au point considéré et par un point de la courbe de plus en plus voisin de celui-là.

Si l'on suppose, au contraire, que les deux cordes tendent à la fois vers zéro, on verra que le plan osculateur est encore la limite des plans menés suivant deux cordes consécutives qui tendent vers zéro, ou, ce qui revient au même, la limite des plans menés par trois points de la courbe qui, finalement, se confondent en un seul. C'est ce qu'on aurait trouvé d'une autre manière, en observant que la courbe plane MM'', exprimée par les équations (6) et qui présente, avec la proposée MM', un contact du second ordre, a, au point M, d'après ces équations (6) comparées aux équations, (1), de MM', les mêmes coordonnées, $X=x$, $Y=y$, $Z=z$, que celle-ci, et aussi les mêmes dérivées premières et secondes, $X'=x'$, $Y'=y'$, $Z'=z'$, $X''=x''$, $Y''=y''$, $Z''=z''$, de ces coordonnées par rapport à la variable indépendante t_1. On a donc, au point M, non seulement $X=x$, $Y=y$, $Z=z$, mais encore $dX=dx$, $dY=dy$, $dZ=dz$, $d^2X=d^2x$, $d^2Y=d^2y$, $d^2Z=d^2z$. C'est dire que trois points consécutifs, infiniment voisins, ont mêmes coordonnées dans la courbe MM' que dans la courbe MM'', et sont, par conséquent, communs aux deux courbes. Donc, le plan osculateur, plan même de la ligne MM'', peut être censé passer par trois points de MM', infiniment voisins, ou est la limite des plans menés suivant trois points de la courbe qui viennent se confondre en un seul.

145. — Équation de ce plan.

Pour rendre tout-à-fait explicite l'équation (2) du plan osculateur, il nous reste à déterminer, au moyen des relations (4) et (5), les rapports des coefficients A, B, C. Si nous divisons ces relations (4) et (5) par C, et que nous transposions les termes z', z'' dans les seconds membres, il vient:

$$x'\frac{A}{C} + y'\frac{B}{C} = -z',$$
$$x''\frac{A}{C} + y''\frac{B}{C} = -z''.$$

La résolution de ces deux équations, du premier degré par rapport aux deux inconnues $\frac{A}{C}$, $\frac{B}{C}$, donne, sans difficulté,

$$\frac{A}{C} = \frac{y'z'' - z'y''}{x'y'' - y'x''}, \quad \frac{B}{C} = \frac{z'x'' - x'z''}{x'y'' - y'x''};$$

ce qui revient évidemment à déterminer les rapports mutuels de A, B et C par l'égalité continue

$$(8) \qquad \frac{A}{y'z'' - z'y''} = \frac{B}{z'x'' - x'z''} = \frac{C}{x'y'' - y'x''}.$$

On vérifie, du reste, directement que les dénominateurs de cette double proportion, portés à la place de A, B, C dans les deux relations (4) et (5), les rendent identiques.

Pour bien saisir la symétrie des rapports (8), définissons ce qu'on appelle une permutation circulaire effectuée sur les lettres analogues d'une formule. Concevons qu'on divise un cercle en un certain nombre de parties égales, savoir,

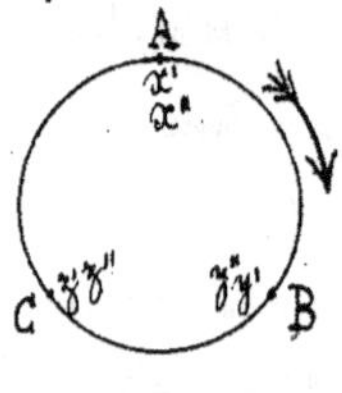

dans le cas actuel, en trois parties, puis inscrivons, aux points de division successifs, les trois lettres analogues A, B, C, suivant leur ordre naturel, et, de même, les lettres analogues x', y', z' et x'', y'', z'', comme le montre la figure. Nous dirons qu'on effectuera une permutation circulaire sur certaines lettres lorsqu'on remplacera, dans une formule, chacune des lettres ainsi inscrites par la lettre analogue qui vient après sur le cercle et que l'on rencontre en faisant le tour de ce dernier suivant le sens de la flèche: par exemple, une permutation circulaire effectuée sur A donne B; sur B, elle donnerait C et, sur C, elle redonnerait A; etc.

Cela posé, effectuons une permutation circulaire sur le premier des rapports (8), qui est $\frac{A}{y'z'' - z'y''}$. Il viendra précisément le second rapport (8), $\frac{B}{z'x'' - x'z''}$. Donc, le second des rapports (8) se déduit du premier par une permutation circulaire effectuée sur toutes les lettres analogues. Le troisième se déduira de même du second, et le premier du troisième, par une permutation circulaire ; de sorte qu'il suffit de se rappeler un seul des rapports (8) pour en déduire les deux autres. En remplaçant, dans (2), les coefficients A, B, C par les quantités proportionnelles

$$y'z''-z'y'',\ z'x''-x'z'',\ x'y''-y'x'',$$

il vient enfin l'équation explicite du plan osculateur,

$$(9) \qquad (y'z''-z'y'')(x_1-x)+(z'x''-x'z'')(y_1-y)+(x'y''-y'x'')(z_1-z)=0.$$

146. – Cosinus directeurs de la normale au plan osculateur, quand les axes sont rectangulaires.

On sait que, si les axes Ox, Oy, Oz sont rectangulaires, les trois coefficients A, B, C, affectant les coordonnées courantes x_1, y_1, z_1 dans l'équation (2) du plan osculateur, seront proportionnels aux trois cosinus des angles

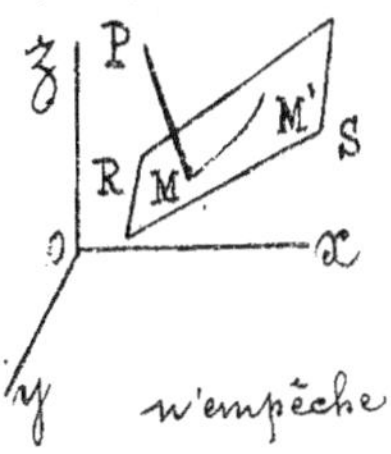

faits avec ces axes par une perpendiculaire MP au plan. Alors, comme A, B, C ne sont déterminés que dans leurs rapports mutuels, c'est-à-dire à un facteur commun près, rien n'empêche d'appeler A, B, C ces trois cosinus directeurs eux-mêmes, entre lesquels il existera, par suite, la relation ordinaire, bien connue,

$$A^2+B^2+C^2=1.$$

On obtiendra donc un nouveau rapport égal aux trois rapports (8) en ajoutant ceux-ci terme à terme après les avoir élevés au carré, puis extrayant la racine carrée du résultat et mettant l'unité à la place de $\sqrt{A^2+B^2+C^2}$. Ce rapport pourra s'écrire par conséquent $\frac{1}{\pm D}$, si, pour abréger, on désigne par D un radical carré portant sur la quantité

$$(10) \qquad D^2=(y'z''-z'y'')^2+(z'x''-x'z'')^2+(x'y''-y'x'')^2.$$

Le double signe du radical correspond aux deux directions opposées suivant lesquelles on peut, à partir du point M, mener une perpendiculaire au plan R.S. Nous admettrons qu'on la mène dans le sens pour lequel les trois rapports (8) ont la valeur $\frac{1}{D}$, et non la valeur $-\frac{1}{D}$. Alors, en égalant chacun des trois rapports (8) à $\frac{1}{D}$ et tirant les valeurs de A, B, C, il viendra, pour les trois cosinus directeurs cherchés de l'axe MP du plan osculateur,

$$(11)\qquad A=\frac{y'z''-z'y''}{D},\ B=\frac{z'x''-x'z''}{D},\ C=\frac{x'y''-y'x''}{D}.$$

La valeur (10) du carré du dénominateur commun D peut recevoir une autre forme, qu'il importe de connaître. Elle résulte de l'identité très importante

$$(12)\quad (y'z''-z'y'')^2+(z'x''-x'z'')^2+(x'y''-y'x'')^2=(x'^2+y'^2+z'^2)(x''^2+y''^2+z''^2)-(x'x''+y'y''+z'z'')^2,$$

qu'on reconnaît aisément se vérifier pour des valeurs arbitraires des six quantités $x', y', z', x'', y'', z''$; car, en effectuant les multiplications algébriques indiquées aux deux membres de (12), on trouve, pour ces deux membres, absolument la même expression. La formule (10) peut donc s'écrire encore

$$(13)\qquad D^2=(x'^2+y'^2+z'^2)(x''^2+y''^2+z''^2)-(x'x''+y'y''+z'z'')^2.$$

147. — Expressions les plus simples possibles de ces cosinus.

La valeur (13) de D^2 et, par suite, les formules (11) des cosinus directeurs A, B, C de l'axe du plan osculateur acquièrent leur maximum de simplicité, lorsqu'on prend l'arc s de la courbe proposée pour variable indépendante. Alors, d'après les formules (19) et (20) de la dernière leçon, les deux trinômes $x'^2+y'^2+z'^2$ et $x'x''+y'y''+z'z''$ sont, l'un, égal à l'unité, l'autre, nul. Le second membre de (13) se réduit donc à $x''^2+y''^2+z''^2$ et les formules (11) deviennent

$$(14)\qquad A=\frac{y'z''-z'y''}{\sqrt{x''^2+y''^2+z''^2}},\ B=\frac{z'x''-x'z''}{\sqrt{x''^2+y''^2+z''^2}},\ C=\frac{x'y''-y'x''}{\sqrt{x''^2+y''^2+z''^2}}.$$

148. — Normale principale et binormale.

On appelle normale principale à une courbe, en un point, l'intersection du plan normal et du plan osculateur menés au même point : c'est, en d'autres termes, celle d'entre les normales qui se trouve dans le plan osculateur et qui, par conséquent, deviendrait la normale ordinaire si la courbe était plane.

Pour obtenir, en coordonnées rectangulaires, l'équation de la normale principale, cherchons d'abord trois quantités proportionnelles aux cosinus des angles qu'elle fait avec les axes.

Soit M N cette normale, menée à partir du point $M(x, y, z)$ de la courbe. Sa direction est définie par les deux propriétés qu'elle a 1° d'être perpendiculaire à la tangente M T, dont les cosinus directeurs sont x', y', z', quand on choisit l'arc s comme variable indépendante, 2° d'être perpendiculaire aussi à l'axe M P du plan osculateur, axe qui a pour cosinus analogues A, B, C. Or, en prenant toujours l'arc de courbe pour variable indépendante, on reconnait de suite qu'une droite, dont les cosinus directeurs seraient proportionnels aux trois dérivées x'', y'', z'', se trouverait être justement perpendiculaire à M T et à M P : car, en vertu d'une formule

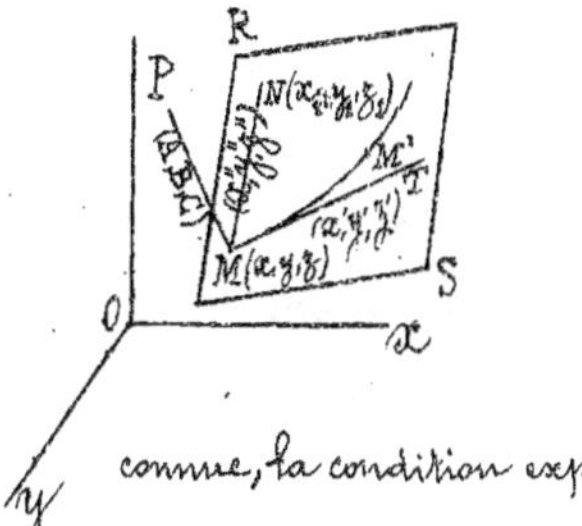

connue, la condition exprimant sa perpendicularité sur M T serait

$$x'x'' + y'y'' + z'z'' = 0,$$

relation bien satisfaite, quand l'arc s est la variable, d'après la formule (20) de la dernière leçon; et, d'autre part, la condition exprimant sa perpendicularité par rapport à M P est la seconde,

$$Ax'' + By'' + Cz'' = 0,$$

des équations qui nous ont servi à déterminer A, B, C. Donc, les trois cosinus directeurs de la normale principale sont respectivement proportionnels aux trois dérivées secondes x'', y'', z''.

Cela posé, appelons x_1, y_1, z_1 les coordonnées d'un point quelconque N de la normale principale, c'est-à-dire les coordonnées courantes. Alors les trois projections de M N sur les axes seront les trois différences respectives $x_1 - x$, $y_1 - y$, $z_1 - z$, et, comme ces projections, égalant les produits de M N par les cosinus directeurs correspondants, sont entre elles dans les mêmes rapports que les trois cosinus, on aura la double proportion

$$(15) \qquad \frac{x_1 - x}{x''} = \frac{y_1 - y}{y''} = \frac{z_1 - z}{z''},$$

qui constitue justement les deux équations cherchées de la normale principale.

Il importe de se souvenir que x'', y'', z'', désignent, dans ces formules tout comme dans les formules (14), des dérivées secondes, par rapport à l'arc s, dont les expressions explicites seraient

$$(16) \qquad x'' = \frac{d\frac{dx}{ds}}{ds}, \quad y'' = \frac{d\frac{dy}{ds}}{ds}, \quad z'' = \frac{d\frac{dz}{ds}}{ds}.$$

En portant celles-ci dans l'égalité continue (15) et en multipliant d'ailleurs les trois dénominateurs par ds, il vient, comme équations générales de la normale principale en coordonnées rectangles,

$$(17) \qquad \frac{x_1 - x}{d\frac{dx}{ds}} = \frac{y_1 - y}{d\frac{dy}{ds}} = \frac{z_1 - z}{d\frac{dz}{ds}}.$$

La perpendiculaire MP au plan osculateur, menée par le point M, a reçu le nom de binormale, parce qu'elle est normale, tout à la fois, à la courbe MM' et à la normale principale MN. Ses cosinus directeurs étant A, B, C, elle a évidemment pour équations

$$(18) \qquad \frac{x_1 - x}{A} = \frac{y_1 - y}{B} = \frac{z_1 - z}{C},$$

ou, vu les formules (11),

$$(19) \qquad \frac{x_1 - x}{y'z'' - z'y''} = \frac{y_1 - y}{z'x'' - x'z''} = \frac{z_1 - z}{x'y'' - y'x''}.$$

20ème Leçon. — De la courbure et de la cambrure des courbes.

149. — Du cercle osculateur à une courbe gauche.

Considérons encore la même courbe gauche MM', en un point M dont les coordonnées, x, y, z, correspondent à une certaine valeur t de la variable indépendante. Soient: MM' un très-petit arc de la courbe, x_1, y_1, z_1 les coordonnées du point M', enfin t_1 la valeur que la variable indépendante y reçoit et qui diffère extrêmement peu de t. Nous avons vu dans la dernière leçon (N° 143, p.198) qu'il existe une courbe plane, MM'', ayant avec la proposée, en M, un contact du second ordre et dont les coordonnées courantes sont données, en fonction de la même variable indépendante t_1,

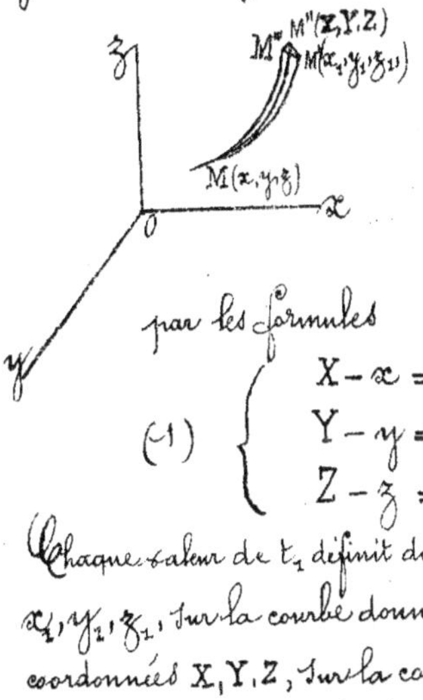

par les formules

$$(1) \quad \begin{cases} X - x = x'(t_1 - t) + \dfrac{x''}{2}(t_1 - t)^2, \\ Y - y = y'(t_1 - t) + \dfrac{y''}{2}(t_1 - t)^2, \\ Z - z = z'(t_1 - t) + \dfrac{z''}{2}(t_1 - t)^2. \end{cases}$$

Chaque valeur de t_1 définit donc tout à la fois: 1° un point, M', ayant les coordonnées x_1, y_1, z_1, sur la courbe donnée MM'; 2° un point correspondant, M'', ayant les coordonnées X, Y, Z, sur la courbe plane MM''; de plus, quand l'arc MM' est très-petit, la distance M'M'' est, comme on a vu, très-petite du troisième ordre, c'est-à-dire de l'ordre de $(t_1 - t)^3$ ou de $(MM')^3$.

Cela posé, nous pouvons appliquer à MM'' tout ce que nous appris relativement aux courbes planes et mener, par exemple, son cercle osculateur, MM''', qui aura avec MM'', en M, un contact du second ordre. C'est dire qu'une sécante $M''M'''$, menée, entre ces deux courbes, à une petite distance du point M et parallèlement à toute direction faisant un angle fini avec leur tangente commune en M, sera, comme $M'M''$, du troisième ordre de petitesse par rapport à MM'' et à MM', ou comparable à $(MM')^3$. Par suite, dans le triangle $M'M''M'''$, le troisième côté, $M'M'''$, nécessairement plus petit que la somme des deux autres $M'M''$ et $M''M'''$, ne pourra, comme eux, qu'être comparable à une puissance de MM' au moins égale à la troisième; de sorte que l'écart, $M'M'''$, de la courbe proposée MM' et du cercle MM''' se trouvera, en général, comparable à $(MM')^3$, ou que le cercle aura un contact du second ordre avec la courbe proposée.

D'ailleurs nul autre cercle n'aurait avec MM' un contact aussi élevé. En effet, tout cercle, MM'''' par exemple, qui ne s'éloigne de MM', aux environs du point M, que de quantités $M'M''''$ comparables à $(MM')^3$, ne s'éloigne aussi de MM'' que de quantités du même ordre, vu que $M'M''$ est aussi comparable à $(MM')^3$ et qu'on a $M''M'''' < M'M'''' + M'M''$. Donc, ce cercle et MM'' ont un contact du second ordre et, par conséquent, le même plan osculateur, qui ne saurait être autre que leur propre plan puisque ces deux courbes sont planes. Or, nous avons vu qu'en un point d'une courbe plane donnée on ne peut mener, dans son plan, qu'un seul cercle ayant avec elle un contact du second ordre, savoir, le cercle osculateur de cette courbe. En résumé, il n'existe pas d'autre cercle que le cercle d'abord considéré, MM''', qui présente en M un contact du second ordre avec la courbe gauche proposée MM'. Ce cercle sera ainsi, très-justement, appelé le cercle osculateur à la courbe pour le point donné M.

150. — Construction du centre de ce cercle.

On sait, par la théorie de la courbure des lignes planes, que le centre C du cercle MM''' se trouve à l'intersection de deux normales, infiniment voisines, de la courbe plane MM''. Si donc on prend l'arc MM'' infiniment petit, ce centre sera le point de rencontre de la normale

MN et de la normale M″N′. Mais la seconde normale, M″N′, est la trace, sur le plan osculateur RS, du plan normal mené en M″ à la courbe plane MM″. Ainsi, le centre du cercle osculateur se trouve à l'intersection de la normale principale MN et du plan normal mené en M″ à la courbe plane. Cherchons donc l'équation de ce dernier et voyons si elle ne se confondrait pas, à des quantités négligeables près, avec celle du plan normal mené en M′ à la courbe proposée.

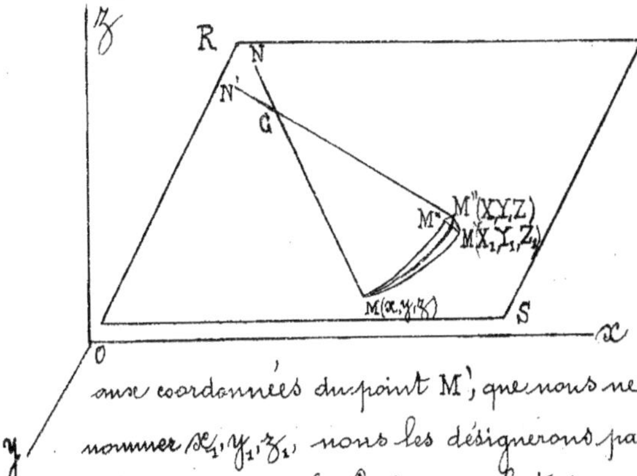

Nous appellerons ici x_1, y_1, z_1 les coordonnées courantes du plan normal : quant aux coordonnées du point M′, que nous ne pourrons plus, en conséquence, nommer x_1, y_1, z_1, nous les désignerons par X_1, Y_1, Z_1. Comme les cosinus des angles faits avec les trois axes (rectangulaires) Ox, Oy, Oz, par la perpendiculaire au plan normal mené en un point M″ d'une courbe, sont proportionnels aux dérivées X', Y', Z' des coordonnées X, Y, Z de cette courbe, par rapport à la variable indépendante choisie t_1, et pour la valeur de cette variable qui correspond au point proposé M″, l'équation du plan normal en M″ sera

$$X'(x_1 - X) + Y'(y_1 - Y) + Z'(z_1 - Z) = 0.$$

Portons-y, d'une part, les valeurs de X, Y, Z données par les formules (1), d'autre part, celles des dérivées X', Y', Z' qui résultent de ces mêmes formules (1) différentiées par rapport à t_1 et qui sont

$$(2) \qquad X' = x' + x''(t_1 - t), \quad Y' = y' + y''(t_1 - t), \quad Z' = z' + z''(t_1 - t).$$

De plus, observons que, l'arc MM″ devant devenir infiniment petit, l'accroissement $t_1 - t$ se réduit à la différentielle dt éprouvée par la variable indépendante le long d'un arc infiniment petit MM′ ou ds de la courbe proposée. Les termes du second degré par rapport à $t_1 - t$

ou à dt pourront donc être effacés à côté des termes du premier degré, sans modifier aucunement les résultats limites où entreront ceux-ci, notamment les résultats que nous avons à considérer actuellement et qui tiendront aux différences existant entre l'équation du plan normal en M et l'équation du plan normal en M" ou en M'. Les formules (1) et (2) donneront donc, simplement,

$$X = x + x'dt, Y = y + y'dt, Z = z + z'dt, X' = x' + x''dt, Y' = y' + y''dt, Z' = z' + z''dt,$$

et l'équation du plan normal mené en M" à la courbe plane se trouvera réduite à celle-ci:

$$(3) \qquad (x'+x''dt)\left[x_1-(x+x'dt)\right]+(y'+y''dt)\left[y_1-(y+y'dt)\right]+(z'+z''dt)\left[z_1-(z+z'dt)\right]=0.$$

Or, si l'on avait mené le plan normal en M' à la courbe proposée, on aurait obtenu précisément cette équation. En effet, les coordonnées X_1, Y_1, Z_1 du point M' ne diffèrent de celles, x, y, z, du point M, que par leurs différentielles $x'dt, y'dt, z'dt$ correspondant à l'accroissement dt que la variable indépendante éprouve de M à M'; et, de même, les dérivées premières des coordonnées, au point M', ne diffèrent de leurs valeurs, x', y', z', relatives au point M, que par leurs différentielles analogues $x''dt, y''dt, z''dt$. Donc, l'équation du plan normal qui, pour le point M de la courbe proposée, est

$$(3\,bis) \qquad x'(x_1-x)+y'(y_1-y)+z'(z_1-z)=0,$$

ainsi qu'on l'a vu (N°135, p.189), sera de la même forme pour le point M' et, par conséquent, ne différera alors de (3 bis) qu'en ce que les coordonnées x, y, z et leurs dérivées x', y', z' auront crû de leurs différentielles le long de MM' : ce qui change précisément (3 bis) en (3).

Ainsi, le centre C s'obtiendrait encore, sauf erreur négligeable, en remplaçant le plan normal, en M", à la courbe MM" par le plan normal, en M', à la courbe proposée MM'; et l'on peut dire que <u>le centre du cercle osculateur d'une courbe gauche, pour un point donné, se trouve à l'intersection de la normale principale, menée en ce point, par le plan normal mené en un point infiniment voisin</u>. D'ailleurs, la normale principale est elle-même la ligne suivant laquelle le plan normal coupe le plan osculateur. Donc, en résumé, le centre du cercle osculateur mené à un très-petit arc quelconque se trouve à l'intersection de deux plans normaux infiniment voisins et du plan osculateur.

151. — Coordonnées du centre du cercle osculateur.

Cette dernière propriété va nous permettre d'obtenir les coordonnées du centre du cercle osculateur, coordonnées que nous appellerons x_1, y_1, z_1.

Supposons toujours les axes rectangulaires, mais de plus, admettons qu'on ait pris pour variable indépendante l'arc s de la courbe proposée, ou, en d'autres termes, qu'on pose $t = s$ et, par suite, $dt = ds = MM'$. Les équations du plan normal en M et du plan normal en M' seront respectivement, comme nous venons de voir, en changeant, dans la seconde, d tends,

$$(4)\quad \begin{cases} x'(x_1-x)+y'(y_1-y)+z'(z_1-z)=0. \\ (x'+x''ds)(x_1-x-x'ds)+(y'+y''ds)(y_1-y-y'ds)+(z'+z''ds)(z_1-z-z'ds)=0. \end{cases}$$

La seconde (4) ne différant de la première qu'en ce que x, y, z, x', y', z' s'y trouvent accrus de leurs différentielles, il suffira d'en retrancher la première (4) pour que le reste ne soit autre que la différentielle de cette première équation (4) elle-même, différentielle obtenue sans faire varier les coordonnées courantes $x_1 y_1 z_1$. Alors, en divisant par ds, il viendra évidemment, pour remplacer la deuxième relation (4), la dérivée de la première (4) par rapport à s, c'est-à-dire l'équation $x''(x_1-x)-x'^2+y''(y_1-y)-y'^2+z''(z_1-z)-z'^2=0$, qui peut s'écrire

$$(5)\quad x''(x_1-x)+y''(y_1-y)+z''(z_1-z)=x'^2+y'^2+z'^2.$$

On la simplifie en observant que l'arc s est choisi pour variable indépendante, ce qui donne, comme on sait, $x'^2+y'^2+z'^2=1$. Ainsi, l'équation (5), destinée à remplacer la seconde (4), se réduit à

$$(6)\quad x''(x_1-x)+y''(y_1-y)+z''(z_1-z)=1.$$

Le centre C du cercle osculateur aura donc pour coordonnées les valeurs de x_1, y_1, z_1 qui vérifieront 1° l'équation du plan osculateur en M, 2° celle du plan normal mené au même point, 3° enfin, l'équation (6). Or, les deux équations du plan osculateur et du plan normal en M, prises ensemble, représentent leur intersection, qui est la normale principale, et équivalent, par suite, aux deux équations de la normale principale, trouvées à la fin de la dernière leçon (p. 204),

$$(7) \qquad \frac{x_1 - x}{x''} = \frac{y_1 - y}{y''} = \frac{z_1 - z}{z''}.$$

On obtiendra un nouveau rapport égal à chacun des trois rapports (7), en ajoutant ceux-ci terme à terme après avoir multiplié les deux termes du premier par x'', ceux du second par y'' et ceux du troisième par z''. Il vient ainsi

$$\frac{(x_1-x)x'' + (y_1-y)y'' + (z_1-z)z''}{x''^2 + y''^2 + z''^2}.$$

D'après l'équation (6), le numérateur de ce quatrième rapport vaut 1. On tiendra donc compte de (6) en même temps que de (7), si l'on égale chacun des trois membres de (7) à la fraction $\frac{1}{x''^2+y''^2+z''^2}$; ce qui revient à poser l'égalité continue

$$(8) \qquad \frac{x_1 - x}{x''} = \frac{y_1 - y}{y''} = \frac{z_1 - z}{z''} = \frac{1}{x''^2+y''^2+z''^2}.$$

Telles sont, en définitive, les trois équations qui déterminent les coordonnées x_1, y_1, z_1 du centre du cercle osculateur. Elles donnent immédiatement, pour les trois projections sur les axes, $x_1 - x$, $y_1 - y$, $z_1 - z$, du rayon MC de ce cercle,

$$(9) \qquad x_1 - x = \frac{x''}{x''^2+y''^2+z''^2}, \quad y_1 - y = \frac{y''}{x''^2+y''^2+z''^2}, \quad z_1 - z = \frac{z''}{x''^2+y''^2+z''^2}.$$

152. — Rayon du cercle osculateur; expressions simplifiées, au moyen de ce rayon, des cosinus directeurs de la normale principale et de la binormale.

On tire des formules précédentes (9), non seulement les coordonnées x_1, y_1, z_1 du centre C, mais aussi le carré du rayon MC en faisant la somme des trois carrés $(x_1-x)^2$, $(y_1-y)^2$, $(z_1-z)^2$ et en les additionnant. Si nous appelons R le rayon MC du cercle osculateur, il vient

$$R^2 = \frac{x''^2+y''^2+z''^2}{(x''^2+y''^2+z''^2)^2} = \frac{1}{x''^2+y''^2+z''^2}.$$

Par suite, l'expression du rayon du cercle en valeur absolue est

$$(10) \qquad R = \frac{1}{\sqrt{x''^2+y''^2+z''^2}}.$$

Une fois R connu, on peut simplifier les trois formules (9) en remplaçant par R^2 le facteur $\frac{1}{x''^2+y''^2+z''^2}$. On trouve

$$(11) \quad x_1-x=R^2x'', \qquad y_1-y=R^2y'', \quad z_1-z=R^2z'',$$

et les cosinus directeurs de la normale principale MC, évidemment égaux aux trois rapports $\frac{x_1-x}{R}$, $\frac{y_1-y}{R}$, $\frac{z_1-z}{R}$, peuvent s'écrire simplement

$$(11 \text{bis}) \qquad Rx'', \ Ry'', \ Rz''.$$

Enfin, les expressions trouvées dans la dernière leçon pour les trois cosinus directeurs A, B, C de la binormale (n° 148, p. 205, et formules 14, p. 203) deviennent elles-mêmes

$$(12) \qquad A=R(y'z''-z'y''), B=R(z'x''-x'z''), C=R(x'y''-y'x'').$$

153. — Angle de contingence : son calcul par la considération des normales.

Considérons toujours le même arc infiniment petit MM' de la courbe gauche proposée et ses normales, MCN, M'CN', traces de deux plans normaux consécutifs, PCM, PCM', sur le plan osculateur mené en M. Ce plan osculateur contient, comme nous avons vu (n° 144, p. 199), la tangente à la courbe en M et une parallèle menée, à partir de M, à la tangente en M'. Il passe donc suivant une

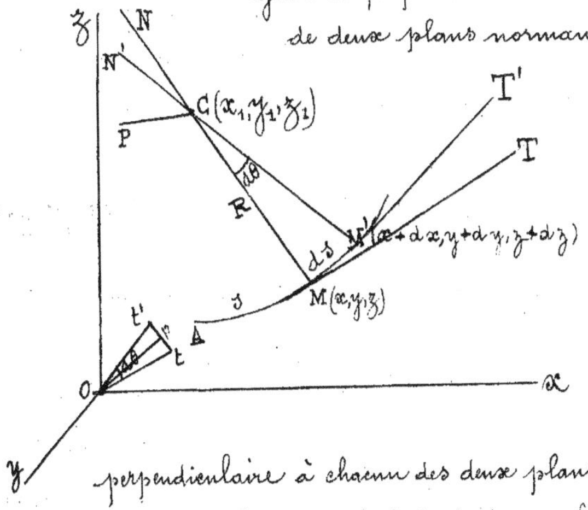

perpendiculaire à chacun des deux plans normaux : par suite, il coupe ces deux plans à angle droit et est normal à leur intersection CP.

L'angle MCM', étant ainsi le rectiligne du dièdre que forment les deux plans normaux menés en M et en M', mesure le changement de direction éprouvé par le plan normal le long de l'arc MM' = ds. D'ailleurs, il égale évidemment celui de deux droites Ot, Ot' tirées, à partir d'un même point de l'espace, l'origine O, par exemple, perpendiculairement aux deux plans normaux considérés, ou, ce qui revient au même, parallèlement aux deux tangentes, MT, M'T', menées aux deux extrémités de l'arc donné MM'. Cet angle, tOt' ou MCM', exprime donc encore le changement de direction de la tangente le long de l'arc infiniment petit MM' = ds. On l'appelle, comme dans le cas d'une courbe plane, l'angle de contingence. Nous le représenterons par $d\theta$.

La manière la plus commode de le construire consiste, ainsi qu'il vient d'être dit, à tirer, en partant de l'origine O, une parallèle, Ot, à la tangente MT et une parallèle, Ot', à la tangente M'T'. L'angle, tOt' = $d\theta$, de ces deux parallèles sera bien celui que font les directions des deux tangentes et mesurera également, on l'a vu, l'angle MCM' de deux plans perpendiculaires aux tangentes. Comme nous connaissons déjà le rayon MC = R du cercle osculateur, nous évaluerons $d\theta$ le plus simplement possible par le moyen du triangle MCM', dont la base MM' est la corde de l'arc infiniment petit considéré ds et a pour longueur ds (sauf erreur négligeable). La proportion des sinus donne, dans ce triangle,

$$\frac{MM'}{\sin C} = \frac{MC}{\sin CM'M}.$$

Or, le sinus de l'angle infiniment petit C ou $d\theta$ peut être remplacé par l'arc $d\theta$; quant à l'angle M', infiniment peu différent d'un droit, formé par une normale et par une corde infiniment petite, son sinus égale 1, et, d'ailleurs, on a MM' = ds, MC = R. La proportion revient donc à poser

$$(13)\qquad \frac{ds}{d\theta} = R, \text{ ou } d\theta = \frac{ds}{R}.$$

Ainsi, l'angle de contingence a pour expression le quotient de l'arc infiniment petit considéré ds par le rayon R de son cercle osculateur. Substituons à R sa valeur (10) et il viendra

$$(14) \qquad d\theta = \sqrt{x''^2 + y''^2 + z''^2}\, ds .$$

154. — Calcul de l'angle de deux droites voisines, définies par leurs cosinus directeurs.

Voyons si l'angle de contingence, évalué au moyen des tangentes MT, M'T' à l'arc MM', c'est-à-dire en calculant l'angle tOt' des directions de ces deux tangentes, aura bien la valeur (14). Pour cela, comme les deux droites Ot, Ot' sont définies au moyen de leurs cosinus directeurs, nous aurons à résoudre le problème suivant :

Étant donnés les cosinus directeurs de deux droites Ot, Ot' très-peu inclinées l'une sur l'autre, calculer le petit angle qu'elles forment.

Appelons a, b, c les trois cosinus directeurs pour la première droite Ot, a', b', c' les trois cosinus analogues pour la seconde droite Ot'. Donnons à chacune de ces droites, issues de l'origine, une longueur égale à 1 : alors les trois coordonnées de t, projections de Ot sur les axes, seront les produits respectifs de 1 par a, b, c, et égaleront a, b, c. De même, on aura, pour les coordonnées de t', les trois cosinus a', b', c'. La droite tt', distance des deux points t, t', vaudra par suite, d'après une formule très-connue,

$$tt' = \sqrt{(a'-a)^2 + (b'-b)^2 + (c'-c)^2} .$$

Or, dans le triangle isocèle tOt', la base tt' est le double du côté tp de l'angle droit d'un triangle rectangle dont l'hypoténuse Ot égale un et dont l'angle opposé tOp vaut $\frac{tOt'}{2}$. On a donc $tt' = 2\,tp = 2 \sin \frac{tOt'}{2}$, et, par suite,

$$2 \sin \frac{tOt'}{2} \text{ ou } tt' = \sqrt{(a'-a)^2 + (b'-b)^2 + (c'-c)^2} .$$

On serait encore arrivé à cette relation, mais moins rapidement et surtout moins intuitivement, en remarquant que, d'après la formule usuelle de l'angle de deux droites définies par leurs cosinus directeurs, on a

$$\cos tOt' = aa' + bb' + cc' .$$

Comme le cosinus d'un angle très-petit tot' ne diffère de l'unité que par une quantité du second ordre de petitesse et détermine ainsi très-mal l'angle, il convient de transformer cette formule de manière à y introduire, de préférence, un sinus. On a, pour cela, la relation connue

$$2 \sin^2 \frac{tot'}{2} = 1 - \cos tot', \text{ou } 4 \sin^2 \frac{tot'}{2} = 2 - 2\cos tot'.$$

Remplaçons, dans celle-ci, le terme 2 par la somme des carrés des six cosinus directeurs a, b, c, a', b', c', entre lesquels il existe, comme on sait, les deux relations $a^2+b^2+c^2=1$, $a'^2+b'^2+c'^2=1$; substituons, en outre, à $\cos tot'$ sa valeur $aa'+bb'+cc'$. Il viendra identiquement

$$4 \sin^2 \frac{tot'}{2} = (a'-a)^2+(b'-b)^2+(c'-c)^2,$$

et il suffira d'extraire la racine carrée des deux membres, en observant que l'angle tot' et $\sin \frac{tot'}{2}$ se prennent en valeur absolue, c'est-à-dire positivement, pour avoir la relation cherchée

$$(15) \qquad 2 \sin \frac{tot'}{2} = \sqrt{(a'-a)^2+(b'-b)^2+(c'-c)^2}.$$

Comme, d'ailleurs, on se propose de n'appliquer cette formule qu'à des cas où tot' est infiniment petit, le sinus de l'angle $\frac{tot'}{2}$ pourra être remplacé par l'arc même $\frac{tot'}{2}$, et l'on aura

$$(16) \qquad tot' = \sqrt{(a'-a)^2+(b'-b)^2+(c'-c)^2}.$$

155. — Angle de contingence calculé par les tangentes.

Dans les circonstances actuelles, ot a la direction de la tangente MT, dont les cosinus directeurs égalent simplement les trois dérivées x', y', z', au point de contact, des coordonnées de la courbe, quand on prend l'arc s pour variable indépendante : or, c'est ce que nous faisons dans cette leçon. Par conséquent, on a ici

$$a = x', \quad b = y', \quad c = z'.$$

De même, les cosinus directeurs de ot' égaleront les trois dérivées des coordonnées pour le point M', où l'arc s a crû de ds : ils dépasseront x', y', z' de leurs différentielles $x''ds, y''ds, z''ds$, et l'on aura

$$a' = x' + x'' ds, \quad b' = y' + y'' ds, \quad c' = z' + z'' ds.$$

La formule (16), où tot' désignera l'angle de contingence $d\theta$, donnera donc

$$d\theta = \sqrt{x''^2 ds^2 + y''^2 ds^2 + z''^2 ds^2} = \sqrt{x''^2 + y''^2 + z''^2}\, ds;$$

ce qui est bien d'accord avec la valeur (14) déjà trouvée pour $d\theta$.

156. — Courbure d'une courbe gauche.

Il est naturel, pour une ligne gauche comme pour une ligne plane, d'appeler courbure en un point le changement de direction, $d\theta$, qu'éprouve la tangente ou le plan normal sur une longueur infiniment petite ds, rapporté à l'unité de longueur, c'est-à-dire divisé par ce chemin infiniment petit ds le long duquel il se produit. La courbure sera donc le quotient, $\frac{d\theta}{ds}$, de l'angle de contingence $d\theta$ par l'arc élémentaire correspondant ds. Vu les valeurs (13) et (14) de $d\theta$, on aura

$$(17) \qquad \text{courbure} = \frac{d\theta}{ds} = \frac{1}{R} = \sqrt{x''^2 + y''^2 + z''^2}.$$

La courbure est donc exprimée, pour les courbes gauches comme pour les courbes planes, par l'inverse du rayon du cercle osculateur : aussi, ce cercle s'appelle-t-il généralement cercle de courbure, son centre, centre de courbure, et, son rayon, rayon de courbure.

Il importe d'observer que, dans toutes les formules précédentes, les dérivées $x', y', z', x'', y'', z''$ sont prises par rapport à l'arc, en sorte que leurs expressions générales et explicites seraient

$$\frac{dx}{ds}, \quad \frac{dy}{ds}, \quad \frac{dz}{ds}, \quad \frac{d\frac{dx}{ds}}{ds}, \quad \frac{d\frac{dy}{ds}}{ds}, \quad \frac{d\frac{dz}{ds}}{ds}.$$

157. — Angle de torsion, dans une courbe gauche.

Ce qui distingue une courbe plane d'une courbe gauche, c'est que ses plans osculateurs se confondent tous avec le plan de la courbe et, par suite, ne diffèrent pas les uns des autres ou ont tous la même direction. Au contraire, dans une courbe gauche, la direction du plan osculateur varie d'un point à l'autre. Le changement de cette direction, le long d'un arc infiniment petit MM' ou ds, est mesuré par l'angle que font entre eux les plans osculateurs menés en M et en M'. Or on sait que l'angle de deux plans est le même que celui de deux normales qu'on leur mène à partir d'un même point de l'espace. Pour évaluer cet angle, on tirera donc, à partir de l'origine O des coordonnées, deux droites, op, op', perpendiculaires aux plans osculateurs considérés ou, ce qui revient au même, parallèles, l'une, op, à l'axe MP du premier plan osculateur, l'autre, op', à l'axe M'P' du second. Le changement de direction du plan osculateur le long de l'arc infiniment petit $MM' = ds$ sera donc représenté par l'angle pop'. Cet angle a été appelé <u>angle de torsion</u> de l'arc MM', pour une raison qu'on verra plus loin. Comme il serait nul dans une courbe plane, il fournit une mesure de la différence qu'il y a entre la courbe gauche proposée et une courbe plane, ou de ce qu'on peut appeler <u>le degré de gauchissement</u> de la courbe entre les points M et M'. Nous le représenterons par $d\tau$.

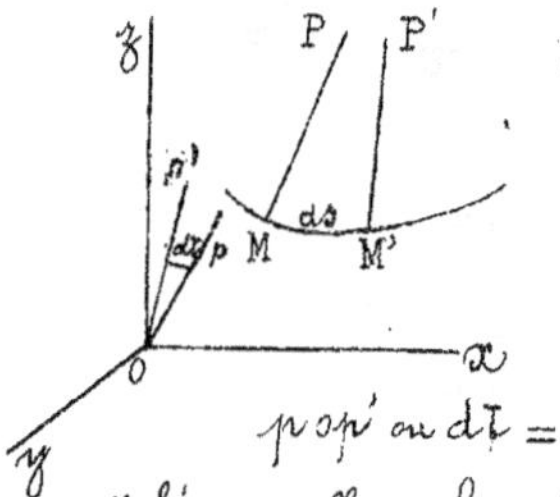

Évaluons-le au moyen de la formule (16) ci-dessus, qui devient ici

$$pop' \text{ ou } d\tau = \sqrt{(a'-a)^2+(b'-b)^2+(c'-c)^2},$$

si l'on appelle a, b, c les cosinus directeurs de la perpendiculaire MP au plan osculateur en M, ou de la parallèle op à cette perpendiculaire, et, de même, a', b', c' les cosinus directeurs de M'P' ou de op'. Les premiers de ces cosinus ne sont autres que ceux que nous avons constamment désignés par A, B, C, et dont les valeurs résultent des formules (12). De même, les seconds égalent les quantités A, B, C augmentées de leurs différentielles le long de l'arc MM' ou ds, différentielles exprimées par $A'\,ds$, $B'\,ds$, $C'\,ds$, quand A', B', C' représentent les dérivées premières de A, B, C par rapport à s. Donc, l'angle de torsion $d\tau$ aura pour valeur

$$(18) \qquad d\tau = \sqrt{(A'ds)^2+(B'ds)^2+(C'ds)^2} = \sqrt{A'^2+B'^2+C'^2}\,ds.$$

158. — Valeur explicite de cet angle.

Il ne reste plus qu'à calculer les trois dérivées A', B', C'. On y arriverait en différentiant les formules (12). Mais il est bien plus simple de différentier les deux relations

$$A x' + B y' + C z' = 0 \quad \text{et} \quad A^2 + B^2 + C^2 = 1,$$

que vérifient constamment, comme on sait, les trois cosinus A, B, C. Il vient ainsi

$$A'x' + B'y' + C'z' + Ax'' + By'' + Cz'' = 0, \quad 2AA' + 2BB' + 2CC' = 0.$$

Supprimons de la première les trois termes Ax'', By'', Cz'', dont la somme est nulle en vertu de la relation, $Ax'' + By'' + Cz'' = 0$, à laquelle satisfont encore A, B, C; et, d'autre part, divisons la seconde par 2. Nous aurons, pour déterminer les rapports mutuels de A', B', C', les deux équations

$$x'A' + y'B' + z'C' = 0, \quad AA' + BB' + CC' = 0.$$

Or, ces deux équations sont identiquement vérifiées quand on y remplace A', B', C' par x'', y'', z'', car elles deviennent

$$x'x'' + y'y'' + z'z'' = 0, \quad Ax'' + By'' + Cz'' = 0,$$

formules qui nous sont familières. Donc, les trois dérivées A', B', C' sont entr'elles comme x'', y'', z'', et l'on a la double proportion

$$(19) \qquad \frac{A'}{x''} = \frac{B'}{y''} = \frac{C'}{z''}.$$

On obtiendra un nouveau rapport égal aux trois rapports (19), en ajoutant ceux-ci terme à terme après avoir multiplié les deux termes du premier par x'', ceux du second par y'' et ceux du troisième par z''. Il viendra ainsi

$$\frac{A'x'' + B'y'' + C'z''}{x''^2 + y''^2 + z''^2}, \text{ ou, d'après la formule (10), } R^2(A'x'' + B'y'' + C'z'').$$

D'ailleurs, la différentiation de la relation $Ax'' + By'' + Cz'' = 0$ donne

$$A'x'' + B'y'' + C'z'' = -(Ax''' + By''' + Cz''');$$

de sorte qu'en remplaçant finalement A, B, C par leurs valeurs (12), on trouve, pour l'expression du nouveau rapport,

$$-R^3\left[(y'z'' - z'y'')x''' + (z'x'' - x'z'')y''' + (x'y'' - y'x'')z'''\right] = -R^3\left[x'(y''z''' - z''y''') + y'(z''x''' - x''z''') + z'(x''y''' - y''x''')\right].$$

Si donc, pour abréger, nous posons

$$(20) \qquad \omega = x'(y''z''' - z''y''') + y'(z''x''' - x''z''') + z'(x''y''' - y''x'''),$$

chacun des rapports (19) vaudra $-R^3\omega$, et les dérivées des cosinus A, B, C seront

(21) $A' = -R^3\omega x'', B' = -R^3\omega y'', C' = -R^3\omega z''$.

Ces valeurs, portées dans la formule (18) en observant que $x''^2 + y''^2 + z''^2 = \frac{1}{R^2}$, donneront

$$(22) \quad d\tau = \sqrt{R^4\omega^2}\, ds = R^2\omega\, ds \text{ (en valeur absolue)}.$$

Il en résulte, en divisant par ds, puis en remplaçant R et ω par leurs valeurs (10) et (20),

$$(23) \quad \frac{d\tau}{ds} = \text{(en valeur absolue)} \frac{x'(y''z'''-z''y''')+y'(z''x'''-x''z''')+z'(x''y'''-y''x''')}{x''^2+y''^2+z''^2}.$$

159. — De la cambrure ou *seconde* courbure des courbes gauches.

Le rapport $\frac{d\tau}{ds}$, que nous venons d'évaluer, exprime le changement de direction qu'éprouverait le plan osculateur, aux environs du point M, sur une longueur d'arc égale à un, si ce changement continuait à se produire sur toute cette longueur comme il *s'effectue* d'un point à l'autre de l'arc infiniment petit M M' ou ds : il est, en effet, le quotient de l'angle élémentaire de torsion $d\tau$ par l'élément correspondant ds de courbe. Ce rapport $\frac{d\tau}{ds}$, qui s'annulerait si la courbe était plane et qui fait connaître de combien, en quelque sorte, la courbe proposée est loin d'être plane au point considéré M, a reçu le nom de seconde courbure, par analogie avec la courbure ordinaire, $\frac{d\theta}{ds}$, qui est aussi le rapport d'un angle infiniment petit, mesurant un changement de direction, à l'arc ds le long duquel ce changement a lieu. Pour mieux distinguer la seconde courbure de la première, on l'appelle aussi la cambrure de la courbe, tandis que la première courbure, ou courbure ordinaire, s'appelle alors, simplement, la courbure de la courbe.

De même, par analogie avec le rapport $\frac{ds}{d\theta}$, inverse de $\frac{d\theta}{ds}$, et qui représente le rayon de courbure R, on appelle quelquefois le rapport $\frac{ds}{d\tau}$, inverse de $\frac{d\tau}{ds}$, rayon de seconde courbure ou rayon de cambrure, quoiqu'il ne comporte pas une signification géométrique aussi simple que l'est celle de R. Enfin, les courbes gauches s'appellent souvent lignes à double courbure, parce qu'elles ont à la fois une courbure et une cambrure, tandis que les courbes planes sont des lignes à simple courbure, c'est-à-dire privées de cambrure.

Remarquons que l'expression (17) de la courbure ne contient que les dérivées secondes de x, y, z par rapport à s, et que, au contraire, celle, (23), de la cambrure dépend à la fois des dérivées premières, secondes et troisièmes des coordonnées. C'est dire qu'il faut, pour déterminer la cambrure, se donner sur la courbe quatre points infiniment voisins, et non plus seulement trois comme pour la courbure. On pouvait le prévoir; car, pour juger si la courbe n'est pas plane, il est nécessaire de considérer quatre points, dont le quatrième se trouvera, suivant les cas, dans le plan des trois premiers ou en dehors de ce plan.

160. — Comment toute courbe gauche peut se déduire, par torsion, d'une courbe plane.

La cambrure $\frac{d\tau}{ds}$ s'appelle encore la torsion de la courbe par unité de longueur, au point considéré M : elle exprime, en effet, ce que deviendrait pour un arc égal à un, compté à partir du point M, l'angle de torsion qui est $d\tau$ pour l'arc infiniment petit ds, s'il continuait à croître sur toute une longueur égale à l'unité comme il le fait sur la longueur ds. Terminons notre étude générale des propriétés les plus importantes des lignes courbes en essayant de nous rendre compte de ces dénominations de torsion et d'angle de torsion.

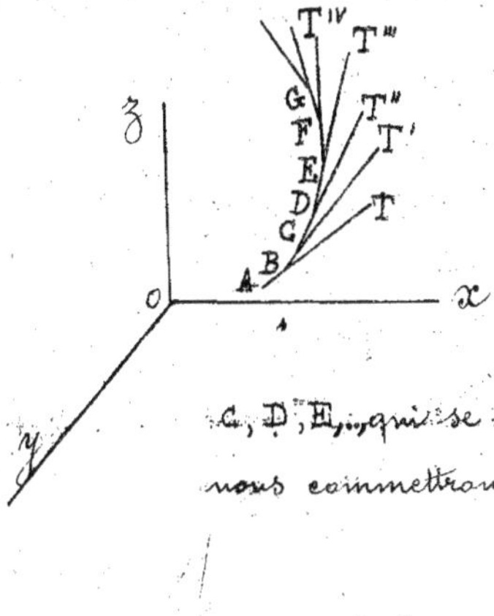

Pour cela, rappelons que le plan osculateur d'une courbe diffère fort peu du plan mené par trois points de la courbe très voisins. Si donc nous prenons sur la courbe donnée des points très-rapprochés, A, B, C, D, E, ... qui se succèdent d'une manière graduelle, nous commettrons des erreurs partout fort petites en remplaçant les vrais plans osculateurs, en A, B, C, ..., respectivement par les plans ABC, BCD, CDE, etc, dont chacun contient deux, consécutives, des cordes AB, BC, CD, ... Et celles-ci, prolongées en T, T', T'', ..., peuvent de même être substituées aux tangentes à la courbe. Alors l'angle, dit de torsion, correspondant à l'arc élémentaire AB, ne différera pas sensiblement de l'angle des deux plans ABC, BCD, puisque les plans ABC, BCD, CDE, etc, se succèdent graduellement comme les plans osculateurs menés en A, B, C, D, etc., dont ils s'écartent partout fort peu, et puisque, par suite, ils ne peuvent manquer d'éprouver de l'un à l'autre, à fort peu près, les mêmes changements d'orientation que ceux-ci. Donc, l'angle dièdre formé par les deux plans ABC, BCD égale sensiblement l'angle des deux plans osculateurs menés, l'un en A, l'autre en B, et on peut le prendre pour l'angle de torsion relatif à l'arc AB. De même, les droites AT, BT', CT'', ... se suivent en faisant entr'eux des angles TBT', T'CT'', ... sensiblement égaux aux angles de contingence dont tourne la tangente quand on passe de A en B, de B en C, ..., en sorte que les arcs AB, BC, ..., dont les longueurs peuvent n'être pas distinguées de celles de leurs cordes, auront pour angles de contingence respectifs TBT', T'CT'', etc..

Cela posé, et le plan osculateur en A, BTT', restant fixe, imaginons qu'on fasse tourner, autour de BCT' comme charnière, toute la partie BCDEFG, de la courbe, qui suit le point B, d'un angle égal à l'angle de torsion correspondant à AB, c'est-à-dire égal à l'angle dièdre des deux plans ABC, BCD; de manière à amener le point D dans le premier plan osculateur ABC. Puis, autour de la nouvelle position de CD comme charnière, imaginons qu'on fasse tourner de même la partie suivante, CDEFG, d'un angle égal à l'angle de torsion correspondant à BC; de manière à amener le point E dans le plan ABCD. En continuant de même, c'est-à-dire en effectuant, autour des tangentes successives BC, CD, DE, ..., des rotations de la partie de courbe qui suit leur point de contact, de manière à amener peu à peu tous les angles de contingence T'CT'', T''DT''', ..., dans le plan TBT', on aura finalement changé la courbe gauche proposée en une courbe plane, dont tous les arcs AB, BC, ... auront conservé non seulement leurs longueurs, mais aussi leurs angles de contingence TBT', T'CT'', ..., et, par suite, leurs rayons de courbure primitifs.

Or, il est évident que, pour revenir de la courbe plane ainsi obtenue à la courbe gauche, il suffira d'effectuer les mêmes mouvements en sens inverse, c'est-à-dire de faire tourner toute la partie BCDEF... autour de BT' comme charnière et d'un angle égal à l'angle de torsion relatif à AB, puis d'opérer des rotations analogues autour des autres tangentes CT'', DT''', etc. Mais on appelle justement torsion d'un corps le mode de déformation qui consiste à faire tourner, autour d'un axe, toute la partie du corps située au delà d'un point considéré de l'axe tandis que la partie en deçà reste fixe, ou, du moins, la superposition d'une infinité de déformations pareilles ayant pour effet général d'imprimer des rotations de plus en plus grandes aux parties du corps de plus en plus éloignées de sa première extrémité. Par conséquent, la courbe gauche n'est qu'une courbe plane tordue, ou peut être déduite d'une courbe plane au moyen de simples torsions effectuées autour de ses tangentes et qui ne changent ni la longueur ni la courbure de ses arcs. Ces torsions sont mesurées, pour chaque arc infiniment petit, par l'inclinaison, $d\tau$, qu'acquièrent les deux plans osculateurs menés à ses extrémités et qui étaient d'abord confondus avec le plan de la courbe primitive. Il était donc bien naturel d'appeler l'angle $d\tau$ angle de torsion et de prendre, en chaque endroit, le rapport $\frac{d\tau}{ds}$ pour mesure, tout à la fois, de la cambrure qui y distingue la courbe d'une courbe plane et de la torsion qui est censée avoir fait naître cette cambrure.

23ème Leçon — Des surfaces courbes et de leur plan tangent.

161. — Sur les diverses formes de l'équation d'une surface courbe.

Considérons une surface MS, rapportée à un système d'axes rectilignes Ox, Oy, Oz. Imaginons que, de chaque point du plan des xy, M' par exemple, défini au moyen de ses deux coordonnées x et y, on mène une ordonnée parallèle à l'axe des z : cette ordonnée pourra, évidemment, couper la surface en autant de points que celle-ci contient de nappes s'étendant au dessus ou au dessous du plan des xy. Mais, pour chaque nappe en particulier, il n'y aura qu'un point d'intersection, car une surface n'a pas d'épaisseur. Soit M ce point. Son ordonnée z sera donc parfaitement déterminée dès qu'on donnera le point M' ; ce qui revient à dire que z est, pour chaque surface ou, du moins, pour chaque nappe d'une surface, une certaine fonction de x et de y. Réciproquement, si z est donné en x et y, on pourra, pour chaque point M' du plan des xy, construire sans ambiguïté l'ordonnée M'M, parallèle aux z et située du côté des z positifs ou des z négatifs suivant qu'elle sera positive ou négative ; en sorte que la surface pourra être construite point par point.

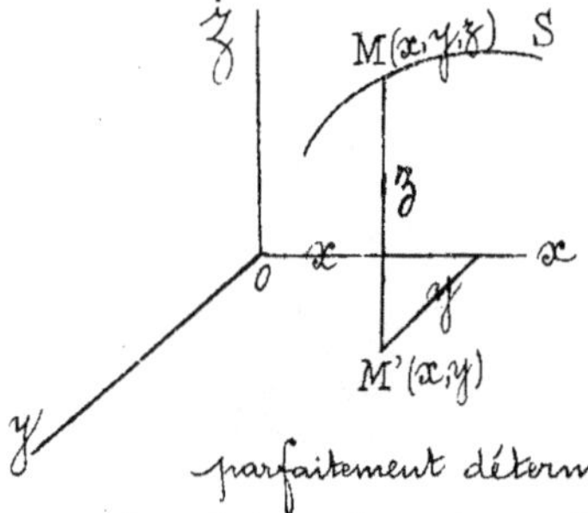

Donc, une surface est parfaitement définie au moyen d'une équation de la forme

$$(1) \qquad z = f(x, y).$$

On a souvent à considérer les dérivées partielles premières et secondes de z, c'est-à-dire de la fonction $f(x, y)$, par rapport à x et à y : aussi a-t-on jugé à propos de représenter chacune de ces dérivées par une seule lettre, en posant

$$\frac{dz}{dx} = p, \ \frac{dz}{dy} = q, \ \frac{d^2z}{dx^2} = r, \ \frac{d^2z}{dx\,dy} = s, \ \frac{d^2z}{dy^2} = t.$$

La valeur de z en fonction de x et de y pourrait encore se trouver donnée sous forme implicite, c'est-à-dire au moyen d'une relation, entre x, y et z, non résolue par rapport à z. Alors l'équation de la surface est de la forme

$$(2) \quad F(x, y, z) = 0,$$

et elle a l'avantage d'une plus grande symétrie, en x, y et z, que la forme (1) ; car les coordonnées s'y présentent toutes les trois dans les mêmes conditions, sans qu'on ait besoin de spécifier si x et y sont indépendantes plutôt que z.

On pourrait même choisir d'autres variables indépendantes que les coordonnées. Supposons, par exemple, que α et β désignent deux quantités liées à x et à y par deux équations de la forme

$$\alpha = \varphi_1(x, y), \ \beta = \varphi_2(x, y).$$

En résolvant ces équations par rapport aux coordonnées x et y, celles-ci deviendront certaines fonctions de α et β ; puis l'équation de la surface, qui détermine z quand on connaît x et y ou, par suite, α et β, donnera aussi z en fonction des deux mêmes variables indépendantes α et β. La surface sera donc représentée, d'une manière bien symétrique en x, y et z, par trois équations de la forme

$$(3) \qquad x = f_1(\alpha, \beta), \ y = f_2(\alpha, \beta), \ z = f_3(\alpha, \beta).$$

Il est aisé de les interpréter géométriquement. Pour une même valeur donnée à β et une infinité de valeurs successives données à α, les trois équations (3) représentent évidemment une ligne, et α joue le rôle de la variable indépendante, distincte des coordonnées, que nous avions appelée t dans les précédentes leçons. En faisant varier ensuite β, les équations (3) représentent une infinité (ou toute une famille) de telles lignes : autrement dit, la ligne considérée se déplace en se transformant. Donc, les équations (3) montrent que la surface proposée est le lieu de toutes ces lignes. En résumé, ces formules (3), qui, en n'y faisant paraître aux seconds membres qu'une seule des variables α ou β, nous ont servi à représenter une succession de points, c'est-à-dire une ligne, deviennent l'expression d'une famille ou succession de lignes, d'une surface, dès qu'on introduit à la fois les deux variables.

Le point décrivant (x, y, z) peut, en chaque endroit, s'y mouvoir suivant deux sens principaux, correspondant aux deux variables α, β, et engendrer ainsi les deux dimensions de la surface.

162. — Calcul des dérivées partielles premières de z, quand cette ordonnée est une fonction implicite de x et y.

Lorsque la surface est définie, soit au moyen de l'équation (2), soit au moyen des relations (3), dont les deux premières peuvent être censées déterminer α et β en fonction de x et y, les dérivées de z en x et y s'obtiennent aisément par la différentiation. Si on laisse, par exemple, y constant, de manière à faire croître x de dx et à avoir

$$dy = 0, dz = p\,dx, \ d\alpha = \frac{d\alpha}{dx}dx, d\beta = \frac{d\beta}{dx}dx,$$

il vient, en différentiant et divisant par dx, soit

$$(4) \qquad \frac{dF}{dx} + \frac{dF}{dz}p = 0,$$

soit

$$(5)\ 1 = \frac{df_1}{d\alpha}\frac{d\alpha}{dx} + \frac{df_1}{d\beta}\frac{d\beta}{dx},\ 0 = \frac{df_2}{d\alpha}\frac{d\alpha}{dx} + \frac{df_2}{d\beta}\frac{d\beta}{dx},\ p = \frac{df_3}{d\alpha}\frac{d\alpha}{dx} + \frac{df_3}{d\beta}\frac{d\beta}{dx}.$$

La relation (4) donne

$$(6)\quad p = -\frac{\frac{dF}{dx}}{\frac{dF}{dz}},$$

et l'on aurait de même, évidemment,

$$(7)\quad q = -\frac{\frac{dF}{dy}}{\frac{dF}{dz}}.$$

Quant aux équations (5), la deuxième donne

$$\frac{\frac{d\alpha}{dx}}{\frac{df_2}{d\beta}} = \frac{\frac{d\beta}{dx}}{-\frac{df_2}{d\alpha}} = \text{par suite}\ \frac{\frac{df_1}{d\alpha}\frac{d\alpha}{dx} + \frac{df_1}{d\beta}\frac{d\beta}{dx}}{\frac{df_1}{d\alpha}\frac{df_2}{d\beta} - \frac{df_1}{d\beta}\frac{df_2}{d\alpha}}.$$

Or le numérateur du troisième rapport vaut 1 d'après la première (5); en sorte que la comparaison de ce troisième rapport avec chacun des précédents permet de tirer

$$(8)\quad \frac{d\alpha}{dx} = \frac{\frac{df_2}{d\beta}}{\frac{df_1}{d\alpha}\frac{df_2}{d\beta} - \frac{df_1}{d\beta}\frac{df_2}{d\alpha}},\quad \frac{d\beta}{dx} = \frac{-\frac{df_2}{d\alpha}}{\frac{df_1}{d\alpha}\frac{df_2}{d\beta} - \frac{df_1}{d\beta}\frac{df_2}{d\alpha}}.$$

Enfin, ces valeurs de $\frac{d\alpha}{dx}$, $\frac{d\beta}{dx}$, portées dans la troisième (5), la changent en celle-ci:

$$(9)\quad p = \frac{\frac{df_3}{d\alpha}\frac{df_2}{d\beta} - \frac{df_3}{d\beta}\frac{df_2}{d\alpha}}{\frac{df_1}{d\alpha}\frac{df_2}{d\beta} - \frac{df_1}{d\beta}\frac{df_2}{d\alpha}};$$

et il est clair que des différentiations analogues, effectuées par rapport à y, auraient donné de même

$$(10)\quad q = \frac{\frac{df_3}{d\alpha}\frac{df_1}{d\beta} - \frac{df_3}{d\beta}\frac{df_1}{d\alpha}}{\frac{df_2}{d\alpha}\frac{df_1}{d\beta} - \frac{df_2}{d\beta}\frac{df_1}{d\alpha}}.$$

Telles sont les valeurs cherchées de p et q.

163. — Du plan tangent

Soit M un point quelconque de la surface courbe définie par l'équation $z = f(x, y)$ et appelons x, y, z ses trois coordonnées. Proposons-nous d'étudier la surface dans le voisinage de M, en vue de chercher jusqu'à quel point on pourrait l'y assimiler à la plus simple des surfaces, c'est-à-dire à un plan. A cet effet, désignons par x_1, y_1, z_1 les coordonnées d'un point l, très voisin de M. Ce point se trouvant, par hypothèse, sur la surface, on aura $z_1 = f(x_1, y_1)$. Or, si l'on remplace x_1 par $x+(x_1-x)$ et y_1 par $y+(y_1-y)$, les accroissements x_1-x, y_1-y, aussi petits qu'on veut, se trouveront assez faibles pour que la fonction

$$z_1 = f\left[x+(x_1-x),\ y+(y_1-y)\right]$$

puisse être développée par la série de Taylor suivant leurs puissances ascendantes, pourvu, du moins, que la fonction f et ses dérivées partielles soient finies et continues dans le voisinage du point M. On aura donc

$$z_1 = f(x,y) + \frac{df}{dx}(x_1-x) + \frac{df}{dy}(y_1-y) + \frac{1}{2}\left[\frac{d^2f}{dx^2}(x_1-x)^2 + 2\frac{d^2f}{dx\,dy}(x_1-x)(y_1-y) + \frac{d^2f}{dy^2}(y_1-y)^2\right] + \cdots,$$

ou bien, en observant que $f(x,y) = z$ et que nous sommes convenus de représenter les dérivées partielles

$$\frac{dz}{dx},\ \frac{dz}{dy},\ \frac{d^2z}{dx^2},\ \frac{d^2z}{dx\,dy},\ \frac{d^2z}{dy^2}$$

respectivement par p, q, r, s, t,

$$(11)\quad z_1 - z = p(x_1-x) + q(y_1-y) + \frac{1}{2}\left[r(x_1-x)^2 + 2s(x_1-x)(y_1-y) + t(y_1-y)^2\right] + \cdots$$

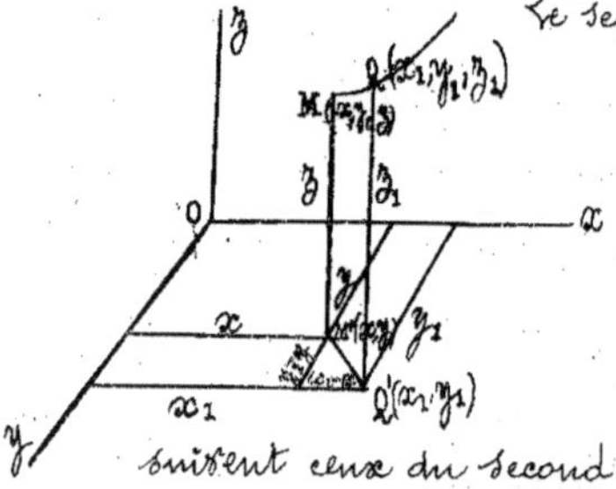

Le second membre est une série très-rapidement convergente, puisqu'on suppose les accroissements x_1-x, y_1-y très-petits et les dérivées partielles successives de z finies et continues au point M.

En particulier, les termes non écrits, qui suivent ceux du second degré en x_1-x, y_1-y, ont leur somme négligeable à côté de ces derniers, qui ne sont pourtant que du deuxième ordre de petitesse, c'est-à-dire comparables à $(x_1-x)^2$, $(y_1-y)^2$ ou aux carrés des très-petites distances M'Q', MQ, qui séparent, soit les pieds M', Q' des deux ordonnées z, z_1, soit même les deux points considérés, M, Q, de la surface. Donc, on n'altèrera la valeur (11) de $z_1 - z$, et l'ordonnée z_1, que d'une quantité de ce deuxième ordre de petitesse, en supprimant, du second membre, tous les termes d'un degré en x_1-x, y_1-y, supérieur au premier, c'est-à-dire en écrivant simplement

$$(12) \qquad z_1 - z = p(x_1 - x) + q(y_1 - y).$$

Or cette équation, du premier degré par rapport aux coordonnées courantes x_1, y_1, z_1, est celle d'un plan. Donc, toute surface, considérée aux environs d'un quelconque de ses points, ne s'y écarte, en général, d'un certain plan déterminé, représenté par l'équation (12), que de distances du second ordre de petitesse, c'est-à-dire comparables au carré de la distance où l'on se trouve du point donné. Ce plan unique, qui présente avec la surface, au point proposé, un contact du premier ordre, est dit plan de contact, plan osculateur ou plan tangent.

164.— Formes diverses de l'équation du plan tangent.

Nous avons trouvé au plan tangent l'équation (12) en supposant celle de la surface donnée sous la forme $z = f(x, y)$. Quand, au contraire, z est une fonction implicite de x et y définie par la relation $F(x, y, z) = 0$, il faut remplacer, dans (12), les deux dérivées partielles, p et q, de z en x et y par leurs valeurs (6) et (7) calculées plus haut. En faisant évanouir ensuite le dénominateur $\frac{dF}{dz}$ et transposant au premier membre les termes du second, il vient pour l'équation du plan tangent, sous une forme très-symétrique,

$$(13) \qquad \frac{dF}{dx}(x_1 - x) + \frac{dF}{dy}(y_1 - y) + \frac{dF}{dz}(z_1 - z) = 0.$$

Si, enfin, la surface était définie par trois équations telles que (3), donnant x, y et z en fonction de deux variables auxiliaires α et β, on substituerait de même dans (12), à p et à q, leurs valeurs (9) et (10) trouvées tout-à-l'heure pour ce cas, et il viendrait finalement, en faisant disparaître les dénominateurs, transposant les termes du second membre et observant que f_1, f_2, f_3 désignent les expressions de x, y, z,

$$(14) \quad \left(\frac{dy}{d\alpha}\frac{dz}{d\beta} - \frac{dy}{d\beta}\frac{dz}{d\alpha}\right)(x_1 - x) + \left(\frac{dz}{d\alpha}\frac{dx}{d\beta} - \frac{dz}{d\beta}\frac{dx}{d\alpha}\right)(y_1 - y) + \left(\frac{dx}{d\alpha}\frac{dy}{d\beta} - \frac{dx}{d\beta}\frac{dy}{d\alpha}\right)(z_1 - z) = 0.$$

165. — Exemple : plan tangent à l'ellipsoïde.

Voyons, par exemple, ce que devient la relation (13) dans le cas de l'ellipsoïde ayant pour équation

$$(15) \qquad \frac{x^2}{a^2} + \frac{y^2}{b^2} + \frac{z^2}{c^2} = 1 \quad \text{ou} \quad \frac{x^2}{a^2} + \frac{y^2}{b^2} + \frac{z^2}{c^2} - 1 = 0.$$

Cette équation est de la forme

$$\begin{cases} F(x, y, z) = 0 \\ \text{avec} \quad F(x, y, z) = \dfrac{x^2}{a^2} + \dfrac{y^2}{b^2} + \dfrac{z^2}{c^2} - 1. \end{cases}$$

La différentiation donne donc

$$\frac{dF}{dx} = \frac{2x}{a^2}, \quad \frac{dF}{dy} = \frac{2y}{b^2}, \quad \frac{dF}{dz} = \frac{2z}{c^2}.$$

En divisant par 2, la relation (13) deviendra

$$\frac{x(x_1 - x)}{a^2} + \frac{y(y_1 - y)}{b^2} + \frac{z(z_1 - z)}{c^2} = 0,$$

ou bien

$$\frac{xx_1}{a^2} + \frac{yy_1}{b^2} + \frac{zz_1}{c^2} = \frac{x^2}{a^2} + \frac{y^2}{b^2} + \frac{z^2}{c^2}.$$

Or le second membre de celle-ci est égal à 1 d'après l'équation même de l'ellipsoïde. Le plan tangent cherché aura donc pour équation

$$(16) \qquad \frac{xx_1}{a^2} + \frac{yy_1}{b^2} + \frac{zz_1}{c^2} = 1.$$

On en déduirait celle des plans tangents aux hyperboloïdes à une ou à deux nappes, en changeant le signe d'un ou de deux des dénominateurs a^2, b^2, c^2.

166. — Autre définition du plan tangent.

Le plan de contact ou plan tangent à une surface, en un point donné, est encore le lieu des tangentes menées en ce point à toutes les courbes qui s'y croisent et qui sont situées sur la surface.

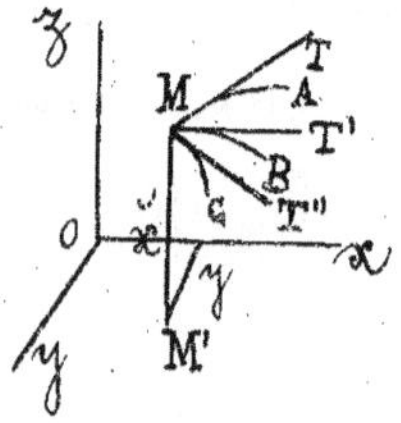

Pour le reconnaître, considérons une surface MABG, représentée par l'équation

$$F(x, y, z) = 0.$$

Des lignes quelconques, MA, MB, MG, ...,

tracées sur la surface à partir du point M, ont nécessairement, comme la surface elle-même, un contact du premier ordre avec le plan de contact ou plan tangent en M obtenu tout-à-l'heure; ce qui revient évidemment à dire que les angles faits avec ce plan par leurs tangentes MT, MT', MT'',..., et dont dépendent dans le voisinage de M leurs écarts d'avec ce plan, ne peuvent avoir des valeurs finies, différentes de zéro. Donc, les tangentes MT, MT', MT'',... sont bien situées dans le plan de contact et celui-ci pourrait se définir le lieu qui les contient toutes.

Ce nouveau point de vue aurait d'ailleurs conduit à l'équation (12) ou (13) du plan tangent, si on n'avait pas jugé préférable d'y arriver en cherchant le plan qui, aux environs de M, s'écarte le moins de la surface. En effet, chacune des lignes MA, MB, MC,...., est l'intersection de la surface proposée, $F(x,y,z)=0$, par une surface variable d'une courbe à l'autre et dont l'équation peut être supposée mise sous la forme générale

$$F_1(x,y,z)=0.$$

Par suite, et d'après ce que nous avons vu dans la vingtième leçon (n°. 133, p. 186), la tangente menée en M à la courbe considérée sera l'intersection des deux plans représentés par les équations

$$(17)\quad \begin{cases} \dfrac{dF}{dx}(x_1-x)+\dfrac{dF}{dy}(y_1-y)+\dfrac{dF}{dz}(z_1-z)=0, \\ \dfrac{dF_1}{dx}(x_1-x)+\dfrac{dF_1}{dy}(y_1-y)+\dfrac{dF_1}{dz}(z_1-z)=0. \end{cases}$$

Or, le premier de ces plans, qui ne dépend aucunement de la surface variable $F_1(x,y,z)=0$, mais seulement de la proposée $F(x,y,z)=0$, est le même pour toutes les tangentes MT, MT', MT'',...: il les contient donc toutes et n'est autre que leur lieu géométrique. Aussi son équation est-elle identique à l'équation générale (13) que nous avions déjà trouvée, par une autre voie, pour représenter le plan de contact ou plan tangent.

167. — Problème : mener à une surface les plans tangents passant par un point donné.

Considérons une surface, ayant son équation de la forme

$$(18) \qquad F(x, y, z) = 0,$$

et soit, hors de cette surface, A un point donné, dont nous appellerons les coordonnées x_1, y_1, z_1. On propose de mener des plans qui soient tangents à la surface et qui passent par ce point A, ou, autrement dit, de déterminer, sur la surface, les points de contact (x, y, z) des plans tangents qui aboutissent au point donné A.

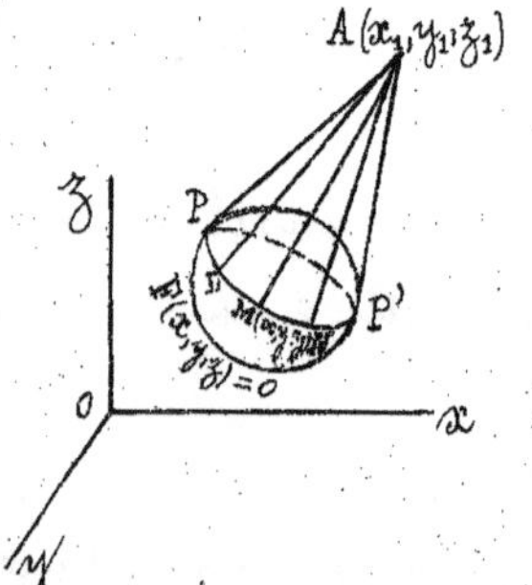

Chacun de ces points, M par exemple, a des coordonnées, x, y, z, qui vérifient à la fois l'équation de la surface et l'équation

$$(19) \qquad (x_1 - x)\frac{dF}{dx} + (y_1 - y)\frac{dF}{dy} + (z_1 - z)\frac{dF}{dz} = 0,$$

en laquelle se transforme celle du plan tangent quand on exprime que le point A est contenu dans ce plan, c'est-à-dire quand on y remplace les coordonnées courantes, x_1, y_1, z_1, par les coordonnées du point A que, pour cette raison, nous avons pu appeler de même x_1, y_1, z_1. Ainsi, dans la relation (19), x_1, y_1, z_1 deviennent trois constantes et ce sont les coordonnées inconnues x, y, z des points de contact qui deviennent des variables, de véritables coordonnées courantes ; en sorte que l'équation (19) représente, tout comme (18), une certaine surface. Les deux relations

(18) et (19), prises ensemble, donneront, par suite, les points (x, y, z) communs aux deux surfaces, c'est-à-dire leur ligne d'intersection PMP'P, lieu des points de contact cherchés : on l'appelle la courbe de contact.

Toutes les droites, telles que AM, menées de A aux divers points de la courbe de contact, sont évidemment tangentes, en ces points, à la surface, c'est-à-dire à certaines lignes tracées sur la surface ; car toute droite située dans un plan tangent et émanée du point de contact est tangente à certaines lignes de la surface, d'après la seconde définition des plans tangents. De plus, si l'on considère deux de ces tangentes, infiniment voisines, AM et AN par exemple, leur plan MAN, contenant la tangente MA à la surface et aussi la tangente ou corde infiniment petite MN de la courbe de contact (ce qui fait deux tangentes de direction bien différente), peut être pris pour le plan tangent en M. Comme, de même, LAM sera le plan tangent au point précédent, L, de la courbe de contact, chacune des tangentes issues de A, AM par exemple, peut être considérée comme l'intersection de deux plans tangents consécutifs, LAM, MAN. Le lieu de toutes ces tangentes, APLMN..., est, comme on voit, le cône circonscrit, du point A comme sommet, à la surface proposée.

Appelons X, Y, Z les coordonnées courantes d'une des tangentes issues de A. Cette droite passant par le point fixe (x_1, y_1, z_1) et par le point de contact (x, y, z), ses équations sont

$$(20) \qquad \frac{X - x_1}{x - x_1} = \frac{Y - y_1}{y - y_1} = \frac{Z - z_1}{z - z_1}.$$

Celles-ci ne contiennent de variable, à part les coordonnées courantes X, Y, Z, que le paramètre x, définissant la position du point de contact ; car rien n'empêche d'admettre qu'on ait résolu les équations (18) et (19) par rapport aux coordonnées y et z, lesquelles sont dès lors, tout le long de la courbe de contact, des fonctions déterminées de l'abscisse x.

Enfin, si l'on fait varier x dans les deux équations (20), on aura les diverses tangentes issues de A, qu'on pourra construire ainsi, l'une après l'autre, et l'élimination de x entre les deux équations (20) donnera la relation existant entre X, Y, Z, c'est-à-dire l'équation du cône circonscrit, lieu des points (X, Y, Z) ou de toutes les tangentes considérées.

168. — Exemple : application à l'ellipsoïde.

Prenons comme exemple un ellipsoïde rapporté à ses axes ou, pour plus de généralité, à un système de demi-diamètres conjugués a, b, c. Son équation sera

$$\frac{x^2}{a^2} + \frac{y^2}{b^2} + \frac{z^2}{c^2} = 1,$$

tandis que l'équation du plan tangent, (19), deviendra, comme nous savons,

$$\frac{x_1 x}{a^2} + \frac{y_1 y}{b^2} + \frac{z_1 z}{c^2} = 1.$$

On voit que celle-ci est autant du premier degré par rapport à x, y, z que par rapport à x_1, y_1, z_1 : elle ne cesse donc pas de représenter un plan quand on y regarde x, y, z comme les coordonnées courantes. Ainsi, la courbe de contact PMP', intersection de l'ellipsoïde par un plan, sera une section plane de l'ellipsoïde, c'est-à-dire une ellipse. Par suite, le cône circonscrit sera un cône du second degré à base elliptique.

Le plan de la courbe de contact PMP', représenté par l'équation

$$(21) \qquad \frac{x_1 x}{a^2} + \frac{y_1 y}{b^2} + \frac{z_1 z}{c^2} = 1,$$

s'appelle le plan polaire du point A (x_1, y_1, z_1), et ce point lui-même est dit le pôle du plan. Les plans polaires et les pôles, de même que les droites analogues (ou polaires) et les pôles dans les courbes du second degré, jouissent de propriétés importantes, que nous ne pouvons exposer ici et qui tiennent, d'une part, à ce que x, y, z et x_1, y_1, z_1 entrent de la même manière, on peuvent échanger leurs rôles, dans (21), d'autre part, à ce que cette équation (21) devient celle même de l'ellipsoïde quand on y prend x_1, y_1, z_1 égaux à x, y, z.

169. — Autre problème : mener à une surface les plans tangents parallèles à une direction donnée.

Soit toujours la surface ayant pour équation

$$F(x, y, z) = 0.$$

Proposons-nous de mener, parmi ses plans tangents, ceux qui sont parallèles à une certaine droite O A, issue de l'origine et définie en direction, c'est-à-dire dont les coordonnées courantes soient entr'elles comme trois nombres donnés f, g, h. Il s'agit évidemment encore de trouver les points de contact.

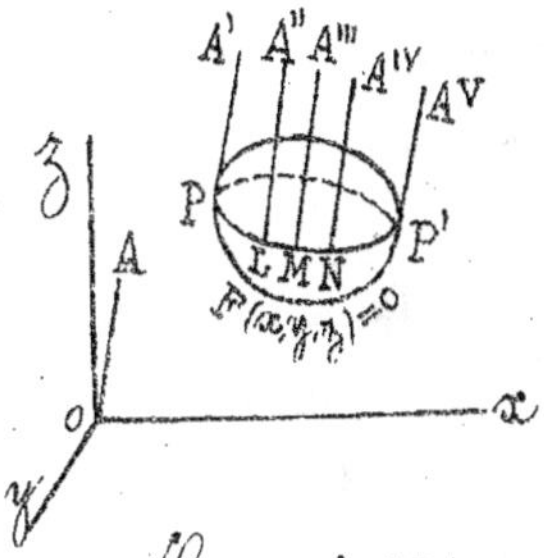

Ceux-ci, M (x, y, z) par exemple, doivent donc être tels, que, si on y transporte la droite O A parallèlement à elle-même, elle vienne se placer sur les plans tangents correspondants, ou, autrement dit, elle vienne être tangente à la surface. Appelons X, Y, Z les coordonnées courantes qu'acquiert la droite O A quand elle est ainsi transportée ou quand, sans changer sa direction, on la fait passer par le point (x, y, z). Ses équations sont alors

$$(22) \qquad \frac{X-x}{f} = \frac{Y-y}{g} = \frac{Z-z}{h},$$

et nous devons exprimer qu'elle est contenue dans le plan tangent

$$(22 \text{ bis}) \qquad (X-x)\frac{dF}{dx} + (Y-y)\frac{dF}{dy} + (Z-z)\frac{dF}{dz} = 0,$$

où X, Y, Z désignent également les coordonnées courantes.

Or, il faut et il suffit évidemment, pour cela, qu'on puisse, dans (22 bis), supposer $X-x, Y-y, Z-z$ proportionnels à f, g, h, ou, ce qui revient au même (à cause de l'homogénéité de cette équation par rapport à $X-x, Y-y, Z-z$), remplacer $X-x, Y-y, Z-z$ par f, g, h. Il vient donc, pour exprimer que le plan tangent à la surface en (x, y, z) est parallèle à OA, l'équation

$$(23) \quad f\frac{dF}{dx}+g\frac{dF}{dy}+h\frac{dF}{dz}=0.$$

Celle-ci, en y regardant x, y, z comme les coordonnées courantes, représente une certaine surface, sur laquelle sont situés tous les points (x, y, z) demandés, et l'intersection de cette surface par la proposée

$$F(x, y, z)=0$$

est le lieu des points de contact cherchés, ou ce qu'on peut appeler, comme dans le problème précédent, la courbe de contact.

On voit que les équations de la courbe de contact PMPP s'obtiennent en joignant la relation (23) à $F(x, y, z)=0$: la résolution de ces équations par rapport à y et z donnerait ces deux coordonnées, en fonction de l'abscisse x, qui resterait ainsi comme variable indépendante pour caractériser les divers points de contact, ou comme paramètre permettant, dans les équations (22) des parallèles correspondantes PA', LA'', MA''', ..., menées à OA, de distinguer ces parallèles les unes des autres. L'élimination du paramètre x entre les deux équations (22) ferait connaître finalement la relation qui existe entre les coordonnées courantes X, Y, Z de toutes ces droites, c'est-à-dire l'équation de leur lieu, qui est évidemment le cylindre circonscrit à la surface avec des génératrices parallèles à la direction donnée OA.

Un raisonnement analogue à celui qui vient d'être fait (p. 232), touchant le plan de deux génératrices consécutives du cône circonscrit, montrerait que le plan de deux génératrices successives du cylindre, MA''' et NA^{IV} par exemple, peut être censé tangent à la surface, en M, comme contenant les deux tangentes MA''' et MN à deux courbes situées sur la surface et issues du point M dans deux directions différentes : par suite, chaque génératrice du cylindre circonscrit est l'intersection de deux plans tangents infiniment voisins.

Observons que le problème actuel constitue un cas particulier, ou mieux un cas limite, du précédent, savoir le cas où le point $A(x_1, y_1, z_1)$, par lequel on propose de mener à la surface des plans tangents, s'éloigne à l'infini le long de la droite donnée OA et où les génératrices du cône circoncrit, ayant leur point de rencontre (x_1, y_1, z_1) rejeté à l'infini, deviennent parallèles, en sorte que le cône dégénère en un cylindre. Il suffit, du reste, de supposer, dans l'équation (19) du problème précédent, que x_1, y_1, z_1 deviennent ainsi infinis, pour que les coordonnées x, y, z des points de contact, restées finies, soient négligeables en comparaison, et, par conséquent, pour que les trois différences x_1-x, y_1-y, z_1-z aient entr'elles les mêmes rapports que x_1, y_1, z_1, c'est-à-dire les mêmes rapports que f, g, h (puisque le point (x_1, y_1, z_1) est supposé pris sur OA). On peut donc, dans (19), remplacer, à la limite, x_1-x, y_1-y, z_1-z par les trois quantités proportionnelles f, g, h ; ce qui transforme bien cette formule (19) du problème précédent en la formule correspondante (23) du problème actuel.

Si la surface est, par exemple, l'ellipsoïde représenté par l'équation

$$\frac{x^2}{a^2}+\frac{y^2}{b^2}+\frac{z^2}{c^2}-1=0,$$

on aura

$$\frac{dF}{dx}=2\frac{x}{a^2},\quad \frac{dF}{dy}=2\frac{y}{b^2},\quad \frac{dF}{dz}=2\frac{z}{c^2};$$

et la relation (23), en supprimant un facteur commun 2, deviendra

$$(24) \qquad \frac{f}{a^2}x + \frac{g}{b^2}y + \frac{h}{c^2}z = 0.$$

On voit qu'elle représente un plan passant par l'origine, qui est le centre de l'ellipsoïde. Donc, la courbe de contact est une section diamétrale de l'ellipsoïde. On reconnait aisément, à l'inspection de l'équation (24), que c'est la section faite dans l'ellipsoïde par le plan diamétral conjugué à la direction donnée (f, g, h), c'est-à-dire à OA. Et on pouvait le prévoir; car toutes les génératrices du cylindre circonscrit étant des tangentes à l'ellipsoïde ou, ce qui revient, au même, des cordes infiniment petites, dont le milieu coïncide avec leur point même de contact, le plan diamétral conjugué à leur direction, lieu des milieux de toutes les cordes qui ont cette direction, ne pouvait manquer de passer par tous ces points de contact.

170. — Contour apparent d'une surface.

Imaginons qu'un observateur, placé sur l'axe des z à une distance infinie de l'origine et au dessus d'un tableau plan pris pour plan des xy, regarde une surface donnée, $F(x, y, z) = 0$, et qu'il la voie se projeter ainsi sur ce tableau. Les rayons visuels issus de son œil et aboutissant à des points quelconques (x, y, z) de la surface iront évidemment percer le plan des xy aux endroits où seront vus les points (x, y, z). Or, parmi ces rayons, tous parallèles à l'axe des z comme venant d'un point situé à l'infini sur cet axe, il y aura lieu de distinguer les plus extérieurs, tels que MM', NN', PP', QQ', c'est-à-dire ceux qui raseront tangentiellement la surface, parce qu'ils marqueront sur le plan des xy la ligne $M'N'P'Q'$..., qui sépare l'espace couvert par la surface ou, du moins, correspondant à la surface et à l'intérieur duquel tombent toutes les ordonnées z de celle-ci, d'avec le reste du plan des xy. On appelle contour apparent de la surface cette ligne de séparation M'N'P'Q', qui dessine en effet, sur le tableau, le bord MNPQ de la surface donnée et qui est, comme on voit, l'intersection, par le plan des xy, du cylindre circonscrit à génératrices dirigées suivant l'axe des z.

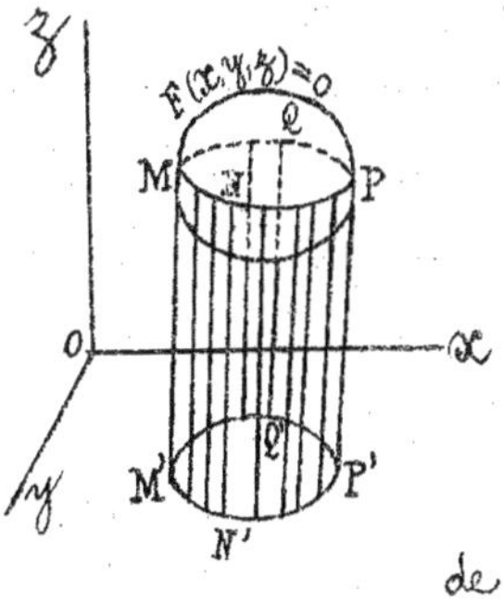

La droite OA, qui, dans le problème précédent, déterminait la direction des tangentes qu'on se proposait de mener à la surface, est donc remplacée par l'axe des z, et les trois nombres f, g, h, auxquels étaient proportionnelles les coordonnées d'un point quelconque de OA, peuvent être pris égaux respectivement à 0, 0, 1, puisque les coordonnées des divers points de Oz sont 0, 0, z. En conséquence, si nous admettons que, dans l'équation

$$F(x, y, z) = 0$$

de la surface, les trois dérivées partielles en x, y, z de la fonction F soient partout finies, la relation (23) du problème précédent se trouvera ici réduite à $\frac{dF}{dz} = 0$, et les deux équations de la courbe de contact MNPQ seront

$$(25) \qquad F(x, y, z) = 0, \quad \frac{dF(x, y, z)}{dz} = 0.$$

Si donc on élimine z entre ces deux équations, on aura la relation existant entre les deux coordonnées x et y des divers points de MNPQ ou, par suite, de tous les points des génératrices du cylindre circonscrit et, particulièrement, de leurs traces sur le plan des xy, traces dont le lieu est le contour apparent M'N'P'Q'. Ainsi, l'équation du contour apparent s'obtiendra par l'élimination de z entre les deux équations (25).

Cherchons, par exemple, le contour apparent de l'ellipsoïde

$$\frac{x^2}{x^2} + \frac{y^2}{b^2} + \frac{z^2}{c^2} = 1 \text{ ou } \frac{x^2}{a^2} + \frac{y^2}{b^2} + \frac{z^2}{c^2} - 1 = 0,$$

Ici, la dérivée $\frac{dF}{dz}$ est $\frac{2z}{c^2}$ et la relation $\frac{dF}{dz}=0$ donne simplement $z=0$. En portant cette valeur de z dans l'équation de l'ellipsoïde, il vient donc, pour celle du contour apparent,

$$\frac{x^2}{a^2}+\frac{y^2}{b^2}=1.$$

On voit que le contour apparent n'est autre que l'ellipse même d'intersection de l'ellipsoïde par le plan des xy.

171. — Problème des ombres.

Imaginons un corps opaque, limité par une surface donnée $F(x,y,z)=0$, et un autre corps, lumineux, limité par une surface également donnée $F_1(x_1,y_1,z_1)=0$. Si nous supposons un observateur placé derrière le corps opaque et assez près de celui-ci, le cône ayant pour sommet son œil et circonscrit au corps opaque sera très-ouvert et comprendra à son intérieur, au delà du corps opaque, le corps lumineux tout entier, dont aucun rayon ne parviendra à l'observateur. On dit alors que celui-ci se trouve dans l'ombre du corps opaque. Mais si l'observateur se déplace latéralement d'une quantité suffisante, il arrivera un moment où le cône de ses rayons visuels circonscrit au corps opaque ira raser le corps lumineux, et où celui-ci deviendra par suite tangent intérieurement au cône. D'ailleurs, le plan tangent ainsi commun au corps lumineux et au cône sera évidemment, dans ce dernier, le plan de deux génératrices infiniment voisines; et il se trouvera tangent au cône tout le long de l'une quelconque de ces génératrices, notamment au point où la génératrice considérée touche le corps opaque, qui, lui-même, y est tangent intérieurement au cône. Il y a donc alors, suivant ce rayon visuel, un plan tangent commun aux deux surfaces

$$F(x,y,z)=0,\quad F_1(x_1,y_1,z_1)=0,$$

et ce plan leur est tangent extérieurement, c'est-à-dire qu'il ne passe pas entre les deux surfaces, mais les laisse toutes les deux sur un seul de ses deux côtés. On voit d'ailleurs qu'au même moment l'observateur est sur le point d'apercevoir une petite partie du corps lumineux, savoir, la partie qui sortirait du cône circonscrit au corps opaque si l'observateur

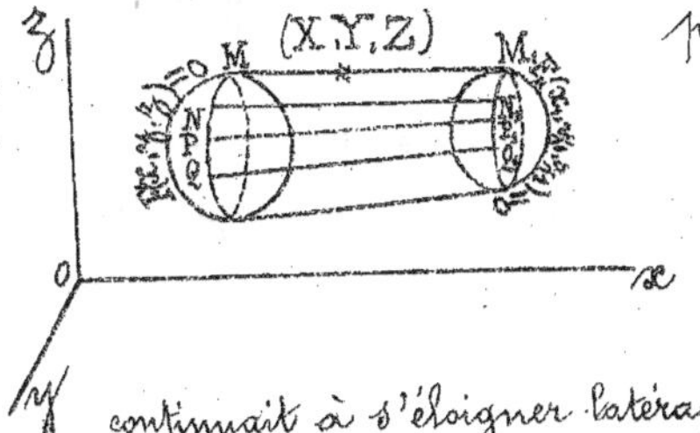

continuait à s'éloigner latéralement. Donc, la limite de l'ombre, en arrière du corps opaque, est le lieu des droites qui joignent les deux points de contact, (x, y, z), (x_1, y_1, z_1), de plans tangents extérieurs communs aux deux surfaces données, $F(x, y, z) = 0$ et $F_1(x_1, y_1, z_1) = 0$.

Concevons actuellement que l'observateur dépasse cette surface limite de l'ombre. Il ne verra encore qu'une partie du corps lumineux, et il se trouvera, comme on dit, dans la pénombre, c'est-à-dire, dans un espace imparfaitement éclairé. Il en sera ainsi jusqu'à ce que son cône de rayons visuels, circonscrit au corps opaque, ne coupe plus le corps lumineux; ce qui arrivera à l'instant où le corps lumineux deviendra tangent extérieurement au cône et où, par suite, le long du rayon visuel mené au point de contact, le plan tangent au cône ira toucher les deux surfaces

$$F(x, y, z) = 0, \quad F_1(x_1, y_1, z_1) = 0,$$

en passant entre elles. Au delà, l'observateur sera dans la pleine lumière; car il verra tout le contour du corps lumineux, les deux cônes de rayons visuels circonscrits aux deux corps opaque et lumineux n'empiétant plus l'un sur l'autre. Donc, la limite de la pénombre, en arrière du corps opaque, est le lieu des droites joignant les deux points de contact, (x, y, z), (x_1, y_1, z_1), des plans tangents communs aux deux surfaces données et qui sont intérieurs, c'est-à-dire qui passent entre ces deux surfaces. Au delà, l'observateur voit la totalité du corps lumineux et il est dans la lumière.

On appelle problème des ombres, dans cette question, le problème où l'on se propose de déterminer les deux surfaces qui séparent, l'une, l'ombre de la pénombre, l'autre, la pénombre de la lumière. On voit qu'il revient à chercher la surface lieu des droites joignant les points de contact des plans tangents communs aux deux surfaces données; et l'on voit aussi que, ces plans pouvant être tangents intérieurement ou extérieurement, le lieu cherché se compose de deux nappes, dont l'une est la surface de séparation de la lumière et de la pénombre, l'autre, la surface de séparation de la pénombre et de l'ombre.

Voyons comment on pourrait former l'équation de cette surface à deux nappes. Appelons X, Y, Z ses coordonnées courantes, c'est-à-dire celles d'un point quelconque d'une droite, $M M_1$ par exemple, joignant les points de contact, $M(x, y, z)$ et $M_1(x_1, y_1, z_1)$, d'un des plans tangents communs aux deux surfaces

$$F(x, y, z) = 0, \quad F_1(x_1, y_1, z_1) = 0.$$

Et, d'abord, les deux plans tangents en M et M_1 ayant même direction, on a évidemment

$$\frac{\frac{dF}{dx}}{\frac{dF_1}{dx_1}} = \frac{\frac{dF}{dy}}{\frac{dF_1}{dy_1}} = \frac{\frac{dF}{dz}}{\frac{dF_1}{dz_1}};$$

de plus, le plan tangent en M va passer par M_1, ce qui revient à écrire

$$(x_1 - x)\frac{dF}{dx} + (y_1 - y)\frac{dF}{dy} + (z_1 - z)\frac{dF}{dz} = 0.$$

En joignant ces trois équations à celles, $F = 0$, $F_1 = 0$, des deux surfaces, on aura donc, entre x, y, z, x_1, y_1, z_1, cinq relations pour déterminer y, z, x_1, y_1, z_1, en fonction de x, et construire en conséquence, point par point, les courbes de contact MNPQ..., $M_1N_1P_1Q_1$... Enfin, ces valeurs de y, z, x_1, y_1 et z_1, portées dans les deux équations d'une génératrice quelconque MM_1 de la surface demandée, équations qui sont

$$\frac{X-x}{x_1-x} = \frac{Y-y}{y_1-y} = \frac{Z-z}{z_1-z},$$

ne laisseront paraître dans celles-ci, en outre des coordonnées courantes X, Y, Z, que le paramètre x, caractéristique de la génératrice considérée; et il suffira d'éliminer x entre ces deux équations pour avoir, en X, Y, Z, celle de la surface demandée.

Observons que, si l'on considère les deux plans tangents menés à une même surface quelconque en deux points infiniment voisins, N et P par exemple, ces deux plans, faisant généralement entr'eux un angle du premier ordre de petitesse, c'est-à-dire du même ordre que l'est, pour les longueurs, la corde NP, iront se couper dans le voisinage des points de contact N et P: car, en P, l'écart du second plan d'avec le premier, ou la perpendiculaire abaissée sur celui-ci à partir du point P, est du second ordre de petitesse, puisque le premier plan tangent a, en N, un contact avec la surface; et il est clair, d'autre part, que cet écart serait, au contraire, du premier ordre de petitesse, comme l'est l'angle des deux plans, si leur intersection se trouvait à une distance finie du point M.

D'après cela, deux plans tangents consécutifs, menés à nos deux surfaces données, l'un, par exemple, en N et N_1, l'autre, en P et P_1, se couperont en deux points, infiniment voisins, respectivement, de N et N_1: donc, leur intersection ne différera pas, à la limite, de la génératrice NN_1. Il en serait de même pour toute autre génératrice, en sorte que la surface demandée est le lieu des intersections successives des plans tangents communs aux deux surfaces données, ou, autrement dit, l'enveloppe de ces plans. Et comme chaque plan tangent contient deux intersections consécutives, savoir, celle où le plan tangent considéré est coupé par le plan précédent et celle où il l'est par le plan suivant, la surface se composera de longues bandes planes, infiniment étroites, qu'on pourra, sans les déformer individuellement, étaler sur un plan les unes à côté des autres, en les faisant tourner autour des génératrices droites qui les limitent et dépliant ainsi la surface. Pour exprimer cette propriété, on dit que la surface demandée est une surface développable. On l'appellera, naturellement, la développable circonscrite aux deux surfaces données $F(x, y, z) = 0$ et $F_1(x_1, y_1, z_1) = 0$.

24ème Leçon. — De la normale et de la pente, dans les surfaces courbes.

172. — De la normale à une surface.

Considérons une surface, MS, rapportée à un système d'axes rectangulaires Ox, Oy, Oz, et, supposant son équation mise sous la forme simple $z = f(x, y)$, appelons, comme à l'ordinaire, p, q les deux dérivées partielles de z en x et y, pour le point quelconque $M(x, y, z)$ de la surface.

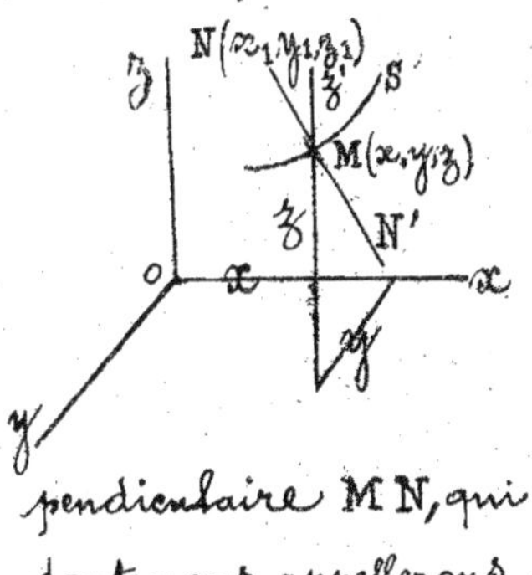

L'équation du plan tangent en M pourra s'écrire, en y désignant par X, Y, Z les coordonnées courantes,

$$(1)\quad -p(X-x)-q(Y-y)+(Z-z)=0.$$

Menons à ce plan, par le point de contact M, la perpendiculaire MN, qui est dite la normale à la surface, et dont nous appellerons x_1, y_1, z_1 les coordonnées courantes. Si α, β, γ désignent les angles qu'elle fera avec les axes rectangulaires Ox, Oy, Oz, ses équations seront, comme on sait,

$$(2)\quad \frac{x_1-x}{\cos\alpha} = \frac{y_1-y}{\cos\beta} = \frac{z_1-z}{\cos\gamma}.$$

D'ailleurs, les conditions connues de normalité de cette

perpendiculaire au plan (1) reviendront à prendre $\cos\alpha$, $\cos\beta$, $\cos\gamma$ proportionnels aux coefficients $-p$, $-q$, 1 de X, Y, Z dans l'équation (1); en sorte qu'on aura

$$(3)\qquad \frac{\cos\alpha}{-p} = \frac{\cos\beta}{-q} = \frac{\cos\gamma}{1}.$$

Par suite, les équations (2) de la perpendiculaire MN deviendront

$$(4)\qquad \frac{x_1-x}{-p} = \frac{y_1-y}{-q} = \frac{z_1-z}{1},$$

ou bien, évidemment, par l'évanouissement des dénominateurs,

$$(5)\qquad x_1-x+p(z_1-z)=0,\quad y_1-y+q(z_1-z)=0.$$

Telles sont, sous la forme la plus simple possible, les deux équations de la normale à une surface.

Si l'équation de la surface était $F(x,y,z)=0$ et qu'on eût, par suite, pour celle du plan tangent,

$$\frac{dF}{dx}(X-x)+\frac{dF}{dy}(Y-y)+\frac{dF}{dz}(Z-z)=0,$$

ou que les coefficients de X, Y, Z fussent $\frac{dF}{dx}$, $\frac{dF}{dy}$, $\frac{dF}{dz}$, la double proportion (3) se trouverait remplacée par celle-ci,

$$(6)\qquad \frac{\cos\alpha}{\frac{dF}{dx}} = \frac{\cos\beta}{\frac{dF}{dy}} = \frac{\cos\gamma}{\frac{dF}{dz}},$$

et les deux équations (2) de la normale deviendraient, en conséquence,

$$(7)\qquad \frac{x_1-x}{\frac{dF}{dx}} = \frac{y_1-y}{\frac{dF}{dy}} = \frac{z_1-z}{\frac{dF}{dz}}.$$

173. — Cosinus directeurs de cette normale.

Calculons actuellement les cosinus directeurs, $\cos\alpha$, $\cos\beta$, $\cos\gamma$, de la normale, tels qu'ils résultent de la double proportion (3). Comme on sait que la somme des carrés des trois cosinus vaut l'unité, on obtiendra un nouveau rapport égal à chacun des rapports (3), et qui aura, de plus, son numérateur connu, si l'on fait la somme, terme à terme, des carrés de ces trois rapports et si l'on extrait ensuite la racine carrée du résultat. On trouve ainsi, pour quatrième rapport égal,

$$(8) \qquad \frac{1}{\pm\sqrt{p^2+q^2+1}},$$

et sa comparaison à chacun des rapports (3) donne

$$(9) \quad \cos\alpha = \frac{-p}{\pm\sqrt{p^2+q^2+1}}, \cos\beta = \frac{-q}{\pm\sqrt{p^2+q^2+1}}, \cos\gamma = \frac{1}{\pm\sqrt{p^2+q^2+1}}.$$

Le double signe du rapport (8), ou du radical $\sqrt{p^2+q^2+1}$, correspond aux deux directions opposées **MN** et **MN'** qu'on peut donner à la normale, directions pour lesquelles, en effet, les cosinus considérés sont égaux mais de signes contraires, en sorte que leurs rapports à $-p$, $-q$, 1 sont aussi égaux et de signes contraires.

Pour lever l'ambiguïté, on convient de tirer la normale **MN** suivant un sens tel, qu'elle fasse avec les z positifs un angle aigu. Dans ce but, on se représente menée, à partir de M, une droite Mz' parallèle a Oz, et l'on choisit alors celle des deux directions possibles qui fait avec Mz' un angle aigu. Sur notre figure, c'est la direction **MN**. Alors, l'angle γ ou **NM**z' étant aigu, son cosinus est positif et le troisième rapport (3), $\frac{\cos\gamma}{1}$, est également positif, ainsi, par suite, que le rapport égal (8). Les signes inférieurs mis devant le radical doivent donc être exclus, et il vient définitivement

$$(10) \quad \cos\alpha = \frac{-p}{\sqrt{p^2+q^2+1}}, \cos\beta = \frac{-q}{\sqrt{p^2+q^2+1}}, \cos\gamma = \frac{1}{\sqrt{p^2+q^2+1}}.$$

Si l'équation de la surface était de la forme $F(x,y,z)=0$, on remplacerait, dans ces formules, les dérivées partielles, p, q, de z en x et y par leurs valeurs connues, trouvées plus haut,

$$-\frac{\frac{dF}{dx}}{\frac{dF}{dz}}, \quad -\frac{\frac{dF}{dy}}{\frac{dF}{dz}}.$$

174. — De la normale à une famille de surfaces.

Considérons une relation de la forme $c = \varphi(x, y, z)$, où φ désigne une certaine fonction de trois coordonnées x, y, z, et, c, la valeur de cette fonction aux points de l'espace qui ont ces coordonnées x, y, z. Le lieu des points pour lesquels c égale une constante déterminée est évidemment une surface, savoir, la surface exprimée par l'équation $\varphi(x, y, z) =$ cette constante. Donc, la relation $c = \varphi(x, y, z)$ définira une famille de surfaces, si on y regarde c comme un paramètre, c'est-à-dire, comme une quantité constante sur toute l'étendue d'une même surface de la famille, mais variable quand on passera d'une surface à sa voisine. Nous supposerons les coordonnées x, y, z rectangulaires.

Proposons-nous de mener, par chaque point (x, y, z) de l'espace, la normale à celle d'entre toutes les surfaces de la famille qui passe par ce point. La surface proposée ayant pour équation $F = \varphi(x, y, z) - c = 0$, les dérivées partielles du premier membre F par rapport à x, y, z égaleront $\frac{d\varphi}{dx}$, $\frac{d\varphi}{dy}$, $\frac{d\varphi}{dz}$, et, par suite, les équations (7) de la normale demandée seront

$$(11) \qquad \frac{x_1 - x}{\frac{d\varphi}{dx}} = \frac{y_1 - y}{\frac{d\varphi}{dy}} = \frac{z_1 - z}{\frac{d\varphi}{dz}}.$$

On voit que le paramètre c spécial à chaque surface n'entre pas dans celles-ci; ce sont donc des équations convenant à toutes les normales de la famille proposée de surfaces, et il n'y paraît, en fait de paramètres, que les trois coordonnées indépendantes x, y, z qui fixent le pied de la normale considérée. Quant aux cosinus directeurs $\cos\alpha, \cos\beta, \cos\gamma$, la double proportion (6) qui les régit deviendra, en y ajoutant un quatrième rapport auquel conduit le procédé déjà employé tout-à-l'heure,

$$(12) \qquad \frac{\cos\alpha}{\frac{d\varphi}{dx}} = \frac{\cos\beta}{\frac{d\varphi}{dy}} = \frac{\cos\gamma}{\frac{d\varphi}{dz}} = \frac{1}{\pm\sqrt{\frac{d\varphi^2}{dx^2} + \frac{d\varphi^2}{dy^2} + \frac{d\varphi^2}{dz^2}}}.$$

Pour abréger, on représente le radical qui figure au dénominateur de ce dernier rapport par $\Delta_1\varphi$. Ce radical

(12 bis) $$\Delta_1\varphi = \sqrt{\frac{d\varphi^2}{dx^2}+\frac{d\varphi^2}{dy^2}+\frac{d\varphi^2}{dz^2}}.$$

est très-important et a reçu le nom de paramètre différentiel (du premier ordre). En l'exprimant ainsi par $\Delta_1\varphi$, on tirera des formules (12),

(13) $$\cos\alpha = \frac{1}{\pm\Delta_1\varphi}\frac{d\varphi}{dx}, \quad \cos\beta = \frac{1}{\pm\Delta_1\varphi}\frac{d\varphi}{dy}, \quad \cos\gamma = \frac{1}{\pm\Delta_1\varphi}\frac{d\varphi}{dz}.$$

175. — Cosinus directeurs de cette normale et dérivée, suivant sa direction, du paramètre de la famille donnée de surfaces.

Le double signe du radical $\Delta_1\varphi$ ou $\sqrt{\frac{d\varphi^2}{dx^2}+\frac{d\varphi^2}{dy^2}+\frac{d\varphi^2}{dz^2}}$, dans les formules (13), correspond encore aux deux directions possibles de la normale. Pour lever cette indétermination, nous pouvons convenir de mener la normale MM', à partir du point considéré M (x, y, z), du côté vers lequel la fonction φ grandit. Observons, en effet, que la fonction φ, constante sur toute l'étendue de la surface MS de la famille, croît, en général, d'un certain côté de cette surface, savoir, lorsqu'on passe à la surface voisine M'S', dont l'équation est $\varphi(x,y,z) = c + dc$, dc désignant un accroissement infiniment petit positif donné au paramètre, tandis que φ décroît, au contraire, si l'on s'éloigne du côté opposé, où l'on a $\varphi(x,y,z) = c - dc$.

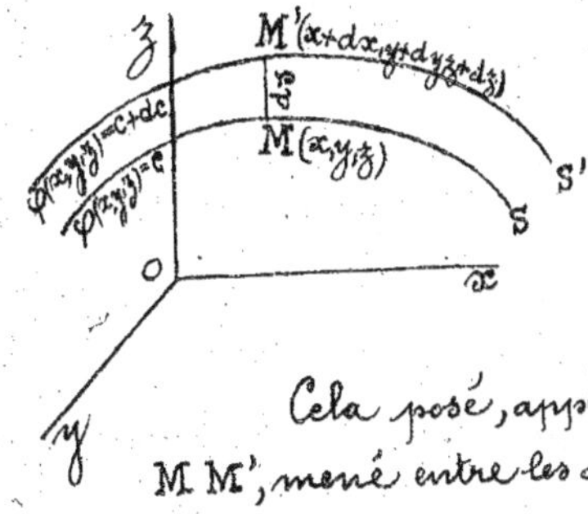

C'est donc bien fixer complètement la direction de la normale MM' que de la mener, de la surface MS où la fonction φ a la valeur c, à la surface M'S', où cette fonction devient $c + dc$.

Cela posé, appelons ds le chemin infiniment petit MM', mené entre les deux surfaces normalement à la première, et soient dx, dy, dz les trois projections de ce chemin sur les trois axes rectangulaires, projections qui sont évidemment les accroissements éprouvés par les coordonnées quand on passe de M à M'. Ces projections valant les produits respectifs de MM' par les cosinus correspondants $\cos\alpha, \cos\beta, \cos\gamma$, on a

$$(14) \qquad dx = ds\cos\alpha, \; dy = ds\cos\beta, \; dz = ds\cos\gamma.$$

Mais, le long de la petite ligne MM', où x, y, z grandissent de dx, dy, dz, la fonction φ varie elle-même de sa différentielle totale

$$d\varphi = \frac{d\varphi}{dx}dx + \frac{d\varphi}{dy}dy + \frac{d\varphi}{dz}dz,$$

que les valeurs précédentes de dx, dy, dz changent en

$$(15) \quad d\varphi = \left(\frac{d\varphi}{dx}\cos\alpha + \frac{d\varphi}{dy}\cos\beta + \frac{d\varphi}{dz}\cos\gamma\right)ds.$$

Portons-y les expressions (13) de $\cos\alpha, \cos\beta, \cos\gamma$, où les signes sont encore indéterminés, et, si nous observons que

$$\frac{d\varphi^2}{dx^2} + \frac{d\varphi^2}{dy^2} + \frac{d\varphi^2}{dz^2} = (\Delta_1\varphi)^2,$$

il viendra, après une réduction évidente,

$$(16) \qquad d\varphi = \pm(\Delta_1\varphi)\,ds, \text{ ou } \frac{d\varphi}{ds} = \pm\Delta_1\varphi.$$

On voit, d'après cela, que $d\varphi$ a le signe même avec lequel on a pris, dans les formules (13), le radical $\Delta_1\varphi$. Or on veut que $d\varphi$, c'est-à-dire l'accroissement dc éprouvé par le paramètre de la famille au passage de M à M', soit positif. Donc, il faudra prendre uniquement les signes supérieurs et réduire les formules (13) et (16) à celles-ci :

$$(17) \quad \cos\alpha = \frac{1}{\Delta_1\varphi}\frac{d\varphi}{dx}, \; \cos\beta = \frac{1}{\Delta_1\varphi}\frac{d\varphi}{dy}, \; \cos\gamma = \frac{1}{\Delta_1\varphi}\frac{d\varphi}{dz};$$

$$(18) \qquad \frac{d\varphi}{ds} \text{ ou } \frac{dc}{ds} = \Delta_1\varphi.$$

Considérons, en particulier, la dernière de ces formules. Le rapport $\frac{d\varphi}{ds}$ ou $\frac{dc}{ds}$, qui constitue son premier membre, est dit <u>la dérivée de la fonction φ ou du paramètre c de la famille le long du chemin infiniment petit $MM' = ds$</u>; on l'appelle encore, plus brièvement, <u>la dérivée</u> de la fonction φ ou c <u>dans la direction</u> MM' : c'est le quotient de l'ac-

-croissement éprouvé par la fonction au passage de M à M', divisé par le chemin infiniment petit, ds ou MM', ainsi parcouru. On voit que cette dérivée a pour valeur le paramètre différentiel du premier ordre de la fonction, c'est-à-dire la racine carrée de la somme des carrés de ses trois dérivées partielles premières, $\frac{d\varphi}{dx}$, $\frac{d\varphi}{dy}$, $\frac{d\varphi}{dz}$, prises suivant les directions rectangulaires quelconques choisies pour celles des x, des y et des z.

176. — De la pente d'une surface en un point donné.

Revenons au cas d'une seule surface PMS, représentée par une équation de la forme $z = f(x, y)$, et supposons qu'on ait choisi le plan des xy horizontal. On appelle alors pente ou déclivité de la surface, en un de ses points M(x, y, z), la pente de son plan tangent au même point, c'est-à-dire la tangente de l'angle que fait ce plan tangent avec un plan horizontal quelconque, ou, ce qui revient au même, de l'angle que fait la perpendiculaire MN au plan tangent avec une perpendiculaire, Mz', au plan horizontal, perpendiculaire de même direction que oz.

Le plan tangent en M se confondant sensiblement avec la surface dans une étendue très-petite tout autour, son intersection, par le plan horizontal QMH mené en M, peut n'y être pas distinguée d'avec celle, QMS, de la surface par le même plan, et son intersection par le plan vertical NMz'H peut, de même, y être confondue avec celle, MP, de la surface par ce plan vertical. D'ailleurs, la section QMS, en tant qu'appartenant à la surface,

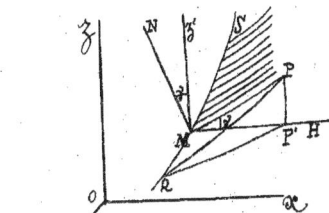

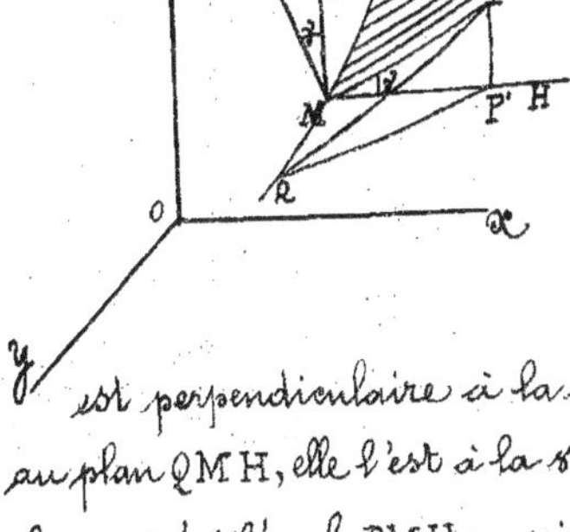

est perpendiculaire à la normale MN, et, en tant qu'appartenant au plan QMH, elle l'est à la verticale Mz'. Elle le sera donc, par suite, au plan NMz', et l'angle PMH, compris dans ce plan, sera le rectiligne du dièdre PQSH, dont la tangente est, par définition, la pente de la surface. On voit bien, en effet, que l'angle PMH égale l'angle NMz' ou θ, qui a ses côtés perpendiculaires aux siens. Par conséquent, la pente de la surface est la tangente trigonométrique de l'angle que fait, en M, une coupe MP, effectuée dans la surface normalement à sa section horizontale MS, avec la projection horizontale MH de cette coupe.

La ligne PM, dont la pente mesure ainsi celle de la surface, est la plus inclinée (sur l'horizon HMS) de toutes les lignes menées dans la surface, par le point P infiniment voisin de M, jusqu'à la rencontre de la section horizontale QS. C'est ce qu'on reconnaît en observant que toute autre de ces lignes, PQ par exemple, serait, au point Q, oblique sur QS, tandis que PM est, par construction, perpendiculaire à QS: on aura donc PM < PQ, et l'angle fait par QP avec sa projection QP' sur le plan horizontal, ayant pour sinus, dans le triangle rectangle QP'P, le rapport $\frac{PP'}{PQ}$, sera moindre que l'angle fait par MP avec sa projection MP', lequel a de même pour sinus $\frac{PP'}{PM}$. Par suite, la tangente du premier de ces angles est moindre que la tangente du second ou, en d'autres termes, la pente de PQ est moindre que celle de PM. On le verrait encore, un peu plus simplement, en observant que ces pentes ont respectivement pour expression, dans les triangles rectangles MP'P, QP'P, les rapports $\frac{PP'}{P'M}$, $\frac{PP'}{P'Q}$, et que P'M, perpendiculaire à QS, est moindre que P'Q oblique.

177. — Valeur de cette pente.

Cherchons actuellement, en fonction des deux dérivées partielles p et q de z en x et y, l'expression de la pente $\tang \gamma$.

La troisième formule (10) nous donnera

$$\cos \gamma = \frac{1}{\sqrt{p^2+q^2+1}}.$$

Or, on sait que

$$\tang^2 \gamma = \frac{1-\cos^2 \gamma}{\cos^2 \gamma} = 1 - \frac{1}{\cos^2 \gamma}.$$

En portant dans cette formule la valeur de $\cos \gamma$, il viendra, presque immédiatement, $\tang^2 \gamma = p^2 + q^2$.

Par suite, la pente de la surface a pour expression

$$(19) \qquad \operatorname{tang} \gamma = \sqrt{p^2+q^2} = \sqrt{\left(\frac{dz}{dx}\right)^2 + \left(\frac{dz}{dy}\right)^2}.$$

Ce résultat s'interprète géométriquement d'une manière très simple.

Imaginons qu'à partir du point M on trace les deux intersections MA, MB de la surface par les deux plans verticaux MM'A', MM'B', respectivement parallèles aux plans des zx et des zy. Si MA, MB sont deux arcs infiniment petits, M'A' et M'B' leurs projections horizontales, parallèles respectivement à Ox et à Oy, l'accroissement, PA, de l'ordonnée z, le long de MA, sera évidemment obtenu sans faire varier y, mais en faisant grandir x de $MP = M'A' = dx$, et, de même, l'accroissement, QB, de z le long de MB correspondra à un accroissement nul de x, mais à l'accroissement $MQ = M'B' = dy$ de y.

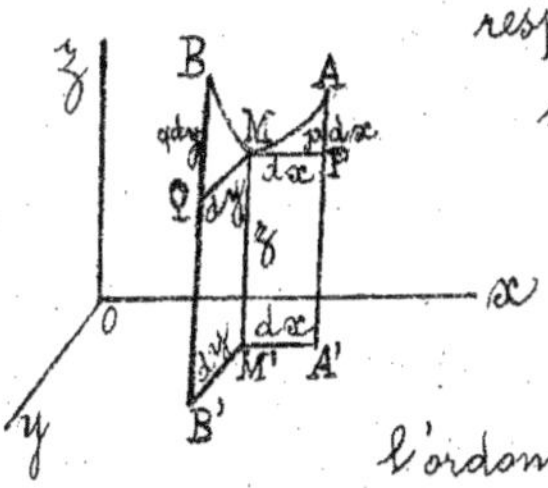

Donc, PA est la différentielle partielle, $p\,dx$, de z par rapport à x, et QB est, de même, la différentielle partielle, $q\,dy$, de z par rapport à y.

Il en résulte que

$$p = \frac{PA}{dx} = \frac{PA}{MP} = \operatorname{tang} PMA,$$

et que

$$q = \frac{QB}{dy} = \frac{QB}{MQ} = \operatorname{tang} QMB.$$

En d'autres termes, les deux dérivées partielles p et q sont les deux pentes respectives, en M, des deux sections MA, MB, faites dans la surface par deux plans verticaux rectangulaires respectivement parallèles aux plans coordonnés des zx et des zy. Comme on pourrait d'ailleurs choisir, pour ces derniers, deux plans verticaux rectangulaires quelconques, la formule (19) signifie que la pente d'une surface en un point égale la racine carrée de la somme des carrés des pentes qu'ont, en ce point, les coupes faites dans la surface par deux plans verticaux rectangulaires quelconques.

178. — Des lignes de niveau et des lignes de plus grande pente.

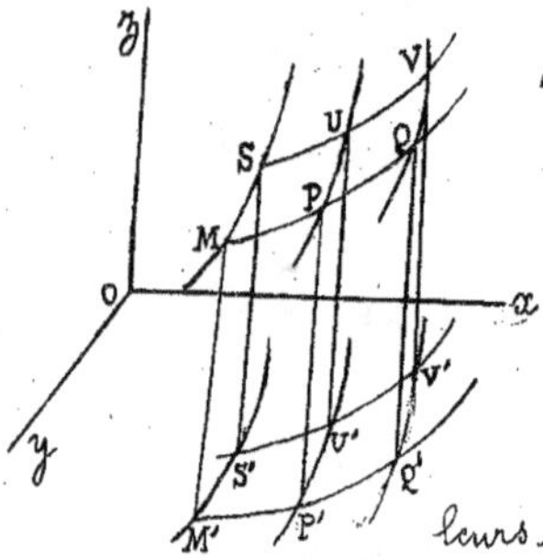

Considérons encore notre surface MSV, représentée en coordonnées rectangulaires par l'équation $z = f(x, y)$, et menons-lui une infinité de sections MS, PU, QV, ..., parallèles au plan horizontal des xy. Ces sections seront ce qu'on appelle les lignes de niveau de la surface. Tous leurs points étant, pour chacune, à une même distance du plan des xy, elles se projetteront horizontalement en vraie grandeur, ou, en d'autres termes, leurs projections horizontales, M'S', P'U', Q'V', ..., leur seront égales et parallèles.

Imaginons actuellement que d'un point quelconque, M, de l'une d'elles, on tire sur la surface une petite ligne, MP, perpendiculaire à la courbe de niveau MS qui passe par le point M, puis qu'on la continue, de P en Q, perpendiculairement à la ligne de niveau suivante PU; et ainsi de suite. On obtiendra de la sorte une nouvelle courbe, MPQ...., qu'on appelle ligne de plus grande pente (ou ligne de pente) de la surface, et qui, d'après ce que nous avons vu tout-à-l'heure, aura en chaque point la pente même de la surface, pente maximum, en ce point, de toutes les lignes possibles de la surface qui s'y croisent.

Nous avons vu aussi que le plan vertical mené suivant chaque élément de cette courbe, suivant MP par exemple, sera perpendiculaire à la ligne de niveau correspondante MS et, par suite, à sa parallèle M'S'; en sorte que la projection horizontale, M'P', de MP, étant contenue dans ce plan vertical MPP'M', sera normale à M'S'. Cela revient à dire que les lignes de plus grande pente et celles de niveau se coupent à angle droit, non seulement dans l'espace, mais aussi en projection sur un plan horizontal.

179. — Des lignes des déclivités maxima et de celles des déclivités minima.

Considérons une ligne de niveau MS et sa voisine PU. La pente de la surface en M est celle de l'élément MP de la ligne correspondante de plus grande pente, et elle égale, comme on sait, le quotient, par la projection M'P', de la différence (dite différence de niveau) existant entre les ordonnées des deux points M et P. Or, celle-ci est évidemment constante tout le long de MS et PU. Par suite, la pente ou déclivité de la surface sera, tout le long de MS, inversement proportionnelle à la distance, telle que M'P', séparant, en projection horizontale, cette ligne de niveau de sa voisine PU. Donc, si un observateur parcourt une ligne de niveau MS, la pente de la surface, aux points où il se trouvera successivement, sera de plus en plus faible quand il verra, en projection horizontale, la ligne PU s'écarter de lui, c'est-à-dire aux endroits pour lesquels M'S' et P'U' divergeront. Et il observera, au contraire, des pentes de plus en plus fortes, quand il verra, au dessous de lui, les lignes M'S', P'U' se rapprocher ou converger.

D'ailleurs, les lignes de pente qu'il croisera, vues en projection horizontale, auront leur centre de courbure derrière lui, dans le premier cas, et devant lui, dans le second cas; car ce centre sera donné par l'intersection de deux droites voisines, normales à ces lignes ou tangentes aux deux courbes de niveau, et qui se coupent évidemment en arrière de l'observateur quand les lignes de niveau divergent, en avant quand elles convergent.

Il suit de là que, le long d'une courbe de niveau, la convexité des lignes de plus grande pente qui la croisent change de sens aux endroits où la pente de la surface devient maximum ou minimum. Donc, à ces endroits, les lignes de plus grande pente considérées présentent une inflexion, quand on les regarde en projection horizontale. Par raison de continuité, des points d'inflexion pareils se trouveront dans le voisinage de ceux-là, sur les courbes de niveau voisines de la première, et les lieux de ces points d'inflexion, pour toutes les lignes de plus grande pente de la surface, seront certaines lignes, où, comme on voit, la déclivité de la surface se trouvera, soit plus forte, soit moindre, qu'en tous les points voisins situés aux mêmes niveaux. On peut appeler ces lignes, dans le premier cas, lignes des déclivités maxima, et, dans le second cas, lignes des déclivités minima. Il est clair que, si l'on suit une ligne de niveau sur une surface continue, on croise alternativement une ligne de la première espèce et une ligne de la deuxième, savoir, une de la première espèce, quand les lignes de plus grande pente rencontrées cessent d'être concaves vers la région où l'on va, pour devenir convexes, et une de la deuxième, quand ces lignes redeviennent concaves.

180. — Application à la surface terrestre : Thalwegs, faîtes, bassins, etc.

A la surface de la terre, les gouttes de pluie qui ruissellent sur un sol rendu imperméable par une imbibition suffisante s'écartent peu, en général, des lignes de plus grande pente, qu'elles suivraient en toute rigueur, sous la double action de la pesanteur et de la pression normale de la surface, si, à chaque instant, leur vitesse était maintenue infiniment petite. Aux endroits où ces gouttes se réunissent en grand nombre, il existe un cours d'eau, temporaire ou permanent, qui a trouvé tout fait ou qui s'est creusé à la longue un lit assez bas pour n'avoir plus d'ordinaire que de très faibles pentes et, par suite, pour ne permettre à l'eau d'y acquérir que des vitesses modérées, compatibles avec la conservation de ce lit. Une infinité de lignes de pente, couvrant toutes ensemble une surface finie appelée bassin du cours d'eau, viennent donc, inférieurement, se réunir en un faisceau étroit, ou comme en une ligne de plus grande pente unique, dont la déclivité est très-faible, et qui jalonne la vallée (fond du bassin) dont il s'agit : cette ligne, à laquelle aboutissent sans cesse, de droite et de gauche, les autres lignes de pente du bassin, a reçu le nom de thalweg, mot qui signifie, en allemand, chemin de la vallée. Comme la déclivité du sol y est faible et bien moindre que sur les bords de la vallée, ce thalweg est toujours très-voisin d'une ligne des déclivités minima, avec laquelle on peut, pratiquement, la confondre.

Le contour d'un bassin, c'est-à-dire la courbe qui le sépare des bassins adjacents, s'appelle la ligne de faîte du bassin. De part et d'autre de cette courbe, les lignes de plus grande pente divergent pour se rendre dans les deux bassins contigus, du moins quand les limites des bassins sont marquées par des convexités très-allongées ayant, comme les vallées, beaucoup plus de pente dans le sens transversal que dans le sens longitudinal. Alors les faîtes deviennent, comme les thalwegs, des faisceaux étroits de lignes de pente, mais des faisceaux divergents et non plus convergents ; car il s'en détache, sur chaque point de leur parcours, deux lignes de plus grande pente, une à droite et l'autre à gauche. Et, de même aussi que pour les thalwegs, une ligne des déclivités minima se trouve tellement près de chaque faîte qu'il est permis, dans la pratique, de ne pas l'en distinguer.

Quand plusieurs vallées allongées sont les unes à côté des autres, le sol est divisé, par des faîtes et des thalwegs consécutifs, en bandes appelées versants ; un versant est donc, du moins dans le cas le plus simple, le lieu géométrique de lignes de plus grande pente qui se détachent d'un même faîte pour aboutir à un même thalweg, et qui sont, sur toute leur longueur, voisines, chacune, de la suivante.

Les deux versants contigus à une même ligne de thalweg composent le bassin du cours d'eau correspondant. Enfin, l'ensemble des bassins dont les thalwegs se terminent à une même dépression du sol, mer ou lac (anciens ou actuels), constitue le bassin de cette mer ou de ce lac. C'est le lieu de toutes lignes de plus grande pente qui s'y reunissent inférieurement.

Les points de la surface où le plan tangent est horizontal sont, en général: 1°, des sommets, quand l'altitude z y est maximum, c'est-à-dire quand la surface s'y trouve située au dessous de son plan tangent; 2°, des fonds, dans le cas contraire où l'altitude est minimum, la surface étant au dessus du plan tangent; 3°, enfin des cols, quand la surface est en partie au dessus de son plan tangent en partie au dessous, et que, par suite, l'altitude n'est ni un maximum absolu, ni un minimum absolu, mais seulement un maximum et un minimum relatifs.

Les plus remarquables sont ces derniers points, les cols, où viennent, d'ordinaire, se croiser à angle droit une ligne de faîte, qui remonte des deux côtés, et une ligne de thalweg, qui descend de même des deux côtés, en sorte que deux montagnes et deux vallées s'y réunissent. Les cols constituent ainsi, sur les parties hautes des lignes de séparation des bassins, les points d'altitude minimum: ils sont donc ceux par où il convient de faire passer les chemins qui doivent franchir des chaînes de montagnes; d'autant plus que les deux thalwegs qui y aboutissent jalonnent déjà, sur les deux flancs, des voies tracées avec à peu près le moins de pente possible et en des points où la déclivité du sol est, également, aussi peu forte que possible.

Pour les mêmes raisons, on devra, en général, dans le tracé des routes et des canaux à travers des pays accidentés, s'écarter le moins qu'on pourra des lignes des déclivités minima: celles qui suivent des thalwegs conviendront spécialement pour les routes, comme il vient d'être dit, et, celles qui suivent des lignes de faîte, pour les canaux destinés à l'irrigation des deux versants contigus.

25ème Leçon — Notions sommaires sur la courbure des surfaces.

181. — Des formes qu'affectent les surfaces aux environs d'un de leurs points.

La partie de l'analyse infinitésimale qui traite de la courbure des surfaces a pour but principal l'étude des circonstances que présente, en général, la forme d'une surface, dans le voisinage d'un quelconque de ses points, en tant qu'elle s'y écarte de celle, toujours uniforme, du plan tangent, et qu'elle affecte, par conséquent, des caractères variables d'une surface à l'autre.

Pour nous renseigner sur la forme d'une surface dans le voisinage d'un de ses points, nous prendrons ce point comme origine d'un système de coordonnées rectangulaires x, y, z et, comme axe des z, la normale correspondante, dirigée, par rapport au plan tangent, d'un côté tel, que la surface y soit située au moins en partie ou qu'elle admette de petites ordonnées positives z. L'équation de la surface étant supposée mise sous la forme $z = f(x, y)$, on pourra, généralement, pour les très petites valeurs absolues de x et de y, développer le second membre par la série de Mac-Laurin, suivant les puissances croissantes de x et de y.

Nous appellerons p, q, r, s, t les valeurs, à l'origine $x = y = 0$, des dérivées partielles premières et secondes de la fonction f par rapport à x et à y. Comme, d'ailleurs, l'a donnée z s'annule pour $x=0$ et $y=0$ (vu que la surface passe à l'origine), il viendra

$$z = px + qy + \frac{1}{2}(rx^2 + 2sxy + ty^2) + \dots$$

Mais le plan tangent, à l'origine, coïncide, par hypothèse, avec celui des xy. Or, son équation,

$$z_1 - z = p(x_1 - x) + q(y_1 - y),$$

devient d'abord

$$z_1 = px_1 + qy_1$$

puisque les coordonnées x, y, z du point de contact s'annulent, et elle ne donne, pour tous les points du plan, $z_1 = 0$, que si l'on a $p=0$, $q=0$. Ainsi, le choix du plan tangent comme plan des xy fait annuler identiquement p, q à l'origine, et le développement précédent devient $z = \frac{1}{2}(rx^2 + 2sxy + ty^2) + \dots$

D'ailleurs, les termes non écrits, d'un degré, en x et y, supérieur au deuxième, auront, comme on sait, leur somme négligeable en comparaison des termes écrits, qui sont tous du second degré. Donc, la forme de la surface, aux environs du point choisi pour l'origine, diffère infiniment peu de ce qu'elle serait en supprimant tous les termes non écrits, ou en réduisant l'équation de la surface à

$$(1) \quad z = \frac{1}{2}(rx^2 + 2sxy + ty^2).$$

On reconnaît, dans cette équation, celle d'un paraboloïde qui aurait pour axe principal l'axe des z, c'est-à-dire la normale même de la surface au point considéré. On l'appelle le <u>paraboloïde de contact</u>; et il a, en effet, au point o, avec la surface, un contact du second ordre, puisque ses ordonnées ne diffèrent de celles de la surface que par les termes supprimés, du troisième degré ou de degré supérieur en x, y, et que, par suite, les <u>écarts</u> du paraboloïde d'avec la surface proposée sont seulement du troisième ordre. Donc, <u>la forme de toute surface, aux</u>

environs d'un quelconque de ses points, se confond sensiblement, en général, avec celle d'un paraboloïde ayant pour axe la normale au point considéré.

182. — Des deux plans normaux principaux d'une surface et de ses deux sections principales, en un quelconque de ses points.

On sait qu'il est possible de choisir, dans le plan des xy normal à l'axe principal du paraboloïde ci-dessus (1), deux nouveaux axes des x et des y rectangulaires comme les premiers et ayant même origine, mais tels, qu'ils fassent disparaître de l'équation (1) le rectangle xy de ces deux coordonnées en annulant son coefficient s. Il suffit, pour cela, de prendre pour ces nouveaux axes ceux-mêmes de la section conique, tracée sur le plan des xy, dont l'équation par rapport aux axes primitifs est

$$r x^2 + 2 s x y + t y^2 = \text{une constante}.$$

Si donc nous admettons qu'on adopte ces axes spéciaux, l'équation (1) du paraboloïde de contact deviendra de la forme

$$(2) \qquad z = \frac{1}{2}\left(r x^2 + t y^2\right).$$

Les coordonnées x et y n'y paraîtront que par leurs carrés; de sorte que, à chaque point (x, y, z) du paraboloïde, il en correspondra un second, $(-x, y, z)$, symétrique du premier par rapport au plan des yz, et un troisième, $(x, -y, z)$, symétrique du premier par rapport au plan des zx. C'est dire, évidemment, que le plan des yz et celui des xz sont des plans de symétrie du paraboloïde, et sont par suite, sensiblement, dans le voisinage du point considéré O, des plans de symétrie de la surface proposée.

Il existe donc, en chaque point d'une surface, deux certains plans, normaux à la surface et rectangulaires entr'eux, de part et d'autre desquels la surface peut être censée symétrique dans une étendue infiniment petite tout autour. Ces deux plans sont dits les plans principaux de la surface pour le point considéré. Ils coupent la surface suivant deux courbes, qu'on appelle les sections principales relatives à ce même point.

183. — Propriété caractéristique des sections principales.

Les deux sections principales, OA, OB, d'une surface OAB, pour un point quelconque O, jouissent, en ce point, d'une propriété importante, à l'exclusion des lignes de la surface qui émaneraient du point O dans d'autres sens. Elle consiste en ce que deux normales consécutives menées à la surface, l'une, au point considéré O, l'autre, dans le voisinage, à l'extrémité d'un arc infiniment petit OA ou OB de ces lignes, se coupent ou, du moins, passent à une distance, l'une de l'autre, infiniment petite en comparaison de l'arc OA ou OB. En effet, la surface pouvant être censée, dans le voisinage du point O, symétrique de part et d'autre des deux plans principaux zox, zoy, tandis qu'elle ne le serait pas, au même degré d'approximation, par rapport à tout autre plan mené suivant la première normale Oz, des normales voisines, AC, BC', tirées à la surface à partir d'un point, A ou B, des plans principaux, ne sortiront pas de ceux-ci et iront joindre Oz plus ou moins loin, vu l'impossibilité où elles seront de s'écarter des plans de symétrie plutôt d'un côté que du côté opposé; au contraire, la dissymétrie de la surface par rapport à tout autre plan mené suivant Oz ferait pencher hors de ce plan la normale qu'on y mènerait à la surface dans le voisinage du point O, et, par suite, cette normale

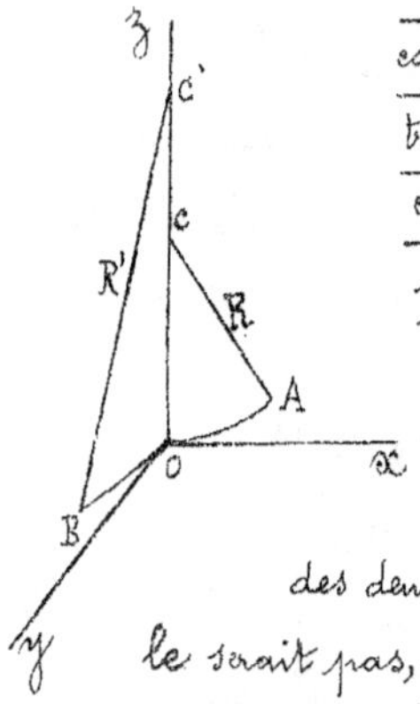

passerait à côté de la première Oz sans la rencontrer. Donc, si, à partir du point O, on décrit sur la surface un chemin infiniment petit, dans d'autres directions que OA, OB ou leurs prolongements, la normale, menée à la surface à la seconde extrémité de ce chemin, n'ira pas rencontrer la normale menée à la première extrémité.

Il n'y aurait exception à cette loi que si les deux sections principales OA, OB étaient égales, ou, ce qui revient au même d'après l'équation (2) du paraboloïde de contact, si l'on avait à la fois $s=0$ et $r=t$, au point considéré. Alors l'ordonnée z, égale à $\frac{r}{2}(x^2+y^2)$, ne dépendrait que du carré, x^2+y^2, de la distance de chaque point à l'axe des z, le paraboloïde serait de révolution autour de cet axe, et toutes les sections normales au point O, c'est-à-dire toutes les coupes de la surface par des plans menés suivant la normale Oz, deviendraient des sections principales. Dans ce cas exceptionnel, le point O est appelé un ombilic.

184.— Courbures principales de la surface au point considéré.

Dans la figure précédente, la normale Oz à la surface peut donc être censée coupée, en deux points C, C', par les droites voisines AC, BC', qui sont également normales à la surface et, par suite, aux deux sections principales OA, OB, tracées sur celle-ci. Les plans osculateurs de ces courbes étant d'ailleurs ceux des zx et des zy, l'axe Oz est leur normale principale en O, et, par suite, les points C, C' sont leurs centres respectifs de courbure. On les appelle les deux centres principaux de courbure de la surface pour le point considéré O.

Les deux rayons de courbure correspondants, OC ou AC, et OC' ou BC', que nous appellerons respectivement R et R', sont dits les deux rayons de courbure principaux relatifs au point O. On convient de les compter positivement, quand, sur la normale Oz, ils sont dirigés, à partir du point O, du côté que l'on a choisi pour celui des z positifs: c'est ce qui arrive dans la figure ci-dessus, et on peut toujours admettre que l'un des deux rayons, R par exemple, soit dans ce cas, si l'on dirige convenablement l'axe des z. On compterait, au contraire, négativement, un rayon de courbure dirigé, à partir du point O, du côté des ordonnées négatives, conformément, du reste, à une convention déjà faite dans la théorie de la courbure des courbes planes (n° 95, p. 125); c'est ce qui arriverait pour R' dans la figure ci-contre, où le second centre principal de courbure, C'', au lieu d'être du même côté de la normale Oz que le premier centre C, se trouve du côté opposé. Il est clair, d'après cela, qu'un rayon principal de courbure est positif, quand la section principale correspondante, OA par exemple, tourne sa concavité du côté des z positifs, et qu'il est négatif, quand la section correspondante tourne, au contraire, sa concavité vers les z négatifs, comme il arrive pour OB'.

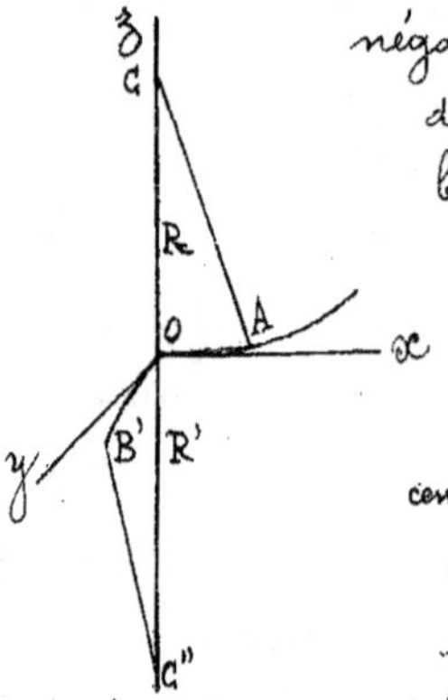

Enfin, les inverses, $\frac{1}{R}$, $\frac{1}{R'}$, des rayons de courbure principaux, pris avec leurs signes, sont naturellement appelés *les deux courbures principales* de la surface au point considéré. Leur moyenne arithmétique, $\frac{1}{2}\left(\frac{1}{R}+\frac{1}{R'}\right)$, est dite la *courbure moyenne* de la surface, et, leur moyenne géométrique $\frac{1}{\sqrt{RR'}}$, ou plutôt son carré $\frac{1}{RR'}$, a été appelé simplement, par Gauss, la *courbure* de la surface. La première de ces deux quantités, $\frac{1}{2}\left(\frac{1}{R}+\frac{1}{R'}\right)$, a une très-grande importance dans la théorie physique des phénomènes de capillarité produits à la surface d'un liquide; car la différence des deux pressions existant de part et d'autre de cette surface lui est proportionnelle. La deuxième, $\frac{1}{RR'}$, joue également le rôle principal dans la théorie des membranes infiniment minces que l'on déforme par simple flexion, c'est-à-dire en les pliant ou dépliant sans allonger ni raccourcir aucune de leurs fibres ou aucune ligne matérielle tracée sur leurs faces; car Gauss a démontré que cette quantité $\frac{1}{RR'}$, conserve, en chaque point déterminé de la membrane, sa valeur primitive, quels que soient les changements de forme produits.

185. — Détermination de la forme d'une surface aux environs d'un point, en fonction des deux rayons principaux de courbure relatifs à ce point.

Les deux coefficients r, t, qui paraissent dans l'équation (2) du paraboloïde de contact, s'expriment aisément en fonction de R et de R'. Observons en effet que R est le rayon de courbure, au point O, de la coupe de la surface par le plan des $x\,z$, courbe plane dont les rayons se calculent par la formule ordinaire donnée plus haut (form. 5, N° 95, p. 125), en observant seulement que l'ordonnée y s'appelle ici z et que ses dérivées première et seconde par rapport à x sont désignées par p et r. Ce rayon a donc pour expression générale $\frac{(1+p^2)^{\frac{3}{2}}}{r}$, et vaut simplement $\frac{1}{r}$ au point O où l'on a $p=0$. Il vient ainsi $R=\frac{1}{r}$, ou $r=\frac{1}{R}$, et l'on aurait de même, en considérant la coupe de la surface par le plan des $y\,z$, $R'=\frac{1}{t}$ ou $t=\frac{1}{R'}$. Par suite, l'équation (2) du paraboloïde de contact, qui définit la forme approchée de la surface aux environs du point considéré O, peut s'écrire

$$(3) \qquad z=\frac{1}{2}\left(\frac{x^2}{R}+\frac{y^2}{R'}\right).$$

On voit qu'elle ne dépend que de R et R'. Donc, la forme approchée de la surface, aux environs d'un de ses points, est complètement déterminée par les rayons de courbure R, R', en ce point, de ses deux sections principales correspondantes, rayons pris en grandeur et en signe; quant à la manière dont cette forme est disposée ou orientée par rapport au plan tangent mené à la surface au même point, elle dépend de la direction des deux sections principales qui ont ces rayons de courbure, c'est-à-dire de la position des deux plans normaux principaux.

186. — Surfaces à Courbures de même sens — Idée générale de la courbure des lignes qui y sont tracées.

Dans la question de la forme qu'affecte une surface aux environs d'un point, deux cas généraux peuvent se présenter, suivant que les deux rayons de courbure principaux sont de même signe, ou suivant qu'ils sont, l'un, positif, et, l'autre, négatif.

Supposons-les d'abord de même signe. Comme nous pouvons choisir les z positifs du côté de la normale OC où se trouve le centre de courbure C de la section principale comprise dans le plan des zx, nous aurons toujours $R > 0$, et, par suite, dans le cas considéré actuellement, le second rayon R' sera aussi positif. Alors les deux sections principales OA, OB sont concaves vers les z positifs, ou situées toutes les deux au dessus de leurs tangentes Ox, Oy; et l'on dit que leurs deux courbures $\frac{1}{R}$, $\frac{1}{R'}$ sont <u>de même sens</u>. L'équation (3) donnant sensiblement, dans le voisinage du point O,

$$z = \frac{1}{2}\left(\frac{x^2}{R} + \frac{y^2}{R'}\right), \text{ quantité plus grande que zéro,}$$

la surface n'y a de commun avec son plan tangent xOy que le point de contact O, et l'on dit qu'elle est toute concave du côté des z positifs, où elle se trouve, et toute convexe, au contraire, de l'autre côté, qui est celui des z négatifs.

Le paraboloïde de contact étant elliptique, les sections faites dans la surface par des plans parallèles au plan tangent en O et très-voisins de ce plan sont sensiblement les ellipses ayant pour équation

$$\frac{x^2}{2R} + \frac{y^2}{2R'} = \text{une constante } z,$$

ellipses semblables, pareillement orientées et de grandeur croissante avec la distance z de leurs plans au point O.

Quant aux courbes tracées sur la surface à partir du point considéré O, il est clair qu'elles sont toutes concaves du même côté que la surface, et que leur courbure est d'autant plus grande qu'elles s'écartent plus vite de leur tangente en O. En effet, si OM est un arc infiniment petit d'une de ces courbes et OT sa tangente, leur écart mutuel à la distance OT, savoir, la droite MT abaissée perpendiculairement sur OT, sera sensiblement le même pour la courbe OM que pour son cercle osculateur, dont le contact est infiniment plus intime avec la courbe OM qu'avec la tangente OT.

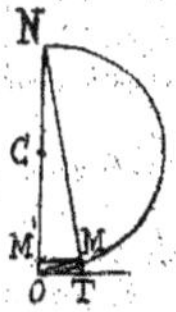

Or, dans ce cercle, qui a C pour centre et ON pour diamètre, une perpendiculaire MM' = OT, abaissée sur ON, est moyenne proportionnelle entre les deux segments correspondants M'O, M'N du diamètre; en sorte qu'on a

$$\overline{OT}^2 \text{ ou } \overline{M'M}^2 = M'O \times M'N = MT \times M'N,$$

et, par suite,

$$M'N = \frac{\overline{OT}^2}{MT}, \text{ ou, sensiblement, } ON = \frac{\overline{OT}^2}{MT}.$$

Cette formule donne donc, pour le rayon de courbure OC, $\frac{\overline{OT}^2}{2 \cdot MT}$, et, pour la courbure correspondante $\frac{1}{OC}$, l'inverse $\frac{2\,MT}{\overline{OT}^2}$. Ainsi, <u>la courbure d'un arc infiniment petit quelconque égale le double de l'écart total de l'arc d'avec la tangente menée à sa première extrémité, divisé par le carré de la projection de l'arc sur cette tangente, projection sensiblement équivalente à l'arc lui-même.</u>

On voit, par cette loi, que la courbure des diverses lignes menées, sur la surface, à partir du point considéré O, est bien d'autant plus grande, en O, que ces lignes s'éloignent plus rapidement de leur tangente située dans le plan des xy. Or, elles s'en éloignent d'autant plus rapidement que leur ordonnée z croît plus vite et que l'angle aigu de leur plan osculateur avec l'axe des z est plus voisin d'un droit. En effet, leur écart d'avec leur tangente en O est une perpendiculaire à celle-ci, menée dans leur plan osculateur, et il a pour projection, sous l'angle aigu dont il vient d'être parlé, leur écart z d'avec le plan même des xy. Mais ce serait sortir du cadre de notre cours que d'entrer dans les détails du calcul de cette courbure et des lois qui en résultent. Qu'il nous suffise d'en avoir indiqué les principes.

187. — Des surfaces à courbures opposées et de la courbure des lignes que contiennent ces surfaces.

Passons maintenant à l'examen du deuxième cas, c'est-à-dire du cas où, le second rayon principal de courbure, R', étant négatif, les centres C et C' de courbure des deux sections principales OA, OB sont, sur la normale Oz, de part et d'autre du point O. Alors, l'une de ces sections, OA, est concave du côté des z positifs, tandis que l'autre, OB, est concave du côté des z négatifs. La surface est dite, pour cette raison, à courbures opposées: elle a, dans le voisinage du point O, une partie, contigüe au plan des zx, qui est, par rapport au plan tangent xOy, du côté des z positifs, et qu'on peut appeler la partie concave vers les z positifs; le reste, contigu au plan des zy, se trouve compris de l'autre côté du plan tangent et constitue la partie convexe vers les z positifs. Ces deux parties ont pour limite commune l'intersection même de la surface par son plan tangent z=0, intersection qu'on obtient sensiblement en posant z = 0 dans l'équation (3) du paraboloïde de contact. Il vient ainsi

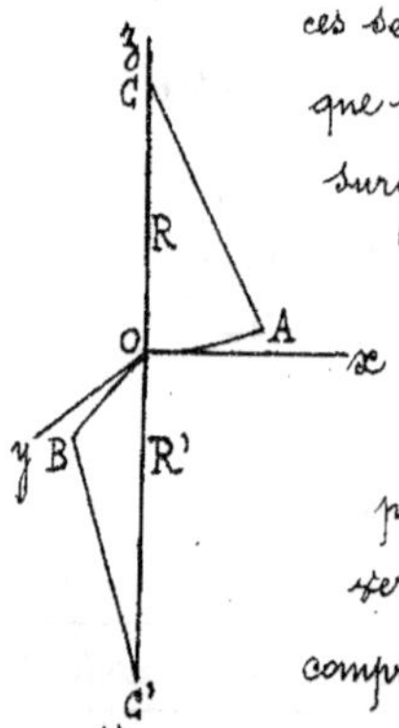

$$(4)\qquad \frac{x^2}{R} - \frac{y^2}{-R'} = 0, \text{ ou } y = \pm x\sqrt{\frac{-R'}{R}},$$

équation qui représente deux droites passant par le point O et également inclinées de part et d'autre de Ox, ou dont les quatre angles ont pour bissectrices les tangentes Ox, Oy aux deux sections principales. Donc, la surface est coupée par son plan tangent suivant deux courbes, qui ont pour tangentes, au point de contact O, les deux droites (4), également inclinées de part et d'autre des tangentes, Ox, Oy, aux deux sections principales: ces deux courbes divisent la surface, autour du point considéré O, en quatre régions alternativement concaves et convexes vers les z positifs.

Le paraboloïde de contact

(5) $$z = \frac{1}{2}\left(\frac{x^2}{R} - \frac{y^2}{-R'}\right)$$

est hyperbolique et a la forme d'une selle de cheval ou d'un col. Les sections planes faites dans la surface, soit du côté des z positifs, soit du côté des z négatifs, parallèlement au plan tangent xoy et à une très petite distance $\pm z$ de ce plan, sont, près du point O, les hyperboles

(6) $$\frac{x^2}{2R} - \frac{y^2}{-2R'} = \text{la constante } z\text{, positive ou négative.}$$

Ces courbes ont toutes, en projection sur le plan xoy, les mêmes asymptotes, que représente précisément l'équation (4), ou auxquelles les hyperboles (6) se réduisent quand z s'annule. Aussi, les deux droites (4), tangentes aux intersections de la surface par son plan tangent, définissent-elles, pour le point de contact considéré O, ce qu'on appelle les deux directions asymptotiques relatives à ce point.

Des courbes quelconques, tracées sur la surface à partir du point O, tourneront évidemment leur concavité du même côté du plan tangent xoy que la partie de la surface où on les mènera. D'ailleurs, elles auront, comme dans le cas où R et R' étaient de même signe, une courbure d'autant plus grande qu'elles s'éloigneront plus vite de leur tangente en O, c'est-à-dire d'autant plus grande que leur écart z d'avec le plan tangent croîtra plus rapidement et que l'angle aigu de leur plan osculateur avec la normale Oz sera plus voisin d'un droit. Cette courbure se réduirait donc à zéro, si, le plan osculateur faisant un angle sensible avec le plan tangent xoy, l'ordonnée z restait, le long d'un très-petit arc de la courbe , infiniment moindre qu'elle ne devient en général. C'est ce qui arrive quand la courbe considérée est tangente, en O, à une des deux directions asymptotiques, suivant lesquelles la surface ne se sépare pour ainsi dire pas du plan xoy : la courbure s'annule donc alors, à moins que le plan osculateur à la courbe ne soit tangent à la surface et que, par suite, l'écart de la courbe d'avec sa tangente en O puisse être infiniment supérieur à son écart d'avec le plan xoy.

188. — Des lignes de courbure, dans une surface quelconque.

Prenons sur une surface un point quelconque O, et menons à partir de ce point, sur des longueurs infiniment petites, les deux sections principales OA, OB qui lui sont relatives. Puis, à partir des points A et B, menons de même, sur des longueurs infiniment petites encore, les sections

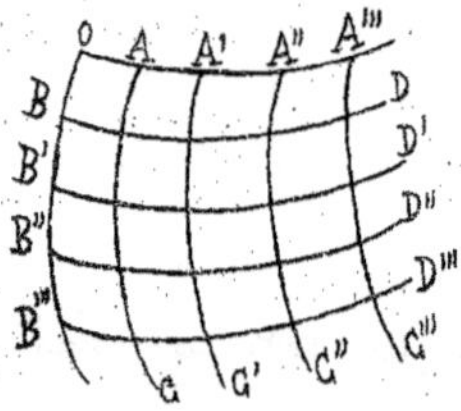

principales AA', BB', relatives respectivement aux points A, B, et dont les directions diffèrent infiniment peu, par raison de continuité, de celles de OA et OB. A partir des nouvelles extrémités obtenues A', B', tirons encore, sur des longueurs infiniment petites, les sections principales A'A'', B'B'', relatives aux points A', B' et qui font, avec les prolongements de AA' et BB', des angles infiniment petits. Et ainsi de suite. Il est évident que nous tracerons de la sorte, sur la surface, deux certaines courbes, OAA'A''A'''... et OBB'B''B'''..., se croisant à angle droit au point O. Comme, d'ailleurs, la propriété caractéristique des sections principales consiste en ce que les normales menées à la surface en deux consécutifs de leurs points se rencontrent, les deux courbes OAA'A''..., OBB'B''... seront telles, que les normales de la surface, tout le long de ces lignes, se couperont deux à deux ou formeront une surface développable.

Il est clair qu'on aurait pu partir d'un point quelconque de la surface comme on l'a fait du point O, en sorte qu'il passe par tous les points de la surface deux courbes analogues à OA''' et OB'''. Ces courbes, AC, A'C', A''C'', ..., BD, B'D', B''D'', ..., découvertes par

Monge, s'appellent les lignes de courbure de la surface. Elles constituent évidemment, sur celle-ci, une double famille de lignes orthogonales (c'est-à-dire se croisant à angle droit) le long desquelles les normales à la surface se joignent successivement. On voit qu'elles découpent la surface en rectangles infiniment petits et que leurs tangentes en chaque point font connaître les directions des deux sections principales relatives à ce point.

189. — Des lignes asymptotiques, dans les surfaces à courbures opposées.

Quand une surface est à courbures opposées, on peut, en opérant comme pour ses lignes de courbure, la parcourir de proche en proche, à partir d'un point quelconque, dans des directions qui coïncident en chaque endroit avec les directions asymptotiques, c'est-à-dire avec celles suivant lesquelles la surface serait coupée par le plan tangent qu'on y mènerait. Les courbes ainsi décrites sont dites les lignes asymptotiques de la surface. Il est évident, d'après ce qui a été dit tout-à-l'heure sur les directions asymptotiques, qu'il passe deux de ces lignes par chaque point de la surface et que les quatre angles qu'elles y forment sont bissectés par les deux lignes de courbure se croisant au même point.

Les lignes asymptotiques ont pour plans osculateurs les plans tangents mêmes de la surface. Celle-ci, en effet, aux environs de son point de contact avec un de ses plans tangents, s'écarte infiniment moins du plan tangent dans les directions des lignes asymptotiques que dans les autres directions, d'après la définition même des directions asymptotiques. Donc, le plan tangent a, avec ces lignes, un contact plus élevé qu'avec des courbes quelconques de la surface menées par son point de tangence, c'est-à-dire un contact d'un ordre supérieur au premier. Or nous savons que le plan osculateur d'une courbe est le seul qui présente avec elle un tel contact, plus intime que ceux du premier ordre.

26ème Leçon. — Calcul intégral : intégrales définies et intégrales indéfinies ; procédés généraux pour le calcul des intégrales indéfinies.

190. — Rappel du but que se propose le calcul intégral ; cas d'une différentielle, de la forme $f(x)\,dx$, à intégrer.

On a pu entrevoir, dès la fin de la première leçon de ce Cours, que le calcul intégral a pour but, étant donnée une expression définissant la différentielle d'une fonction, de trouver la formule de cette fonction elle-même. Cette opération s'appelle une intégration, ou, plus précisément, l'intégration de l'expression proposée. Elle équivaut à réunir toutes les différentielles successives de la fonction, ou l'infinité des accroissements infiniment petits dont se compose, à un moment donné, sa valeur, supposée avoir d'abord été nulle et n'être arrivée que peu à peu à son état actuel : Ainsi, intégrer, c'est, au fond, rétablir une quantité dans ce qu'on peut appeler son intégralité, dans sa valeur totale, par le rapprochement, la sommation des éléments ou parties infiniment petites qui la constituent. Ce mot se justifie donc de lui-même, comme ceux d'intégration et de calcul intégral qui en dérivent.

Nous verrons plus loin que la différentielle d'une fonction peut être donnée sous diverses formes plus ou moins compliquées. Ici, nous nous bornerons au cas le plus simple, qui est celui où la quantité inconnue ne dépend que d'une variable, x, et où sa différentielle, donnée explicitement en fonction de cette variable seule, est de la forme $f(x)\,dx$, $f(x)$ désignant, comme on voit, la fonction connue qui exprime sa dérivée. Nous représenterons par $F(x)$ la fonction cherchée, ayant pour différentielle $f(x)\,dx$: on l'appelle quelquefois la fonction primitive de $f(x)$, par opposition à celle-ci, $f(x)$, qui en est dite la dérivée, conformément à une dénomination devenue familière, mais, d'ailleurs, assez peu juste au point de vue des applications physiques. En effet, dans la nature, ce sont les différentielles, plutôt que leurs sommes, qu'on peut regarder comme primitives, ou que déterminent immédiatement les lois des choses.

191. — Existence et degré d'indétermination de la fonction dite primitive.

Remarquons qu'il existe toujours, quelle que soit la fonction donnée $f(x)$, une fonction continue, $F(x)$, qui répond à la question, ou dont la dérivée est $f(x)$. Pour le concevoir, imaginons que x soit, dans le plan xOy, une abscisse variable, d'abord égale à une certaine quantité $OA = \alpha$ que nous appellerons sa valeur initiale, et puis indéfiniment croissante ou décroissante d'une manière continue. Cette abscisse prendra donc, successivement, des valeurs telles que OA, OB, OC, etc. Menons, à son extrémité mobile $A, B, C, \ldots$, une ordonnée, y, dont la première valeur, AA', soit quelconque, mais qui, à mesure qu'elle se déplace, grandisse ou diminue, à chaque instant ou à partir de chaque valeur x de son abscisse, de quantités dy égales au produit de la valeur actuelle de la fonction $f(x)$ par le transport infiniment petit dx de l'ordonnée survenu aussitôt après. Il est clair que la seconde extrémité, A', d'une telle ordonnée variable décrira dans le plan une certaine courbe, $A'B'C'\ldots$, pendant que l'ordonnée prendra successivement les positions $A'A$, $B'B$, $C'C$, etc. Or, cette courbe, une fois construite, définira parfaitement son ordonnée y en fonction

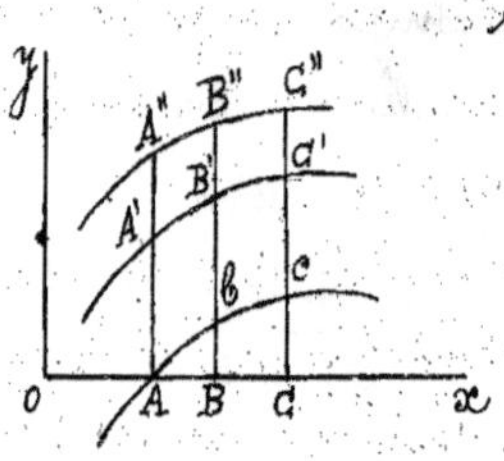

de l'abscisse x; la manière même dont elle a été décrite, ou dont on a disposé à chaque instant de sa direction, qui était d'abord complètement libre à partir de chaque point, montre qu'on aura, tout le long de la courbe, $dy = f(x)\,dx$ ou $y' = f(x)$. Ainsi, le coefficient angulaire de la tangente, rapport qui définit la direction de la courbe en chaque endroit, égalera partout $f(x)$. Par conséquent, l'ordonnée elle-même y sera bien la fonction primitive demandée $F(x)$, ou, du moins, une fonction primitive, c'est-à-dire ayant pour différentielle $f(x)\,dx$.

On voit même que la première ordonnée AA', arbitraire, pourrait être allongée ou raccourcie d'une quantité quelconque $A'A''$; et qu'on obtiendrait alors une nouvelle courbe, $A''B''C''$.., dont l'ordonnée, que j'appellerai Y, aurait également pour dérivée $f(x)$, ou exprimerait une autre fonction primitive, au même titre que l'ordonnée y de la première courbe $A'B'C'$.. Mais il importe d'observer que la différence $Y-y$ des deux ordonnées se maintiendrait constante, ou que l'on aurait $A''A' = B''B' = C''C' =$ etc. En effet, la quantité $Y-y$, ayant sa dérivée, $Y'-y'$ ou $f(x)-f(x)$, identiquement égale à zéro, se réduit forcément à une quantité constante, d'après ce qu'on a vu dans la 3ème leçon (n° 19, p. 23). Donc, si nous désignons par c cette constante arbitraire, la fonction primitive la plus générale possible sera

$$y + c \text{ ou } F(x) + c.$$

En résumé, quelle que soit la différentielle donnée, de la forme $f(x)\,dx$, dans laquelle toutefois $f(x)$ désigne une fonction finie et continue (ou ne présentant du moins que des discontinuités accidentelles), on peut toujours construire par la pensée et il existe, en conséquence, une fonction continue, $F(x)$, qui admet cette différentielle $f(x)\,dx$, ou dont la dérivée est $f(x)$. De plus, la différentielle $f(x)\,dx$ définit complètement les changements éprouvés par cette fonction quand x varie, mais elle laisse entièrement libre une première valeur, dite initiale, de la fonction, valeur à laquelle il est permis d'ajouter un terme constant quelconque, positif ou négatif, sans influer en rien sur la partie variable de $F(x)$.

192. — Intégrale définie et intégrale indéfinie d'une différentielle $f(x)\,dx$.

Supposons que, x ayant reçu d'abord la valeur a, on ait choisi égale à zéro la valeur correspondante de l'ordonnée de la courbe, ou, ce qui revient au même, donnons-nous la constante arbitraire c égale à $-AA' = -F(a)$. La fonction primitive que nous obtiendrons sera ainsi l'ordonnée de la courbe, Abc..., construite en retranchant partout la constante $F(a)$ de l'ordonnée $y = F(x)$ de la courbe $A'B'C'$... considérée d'abord. Cette fonction primitive, $F(x) - F(a)$, joindra donc à la propriété d'avoir pour différentielle $f(x)\,dx$ celle d'être d'abord nulle ou de se former, peu à peu, par l'apport exclusif des valeurs que prend successivement sa différentielle $f(x)\,dx$: elle ne se composera que de ses accroissements infiniment petits, positifs ou négatifs, éprouvés à mesure que x s'écarte de a en recevant lui-même les variations continues ou insensibles dx, qui peuvent être, elles aussi, soit positives, soit négatives.

La somme de toutes ces valeurs successives de la différentielle $f(x)\,dx$ se représente quelquefois, suivant une notation que nous avons déjà employée, par le symbole $\Sigma f(x)\,dx$. Mais, comme les termes ajoutés de la sorte sont infiniment petits et infiniment nombreux, et qu'il est bon d'exprimer nettement, au moyen d'une forme spéciale donnée au signe de sommation, l'intention où l'on est de passer ainsi à la limite en faisant décroître tous les termes jusqu'à zéro, on trouve préférable de remplacer le Σ grec par le symbole $\int$, qui n'est qu'un S (initiale du mot somme) déformé. C'est ainsi que, dans le calcul différentiel, la substitution de la lettre d à la lettre grecque Δ avait traduit une intention analogue. Et, pour que cette intention se manifeste aussi dans le langage parlé, le symbole $\int$

s'énonce intégrale, plus particulièrement que somme, de même que le signe d s'est énoncé différentielle et non différence. Par conséquent, la somme des valeurs prises successivement par la différentielle $f(x)\,dx$, quand x varie avec continuité, s'écrira $\int f(x)\,dx$ et se lira intégrale de $f(x)\,dx$ ou somme de $f(x)\,dx$.

Cette somme étant égale à $F(x) - F(a)$ lorsque la valeur initiale de x est a, on aura

$$\int f(x)\,dx = F(x) - F(a).$$

Une telle expression s'appelle une intégrale définie. La valeur, comme on voit, est complètement déterminée, parce qu'on se donne la valeur, a, à partir de laquelle x a commencé à varier; et c'est justement cette détermination parfaite qu'on exprime par l'adjectif « définie ».

Mais, si l'on n'expliquait pas quelle a été la première valeur de x, le terme $-F(a)$ pourrait recevoir généralement, comme a, une infinité de valeurs différentes; et ce serait, du moins entre certaines limites, une constante arbitraire. En la représentant par c, on aurait donc

$$\int f(x)\,dx = F(x) + c.$$

Alors la quantité $\int f(x)\,dx$, indéterminée en partie, prend le nom d'intégrale indéfinie. On voit qu'elle comporte la même expression analytique, $F(x) + c$, que la fonction primitive la plus générale de $f(x)$. Aussi regarde-t-on les deux mots intégrale indéfinie et fonction primitive comme synonymes. On dira, indifféremment, l'intégrale de $f(x)\,dx$ ou la fonction primitive de $f(x)$, en sous-entendant que la constante arbitraire impliquée dans celle-ci devra se déterminer de manière à faire commencer l'intégrale pour telle valeur de x qu'on voudra.

Le symbole $\int$ dispensera de donner un nom spécial, tel que $F(x)$, à la fonction primitive de $f(x)$, puisqu'on la désignera bien mieux par l'expression $\int f(x)\,dx$, qui a l'avantage d'exprimer son mode le plus naturel de génération. Par suite, le signe d'intégration $\int$ sera l'opposé du signe de différentiation d ; et celui-ci, placé au devant du premier, le détruira identiquement d'après le sens même qu'on leur a donné. On aura, par exemple, $d\int f(x)\,dx = f(x)\,dx$.

Mais on ne peut pas dire, au même degré, que le signe $\int$, placé au devant du signe d, le détruise ; car

$$\int d\,F(x) = F(x) + \text{une constante arbitraire, et non } F(x) \text{ seulement.}$$

La différence provient de ce que la différentiation est une opération qui donne un résultat parfaitement défini, tandis que l'intégration d'une différentielle $f(x)\,dx$ est une opération qui fait connaître seulement les variations de la quantité cherchée et non sa valeur initiale.

Nous nous occuperons d'abord de la recherche des fonctions primitives ou, ce qui revient au même, du calcul des intégrales indéfinies.

193. — Procédés généraux pour le calcul des intégrales indéfinies.

On est très-loin de pouvoir calculer exactement, ou même de savoir exprimer au moyen de fonctions connues, l'intégrale d'une différentielle quelconque, soit algébrique, soit surtout transcendante.

Nous nous bornerons, naturellement, aux plus importantes des catégories de différentielles qui s'intègrent avec l'aide des fonctions familières à tout géomètre, les unes, algébriques, les autres exponentielles ou circulaires, tant directes qu'inverses. Cette recherche sera basée sur l'emploi de cinq règles, constituant, en quelque sorte, cinq procédés spéciaux d'intégration, que nous allons exposer.

194. — Première règle, concernant les différentielles qui s'intègrent immédiatement.

Cette règle consiste à connaître par cœur et à appliquer les intégrations suivantes, qui résultent, sans calcul ou presque sans calcul, des formules usuelles de différentiation des fonctions les plus simples, et où c, c' désignent des constantes arbitraires:

$$\left\{\begin{array}{l}\int x^m dx = \frac{x^{m+1}}{m+1} + c \text{ (m étant un exposant constant quelconque, positif ou négatif, entier ou fractionnaire)},\\ \int \frac{dx}{x} = \log x + c', \qquad \frac{dx}{1+x^2} = \text{arctg}\, x + c,\\ \int \frac{dx}{\sqrt{1-x^2}} = \text{arc}\sin x + c \text{ (quand arc sin x est compris entre } -\frac{\pi}{2} \text{ et } \frac{\pi}{2}\text{)},\\ \int \frac{dx}{\sqrt{1-x^2}} = \pm \text{arc}\sin x + c = \mp \text{arc}\cos x + c' \text{ (quand les arcs sont quelconques)},\\ \int e^x dx = e^x + c, \qquad \int \cos x\, dx = \sin x + c, \int \sin x\, dx = -\cos x + c,\\ \int \frac{dx}{\cos^2 x} = \text{tang}\, x + c, \qquad \int \frac{dx}{\sin^2 x} = -\cot g\, x + c.\end{array}\right.$$

On vérifie l'exactitude de toutes ces formules en remarquant que les seconds membres ont bien pour différentielles les expressions placées sous le signe $\int$ dans les premiers membres. Observons:

1° Que l'intégrale de $x^m dx$ s'obtient en ajoutant algébriquement 1 à l'exposant, ce qui donne x^{m+1}, et puis en divisant par l'exposant ainsi modifié; par exemple, celle de $x^{-\frac{1}{2}} dx$ est $\frac{x^{\frac{1}{2}}}{\frac{1}{2}} = 2\sqrt{x}$, de sorte qu'on a $\int \frac{dx}{\sqrt{x}} = 2\sqrt{x} +$ constante;

2° Que cette intégrale $\int x^m dx$ prend ainsi la forme illusoire $\frac{x^0}{0} + c$ dans le cas particulier $m = -1$, et que c'est pour suppléer à l'insuffisance de la formule générale dans ce cas qu'est donnée la seconde formule, $\int \frac{dx}{x} = \log x + c'$. La véritable intégrale, contenant alors la fonction transcendante $\log x$, ne pouvait, en effet, être représentée nettement par une expression algébrique, telle que $\frac{x^{m+1}}{m+1} + c$. Elle ne constitue pourtant qu'un cas extrême ou limite de celle-ci, comme on le reconnaît en posant, non pas, tout de suite, $m = -1$, mais $m = -1 + \frac{1}{n}$, et en faisant croître indéfiniment n, pour que m tende vers -1. Alors l'expression $\frac{x^{m+1}}{m+1}$ devient $n x^{\frac{1}{n}} = n\sqrt[n]{x}$; et la partie variable y est la même que dans l'expression $n\sqrt[n]{x} - n = n(\sqrt[n]{x} - 1)$, laquelle, étudiée au n° 77 (p. 103), tend vers $\log x$ quand n y grandit indéfiniment en valeur absolue. Donc, il suffit de poser $c = -n + c'$, pour que $n\sqrt[n]{x} + c$, ou $\frac{x^{m+1}}{m+1} + c$, comprenne $\log x + c'$.

3° Dans la cinquième formule, concernant $\int \frac{dx}{\sqrt{1-x^2}}$, une même intégrale est exprimée, à volonté, soit par arc $\sin x + c$, soit par

$-\text{arc}\cos x + c'$. Et, en effet, le sinus d'un arc n'étant autre chose que le cosinus de son complément, les deux arcs arc sin x, arc cos x, qui ont respectivement x pour sinus et pour cosinus, égalent en tout $\frac{\pi}{2}$; de sorte qu'on a

arc sin $x = -$ arc cos $x + \frac{\pi}{2}$, et que les deux fonctions arc sin x, $-$arc cos x diffèrent seulement par la constante $\frac{\pi}{2}$ ou sont parfaitement équivalentes en ce qui concerne leur partie variable, seule à considérer dans une intégrale indéfinie.

4° Enfin, la comparaison des diverses formules du tableau précédent montre que les différentielles algébriques, comme, par exemple,

$$x^m dx, \frac{dx}{x}, \frac{dx}{1+x^2}, \frac{dx}{\sqrt{1-x^2}},$$

ont pour intégrales, les unes, des fonctions algébriques, les autres, des fonctions transcendantes (qui sont ici des fonctions inverses d'exponentielles, de tangentes ou de sinus) ; tandis que les différentielles transcendantes ont toujours leurs intégrales transcendantes, ainsi qu'on pouvait le prévoir en remarquant que la dérivée d'une fonction algébrique est toujours algébrique et que, par suite, nulle fonction primitive algébrique ne saurait avoir pour dérivée une fonction transcendante. Donc, l'intégration, supérieure, pour la variété des cas à la différentiation, est une opération qui introduit fréquemment des fonctions transcendantes, quand les expressions d'où l'on part sont algébriques, et qui est, par conséquent, propre à définir ou à faire connaître de telles fonctions, transcendantes.

195. — Deuxième règle : intégration d'une somme ou d'une différence.

L'intégrale de la somme ou de la différence de divers termes égale la somme ou la différence des intégrales de ces termes.

Je dis, par exemple, qu'on aura

$$\int [f(x)+\varphi(x)-\psi(x)]\,dx = \int f(x)\,dx + \int \varphi(x)\,dx - \int \psi(x)\,dx.$$

En effet, la différentielle d'une somme algébrique s'obtient en différentiant chaque terme : donc, celle du second membre sera

$d\int f(x)\,dx + d\int \varphi(x)\,dx - d\int \psi(x)\,dx$, c'est-à-dire

$$f(x)\,dx + \varphi(x)\,dx - \psi(x)\,dx = [f(x)+\varphi(x)-\psi(x)]\,dx,$$

différentielle qui est bien la quantité à intégrer, placée sous le signe $\int$ dans le premier membre.

196. — Troisième règle: transport des facteurs constants hors du signe $\int$.

L'intégrale du produit d'un facteur constant par un facteur variable s'obtient en faisant sortir le facteur constant du signe de l'intégration, c'est-à-dire en multipliant par ce facteur constant l'intégrale du facteur variable.

Je dis que, si a, par exemple, désigne un facteur constant, on aura

$$\int a f(x)\,dx = a \int f(x)\,dx.$$

La raison en est que la différentielle du produit d'un facteur constant, a, par un facteur variable, $\int f(x)\,dx$, égale le produit du facteur constant par la différentielle, $f(x)\,dx$, du facteur variable, et n'est autre, par conséquent, que $a f(x)\,dx$. Ainsi, le second membre exprime bien l'intégrale $\int a f(x)\,dx$, puisqu'il a pour différentielle $af(x)dx$.

Observons qu'il est inutile d'ajouter explicitement au second membre, tant dans cette formule que dans celle du numéro précédent, la constante arbitraire que comporte toute intégrale indéfinie; car ce second membre contient lui-même l'indication d'une intégration indéfinie qui, dans chaque cas particulier où on l'effectuera, introduira la constante voulue.

197. — Application des trois règles précédentes aux différentielles de forme entière.

Les trois règles précédentes suffisent pour intégrer une foule de différentielles, très-importantes, notamment celles qui sont de la forme $(Ax^\alpha + Bx^\beta + Cx^\gamma + \ldots)\,dx$, $A, B, C, \ldots \alpha, \beta, \gamma, \ldots$ désignant des quantités constantes. L'application de la deuxième règle donnera d'abord, pour l'intégrale de cette expression,

$$\int Ax^\alpha dx + \int Bx^\beta dx + \int Cx^\gamma dx + \ldots,$$

valeur que la troisième règle transformera en

$$A\int x^{\alpha}dx + B\int x^{\beta}dx + C\int x^{\gamma}dx + \ldots;$$

enfin, la première règle, d'après laquelle l'intégrale $\int x^m dx$ vaut $\frac{x^{m+1}}{m+1}$, achèvera de conduire au résultat, et il viendra

$$\int(Ax^{\alpha}+Bx^{\beta}+Cx^{\gamma}+\ldots)dx = A\frac{x^{\alpha+1}}{\alpha+1}+B\frac{x^{\beta+1}}{\beta+1}+C\frac{x^{\gamma+1}}{\gamma+1}+\ldots+\text{constante.}$$

198. — Quatrième règle : intégration par substitution.

La quatrième règle, ou, si l'on aime mieux, le procédé d'intégration dit par substitution, consiste à remplacer la variable x, entrant dans la différentielle donnée $f(x)\,dx$, par une variable, t, liée à x, et choisie de manière à rendre cette différentielle assez simple pour qu'on puisse l'intégrer au moyen des autres règles ou procédés. Appelons, en effet, t une fonction quelconque de x, fonction définie, par exemple, au moyen d'une certaine équation de la forme $x=\varphi(t)$. Si dt désigne l'accroissement de t correspondant à un accroissement infiniment petit dx de x, la relation $x=\varphi(t)$ donnera $dx=\varphi'(t)\,dt$ et il viendra, par suite, $f(x)\,dx = f[\varphi(t)]\,\varphi'(t)\,dt$. On voit qu'une même différentielle recevra une infinité d'expressions différentes, suivant la nouvelle variable t qu'on voudra y faire paraître. Or, on conçoit que ces expressions ne soient pas toutes également compliquées et qu'il puisse, parfois, s'en trouver une assez simple pour qu'on sache l'intégrer, opération qui n'est nullement changée, comme on sait, par cette circonstance que la nouvelle variable ne serait pas indépendante ; car toute fonction $F(t)$ a autant pour différentielle $F'(t)\,dt$, quand t dépend d'une ou de plusieurs variables, que lorsque t est indépendant.

Supposons donc que l'intégrale de $f[\varphi(t)]\,\varphi'(t)\,dt$ puisse se calculer et appelons-la $F(t)$. Il viendra

$$\int f(x)\,dx = F(t) + \text{constante},$$

et il ne restera plus qu'à remplacer, dans le résultat, t par sa valeur en x tirée de l'équation de condition $x=\varphi(t)$.

199. — Premier exemple : intégration d'un produit de la forme $\cos(ax+b)\cos(a'x+b')\cos(a''x+b'')\ldots dx$.

Comme premier exemple de l'intégration par substitution, considérons une différentielle de la forme $f(ax+b)\,dx$, f désignant une fonction quelconque et a, b deux constantes ou $ax+b$ une fonction linéaire. Prenons le binôme $ax+b$ pour nouvelle variable, en posant

$$ax+b=t;\ \text{d'où}\ x=\frac{t-b}{a}\ \text{et}\ dx=\frac{dt}{a}.$$

La différentielle $f(ax+b)\,dx$ deviendra $\frac{1}{a}f(t)\,dt$, et il suffira, comme on voit, de savoir intégrer l'expression $f(t)\,dt$, pour que la proposée s'intègre elle-même. Supposons, par exemple, que $f(ax+b)$ soit le cosinus ou le sinus d'une fonction linéaire de x. On pourra, pour fixer les idées, supposer toujours que ce soit un cosinus ; car, si c'était un sinus, on poserait $\sin(ax+b)=\cos(ax+b-\frac{\pi}{2})$, expression où $ax+b-\frac{\pi}{2}$ est, comme $ax+b$, une fonction linéaire, dans laquelle, seulement, le terme constant b se trouve diminué de $\frac{\pi}{2}$. On aura donc, dans les deux cas, à intégrer une différentielle de la forme

$$\cos(ax+b)\,dx=\frac{1}{a}\cos t\,dt=\frac{1}{a}d\sin t=d\frac{\sin(ax+b)}{a};$$

en sorte que le résultat sera

$$\int\cos(ax+b)\,dx=\frac{\sin(ax+b)}{a}+\text{constante}.$$

On ramène à des différentielles de la forme simple $\cos(ax+b)\,dx$ tout produit de dx par un nombre quelconque de sinus ou cosinus d'arcs fonctions linéaires de x. Supposons, en effet, qu'on mette un tel produit sous la forme $\cos(ax+b)\cos(a'x+b')\cos(a''x+b'')\ldots dx$. En appliquant la formule trigonométrique connue,

$$\cos p\cos q=\frac{1}{2}\cos(p+q)+\frac{1}{2}\cos(p-q),$$

au produit des deux premiers facteurs, $\cos(ax+b)$ et $\cos(a'x+b')$, on remplacera ce produit par la demi-somme des cosinus des arcs $(a+a')x+(b+b')$, $(a-a')x+(b-b')$, lesquels sont linéaires comme les proposés, ou de la forme $Ax+B$. Chacun des termes ainsi obtenus, multiplié à son tour par le facteur suivant $\cos(a''x+b'')$, donnera des termes encore de même forme; et ainsi de suite. Finalement, le produit de tous les cosinus donnés se trouvera transformé en une somme de termes dont chacun égalera, à un facteur constant près, un cosinus de même forme. L'intégration proposée sera donc ramenée à celle d'expressions telles que $\cos(Ax+B)\,dx$, dont l'intégrale est, comme on vient de voir, $\frac{\sin(Ax+B)}{A}$.

200.— Deuxième exemple: intégration de $\frac{dx}{(x-\alpha)^2+\beta^2}$.

Soit, comme deuxième exemple, l'expression $\frac{dx}{(x-\alpha)^2+\beta^2}$, où α et β désignent deux constantes quelconques. De toutes les différentielles simples que la première règle permet d'intégrer, celle qui se rapproche le plus de la proposée est visiblement $\frac{dx}{x^2+1}$ ou, en changeant le nom de la variable, $\frac{dt}{t^2+1}$, dont l'intégrale est arctg t. Cherchons donc, si, par une substitution convenable, nous ne pourrions pas ramener notre différentielle à celle-ci. Et, d'abord, nous réduirons le terme constant, β^2, du dénominateur à la valeur 1 que nous nous proposons de lui faire acquérir dans la transformation, si nous mettons, au dénominateur, β^2 en facteur commun; ce qui nous donnera évidemment

$$\frac{dx}{(x-\alpha)^2+\beta^2}=\frac{1}{\beta^2}\,\frac{dx}{\left(\frac{x-\alpha}{\beta}\right)^2+1}.$$

Nous voyons actuellement, en faisant abstraction du facteur constant $\frac{1}{\beta^2}$, que le dénominateur deviendra, comme nous le désirons, t^2+1, si nous posons

$$t=\frac{x-\alpha}{\beta};\ \text{d'où } x-\alpha=\beta t \text{ et } dx=\beta\,dt.$$

Donc, la différentielle proposée devient

$$\frac{1}{\beta^2}\,\frac{\beta\,dt}{t^2+1}=\frac{1}{\beta}\,\frac{dt}{t^2+1}=\frac{1}{\beta}\,d\,\mathrm{arc\,tg}\,t=\frac{1}{\beta}\,d\,\mathrm{arctg}\,\frac{x-\alpha}{\beta};$$

et l'on trouve, finalement,

$$\int\frac{dx}{(x-\alpha)^2+\beta^2}=\frac{1}{\beta}\,\mathrm{arctg}\,\frac{x-\alpha}{\beta}+\text{constante}.$$

201. — *Troisième exemple: intégration de* $\frac{dx}{\sqrt{\beta^2-(x-\alpha)^2}}$.

Ici, nous remarquerons que l'expression donnée, $\frac{dx}{\sqrt{\beta^2-(x-\alpha)^2}}$, se rapproche assez, pour la forme, de $\frac{dx}{\sqrt{1-x^2}}$, ou de $\frac{dt}{\sqrt{1-t^2}}$, dont l'intégrale est arc sin t quand l'arc qui y paraît est compris, comme nous le supposerons, entre $-\frac{\pi}{2}$ et $\frac{\pi}{2}$. Nous mettrons en facteur commun, ainsi que nous l'avons fait dans l'exemple précédent, le terme β^2, auquel nous désirons substituer l'unité; ce qui nous donnera

$$\frac{dx}{\sqrt{\beta^2-(x-\alpha)^2}} = \frac{1}{\beta}\,\frac{dx}{\sqrt{1-\left(\frac{x-\alpha}{\beta}\right)^2}}.$$

Puis, nous poserons encore $\frac{x-\alpha}{\beta}=t$, $dx=\beta\,dt$; et notre différentielle deviendra simplement $\frac{dt}{\sqrt{1-t^2}}$ ou d arc sin t. L'intégrale demandée sera donc

$$\int\frac{dx}{\sqrt{\beta^2-(x-\alpha)^2}} = \text{arc sin}\,\frac{x-\alpha}{\beta} + \text{const}.$$

202. — *Quatrième exemple: différentielles de la forme* $f(\sin x, \cos x)\,dx$.

Un changement de variable permet souvent de rendre algébrique une différentielle transcendante. Par exemple, une expression de la forme $f(\sin x, \cos x)\,dx$, où f désigne une fonction rationnelle de sin x et cos x, devient une différentielle algébrique et même rationnelle quand on adopte, pour nouvelle variable t, la tangente de $\frac{x}{2}$. En effet, la relation $\text{tg}\,\frac{x}{2}=t$ donne

$$\cos\frac{x}{2}=\frac{1}{\sqrt{1+\text{tg}^2\frac{x}{2}}}=\frac{1}{\sqrt{1+t^2}},\ \sin\frac{x}{2}=\frac{\text{tg}\frac{x}{2}}{\sqrt{1+\text{tg}^2\frac{x}{2}}}=\frac{t}{\sqrt{1+t^2}},\ \sin x=2\sin\frac{x}{2}\cos\frac{x}{2}=\frac{2t}{1+t^2},\ \cos x=\cos^2\frac{x}{2}-\sin^2\frac{x}{2}=\frac{1-t^2}{1+t^2},$$

et, d'ailleurs, en différentiant la relation $\text{tg}\,\frac{x}{2}=t$, il vient

$$\frac{\frac{1}{2}\,dx}{\cos^2\frac{x}{2}}=dt;\ \text{d'où}\ dx=2\cos^2\frac{x}{2}\,dt=\frac{2\,dt}{1+t^2}.$$

On aura donc

$$f(\sin x, \cos x)\,dx = f\left[\frac{2t}{1+t^2}, \frac{1-t^2}{1+t^2}\right]\frac{2\,dt}{1+t^2},$$

différentielle rationnelle en t, qu'on pourra toujours intégrer par des procédés dont il sera parlé dans la prochaine leçon.

Mais divers artifices dispensent souvent de recourir à cette substitution, assez compliquée, en $\text{tg}\,\frac{x}{2}$. Soit, par exemple, l'expression $\frac{dx}{1+a\cos^2 x}$. En divisant les deux termes de cette fraction par $\cos^2 x$, elle deviendra $\dfrac{\frac{dx}{\cos^2 x}}{a+\frac{1}{\cos^2 x}} = \dfrac{d\,\mathrm{tg}\,x}{a+1+\mathrm{tg}^2 x}$. Si donc on pose ici $\mathrm{tg}\,x = t$, et $a+1=\beta^2$, la différentielle à intégrer sera $\dfrac{dt}{\beta^2+t^2}$. Elle est comprise dans celle-ci, déjà étudiée (n° 200), $\dfrac{dt}{(t-\alpha)^2+\beta^2}$, dont l'intégrale est $\dfrac{1}{\beta}\,\mathrm{arctg}\,\dfrac{t-\alpha}{\beta}$. Par suite, on aura, pour l'intégrale cherchée, $\dfrac{1}{\beta}\,\mathrm{arc\,tg}\,\dfrac{t}{\beta}$, ou, enfin, en ajoutant une constante arbitraire,

$$\frac{1}{\beta}\,\mathrm{arc\,tg}\left(\frac{\mathrm{tang}\,x}{\beta}\right) + \text{constante}.$$

Soit encore la différentielle $\sin^m x \cos^n x\,dx$, où m et n désignent deux exposants entiers, positifs ou négatifs. Nous verrons bientôt comment on peut ramener son intégration à celle d'une différentielle de même forme, mais dans laquelle chacun des deux nombres m, n a les valeurs les plus simples possibles, qui sont 0, 1 ou -1. Or voici comment on l'intègre directement pour ces valeurs de m, n, sans recourir à la transformation générale consistant à prendre $\mathrm{tg}\,\frac{x}{2}$ pour nouvelle variable. Suivant que m est nul, égal à 1, ou égal à -1, on a les trois types $\cos^n x\,dx$, $\sin x\cos^n x\,dx$, $\dfrac{\cos^n x\,dx}{\sin x}$, dont chacun se subdivise lui-même en trois, puisque n peut être, ou zéro, ou 1, ou -1. Les différentielles à intégrer sont donc, en les rangeant convenablement, dx, $\cos x\,dx$, $\sin x\,dx$, $\sin x\cos x\,dx$, $\dfrac{\cos x\,dx}{\sin x}$, $\dfrac{\sin x\,dx}{\cos x}$, $\dfrac{dx}{\sin x\cos x}$, $\dfrac{dx}{\sin x}$, $\dfrac{dx}{\cos x}$. Les trois premières ont pour intégrales, respectivement, x, $\sin x$, $-\cos x$. La quatrième et la cinquième, si on y pose $\sin x = t$ (d'où $\cos x\,dx = dt$), deviennent $t\,dt$, $\dfrac{dt}{t}$; leurs intégrales sont donc $\dfrac{t^2}{2}$, $\log t$, c'est-à-dire $\frac{1}{2}\sin^2 x$, $\log\sin x$. La sixième, en y faisant $\cos x = t$ (d'où $\sin x\,dx = -dt$), devient de même $-\dfrac{dt}{t}$ et a pour intégrale $-\log t$, ou $-\log\cos x$. La septième, $\dfrac{dx}{\sin x\cos x}$, si l'on divise les deux termes de la fraction par $\cos^2 x$, prend la forme $\dfrac{\frac{dx}{\cos^2 x}}{\frac{\sin x}{\cos x}} = \dfrac{d\,\mathrm{tg}\,x}{\mathrm{tg}\,x} = d\log\mathrm{tang}\,x$, et elle a, par suite, pour intégrale, $\log\mathrm{tg}\,x$. La huitième, $\dfrac{dx}{\sin x}$, en y posant $x = 2t$ (d'où $dx = 2\,dt$), devient $\dfrac{2\,dt}{\sin 2t} = \dfrac{dt}{\sin t\cos t}$: ce qui la ramène à la forme de la précédente; en sorte qu'elle a pour intégrale

$$\log\mathrm{tang}\,t = \log\mathrm{tg}\,\frac{x}{2}.$$

Enfin, la neuvième et dernière, $\frac{dx}{\cos x}$, équivaut évidemment à

$$\frac{dx}{\sin\left(\frac{\pi}{2}-x\right)} = -\frac{d\left(\frac{\pi}{2}-x\right)}{\sin\left(\frac{\pi}{2}-x\right)},$$ c'est-à-dire à $-\frac{dt}{\sin t}$, si l'on prend $\frac{\pi}{2}-x=t$.

Celle-ci, étant, à part le signe, de la forme de $\frac{dx}{\sin x}$ qu'on vient d'intégrer, aura donc, elle-même, l'intégrale $-\log \operatorname{tg}\frac{t}{2}$, c'est-à-dire $-\log \operatorname{tg}\left(\frac{\pi}{4}-\frac{x}{2}\right)$.

Ainsi, il suffira bien, pour pouvoir intégrer l'expression $\sin^m x \cos^n x\, dx$ quand m et n égaleront des entiers quelconques, de la ramener aux cas où m, n sont, ou nuls, ou bien égaux à un en valeur absolue.

203. — Cinquième règle : intégration par parties.

Enfin, une des grandes ressources du calcul intégral est ce qu'on appelle le procédé de l'intégration par parties. Ce procédé s'applique dans les cas où, sans la présence d'un facteur variable, dit facteur non intégré, l'intégration se ferait immédiatement, et il permet de réduire l'intégrale proposée à une autre souvent plus simple. Voici en quoi il consiste. Supposons que la différentielle donnée soit de la forme $\varphi(x) f(x)\, dx$, et que le facteur $\varphi(x)$, seul, empêche d'intégrer, ou, ce qui revient au même, que le produit, $f(x)\,dx$, des autres facteurs soit la différentielle d'une fonction connue de x. Désignons par v cette fonction, intégrale de $f(x)\,dx$, et que, pour cette raison, on appelle facteur intégré, par opposition au facteur non intégré $\varphi(x)$. Désignons de même, par u, celui-ci. L'expression donnée $\varphi(x) f(x)\, dx$ pourra donc s'écrire $u\,dv$. Cela posé, la règle de l'intégration par parties consiste à prendre $\int u\,dv = uv - \int v\,du$, et s'énonce en disant que l'intégrale demandée égale le produit du facteur non intégré par le facteur intégré, moins l'intégrale de ce facteur intégré multiplié par la différentielle du facteur non intégré. En effet, l'expression $uv - \int v\,du$ est bien l'intégrale de $u\,dv$, puisque sa différentielle, $d(uv) - d\int v\,du$, ou $(u\,dv + v\,du) - v\,du$, se réduit identiquement à $u\,dv$.

Le calcul de l'intégrale $\int u\,dv$ se trouvera donc ramené à celui de l'intégrale $\int v\,du$, qui sera souvent plus simple. Observons d'ailleurs, comme nous l'avons fait dans une circonstance analogue (vers la fin du n° 196), qu'il est inutile d'ajouter, au second membre $uv - \int v\,du$, une constante arbitraire, vu qu'une telle constante est déjà implicitement contenue dans le terme $-\int v\,du$.

204. — Premier exemple: application à $\int x^m \log x\,dx$.

Dans la différentielle $x^m \log x\,dx$, on voit de suite que le facteur $\log x$ empêche seul d'intégrer, puisque, sans ce facteur, on aurait simplement

$$x^m dx = d\frac{x^{m+1}}{m+1}$$

et que l'intégrale serait $\frac{x^{m+1}}{m+1}$. On posera donc

$$\int x^m \log x\,dx = \int \log x\, d\frac{x^{m+1}}{m+1} = \frac{1}{m+1}\int \log x\, d.x^{m+1},$$

de sorte que, si l'on fait pour un moment abstraction du facteur constant $\frac{1}{m+1}$, on aura ici $u = \log x$, $v = x^{m+1}$, et, par suite, $du = \frac{dx}{x}$, $v\,du = x^m dx$. Il viendra donc, successivement,

$$\int x^m \log x\,dx = \frac{1}{m+1}x^{m+1}\log x - \frac{1}{m+1}\int x^m dx = \frac{x^{m+1}}{m+1}\left(\log x - \frac{1}{m+1}\right) + \text{const.}$$

On voit à quoi tient, dans cet exemple, le succès du procédé de l'intégration par parties: à ce que la différentielle, du, de la fonction transcendante $\log x$ est l'expression algébrique très-simple $\frac{dx}{x}$, et à ce que, par suite, l'intégrale de $v\,du$ est beaucoup plus facile à trouver que celle de la différentielle proposée $u\,dv$.

205. — Deuxième exemple: calcul de $\int f(x)e^x dx$, $\int f(x)\cos x\,dx$, $\int f(x)\sin x\,dx$.

Voyons ce que donnera la même méthode, si on l'applique aux expressions $f(x)e^x dx$, $f(x)\cos x\,dx$, $f(x)\sin x\,dx$, où $f(x)$ désigne un polynôme dont le degré, en x, est un certain nombre entier m. En y regardant $f(x)$ comme le facteur non intégré et, par suite, $\int e^x dx$, $\int \cos x\,dx$, $\int \sin x\,dx$, ou e^x, $\sin x$, $-\cos x$, comme le facteur intégé, il vient:

$$\int f(x)e^x dx = f(x)e^x - \int f'(x)e^x dx,\quad \int f(x)\cos x\,dx = f(x)\sin x - \int f'(x)\sin x\,dx,\quad \int f(x)\sin x\,dx = -f(x)\cos x + \int f'(x)\cos x\,dx.$$

On voit que les trois intégrales proposées sont ramenées à d'autres, de mêmes formes, où le polynome $f(x)$, du degré m, se trouve remplacé par sa dérivée, laquelle n'est plus que du degré $m-1$. En appliquant le même procédé à ces nouvelles intégrales, on les ramènera de même à d'autres où le polynôme sous le signe $\int$, $f''(x)$, ne sera plus que du degré $m-2$; et ainsi de suite, jusqu'à ce que, l'opération ayant été faite m fois, on tombe sur des différentielles immédiatement intégrables, vu que les expressions $e^x dx$, $\cos x\,dx$, $\sin x\,dx$ n'y seront multipliées que par $f^{(m)}(x)$, facteur constant.

Observons que, si, dans les intégrales $\int f(x)e^x dx$, $\int f(x)\cos x\,dx$, ou $\int f(x)\,de^x$, $\int f(x)\,d\sin x$, on pose, soit $e^x = t$, soit $\sin x = t$ (d'où $x =$ soit $\log t$, soit $\arcsin t$), elles deviennent $\int f(\log t)\,dt$, $\int f(\arcsin t)\,dt$: on pourra donc calculer celles-ci.

206. — Troisième exemple: réduction de $\int \sin^m x \cos^n x\,dx$.

Nous avons vu plus haut (n° 202, p. 285) comment l'expression $\sin^m x \cos^n x\,dx$ s'intègre quand les exposants m, n sont ou nuls, ou égaux à l'unité en valeur absolue. Il suffira donc, si l'on veut calculer l'intégrale $\int \sin^m x \cos^n x\,dx$ pour tous les cas où m, n sont entiers, de la ramener à d'autres de même forme, mais où les exposants aient deux unités de moins en valeur absolue; car ce genre de réduction, appliqué un nombre suffisant de fois, rendra finalement les entiers m et n moindres que 2 en valeur absolue, c'est-à-dire égaux, chacun, à zéro, à $+1$ ou à -1. Or, on y arrive justement au moyen de l'intégration par parties.

Supposons, par exemple, qu'on veuille réduire de deux unités l'exposant du sinus. Alors on prendra pour facteur non intégré $\sin^{m-1} x$, et, conséquemment, pour facteur intégré, $\int \sin x \cos^n x\,dx = -\int \cos^n x\,d\cos x = -\frac{\cos^{n+1} x}{n+1}$. Il viendra, successivement,

$$(1)\ \begin{cases} \int \sin^m x \cos^n x\,dx = -\frac{1}{n+1}\int \sin^{m-1} x\,d\cos^{n+1} x = -\frac{\sin^{m-1} x \cos^{n+1} x}{n+1} + \frac{1}{n+1}\int \cos^{n+1} x\,d\sin^{m-1} x \\ = -\frac{\sin^{m-1} x \cos^{n+1} x}{n+1} + \frac{m-1}{n+1}\int \sin^{m-2} x \cos^{n+2} x\,dx. \end{cases}$$

Cette relation ramène, comme on voit, $\int \sin^m x \cos^n x\,dx$ à $\int \sin^{m-2} x \cos^{n+2} x\,dx$; mais, quand on la résout par rapport à l'intégrale $\int \sin^{m-2} x \cos^{n+2} x\,dx$, elle ramène, au contraire, celle-ci à la première, $\int \sin^m x \cos^n x\,dx$. Donc, si, dans la proposée, les exposants, tous les deux égaux ou supérieurs à 2 en valeur absolue, sont, l'un, m, positif, l'autre, n, négatif, on les aura réduits de deux unités chacun; et s'ils sont, au contraire, l'un, négatif, représenté par $m-2$, l'autre, positif représenté par $n+2$, on les aura encore réduits de deux unités en ramenant l'intégrale $\int \sin^{m-2}x \cos^{n+2}x\,dx$, qui est alors la proposée, à $\int \sin^m x \cos^n x\,dx$.

Mais, pour les cas où m et n n'ont pas signes contraires et pour ceux où m, n, ayant signes contraires, ne sont pas tous les deux supérieurs à 1 en valeur absolue, il y a lieu de chercher à réduire l'un des exposants, celui du sinus par exemple, sans toucher à l'autre. Or il suffit, pour cela, de remplacer, à la fin de la relation (1) ci-dessus,

$$\cos^{n+2}x \text{ par } \cos^n x \cos^2 x = \cos^n x(1-\sin^2 x) = \cos^n x - \sin^2 x \cos^n x,$$

et de substituer par suite, à

$$\frac{m-1}{n+1}\int \sin^{m-2}x \cos^{n+2}x\,dx,$$

l'expression $\frac{m-1}{n+1}\int \sin^{m-2}x \cos^n x\,dx - \frac{m-1}{n+1}\int \sin^m x \cos^n x\,dx,$

puis de faire passer le second terme de cette expression dans le premier membre de (1), pour le joindre au terme semblable $\int \sin^m x \cos^n x\,dx$. En multipliant enfin toute l'égalité par $n+1$, il vient la formule

$$(2) \qquad (m+n)\int \sin^m x \cos^n x\,dx = -\sin^{m-1}x \cos^{n+1}x + (m-1)\int \sin^{m-2}x \cos^n x\,dx,$$

qui, pour m positif, ramènera $\int \sin^m x \cos^n x\,dx$ à $\int \sin^{m-2}x \cos^n x\,dx$, et, qui, pour m et $m-2$ négatifs, permettra de ramener, au contraire, l'intégrale $\int \sin^{m-2}x \cos^n x\,dx$ à l'intégrale $\int \sin^m x \cos^n x\,dx$, où la valeur absolue de l'exposant du sinus se trouvera également diminuée de deux unités. On réduirait l'exposant du cosinus en opérant de même, après avoir pris, dans $\int \sin^m x \cos^n x\,dx$, pour facteur non intégré, $\cos^{n-1}x$ et, pour facteur intégré, $\int \sin^m x \cos x\,dx = \frac{\sin^{m+1}x}{m+1}$.

Supposons, par exemple, que $n=0$ et que m soit un nombre entier positif. Alors la formule (2), divisée par m, deviendra

$$(3) \qquad \int \sin^m x\,dx = -\frac{\sin^{m-1}x \cos x}{m} + \frac{m-1}{m}\int \sin^{m-2}x\,dx.$$

Elle permettra, comme on voit, d'abaisser successivement l'exposant m d'autant de fois deux unités qu'on voudra, de manière à le réduire finalement à 0 ou à 1, cas où l'expression à intégrer revient à dx ou à $\sin x\,dx$

et a pour intégrale, soit $x +$ const., soit $\cos x +$ const.

207. — Quatrième exemple : calcul de $\int e^{-ax}\cos bx\,dx$ et de $\int e^{-ax}\sin bx\,dx$.

Pour abréger, appelons I la première des intégrales proposées, $\int e^{-ax}\cos bx\,dx$, et J la seconde, $\int e^{-ax}\sin bx\,dx$. Prenons-y, pour facteur non intégré, $\cos bx$, dans la première, $\sin bx$, dans la deuxième, et, par suite, pour facteur intégré, $\int e^{-ax}dx = -\frac{e^{-ax}}{a}$. Nous aurons donc, successivement :

$$(4)\quad \begin{cases} I = -\frac{1}{a}\int \cos bx\, de^{-ax} = -\frac{e^{-ax}}{a}\cos bx + \frac{1}{a}\int e^{-ax}\,d\cos bx = -\frac{e^{-ax}}{a}\cos bx - \frac{b}{a}\int e^{-ax}\sin bx\,dx, \\ J = -\frac{1}{a}\int \sin bx\, de^{-ax} = -\frac{e^{-ax}}{a}\sin bx + \frac{1}{a}\int e^{-ax}\,d\sin bx = -\frac{e^{-ax}}{a}\sin bx + \frac{b}{a}\int e^{-ax}\cos bx\,dx. \end{cases}$$

On remarquera que les intégrales sur lesquelles on tombe dans les seconds membres ne sont autres que J et I, à des constantes arbitraires près. Si donc on appelle $\frac{c}{a}$, $\frac{c'}{a}$ de telles constantes, les derniers termes des équations (4) pourront s'écrire, simplement, $-\frac{b}{a}J + \frac{c}{a}$, $\frac{b}{a}I + \frac{c'}{a}$, et, en transposant dans les premiers membres les parties affectées de J et I, puis multipliant par a, il viendra

$$(5)\quad \begin{cases} aI + bJ = -e^{-ax}\cos bx + c, \\ -bI + aJ = -e^{-ax}\sin bx + c'. \end{cases}$$

Ce sont deux équations du premier degré en I et J. Il ne reste donc plus qu'à les résoudre. Pour cela, ajoutons-les, après les avoir multipliées respectivement, soit par a et $-b$, soit par b et a. Nous trouverons :

$(a^2+b^2)I = -e^{-ax}(a\cos bx - b\sin bx) + (ac - bc')$, $(b^2+a^2)J = -e^{-ax}(b\cos bx + a\sin bx) + (bc + ac')$.

Si nous divisons enfin par a^2+b^2, en remarquant que $\frac{ac-bc'}{a^2+b^2}$ et $\frac{bc+ac'}{a^2+b^2}$ sont deux constantes quelconques, nous aurons les expressions demandées de I et J :

$$(6)\quad \begin{cases} \int e^{-ax}\cos bx\,dx = -\frac{e^{-ax}}{a^2+b^2}(a\cos bx - b\sin bx) + \text{const.}, \\ \int e^{-ax}\sin bx\,dx = -\frac{e^{-ax}}{a^2+b^2}(b\cos bx + a\sin bx) + \text{const.} \end{cases}$$

On peut juger, par cet exemple et par ceux qui précèdent, combien est précieuse, dans une foule de cas, l'intégration par parties : ce procédé et celui de substitution sont les deux principales ressources du calcul intégral.

27ème Leçon. — Application des règles précédentes aux différentielles algébriques les plus simples, et, d'abord, aux différentielles rationnelles.

208. — Des différentielles rationnelles : leur réduction à une partie entière et à une fraction proprement dite.

Deux leçons seront consacrées à l'intégration des différentielles algébriques les plus usuelles. Traitons d'abord des différentielles rationnelles, les seules que l'on sache intégrer dans tous les cas. On appelle différentielle rationnelle, toute différentielle algébrique dans l'expression de laquelle n'entre aucun radical ou exposant fractionnaire. En y effectuant les calculs, on la réduit toujours au produit de la différentielle, dx, de la variable, par ce qu'on appelle une fraction rationnelle, c'est-à-dire par le quotient, $\frac{F(x)}{f(x)}$, de deux polynômes, $F(x)$, $f(x)$: J'appellerai n le degré du dénominateur $f(x)$, et je supposerai qu'en divisant préalablement les deux termes de la fraction $\frac{F(x)}{f(x)}$ par le coefficient de x^n dans le dénominateur, on ait rendu égal à l'unité ce coefficient. Si donc $F(x)$ et $f(x)$ sont ordonnés suivant les puissances décroissantes de x, l'expression de $f(x)$ sera de la forme

$$f(x) = x^n + Kx^{n-1} + Lx^{n-2} + \dots + M.$$

Cela posé, pour rendre intégrable la différentielle $\frac{F(x)}{f(x)}dx$, il suffira, évidemment qu'on sache y décomposer la fraction complexe $\frac{F(x)}{f(x)}$ en termes plus simples, tels que la fonction primitive de chacun d'eux soit immédiatement calculable par les procédés de la dernière leçon. A cet effet, si l'expression $\frac{F(x)}{f(x)}$ n'est pas une fraction proprement dite, c'est-à-dire, si le numérateur $F(x)$ s'y trouve d'un degré plus élevé que le dénominateur, on divisera d'abord $F(x)$ par $f(x)$, jusqu'à ce qu'on obtienne un reste, $\varphi(x)$, qui soit au plus du degré $n-1$. On aura donc extrait de $\frac{F(x)}{f(x)}$ un certain polynôme, constituant la partie entière que cette fraction contenait, et le quotient se complétera par la fraction proprement dite $\frac{\varphi(x)}{f(x)}$. C'est de celle-ci, seule, que nous aurons désormais à nous occuper, pour la subdiviser en fractions élémentaires aussi simples que possible.

209. — Mode de décomposition de la fraction proprement dite en fractions simples.

Dans ce but, nous commencerons par résoudre complètement l'équation du $n^{\text{ème}}$ degré $f(x)=0$, afin de décomposer $f(x)$ en ses facteurs réels du premier ou du second degré. Nous savons: 1° qu'aux diverses racines réelles simples, que j'appellerai a, b, etc., il correspondra un des facteurs du premier degré $x-a$, $x-b$, ...; 2° qu'à chaque racine réelle multiple, c, par exemple, d'un certain degré de multiplicité p, il correspondra le facteur $(x-c)^p$; 3° enfin, qu'à chaque couple de racines imaginaires conjuguées, de la forme $\alpha+\beta\sqrt{-1}$ et $\alpha-\beta\sqrt{-1}$, il correspondra le facteur réel du second degré

$$(x-\alpha-\beta\sqrt{-1})(x-\alpha+\beta\sqrt{-1})=(x-\alpha)^2+\beta^2,$$

en sorte que, si q désigne le degré de multiplicité de ce couple de racines conjuguées, $f(x)$ sera divisible par $[(x-\alpha)^2+\beta^2]^q$. Donc, quand on connaîtra toutes les racines réelles simples a, b, .., toutes les racines réelles multiples, c, ..., ainsi que leur degré de multiplicité p, .., et tous les couples de racines imaginaires $\alpha\pm\beta\sqrt{-1}$, ..., avec leurs degrés respectifs de multiplicité, q,..., on pourra mettre le dénominateur, $f(x)$, de la fraction considérée, sous la forme

$$f(x) = (x-a)(x-b)\ldots(x-c)^p\ldots[(x-\alpha)^2+\beta^2]^q\ldots\ldots;$$

et il est évident que le degré, n, de $f(x)$ égalera le nombre des facteurs du premier degré $(x-a)$, $(x-b)$,.., $(x-c)(x-c)$,.., plus le double du nombre des facteurs du second degré, $(x-\alpha)^2+\beta^2$,..., c'est-à-dire, en tout, le nombre des racines de l'équation $f(x)=0$, chacune comptant pour autant de racines que l'indique son degré de multiplicité.

Actuellement, l'expression considérée $\frac{\varphi(x)}{f(x)}$, avec son numérateur $\varphi(x)$ de degré moindre que le dénominateur et son dénominateur égal au produit des facteurs $x-a$, $x-b$,..., $(x-c)^p$,... $[(x-a)^2+\beta^2]^q$,.., se trouve avoir justement la forme de la fraction qu'on obtient, toutes les fois qu'on ajoute ensemble des fractions dont les numérateurs sont de degrés moindres que leurs dénominateurs et dont les dénominateurs sont **ces facteurs respectifs** $x-a$, $x-b$,.. $(x-c)^p$,... $[(x-\alpha)^2+\beta^2]^q$, etc. En effet, de telles fractions, quand on les réduit au dénominateur commun $f(x)$ en multipliant leurs deux termes par les polynômes $\frac{f(x)}{x-a}$, $\frac{f(x)}{x-b}$,... etc., acquièrent des numérateurs du degré $n-1$, comme $\varphi(x)$, et la somme de ces numérateurs, numérateur de la somme des fractions, est bien aussi un polynôme analogue à $\varphi(x)$. Il est donc naturel de **chercher** à décomposer $\frac{\varphi(x)}{f(x)}$ en fractions plus simples, qui auraient pour dénominateurs, respectivement, $x-a$, $x-b$, etc., et dont les numérateurs, de degrés moindres, seraient égaux 1° à de simples constantes, A, B,.., pour les fractions qui correspondent aux facteurs du premier degré, 2° à des polynômes de degrés $p-1$, $2q-1$,.., pour les fractions qui correspondent aux facteurs plus complexes $(x-c)^p$, $[(x-\alpha)^2+\beta^2]^q$, etc.

Or ces dernières fractions peuvent elles-mêmes se décomposer en d'autres plus simples. Car, si, par exemple, celle qui correspond au facteur $(x-c)^p$ est $\frac{\psi(x)}{(x-c)^p}$, où $\psi(x)$ désigne un polynôme du degré

$p-1$, on pourra, en divisant $\psi(x)$ par $x-c$ et en appelant Q le quotient, du degré $p-2$, et C_p le reste constant, écrire $\psi(x) = Q(x-c)+C_p$, ou, par suite, $\frac{\psi(x)}{(x-c)^p} = \frac{Q}{(x-c)^{p-1}} + \frac{C_p}{(x-c)^p}$; puis on extraira par le même procédé, de $\frac{Q}{(x-c)^{p-1}}$, une nouvelle fraction simple de la forme $\frac{C_{p-1}}{(x-c)^{p-1}}$, analogue à $\frac{C_p}{(x-c)^p}$; et ainsi de suite, jusqu'à ce que la fraction $\frac{\psi(x)}{(x-c)^p}$ soit remplacée par une somme de la forme

$$\frac{C_p}{(x-c)^p} + \frac{C_{p-1}}{(x-c)^{p-1}} + \cdots + \frac{C_2}{(x-c)^2} + \frac{C_1}{x-c},$$

où les numérateurs $C_1, C_2, \ldots, C_p$ seront des nombres constants. De même, si $X(x)$ désigne le numérateur de la fraction qui correspond au facteur $[(x-\alpha)^2+\beta^2]^p$, en divisant $X(x)$ par le trinôme du second degré $(x-\alpha)^2+\beta^2 = x^2-2\alpha x+(\alpha^2+\beta^2)$, et appelant Q le quotient, du degré $2q-3$, $D_q x + E_q$ le reste, du premier degré, on aura

$$X(x) = Q\left[(x-\alpha)^2+\beta^2\right] + (D_q x + E_q);$$

et la fraction considérée, $\frac{X(x)}{[(x-\alpha)^2+\beta^2]^q}$, deviendra

$$\frac{Q}{[(x-\alpha)^2+\beta^2]^{q-1}} + \frac{D_q x + E_q}{[(x-\alpha)^2+\beta^2]^q}.$$

On extrairait de même, de la fraction $\frac{Q}{[(x-\alpha)^2+\beta^2]^{q-1}}$, une nouvelle fraction, de la forme $\frac{D_{q-1}x + E_{q-1}}{[(x-\alpha)^2+\beta^2]^{q-1}}$; et ainsi de suite, de manière à remplacer finalement la fraction complexe proposée, $\frac{X(x)}{[(x-\alpha)^2+\beta^2]^q}$, par d'autres, plus simples, ayant comme numérateurs des binômes du premier degré en x et pour dénominateurs les puissances successives, première, deuxième, ..., de $(x-\alpha)^2+\beta^2$, jusqu'à la $q^{\text{ème}}$ inclusivement.

En résumé, si $A, B, \ldots, C_p, C_{p-1} \ldots C_1, \ldots, D_q, E_q, D_{q-1}, E_{q-1}, \ldots, D_1, E_1$, etc., désignent certains coefficients constants inconnus, on voit qu'il y a lieu de considérer les fractions

$$(1) \quad \frac{A}{x-a}, \frac{B}{x-b}, \ldots, \frac{C_p}{(x-c)^p}, \frac{C_{p-1}}{(x-c)^{p-1}}, \ldots, \frac{C_1}{x-c}, \ldots, \frac{D_q x+E_q}{[(x-\alpha)^2+\beta^2]^q}, \frac{D_{q-1}x+E_{q-1}}{[(x-\alpha)^2+\beta^2]^{q-1}}, \ldots, \frac{D_1 x+E_1}{(x-\alpha)^2+\beta^2}, \ldots,$$

et de chercher à déterminer les coefficients dont il s'agit de manière à rendre la somme de ces fractions identiquement égale à la fraction complexe proposée $\frac{\varphi(x)}{f(x)}$. Alors, en effet, celle-ci se trouvera décomposée en fractions plus simples, (1), dont chacune, multipliée par dx, s'intégrera assez facilement, comme nous verrons tout-à-l'heure.

210. — Calcul des fractions simples par la méthode des coefficients indéterminés.

En conséquence, nous poserons

$$(2)\begin{cases}\dfrac{\varphi(x)}{f(x)} = \dfrac{A}{x-a} + \dfrac{B}{x-b} + \cdots + \dfrac{C_1}{x-c} + \dfrac{C_2}{(x-c)^2} + \cdots + \dfrac{C_p}{(x-c)^p} + \cdots \\ + \dfrac{D_1 x + E_1}{(x-\alpha)^2+\beta^2} + \dfrac{D_2 x + E_2}{[(x-\alpha)^2+\beta^2]^2} + \cdots + \dfrac{D_q x + E_q}{[(x-\alpha)^2+\beta^2]^q} + \cdots ;\end{cases}$$

et nous tâcherons de disposer des coefficients indéterminés A, B, etc. de telle sorte, que le second membre soit égal au premier pour toutes les valeurs de x, ou, ce qui revient au même, que le numérateur, $\varphi(x)$, du premier membre égale la somme des numérateurs qu'acquerront les fractions composant le second membre quand on les réduira au dénominateur $f(x)$, en multipliant leurs deux termes par un même polynôme $\frac{f(x)}{x-a}$, $\frac{f(x)}{x-b}$, etc. Nous devrons donc avoir, quel que soit x,

$$(3)\begin{cases}\varphi(x) = A\dfrac{f(x)}{x-a} + B\dfrac{f(x)}{x-b} + \cdots + C_1\dfrac{f(x)}{x-c} + C_2\dfrac{f(x)}{(x-c)^2} + \cdots + C_p\dfrac{f(x)}{(x-c)^p} + \cdots \\ + (D_1x+E_1)\dfrac{f(x)}{(x-\alpha)^2+\beta^2} + (D_2x+E_2)\dfrac{f(x)}{[(x-\alpha)^2+\beta^2]^2} + \cdots + (D_qx+E_q)\dfrac{f(x)}{[(x-\alpha)^2+\beta^2]^q} + \cdots\end{cases}$$

Remarquons que les parties du second membre qui correspondent aux racines réelles de $f(x)=0$ sont, comme les quotients

$$\frac{f(x)}{x-a},\quad \frac{f(x)}{x-b},\ldots,\frac{f(x)}{(x-c)^p},$$

du degré $n-1$ en x, ou de degrés moindres, et que les parties suivantes, produits des facteurs du premier degré D_1x+E_1, etc. par les quotients, des degrés $n-2$, $n-4$, etc., $\frac{f(x)}{(x-\alpha)^2+\beta^2}$, $\frac{f(x)}{[(x-\alpha)^2+\beta^2]^2}$, etc., sont aussi, elles-mêmes, du degré $n-1$ ou de degrés moindres. Donc, toutes ces expressions qui composent le second membre de (3), polynômes en x dont les coefficients contiennent linéairement en facteur les constantes indéterminées $A, B, C_1, \ldots, D_q, E_q$, etc., auront pour somme un polynôme analogue à $\varphi(x)$, c'est-à-dire du degré $n-1$, mais où le coefficient de chaque puissance de x égalera une somme de termes proportionnels aux diverses constantes A, B, C_1, etc. Par suite, il sera nécessaire et suffisant, pour que l'égalité (3) soit identiquement satisfaite, que les n coefficients de $x^{n-1}, x^{n-2}, \ldots, x^2, x, x^0$ aient, dans ce polynôme total, les mêmes valeurs numériques respectives que dans $\varphi(x)$, où ils sont connus. En égalant ainsi, chacun à chacun, les deux coefficients de chaque puissance de x dans les deux membres de (3), on obtiendra donc n équations du premier degré entre les indéterminées $A, B, \ldots, C_1$, etc. Or celles-ci sont justement au nombre de n, c'est-à-dire en même nombre que les racines de l'équation $f(x) = 0$, puisqu'il en correspond une, A ou B, etc., à chaque racine réelle simple, a, b, etc, qu'il en correspond p, savoir $C_1, C_2, \ldots, C_p$, à chaque racine réelle, c, d'un degré p de multiplicité, et, enfin, $2q$, qui sont $D_1, E_1, \ldots, D_q, E_q$, à chaque couple de racines imaginaires d'un degré q de multiplicité. Ainsi, le système de relations du premier degré obtenu entre les constantes inconnues $A, B, \ldots$ comprend justement autant d'équations que d'inconnues; et l'on conçoit qu'il détermine parfaitement celles-ci, ou qu'il comporte un système de valeurs pour $A, B, C_1, \ldots$ et un seul. C'est ce que fait reconnaître, effectivement, un examen minutieux dans lequel nous n'avons pas le temps d'entrer ici. Qu'il nous suffise de dire qu'on obtiendra les coefficients $A, B, C_1, \ldots$ et, par suite, les fractions simples $\frac{A}{x-a}, \frac{B}{x-b}$, etc., en résolvant ces n équations du premier degré. Nous donnerons tout-à-l'heure un exemple de ce genre de calcul.

211. — Intégration des termes les moins complexes provenant de la décomposition de la différentielle rationnelle proposée.

En résumé, la décomposition de l'expression primitive donnée, $\frac{F(x)}{f(x)}$, aura fourni trois sortes de termes, qui sont : 1° des monômes de la forme Mx^m ; 2° des fractions simples de la forme $\frac{C}{(x-c)^m}$; 3° d'autres fractions, de la forme un peu plus compliquée $\frac{Dx+E}{[(x-\alpha)^2+\beta^2]^m}$. Il ne reste donc qu'à voir comment on intégrera les produits par dx de ces trois espèces de termes.

Et, d'abord, tout terme de la première espèce, Mx^m, donnera la différentielle $Mx^m dx$ et aura évidemment pour intégrale $M\frac{x^{m+1}}{m+1}$.

Quant à un terme, $\frac{C}{(x-c)^m} = C(x-c)^{-m}$, de la deuxième espèce, la différentielle, $C(x-c)^{-m}dx$, qui lui correspondra pourra s'écrire $C(x-c)^{-m}d(x-c)$, expression de la forme $Ct^{-m}dt$; et, si m est supérieur à l'unité, son intégrale sera, de même, $C\frac{t^{-m+1}}{-m+1} = -\frac{C}{(m-1)t^{m-1}}$, c'est-à-dire $-\frac{C}{(m-1)(x-c)^{m-1}}$.

Si, au contraire, $m=1$, on pourra exprimer la différentielle par $C\frac{dt}{t}$ ou par $C\frac{-dt}{-t} = C\frac{d(-t)}{(-t)}$; ce qui donnera pour son intégrale soit $C\log t$, soit $C\log(-t)$, c'est-à-dire l'une des deux expressions $C\log(x-c)$, $C\log(c-x)$. On choisira celle de ces deux expressions qui contiendra le logarithme d'un nombre positif, c'est-à-dire, $C\log(x-c)$, dans les cas où $x-c$ sera plus grand que zéro, et $C\log(c-x)$, dans le cas où, au contraire, on aura $x-c<0$ et, par suite, $c-x>0$. Il convient, en effet, de ne faire figurer dans l'intégrale que des logarithmes de nombres positifs, les nombres négatifs n'ayant pas, comme on sait, de logarithmes réels.

Enfin, la différentielle à laquelle conduira un terme de la troisième espèce sera de la forme $\frac{(Dx+E)dx}{[(x-\alpha)^2+\beta^2]^m}$. On la débarrassera d'abord de la partie du premier degré en x, au numérateur, en remplaçant $Dx+E$ par la quantité évidemment équivalente $D(x-\alpha)+(D\alpha+E)$; ce qui permettra de dédoubler la différentielle proposée en deux, dont l'une est $\frac{D(x-\alpha)\,dx}{[(x-\alpha)^2+\beta^2]^m}=\frac{D}{2}\,\frac{d[(x-\alpha)^2+\beta^2]}{[(x-\alpha)^2+\beta^2]^m}$ et, l'autre, $\frac{(D\alpha+E)\,dx}{[(x-\alpha)^2+\beta^2]^m}$. La première, si l'on y pose $(x-\alpha)^2+\beta^2=t$, devient $\frac{D}{2}t^{-m}dt$, et elle a pour intégrale, 1°, $-\frac{D}{2(m-1)t^{m-1}}$, c'est-à-dire $-\frac{D}{2(m-1)[(x-\alpha)^2+\beta^2]^{m-1}}$, quand m est plus grand que 1, 2°, $-\frac{D}{2}\log t$ ou $-\frac{D}{2}\log[(x-\alpha)^2+\beta^2]$, quand au contraire, m est seulement égal à 1. Il ne reste donc à intégrer que la seconde partie,

$$\frac{(D\alpha+E)\,dx}{[(x-\alpha)^2+\beta^2]^m}=\frac{(D\alpha+E)\,d(x-\alpha)}{[\beta^2+(x-\alpha)^2]^m},$$

qui, en divisant les deux termes de la fraction par β^{2m}, peut évidemment s'écrire

$$\frac{D\alpha+E}{\beta^{2m-1}}\;\frac{d\left(\frac{x-\alpha}{\beta}\right)}{\left[1+\left(\frac{x-\alpha}{\beta}\right)^2\right]^m},$$

et qui, si l'on prend pour variable auxiliaire t le rapport $\frac{x-\alpha}{\beta}$, deviendra, par conséquent, $\frac{D\alpha+E}{\beta^{2m-1}}\;\frac{dt}{(1+t^2)^m}$.

Son intégrale sera donc

$$\frac{D\alpha+E}{\beta^{2m-1}}\int\frac{dt}{(1+t^2)^m},$$

en sorte qu'il suffira finalement, pour pouvoir intégrer toute différentielle rationnelle, d'obtenir l'expression de $\int\frac{dt}{(1+t^2)^m}$, où m désigne un exposant entier et positif quelconque.

212. — Intégration des expressions plus compliquées auxquelles conduit la même décomposition, c'est-à-dire de $\frac{dt}{(1+t^2)^m}$.

Occupons-nous donc du calcul de $\int\frac{dt}{(1+t^2)^m}$. Dans le cas le plus simple, qui est celui où $m=1$, cette intégrale s'obtient immédiatement, car elle se réduit à $\int\frac{dt}{1+t^2}=\text{arctg}\,t$. Par suite, il suffira de savoir la ramener, en général, à une intégrale de même forme, mais où l'exposant m aurait diminué d'une unité, c'est-à-dire serait remplacé par $m-1$, pour pouvoir abaisser successivement cet exposant jusqu'à la valeur 1 et la rendre ainsi intégrable. Nous n'aurons donc qu'à voir comment $\int \frac{dt}{(1+t^2)^m}$ peut se calculer en fonction de $\int \frac{dt}{(1+t^2)^{m-1}}$. Pour abréger, appelons I_m l'intégrale proposée, $\int \frac{dt}{(1+t^2)^m}$, et, de même, I_{m-1} l'intégrale analogue $\int \frac{dt}{(1+t^2)^{m-1}}$. En retranchant I_{m-1} de I_m, nous aurons évidemment :

$$I_m - I_{m-1} = \int \frac{dt}{(1+t^2)^m} - \int \frac{dt}{(1+t^2)^{m-1}} = \int \left[\frac{1}{(1+t^2)^m} - \frac{1}{(1+t^2)^{m-1}}\right] dt = \int \frac{1-(1+t^2)}{(1+t^2)^m} dt = -\int t \frac{t\,dt}{(1+t^2)^m}.$$

Or, $\frac{t\,dt}{(1+t^2)^m}$ ne diffère pas de $\frac{1}{2}(1+t^2)^{-m} d(1+t^2)$, qui est la différentielle de $\frac{1}{2}\frac{(1+t^2)^{-m+1}}{-m+1} = -\frac{1}{2m-2}\frac{1}{(1+t^2)^{m-1}}$. L'expression $-\int t \frac{t\,dt}{(1+t^2)^m}$ revient donc à $\frac{1}{2m-2}\int t\, d\frac{1}{(1+t^2)^{m-1}}$, et l'intégration par parties la transforme en celle-ci

$$\frac{1}{2m-2}\left[\frac{t}{(1+t^2)^{m-1}} - \int \frac{dt}{(1+t^2)^{m-1}}\right],$$

qui, à une constante arbitraire près, n'est autre que

$$\frac{1}{2m-2}\left[\frac{t}{(1+t^2)^{m-1}} - I_{m-1}\right].$$

L'égalité ci-dessus peut, en conséquence, s'écrire

$$I_m - I_{m-1} = \frac{t}{(2m-2)(1+t^2)^{m-1}} - \frac{1}{2m-2} I_{m-1} + \text{const. arbitraire}.$$

Si donc nous isolons I_m dans le premier membre et que nous groupions, dans le second, les termes en I_{m-1}, puis que nous remplacions I_m et I_{m-1} par $\int \frac{dt}{(1+t^2)^m}$ et $\int \frac{dt}{(1+t^2)^{m-1}}$, en supposant, au second membre, la constante arbitraire contenue implicitement dans le terme affecté de $\int \frac{dt}{(1+t^2)^{m-1}}$, il viendra

$$\int \frac{dt}{(1+t^2)^m} = \frac{t}{(2m-2)(1+t^2)^{m-1}} + \frac{2m-3}{2m-2}\int \frac{dt}{(1+t^2)^{m-1}}.$$

Telle est la formule qui, appliquée plusieurs fois s'il le faut, permettra d'abaisser l'exposant m de m-1 unités, de manière à le réduire à la valeur 1. On voit que l'intégrale proposée aura été ainsi exprimée au moyen d'un certain nombre de termes algébriques et d'un dernier terme, transcendant, en $\int \frac{dt}{1+t^2} = \text{arctg}\,t$, qui contient une fonction circulaire inverse.

En résumé, les différentielles rationnelles, $\frac{F(x)}{f(x)}$, peuvent toujours s'intégrer sous forme finie : ce qui veut dire que leurs intégrales ne comprennent qu'un nombre déterminé de termes, algébriques ou affectés de transcendantes classiques. De plus, les termes algébriques y sont rationnels et les termes transcendants y sont des fonctions inverses (logarithmes ou arcs tangente) contenant comme variables des expressions linéaires en x. Observons, d'ailleurs, que les arcs tangente y deviendront des arcs sinus ou des arcs cosinus, si on y fait paraître un sinus ou un cosinus au lieu de la tangente, en fonction de laquelle le sinus ou le cosinus correspondant s'expriment algébriquement.

Cette intégration des différentielles rationnelles, due à Jean Bernoulli qui en a donné les règles vers le commencement du XVIIIème siècle, constitue, pour ainsi dire, le chapitre le plus achevé du calcul intégral.

213. — Exemple : calcul de $\int \frac{x^4+a^4}{x^4-a^4}\,dx$.

Éclaircissons, par un exemple, ce que pourrait avoir de trop abstrait ou de trop général la théorie précédente. Soit à intégrer l'expression $\frac{x^4+a^4}{x^4-a^4}\,dx$. Nous avons donc, ici,

$$F(x) = x^4+a^4, \quad f(x) = x^4-a^4.$$

La division du numérateur par le dénominateur donne d'abord

$$\frac{F(x)}{f(x)} = 1 + \frac{2a^4}{x^4-a^4},$$

et il reste à décomposer en fractions plus simples la fraction rationnelle $\frac{2a^4}{x^4-a^4}$.

Pour cela, conformément à la marche indiquée, résolvons l'équation $f(x) = 0$, c'est-à-dire $x^4-a^4=0$, ou mieux, décomposons x^4-a^4 en facteurs réels aussi simples que possible. Il vient évidemment $x^4-a^4=(x^2-a^2)(x^2+a^2)$; d'ailleurs, $x^2-a^2=(x-a)(x+a)$, tandis que le facteur x^2+a^2 est aussi réduit qu'il peut l'être, puisque, en le décomposant encore, on ne trouve que les facteurs imaginaires $x+a\sqrt{-1}$ et $x-a\sqrt{-1}$. Ainsi, on aura définitivement

$$x^4-a^4=(x-a)(x+a)(x^2+a^2),$$

et il y aura lieu de décomposer la fraction $\frac{2a^4}{x^4-a^4}$ en trois fractions simples, respectivement de la forme $\frac{A}{x-a}$, $\frac{B}{x+a}$, $\frac{Cx+D}{x^2+a^2}$. Posons donc

$$(4)\qquad \frac{2a^4}{x^4-a^4}=\frac{A}{x-a}+\frac{B}{x+a}+\frac{Cx+D}{x^2+a^2},$$

c'est-à-dire,

$$2a^4=A\,\frac{x^4-a^4}{x-a}+B\,\frac{x^4-a^4}{x+a}+Cx\,\frac{x^4-a^4}{x^2+a^2}+D\,\frac{x^4-a^4}{x^2+a^2},$$

ou, en effectuant les divisions indiquées et plaçant les uns sous les autres les termes semblables,

$$2a^4=\begin{cases} A\,(x^3+ax^2+a^2x+a^3) \\ +B\,(x^3-ax^2+a^2x-a^3) \\ +C\,(x^3 \qquad\quad -a^2x \qquad) \\ +D\,(\qquad x^2 \qquad\quad -a^2) \end{cases}.$$

On voit que, pour rendre le polynôme du troisième degré qui constitue le second membre identiquement égal au premier membre, lequel se réduit ici à son terme, $2a^4$, indépendant de x, il faudra égaler, dans les deux membres, les coefficients totaux des mêmes puissances de x, c'est-à-dire, annuler les coefficients de x^3, x^2, x, et égaler à $2a^4$ le coefficient de x^0, ou l'ensemble des termes constants, dans le second membre. Il vient donc, pour déterminer les quatre constantes inconnues A, B, C, D, les quatre équations du premier degré

$$(5)\qquad A+B+C=0,\; aA-aB+D=0,\; a^2A+a^2B-a^2C=0,\; a^3A-a^3B-a^2D=2a^4.$$

Si l'on divise la troisième par a^2 et qu'on la combine alors avec la première, tant par voie d'addition que par voie de soustraction, il vient $2A+2B=0$, $2C=0$; en sorte que ces deux équations reviennent à prendre $C=0$, $B=-A$. Alors, la seconde (5), résolue par rapport à D, donne elle-même $D=a(B-A)=-2aA$. Enfin, ces valeurs, $-A$, $-2aA$, de B et D, portées dans la quatrième (5), la changent en celle-ci, $4a^3A=2a^4$,

qui donne $A = \frac{a}{2}$ et achève par suite de déterminer les inconnues.
On a donc :

$$(6) \qquad A = \frac{a}{2},\ B = -\frac{a}{2},\ C = 0,\ D = -a^2,$$

et, par suite, l'expression (4) de $\frac{2a^4}{x^4-a^4}$, si l'on y joint le terme entier 1 trouvé en premier lieu, donne définitivement, pour la valeur de la fonction rationnelle $\frac{x^4+a^4}{x^4-a^4}$ décomposée en parties réelles aussi simples que possible,

$$(7) \qquad \frac{x^4+a^4}{x^4-a^4} = 1 + \frac{a}{2}\left(\frac{1}{x-a} - \frac{1}{x+a}\right) - \frac{a^2}{x^2+a^2}.$$

On vérifie l'exactitude du résultat en faisant la somme des termes du second membre. Il vient, successivement,

$$1+\frac{a}{2}\left(\frac{x+a}{x^2-a^2}-\frac{x-a}{x^2-a^2}\right)-\frac{a^2}{x^2+a^2}=1+\frac{a}{2}\,\frac{2a}{x^2-a^2}-\frac{a^2}{x^2+a^2}=1+a^2\left(\frac{1}{x^2-a^2}-\frac{1}{x^2+a^2}\right)=1+\frac{2a^4}{x^4-a^4}=\frac{x^4+a^4}{x^4-a^4};$$

et l'on reconnaît, ainsi, que la somme reproduit bien l'expression proposée. Il ne faut jamais négliger cette vérification, car les calculs de décomposition d'une fonction rationnelle en termes simples, étant généralement longs et arides, prêtent beaucoup à erreur.

Multiplions actuellement par dx les deux membres de (7) et intégrons. Il viendra :

$$\int \frac{x^4+a^4}{x^4-a^4}\,dx = \int dx + \frac{a}{2}\left[\int \frac{dx}{x-a} - \int \frac{dx}{x+a}\right] - a^2 \int \frac{dx}{a^2+x^2}.$$

Or,

$$\int dx = x,\quad \int \frac{dx}{x-a} = \log(x-a),\quad \int \frac{dx}{x+a} = \log(x+a),$$

et

$$\int \frac{dx}{a^2+x^2} = \frac{1}{a}\int \frac{d.\frac{x}{a}}{1+\left(\frac{x}{a}\right)^2} = \frac{1}{a}\,\text{arctg}\,\frac{x}{a}.$$

L'intégrale cherchée, si l'on y observe que

$$\log(x-a) - \log(x+a) = \log\frac{x-a}{x+a} = 2\log\sqrt{\frac{x-a}{x+a}},$$

sera donc

$$\int \frac{x^4+a^4}{x^4-a^4}\,dx = x + a\left(\log\sqrt{\frac{x-a}{x+a}} - \text{arctg}\,\frac{x}{a}\right) + \text{const. arbitraire}$$

28ème Leçon. — Suite : différentielles algébriques irrationnelles les plus importantes et les moins difficiles à intégrer.

214. — Intégration des différentielles irrationnelles dont tous les radicaux portent sur une même expression de la forme $\frac{ax+b}{a'x+b'}$.

Après avoir vu comment s'intègrent, dans tous les cas, les différentielles rationnelles, passons à l'étude des types les plus usuels des différentielles irrationnelles, relativement peu nombreuses, que l'on sait intégrer.

Le plus simple concerne les différentielles dans lesquelles tous les radicaux portent sur une même expression de la forme $\frac{ax+b}{a'x+b'}$, généralement fractionnaire, mais qui devient entière, et se réduit au binôme $ax+b$, quand on prend $a'=0$, $b'=1$. Comme, d'ailleurs, $ax+b$ se réduit lui-même à x pour $b=0$ et $a=1$, on voit que le cas dont il s'agit comprend toutes les différentielles affectées seulement d'irrationnelles monômes, c'est-à-dire, dans lesquelles les radicaux portent uniquement sur x, à des facteurs constants près.

En transformant, dans ce type, les radicaux en puissances à exposants fractionnaires, puis réduisant tous les exposants à un dénominateur commun positif m, la différentielle proposée ne dépendra évidemment que de x et de puissances entières de $\sqrt[m]{\frac{ax+b}{a'x+b'}}$, en sorte qu'elle sera de la forme $f\left(x, \sqrt[m]{\frac{ax+b}{a'x+b'}}\right)dx$, où f désigne une fonction rationnelle des deux variables x et $\sqrt[m]{\frac{ax+b}{a'x+b'}}$. On l'intègre, tout comme les autres types de différentielles irrationnelles dont il sera question ci-après, au moyen d'une substitution, ou changement de variable, propre à la transformer en une différentielle rationnelle, que l'on traitera ensuite par la méthode de Jean Bernoulli exposée dans la dernière leçon.

A cet effet, prenons le radical pour nouvelle variable, ou posons

(1) $$\sqrt[m]{\frac{ax+b}{a'x+b'}}=t.$$

En élevant cette relation à la $m^{ème}$ puissance, il vient

$$\frac{ax+b}{a'x+b'}=t^m \text{ ou } ax+b=a't^m x+b't^m,$$

équation du premier degré en x, qui, résolue, donne

(2) $$x=\frac{b't^m-b}{a-a't^m}.$$

On voit donc que x s'exprime rationnellement en fonction de t. Si, pour abréger, on appelle $\varphi(t)$ cette valeur, en différentiant la relation ainsi obtenue $x=\varphi(t)$, il viendra $dx=\varphi'(t)\,dt$, $\varphi'(t)$ désignant la dérivée de $\varphi(t)$, dérivée toujours rationnelle quand la fonction $\varphi(t)$ l'est elle-même, et qui a ici pour expression $\frac{m(ab'-ba')t^{m-1}}{(a-a't^m)^2}$.

Ainsi, d'après les formules (1) et (2), toutes les quantités dont la différentielle proposée dépend, savoir x, $\sqrt[m]{\frac{ax+b}{a'x+b'}}$ et dx, s'évalueront sans radical en fonction de t et de dt. Par suite, cette différentielle

$$f\left(x, \sqrt[m]{\frac{ax+b}{a'x+b'}}\right)dx,$$

devenue $f[\varphi(t),t]\,\varphi'(t)\,dt$, est rationnelle en t et s'intégrera par les procédés indiqués précédemment. Soit $F(t)$ son intégrale. Il viendra, vu l'expression (1) de t,

$$\int f\left(x,\sqrt[m]{\frac{ax+b}{a'x+b'}}\right)dx=F\left(\sqrt[m]{\frac{ax+b}{a'x+b'}}\right)+\text{const. arbitraire}.$$

215. — Autre type: différentielles qui ne contiennent qu'un radical carré, portant sur un trinôme du second degré.

Le deuxième type de différentielles irrationnelles qu'on sait intégrer comprend toutes celles où il ne paraît, soit une fois, soit plusieurs fois ou à plusieurs endroits, qu'un seul radical, qui soit un radical carré portant sur un trinôme du second degré.

Si on exprime ce radical par $\sqrt{a+bx+cx^2}$, la différentielle proposée sera de la forme $f(x, \sqrt{a+bx+cx^2})dx$, en désignant par f une fonction rationnelle.

Avant d'intégrer cette expression, on trouve avantage à y simplifier le radical, en réduisant à l'unité, en valeur absolue, le coefficient de x^2 sous ce radical. A cet effet, on met en facteur commun, dans le trinôme, la valeur absolue de c, c'est-à-dire, c, si ce coefficient est positif, $-c$, s'il est négatif. Alors le radical devient

$$\sqrt{(\pm c)\left(\frac{a}{\pm c}+\frac{b}{\pm c}x \pm x^2\right)} = \sqrt{\pm c}\sqrt{\frac{a}{\pm c}+\frac{b}{\pm c}x \pm x^2},$$

et la seule quantité variable qui y paraisse est

$\sqrt{\frac{a}{\pm c}+\frac{b}{\pm c}x \pm x^2}$, car $\sqrt{\pm c}$ n'y joue plus que le rôle d'un coefficient numérique. Comme les rapports $\frac{a}{\pm c}$, $\frac{b}{\pm c}$ seront aussi deux nombres constants, que rien n'empêchera désormais de désigner eux-mêmes par a et b, la différentielle proposée sera devenue rationnelle par rapport à x, dx et $\sqrt{a+bx\pm x^2}$; en sorte qu'on pourra lui donner comme expression générale

$$f(x, \sqrt{a+bx\pm x^2})\,dx.$$

On emploie, pour l'intégrer, trois procédés différents, toujours applicables, les uns ou les autres, suivant les cas, et qui la transforment en différentielle rationnelle.

216. — <u>Premier procédé d'intégration (pour ce type) applicable quand le trinôme est le produit de deux facteurs réels du premier degré.</u>

Supposons d'abord que le trinôme $a+bx\pm x^2$ donne deux racines réelles α, β, quand on résout l'équation du second degré obtenue en l'égalant à zéro. Nous savons qu'alors le trinôme sera le produit du coefficient ± 1 de x^2 par les deux facteurs linéaires $x-\alpha$, $x-\beta$. La différentielle à intégrer pourra donc s'écrire

$$f\left[x, \sqrt{\pm(x-\alpha)(x-\beta)}\right] dx.$$

Soit t une nouvelle variable, définie par l'équation

$$(3) \qquad \sqrt{\pm(x-\alpha)(x-\beta)} = (x-\alpha)\, t,$$

c'est-à-dire telle que l'on ait

$$(4) \qquad t = \frac{\sqrt{\pm(x-\alpha)(x-\beta)}}{x-\alpha} = \sqrt{\pm \frac{x-\beta}{x-\alpha}}.$$

En élevant la relation (3) au carré, il viendra

$$\pm(x-\alpha)(x-\beta) = (x-\alpha)^2 t^2,$$

ou bien, par la suppression du facteur commun $x-\alpha$,

$$(5) \qquad \pm(x-\beta) = (x-\alpha)\, t^2.$$

Cette équation est du premier degré par rapport à x. Si donc on la résout, on obtiendra, tout comme ci-dessus dans l'étude du premier type des différentielles irrationnelles, une expression de x rationnelle par rapport à t, de la forme $x = \varphi(t)$, et dont la différentielle, $dx = \varphi'(t)\, dt$, sera par suite, elle aussi, rationnelle. Ainsi, l'expression proposée

$$f(x, \sqrt{a+bx\pm x^2})\, dx,$$

où le radical devient, d'après (3), $(x-\alpha)t = t\varphi(t) - \alpha t$, se transformera dans la différentielle rationnelle $f[\varphi(t), t\varphi(t)-\alpha t]\varphi'(t)\, dt$; et son intégrale pourra être obtenue, par les procédés exposés dans la dernière leçon, en fonction de t. Il ne restera donc plus qu'à remplacer t par sa valeur en x, $t = \sqrt{\pm \frac{x-\beta}{x-\alpha}}$.

217. — Deuxième et troisième procédés, applicables, notamment, quand le trinôme n'est pas le produit de deux facteurs réels du premier degré.

Quand le trinôme $a+bx\pm x^2$, égalé à zéro, a ses deux racines imaginaires, ou, ce qui revient au même, quand il n'est pas décomposable en facteurs réels du premier degré, on sait qu'il conserve constamment le même signe, sans s'annuler jamais, lorsque x y varie de $-\infty$ à $+\infty$. Alors le radical et, par suite, la différentielle proposée ne sont des quantités réelles, comme nous le supposons, qu'autant que ce signe, toujours le même, du trinôme, est le signe +. Donc, le trinôme est positif notamment, pour $x=0$, c'est-à-dire à l'instant où il se réduit à a; en sorte qu'on a $a>0$. De plus, il est positif aussi pour les très-grandes valeurs absolues de x, cas où le terme du second degré, $\pm x^2$, l'emporte de beaucoup, comme on sait, sur les deux autres : on a donc alors, pour terme du second degré, $+x^2$, et non pas $-x^2$.

Ainsi, le trinôme, lorsqu'il paraîtra dans une différentielle réelle et ne sera pas décomposable en deux facteurs réels du premier degré, présentera toujours deux caractères, consistant, l'un, en ce que le terme constant a se trouvera positif, l'autre, en ce que le terme du second degré y sera affecté du signe + et non du signe −. Or chacun de ces caractères conduit à une transformation réelle, qui rend rationnelle et, par suite, intégrable la différentielle proposée, transformation applicable, d'ailleurs, même à des cas où le trinôme serait décomposable en facteurs réels du premier degré, c'est-à-dire, pourvu qu'on n'ait pas $a<0$, s'il s'agit de la première, et pourvu que le terme en x^2 soit $+x^2$ et non $-x^2$, s'il s'agit de la seconde. Voici en quoi consistent ces deux procédés d'intégration.

Pour commencer par le premier, supposons donc qu'on n'ait pas $a<0$, mais que la racine carrée de a soit réelle et, appelant t notre nouvelle variable, posons

$$(6) \qquad \sqrt{a+bx\pm x^2}=\sqrt{a}+tx;$$

ce qui revient évidemment à prendre

$$(7) \qquad t=\frac{\sqrt{a+bx\pm x^2}-\sqrt{a}}{x}.$$

En élevant (6) au carré, il viendra

$$a+bx\pm x^2=a+2\sqrt{a}\,tx+t^2x^2.$$

Supprimons le terme commun a et, ensuite, un facteur x qui se trouvera partout. Il nous restera, pour définir x en fonction de t, la relation

(8) $$b \pm x = 2\sqrt{a}\,t + t^2 x.$$

On voit que celle-ci est du premier degré en x, comme dans le cas précédent. Par suite, on en tirera une expression de x, rationnelle, de la forme $x = \varphi(t)$, une expression de dx, $\varphi'(t)\,dt$, rationnelle aussi, et le radical $\sqrt{a+bx\pm x^2}$, devenu, d'après (6), $\sqrt{a}+tx = \sqrt{a}+t\varphi(t)$, sera lui-même rationnel. Donc la différentielle proposée se transformera dans la différentielle rationnelle $f[\varphi(t), \sqrt{a}+t\varphi(t)]\varphi'(t)\,dt$, et il suffira, quand on aura obtenu son intégrale en fonction de t, d'y remplacer t par sa valeur (7).

Passons enfin au dernier procédé, applicable quand la différentielle est de la forme $f(x, \sqrt{a+bx+x^2})\,dx$. Il consiste à poser

(9) $$\sqrt{a+bx+x^2} = t - x;$$

ce qui donne

(10) $$t = x + \sqrt{a+bx+x^2}.$$

Si on élève (9) au carré, il vient

$$a + bx + x^2 = t^2 - 2tx + x^2,$$

équation qui se réduit encore au premier degré en x, quand on y supprime le terme x^2, commun aux deux membres. La valeur de x, de la forme $x = \varphi(t)$, sera donc encore rationnelle, ainsi que celle de dx, $dx = \varphi'(t)\,dt$, et celle, $t - x = t - \varphi(t)$, du radical (9). Par suite, la différentielle proposée devient elle-même rationnelle, et il suffira, dans son intégrale, de remplacer t par sa valeur (10).

218 — Exemple : calcul de $\int \frac{dx}{\sqrt{a+x^2}}$.

Comme application de la méthode précédente, intégrons, par le troisième procédé, l'expression $\frac{dx}{\sqrt{a+x^2}}$, qui se présente souvent en analyse et en mécanique.

Nous aurons à écrire, d'après (9), $\sqrt{a+x^2}=t-x$, ou $t=x+\sqrt{a+x^2}$, et il viendra, en élevant $\sqrt{a+x^2}$ et $t-x$ au carré,

$$a+x^2=t^2-2tx+x^2, \text{ ou } a=t^2-2tx;$$

d'où

$$x=\frac{t^2-a}{2t}=\frac{1}{2}\left(t-\frac{a}{t}\right),\ dx=\frac{1}{2}\left(1+\frac{a}{t^2}\right)dt.$$

Il en résulte aussi,

$$\sqrt{a+x^2}=t-x=\frac{1}{2}\left[2t-t+\frac{a}{t}\right]=\frac{1}{2}\left(t+\frac{a}{t}\right)=\frac{t}{2}\left(1+\frac{a}{t^2}\right).$$

Donc, la différentielle proposée devient simplement, en supprimant finalement le facteur commun $\frac{1}{2}\left(1+\frac{a}{t^2}\right)$,

$$\frac{dx}{\sqrt{a+x^2}}=\frac{dt}{t};$$

et l'on a, par suite, $\int\frac{dx}{\sqrt{a+x^2}}=\int\frac{dt}{t}=\log t+\text{const.}$, ou enfin, vu que $t=x+\sqrt{a+x^2}$,

$$\int\frac{dx}{\sqrt{a+x^2}}=\log\left(x+\sqrt{a+x^2}\right)+\text{const.}$$

Il est aisé de faire la preuve de l'intégration, en calculant la dérivée du résultat $\log(x+\sqrt{a+x^2})$, dérivée qu'on trouve, successivement, être

$$\frac{1+\frac{2x}{2\sqrt{a+x^2}}}{x+\sqrt{a+x^2}}=\frac{\sqrt{a+x^2}+x}{\sqrt{a+x^2}(x+\sqrt{a+x^2})}=\frac{1}{\sqrt{a+x^2}},$$

et en observant qu'elle égale bien la fonction par laquelle dx est multiplié dans la différentielle, $\frac{dx}{\sqrt{a+x^2}}$, qu'il s'agissait d'intégrer.

Observons, à ce propos, qu'il ne faut jamais, après avoir effectué un calcul d'intégrale indéfinie, négliger d'en faire ainsi la preuve, par la différentiation, toujours possible et même facile, du résultat; car, sans cette vérification, on ne pourrait guère être sûr de n'avoir pas commis d'erreur dans la série des transformations, généralement longues, que nécessitent les intégrations.

219 — Troisième type: différentielles qui contiennent deux radicaux carrés portant sur deux binômes du premier degré.

Considérons, en troisième lieu, les différentielles de la forme

$f(x, \sqrt{ax+b}, \sqrt{a'x+b'})\,dx$, où f désigne une fonction rationnelle quelconque des trois quantités x, $\sqrt{ax+b}$, $\sqrt{a'x+b'}$; en sorte qu'il s'y trouve deux radicaux carrés portant sur deux fonctions linéaires. Prenons l'un de ces radicaux pour nouvelle variable, en posant, par exemple,

$$\sqrt{ax+b}=t;\ \text{d'où}\ ax+b=t^2,\ x=\frac{t^2-b}{a},\ dx=\frac{2t\,dt}{a}.$$

L'expression à intégrer, $f(x, \sqrt{ax+b}, \sqrt{a'x+b'})\,dx$, deviendra

$$f\left[\frac{t^2-b}{a}, t, \sqrt{\frac{a'}{a}(t^2-b)+b'}\right]\frac{2t}{a}\,dt,$$

différentielle dans laquelle il ne paraît plus qu'un seul radical carré, portant sur le polynôme du second degré

$$\frac{a'}{a}(t^2-b)+b'=\frac{a'}{a}t^2+\left(b'-\frac{a'}{a}b\right).$$

Elle rentre, par conséquent, dans le deuxième type, traité tout-à-l'heure. Une nouvelle substitution, empruntée à l'un des trois procédés qui viennent d'être exposés (n.os 216 et 217), la rendra rationnelle et permettra de l'intégrer.

220 — Quatrième type de différentielles irrationnelles : différentielle binôme $(ax^{\alpha}+bx^{\beta})^{p}\,dx$.

Je terminerai par une brève étude d'un quatrième type, usuel, de différentielles irrationnelles, type se distinguant des précédents en ce qu'on ne sait l'intégrer que dans certains cas spéciaux, dits cas d'intégrabilité. C'est celui des différentielles binômes. On appelle ainsi les expressions de la forme $(ax^{\alpha}+bx^{\beta})^{p}\,dx$, où l'exposant p doit être supposé fractionnaire : car, s'il était entier, positif ou négatif, la puissance $p^{\text{ème}}$ du binôme $ax^{\alpha}+bx^{\beta}$ se développerait exactement, en numérateur ou en dénominateur, sous la forme d'un polynôme fini contenant des puissances entières de x^{α} ou x^{β}; et il ne resterait, tout au plus, que des irrationnelles monômes (pour α ou β fractionnaires), de sorte qu'on serait ramené au premier type.

En mettant le binôme $a x^\alpha + b x^\beta$ sous la forme $x^\alpha(a+bx^{\beta-\alpha})$, la différentielle proposée devient $x^{\alpha p}(a+bx^{\beta-\alpha})^p dx$, ou, plus simplement, $x^m(a+bx^n)^p dx$, si l'on pose $\alpha p = m$, $\beta-\alpha = n$. C'est d'ordinaire à cette forme, $x^m(a+bx^n)^p dx$, que l'on ramène les différentielles binômes. On peut même y supposer m et n entiers; car, lorsque ces exposants sont des fractions, $\frac{k}{q}$, $\frac{l}{q}$, supposées réduites à un même dénominateur positif q, en prenant le radical $x^{\frac{1}{q}}$ pour nouvelle variable, ou posant

$$x^{\frac{1}{q}} = t, \text{ et, par suite, } x = t^q,\ dx = qt^{q-1}dt,\ x^{\frac{k}{q}} = t^k,\ x^{\frac{l}{q}} = t^l,$$

la différentielle proposée devient $qt^{k+q-1}(a+bt^l)dt$, ce qui, abstraction faite du facteur constant q et à part la substitution de la lettre t à la lettre x, est bien une différentielle binôme de la forme $x^m(a+bx^n)^p dx$, où les exposants m et n ont les valeurs entières $k+q-1$ et l. Observons que, dans cette transformation, le rapport $\frac{m+1}{n}$, dont il sera question tout à l'heure, ne change pas: car il était d'abord $\frac{\frac{k}{q}+1}{\frac{l}{q}} = \frac{k+q}{l}$, quand on avait $m = \frac{k}{q}$, $n = \frac{l}{q}$; et, maintenant que $m = k+q-1$ et $n = l$, il vaut $\frac{k+q-1+1}{l} = \frac{k+q}{l}$, ce qui est la même chose.

Tous les moyens que l'on connaît, pour intégrer en termes finis, quand c'est possible, la différentielle binôme $x^m(a+bx^n)^p dx$, reviennent à mettre cette expression sous l'une des deux formes, évidemment équivalentes, $x^m(a+bx^n)^p dx$, $x^{m+np}(b+ax^{-n})^p dx$, et à prendre pour nouvelle variable la quantité entre parenthèses, qui est $a+bx^n$ dans le premier cas, $b+ax^{-n}$ dans le second.

Posons, par exemple,

$$a+bx^n = t; \text{ d'où } x = \left(\frac{t-a}{b}\right)^{\frac{1}{n}} = \frac{1}{b^{\frac{1}{n}}}(t-a)^{\frac{1}{n}} \text{ et } dx = \frac{1}{n}\frac{1}{b^{\frac{1}{n}}}(t-a)^{\frac{1}{n}-1}dt.$$

L'expression proposée, $x^m(a+bx^n)^p dx$, deviendra

$\frac{1}{n}\frac{1}{b^{\frac{m+1}{n}}}(t-a)^{\frac{m+1}{n}-1}t^p dt$; et elle ne contiendra que l'irrationnelle monôme t^p, si l'exposant, $\frac{m+1}{n}-1$, de $t-a$ est entier, ou, ce qui revient au même, si

$$\frac{m+1}{n} = \text{un nombre entier.}$$

Cela arrive lorsque l'exposant m de x hors de la parenthèse, accru d'une unité, se trouve être exactement **divisible par** l'exposant n de x dans la parenthèse. Quand ce cas, dit premier cas d'intégrabilité, se présente, la différentielle est donc réduite, par l'introduction de la variable t, au premier type de différentielles irrationnelles étudié plus haut, et, par suite, l'intégration peut se faire en termes finis.

Si l'on prenait la différentielle binôme sous sa deuxième forme, en posant $b+ax^{-n}=t$, on arriverait à des conséquences analogues, à cela près que l'exposant de x hors de la parenthèse serait $m+np$, au lieu de m, et, celui de x dans la parenthèse, $-n$, au lieu de n. Ce n'est donc plus pour $\frac{m+1}{n}$ = un nombre entier, mais pour $\frac{m+np+1}{-n}$ = un nombre entier, ou $\frac{m+np+1}{n}$ = un nombre entier, c'est-à-dire, enfin,

$$\text{pour } \frac{m+1}{n}+p = \text{un nombre entier,}$$

que l'intégration aboutirait. Ce second cas est toujours distinct du premier: en effet, p étant fractionnaire, les deux nombres $\frac{m+1}{n}$ et $\frac{m+1}{n}+p$ ne peuvent pas être entiers à la fois.

Il est bon de remarquer que la transformation effectuée tout-à-l'heure pour rendre entiers les exposants m et n n'a nullement le résultat de faire entrer la différentielle binôme dans un des cas d'intégrabilité ni de l'en faire sortir. Car nous avons vu que cette transformation, qui laisse l'exposant p le même, ne change pas non plus le rapport $\frac{m+1}{n}$. Donc celui-ci, soit pris seul, soit joint à p, donnera ou ne donnera pas un nombre entier autant avant la transformation qu'après.

En dehors des deux cas d'intégrabilité, on peut, sinon intégrer exactement la différentielle binôme, du moins y réduire la valeur absolue de l'exposant m d'autant de fois n unités qu'on veut et, aussi, l'exposant p d'un nombre quelconque d'unités. Nous ne nous arrêterons pas aux procédés que l'on emploie pour cela. Ils rappellent ceux qui nous ont servi (n° 206, p. 288 et 289) à réduire les exposants m et n dans la différentielle $\sin^m x \cos^n x \, dx$, laquelle est du reste, une différentielle binôme quand on l'écrit

$$\sin^m x \cos^{n-1} x \, d\sin x = \sin^m x (1-\sin^2 x)^{\frac{n-1}{2}} d\sin x$$

et que, posant $\sin x = t$, on la change en $t^m (1-t^2)^{\frac{n-1}{2}} dt$. Toutefois, cette différentielle n'est réellement binôme qu'autant que l'exposant $p = \frac{n-1}{2}$ s'y trouve fractionnaire, ou que n n'est pas un nombre entier impair; et on reconnaît aisément que, pour n pair et m entier, elle rentre nécessairement dans l'un ou l'autre des deux cas d'intégrabilité, en sorte qu'on peut toujours, comme nous le savions déjà, l'intégrer sous forme finie, dès que m et n sont entiers.

29ème Leçon — Des Intégrales définies et de leurs applications analytiques.

221. — Définitions, notations et considérations générales, concernant les intégrales définies.

D'après ce que nous avons vu dans la 26ème leçon (n° 192, p. 275), on appelle intégrale définie la somme des valeurs que reçoit successivement une différentielle $f(x)\,dx$, quand on y fait varier avec continuité x depuis une valeur initiale donnée, a, jusqu'à une autre valeur quelconque, b par exemple; et cette somme, parfaitement déterminée, égale la différence, $F(b)-F(a)$, des deux valeurs, finale et initiale, que prend l'intégrale indéfinie correspondante $\int f(x)\,dx$, désignée ici par $F(x)$ ou par $F(x)+$const. La première et la dernière valeur de x sont dites les deux limites de l'intégrale définie: la première valeur, a, est la limite inférieure, la dernière, b, la limite supérieure; leur différence, $b-a$, constitue l'intervalle des limites, ou, encore, l'étendue de l'intégrale.

Chacune des valeurs successives de la différentielle $f(x)\,dx$ est un élément de l'intégrale, tandis que leur expression commune, $f(x)\,dx$, s'appelle l'élément général. Par exemple, si n désigne le nombre (extrêmement grand, infini même, à la limite) des variations éprouvées par x de $x=a$ à $x=b$, si, de plus, x_0 exprimant la première valeur a, on représente les valeurs suivantes par $x_1, x_2, x_3, \ldots\ldots$, et ainsi de suite jusqu'à la dernière x_n, qui n'est autre que b, les divers éléments de l'intégrale définie seront $f(x_0)\,dx_0, f(x_1)\,dx_1, f(x_2)\,dx_2, \ldots\ldots, f(x_{n-1})\,dx_{n-1}$, expressions où $dx_0, dx_1, dx_2, \ldots, dx_{n-1}$ désignent les accroissements infiniment petits, positifs ou négatifs, $x_1-x_0, x_2-x_1, x_3-x_2, \ldots, x_n-x_{n-1}$, reçus successivement par x; et, vu que $f(x)\,dx = dF(x)$, la somme de tous ces éléments, c'est-à-dire l'intégrale définie, prend pour valeur, à la limite, $F(b)-F(a)$. On aura donc

$$(1)\quad f(x_0)dx_0+f(x_1)dx_1+f(x_2)dx_2+\cdots+f(x_{n-1})dx_{n-1} \text{ ou } \int f(x)dx = F(b)-F(a);$$

et, cela, quelle que soit la manière continue dont variera la quantité x, qui peut, sans que la somme change, aller de a à b soit en variant toujours dans un même sens, par degrés dx égaux ou inégaux, soit, au contraire, en diminuant après avoir crû ou en grandissant après avoir diminué, autant de fois qu'on voudra et par intervalles dx proportionnels à des nombres quelconques.

Jusqu'au commencement de ce siècle, une telle intégrale définie se représentait par $\int f(x)\,dx$, sans qu'on y fît figurer les limites, inférieure et supérieure, qui en délimitent l'étendue et rendent sa valeur déterminée. Fourier a complété heureusement cette notation, en inscrivant, au bas du signe $\int$, la limite inférieure, et, au haut du même signe, la limite supérieure. Par exemple, l'intégrale ci-dessus s'écrira $\int_a^b f(x)\,dx$ et s'énoncera somme (ou intégrale), depuis a jusqu'à b, de $f(x)\,dx$. On a eu de même l'idée, plus récemment, d'exprimer la différence, $F(b)-F(a)$, des deux valeurs que prend une fonction $F(x)$ à deux limites b et a, en mettant entre crochets ou entre parenthèses l'expression considérée et en inscrivant, à la suite, les deux limites, l'une, a, au bas, l'autre, b, en haut. Grâce à ces notations, la relation (1) se mettra sous la forme très-condensée,

$$(2)\quad \int_a^b f(x)\,dx = \Big[F(x)\Big]_a^b.$$

222. — Propriétés diverses qui en résultent.

Plusieurs remarques importantes résultent immédiatement des considérations qui précèdent.

1° On peut partager la suite des éléments de l'intégrale en un nombre quelconque de groupes, contenant, chacun, une infinité d'éléments consécutifs de l'intégrale, et constituant tout autant d'intégrales partielles. Autrement dit, on peut faire varier x, non pas, d'un seul coup, de a à b, mais de a à une valeur quelconque c, puis de c à une autre valeur quelconque h, et ainsi de suite, pourvu que, finalement, x s'arrête à la valeur b. On aura, par exemple,

$$(3) \qquad \int_a^b f(x)\,dx = \int_a^c f(x)\,dx + \int_c^h f(x)\,dx + \int_h^b f(x)\,dx;$$

et rien n'obligera même à prendre, pour les limites auxiliaires c, h, etc., des nombres compris entre les deux limites données a, b, car nous avons vu que x n'est pas astreint à varier toujours dans un même sens, c'est-à-dire de a vers b. Toutefois, pour plus de simplicité, et pour éviter parfois certaines difficultés, provenant de ce que la fonction $f(x)$ pourrait devenir infinie ou mal déterminée en dehors de l'intervalle des limites a, b, on suppose, à moins d'avis contraire, que x varie sans cesse de a vers b, en grandissant sans cesse ou diminuant sans cesse, de sorte que tous les dx soient de même signe.

2° Quand on échange entre elles les deux limites, l'intégrale conserve la même valeur absolue, mais prend signe contraire. En d'autres termes, $\int_a^b f(x)\,dx = -\int_b^a f(x)\,dx$. Effectivement, on a, d'après la remarque précédente,

$$\int_a^b f(x)\,dx + \int_b^a f(x)\,dx = \int_a^a f(x)\,dx.$$

Or, l'intégrale $\int_a^a f(x)\,dx$ est identiquement nulle, vu qu'elle n'a point d'éléments, l'intervalle $a-a$ des deux limites s'y trouvant réduit à zéro. On pourra donc toujours, en changeant, s'il le faut, le signe de l'intégrale, s'arranger de manière que la limite supérieure soit plus grande que la limite inférieure. Comme, de plus, la variable x sera censée aller constamment de sa limite inférieure vers sa limite supérieure, elle croîtra, et toutes ses différentielles dx seront positives. C'est ce que nous supposerons dans ce qui suit.

3°. Quand, pour toute valeur de x intermédiaire entre les limites a, b, la fonction $f(x)$ se trouve comprise entre deux autres, $\varphi(x)$ et $\psi(x)$, l'intégrale proposée $\int f(x)\,dx$ est aussi comprise entre les deux intégrales $\int \varphi(x)\,dx$ et $\int \psi(x)\,dx$. En effet, si l'on a

(4) $$\varphi(x) < f(x) < \psi(x)$$

pour toutes les valeurs considérées de x, en multipliant les trois membres de cette inégalité par le facteur positif dx, il viendra

$$\varphi(x)\,dx < f(x)\,dx < \psi(x)\,dx;$$

et si l'on fait, par suite, les sommes des valeurs que reçoivent simultanément les trois membres de celle-ci quand x y croît depuis a jusqu'à b, la première de ces trois sommes, $\int_a^b \varphi(x)\,dx$, sera moindre que la deuxième, $\int_a^b f(x)\,dx$, laquelle se trouvera, elle-même, plus petite que la troisième, $\int_a^b \psi(x)\,dx$. On aura donc bien

(5) $$\int_a^b \varphi(x)\,dx < \int_a^b f(x)\,dx < \int_a^b \psi(x)\,dx.$$

Cette remarque permettra d'obtenir une limite inférieure et une limite supérieure de la valeur d'une intégrale définie qu'on ne saurait pas calculer exactement, dans les cas où l'on pourra trouver deux fonctions, assez peu inégales, comprenant entre elles, dans tout l'intervalle considéré, la fonction donnée $f(x)$, et qui, en outre, soient plus simples qu'elle ou, du moins, plus faciles à intégrer.

223.— Exemples du calcul d'intégrales définies.

Après ces aperçus généraux, donnons quelques exemples

d'intégrales définies, pour montrer comment leur valeur peut se déduire de l'expression des intégrales indéfinies correspondantes.

1° Calcul de $\int_0^1 x^m\,dx$, où l'exposant m est positif. — On aura, en employant une notation indiquée tout-à-l'heure,

$$(6)\qquad \int_0^1 x^m\,dx = \left[\frac{x^{m+1}}{m+1}\right]_0^1 = \frac{1}{m+1} - \frac{0}{m+1} = \frac{1}{m+1}.$$

2° Calcul de $\int_0^x \frac{dx}{1+x}$ (où la limite supérieure est censée plus grande que -1) et de $\int_0^x \frac{dx}{1+x^2}$.

Il vient ici

$$(7)\qquad \int_0^x \frac{dx}{1+x} = \Big[\log(1+x)\Big]_0^x = \log(1+x) - \log(1+0) = \log(1+x),\quad \int_0^x \frac{dx}{1+x^2} = (\operatorname{arctg} x)_0^x = \operatorname{arctg} x - \operatorname{arctg} 0 = \operatorname{arctg} x.$$

3° Calcul de $\int_0^{\frac{\pi}{2}} \cos x\,dx$ et $\int_0^{\frac{\pi}{2}} \sin x\,dx$. — La seconde de ces intégrales ne diffère pas de la première, car, si on y pose $x = \frac{\pi}{2} - t$, d'où $dx = -dt$ et $t = \frac{\pi}{2} - x$, on voit que $\sin x\,dx$ devient $\sin\left(\frac{\pi}{2} - t\right)dt$, ou $-\cos t\,dt$, et, de plus, t varie de $\frac{\pi}{2}$ à 0 quand x croît de zéro à $\frac{\pi}{2}$. Donc, l'intégrale $\int_0^{\frac{\pi}{2}} \sin x\,dx$ devient

$$\int_{\frac{\pi}{2}}^0 (-\cos t)\,dt = -\int_{\frac{\pi}{2}}^0 \cos t\,dt = \int_0^{\frac{\pi}{2}} \cos t\,dt :$$

ce qui, à part un changement dans le nom de la variable, est bien la même chose que $\int_0^{\frac{\pi}{2}} \cos x\,dx$. On aura

$$(8)\qquad \int_0^{\frac{\pi}{2}} \sin x\,dx = \int_0^{\frac{\pi}{2}} \cos x\,dx = (\sin x)_0^{\frac{\pi}{2}} = \sin\frac{\pi}{2} - \sin 0 = 1.$$

4° Calcul de $\int_0^{\frac{\pi}{2}} \sin^m x\,dx$ et de $\int_0^{\frac{\pi}{2}} \cos^m x\,dx$, où m désigne un exposant entier et positif, supérieur à l'unité. — On reconnaîtra d'abord, en procédant comme dans l'exemple précédent, que ces deux intégrales ne diffèrent pas l'une de l'autre. Pour abréger, représentons-les par I_m, ou posons

$$\int_0^{\frac{\pi}{2}} \sin^m x\,dx = I_m.$$

D'après un résultat démontré dans la vingt-sixième leçon (form. 3 de la page 289), l'intégrale indéfinie aurait pour expression,

$$\int \sin^m x\,dx = -\frac{\sin^{m-1} x \cos x}{m} + \frac{m-1}{m}\int \sin^{m-2} x\,dx ;$$

et il est clair qu'en indiquant la différence des deux valeurs prises par chaque terme aux limites $x=0$, $x=\frac{\pi}{2}$, on obtiendra, pour l'intégrale définie cherchée,

(9) $$\int_0^{\frac{\pi}{2}} \sin^m x\,dx = -\frac{1}{m}\left[\sin^{m-1} x \cos x\right]_0^{\frac{\pi}{2}} + \frac{m-1}{m}\int_0^{\frac{\pi}{2}} \sin^{m-2} x\,dx.$$

Or le terme intégré (appelé aussi terme aux limites), $-\frac{1}{m}\sin^{m-1} x\cos x$, s'annule, à cause du facteur $\sin^{m-1} x$, à la limite inférieure $x=0$, et aussi, à cause du facteur $\cos x$, à la limite supérieure $x=\frac{\pi}{2}$. Ce terme ne donne donc rien dans l'intégrale définie considérée, et la formule (9) devient simplement

(10) $$\int_0^{\frac{\pi}{2}} \sin^m x\,dx = \frac{m-1}{m}\int_0^{\frac{\pi}{2}} \sin^{m-2} x\,dx, \text{ ou } I_m = \frac{m-1}{m} I_{m-2}.$$

Cette relation, en y faisant successivement $m=2, =4, =6, =8$, etc., permettra de trouver I_2, I_4, I_6, etc., si l'on part de l'intégrale I_0, qui n'est autre que $\int_0^{\frac{\pi}{2}} \sin^0 x\,dx = \int_0^{\frac{\pi}{2}} dx = (x)_0^{\frac{\pi}{2}} = \frac{\pi}{2} - 0$ et a pour valeur $\frac{\pi}{2}$. On obtiendra ainsi, pour toutes les valeurs de l'exposant m qui sont paires, ou de la forme $2n$, les intégrales proposées. Il viendra, successivement,

$$I_0 = \frac{\pi}{2},\ I_2 = \frac{1}{2}\frac{\pi}{2},\ I_4 = \frac{3}{4} I_2 = \frac{1}{2}\cdot\frac{3}{4}\cdot\frac{\pi}{2},\ I_6 = \frac{5}{6} I_4 = \frac{1}{2}\cdot\frac{3}{4}\cdot\frac{5}{6}\cdot\frac{\pi}{2}, \text{ etc.},$$

c'est-à-dire, en général, $I_{2n} = \frac{1}{2}\cdot\frac{3}{4}\cdot\frac{5}{6}\cdots\frac{2n-1}{2n}\cdot\frac{\pi}{2}$. On aura donc

(11) $$\int_0^{\frac{\pi}{2}} \sin^{2n} x\,dx, \text{ ou } \int_0^{\frac{\pi}{2}} \cos^{2n} x\,dx, \text{ ou } I_{2n} = \frac{1}{2}\cdot\frac{3}{4}\cdot\frac{5}{6}\cdots\frac{2n-1}{2n}\cdot\frac{\pi}{2}.$$

La même relation (10), en y posant $m=3, =5, =7, \dots, =2n+1$, permettra de même de trouver $I_3, I_5, I_7, \dots, I_{2n+1}$, à partir de $I_1 = \int_0^{\frac{\pi}{2}} \sin x\,dx$, qui, d'après (8), a pour valeur l'unité. On trouvera ainsi:

$$I_3 = \frac{2}{3} I_1 = \frac{2}{3},\ I_5 = \frac{4}{5} I_3 = \frac{2}{3}\cdot\frac{4}{5},\ I_7 = \frac{6}{7} I_5 = \frac{2}{3}\cdot\frac{4}{5}\cdot\frac{6}{7}, \dots,$$

et, en général, pour une valeur impaire quelconque $2n+1$ (supérieure à 1) de l'exposant,

(12) $$\int_0^{\frac{\pi}{2}} \sin^{2n+1} x\,dx, \text{ ou } \int_0^{\frac{\pi}{2}} \cos^{2n+1} x\,dx, \text{ ou } I_{2n+1} = \frac{2}{3}\cdot\frac{4}{5}\cdot\frac{6}{7}\cdots\frac{2n}{2n+1}.$$

224 — Formule de Wallis, donnant le nombre π comme limite d'un produit de facteurs commensurables.

Il est bon de remarquer, dans le dernier exemple traité, que l'intégrale I_m est alternativement commensurable et incommensurable quand m reçoit successivement toutes les valeurs entières, puisque, d'après (12), elle est commensurable pour les valeurs impaires, $2n+1$, de m, et qu'elle se trouve affectée, d'après (11), du facteur incommensurable π pour les valeurs paires, de la forme $2n$. Or, deux valeurs d'indice impair consécutives de l'intégrale, I_{2n-1} et I_{2n+1}, comprennent entre elles la valeur I_{2n} dont l'indice pair est intermédiaire; car, pour x plus grand que zéro et inférieur à $\frac{\pi}{2}$, $\sin x$ est un nombre positif, moindre que 1, dont les puissances successives sont de plus en plus petites, de sorte qu'on a

$$\sin^{2n-1} x > \sin^{2n} x > \sin^{2n+1} x,$$

et, par suite, $\int_0^{\frac{\pi}{2}} \sin^{2n-1} x\,dx > \int_0^{\frac{\pi}{2}} \sin^{2n} x\,dx > \int_0^{\frac{\pi}{2}} \sin^{2n+1} x\,dx$, ou

(13) $$I_{2n-1} > I_{2n} > I_{2n+1}.$$

Par conséquent, l'intégrale incommensurable I_{2n} se trouve comprise entre les deux intégrales commensurables I_{2n-1} et I_{2n+1}, dont le rapport, $\frac{I_{2n-1}}{I_{2n+1}}$, vaut $\frac{2n+1}{2n}$ d'après la formule générale (10), et se rapproche ainsi de plus en plus de l'unité à mesure que l'entier n grandit. A plus forte raison, le rapport $\frac{I_{2n}}{I_{2n+1}}$, évidemment compris entre $\frac{I_{2n-1}}{I_{2n+1}}$ et $\frac{I_{2n+1}}{I_{2n+1}}$, c'est-à-dire entre $\frac{2n+1}{2n} = 1 + \frac{1}{2n}$ et 1, tendra-t-il alors vers l'unité. Donc, quand n est très-grand, on peut poser $\frac{I_{2n}}{I_{2n+1}} = 1+\varepsilon$, ε désignant une fraction moindre que $\frac{1}{2n}$ et aussi voisine de zéro que l'on veut. De là résulte une expression remarquable du nombre π ou, plutôt, de sa moitié $\frac{\pi}{2}$. En effet, dans l'égalité $\frac{I_{2n}}{I_{2n+1}} = 1+\varepsilon$, qui revient à $I_{2n} = (1+\varepsilon) I_{2n+1}$, remplaçons I_{2n} et I_{2n+1} par leurs valeurs (11) et (12); puis, isolons $\frac{\pi}{2}$ au premier membre. Nous aurons

(14) $$\frac{\pi}{2} = (1+\varepsilon)\left(\frac{2}{1}\cdot\frac{2}{3}\cdot\frac{4}{3}\cdot\frac{4}{5}\cdot\frac{6}{5}\cdot\frac{6}{7}\cdots\frac{2n}{2n-1}\cdot\frac{2n}{2n+1}\right);$$

et, en faisant croître n indéfiniment de manière à rendre ε nul, il viendra

(15) $$\frac{\pi}{2} = \frac{2}{1} \cdot \frac{2}{3} \cdot \frac{4}{3} \cdot \frac{4}{5} \cdot \frac{6}{5} \cdot \frac{6}{7} \cdots$$

Cette formule remarquable, qui fait de $\frac{\pi}{2}$ la valeur limite du produit d'une infinité de facteurs commensurables, est due à Wallis, géomètre anglais du XVIIème siècle.

225. — <u>Des intégrales définies dans lesquelles la fonction sous le signe $\int$ devient infinie soit aux limites, soit entre les limites.</u>

Nous avons admis jusqu'ici que, dans l'intégrale considérée $\int_a^b f(x)dx$, 1° la fonction placée sous le signe $\int$, $f(x)$, ne recevait, entre les deux limites a, b et à ces limites mêmes, que des valeurs bien déterminées, finies par conséquent, 2° que les deux limites a, b étaient, elles aussi, deux quantités finies désignées, marquant la première et la dernière valeur de x.

Il y a donc lieu d'examiner spécialement ce que pourra être et signifier l'intégrale, soit lorsque la fonction $f(x)$ deviendra infinie entre les limites a et b ou à quelqu'une de ces limites, soit lorsque les limites elles-mêmes varieront et tendront à acquérir des valeurs absolues infinies.

Supposons d'abord que la fonction $f(x)$ devienne infinie à une limite, par exemple, à la limite inférieure a. On ne peut pas voir alors directement ce que valent les éléments $f(x)dx$ correspondant aux valeurs de x infiniment voisines de a, puisque, si le facteur $f(x)$ y croît indéfiniment, l'autre facteur dx, par contre, y tend vers zéro, en sorte que le produit se présente sous une forme indéterminée. Il faudra donc, comme dans toutes les questions d'analyse où surgit une difficulté analogue, éviter la <u>valeur critique</u> de x pour laquelle les moyens dont on dispose deviennent illusoires, et se contenter d'approcher de plus en plus de cette valeur critique, en cherchant si le résultat que l'on a en vue tend alors vers une limite. S'il y tend en effet, c'est cette limite qui sera naturellement, par raison de continuité, la valeur demandée. Si, au contraire, le résultat croît indéfiniment en valeur absolue, ou encore, oscille une infinité de fois sans s'approcher d'aucune quantité fixe, on y verra la preuve que l'expression proposée devient soit infinie, soit indéterminée, et qu'elle est, par conséquent, impropre à définir une quantité, ou n'existe pas, du moins comme grandeur précise.

Par conséquent, dans la question spéciale dont il s'agit, et en admettant, pour fixer les idées, que b soit supérieur à a, on fera partir x, non pas de la limite inférieure a, mais d'une autre un peu plus grande, $a+\varepsilon$, où ε désigne une quantité positive très petite; et l'on considérera ainsi l'intégrale $\int_{a+\varepsilon}^{b} f(x)\,dx$, dans laquelle la valeur critique $x=a$, pour laquelle $f(x)$ devient infini, est évitée. Ensuite on imaginera que ε s'approche de zéro, ou prenne une nouvelle valeur ε_1 plus faible que la première ε; ce qui ajoutera évidemment à l'intégrale un groupe d'éléments ayant pour somme $\int_{a+\varepsilon_1}^{a+\varepsilon} f(x)\,dx$; et, si l'on reconnaît que, lorsque ε est déjà fort petit, tous ces nouveaux éléments ont un total aussi faible qu'on veut quelle que soit la valeur de ε_1 comprise entre zéro et ε, on sera évidemment assuré que l'intégrale $\int_{a+\varepsilon}^{b} f(x)\,dx$ tend, pour $\varepsilon=0$, vers une limite, vraie valeur cherchée de l'intégrale $\int_a^b f(x)\,dx$. Au contraire, dans le cas où la fonction $f(x)$, supposée continue (et, par conséquent, partout très-grande) dans le voisinage de $x=a$, serait telle, que la somme $\int_{a+\varepsilon_1}^{a+\varepsilon} f(x)\,dx$ des éléments gagnés par suite de la diminution de ε, éléments tous de même signe, pût acquérir une certaine valeur finie K quelque petit que fût ε, on obtiendrait évidemment, en faisant décroître ainsi de plus en plus la limite inférieure, ou en ajoutant toujours de nouveaux groupes (d'éléments) ayant chacun la somme K, un nombre aussi grand qu'on voudrait d'accroissements égaux à K, et, par suite, l'intégrale proposée, $\int_a^b f(x)\,dx$, serait infinie et impropre à définir aucune quantité déterminée.

Considérons, par exemple, l'intégrale $\int_0^1 \frac{dx}{x^m}$ (avec $m > 0$), où la fonction sous le signe $\int$, $\frac{1}{x^m}$, devient infinie à la limite inférieure $x = 0$. On remplacera provisoirement cette limite zéro par une autre très-peu supérieure ε, et l'on aura :

$$(16) \quad \begin{cases} \text{pour } m < 1, & \int_\varepsilon^1 \frac{dx}{x^m} = \left(\frac{x^{1-m}}{1-m}\right)_\varepsilon^1 = \frac{1-\varepsilon^{1-m}}{1-m} = \frac{1}{1-m} \text{ (à la limite } \varepsilon = 0), \\ \text{pour } m = 1, & \int_\varepsilon^1 \frac{dx}{x^m} = (\log x)_\varepsilon^1 = \log 1 - \log \varepsilon = \log \frac{1}{\varepsilon} = \infty \text{ (à la limite } \varepsilon = 0), \\ \text{pour } m > 1, & \int_\varepsilon^1 \frac{dx}{x^m} = \left(\frac{x^{-m+1}}{-m+1}\right)_\varepsilon^1 = \frac{1}{m-1}\left(\frac{1}{\varepsilon^{m-1}} - 1\right) = \infty \text{ (à la limite } \varepsilon = 0). \end{cases}$$

On voit que, lorsque m est < 1, c'est-à-dire lorsque la fonction $f(x)$ ne grandit, à l'approche de la valeur critique $x = 0$, que comme le fait une puissance de $\frac{1}{x}$ moins rapidement croissante que la première, l'intégrale reste finie et déterminée à l'instant où sa limite atteint la valeur critique; mais lorsque, au contraire, x tendant vers zéro, $f(x)$ grandit aussi vite ou plus vite que la fonction $\frac{1}{x}$, l'intégrale devient infinie au moment où sa limite devient égale à cette valeur critique zéro.

Si la fonction $f(x)$ était infinie aux deux limites a, b, on ne prendrait l'intégrale, provisoirement, qu'entre deux limites, $a + \varepsilon$ et $b - \varepsilon_1$, voisines de a et b, mais dans l'intervalle desquelles $f(x)$ resterait finie, et on verrait ensuite ce qui arriverait à l'instant où, ε et ε_1 s'annulant, les vraies limites proposées a, b se trouveraient atteintes. On reconnaît par exemple, immédiatement, que l'intégrale $\int_{-1}^1 \frac{dx}{\sqrt{1-x^2}}$ est finie, quoique la fonction $\frac{1}{\sqrt{1-x^2}}$, qui y paraît, devienne infinie aux deux limites; car on a

$$(17) \quad \int_{-1}^1 \frac{dx}{\sqrt{1-x^2}} = (\text{arc sin } x)_{-1}^1 = \text{arc sin } 1 - \text{arc sin}(-1) = \frac{\pi}{2} - \left(-\frac{\pi}{2}\right) = \pi.$$

Enfin, si la fonction $f(x)$ devenait infinie pour certaines valeurs de x, c par exemple, intermédiaires entre les limites a et b, on décomposerait l'intégrale en intégrales partielles, telles que $\int_a^{c-\varepsilon} f(x)\,dx$ et $\int_{c+\varepsilon_1}^b f(x)\,dx$, se terminant ou commençant à ces valeurs critiques, et dont on exclurait même provisoirement les éléments qui correspondent à celles-ci, sauf à voir ce que deviennent les intégrales partielles à l'instant où, ε et ε_1 s'annulant, les éléments d'abord exclus se trouvent restitués. Il est clair que, si toutes les intégrales partielles ainsi considérées restent finies à la limite, l'intégrale proposée, qui est leur somme, sera également finie et déterminée.

Si, au contraire, quelques unes des intégrales partielles deviennent infinies, et sont toutes positives ou toutes négatives, l'intégrale proposée l'est également; tandis qu'elle devient indéterminée quand les intégrales partielles infinies ont signes différents et se neutralisent ainsi dans une mesure arbitraire.

Considérons, par exemple, l'intégrale $\int_{-1}^{1}\frac{dx}{x}$, dont les éléments sont négatifs de $x=-1$ à $x=0$, positifs de $x=0$ à $x=1$, et où la fonction sous le signe $\int$, $\frac{1}{x}$, devient infinie pour $x=0$. On dédoublera l'intégrale en $\int_{-1}^{\varepsilon}\frac{dx}{x}=\left[\log(-x)\right]_{-1}^{-\varepsilon}=\log\varepsilon$ et $\int_{\varepsilon_1}^{1}\frac{dx}{x}=(\log x)_{\varepsilon_1}^{1}=-\log\varepsilon_1$, dont la somme, $\log\varepsilon-\log\varepsilon_1=\log\frac{\varepsilon}{\varepsilon_1}$, prend telle valeur qu'on veut si petits que soient ε et ε_1, puisque rien n'oblige à faire tendre le rapport $\frac{\varepsilon}{\varepsilon_1}$ vers aucune limite. Ainsi, l'intégrale $\int_{-1}^{1}\frac{dx}{x}$ est indéterminée.

226 — Des intégrales définies prises entre des limites infinies.

Considérons actuellement une intégrale définie, $\int_a^b f(x)dx$, dans laquelle on fait grandir indéfiniment en valeur absolue une des limites a, b, ou toutes les deux. S'il arrive que l'intégrale tende en même temps vers une quantité déterminée, celle-ci sera dite sa valeur pour le cas où les limites qu'on a fait varier seraient infinies. Si, au contraire, l'intégrale grandit indéfiniment en valeur absolue, ou se maintient finie sans tendre vers aucune valeur spéciale, on dira que l'intégrale devient, soit infinie, soit indéterminée. Par exemple, ces derniers cas se présentent, respectivement, pour $\int_1^x\frac{dx}{x}$ et pour $\int_0^x\cos x\,dx$, dont les valeurs, log x et sin x, deviennent, la première, infinie, la deuxième, arbitrairement prise entre -1 et $+1$, quand on rend infinie la limite supérieure x. Au contraire, l'intégrale $\int_1^x \frac{dx}{x^2}$, dont la valeur est $\left(\frac{-1}{x}\right)_1^x = 1 - \frac{1}{x}$, tend vers l'unité quand sa limite supérieure croît indéfiniment; de sorte qu'on aura $\int_1^{\infty} \frac{dx}{x^2} = 1$.

Le cas le plus intéressant est évidemment celui où, à mesure que la limite grandit en valeur absolue, l'intégrale tend vers une valeur déterminée. Si, dans les éléments que gagne ainsi, sans cesse, l'intégrale, la fonction $f(x)$ finit par changer de plus en plus fréquemment de signe, de manière que ces éléments forment des groupes ayant leurs sommes respectives alternativement positives ou négatives, et décroissantes jusqu'à l'infiniment petit quand on passe d'un groupe aux suivants, l'intégrale constituera, comme on voit, à la limite, une série de termes décroissants alternativement positifs et négatifs, série qu'on sait être toujours convergente. Il est clair qu'alors la fonction $f(x)$ ne sera nullement tenue de tendre vers zéro à mesure que la valeur absolue de sa variable grandira. Mais si, au contraire, $f(x)$ conserve le même signe, sa valeur absolue devra finir par décroître, et même par décroître plus vite qu'elle ne le fait dans la fonction $\frac{1}{x}$, sans quoi l'intégrale deviendrait infinie à la limite.

En effet, quand, par exemple, pour $x > k$, $f(x)$ ne décroît pas plus vite que $\frac{1}{x}$, le rapport de $f(x)$ à $\frac{1}{x}$ ne tend pas vers zéro, ou reste supérieur, en valeur absolue, à un certain nombre M, et l'on a, évidemment,

$$\int_k^x f(x)\,dx > \int_k^x \frac{M\,dx}{x} = M \log \frac{x}{k} = \infty \text{ (pour } x \text{ infini)};$$

de sorte que l'intégrale $\int_k^{\infty} f(x)\,dx$ est alors infinie. Mais l'intégrale reste finie dès que, pour les grandes valeurs absolues de x, la fonction $f(x)$ est comparable à une puissance de $\frac{1}{x}$ plus rapidement décroissante que la première, c'est-à-dire dont l'exposant soit supérieur à l'unité. En effet, pour $m > 1$ et k positif, on a

$$\int_k^\infty \frac{dx}{x^m} = -\frac{1}{m-1}\left(\frac{1}{x^{m-1}}\right)_k^\infty = \frac{1}{m-1}\left(\frac{1}{k^{m-1}} - \frac{1}{\infty^{m-1}}\right) = \frac{1}{(m-1)k^{m-1}}.$$

Voici quelques exemples importants d'intégrales qui restent finies quand une de leurs limites, ou toutes les deux, deviennent infinies.

227. — Exemples d'intégrales qui restent finies quand l'intervalle des limites y devient infini.

1° Et, d'abord, l'intégrale $\int \frac{dx}{a^2+x^2}$, prise soit entre les limites 0 et ∞, soit entre les limites $-\infty$ et ∞. — Quel que soit le nombre positif a, il viendra immédiatement

(18) $$\int_0^\infty \frac{dx}{a^2+x^2} = \frac{1}{a}\left(\operatorname{arctg}\frac{x}{a}\right)_0^\infty = \frac{\operatorname{arctg}\infty - \operatorname{arctg}0}{a} = \frac{\pi}{2a}, \quad \int_{-\infty}^\infty \frac{dx}{a^2+x^2} = \frac{1}{a}\left(\operatorname{arctg}\frac{x}{a}\right)_{-\infty}^\infty = \frac{\operatorname{arctg}\infty - \operatorname{arctg}(-\infty)}{a} = \frac{\pi}{a}.$$

2° Considérons maintenant, entre les mêmes limites 0 et ∞ ou $-\infty$ et ∞, l'intégrale de l'expression $\frac{dx}{\left(\frac{e^x+e^{-x}}{2}\right)^2}$, qui a pour intégrale indéfinie $\frac{e^x-e^{-x}}{e^x+e^{-x}} = \frac{1-e^{-2x}}{1+e^{-2x}}$, comme on le reconnaît de suite par la différentiation. — Nous aurons

(19) $$\int_0^\infty \frac{dx}{\left(\frac{e^x+e^{-x}}{2}\right)^2} = \left(\frac{1-e^{-2x}}{1+e^{-2x}}\right)_0^\infty = 1, \quad \int_{-\infty}^\infty \frac{dx}{\left(\frac{e^x+e^{-x}}{2}\right)^2} = \left(\frac{e^x-e^{-x}}{e^x+e^{-x}}\right)_{-\infty}^\infty = 2.$$

J'observerai, à l'occasion de cet exemple, que les fonctions

$$\frac{1}{2}(e^x - e^{-x}), \quad \frac{1}{2}(e^x + e^{-x}),$$

dont les expressions en séries, obtenues par le développement des exponentielles e^x, e^{-x}, sont respectivement

$$\frac{x}{1} + \frac{x^3}{1.2.3} + \cdots \text{ et } 1 + \frac{x^2}{1.2} + \frac{x^4}{1.2.3.4} + \cdots,$$

jouent un grand rôle dans les applications physiques de l'analyse et ont reçu, pour cette raison, des noms spéciaux. On les appelle, respectivement, le sinus hyperbolique, et le cosinus hyperbolique, de x, ces mots de sinus et de cosinus rappelant (entre autres analogies nombreuses) que leurs développements en séries contiennent les mêmes termes que ceux du sinus ou du cosinus ordinaire de x; seulement, tous ces termes sont ici de même signe et non affectés, alternativement, des signes + et −. Par analogie aussi avec la tangente ordinaire de x, qui vaut $\frac{\sin x}{\cos x}$, on appelle tangente hyperbolique de x le rapport, $\frac{e^x - e^{-x}}{e^x + e^{-x}}$, du sinus hyperbolique de x au cosinus hyperbolique. Grâce à ces dénominations, la première formule (19), par exemple, s'écrira: $\int_0^\infty \frac{dx}{\cos \text{hyp}^2 x} = (\text{tg hyp.}\, x)_0^\infty = 1$.

3° Soit encore à intégrer, entre les limites 0 et ∞, les trois expressions $e^{-ax}dx$, $e^{-ax}\cos bx\, dx$, $e^{-ax}\sin bx\, dx$, où a désigne un nombre constant positif, et dont les intégrales indéfinies sont respectivement $-\frac{1}{a}e^{-ax}$, $-e^{-ax}\frac{a\cos bx - b\sin bx}{a^2+b^2}$, $-e^{-ax}\frac{b\cos bx + a\sin bx}{a^2+b^2}$ (voir n° 207, form. 6, p. 290). Il viendra aisément, en observant que e^{-ax} s'annule pour $x = \infty$,

$$(20) \qquad \int_0^\infty e^{-ax}dx = \frac{1}{a}, \quad \int_0^\infty e^{-ax}\cos bx\, dx = \frac{a}{a^2+b^2}, \quad \int_0^\infty e^{-ax}\sin bx\, dx = \frac{b}{a^2+b^2}.$$

On remarquera que, lorsqu'on change b en $-b$, tous les éléments de la deuxième de ces intégrales restent les mêmes (car $\cos bx$ ne change pas), tandis que ($\sin bx$ changeant de signe) tous les éléments de la troisième prennent signe contraire: par suite, des deux expressions simples $\frac{a}{a^2+b^2}$, $\frac{b}{a^2+b^2}$, celle qui a le numérateur a, conservant son signe, pouvait seule convenir à l'intégrale dont l'élément contient le facteur $\cos bx$, et celle qui a le numérateur b, changeant de signe, pouvait seule convenir à l'intégrale dont l'élément contient le facteur $\sin bx$. Enfin, la première intégrale, $\int_0^\infty e^{-ax}dx$, se déduit de la deuxième en posant $b = 0$, ce qui réduit $\cos bx$ à l'unité et $\frac{a}{a^2+b^2}$ à $\frac{1}{a}$.

4° — Enfin, considérons l'intégrale $\int_0^\infty x^{n-1}e^{-x}dx$ où n désigne un nombre constant positif, intégrale appelée la fonction eulérienne de seconde espèce ou encore la fonction Γ (lisez: la fonction gamma): ayant, en effet, autant de valeurs qu'on peut en donner à n, elle est une certaine fonction de n. On la représente, d'une manière abrégée, par $\Gamma(n)$. Si nous observons que $e^{-x}dx = d(-e^{-x})$ et si nous appliquons l'intégration par parties, il viendra

$$\int x^{n-1}e^{-x}dx = -\int x^{n-1}de^{-x} = -x^{n-1}e^{-x} + (n-1)\int x^{n-2}e^{-x}dx.$$

Prenons la différence des valeurs de chaque terme aux deux limites $x=0, x=\infty$, en supposant d'ailleurs $n>1$; et rappelons que, pour $x=\infty$, c'est l'exponentielle qui l'emporte dans le terme $-x^{n-1}e^{-x} = -\frac{x^{n-1}}{e^x}$ (voir n° 75, p. 102), en sorte que $\lim \frac{x^{n-1}}{e^x} = 0$ pour $x=\infty$. Le terme intégré $-x^{n-1}e^{-x}$ ne donnera rien aux deux limites, et nous aurons la formule de réduction

$$(21) \qquad (\text{pour } n>1) \quad \int_0^\infty x^{n-1}e^{-x}dx = (n-1)\int_0^\infty x^{n-2}e^{-x}dx, \text{ ou } \Gamma(n) = (n-1)\Gamma(n-1).$$

Cette formule, en partant de $\Gamma(1) = \int_0^\infty e^{-x}dx = (-e^{-x})_0^\infty = 1$ et faisant successivement $n=2, =3, =4, .., = n$, donnera les valeurs que prend la fonction Γ quand sa variable est égale à un nombre entier quelconque: il viendra

$$(22) \qquad (\text{pour } n \text{ entier}) \quad \Gamma(n) \text{ ou } \int_0^\infty x^{n-1}e^{-x}dx = 1.2.3.....(n-1).$$

Ainsi, le produit des $n-1$ premiers nombres entiers peut se mettre très-simplement sous la forme d'une intégrale définie, puisqu'il n'est autre que la fonction $\Gamma(n)$.

La fonction $\Gamma(n)$, quand on y pose $x=u^2$, $dx = 2u\,du$, et que, par suite, on y fait varier $u=\sqrt{x}$ depuis $\sqrt{0}$, qui est zéro, jusqu'à $\sqrt{\infty}$, qui est infinie, devient évidemment

$$(23) \qquad \Gamma(n) = 2\int_0^\infty u^{2n-1}e^{-u^2}du.$$

Sous cette forme, nous la retrouverons plus loin, dans l'étude d'une intégrale définie importante, dite intégrale de Poisson.

228. — Intégration par les séries.

Il arrive souvent qu'une différentielle $f(x)\,dx$ ne peut pas s'intégrer sous forme finie. Alors on a recours à divers procédés d'approximation, dans le détail desquels nous ne pouvons entrer ici. Nous nous bornerons à parler du plus important. Il consiste à développer, quand on le peut, la fonction placée sous le signe $\int$ en une série convergente pour toutes les valeurs de la variable comprises entre les limites proposées, et dont les termes soient de forme assez simple pour qu'on puisse trouver leurs fonctions primitives. Alors il suffit de multiplier tous ces termes par dx et de les intégrer, pour que leur somme forme une série, également convergente, exprimant l'intégrale cherchée.

Supposons, en effet, qu'il s'agisse de calculer, entre deux limites a et x, l'intégrale $\int f(x)\,dx$, et que l'on ait, dans tout l'intervalle de ces limites,

$$(24) \qquad f(x) = u_0 + u_1 + u_2 + u_3 + \dots + u_n + R_n,$$

$u_0, u_1, u_2, \dots u_n$ étant certaines fonctions de x, en nombre aussi grand qu'on voudra, et R_n désignant un terme complémentaire, qui, lorsque n est assez grand et pour toutes les valeurs de la variable comprises entre les deux limites a et x, reste inférieur à toute quantité donnée ε, quelque petite qu'on la prenne.

Si nous multiplions l'égalité précédente par dx et que nous intégrions chaque terme entre les limites désignées, il viendra

$$(25) \qquad \int_a^x f(x)\,dx = \int_a^x u_0\,dx + \int_a^x u_1\,dx + \int_a^x u_2\,dx + \dots + \int_a^x u_n\,dx + \int_a^x R_n\,dx.$$

Or, d'après l'hypothèse $R_n < \varepsilon$ (en valeur absolue), chaque élément $R_n\,dx$ de la dernière intégrale est moindre que $\varepsilon\,dx$, et, par suite, leur somme, $\int_a^x R_n\,dx$, sera inférieure à $\int_a^x \varepsilon\,dx = \varepsilon(x-a)$. Mais, pour une valeur donnée de l'intervalle $x-a$ des deux limites, ce produit $\varepsilon(x-a)$ tend vers zéro avec ε. Si donc on fait croître n indéfiniment, le terme $\int_a^x R_n\,dx$ s'effacera de plus en plus du second membre de (25), et il viendra bien, à la limite,

$$(26)\qquad \int_a^x f(x)\,dx = \int_a^x u_0\,dx + \int_a^x u_1\,dx + \int_a^x u_2\,dx + \dots + \int_a^x u_n\,dx + \dots$$

Il importe même de remarquer que, si la série $u_0+u_1+\dots$, convergente entre les limites a et x, commençait à devenir divergente à l'instant où x, en s'éloignant de a, atteint une certaine valeur b, et que par conséquent, pour $x=b$, la valeur du terme R_n, dans (24), ne tendit plus vers zéro quelque grand qu'on prît n, néanmoins, l'intégrale $\int_a^x R_n\,dx$ pourrait encore, à ce moment $x=b$, ne pas cesser de tendre vers zéro, ou, autrement dit, la série constituant le second membre de (26) pourrait encore être convergente et représenter l'intégrale $\int_a^x f(x)\,dx$.

En effet, lorsque la limite supérieure x, supposée déjà très voisine de b, atteint cette valeur extrême b, l'intégrale $\int_a^x R_n\,dx$, d'abord insensible (comme on vient de voir), ne s'accroît que d'un nombre relativement minime d'éléments nouveaux, dont la somme peut bien s'annuler à la limite $n=\infty$ quand même le facteur $f(x)$ y dépasserait toute grandeur.

Si, par exemple, $f(x)$ restait fini pour $x=b$, et que, à cet instant, la somme $u_0+u_1+u_2+\dots+u_n$, sans être convergente, ne grandît pas indéfiniment avec n, de sorte que l'excès R_n de $f(x)$ sur cette somme restât inférieur, en valeur absolue, à un certain nombre K quelque grand qu'on prît n, tous les éléments $R_n\,dx$ dont il s'agit ici seraient moindres que $K\,dx$ et auraient leur somme plus faible que la somme $K\int dx$, laquelle disparaît à la limite, vu que l'accroissement total $\int dx$ éprouvé par x y est aussi faible qu'on veut pour n assez grand. Ainsi, dans ce cas, qui se présente quand, pour $x=b$, la série $u_0+u_1+u_2+\dots$ devient divergente sans croître indéfiniment, la série intégrale (26) reste encore applicable à l'instant précis où la série différentielle commence à ne l'être plus, et sa valeur finie égale $\int_a^b f(x)\,dx$.

Il en est encore de même, pourvu que l'intégrale à évaluer $\int_a^x f(x)\,dx$ reste finie à la limite $x=b$, dans la plupart des cas où la série $u_0+u_1+u_2+\ldots$ devient infinie à cette limite, comme, par exemple, dans celui où les intégrales partielles $\int_a^x u_0\,dx$, $\int_a^x u_1\,dx$, $\int_a^x u_2\,dx$, ... ont toutes même signe et grandissent à mesure que x s'éloigne de a pour s'approcher de b. Alors, en effet, leur somme grandit aussi, mais dans une mesure restreinte, et l'on peut, d'une part, prendre x assez voisin de b pour que $\int_a^x f(x)\,dx$ ne soit inférieur à $\int_a^b f(x)\,dx$ que d'une très petite quantité ε, d'autre part, choisir en même temps n assez grand pour que la somme

$$\int_a^x u_0\,dx+\int_a^x u_1\,dx+\ldots+\int_a^x u_n\,dx$$

atteigne presque sa valeur limite, $\int_a^x f(x)\,dx$, correspondant à n infini. Cela posé, si l'on fait tendre x vers b, cette somme de $n+1$ termes grandira mais en se maintenant constamment plus petite que $\int_a^x f(x)\,dx$, c'est-à-dire, d'une fraction seulement de l'intervalle, comparable à ε, existant entre sa valeur primitive et $\int_a^b f(x)\,dx$. Donc, pourvu qu'on prenne n assez grand, la somme considérée, $\int_a^x u_0\,dx+\ldots+\int_a^x u_n\,dx$, diffère aussi peu qu'on veut de $\int_a^x f(x)\,dx$, même à la limite $x=b$. C'est dire que, à ce moment, la série (26) est encore convergente et a pour valeur totale $\int_a^b f(x)\,dx$.

229. — Cas d'une série ordonnée suivant les puissances croissantes de la variable x.

Supposons, par exemple, qu'on demande de calculer $\int_0^x f(x)\,dx$ et que, dans l'intervalle considéré, $f(x)$ soit développable, par la formule de Mac-Laurin, en une série de la forme

$$(27)\qquad f(x)=A_0+A_1x+A_2x^2+\ldots\ldots\ldots+A_{n-1}x^{n-1}+A_nx^n+\ldots,$$

où nous admettrons que le rapport de deux coefficients consécutifs, $\frac{A_n}{A_{n-1}}$, tende vers une certaine limite λ à mesure que n grandit. On voit que, dans la série, le rapport d'un terme au précédent tendra, en même temps, vers la limite λx, plus petite que l'unité (en valeur absolue) toutes les fois que x sera compris entre les deux valeurs extrêmes $-\frac{1}{\lambda}$ et $+\frac{1}{\lambda}$. Par suite, dans l'intervalle compris entre ces deux valeurs, le développement sera convergent, et l'on pourra intégrer chaque terme après l'avoir multiplié par dx.

Il viendra, pour l'intégrale demandée,

$$(28) \qquad \int_0^x f(x)\,dx = A_0\frac{x}{1} + A_1\frac{x^2}{2} + A_2\frac{x^3}{3} + \dots + A_{n-1}\frac{x^n}{n} + A_n\frac{x^{n+1}}{n+1} + \dots$$

On voit que le rapport d'un terme au précédent, du $n+1^{ème}$ au $n^{ème}$, est, dans cette série intégrale, $\left(\frac{A_n}{A_{n-1}}x\right)\frac{n}{n+1}$, c'est-à-dire égal au produit de la valeur qu'il avait dans la série différentielle, $\frac{A_n}{A_{n-1}}x$, par la fraction proprement dite $\frac{n}{n+1}$. Ainsi, la série intégrale a ses termes un peu plus rapidement décroissants que la série différentielle, ou est un peu plus convergente; ce que nous aurions pu prévoir, puisque nous savions déjà qu'elle devait souvent rester convergente à la limite $x = \mp\frac{1}{\lambda}$, dans bien des cas où la série différentielle commencerait à y diverger. Mais on remarquera qu'elle commence à diverger dès que la limite considérée $\mp\frac{1}{\lambda}$, est dépassée; en effet, $\frac{n}{n+1}$ tendant vers l'unité quand n grandit, la limite du rapport d'un terme au précédent est également λx dans les deux séries, et elles deviennent toutes les deux divergentes pour $\lambda x > 1$ (en valeur absolue), c'est-à-dire hors de l'intervalle compris entre $x = -\frac{1}{\lambda}$ et $x = \frac{1}{\lambda}$.

230. — Application au développement de $\log(1 \pm x)$ et de $\log\frac{1+x}{1-x}$, pour x compris entre -1 et $+1$.

Voyons, par exemple, à quel développement conduira l'intégrale $\int_0^x \frac{dx}{1+x}$, dont la valeur sous forme finie est $\left[\log(1+x)\right]_0^x = \log(1+x) - \log 1$, c'est-à-dire $\log(1+x)$. Nous avons ici $f(x) = (1+x)^{-1}$, expression que nous savons être développable, suivant les puissances croissantes de x, par la formule de Mac-Laurin ou, simplement, par celle du binôme, pour les valeurs de x comprises -1 et $+1$. Il viendra

(29) $$(1+x)^{-1} \text{ ou } \frac{1}{1+x} = 1 - x + x^2 - x^3 + \dots,$$

comme on le vérifie du reste en observant que les termes $1, -x, x^2, -x^3$, etc., constituent une progression par quotient dont la raison est $-x$ et dont la somme limite vaut par suite $\frac{1}{1-(-x)} = \frac{1}{1+x}$, pourvu que la progression soit décroissante, c'est-à-dire, pourvu que la raison $-x$ n'atteigne pas l'unité en valeur absolue.

Multiplions les deux membres de (29) par dx et intégrons tous les termes entre les limites $0, x$. Nous obtiendrons la formule cherchée:

(30) $$\log(1+x) = \frac{x}{1} - \frac{x^2}{2} + \frac{x^3}{3} - \frac{x^4}{4} + \dots \text{(pour } x \text{ compris entre } -1 \text{ et } +1).$$

A la limite $x = 1$, la série (29) cesse d'être convergente, mais sans croître indéfiniment, puisque elle se réduit alors à $1-1+1-1+\dots$ et vaut alternativement $0, 1$. Donc, d'après ce que nous avons vu tout-à-l'heure (au bas de la p. 330), la série intégrale (30) se trouvera encore convergente pour cette valeur extrême $x = 1$, et elle donnera

(31) $$\log 2 = \frac{1}{1} - \frac{1}{2} + \frac{1}{3} - \frac{1}{4} + \frac{1}{5} - \text{etc.}.$$

En changeant, dans la formule (30), x en $-x$, il vient le développement de $\log(1-x)$:

(32) $$\log(1-x) = -\frac{x}{1} - \frac{x^2}{2} - \frac{x^3}{3} - \frac{x^4}{4} - \text{etc. (pour } x \text{ compris entre } -1 \text{ et } +1).$$

Enfin, retranchons celui-ci de l'expression (30) de $\log(1+x)$, et nous aurons, comme valeur de la différence $\log(1+x) - \log(1-x)$, ou de $\log\frac{1+x}{1-x}$, une série ne contenant plus que les puissances impaires de x:

(33) $$\log\frac{1+x}{1-x} = 2\left(\frac{x}{1} + \frac{x^3}{3} + \frac{x^5}{5} + \dots\right). \text{ (pour } x \text{ compris entre } -1 \text{ et } +1).$$

231. — Emploi de ce dernier développement dans le calcul des logarithmes des nombres.

Cette dernière formule sert, étant donné le logarithme népérien d'un nombre quelconque N, à trouver ce qu'il faut ajouter à ce logarithme pour avoir celui de tout autre nombre plus grand $N+h$. Comme l'excédant dont il s'agit, $\log(N+h) - \log N$, égale $\log\frac{N+h}{N}$, on le mettra sous la forme $\log \frac{1+x}{1-x}$ en posant $\frac{N+h}{N} = \frac{1+x}{1-x}$, proportion qui devient aisément

$$\frac{(N+h)-N}{(N+h)+N} = \frac{(1+x)-(1-x)}{(1+x)+(1-x)}, \text{ou } \frac{h}{2N+h} = \frac{2x}{2}, \text{ou, enfin } x = \frac{h}{2N+h};$$

et cette valeur de x est bien inférieure à l'unité.

Ainsi, la relation (33) donnera

$$(34) \qquad \log(N+h) - \log N = 2\left[\frac{1}{1}\left(\frac{h}{2N+h}\right)^1 + \frac{1}{3}\left(\frac{h}{2N+h}\right)^3 + \frac{1}{5}\left(\frac{h}{2N+h}\right)^5 + \dots\right].$$

En prenant, par exemple, $h=1$ et N égal à un quelconque des nombres entiers 1, 2, 3, 4, etc, la formule (34) permettra de calculer, par une série d'une convergence toujours rapide, la différence $\log(N+1) - \log N$, qu'il faudra ajouter au logarithme naturel ou népérien de ce nombre N pour avoir le logarithme naturel du nombre entier suivant $N+1$. Comme le logarithme de 1 est zéro, on fera successivement $N=1, =2, =3$, etc, et l'on obtiendra rapidement, de proche en proche, les logarithmes népériens des nombres entiers, ou, du moins, de ceux qui sont premiers, les logarithmes des nombres composés s'évaluant encore plus vite par l'addition des logarithmes de leurs facteurs. Enfin on diviserait tous ces logarithmes naturels par celui de 10, qu'on trouve être 2,302585..., ou, ce qui revient au même, on les multiplierait par l'inverse de ce logarithme népérien de 10, inverse, appelé <u>module</u>, égal très sensiblement à 0,4342945; et l'on aurait de la sorte de nouveaux logarithmes, qui ne seraient autres que les logarithmes <u>décimaux</u> ou <u>vulgaires</u>, puisque on les aurait réduits justement dans le rapport qu'il faut pour rendre celui de 10 égal à l'unité.

Telle est la méthode régulièr la plus simple que l'on possède pour calculer une table de logarithmes, quoique il existe des procédés particuliers plus expéditifs, déduits aussi de la formule (34), et qui permettent, dès que l'on connaît les logarithmes d'une série un peu étendue de nombres entiers consécutifs, d'en déduire par de simples additions ou soustractions ceux de tous les entiers qui suivent.

232. — Autre Exemple : développement de arctg x.

Appliquons maintenant à l'intégrale $\int_0^x \frac{dx}{1+x^2}$, dont la valeur sous forme finie est évidemment $(\text{arctg}\, x)_0^x = \text{arctg}\, x$, la même méthode qu'à l'intégrale considérée en dernier lieu, $\int_0^x \frac{dx}{1+x}$. Actuellement, la fonction sous le signe $\int$ est $\frac{1}{1+x^2}$, au lieu de $\frac{1}{1+x}$, dont elle ne diffère que par la substitution de x^2 à x. Il suffira donc de remplacer x par x^2 dans la formule (29) pour avoir le développement convenant au cas actuel,

(35) $$\frac{1}{1+x^2} = 1 - x^2 + x^4 - x^6 + \cdots ;$$

et ce développement ne convergera qu'autant que x^2 sera inférieur à 1 ou qu'autant que x n'atteindra pas l'unité en valeur absolue. Entre ces limites $x=-1$ et $x=+1$, la relation (35), multipliée par dx et intégrée de $x=0$ à $x=x$, donnera la formule cherchée :

(36) $$\text{arc tg}\, x = \frac{x}{1} - \frac{x^3}{3} + \frac{x^5}{5} - \frac{x^7}{7} + \cdots \text{(pour } x \text{ compris entre } -1 \text{ et } +1).$$

La série (35) diverge, sans devenir infinie, à la limite $x^2=1$, comme il arrivait, dans le cas précédent, à la limite $x=1$: par suite, et pour la même raison que tout-à-l'heure, la formule (36) de l'intégrale subsistera également, même à cette limite $x^2=1$ qui correspond à $x=\pm 1$; et, en y faisant, par exemple, $x=1$, d'où $\text{arctg}\, x = \text{arctg}\, 1 = \frac{\pi}{4}$, l'on aura l'expression suivante, très remarquable, du nombre $\frac{\pi}{4}$:

(37) $$\frac{\pi}{4} = \frac{1}{1} - \frac{1}{3} + \frac{1}{5} - \frac{1}{7} + \cdots$$

Pour $x^2 > 1$, la formule (36) devient divergente, comme celle (35) d'où nous sommes partis. Mais, alors, le complément, $\frac{\pi}{2} - \text{arctg}\, x$, de l'arc dont la tangente est x, a lui-même pour tangente la cotangente du proposé, c'est-à-dire, comme on sait, l'inverse $\frac{1}{x}$, inférieure à l'unité (en valeur absolue) quand x^2 est plus grand que 1 ; de sorte que ce complément $\frac{\pi}{2} - \text{arctg}\, x$ pourra être développer en série, par la formule (36), suivant les puissances impaires de sa tangente $\frac{1}{x}$. Il viendra donc :

$$(38)\qquad \operatorname{arctg} x = \frac{\pi}{2} - \frac{1}{x} + \frac{1}{3x^3} - \frac{1}{5x^5} + \frac{1}{7x^7} - \dots \quad (\text{pour } x^2 > 1).$$

233. — Calcul du nombre π par le moyen de ce développement.

L'expression (36) de arctg x, pour les valeurs de x qui ne dépassent pas l'unité, nous a déjà fourni la série numérique (37), qui représente $\frac{\pi}{4}$. Mais le calcul de cette série, avec une certaine approximation, ne serait guère praticable, à cause de la faible convergence qu'elle présente. Aussi préfère-t-on, pour évaluer le nombre π, obtenir $\frac{\pi}{4}$ par une combinaison d'arcs beaucoup plus petits, dont les tangentes, substituées à x dans la formule (36), conduisent à des séries rapidement convergentes.

La combinaison que l'on adopte d'ordinaire est celle qu'exprime la relation

$$(39)\qquad \frac{\pi}{4} = 4 \operatorname{arctg} \frac{1}{5} - \operatorname{arctg} \frac{1}{239}.$$

Pour démontrer cette relation, appelons x l'angle aigu positif dont la tangente vaut $\frac{1}{5}$, ou qui est tel, que

$$\operatorname{tg} x = \frac{1}{5},$$

et, par la formule bien connue qui sert à trouver la tangente du double d'un arc en fonction de la tangente de cet arc, calculons $\operatorname{tg} 2x$. Il viendra

$$\operatorname{tg} 2x = \frac{2 \operatorname{tg} x}{1 - \operatorname{tg}^2 x} = \frac{\frac{2}{5}}{1 - \frac{1}{25}} = \frac{10}{24} = \frac{5}{12}.$$

Cette tangente $\frac{5}{12}$ étant moindre que 1, l'arc $2x$ est inférieur à 45° ou $\frac{\pi}{4}$. Doublons encore, et cherchons, au moyen de la même formule, la tangente de $4x$. Nous aurons:

$$\operatorname{tg} 4x = \frac{2 \operatorname{tg} 2x}{1 - \operatorname{tg}^2 2x} = \frac{\frac{10}{12}}{1 - \frac{25}{144}} = \frac{120}{119} = 1 + \frac{1}{119}.$$

Cette nouvelle tangente dépassant légèrement l'unité, on voit que l'arc correspondant, $4x$, est lui-même un peu supérieur à $45°$ ou $\frac{\pi}{4}$. Appelons y le petit excédant $4x - \frac{\pi}{4}$, et calculons sa tangente par une formule connue, en observant que $\operatorname{tg} \frac{\pi}{4} = 1$. Il viendra

$$\operatorname{tg} y \text{ ou } \operatorname{tg}\left(4x - \frac{\pi}{4}\right) = \frac{\operatorname{tg} 4x - \operatorname{tg}\frac{\pi}{4}}{1 + \operatorname{tg} 4x \operatorname{tg}\frac{\pi}{4}} = \frac{\frac{120}{119} - 1}{1 + \frac{120}{119}} = \frac{1}{239}.$$

On voit que l'excédant y de $4x$, ou de $4 \operatorname{arctg} \frac{1}{5}$, sur $\frac{\pi}{4}$ n'est autre que $\operatorname{arctg} \frac{1}{239}$: ce qui démontre bien la formule (39).

En conséquence, on aura une expression numérique de $\frac{\pi}{4}$ en remplaçant, dans (39), $\operatorname{arctg} \frac{1}{5}$ et $\operatorname{arctg} \frac{1}{239}$ par leurs valeurs en série, que donne la relation (36). Cette expression est évidemment :

$$(40) \quad \frac{\pi}{4} = 4\left[\frac{1}{5} - \frac{1}{3.5^3} + \frac{1}{5.5^5} - \frac{1}{7.5^7} + \cdots\right] - \left[\frac{1}{239} - \frac{1}{3.239^3} + \frac{1}{5.239^5} - \cdots\right].$$

Les deux séries qui y paraissent convergent très rapidement et elles permettent d'obtenir, en quelques pages de calcul, la valeur du rapport de la circonférence au diamètre avec un grand nombre de décimales, valeur qui est, comme on sait, $\pi = 3,14159265358979 32\ldots$

234 — Troisième exemple d'intégration en série : développement de arc sin x.

Enfin, comme dernier exemple d'intégration en série, proposons-nous de développer, suivant les puissances croissantes de x, l'intégrale définie $\int_0^x \frac{dx}{\sqrt{1-x^2}}$, où la différentielle est censée réelle et où, par suite, x ne varie qu'entre les limites -1 et $+1$.

Son expression sous forme finie est évidemment

$$(\text{arc} \sin x)_0^x = \text{arc} \sin x.$$

Le second terme, $-x^2$, du binôme $1-x^2$ se trouvant moindre (en valeur absolue) que le premier 1, si ce n'est aux deux limites extrêmes $x = \mp 1$, on peut, dans tout l'intervalle de ces limites, développer la fonction sous le signe $\int$, $\frac{1}{\sqrt{1-x^2}}$ ou $(1-x^2)^{-\frac{1}{2}}$, par la formule du binôme, qui est

$$(1+u)^m = 1 + \frac{m}{1}u + \frac{m}{1}\cdot\frac{m-1}{2}u^2 + \frac{m}{1}\cdot\frac{m-1}{2}\cdot\frac{m-2}{3}u^3 + \dots$$

En faisant ici $u = -x^2$, $m = -\frac{1}{2}$, il viendra

$$(1-x^2)^{-\frac{1}{2}} = 1 + \frac{-\frac{1}{2}}{1}(-x^2) + \frac{-\frac{1}{2}}{1}\cdot\frac{-\frac{3}{2}}{2}(-x^2)^2 + \frac{-\frac{1}{2}}{1}\cdot\frac{-\frac{3}{2}}{2}\cdot\frac{-\frac{5}{2}}{3}(-x^2)^3 + \frac{-\frac{1}{2}}{1}\cdot\frac{-\frac{3}{2}}{2}\cdot\frac{-\frac{5}{2}}{3}\cdot\frac{-\frac{7}{2}}{4}(-x^2)^4 + \dots,$$

c'est-à-dire, en effectuant des réductions évidentes,

$$(41)\quad \frac{1}{\sqrt{1-x^2}} = 1 + \frac{1}{2}x^2 + \frac{1}{2}\cdot\frac{3}{4}x^4 + \frac{1}{2}\cdot\frac{3}{4}\cdot\frac{5}{6}x^6 + \dots + \frac{1}{2}\cdot\frac{3}{4}\cdot\frac{5}{6}\cdots\frac{2n-1}{2n}x^{2n} + \dots \text{ (pour } x^2<1\text{)}.$$

Multiplions enfin les termes de cette relation par dx, et intégrons entre les limites 0 et x. Nous aurons le développement demandé:

$$(42)\quad \text{arc sin } x = x + \frac{1}{2}\frac{x^3}{3} + \frac{1}{2}\frac{3}{4}\frac{x^5}{5} + \frac{1}{2}\frac{3}{4}\frac{5}{6}\frac{x^7}{7} + \dots + \frac{1}{2}\frac{3}{4}\frac{5}{6}\cdots\frac{2n-1}{2n}\frac{x^{2n+1}}{2n+1} + \dots$$

On remarquera que l'intégrale arc sin x reste finie aux limites $x = \pm 1$ (puisque sa valeur absolue n'est autre alors que arc sin $1 = \frac{\pi}{2}$), et, aussi, que les termes du second membre de (42), croissants en valeur absolue quand x s'éloigne de zéro pour s'approcher de ces limites, sont tous de même signe. Donc, d'après la remarque qui termine le numéro 228 (p. 331), la série intégrale (42) sera encore convergente et égale à arc sin x, même à ces limites, quoique la série différentielle y devienne infinie comme $\frac{1}{\sqrt{1-x^2}}$. En faisant ainsi, dans (42), $x = 1$, on trouve l'expression suivante, très curieuse, de $\frac{\pi}{2}$:

$$(43)\quad \frac{\pi}{2} = 1 + \frac{1}{2}\frac{1}{3} + \frac{1}{2}\frac{3}{4}\frac{1}{5} + \frac{1}{2}\frac{3}{4}\frac{5}{6}\frac{1}{7} + \dots + \frac{1}{2}\frac{3}{4}\frac{5}{6}\cdots\frac{2n-1}{2n}\frac{1}{2n+1} + \dots$$

235. — Applications analytiques du calcul des intégrales définies : Valeur moyenne arithmétique d'une fonction.

On vient de voir, par la formule de Wallis et par les développements précédents en séries, que le calcul des intégrales définies comporte d'importantes applications analytiques. Mais il y a encore en analyse pure, c'est-à-dire, sans entrer dans les domaines de la géométrie et de la mécanique ou de la physique, d'autres applications non moins intéressantes du même calcul. Telle est, par exemple, l'évaluation de la valeur moyenne d'une fonction.

Étant donnée une fonction $f(x)$, d'une variable x que l'on fait croître depuis une certaine limite $x = a$ jusqu'à une autre limite $x = b$, on appelle valeur moyenne arithmétique ou, simplement, valeur moyenne de cette fonction dans l'intervalle considéré $b-a$, la moyenne arithmétique d'une infinité de valeurs de la fonction, prises pour des valeurs de la variable équidistantes et échelonnées depuis $x = a$ jusqu'à $x = b$.

Pour l'exprimer, nommons x_0 la valeur initiale a de x, x_n sa valeur finale b, et, ayant partagé l'intervalle $b-a$ en un nombre très grand n de petits intervalles égaux, $\frac{b-a}{n}$, que nous pourrons désigner par Δx, intercalons entre a et b les valeurs successives

$$x_1 = x_0 + \Delta x,\ x_2 = x_0 + 2\Delta x,\ x_3 = x_0 + 3\Delta x, \ldots, x_{n-1} = x_0 + (n-1)\Delta x,$$

qui forment avec $x_0 = a$ et $x_n = b$ une série de termes équidistants. Les n valeurs de la fonction correspondant aux n premiers de ces termes ont évidemment pour moyenne $\frac{f(x_0)+f(x_1)+f(x_2)+\cdots+f(x_{n-1})}{n}$, ou bien, en multipliant haut et bas par Δx et observant, d'une part, que Δx est l'accroissement commun $\Delta x_0 = x_1 - x_0$, $\Delta x_1 = x_2 - x_1$, etc., d'autre part, que $n\,\Delta x$ égale l'accroissement total, $x_n - x_0$ ou $b-a$, de x:

$$\frac{f(x_0)\Delta x_0 + f(x_1)\Delta x_1 + f(x_2)\Delta x_2 + \cdots + f(x_{n-1})\Delta x_{n-1}}{b-a}.$$

Si, actuellement, nous rapprochons les valeurs considérées de $f(x)$, faisant croître à l'infini leur nombre n, la limite vers laquelle tendra cette fraction sera justement la valeur moyenne demandée; et, comme la somme $f(x_0)\Delta x_0 + f(x_1)\Delta x_1 + \cdots + f(x_{n-1})\Delta x_{n-1}$ deviendra l'intégrale définie $f(x_0)dx_0 + \cdots + f(x_{n-1})dx_{n-1}$ ou $\int_a^b f(x)\,dx$, on aura:

$$(44) \qquad \text{Valeur moyenne de } f(x) = \frac{1}{b-a}\int_a^b f(x)\,dx.$$

236. — Exemple : valeurs moyennes de $\sin^m x$ et de $\cos^m x$.

Cherchons, par exemple, la valeur moyenne des fonctions $\sin^m x$, $\cos^m x$, où nous admettrons que m soit un exposant entier positif et où nous supposerons x variable de $-\infty$ à ∞. Comme $\sin x$ et $\cos x$ reprennent leurs valeurs primitives lorsque x y croît de 2π, en sorte que leurs valeurs individuelles se retrouvent les mêmes dans tout intervalle d'étendue 2π commençant par n'importe quelle valeur de x, leurs moyennes seront aussi, évidemment, les mêmes pour toutes ces périodes 2π et, par suite, pour un intervalle $b-a$ d'un très grand nombre de périodes. On pourra même, à cet intervalle très-grand $b-a$, ajouter une fraction quelconque de période sans modifier le résultat ; car le quotient, par $b-a$, des intégrales $\int \sin^m x\,dx$, $\int \cos^m x\,dx$, prises pour la fraction proposée de période, sera infiniment petit. Donc, la moyenne générale des valeurs de $\sin^m x$ et de $\cos^m x$, ou moyenne calculée pour toutes les valeurs de x comprises entre $-\infty$ et ∞, pourra s'évaluer en ne considérant qu'un intervalle égal à 2π. Et comme même $\cos x = \sin\left(\frac{\pi}{2} + x\right)$, ou que la fonction $\cos x$ prend à chaque instant la valeur que recevra le sinus un quart de période après, alors que x aura grandi de la quantité constante $\frac{\pi}{2}$, les mêmes termes entreront dans l'expression des deux moyennes, qui dès lors, ne peuvent différer l'une de l'autre. Il suffit donc d'évaluer celle de $\sin^m x$, en y faisant varier x de zéro à 2π.

Or, si l'exposant m est impair, la fonction $\sin^m x$ prendra, dans la seconde moitié de l'intervalle, c'est-à-dire de $x = \pi$ à $x = 2\pi$, des valeurs égales et contraires à celles qu'elle avait eues dans la première moitié, puisque $\sin x$ et, par suite, $\sin^m x$ changent de signe quand x croît de π. Donc, l'expression de la moyenne contiendra des termes négatifs en même nombre et de même valeur absolue que les termes positifs : ce qui revient à dire que la moyenne cherchée sera nulle. Si, au contraire, l'exposant m est pair, $\sin^m x$ sera toujours positif, et la seconde moitié de l'intervalle total, comprise entre $x = \pi$ et $x = 2\pi$, reproduira exactement les mêmes valeurs que la première moitié ; en sorte qu'il suffira de considérer celle-ci, c'est-à-dire de prendre la moyenne de $\sin^m x$ pour x croissant de 0 à π. Mais la fonction $\sin^m x$ passe deux fois par les mêmes valeurs quand x varie de 0 à π, car, de $x = \frac{\pi}{2}$ à $x = \pi$, elle redevient ce qu'elle était entre $x = \frac{\pi}{2}$ et $x = 0$, vu que, pour toute valeur d'un arc α, on a $\sin\left(\frac{\pi}{2} + \alpha\right) = \sin\left(\frac{\pi}{2} - \alpha\right)$. Donc, il suffira encore de faire varier x dans la première moitié de l'intervalle, savoir, de 0 à $\frac{\pi}{2}$, puisque les termes qui, de $x = \frac{\pi}{2}$ à $x = \pi$, entreraient dans l'expression de la moyenne, ne seraient que la répétition des précédents, pris dans l'ordre inverse. Ainsi, nous poserons, dans la formule générale (44), $f(x) = \sin^m x$, $a = 0$, $b = \frac{\pi}{2}$; ce qui donnera, pour la moyenne cherchée, $\frac{2}{\pi}\int_0^{\frac{\pi}{2}} \sin^m x\,dx$, c'est-à-dire le produit $\frac{1}{2}\,\frac{3}{4}\,\frac{5}{6} \cdots \frac{m-1}{m}$, d'après la valeur trouvée plus haut (form. 11, p. 319) pour $\int_0^{\frac{\pi}{2}} \sin^m x\,dx$, dans le cas où m est pair.

En résumé, la moyenne des valeurs de $\sin^m x$ ou de $\cos^m x$ est toujours commensurable : nulle, quand l'exposant m est impair ; égale au produit $\frac{1}{2}\,\frac{3}{4}\,\frac{5}{6} \ldots \frac{m-1}{m}$, quand il est pair.

Dans le cas particulier $m = 2$, elle se réduit à $\frac{1}{2}$. Donc, la valeur moyenne de $\sin^2 x$ ou de $\cos^2 x$ est $\frac{1}{2}$, c'est-à-dire, la moyenne arithmétique des deux valeurs extrêmes zéro et 1 de chacune de ces fonctions. C'est ce qu'on aurait pu prévoir, en observant que $\sin^2 x$ et $\cos^2 x$, exprimés en fonction de $\cos 2x$, deviennent respectivement $\frac{1}{2} - \frac{1}{2}\cos 2x$, $\frac{1}{2} + \frac{1}{2}\cos 2x$ et se réduisent, en moyenne, au premier terme constant $\frac{1}{2}$, vu que le second terme, proportionnel à $\cos 2x$, est aussi souvent et autant négatif que positif. On l'aurait trouvé aussi, plus simplement, en observant que, vu l'égalité des deux moyennes de $\sin^2 x$ et $\cos^2 x$, chacune d'elles est la moitié de la moyenne de la somme $\sin^2 x + \cos^2 x$, c'est-à-dire de 1, puisque on a constamment $\sin^2 x + \cos^2 x = 1$.

237. — Valeur moyenne géométrique d'une fonction.

Considérons encore, dans l'intervalle compris entre les limites $x_0 = a$ et $x_n = b$, les valeurs que reçoit une fonction $f(x)$, quand x y prend la valeur initiale x_0 et les $n-1$ valeurs intermédiaires équidistantes $x_1, x_2, x_3, \ldots x_{n-1}$: mais, au lieu d'en calculer la moyenne arithmétique, c'est-à-dire, de chercher la $n^{\text{ème}}$ partie de leur somme, prenons la racine $n^{\text{ème}}$ de leur produit, indiquée par l'expression $\sqrt[n]{f(x_0) f(x_1) f(x_2) \cdots f(x_{n-1})}$. Cette expression, qui, dans le cas de deux valeurs seulement, $f(x_0)$ et $f(x_1)$ par exemple, serait la moyenne proportionnelle ou moyenne géométrique entre elles, s'appelle, par extension, la valeur moyenne géométrique des n quantités $f(x_0), f(x_1), f(x_2), \ldots, f(x_{n-1})$. Et si nous supposons que, n grandissant indéfiniment, les valeurs $x_0, x_1, x_2, \ldots, x_{n-1}, x_n$ se rapprochent de plus en plus, la moyenne géométrique tendra vers une limite qu'on appelle la valeur moyenne géométrique de la fonction $f(x)$ dans l'intervalle considéré.

Pour démontrer que cette limite existe, et pour l'évaluer, appelons μ le radical $\sqrt[n]{f(x_0) f(x_1) f(x_2) \cdots f(x_{n-1})}$. Son logarithme sera évidemment la $n^{\text{ème}}$ partie de celui du produit $f(x_0) f(x_1) \cdots f(x_{n-1})$, et l'on aura

$$\log \mu = \frac{1}{n} \left[\log f(x_0) + \log f(x_1) + \log f(x_2) + \cdots + \log f(x_{n-1}) \right].$$

Cette formule montre que $\log \mu$ n'est autre chose que la moyenne arithmétique des n valeurs prises par la fonction $\log f(x)$, et que, par suite, à la limite $n = \infty$, $\log \mu$ sera la valeur moyenne de $\log f(x)$, savoir, $\frac{1}{b-a} \int_a^b \log f(x)\, dx$. Enfin, passant du logarithme népérien de μ au nombre μ, qui égale $e^{\log\mu}$, et observant que μ désigne précisément, à la limite, la moyenne cherchée, il viendra

$$(45)\qquad \text{Valeur moy. géométr. de } f(x) = e^{\frac{1}{b-a}\int_a^b \log f(x)\,dx}$$

Cherchons, par exemple, la valeur moyenne géométrique de x entre les limites $x=0$ et $x=1$. On aura, ici, $a=0$, $b=1$, $f(x)=x$, et

$$\frac{1}{b-a}\int_a^b \log f(x)\,dx = \int_0^1 \log x\,dx.$$

Or, $$\int \log x\,dx = x\log x - \int x\,d\log x = x\log x - x,$$

et le produit $x\log x$ s'annule, non seulement à la limite supérieure 1, mais aussi à la limite inférieure zéro (où le logarithme devient infini), parce que c'est le facteur algébrique nul x qui l'emporte, comme on a vu plus haut (n° 75, p. 102). Il vient donc: $\int_0^1 \log x\,dx = (x\log x - x)_0^1 = -1$, et la formule (45) donne finalement

$$(46)\qquad \text{Val. moy. géom. de } x \text{ (entre } x=0 \text{ et } x=1) = e^{-1} = \frac{1}{e} = \frac{1}{2,718\ldots}.$$

La moyenne arithmétique serait, dans les mêmes conditions, $\int_0^1 x\,dx = \left(\frac{x^2}{2}\right)_0^1 = \frac{1}{2}$, quantité supérieure à la moyenne géométrique.

Ce résultat ne doit pas nous surprendre; car il se présente déjà, comme on sait, dans le cas de deux nombres positifs quelconques, $a+b$, $a-b$, dont la moyenne arithmétique a dépasse évidemment la moyenne géométrique

$$\sqrt{(a+b)(a-b)} = \sqrt{a^2-b^2} = a\left(1-\frac{b^2}{a^2}\right)^{\frac{1}{2}},$$

et ne lui devient égale, à des quantités près du second ordre de petitesse, que lorsque b devient très-petit du premier ordre par rapport à a, c'est-à-dire lorsque la différence des deux nombres proposés n'est qu'une minime fraction de chacun d'eux.

30ème Leçon. — Applications géométriques des calculs d'intégrales définies: quadrature des surfaces planes (*).

238. — Expression générale d'une aire plane.

Passons actuellement à l'étude des nombreuses et importantes applications des intégrales définies en géométrie. La première que l'on traite d'ordinaire est la quadrature des surfaces planes,

---

(*) Note sur la Notion d'aire. — Jusqu'ici, les auteurs d'analyse ont laissé à l'état d'idée assez vague cette notion d'aire en laquelle se résout et s'exprime notre sentiment presque instinctif de la contenance ou de l'étendue des figures à deux dimensions, quoiqu'ils aient, cependant, jugé nécessaire d'éclaircir l'idée, bien moins complexe, de la longueur des courbes. Voilà pourquoi je me propose de faire ici, en note, pour l'aire des surfaces planes, ce que j'ai fait aux Nos 80 et 136 (p. 105 et 189) pour les arcs, en montrant que l'aire d'une figure plane limitée en tous sens est une quantité déterminée, constante pour une même figure ou pour toutes les figures égales, et pouvant s'évaluer par la décomposition de la figure en parties quelconques, dont il suffit d'ajouter les aires respectives.

Cette note comprendra trois parties, savoir: 1°, la définition de l'aire d'une surface; 2°, la démonstration de la possibilité d'obtenir cette aire en décomposant la surface en éléments de forme quelconque; 3°, la preuve de son invariabilité lors de déplacements quelconques de la figure plane.

1° Définition de l'aire. — Imaginons que la figure plane proposée AMNBA soit rapportée à un système d'axes rectangulaires Ox, Oy, et qu'on divise son plan, par des parallèles indéfinies aux deux axes coordonnés, en carrés ayant pour côté l'unité de longueur, puis, tous ces carrés eux-mêmes, au moyen de parallèles équidistantes de plus en plus rapprochées, en carrés incomparablement plus petits. Le rapport du nombre de ceux-ci compris dans

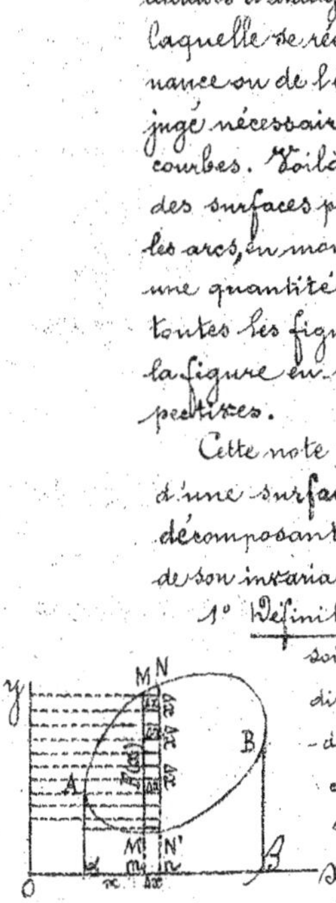

c'est-à-dire, l'évaluation de leur aire ou du rapport qui existe entre l'étendue de ces surfaces et celle d'un carré ayant pour côté l'unité

---

la figure proposée au nombre des carrés pareils que contiendra un carré de côté égal à 1, tend vers une limite à mesure que les parallèles se rapprochent de plus en plus, et c'est justement cette limite, dont nous allons démontrer l'existence, qui est dite l'aire de la figure.

Soit Δx le côté des petits carrés considérés, et, si x est l'abscisse d'une quelconque Mm des parallèles à l'axe Oy qui coupent la figure proposée, appelons $F(x)$ la partie de cette parallèle, MM', qu'intercepte la figure, et qui, variant en général d'une ordonnée Mm à la suivante Nn, est bien une certaine fonction de x. Le nombre des petits carrés compris entre les deux ordonnées Mm, Nn, et enfermés dans le contour donné, égalera évidemment, à une très-petite erreur relative près (négligeable à la limite), le quotient $\frac{F(x)}{\Delta x}$, qui indique combien de fois MM' contient le côté des petits carrés. Et le nombre total de ces carrés contenus dans la figure sera évidemment, lui-même, sauf une erreur relative également très-petite et finalement négligeable, la somme des valeurs que prend ce quotient, $\frac{F(x)}{\Delta x}$ ou $\frac{F(x)\Delta x}{(\Delta x)^2}$, lorsque x croît, par petits intervalles Δx, depuis une limite très-peu différente de l'abscisse, $O\alpha = a$, du point A de la figure qui a l'abscisse la plus petite, jusqu'à une autre très-peu différente de l'abscisse, $O\beta = b$, du point B qui a, au contraire, l'abscisse la plus grande. Or, plus Δx est supposé petit, et plus la somme dont il s'agit, $\frac{\Sigma F(x)\Delta x}{(\Delta x)^2}$, a son numérateur voisin de l'intégrale définie $\int_a^b F(x)\,dx$. On peut donc, avec une erreur relative aussi petite qu'on veut, prendre pour nombre des petits carrés de la figure $\frac{1}{(\Delta x)^2}\int_a^b F(x)\,dx$.
Et comme il est évident que chaque grand carré de côté 1 comprend $\frac{1}{\Delta x}$ files de petits carrés se composant chacune de $\frac{1}{\Delta x}$ carrés, en sorte qu'il en contient $\frac{1}{(\Delta x)^2}$, le rapport du nombre précédent à celui-ci différera aussi peu qu'on veut du quotient de $\frac{1}{(\Delta x)^2}\int_a^b F(x)\,dx$ par $\frac{1}{(\Delta x)^2}$, ou vaudra, à la limite, l'intégrale $\int_a^b F(x)\,dx$.

Ainsi, le rapport limite appelé aire de la surface $AMBA$ est la quantité $\int_a^b F(x)\,dx$, parfaitement déterminée dans le système des axes coordonnés choisis. On voit, d'ailleurs, que cette intégrale resterait la même, si, imprimant une translation quelconque à la surface proposée, on augmentait les coordonnées x, y, de tous ses points, de deux quantités constantes : car cela reviendrait à faire parcourir à tous ces points des droites égales et parallèles, ou à transporter parallèlement à elles-mêmes les droites MM', NN', etc., sans changer leurs distances respectives dx ; en sorte que l'intégrale $\int_a^b F(x)\,dx$ conserverait les mêmes éléments, de longueur. Cette opération s'appelle <u>quadrature</u> (du mot latin <u>quadratum, carré</u>), soit parce qu'on y rapporte les surfaces

---

malgré l'augmentation commune éprouvée par ses deux limites a, b. Et cette intégrale ne serait pas changée davantage, si, faisant tourner la figure autour d'un des axes coordonnés, qu'on peut choisir pour celui, Ox, des abscisses, on l'amenait par retournement dans une position symétrique de la première; vu que chaque partie $MM' = F(x)$, d'ordonnée, interceptée par la courbe, deviendrait, dans la courbe symétrique, la partie analogue d'ordonnée correspondant à la même abscisse x. Il ressort donc, presque immédiatement, de la définition de l'aire, que cette quantité est la même pour toutes les surfaces égales et pareillement orientées dans le plan, ainsi que pour leurs symétriques par rapport aux axes coordonnés.

2° <u>Possibilité d'obtenir l'aire par décomposition de la surface en éléments de forme quelconque.</u> — En dénombrant les carrés infiniment petits, de côté dx, compris à l'intérieur de la figure, et qui comptent individuellement dans l'aire totale pour la fraction $(dx)^2$, rien n'empêchera évidemment de les grouper, à volonté, en assemblages quelconques, dont chacun comprendrait une infinité de petits carrés contigus. Et il sera permis, dans ce cas, de négliger les carrés qui se trouveront sur le contour de chaque groupe, car leur nombre disparaîtra devant celui des carrés intérieurs. Autrement dit, l'aire de la surface considérée égale la somme des aires qu'on obtiendrait en découpant cette surface, par des lignes quelconques, en parties aussi petites qu'on voudra, puis, en évaluant chaque partie comme si elle était seule. Rien n'empêchera même de supposer ensuite ces parties indéfiniment décroissantes, de manière à pouvoir négliger une portion relativement infiniment petite de leur totalité (toutes celles, par exemple, qui seront contiguës au contour général), et à pouvoir également remplacer les autres par des éléments différents ayant avec elles des rapports qui tendent vers l'unité.

On remarquera que c'est par de telles décompositions, d'une figure, en fragments dont on change ensuite parfois la disposition, que la géométrie élémentaire parvient à ramener au rectangle, seul évaluable immédiatement, le parallélogramme, le triangle, le trapèze et, même, le secteur circulaire et le cercle. Dans les parties plus élevées des mathématiques, le même principe s'applique à des cas nombreux où, pour faciliter les calculs, on divise une surface en éléments (autres que des carrés rectilignes) appropriés à la forme du contour de cette surface.

à un carré déterminé pris pour unité d'aire, soit parce que les anciens avaient l'habitude de ramener un tel problème à celui

---

3°. — Invariabilité de l'aire d'une surface dans toutes les positions possibles de celle-ci. — Nous avons montré que l'aire d'une surface plane AMBA est une quantité bien déterminée dans chaque position de la surface par rapport aux axes, et qui, de plus, reçoit la même valeur pour cette surface que pour toute autre surface égale pareillement orientée (c'est-à-dire ayant tous ses côtés parallèles à ceux de la proposée). Mais, pour que la notion presque instinctive d'aire se trouve éclaircie en ce qu'elle a d'essentiel, il nous reste à faire voir que cette quantité est bien propre à la surface et ne tient nullement aux axes rectangulaires choisis, ou, en d'autres termes, qu'elle ne changera pas si on enlève la figure AMBA du plan des $x y$ et qu'on l'y reporte ensuite dans telle position qu'on voudra.

Pour le démontrer, observons d'abord qu'il existe une figure, le cercle, dont l'équation reste la même quand, laissant son centre fixe, on la fait tourner d'une manière quelconque dans le plan, et même quand on la retourne sens dessus dessous. Donc, pour cette figure, tout déplacement équivaut à une simple translation quant aux circonstances de forme qu'elle présente par rapport aux axes, et son aire sera invariable, d'après ce qui a été démontré plus haut.

Cela posé, comparons la surface donnée AMBA à un cercle que nous lui supposerons lié et que nous tracerons dans son plan. La comparaison se fera, par exemple, en menant un double système de parallèles équidistantes, liées également à ces deux figures et propres à découper leur plan en carrés infiniment petits égaux. Soit m le nombre des carrés qu'entourera le contour de la surface AMBA, n le nombre de ceux qui se trouveront compris de même entièrement dans le cercle : il est évident que, si les parallèles sont assez rapprochées, la figure AMBA égalera sensiblement la somme des m carrés qu'elle contient ; de même, le cercle sera, sauf erreur négligeable, la somme des n carrés compris à son intérieur. Or, quelque position qu'on donne à la figure proposée sur le plan des $x y$, soit en la déplaçant à volonté sans lui faire quitter ce plan, soit en la retournant, tous ces carrés, qu'elle entraînera dans ses mouvements en même temps que le cercle, ne cesseront pas d'avoir leurs côtés respectivement égaux et parallèles chacun à chacun, ou, en d'autres termes, d'être des figures égales, pareillement orientées et, par suite, d'aires équivalentes. Ainsi, la surface proposée et le cercle ne cesseront pas d'égaler, l'une, m fois, l'autre, n fois, l'un des carrés ; en sorte que l'aire de la figure AMBA, restant toujours le produit de celle du cercle, qui est invariable, par un rapport constant $\frac{m}{n}$, sera invariable elle-même. Or, c'est ce qu'il fallait démontrer.

qui consisterait à changer la surface proposée en un carré équivalent, ce qui est bien, à proprement parler, faire la quadrature de cette surface.

Considérons donc une figure plane quelconque, AMBM'A, limitée en tous sens, et rapportons ses divers points à un système d'axes rectilignes ox, oy, dont j'appellerai θ l'angle.

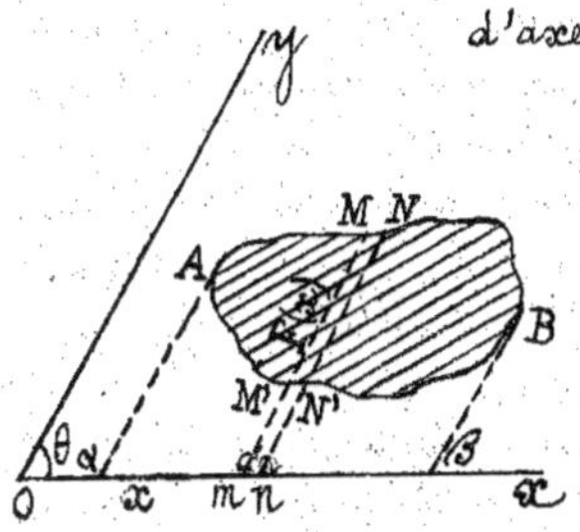

Menons une quelconque, Mm, des ordonnées qui coupent la figure proposée, ordonnée dont la position sera définie par son abscisse $om = x$; nous aurons à considérer spécialement, ici, la partie, MM', de cette ordonnée, qui sera comprise dans la surface AMBM'A; car cette partie MM' jaugera, en quelque sorte, la surface dans le sens de l'ordonnée Mm, et c'est d'elle que dépendra l'étendue de la surface, du moins pour l'abscisse x ou vis à vis du point m. La longueur MM' sera évidemment une fonction de x, parfaitement déterminée, et que l'on pourra calculer, dans chaque cas, si toutes les parties du contour AMBM'A sont bien définies. Nous appellerons $F(x)$ cette fonction: elle s'obtiendra, par exemple, en menant les deux ordonnées extrêmes, $A\alpha$, $B\beta$, entre lesquelles est comprise la surface, et dont j'appellerai respectivement a, b les abscisses $o\alpha$ et $o\beta$, puis en prenant, pour chaque abscisse intermédiaire $om = x$, la différence $Mm - M'm$ des deux ordonnées correspondantes de la partie supérieure AMB du contour et de la partie inférieure AM'B, ordonnées qu'on pourra connaître en fonction de x quand la forme et la situation de la figure par rapport aux axes seront données.

Cela posé, observons que des ordonnées infiniment voisines, Mm, Nn, etc., menées depuis $A\alpha$ jusqu'à $B\beta$, découpent la surface en bandes étroites, dont l'une, MM'N'N par exemple, est comprise entre l'ordonnée Mm, d'abscisse x, et celle, Nn, qui a pour abscisse $x + dx$. Or cette bande, MM'N'N, peut être assimilée à un parallélogramme, qui aurait pour un de ses côtés la ligne $MM' = F(x)$, pour côtés contigus à celui-là deux droites égales et parallèles à $mn = dx$, inclinées, par suite, comme l'axe des x, de l'angle θ par rapport à l'ordonnée mM , enfin, dont le quatrième côté serait situé sur Nn. Effectivement, les deux petites parties, en forme de triangles mixtilignes, qu'il faudrait ajouter ou retrancher, l'une en MN, l'autre en M'N', pour faire de la bande MM'N'N le parallélogramme en question, ont une dimension, dx, qui leur est commune avec celui-ci, mais l'autre dimension, suivant NN', infiniment petite en comparaison de la dimension analogue MM' du parallélogramme; de sorte que leur aire est bien négligeable relativement à l'aire du parallélogramme. Et comme celle-ci égale, ~~ainsi qu'on le sait, le produit de deux côtés contigus~~ $F(x)$, dx, du parallélogramme, par le sinus de l'angle θ qu'ils comprennent, l'expression de la bande MM'N'N, c'est-à-dire d'un élément de la surface à évaluer, sera $(\sin\theta)\, F(x)\, dx$.

Quant à l'aire totale AMBM'A, elle égalera évidemment la somme des aires de toutes les bandes pareilles comprises entre les deux ordonnées extrêmes $A\alpha$, $B\beta$, c'est-à-dire, la somme des valeurs que reçoit l'expression $(\sin\theta)\, F(x)\, dx$ quand x y varie avec continuité depuis l'abscisse a du point A jusqu'à celle, b, du point B. On voit qu'elle n'est autre que l'intégrale définie $\int_a^b (\sin\theta)\, F(x)\, dx$. En faisant sortir du signe $\int$ le facteur constant $\sin\theta$, on aura donc, pour l'expression cherchée de la surface AMBM'A,

$$(1) \qquad \text{Aire} = (\sin\theta) \int_a^b F(x)\, dx.$$

Son évaluation revient par conséquent à faire, dans chaque cas, le calcul de l'intégrale $\int_a^b F(x)\, dx$.

239. — Premier exemple : aires de l'ellipse et des parallélogrammes (à côtés conjugués) qu'on lui circonscrit.

Comme premier exemple, cherchons la surface que comprend une ellipse ABA'B'A, rapportée à un système de demi-diamètres conjugués $OA = a$, $OB = b$, choisis, le premier, pour axe des x, le second, pour axe des y.

L'équation de la courbe étant, comme on sait,

$$\frac{x^2}{a^2} + \frac{y^2}{b^2} = 1,$$

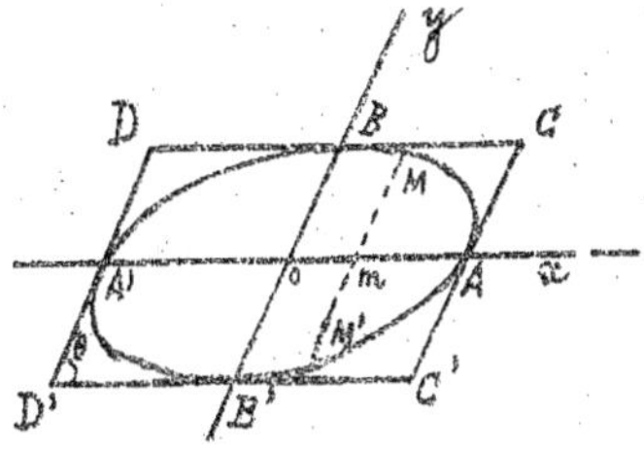

les deux ordonnées, mM, mM', qui correspondent à une abscisse quelconque $Om = x$, ont respectivement pour valeurs

$$\frac{b}{a}\sqrt{a^2 - x^2}, \quad -\frac{b}{a}\sqrt{a^2 - x^2}.$$

Leur différence algébrique MM', que nous désignons en général par $F(x)$, vaudra le double de mM, c'est-à-dire $2\frac{b}{a}\sqrt{a^2 - x^2}$. D'ailleurs, l'abscisse la plus petite est, pour toute la courbe, celle, $-a$, du point A', symétrique de A par rapport à O ; la plus grande est celle, a, du point A. La formule générale (1) deviendra donc, ici,

$$(2) \qquad \text{Aire de l'ellipse} = (\sin\theta)\int_{-a}^{a} 2\frac{b}{a}\sqrt{a^2 - x^2}\,dx = 2\left(\frac{b}{a}\sin\theta\right)\int_{-a}^{a}\sqrt{a^2 - x^2}\,dx.$$

Pour simplifier cette expression, observons que, x variant de $-a$ à a, le rapport $\frac{x}{a}$ varie de -1 à $+1$ et égale, par conséquent, le sinus d'un angle qui croîtrait de $-\frac{\pi}{2}$ à $+\frac{\pi}{2}$. Appelons u cet angle et prenons-le pour variable indépendante. Nous aurons

$$x = a\sin u; \text{ d'où } dx = a\cos u\,du, \quad \sqrt{a^2 - x^2}\,dx = a^2\sqrt{1 - \sin^2 u}\,\cos u\,du = a^2\cos^2 u\,du;$$

et, comme u variera de $-\frac{\pi}{2}$ à $\frac{\pi}{2}$, la formule (2) deviendra

(3) $\quad$ Aire de l'ellipse $= 2ab\sin\theta\int_{-\frac{\pi}{2}}^{\frac{\pi}{2}}\cos^2 u\,du$.

Or la différentielle $\cos^2 u\,du$ est une de celle que nous savons intégrer et que nous avons même intégrées déjà. Exprimons, par exemple, $\cos^2 u$ en fonction de $\cos 2u$. Nous aurons:

$$\int\cos^2 u\,du=\int\left(\frac{1}{2}+\frac{\cos 2u}{2}\right)du=\frac{1}{2}\int du+\frac{1}{2}\int\cos 2u\,du=\frac{u}{2}+\frac{1}{4}\int\cos 2u\,.\,d.2u=\frac{u}{2}+\frac{\sin 2u}{4};$$

et, par suite, en observant que $\sin 2u$ s'annule aux deux limites $u=\mp\frac{\pi}{2}$,

$$\int_{-\frac{\pi}{2}}^{\frac{\pi}{2}}\cos^2 u\,du=\left[\frac{u}{2}+\frac{\sin 2u}{4}\right]_{-\frac{\pi}{2}}^{\frac{\pi}{2}}=\frac{\pi}{4}-\left(-\frac{\pi}{4}\right)=\frac{\pi}{2}.$$

Donc, la formule (3) devient finalement

(4) $\quad$ Aire de l'ellipse $=\pi ab\sin\theta$.

Comparons cette surface à celle du parallélogramme, circonscrit à l'ellipse, CDD'C', dont les côtés CD, CC' sont respectivement égaux et parallèles aux deux diamètres conjugués, $AA'=2a$, $BB'=2b$, qui ont servi d'axes coordonnés. Son aire est le produit

$$D'C'\times D'D\times\sin\theta=2a.2b.\sin\theta=4ab\sin\theta,$$

et l'on voit que la formule (4) équivaut à la proportion

(5) $\quad \dfrac{\text{Aire de l'ellipse}}{\text{Aire du parall. circonscrit}}=\dfrac{\pi}{4}.$

Donc, l'aire d'une ellipse est le produit de celle de tout parallélogramme circonscrit, à côtés orientés suivant deux diamètres conjugués, multipliée par le facteur constant $\frac{\pi}{4}$.

Il suit évidemment de là que tous les parallélogrammes circonscrits à une même ellipse, et qui ont leurs côtés parallèles à deux diamètres conjugués de la courbe, sont équivalents.

Supposons, en particulier, qu'on ait choisi pour demi-diamètres conjugués OA, OB les deux demi-axes de l'ellipse, demi-axes dont nous appellerons le plus grand, A, le plus petit, B, et qui sont rectangulaires. Alors il faudra faire, dans (4), $a=A$, $b=B$, $\theta=\frac{\pi}{2}$, et il viendra

(6) Aire de l'ellipse $= \pi A B$.

On remarquera que, si, A restant fixe, B grandissait jusqu'à la valeur A, l'ellipse finirait par se confondre avec le cercle, de rayon A, qui lui est circonscrit, et que, en même temps, son aire $\pi A B$ deviendrait πA^2, expression bien d'accord avec celle que donne la géométrie élémentaire, malgré la différence profonde des méthodes suivies pour y arriver. De même, si B restait constant, mais que A décrût jusqu'à la valeur B, l'ellipse se changerait dans le cercle, de rayon B, qui lui est inscrit, tandis que son aire deviendrait πB^2. Et comme on a $\pi A B = \sqrt{(\pi A^2)(\pi B^2)}$, la formule (6) peut se traduire, en langage ordinaire, par l'énoncé suivant :

Une ellipse a pour aire la moyenne proportionnelle entre l'aire de son cercle inscrit et celle de son cercle circonscrit.

Quand l'ellipse est peu aplatie, c'est-à-dire quand le rapport $\frac{b}{a}$ approche beaucoup de l'unité, il est permis de substituer à la moyenne géométrique $\sqrt{(\pi a^2)(\pi b^2)}$ la moyenne arithmétique $\frac{\pi a^2 + \pi b^2}{2}$, sauf une erreur incomparablement moindre que la petite différence des deux nombres πa^2, πb^2. Cela résulte d'une remarque faite à la fin de la dernière leçon (n° 237, p. 343), à propos de l'inégalité des moyennes, arithmétique et géométrique, entre deux nombres. Donc, on peut dire que l'aire d'une ellipse peu aplatie égale très-sensiblement la moyenne arithmétique entre les aires des deux cercles circonscrit et inscrit.

240. — Deuxième exemple : aires limitées par des courbes paraboliques.

On appelle quelquefois parabole de degré n une courbe dans laquelle l'ordonnée y a pour expression, en fonction de l'abscisse x, un polynôme du degré n, c'est-à-dire une expression rationnelle et entière, courbe telle, par suite, que toute droite parallèle à l'axe des y la coupe à une distance finie de l'axe des x, et en un seul point, dont l'ordonnée est la valeur unique de y que fournisse l'équation de la courbe. Mais, dans un sens un peu différent, on appelle courbe du genre parabole, toute ligne dans laquelle l'expression de l'ordonnée se réduit à un seul terme, d'un certain degré n, ou est proportionnelle à la puissance $n^{\text{ième}}$ de l'abscisse, le nombre positif n pouvant ici être fractionnaire. La parabole ordinaire rentre bien, indifféremment, dans ces deux définitions, puisque, en y comptant les x le long d'une tangente quelconque et les y le long de la parallèle à l'axe qui est menée par le point de contact, ou qui partage en deux parties égales les cordes parallèles à cette tangente, son équation est de la forme $y = ax^2$. L'aire comprise entre une quelconque de ces courbes, l'axe des x et deux ordonnées fixes, s'évalue immédiatement, à cause de la facilité que présente l'intégration d'un polynôme, même quand il n'est pas rationnel ou que les exposants des divers termes y sont fractionnaires.

Considérons, par exemple, la parabole qui a pour équation

$$(7) \qquad y = a x^n,$$

et proposons-nous d'évaluer l'aire contenue entre cette courbe OB, l'axe des x et une ordonnée quelconque BB'. Ici, la portion MM' d'ordonnée qui est comprise dans la surface n'est autre que l'ordonnée même y de la courbe, et l'on a $F(x) = a x^n$. D'ailleurs, l'abscisse

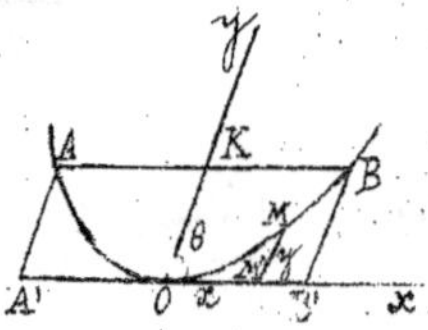

x croît, dans cette surface, depuis la valeur zéro, qu'elle a au point de départ supposé O, jusqu'à la valeur OB', que nous pourrons, sans inconvénient, désigner par x. La formule générale (1) deviendra donc:

$$\text{Aire parabolique OBB'} = (\sin\theta)\int_0^x a x^n dx = (\sin\theta)\,\frac{a x^{n+1}}{n+1} = \frac{x(a x^n)\sin\theta}{n+1}.$$

Mais on remarquera que, d'après l'équation (7) de la courbe, le

produit $a x^n$, pris à la limite supérieure ou pour $x = OB'$, représente l'ordonnée correspondante $y = BB'$. L'expression trouvée pour l'aire égale donc $\frac{x y \sin\theta}{n+1}$. Or, si nous construisons sur OB' et B'B le parallélogramme OB'BK, le produit $x y \sin\theta$ ne sera autre que $OB' \times OK \times \sin B'OK$, et représentera la surface du parallélogramme. Par suite, la formule ci-dessus revient à celle-ci,

$$(8) \qquad \text{Aire } OBB' = \frac{\text{aire } OB'BK}{n+1};$$

et elle exprime que l'aire comprise entre la parabole proposée, une ordonnée et l'axe des abscisses, égale la $n+1^{ème}$ partie du parallélogramme construit sur les deux côtés rectilignes qui la délimitent.

Dans le cas de la parabole ordinaire $y = a x^2$, on a $n = 2$ et l'aire OBB' vaut le tiers du parallélogramme OB'BK. Ce résultat, si remarquable par sa simplicité, est dû à Archimède. Comme il en serait évidemment de même du côté des x négatifs, que rien n'aurait empêché de choisir pour celui des x positifs, une aire parabolique telle que OA'A, limitée par l'ordonnée AA' égale à BB' et dont l'abscisse négative OA' égale OA, vaudra également le tiers du parallélogramme OKAA'. Par suite, la parabole découpe le parallélogramme total ABB'A' en deux parties, dont l'une, A'AOBB', est le tiers de cette figure, et l'autre, AOB, les deux tiers. On peut donc formuler la loi suivante: Un segment de parabole, AOB, égale les deux tiers du parallélogramme construit sur sa base AB et dont le côté opposé est une tangente A'B' à la courbe. En d'autres termes, un segment de parabole a pour aire le produit de sa base par les deux tiers de sa hauteur.

241. — Troisième exemple: aires hyperboliques.

On sait qu'une hyperbole ordinaire, rapportée à ses asymptotes pour axes coordonnés, a son équation de la forme $xy = c$. Par extension, on appelle hyperbole, en général, toute courbe dont l'équation est de la forme analogue $x^\alpha y^\beta = c$, α et β désignant deux exposants entiers et positifs. Nous admettrons, pour fixer les idées, qu'on ait choisi pour coordonnée y celle dont l'exposant β est le plus petit, en sorte qu'on ait $\alpha > \beta$, à l'exception du cas de l'hyperbole ordinaire où $\alpha = \beta$. La relation $x^\alpha y^\beta = c$, résolue par rapport à y, donnera évidemment y proportionnel à $x^{-\frac{\alpha}{\beta}}$, ou à x^{-n}, si l'on appelle n le nombre $\frac{\alpha}{\beta}$, généralement plus grand que 1, mais égal à 1 pour l'hyperbole ordinaire. L'équation de la courbe pourra donc être mise sous la forme

$$(9) \qquad y = a x^{-n} = \frac{a}{x^n};$$

et nous pourrons aussi, en choisissant convenablement le sens des y positifs, admettre qu'on prenne y plus grand que zéro pour $x > 0$, et que a soit positif. Nous nous bornerons donc à considérer la branche de courbe, PABQ, contenue dans l'angle des coordonnées positives, et dont l'ordonnée y, d'après l'équation (9), décroît sans cesse, de ∞ à zéro, quand x y grandit de zéro à ∞, en sorte que cette branche va se raccorder aux deux axes des x et des y positifs, mais asymptotiquement, c'est-à-dire à une distance infinie de l'origine O. Proposons-nous d'évaluer l'aire comprise entre la courbe, l'axe des x et deux ordonnées, AA', BB', ayant respectivement pour abscisses x_0 et x. La formule générale (1) deviendra évidemment,

$$(10) \quad \text{Aire} = (\sin\theta)\int_{x_0}^{x} y\,dx = a\sin\theta\int_{x_0}^{x} x^{-n}\,dx.$$

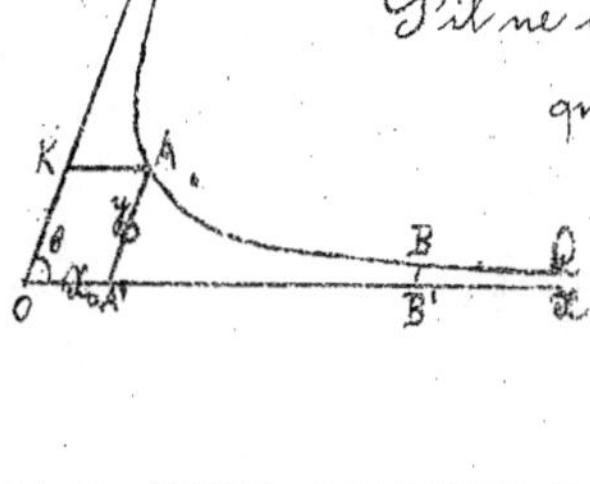

S'il ne s'agit pas d'une hyperbole ordinaire et que, par suite, on ait, vu l'axe des y choisi, $n > 1$, l'intégrale $\int_{x_0}^{x} x^{-n}dx$ vaudra $-\frac{1}{n-1}\left(\frac{1}{x^{n-1}}\right)_{x_0}^{x} = \frac{1}{n-1}\left(\frac{1}{x_0^{n-1}} - \frac{1}{x^{n-1}}\right)$; et l'aire restera finie, même quand on rendra infinie l'abscisse x de l'ordonnée BB', en rejetant ainsi cette ordonnée à l'infini, là où elle s'annule. En effet, la valeur de $\int_{x_0}^{x} x^{-n}\,dx$ se réduit alors à $\frac{1}{(n-1)x_0^{n-1}} = x_0^{-n}\frac{x_0}{n-1}$, et la formule (10) de l'aire devient $\frac{x_0}{n-1}\,a x_0^{-n}\sin\theta$, ou, vu l'équation (9) et en appelant y_0 l'ordonnée initiale AA', $\frac{x_0 y_0 \sin\theta}{n-1}$. Et comme $x_0 y_0 \sin\theta$ est la surface du parallélogramme OA'AK construit sur les côtés OA', A'A, il vient finalement :

(11) $$\text{Aire } AA'x \text{ (de longueur infinie)} = \frac{\text{aire } OA'AK}{n-1} \quad (\text{pour } n > 1).$$

Donc, quand l'exposant n est supérieur à l'unité, la surface, de longueur infinie, comprise au delà d'une ordonnée fixe AA', entre la courbe AQ et son asymptote prise pour axe des abscisses, égale seulement le produit, par le facteur constant $\frac{1}{n-1}$, du parallélogramme OA'AK qui a pour un de ses côtés cette ordonnée et dont le côté opposé est sur l'asymptote parallèle.

S'il s'agit, au contraire, d'une hyperbole ordinaire, l'exposant n égalera l'unité et l'intégrale $\int_{x_0}^{x} x^{-n}\,dx$ vaudra $(\log x)_{x_0}^{x} = \log\frac{x}{x_0}$. La formule (10) deviendra donc

(12) $$\text{Aire } AA'B'B = (a\sin\theta)\log\frac{x}{x_0} \quad (\text{pour } n = 1).$$

L'expression de l'aire n'est plus algébrique, mais transcendante, et sa valeur se trouve proportionnelle au logarithme népérien du rapport des deux abscisses extrêmes OB', OA'.

C'est parce que les logarithmes népériens sont ainsi représentés graphiquement par des aires hyperboliques, qu'on leur donne quelquefois le nom de logarithmes hyperboliques.

Si l'on fait croître x indéfiniment, $\log\frac{x}{x_0}$ devient infini, et la surface AA'B'B ne tend plus vers une limite finie à mesure que sa longueur augmente : la raison en est que, pour $n=1$, les ordonnées telles que BB', étant inversement proportionnelles à la première puissance seulement de l'abscisse et non à une puissance plus élevée, finissent par décroître, à mesure que leur abscisse augmente, beaucoup moins vite qu'elles ne le faisaient quand n était supérieur à l'unité, en sorte que les parties de la surface infiniment éloignées ont actuellement des hauteurs infiniment moins petites que pour $n > 1$.

242. — Quatrième et cinquième exemples: aires comprises soit entre un arceau de cycloïde et sa base, soit entre la courbe ~~exprimée par~~ $y = \frac{1}{\cos \mathrm{hyp}^{3} x}$ et son asymptote.

Nous pourrions encore prendre pour exemple l'aire comprise entre un arceau de cycloïde et sa base, aire que nous avons évaluée au n° 126 (p. 172) au moyen de considérations géométriques simples. En adoptant pour axe des x la base de l'arceau, pour axe des y la tangente au point de départ de l'arceau, et en appelant r le rayon du cercle générateur, la moitié de l'aire proposée vaudrait évidemment $\int_0^{\pi r} y\,dx$. Cette expression, si l'on y remplace dx par sa valeur tirée de l'équation différentielle de la courbe (équation 5 de la page 170) $dx = \frac{-\sqrt{y}\,dy}{\sqrt{2r-y}}$, et si l'on prend pour variable indépendante l'ordonnée y, qui y décroît de 0 à $2r$, devient $\int_0^{2r} y^{\frac{3}{2}} \frac{dy}{\sqrt{2r-y}}$. On l'intégrerait par parties. A cet effet, on observerait que

$$\int y^{\frac{3}{2}} \frac{dy}{\sqrt{2r-y}} = -2\int y^{\frac{3}{2}}\, d\sqrt{2r-y} = -2y^{\frac{3}{2}}\sqrt{2r-y} + 3\int \sqrt{2r-y}\; y^{\frac{1}{2}}\,dy = -2y^{\frac{3}{2}}\sqrt{2r-y} + 3\int \sqrt{2ry-y^2}\,dy$$

et, en remarquant que $\sqrt{2ry-y^2}$ ou $\sqrt{r^2-(r-y)^2}$ est l'ordonnée d'un cercle de rayon r, tirée perpendiculairement à un diamètre pris pour axe d'abscisses y, on comparerait aisément la demi-aire comprise entre un arceau et sa base, demi-aire, $\int_0^{2r} y^{\frac{3}{2}} \frac{dy}{\sqrt{2r-y}}$, devenue $3 \int_0^{2r} \sqrt{2ry-y^2}\,dy$, à l'aire, $\int_0^{2r} \sqrt{2ry-y^2}\,dy$, du demi-cercle situé d'un côté de ce diamètre. On verrait ainsi que la surface comprise entre un arceau de cycloïde et sa base vaut trois fois celle du cercle générateur. Mais, comme nous avons démontré presque intuitivement ce résultat au n° 126, il est inutile que nous y insistions ici.

Considérons plutôt la courbe, A'SMA, qui a pour équation

$y = \frac{1}{\cos hyp^2 x}$, où cos hyp. x désigne, conformément à une notation très-usuelle indiquée au n° 227 (p. 316 et 317), l'expression $\frac{1}{2}(e^{x}+e^{-x})$, et proposons-nous d'évaluer la surface, OSMM', comprise entre la courbe, son asymptote (qui n'est autre que l'axe des x), l'ordonnée maximum OS, située sur l'axe des y, et une ordonnée quelconque, d'abscisse positive x, MM' $= y$.

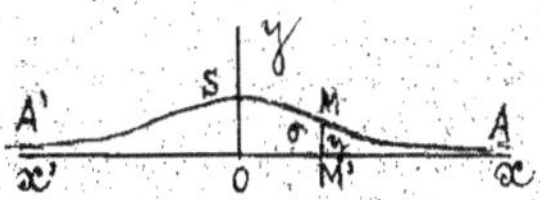

Comme nous supposons les axes rectangulaires, nous aurons ici $\sin\theta = 1$, et, en appelant σ l'aire demandée OSMM', la formule générale (1) donnera

$$\sigma = \int_0^x y\,dx = \int_0^x \frac{dx}{\cos hyp^2 x}.$$

Or, nous avons remarqué, à l'endroit cité du n° 227, que l'intégrale indéfinie $\int \frac{dx}{\cos hyp^2 x}$ est tg hyp x, ou $\frac{e^{x}-e^{-x}}{e^{x}+e^{-x}}$; ce qui égale $\sqrt{\frac{(e^{x}-e^{-x})^2}{(e^{x}+e^{-x})^2}}$ ou, encore,

$$\sqrt{\frac{(e^{x}+e^{-x})^2-4}{(e^{x}+e^{-x})^2}} = \sqrt{1-\left(\frac{2}{e^{x}+e^{-x}}\right)^2} = \sqrt{1-\frac{1}{\cos hyp^2 x}} = \sqrt{1-y}.$$

Donc, l'intégrale $\int_0^x \frac{dx}{\cos hyp^2 x}$ sera la différence des deux valeurs reçues par l'expression $\sqrt{1-y}$ à la limite supérieure $x =$ OM', où $y =$ MM', et à la limite inférieure $x=0$, où $y=1$: cette différence étant $\sqrt{1-y}$, et il vient

(13) $$\sigma = \sqrt{1-y}.$$

Si l'ordonnée MM' s'éloigne à l'infini, elle deviendra nulle à la limite, et σ tendra vers l'unité. Ainsi, l'aire OSA, de longueur infinie, comprise, du côté des x positifs, entre la courbe et son asymptote, étant 1. Il en serait de même du côté des x négatifs, c'est-à-dire pour l'aire OSA' ; car l'équation de la courbe montre que l'axe des y est un axe de symétrie.

Remarquons maintenant que l'équation (13), résolue par rapport à l'ordonnée y, devient

(14) $$y = 1-\sigma^2 = (1+\sigma)(1-\sigma) = (\text{aire MM'A'})(\text{aire MM'A}).$$

Donc la ligne exprimée par $y = \frac{1}{\cos hyp^2 x}$ jouit de la propriété d'avoir chacune de ses ordonnées égale au produit des deux parties en lesquelles l'ordonnée elle-même divise l'aire totale comprise entre la courbe et son asymptote.

Cette courbe représente la coupe longitudinale des gonflements liquides, appelés ondes solitaires, qu'on voit souvent se propager le long des canaux ou venir du large, au bord de la mer, déferler sur une plage en pente douce: **la surface du flot** y a une forme comme ASA', au dessus de la surface d'équilibre xx' de l'eau.

243 - Représentation des intégrales définies, par des aires.

Si l'évaluation d'une aire revient à calculer une certaine intégrale définie, à l'inverse, toute intégrale définie, $\int_a^b f(x)\,dx$, sera évidemment représentée d'une manière graphique, d'après la formule générale (1), par l'aire comprise entre un axe des x, deux ordonnées perpendiculaires ayant pour abscisses respectives $x=a$, $x=b$, et la courbe dont l'équation est, en coordonnées rectangulaires, $y=f(x)$. **En effet**, les ordonnées successives de cette courbe découperont l'aire considérée en bandes étroites, ayant pour longueur ces ordonnées $y=f(x)$, pour largeur, la distance dx de deux d'entr'elles, et, par suite, pour surface, la valeur absolue du produit $f(x)\,dx$, c'est-à-dire, les divers éléments de l'intégrale donnée. On voit seulement que, pour qu'il y ait toujours complète égalité de ceux-ci à l'aire des bandes élémentaires, et pour que, en conséquence, la surface totale limitée par la courbe et l'axe des x, entre les abscisses a et b, représente bien l'intégrale $\int_a^b f(x)\,dx$, somme algébrique des éléments $f(x)\,dx$, il faudra convenir de regarder comme négatives les aires qui correspondront à des éléments $f(x)\,dx$ négatifs, ou de ne compter positivement que celles dont l'expression $f(x)\,dx$ sera positive.

Pour fixer les idées, supposons que x grandisse sans cesse en allant de la limite inférieure $OA' = a$ à la limite supérieure $OB' = b$. Alors, dans la valeur de chaque élément $y\,dx$ ou $f(x)\,dx$, le facteur dx aura le signe plus, et l'élément se trouvera positif ou négatif en même temps que l'ordonnée y, longueur de la bande correspondante. Donc, si ACDB est la courbe $y = f(x)$, une bande telle que MM'N'N, située, par rapport à l'axe des x, du côté des y positifs, et où l'ordonnée $y = M'M$ est positive, aura son aire positive, tandis qu'une bande telle que P'PQQ', située du côté des y négatifs et où l'ordonnée $y = -P'P$ est plus petite que zéro, aura son aire négative. Ainsi,

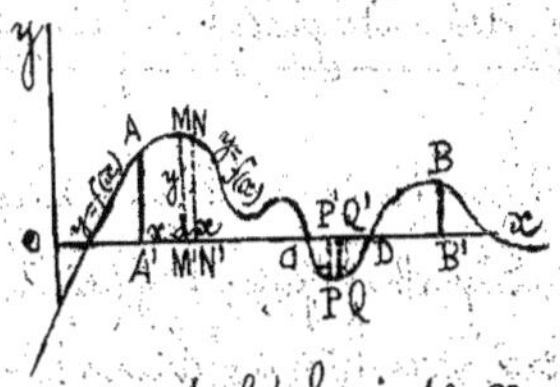

quand l'abscisse x grandit constamment, les portions de la surface considérée qui ont leurs ordonnées positives doivent être comptées positivement, et les portions qui ont leurs ordonnées négatives, négativement, pour que la surface représente l'intégrale définie. Celle-ci égalera par conséquent, dans le cas de la figure ci-dessus, la somme algébrique aire AA'C - aire CPD + aire DB'B.

Voyons, par exemple, quelle est la surface propre à représenter l'intégrale définie $\int_0^\infty e^{-ax} \sin bx\,dx$, où a est une constante positive et où nous supposerons le coefficient b également positif. Ici, x grandit en allant de zéro à l'infini et, d'autre part, la courbe $y = f(x) = e^{-ax} \sin bx$, qui serait une sinusoïde sans la présence du facteur positif décroissant e^{-ax}, ne différera d'une sinusoïde qu'en ce que ses diverses ordonnées seront réduites dans le rapport e^{-ax}, c'est-à-dire de plus en plus, à mesure que x grandira ou qu'on s'éloignera de l'origine.

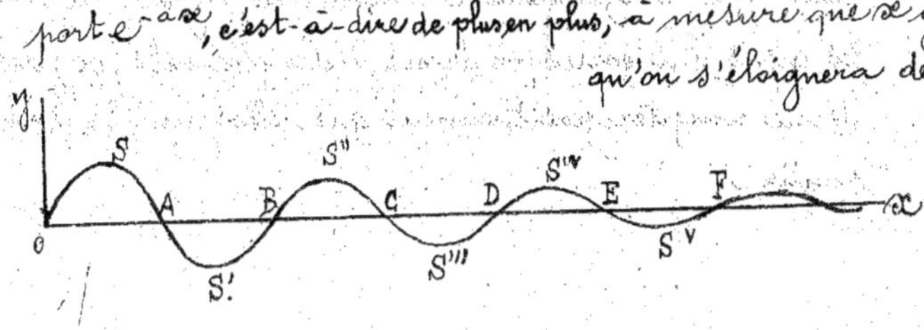

Il est évident que, sans cette réduction, les arceaux successifs OSA, AS'B, BS''C, etc, qui ont bases égales, auraient eu aussi même hauteur, même forme et même aire absolue (comprise entre eux et l'axe des x), de sorte que, leurs signes se trouvant alternativement positifs et négatifs comme ceux de leurs ordonnées, l'intégrale aurait exprimé une somme d'aires égales et de signes contraires, qui n'aurait tendu vers aucune limite déterminée. Mais, comme les hauteurs des arceaux vont en décroissant, et que, par suite, de deux bandes $y\,dx$ ayant même largeur dx et distantes d'une longueur d'arceau, la première a toujours une plus grande hauteur absolue y que la seconde, et une plus grande aire, l'intégrale définie proposée,

$$\int_0^\infty e^{-ax}\sin bx\,dx = \text{aire } OSA - \text{aire } AS'B + \text{aire } BS''C - \text{aire } CS'''D + \ldots,$$

sera une série de termes décroissants alternativement positifs et négatifs, série qu'on sait être toujours convergente et de même signe que son premier terme. Nous avons, au N° 22 (form. 20, p. 327), calculé sa valeur, positive en effet quand b l'est, et égale à $\frac{b}{a^2+b^2}$.

Si, au lieu de $\int_0^\infty e^{-ax}\sin bx\,dx$, nous considérions l'intégrale $\int_0^\infty e^{-ax^2}\sin bx^2\,dx$, la courbe $y = e^{-ax^2}\sin bx^2$ exigerait, pour se déduire d'une sinusoïde, non seulement qu'on y rapetissât les ordonnées dans le rapport e^{-ax^2}, plus rapidement décroissant encore que e^{-ax}, mais aussi qu'on les rapprochât de plus en plus les unes des autres, ou qu'on y prît dx de plus en plus petit, si on voulait que, d'une ordonnée à la suivante, l'arc bx^2 éprouvât l'accroissement constant que reçoit l'abscisse dans une sinusoïde où l'on suppose les ordonnées équidistantes. Donc, dans cette double transformation, les arceaux diminueraient à la fois de largeur et de hauteur, en sorte que l'intégrale serait toujours une série convergente, positive, de termes décroissants alternant de signe. E cette série resterait même convergente si l'on venait à poser $a=0$, ou $y=\sin b x^2$, vu qu'alors les arceaux, sans décroître de hauteur, se rétréciraient de plus en plus à mesure qu'on s'éloignerait de l'origine. Nous calculerons plus loin (nº 271) sa valeur, qui constitue un exemple remarquable du cas (signalé au commencement du nº 236 p. 325), où une intégrale peut rester finie, quand ses limites deviennent infinies, sans que la fonction sous le signe $\int$ tende vers zéro.

L'habitude de représenter les intégrales définies par des aires est si répandue, si familière aux géomètres, que les deux expressions « effectuer une quadrature » et « évaluer une intégrale définie » sont synonymes. On dit, par exemple, qu'un problème est ramené aux quadratures, quand on a prouvé que sa solution dépend du calcul d'une intégrale définie.

244. — Expression générale d'une surface plane, en fonction des coordonnées successives d'un point mobile qui en décrit le contour, ou de leurs différentielles.

Quand, dans la représentation d'une intégrale définie par une aire, nous avons compté positivement les parties de surface dont les ordonnées y sont positives, et négativement celles dont les ordonnées sont négatives, il était bien entendu que la variable ou l'abscisse x allait sans cesse en grandissant lorsqu'on passait d'un élément $y\,dx$ de l'intégrale à l'élément suivant. Il existe, au contraire, des cas où l'on est conduit à faire décroître parfois x, et, alors, les bandes ou aires élémentaires $y\,dx$ sont de signe contraire à y, dans toutes les parties où dx est ainsi négatif.

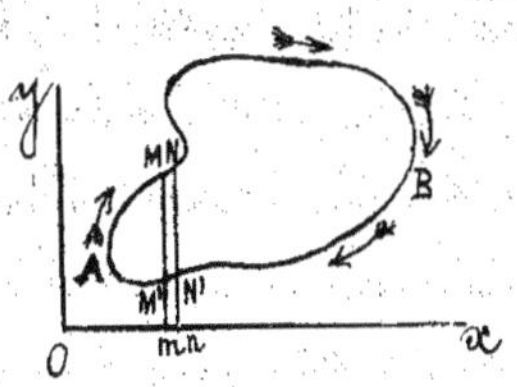

Supposons, par exemple, qu'un point mobile M décrive, d'un mouvement continu, le contour d'une certaine surface AMBM'A, et, appelant x, y

ses coordonnées à une époque quelconque t, par rapport à un système d'axes rectangulaires Ox, Oy, proposons-nous d'exprimer l'aire de son orbite, c'est-à-dire de cette surface, par une intégrale dont les éléments soient fonction de t et de dt.

A cet effet, divisons toujours la surface, au moyen d'ordonnées infiniment voisines, en bandes étroites. L'une d'elles quelconque, comprise entre les deux éléments N'M' et MN du contour, égalera le produit de la portion interceptée, MM', d'une des ordonnées, par sa distance m n à l'ordonnée voisine NN', et, si y_1 désigne l'ordonnée de l'extrémité supérieure M, y_0 l'ordonnée de l'extrémité inférieure M', la bande aura pour expression $(y_1-y_0)mn = y_1 \times mn - y_0 \times mn$. Mais m n est, en valeur absolue, l'accroissement qu'éprouve l'abscisse x du point mobile, quand ce point passe, dans deux sens différents, de l'une des ordonnées MN, M'N', à l'autre ordonnée. Si, par exemple, nous admettons que le mobile se meuve suivant le sens des flèches, ou qu'il ait des x croissants dans la partie de sa course où les y sont les plus grands, l'augmentation, dx_1, qu'éprouvera son abscisse lors du passage de M à N, sera positive et vaudra m n, tandis que la différentielle dx_0, qu'elle recevra lors du passage de N' à M', sera évidemment de signe contraire, ou vaudra $-mn$. Par suite, on aura $y_1 \times mn = y_1 dx_1$, $-y_0 \times mn = y_0 dx_0$; et l'aire partielle $y_1 \times mn - y_0 \times mn$, comprise entre les deux éléments MN, N'M' de la trajectoire du point mobile, égalera la somme algébrique, $y_1 dx_1 + y_0 dx_0$, des deux valeurs reçues par l'expression $y\,dx$ pendant les instants où ces deux éléments auront été décrits. Il en sera évidemment de même pour toutes les autres bandes de l'aire considérée : donc, la surface comprise dans la courbe totale, AMBM'A, que le mobile aura décrite pendant un tour complet, sera la somme des valeurs reçues en même temps par l'expression $y\,dx$, c'est-à-dire, l'intégrale $\int y\,dx$, où il n'y aura plus qu'à remplacer x, y par leurs valeurs en fonction de t et à prendre pour limites les deux valeurs, zéro et T par exemple, de t, à l'instant où le mobile sera parti d'un point donné A de son orbite et à l'instant où il y reviendra après un tour complet. On aura donc

(15) Aire de l'orbite AMBM'A $= \int_{t=0}^{t=T} y\,dx$:

les limites s'indiquent, ici, par les notations $t=0$, $t=T$, plus explicites que les simples lettres ou nombres zéro et T, parce qu'il est nécessaire de faire connaître nettement que la vraie variable d'intégration, c'est-à-dire, celle dont dépend l'expression $y\,dx$ placée sous le signe $\int$ et dont ce signe $\int$ implique le changement continu entre certaines limites, n'est pas x, comme on pourrait le croire, mais bien t. On agira de même, toutes les fois que de telles variables d'intégration ne seront pas suffisamment désignées dans la formule des éléments qu'on devra sommer.

Pour rendre plus explicite la différentielle $y\,dx$ de l'aire, il suffirait d'y remplacer x et y par leurs expressions, supposées données en fonction de t, et qui seraient, par exemple, de la forme $x=f(t)$, $y=F(t)$. Alors l'aire deviendrait l'intégrale

$$\int_0^T y x'\,dt \quad \text{ou} \quad \int_0^T F(t)\,f'(t)\,dt.$$

Si le point mobile M décrit son orbite d'un mouvement uniforme avec une vitesse égale à 1, on aura $t=s$, en appelant s l'arc qu'aura parcouru à un instant quelconque le mobile, à partir de son point de départ A, et cet arc deviendra la variable indépendante. L'aire totale s'écrira donc, en désignant par S le contour tout entier de l'orbite,

(16) Surface (qui a pour contour S) $= \int_{s=0}^{s=S} y\,dx$.

31ème Leçon. — Suite : rectification des courbes et cubature des volumes.

245. — De la rectification des courbes : formule générale.

La rectification d'une courbe (ce qui signifie son déroulement ou sa transformation en une droite équivalente) est l'opération qui consiste à calculer la longueur d'un arc quelconque de cette courbe.

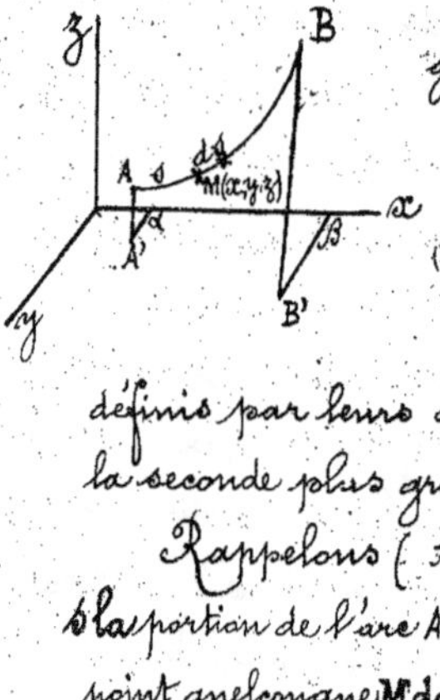

Rapportons la courbe donnée à trois axes rectangulaires ox, oy, oz, et supposons qu'on ait mis ses équations sous la forme $y = f(x)$, $z = \varphi(x)$. Proposons-nous d'exprimer la longueur de l'arc, AB, de cette courbe, qui est compris entre deux certains plans normaux aux x, $AA'\alpha$ et $BB'\beta$, définis par leurs abscisses $O\alpha = a$ et $O\beta = b$, dont nous supposerons la seconde plus grande que la première.

Rappelons (n° 138, form. 14, p. 191) que, si l'on désigne par s la portion de l'arc AB qui s'étend depuis le point A jusqu'à un point quelconque M, dont j'appellerai l'abscisse x, l'arc s sera une fonction de x, nulle quand x se réduit à a et ayant la différentielle

$$ds = \sqrt{1+y'^2+z'^2}\,dx = \sqrt{1+f'(x)^2+\varphi'(x)^2}\,dx.$$

Sa valeur, pour chaque position du point M, sera donc la somme de ses différentielles successives ds, reçues, à partir de la valeur $x = a$ de la variable indépendante jusqu'à la valeur actuelle x.

A l'instant où, le point M venant en B, cette valeur finale de x sera b, l'arc s deviendra AB, et l'on aura

$$(1)\qquad \text{arc } AB = \int_{x=a}^{x=b} ds = \int_a^b \sqrt{1+f'(x)^2+\varphi'(x)^2}\, dx.$$

On voit donc que la rectification d'une courbe se ramène toujours, comme l'évaluation d'une aire, au calcul d'une intégrale définie.

Si l'arc AB appartient à une ligne plane, on prendra son plan pour celui des x, y, et, alors, la seconde équation de la courbe, $z=\varphi(x)$, réduite à $z=0$, donnera $z'=0$ ou $\varphi'(x)=0$. La formule (1) deviendra donc

$$(2)\qquad \text{arc } AB = \int_a^b \sqrt{1+y'^2}\, dx = \int_a^b \sqrt{1+f'(x)^2}\, dx,$$

a et b désignant toujours la plus petite et la plus grande des valeurs que reçoit l'abscisse aux divers points de l'arc considéré.

Comme nous avons déjà, en appliquant la deuxième propriété générale des développées, rectifié plusieurs courbes importantes qui se trouvent être les développées d'autres courbes connues, et que nous avons ainsi obtenu notamment, au moyen de contructions géométriques aisées à traduire en formules, la longueur d'un arc quelconque soit de cycloïde (n° 124, p. 169), soit de seconde parabole cubique (n° 105, p. 140), soit même de spirale logarithmique (n° 130, p. 179), nous nous contenterons ici de voir ce que donne la formule (2) pour l'expression d'un arc de parabole ordinaire, et pour celle du contour d'une ellipse en fonction de ses deux axes.

246. — Premier exemple : calcul de la longueur d'un arc de parabole.

Nous rapporterons la parabole considérée à sa tangente au sommet pour axe des x et à son axe de symétrie pour celui des y. Si p désigne le demi-paramètre, l'équation de la courbe sera, comme on sait, $x^2 = 2py$, c'est-à-dire

(3) $$y = \frac{x^2}{2p}.$$

On en tire, par différentiation, $y' = \frac{x}{p}$, valeur qu'il faudra porter dans la formule (2). Proposons-nous, par exemple, d'évaluer l'arc $OM = s$, qui commence au sommet O, ou pour $x = 0$, et qui se termine à un point quelconque M, dont l'abscisse est positive et exprimée par x. On aura donc à poser, dans (2), $y' = \frac{x}{p}$, $a = 0$, $b = x$, et à remplacer AB par OM ou s. Il viendra

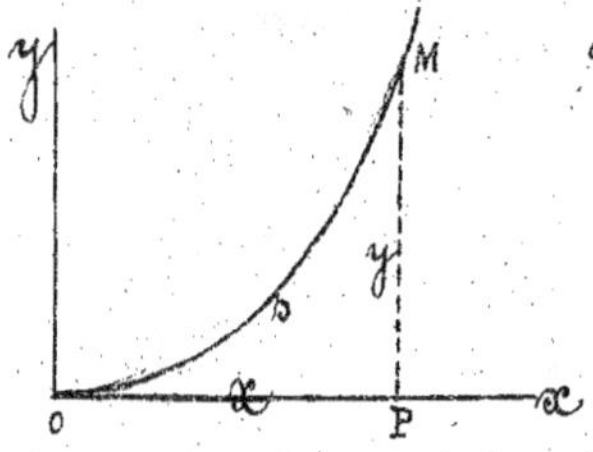

(4) $$s = \int_0^x \sqrt{1 + \frac{x^2}{p^2}}\,dx = \frac{1}{p}\int_0^x \sqrt{p^2 + x^2}\,dx.$$

Il ne reste donc plus qu'à intégrer l'expression $\sqrt{p^2+x^2}\,dx$, laquelle rentre dans le deuxième type des différentielles irrationnelles que nous avons étudiées (n° 215, p. 304). Mais, au lieu de recourir aux méthodes générales qui ont été indiquées à cette occasion, il est plus simple d'intégrer par parties, en écrivant

$$\int\sqrt{p^2+x^2}\,dx = x\sqrt{p^2+x^2} - \int x\,d\sqrt{p^2+x^2} = x\sqrt{p^2+x^2} - \int x\frac{x\,dx}{\sqrt{p^2+x^2}},$$

et d'observer que le dernier terme, $-\int x\frac{x\,dx}{\sqrt{p^2+x^2}}$ ou $-\int\frac{x^2}{\sqrt{p^2+x^2}}dx$, équivaut à

$$-\int\frac{(p^2+x^2)-p^2}{\sqrt{p^2+x^2}}dx = -\int\frac{p^2+x^2}{\sqrt{p^2+x^2}}dx + p^2\int\frac{dx}{\sqrt{p^2+x^2}} = -\int\sqrt{p^2+x^2}\,dx + p^2\int\frac{dx}{\sqrt{p^2+x^2}};$$

de sorte qu'il vient

$$\int\sqrt{p^2+x^2}\,dx = x\sqrt{p^2+x^2} - \int\sqrt{p^2+x^2}\,dx + p^2\int\frac{dx}{\sqrt{p^2+x^2}},$$

ou, encore, en faisant passer dans le premier membre le terme $-\int\sqrt{p^2+x^2}\,dx$ du second, puis divisant l'égalité par 2 :

$$\int\sqrt{p^2+x^2}\,dx = \frac{x\sqrt{p^2+x^2}}{2} + \frac{p^2}{2}\int\frac{dx}{\sqrt{p^2+x^2}}.$$

Or, l'intégrale $\int \frac{dx}{\sqrt{p^2+x^2}}$ est de la forme $\int \frac{dx}{\sqrt{a+x^2}}$, et elle a été calculée au n° 218 (p. 309), où on lui a trouvé la valeur $\log(x+\sqrt{a+x^2})$, c'est-à-dire, ici, $\log(x+\sqrt{p^2+x^2})$. L'expression (4) de l'arc deviendra donc, successivement,

$$\left\{ \begin{aligned} s &= \frac{1}{p}\left[\frac{x\sqrt{p^2+x^2}}{2}+\frac{p^2}{2}\log(x+\sqrt{p^2+x^2})\right]_0^x = \frac{p}{2}\left[\frac{x\sqrt{p^2+x^2}}{p^2}+\log(x+\sqrt{p^2+x^2})\right]_0^x \\ &= \frac{p}{2}\left[\frac{x\sqrt{x^2+p^2}}{p^2}+\log(x+\sqrt{p^2+x^2})-\log p\right], \end{aligned} \right.$$

ou, enfin, en remplaçant $\frac{x\sqrt{x^2+p^2}}{p}$ par $\frac{x}{p}\sqrt{1+\frac{x^2}{p^2}}$ et $\log(x+\sqrt{p^2+x^2})-\log p$ par $\log\frac{x+\sqrt{x^2+p^2}}{p}$, ce qui égal $\log\left(\frac{x}{p}+\sqrt{1+\frac{x^2}{p^2}}\right)$:

$$(5) \qquad \text{Arc } OM \text{ ou } s = \frac{p}{2}\left[\frac{x}{p}\sqrt{1+\frac{x^2}{p^2}}+\log\left(\frac{x}{p}+\sqrt{1+\frac{x^2}{p^2}}\right)\right].$$

On voit, par cette formule, que la parabole n'est pas une courbe rectifiable algébriquement, puisque l'expression de son arc contient le logarithme népérien d'une fonction algébrique de x.

247. — Deuxième exemple: rectification de l'ellipse.

Soit actuellement à évaluer le périmètre d'une ellipse dont on donne le demi-grand axe $OA = a$ et le demi-petit axe $OB = b$. Si nous la rapportons à ces deux demi-axes pour axes des x et des y, son équation sera $\frac{x^2}{a^2}+\frac{y^2}{b^2}=1$, ou bien

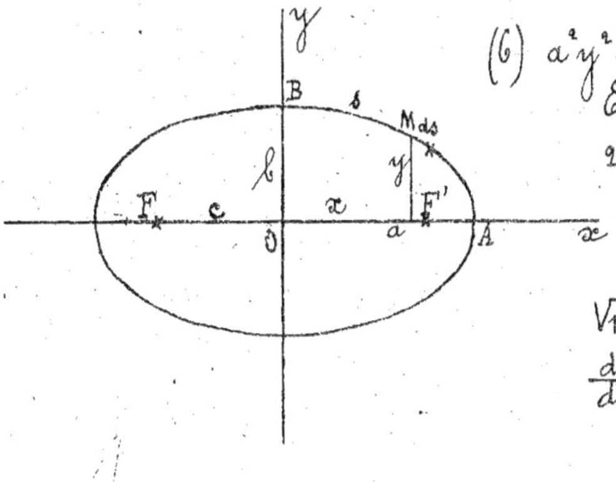

$$(6) \qquad a^2y^2+b^2x^2=a^2b^2.$$

En la différentiant, on trouve $2a^2yy'+2b^2x=0$, ou $y'=-\frac{b^2x}{a^2y}$; ce qui change l'expression générale, $\sqrt{1+y'^2}$, de la dérivée $\frac{ds}{dx}$ de l'arc, en celle-ci,

$$\frac{ds}{dx} = \sqrt{1+\frac{b^4x^2}{a^4y^2}} = \sqrt{\frac{a^2(a^2y^2)+b^4x^2}{a^2(a^2y^2)}}.$$

Remplaçons-y a^2y^2 par sa valeur $b^2(a^2-x^2)$, tirée de (6). Il viendra, en supprimant partout, sous le radical, un facteur commun b^2,

$$\frac{ds}{dx} = \sqrt{\frac{a^4-(a^2-b^2)x^2}{a^2(a^2-x^2)}}.$$

Enfin, pour simplifier, introduisons à la place de b l'excentricité e, qui n'est autre chose, comme on sait, que le rapport $\frac{c}{a}$ de la demi-distance focale $c = OF$ au demi-grand axe a, c'est-à-dire le rapport $\frac{\sqrt{a^2-b^2}}{a} = \sqrt{1-\frac{b^2}{a^2}}$. On a donc

$$(7) \qquad e = \frac{\sqrt{a^2-b^2}}{a}, \text{ ou } a^2-b^2 = a^2e^2, \; b = a\sqrt{1-e^2};$$

et la valeur ci-dessus de $\frac{ds}{dx}$, en y substituant à a^2-b^2 l'expression a^2e^2, puis supprimant partout, sous le radical, un facteur commun a^2 et multipliant par dx, donne

$$(8) \qquad ds = \sqrt{\frac{a^2-e^2x^2}{a^2-x^2}}\,dx.$$

Enfin, pour avoir la longueur du quart d'ellipse BA, il faut évidemment intégrer l'expression (8) de ds, depuis la valeur $x=0$, de l'abscisse du point B, jusqu'à celle, $x=a$, de l'abscisse du point A. Et le contour de l'ellipse entière, que nous appellerons S, vaudra, par suite,

$$(9) \qquad S = 4\int_0^a \sqrt{\frac{a^2-e^2x^2}{a^2-x^2}}\,dx.$$

On simplifie cette expression en prenant pour nouvelle variable, au lieu de x, l'arc u que nous avons déjà introduit dans la question analogue concernant l'aire de l'ellipse (n° 239, p. 350), et qui a pour sinus le rapport $\frac{x}{a}$. Cet arc u varie, comme on a vu (même p. 350), de $-\frac{\pi}{2}$ à $\frac{\pi}{2}$ quand x va de $-a$ à $+a$, mais il croît de 0 à $\frac{\pi}{2}$ seulement quand x ne grandit, comme ici, que de 0 à a. La formule $x = a \sin u$ donnant d'ailleurs $dx = a \cos u \, du$, l'expression (9) de S devient successivement, en supprimant de suite un facteur commun a^2 sous le radical,

$$(10) \qquad S = 4 \int_0^{\frac{\pi}{2}} \sqrt{\frac{1 - e^2 \sin^2 u}{1 - \sin^2 u}}\, a \cos u \, du = 4a \int_0^{\frac{\pi}{2}} \sqrt{1 - e^2 \sin^2 u}\, du.$$

Pour achever l'intégration, qui n'est pas possible sous forme finie, exprimons en série, par la formule du binôme, le radical $\sqrt{1 - e^2 \sin^2 u}$ ou $(1 - e^2 \sin^2 u)^{\frac{1}{2}}$; ce qui donnera un développement toujours convergent et légitime, vu que le second terme $- e^2 \sin^2 u$ du binôme est plus petit en valeur absolue que le premier, même à l'instant où le facteur $\sin^2 u$ atteint sa plus grande valeur 1, car l'autre facteur $e^2 = 1 - \frac{b^2}{a^2}$ est toujours inférieur à l'unité. Il viendra

$$(1 - e^2 \sin^2 u)^{\frac{1}{2}} = 1 + \frac{\frac{1}{2}}{1}(- e^2 \sin^2 u) + \frac{\frac{1}{2}}{1} \cdot \frac{-\frac{1}{2}}{2}(- e^2 \sin^2 u)^2 + \frac{\frac{1}{2}}{1} \cdot \frac{-\frac{1}{2}}{2} \cdot \frac{-\frac{3}{2}}{3}(- e^2 \sin^2 u)^3 + \dots + \frac{\frac{1}{2}}{1} \cdot \frac{-\frac{1}{2}}{2} \cdot \frac{-\frac{3}{2}}{3} \cdot \frac{-\frac{5}{2}}{4} \cdots \frac{-\frac{2n-3}{2}}{n}(- e^2 \sin^2 u)^n + \dots$$

Effectuons-y quelques calculs, en observant que tous les termes contiennent, dès le second, un nombre impair de plus en plus grand de facteurs négatifs, et que les coefficients numériques de ces termes auront successivement, pour dénominateurs, 2, $2 \cdot 4$, $2 \cdot 4 \cdot 6$, ..., $2 \cdot 4 \cdot 6 \dots (2n)$, et, pour numérateurs respectifs, $1, 1, 1 \cdot 3, \dots, 1 \cdot 3 \dots (2n-3)$, ou bien

$$\frac{1}{1}, \quad \frac{1 \cdot 3}{3}, \quad \frac{1 \cdot 3 \cdot 5}{5}, \dots, \frac{1 \cdot 3 \dots (2n-1)}{2n-1}.$$

Le développement précédent deviendra

$$(11) \quad \sqrt{1 - e^2 \sin^2 u} = 1 - \frac{1}{2} \frac{e^2}{1} \sin^2 u - \frac{1}{2} \frac{3}{4} \frac{e^4}{3} \sin^4 u - \frac{1}{2} \frac{3}{4} \frac{5}{6} \frac{e^6}{5} \sin^6 u - \dots - \frac{1}{2} \frac{3}{4} \frac{5}{6} \cdots \frac{2n-1}{2n} \frac{e^{2n}}{2n-1} \sin^{2n} u - \dots$$

Cette égalité, multipliée par $4a\,du$ et intégrée entre les limites

0 et $\frac{\pi}{2}$, donnera donc, d'après la formule (10),

$$(12)\quad S=4a\left[\int_0^{\frac{\pi}{2}}du-\frac{1}{2}\frac{e^2}{1}\int_0^{\frac{\pi}{2}}\sin^2 u\,du-\frac{1}{2}\frac{3}{4}\frac{e^4}{3}\int_0^{\frac{\pi}{2}}\sin^4 u\,du-\frac{1}{2}\frac{3}{4}\frac{5}{6}\frac{e^6}{5}\int_0^{\frac{\pi}{2}}\sin^6 u\,du\cdots-\frac{1}{2}\frac{3}{4}\cdots\frac{2n-1}{2n}\frac{e^{2n}}{2n-1}\int_0^{\frac{\pi}{2}}\sin^{2n} u\,du\cdots\right].$$

Mais nous avons calculé (n° 223, p. 319, formule 11), les intégrales $\int_0^{\frac{\pi}{2}}du$, $\int_0^{\frac{\pi}{2}}\sin^2 u\,du$, $\int_0^{\frac{\pi}{2}}\sin^4 u\,du$, ..., $\int_0^{\frac{\pi}{2}}\sin^{2n} u\,du$, ..., auxquelles nous avons trouvé pour valeurs

$$\frac{\pi}{2},\ \frac{\pi}{2}\cdot\frac{1}{2},\ \frac{\pi}{2}\cdot\frac{1}{2}\cdot\frac{3}{4},\ \ldots\ldots,\ \frac{\pi}{2}\cdot\frac{1}{2}\cdot\frac{3}{4}\cdots\frac{2n-1}{2n}.$$

Ces valeurs où $\frac{\pi}{2}$ est facteur commun, portées dans (12), donnent finalement, pour l'expression du contour de l'ellipse :

$$(13)\qquad S=2\pi a\left[1-\frac{1}{1}\left(\frac{1}{2}e\right)^2-\frac{1}{3}\left(\frac{1}{2}\frac{3}{4}e^2\right)^2-\frac{1}{5}\left(\frac{1}{2}\frac{3}{4}\frac{5}{6}e^3\right)^2\cdots\cdots-\frac{1}{2n-1}\left(\frac{1}{2}\frac{3}{4}\frac{5}{6}\cdots\frac{2n-1}{2n}e^n\right)^2-\cdots\cdots\right].$$

On voit que ce contour vaut le produit de la circonférence circonscrite $2\pi a$ par la valeur, essentiellement inférieure à l'unité (comme il le fallait bien) de la série $1-\frac{1}{1}\left(\frac{1}{2}e\right)^2-\frac{1}{3}\left(\frac{1}{2}\frac{3}{4}e^2\right)^2-\ldots$, dont la convergence est d'autant plus rapide que l'excentricité e se trouve moins forte ou que la forme de l'ellipse s'éloigne moins de celle d'un cercle.

248. — Cas d'une ellipse de faible excentricité, comme est le méridien terrestre : calcul de l'aplatissement et du rayon de courbure moyen, par la mesure de deux arcs d'un degré, etc.

Quand l'excentricité e a pour carré une assez petite fraction de l'unité, les puissances supérieures de e^2 sont pratiquement négligeables en comparaison de ce carré e^2, et l'on peut, dans la formule précédente (13), réduire la série à ses deux premiers termes, ou écrire

$$(14)\qquad S=2\pi a\left[1-\left(\frac{1}{2}e\right)^2\right]=2\pi a\left(1-\frac{e^2}{4}\right).$$

Or, la troisième relation (7), $b=a(1-e^2)^{\frac{1}{2}}$, donne alors, au même degré d'approximation, c'est-à-dire en y développant $(1-e^2)^{\frac{1}{2}}$ par la formule du binôme et négligeant les puissances de e^2 supérieures à la première,

$$(15) \qquad b=a\left(1-\frac{e^2}{2}\right), \text{ ou } \frac{e^2}{2}=1-\frac{b}{a}=\frac{a-b}{a}.$$

Il en résulte que $1-\frac{e^2}{4}$ égale $1-\frac{a-b}{2a}$, ou $\frac{a+b}{2a}$, et la formule (14) devient

$$(16) \qquad S=\pi(a+b)=\frac{2\pi a+2\pi b}{2} \text{ (à fort peu près).}$$

Celle-ci exprime que le contour d'une ellipse peu aplatie est très-sensiblement la moyenne arithmétique entre la circonférence circonscrite $2\pi a$ et la circonférence inscrite $2\pi b$.

Il en est donc, dans une ellipse peu aplatie, du périmètre comme de la surface, que nous avons vu aussi (n° 239, p. 352) égaler à fort peu près la moyenne arithmétique des aires des deux cercles circonscrit et inscrit.

Mais arrêtons-nous quelques instants encore à la rectification d'une ellipse peu aplatie, afin de voir comment varie la courbure de ses divers arcs élémentaires, en fonction de l'angle, λ, que la normale NM y fait avec le grand axe OA de l'ellipse. Cette étude a une grande importance dans la question de la forme du

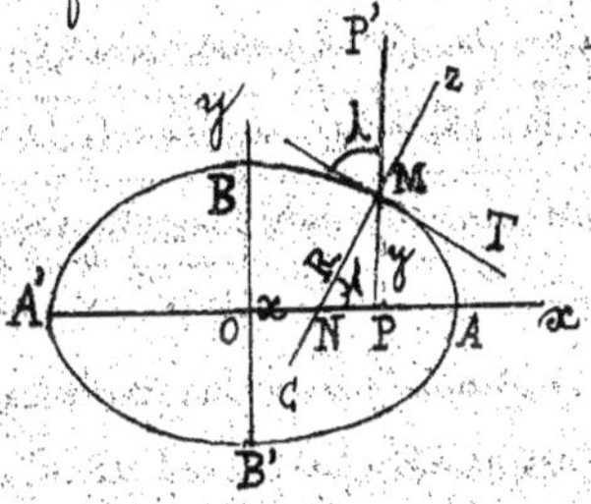

méridien terrestre, où le petit axe, B B', est la ligne des pôles, le grand axe, A A', l'intersection du méridien considéré par le plan de l'équateur, et où, enfin, l'angle λ, inclinaison de la verticale (ou normale) N M Z sur l'équateur, n'est autre chose que la latitude du point M et se mesure par la hauteur angulaire

HMP', au dessus de la tangente (ou <u>horizontale</u>) HMT, d'un rayon visuel MP' mené au pôle nord céleste, c'est-à-dire parallèle à l'axe B'B de rotation de la terre; en effet, cet angle HMP' égale bien l'angle ANM, ou λ, dont les côtés sont respectivement perpendiculaires aux siens.

Pour exprimer, en fonction de λ, le rayon de courbure CM de l'ellipse au point M, commençons par chercher ce que deviennent les deux coordonnées x, y de ce point, quand on adopte l'angle λ pour variable indépendante. La tangente de cet angle, $\frac{\sin\lambda}{\cos\lambda}$, est le coefficient angulaire de la normale et vaut, par suite, $-\frac{1}{y'}$, c'est-à-dire, d'après la valeur de y' trouvée plus haut, $\frac{a^2 y}{b^2 x}$. On peut donc écrire que $\sin\lambda$ et $\cos\lambda$ sont proportionnels à $\frac{y}{b^2}$ et $\frac{x}{a^2}$, ou qu'on a

$$(17) \qquad \frac{\frac{x}{a}}{a\cos\lambda} = \frac{\frac{y}{b}}{b\sin\lambda} = \frac{\sqrt{\frac{x^2}{a^2}+\frac{y^2}{b^2}}}{\sqrt{a^2\cos^2\lambda + b^2\sin^2\lambda}},$$

le troisième rapport résultant des deux premiers par l'addition de leurs carrés terme à terme, avec extraction de la racine carrée du résultat, et devant d'ailleurs être pris avec le signe +, vu que x et y ont constamment, dans les deux premiers rapports (17), mêmes signes que $\cos\lambda$ et $\sin\lambda$, pour λ variable de 0 à 2π ou de $-\pi$ à π. Or, d'après l'équation de l'ellipse, le troisième rapport (17) se réduit à $\frac{1}{\sqrt{a^2\cos^2\lambda + b^2\sin^2\lambda}}$, expression qui, par la substitution de $a^2(1-e^2)$ au carré b^2 du demi-petit axe, devient $\frac{1}{a\sqrt{1-e^2\sin^2\lambda}}$. La comparaison de ce rapport à chacun des deux premiers (17) permet de déterminer y et x, et l'on trouve ainsi:

$$(17^{bis}) \qquad x = \frac{a\cos\lambda}{\sqrt{1-e^2\sin^2\lambda}}, \quad y = \frac{a(1-e^2)\sin\lambda}{\sqrt{1-e^2\sin^2\lambda}}.$$

Ce sont les deux équations cherchées de l'ellipse, fournissant x et y en fonction de λ. Différentions-les. Il viendra, toutes réductions faites,

$$(18)\qquad dx = \frac{-a(1-e^2)\sin\lambda\, d\lambda}{(1-e^2\sin^2\lambda)^{\frac{3}{2}}},\quad dy = \frac{a(1-e^2)\cos\lambda\, d\lambda}{(1-e^2\sin^2\lambda)^{\frac{3}{2}}},$$

valeurs qui donnent bien, pour le rapport $\frac{dy}{dx}$ ou y', coefficient angulaire de la tangente, l'inverse, changé de signe, du coefficient angulaire $\operatorname{tg}\lambda$ de la normale. Enfin l'expression $\sqrt{dx^2+dy^2}$, qui n'est autre que la différentielle ds de l'arc, se déduit immédiatement des formules (18). Convenons de compter les arcs, à partir du point A, positivement dans le sens de A vers B, en sorte que AM ou s, nul pour $\lambda = 0$, grandisse en même temps que λ; et observons de plus que le rapport $\frac{ds}{d\lambda}$ exprime le rayon de courbure $CM = R$, car le changement de direction, $d\lambda$, éprouvé par la normale le long de l'arc ds, se confond avec l'angle correspondant de contingence. Nous trouverons:

$$(19)\qquad \frac{ds}{d\lambda} \text{ ou } R = \frac{a(1-e^2)}{(\sqrt{1-e^2\sin^2\lambda})^3} = a(1-e^2)(1-e^2\sin^2\lambda)^{-\frac{3}{2}}.$$

La longueur s de l'arc AM, du méridien, qui sépare de l'équateur un point quelconque M défini par sa latitude λ, se déduirait de là en calculant, par une méthode analogue à celle du n° précédent, l'intégrale $s = \int_0^\lambda R\, d\lambda$; puis, en faisant $\lambda = \frac{\pi}{2}$ et quadruplant l'arc obtenu, on retomberait sur la valeur (13) du contour S de l'ellipse.

Mais bornons-nous ici à étudier, dans l'hypothèse d'une faible excentricité e, les variations du rayon R de courbure. Introduisons alors, à la place de e^2 (dont nous négligerons partout les puissances supérieures à la première), l'aplatissement, c'est-à-dire le rapport $\frac{a-b}{a}$, que nous représenterons par α et qui, d'après la deuxième (15), ne sera autre que $\frac{e^2}{2}$. En remplaçant e^2 par 2α et développant le radical $(1-e^2\sin^2\lambda)^{-\frac{3}{2}}$

par la formule du binôme, la relation (19) deviendra simplement

$$(20) \qquad R = a(1-2\alpha)(1+3\alpha \sin^2\lambda) = a(1-2\alpha+3\alpha \sin^2\lambda).$$

On voit que le rayon de courbure R grandit avec la latitude λ, d'une petite quantité, $3a\alpha \sin^2\lambda$, proportionnelle au carré du sinus de la latitude.

Dans le cas du méridien terrestre, les diverses valeurs, $R_0, R_1, \ldots$, de ce rayon de courbure, obtenues en mesurant, par exemple, des arcs d'un degré, dont les milieux se trouvent à des latitudes croissantes $\lambda_0, \lambda_1, \ldots$, et en supposant ces petits arcs circulaires, sont, en effet, de plus en plus grandes. On reconnaît que le méridien est sensiblement une ellipse, d'un faible aplatissement α, en constatant la proportionnalité des accroissements éprouvés par R à ceux de $\sin^2\lambda$.

Deux valeurs de R suffisent d'ailleurs pour calculer, avec une certaine approximation, l'aplatissement α et le demi-grand axe a. Soient, par exemple, R_0, R_1 ces deux rayons de courbure, observés à deux latitudes, λ_0, λ_1, qu'il faudra choisir aussi différentes que possible entre zéro et 90°, pour que la différence $R_1 - R_0$ soit sensible et ne tombe pas dans les limites des erreurs d'observation. La formule (20) donnera évidemment, entre α et a, les deux équations

$$(21) \qquad R_1 = a(1-2\alpha+3\alpha \sin^2\lambda_1), \quad R_0 = a(1-2\alpha+3\alpha \sin^2\lambda_0).$$

On éliminera a en tirant de ces deux équations le rapport $\frac{R_1 - R_0}{a}$, qui ne diffère pas sensiblement de $\frac{R_1 - R_0}{R_0}$, et pour lequel on trouvera $3\alpha(\sin^2\lambda_1 - \sin^2\lambda_0)$, ou $3\alpha \sin(\lambda_1+\lambda_0)\sin(\lambda_1-\lambda_0)$. Il viendra donc

$$(22) \qquad \text{aplatissement } \alpha \text{ ou } \frac{a-b}{a} = \frac{R_1 - R_0}{3R_0 \sin(\lambda_1+\lambda_0)\sin(\lambda_1-\lambda_0)}.$$

On a pu calculer ainsi, pour diverses portions de méridiens supposés elliptiques, les valeurs de l'aplatissement, et ces valeurs se sont trouvées passablement concordantes : leur moyenne est environ $\frac{1}{300}$.

Une fois α connu, l'une quelconque des deux équations

(21) donne immédiatement a, valeur du demi-grand axe, et les dimensions de l'ellipse sont complètement déterminées.

La valeur moyenne du rayon de courbure R, quand λ varie de 0° à 90°, s'obtient évidemment en remplaçant, dans l'expression (20) de R, le seul facteur variable qui y paraisse, $\sin^2\lambda$, par sa valeur moyenne analogue, que nous savons être de $\frac{1}{2}$, et qui est la valeur même de $\sin^2\lambda$ pour $\lambda = 45°$, c'est-à-dire pour un point M également distant du pôle et de l'équateur. C'est ce rayon de courbure moyen, évidemment exprimé par

$$\frac{2}{\pi}\int_0^{\frac{\pi}{2}} R\,d\lambda = \frac{2}{\pi}\int_0^{\frac{\pi}{2}} \frac{ds}{d\lambda}\,d\lambda = \frac{2}{\pi}(s)_{\lambda=0}^{\lambda=\frac{\pi}{2}} = \frac{2}{\pi}\frac{S}{4} = \frac{S}{2\pi},$$

qui, multiplié par 2π, donnera le contour S de l'ellipse; et l'on voit, en faisant, dans (20),

$$\sin^2\lambda = \frac{1}{2}, \text{ d'où } R = a\left(1-\frac{\alpha}{2}\right) = a\left(1-\frac{a-b}{2a}\right) = \frac{a+b}{2},$$

qu'il est bien la moyenne arithmétique des deux demi-axes, c'est-à-dire, des deux rayons des cercles inscrit et circonscrit à l'ellipse, comme il résultait de la formule (16) ci-dessus.

On voit aussi que la longueur d'un méridien terrestre peut se déduire, dans les limites d'approximation où ce méridien est assimilable à une ellipse peu aplatie, de la mesure d'un seul degré (qu'il suffira de multiplier par 360), ou, ce qui revient au même, de l'évaluation d'un seul rayon de courbure, pourvu que ce degré ou le rayon de courbure correspondant soient pris à la latitude moyenne de 45° environ, latitude qui se trouve être celle de la France.

249. — Cubature des volumes: formule générale.

Passons maintenant à une troisième application géométrique des intégrales définies, à la cubature des volumes, c'est-à-dire, à l'évaluation de l'étendue (ou volume) de la portion de l'espace qu'occupe un corps de forme et de dimensions données, comparée à l'étendue analogue d'un cube ayant pour arête l'unité de longueur (*).

Soit ARSTB un corps quelconque, rapporté à un système d'axes rectilignes. Ox, Oy, Oz. On donne naturellement l'angle, φ, que le premier de ces axes, Ox, fait avec le plan yOz des deux autres, angle complémentaire de celui, xOp, qu'il fait avec une perpendiculaire Op à Oy et à Oz.

(*) Note sur la notion de volume.

Les auteurs de calcul intégral ont négligé jusqu'ici d'analyser à fond la la notion du volume d'un corps. Il y aura lieu de procéder à cet égard comme nous l'avons fait, dans la note du N° 238 (p. 344 à 347), pour l'aire d'une surface plane. On divisera le solide donné ARSTB, par un triple système de plans normaux à des axes coordonnés rectangles Ox, Oy, Oz, en cubes infiniment petits, et l'on se proposera d'évaluer le rapport du nombre de ces cubes au nombre des cubes pareils contenus dans le cube fini qui a son arête égale à l'unité. Chaque petit cube de longueur dx comptera donc, dans le rapport cherché, pour la valeur dx^3, vu que le cube d'arête 1 a ses dimensions $\frac{1}{dx}$ fois plus grandes et contient, par suite, comme on sait, un nombre de petits cubes exprimé par $\left(\frac{1}{dx}\right)^3 = \frac{1}{dx^3}$.

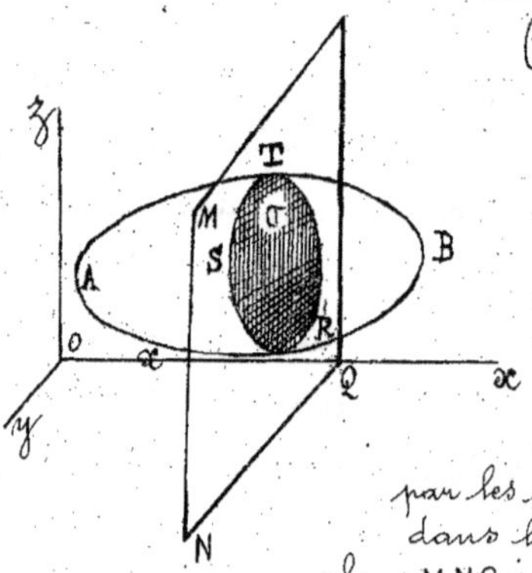

Deux plans consécutifs quelconques perpendiculaires à Ox, tels que le plan MNQ, dont l'abscisse $OQ = x$, et celui d'abscisse $x + dx$, comprendront évidemment entre eux, à l'intérieur du corps proposé, autant de cubes, d'arête dx, qu'il y aura de carrés dx^2 découpés, par les plans normaux aux y et aux z, dans la section RST suivant laquelle le plan MNQ intersecte le solide. Le nombre de ces petits cubes égalera donc, sauf erreur relative négligeable, le quotient de l'aire σ de cette section par l'aire dx^2 de l'un des carrés, et leur valeur totale, produit de dx^3 par leur nombre $\frac{\sigma}{dx^2}$, sera $\sigma\, dx$. Or, il est clair que la section RST, faite dans le solide donné par le plan MNQ, se trouve parfaitement déterminée, dès que l'on connaît l'abscisse $OQ = x$ du plan; en sorte que son aire σ égale une certaine fonction, $f(x)$,

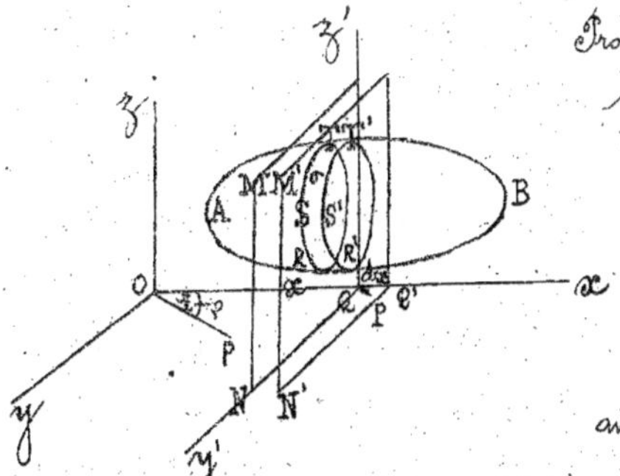

Proposons-nous d'exprimer le volume de ce corps, au moyen d'une intégrale dépendant de quantités qu'on puisse calculer dès qu'on aura défini la situation (par rapport aux axes) des diverses parties de

---

de cette abscisse. Ainsi, les cubes élémentaires contenus entre les deux plans consécutifs qui ont les abscisses x, $x + dx$, entreront dans la somme à évaluer pour la part $f(x)\,dx$; et il est clair que, si x_0, x_1 désignent la valeur la plus petite et la valeur la plus grande que l'abscisse x reçoive dans tout le corps, l'expression totale indiquant le rapport du nombre des cubes infiniment petits qu'il comprend, au nombre des cubes pareils contenus dans le cube d'arête 1, sera l'intégrale définie $\int_{x_0}^{x_1} \sigma\, dx = \int_{x_0}^{x_1} f(x)\, dx$. Ce rapport est donc une quantité parfaitement déterminée: on l'appelle le volume du corps.

On verra, en procédant comme dans la note citée (p. 346), que le rapport limite ainsi défini s'obtiendrait également par la décomposition du solide donné en parties quelconques, lesquelles s'évalueraient chacune isolément, et dont il suffirait d'ajouter ensuite les valeurs. Enfin, après avoir démontré que des solides égaux pareillement orientés, ou même leurs symétriques par rapport aux plans coordonnés, s'équivalent, comme ayant leurs volumes exprimés par des intégrales dont les éléments $\sigma\, dx$ sont en même nombre et égaux chacun à chacun, on reconnaîtra qu'un déplacement quelconque, imprimé à un corps donné et à une sphère liée à ce corps, ne fait pas varier le rapport de leurs volumes, vu que de petits cubes égaux, tracés à leur intérieur et entraînés dans leur mouvement, resteront tous pareillement disposés et toujours en même nombre. D'ailleurs, comme aucun changement d'orientation ne modifie la manière d'être de la sphère par rapport aux plans coordonnés, ni, évidemment, l'intégrale appelée son volume, l'intégrale analogue dite volume du corps proposé restera, aussi, invariable, et sera la même pour des corps égaux quelconques et même pour leurs symétriques.

la surface ASB qui le limite, ou, autrement dit, dès que l'on connaîtra l'équation de cette surface A S B.

Pour cela, de même que nous avons évalué les surfaces planes en les divisant en bandes minces par des parallèles aux ordonnées, de même, ici, menons, par les divers points de l'axe des x, des plans, parallèles à celui des yz, qui partageront le volume en tranches d'une épaisseur infiniment petite. Soit RSTT'S'R' l'une de ces tranches, comprise entre le plan MNQ, qui a l'abscisse quelconque $OQ = x$, et le plan suivant M'N'Q', dont l'abscisse OQ' est $x + dx$. Appelons σ l'aire de la première base RST de cette tranche, c'est-à-dire l'aire de la section faite dans le corps par le plan M N Q. Il est évident que, si une droite, constamment égale et parallèle à QQ', se mouvait entre les deux plans MNQ, M'N'Q', de manière qu'une de ses extrémités fît le tour complet de la section σ, cette droite mobile décrirait un cylindre dont le volume ne se distinguerait de celui de la tranche RSTT'S'R' que par des parties, ajoutées ou retranchées sur le contour, d'une largeur comparable à $QQ' = dx$ ou infiniment petite par rapport à la largeur de la tranche même, et, conséquemment, négligeables en comparaison du volume total. C'est dire qu'on pourra prendre pour volume de la tranche celui du cylindre, qui égale le produit de la base σ par la distance de son plan M N Q au plan M'N'Q' de l'autre base. **Cette distance est mesurée par la perpendiculaire QP** au plan M'N'Q', laquelle est la projection de $QQ' = dx$ sous l'angle $Q'QP = xOp = \frac{\pi}{2} - \varphi$. Ainsi, la tranche a pour expression

$$\sigma \times QP = \sigma\, dx \cos\left(\frac{\pi}{2} - \varphi\right) = \sigma\, dx \sin\varphi.$$

Mais observons que, si l'on a, comme il faut le supposer, les données nécessaires pour définir la forme, la grandeur et la situation du corps, la section σ que le plan MNQ détermine sera, elle aussi, définie complètement, dès que l'on connaîtra l'abscisse $OQ = x$ de ce plan. Par exemple, si l'équation de la surface-limite du corps ASB est $F(x, y, z) = 0$, le contour RST de σ sera représenté au moyen de cette même équation, dans laquelle, seulement, on fera x égal à la valeur constante OQ, et où les seules variables seront les coordonnées y, z, qu'on pourra construire pour chaque point, dans le plan même de la section, par rapport aux deux axes Qy', Qz' parallèles à oy et à oz. Donc, une quadrature effectuée dans le plan $y'Qz'$ permettra de calculer l'aire σ, qui, étant variable d'une section à l'autre ou avec l'abscisse x, deviendra une certaine fonction, désormais connue, de x. Nous l'appellerons $f(x)$, ou, autrement dit, nous poserons

$$\sigma = f(x).$$

Alors l'expression de la tranche quelconque RSTT'S'R' devient $(\sin\varphi) f(x) dx$, et le volume total demandé est la somme d'une infinité de tranches pareilles, c'est-à-dire la somme de toutes les valeurs que prend le produit $(\sin\varphi)\sigma dx = (\sin\varphi) f(x) dx$, quand x y croît, avec continuité, depuis la valeur la plus petite que reçoive l'abscisse x aux divers points du corps jusqu'à la plus grande. Soient donc A et B les deux points de la surface-limite qui ont respectivement la plus petite et la plus grande abscisse, points de contact des deux plans tangents menés à la surface parallèlement aux yz, et désignons par x_0, x_1 leurs abscisses: la formule cherchée sera

$$(23) \qquad \text{Volume} = (\sin\varphi)\int_{x_0}^{x_1} \sigma\, dx = (\sin\varphi)\int_{x_0}^{x_1} f(x)\, dx.$$

En résumé, le calcul du volume exigera généralement deux intégrations, l'une, pour évaluer la section σ mesurant l'étendue du corps dans la région de l'espace qui a une abscisse donnée x, l'autre, pour sommer ensuite les volumes partiels étalés, en quelque sorte, sur toutes les sections analogues σ.

250. — Premier exemple: tronc de cône ou de pyramide.

Prenons, pour premier exemple, le tronc de cône ou de pyramide à base quelconque, afin de montrer avec quelle rapidité le calcul intégral conduit aux résultats de la géométrie élémentaire dont la démonstration exigeait le plus de raisonnements.

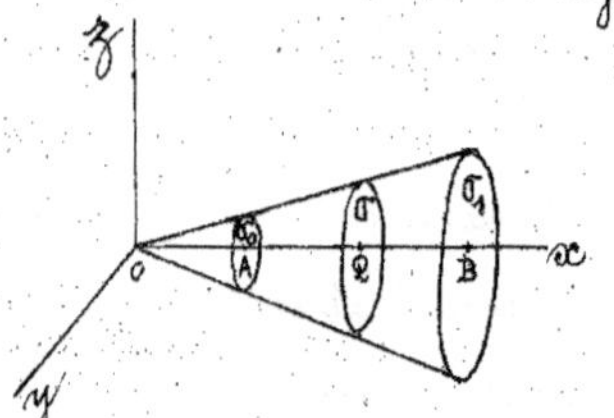

Rapportons le cône donné à un système d'axes rectangulaires Ox, Oy, Oz, en choisissant pour origine le sommet O et pour axe des x la perpendiculaire menée du sommet O sur la grande base, σ_1, du tronc de cône, perpendiculaire qui coupe, en A, la petite base, σ_0. J'appelle ces bases σ_0, σ_1, parce qu'elles sont évidemment les deux sections σ, parallèles aux yz, qui ont la plus petite abscisse, $OA = x_0$, et la plus grande, $OB = x_1$.

Enfin, la hauteur h du tronc est la différence $OB - OA = x_1 - x_0$.

Ce qui caractérise un cône ou une pyramide, c'est que toutes leurs sections, σ, parallèles à la base, y sont des figures semblables, ayant leur aire proportionnelle au carré de leur distance $OQ = x$ au sommet. Ainsi, le rapport $\frac{\sigma}{x^2}$ est ici constant, et, en l'appelant a, il vient,

$$(24) \qquad \sigma = a x^2.$$

Cette propriété, fournissant, comme on voit, une expression de σ, nous dispensera ici d'effectuer la première intégration.

Portons la valeur (24) de σ dans (23), où il faudra faire $\varphi = 90°$ (puisque Ox est normal au plan des yz). Nous pourrons intégrer immédiatement, et nous aurons,

$$(25) \quad \text{Volume} = \int_{x_0}^{x_1} a x^2 dx = a\left(\frac{x^3}{3}\right)_{x_0}^{x_1} = \frac{1}{3} a (x_1^3 - x_0^3) = \frac{1}{3} a (x_1^2 + x_1 x_0 + x_0^2)(x_1 - x_0) = \frac{h}{3}(a x_1^2 + a x_1 x_0 + a x_0^2).$$

Mais on remarquera que l'équation (24), si l'on y prend successivement $x = x_1$, $x = x_0$, donne $ax_1^2 = \sigma_1$, $ax_0^2 = \sigma_0$, et aussi, par suite, $ax_1x_0 = \sqrt{(ax_1^2)(ax_0^2)} = \sqrt{\sigma_1\sigma_0}$. Donc, la relation (25) devient la formule classique du volume du tronc de cône ou de pyramide,

$$(26) \qquad \text{Volume} = \frac{h}{3}\left(\sigma_1 + \sigma_0 + \sqrt{\sigma_1\sigma_0}\right).$$

Cette formule comprend celle de la pyramide, qui s'en déduit par l'hypothèse $\sigma_0 = 0$, et aussi celle du cylindre ou du prisme, qu'on obtient en supposant le sommet O transporté à l'infini et en faisant, par suite, $\sigma_1 = \sigma_0 = \sigma = \sqrt{\sigma_1\sigma_0}$.

251. — Deuxième exemple : volume de l'ellipsoïde et des parallélipipèdes, à faces conjuguées, qu'on lui circonscrit.

Proposons-nous actuellement d'évaluer le volume de l'ellipsoïde dont l'équation, par rapport à un système donné de diamètres conjugués ox, oy, oz, est

$$(27) \qquad \frac{x^2}{a^2} + \frac{y^2}{b^2} + \frac{z^2}{c^2} = 1,$$

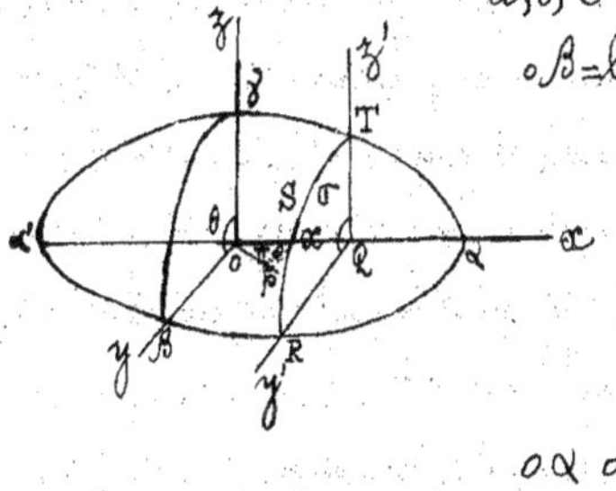

a, b, c désignant les trois demi-diamètres $o\alpha = a$, $o\beta = b$, $o\gamma = c$, dont les directions sont celles des axes coordonnés. Appelons θ l'angle yoz, des deux derniers $o\beta$, $o\gamma$, et continuons à désigner par φ celui qui exprime l'inclinaison de $o\alpha$ ou ox sur le plan des yz.

Ici, la section σ, faite dans le corps par le plan $y'Rz'$ parallèle aux yz et dont l'abscisse est x, aura pour équation, d'après (27),

$$\frac{y^2}{b^2} + \frac{z^2}{c^2} = 1 - \frac{x^2}{a^2}, \text{ ou } \frac{y^2}{\left(b\sqrt{1-\frac{x^2}{a^2}}\right)^2} + \frac{z^2}{\left(c\sqrt{1-\frac{x^2}{a^2}}\right)^2} = 1.$$

On voit que cette section, dont RSTQ représente la partie comprise dans l'angle des coordonnées positives, est une ellipse rapportée aux demi-diamètres conjugués $QR = b\sqrt{1-\frac{x^2}{a^2}}$, $QT = c\sqrt{1-\frac{x^2}{a^2}}$, qui font l'angle θ. La formule (4) de la dernière leçon (n° 239, p. 351) donnera donc, pour son aire, $\sigma = \pi \sin\theta \times QR \times QT$, c'est-à-dire

$$(28) \qquad \sigma = (\pi b c \sin\theta)\left(1-\frac{x^2}{a^2}\right).$$

Portons cette valeur dans la formule générale (23), et observons que, vu l'équation (27), l'abscisse ne varie, aux divers points de l'ellipsoïde, que de $-a$ à $+a$, en sorte que ses deux limites, inférieure et supérieure, sont $x_0 = -a$, $x_1 = +a$. Il viendra

$$(29) \qquad \text{volume de l'ellipsoïde} = (\pi b c \sin\theta \sin\varphi)\int_{-a}^{a}\left(1-\frac{x^2}{a^2}\right)dx.$$

Or, on trouve immédiatement $\int_{-a}^{a}\left(1-\frac{x^2}{a^2}\right)dx = \left(x-\frac{x^3}{3a^2}\right)_{-a}^{a} = \frac{4}{3}a$. Donc, le volume de l'ellipsoïde aura pour expression générale,

$$(30) \qquad \text{volume de l'ellipsoïde} = \frac{4}{3}\pi a b c \sin\theta \sin\varphi = \frac{1}{6}\pi(2a)(2b)(2c)\sin\theta\sin\varphi.$$

Dans cette formule, le produit $2a.2b.2c.\sin\theta\sin\varphi$ représente le volume qu'on aurait obtenu, si la section σ avait été un parallélogramme $2b.2c\sin\theta$, ayant son centre sur le diamètre $\alpha\alpha'$ et ses côtés respectivement égaux et parallèles aux deux autres diamètres conjugués $2b$, $2c$, dirigés suivant Oy et Oz. En d'autres termes, ce produit exprime le volume du parallélipipède circonscrit à l'ellipse, dont les faces seraient les plans tangents parallèles aux trois plans diamétraux conjugués choisis pour plans coordonnés, et dont, par suite, les arêtes se trouveraient égales et parallèles aux diamètres conjugués suivant lesquels ces plans se coupent. La formule (30) revient donc à dire que l'ellipsoïde est la fraction $\frac{\pi}{6}$ de tous ces parallélipipèdes, ou que <u>tous les parallélipipèdes circonscrits à un ellipsoïde, et ayant leurs faces parallèles à un système de plans diamétraux conjugués, ont le même volume, égal au produit du volume de l'ellipsoïde par le facteur constant $\frac{6}{\pi}$</u>.

Supposons maintenant qu'on rapporte l'ellipsoïde, non pas à un système quelconque de diamètres conjugués, mais à celui qui est constitué par ses axes, ou pour lequel les angles θ, φ sont droits. Si l'on appelle A, B, C les valeurs que reçoivent alors a, b, c, c'est-à-dire les trois demi-axes de l'ellipsoïde, la formule (30) deviendra simplement

(31) $\text{Volume de l'ellipsoïde} = \frac{4}{3}\pi ABC.$

Elle se réduirait même à $\frac{4}{3}\pi A^3$, ou à $\frac{4}{3}\pi B^3$, ou à $\frac{4}{3}\pi C^3$, si deux des axes devenaient égaux au troisième, cas où l'équation (27) de l'ellipsoïde serait celle d'une sphère de rayon A, ou B, ou C. On voit donc que la formule (31) donne bien, comme cas particulier, l'expression classique du volume de la sphère.

Enfin, observons que la quantité $\frac{4}{3}\pi ABC$ égale la moyenne géométrique, $\sqrt[3]{\left(\frac{4}{3}\pi A^3\right)\left(\frac{4}{3}\pi B^3\right)\left(\frac{4}{3}\pi C^3\right)}$, des trois nombres $\frac{4}{3}\pi A^3$, $\frac{4}{3}\pi B^3$, $\frac{4}{3}\pi C^3$, et nous pourrons énoncer la proposition suivante:

Le volume d'un ellipsoïde est la moyenne géométrique prise entre les volumes des trois sphères qui auraient pour diamètres respectifs les trois axes de l'ellipsoïde.

252. — Troisième exemple: volumes d'un segment d'ellipsoïde et d'un segment de paraboloïde elliptique.

Nous prendrons pour troisième exemple d'un calcul de volume le cas d'un segment d'ellipsoïde, en appelant ainsi la portion d'un ellipsoïde comprise entre deux plans sécants parallèles, par analogie avec le segment classique de la sphère. Les deux sections que ces plans feront dans l'ellipsoïde seront dites les deux bases, et leur distance perpendiculaire, la hauteur du segment.

En adoptant pour axe des x le diamètre qui, dans l'ellipsoïde, est conjugué aux deux bases, et pour axes des y et des z deux diamètres conjugués de la section diamétrale parallèle à ces bases, l'équation de l'ellipsoïde prendra évidemment la forme (27) ci-dessus : de plus, les deux bases du segment ne seront pas autre chose que deux des sections σ, parallèles aux $y\,z$, dont la relation (28) exprime l'aire. Nous appellerons x_0, x_1 leurs abscisses respectives, et σ_0, σ_1 leurs aires, qui auront pour valeurs, d'après (28),

$$(32)\qquad \sigma_0 = (\pi bc \sin\theta)\left(1 - \frac{x_0^2}{a^2}\right), \quad \sigma_1 = (\pi bc \sin\theta)\left(1 - \frac{x_1^2}{a^2}\right).$$

D'ailleurs, la distance de ces deux bases, mesurée parallèlement à l'axe des x, égalera évidemment la différence, $x_1 - x_0$, de leurs abscisses, et sa projection, $(x_1 - x_0)\sin\varphi$, sur une perpendiculaire commune aux deux bases, projection effectuée, par conséquent, sous l'angle $p\,O\,x = \frac{\pi}{2} - \varphi$ de la figure précédente, sera la hauteur, h, du segment. Nous aurons donc à effectuer la même intégration que pour l'ellipsoïde entier, à cela près que les limites seront ici $x = x_0$, $x = x_1$ et non $x = \mp a$. Il viendra, au lieu de (29),

$$\text{Volume du segment} = (\pi bc \sin\theta \sin\varphi)\int_{x_0}^{x_1}\left(1 - \frac{x^2}{a^2}\right)dx = (\pi bc \sin\theta \sin\varphi)\left[(x_1 - x_0) - \frac{x_1^3 - x_0^3}{3a^2}\right] = (\pi bc \sin\theta \sin\varphi)(x_1 - x_0)\left(1 - \frac{x_1^2 + x_0^2 + x_1 x_0}{3a^2}\right).$$

Remplaçons, dans la dernière parenthèse, le terme $-\frac{x_1 x_0}{3a^2}$ par l'expression évidemment égale $\frac{(x_1 - x_0)^2}{6a^2} - \frac{x_1^2 + x_0^2}{6a^2}$, ce qui, grâce à quelques réductions évidentes, donnera

$$1 - \frac{x_1^2 + x_0^2 + x_1 x_0}{3a^2} = \frac{1}{2}\left[\left(1 - \frac{x_1^2}{a^2}\right) + \left(1 - \frac{x_0^2}{a^2}\right)\right] + \frac{1}{6}\frac{(x_1 - x_0)^2}{a^2}.$$

Alors l'expression du volume deviendra

$$\frac{1}{2}\left[(\pi bc \sin\theta)\left(1 - \frac{x_1^2}{a^2}\right) + (\pi bc \sin\theta)\left(1 - \frac{x_0^2}{a^2}\right)\right](x_1 - x_0)\sin\varphi + \frac{1}{6}\pi bc \frac{(x_1 - x_0)^3}{a^2}\sin\theta \sin\varphi,$$

ou, enfin, vu les formules (32) et la valeur $h = (x_1 - x_0)\sin\varphi$ de la hauteur du segment,

$$(33)\qquad \text{Volume du segment} = \frac{\sigma_1 + \sigma_0}{2}h + \frac{1}{6}\pi(x_1 - x_0)\left(2b\frac{x_1 - x_0}{2a}\right)\left(2c\frac{x_1 - x_0}{2a}\right)\sin\theta \sin\varphi.$$

Le premier terme, $\frac{\sigma_1 + \sigma_0}{2}h$, de cette expression représente évidemment le volume d'un cylindre qui aurait pour hauteur la hauteur h du segment et pour base la moyenne arithmétique de ses deux bases σ_1, σ_0. Quant au second terme, produit du facteur $\frac{1}{6}\pi \sin\theta \sin\varphi$ par les trois longueurs $x_1 - x_0$, $2b\frac{x_1-x_0}{2a}$, $2c\frac{x_1-x_0}{2a}$, proportionnelles à $2a, 2b, 2c$ et dont la première est la portion de l'axe des x comprise entre les deux bases du segment, il exprime, d'après la formule (30), le volume d'un ellipsoïde, qui aurait trois diamètres conjugués dirigés suivant Ox, Oy, Oz et égaux à ces trois longueurs, c'est-à-dire, qui serait semblable à l'ellipsoïde proposé, semblablement placé, mais inscrit entre les deux bases du segment. La formule (33) peut donc s'énoncer comme il suit, en langage ordinaire: <u>Un segment d'ellipsoïde égale, en volume, la somme d'un cylindre ayant pour base une moyenne arithmétique entre les deux bases du segment, avec même hauteur que ce dernier, et d'un ellipsoïde semblable à celui dont le segment fait partie et semblablement placé, mais inscrit entre les deux bases du segment.</u>

Quand l'ellipsoïde devient une sphère, cette règle se réduit bien à celle que l'on démontre en géométrie élémentaire pour les segments sphériques.

Mais considérons l'autre cas extrême où l'ellipsoïde, au contraire, s'allonge indéfiniment dans le sens de son diamètre $2a$, tandis que les rapports $\frac{b^2}{a}$, $\frac{c^2}{a}$ conservent deux valeurs fixes, p, q, choisies à volonté. On sait qu'alors, dans le voisinage de chacune des extrémités du diamètre $2a$ et jusqu'à toute distance finie de cette extrémité, l'ellipsoïde dégénère en un paraboloïde elliptique quelconque. D'ailleurs, à la limite $a = \infty$, les rapports $\frac{b^2}{a^2}$, $\frac{c^2}{a^2}$, ou $\frac{p}{a}$, $\frac{q}{a}$, sont nuls, et b, c deviennent infiniment petits par rapport à a; de sorte que l'ellipsoïde semblable, inscrit entre les deux bases d'un segment de hauteur finie, s'aplatit et s'amincit jusqu'à zéro. Donc, le dernier terme de la formule (33) s'évanouit à la limite, et cette formule exprime alors que <u>le volume d'un</u>

segment quelconque de paraboloïde elliptique égale le produit de la demi-somme de ses deux bases par leur distance.

Une des bases s'annule quand son plan devient tangent au paraboloïde, ~~cas~~ où la distance de ce plan tangent à l'autre base, restée finie, est la hauteur du segment, c'est-à-dire sa plus grande ordonnée abaissée normalement sur le plan qui le limite. Par conséquent, le volume détaché d'un paraboloïde elliptique par tout plan qui le coupe constitue un segment qui a pour base la section faite par ce plan, et il est égal au produit de sa base par la moitié de sa hauteur.

253 — Quatrième exemple: volume d'un solide de révolution.

Considérons enfin le solide, dit de révolution, que décrit la surface A'B'BA, limitée, dans un plan zox, par une courbe quelconque A'Q'B', l'axe des x et deux ordonnées perpendiculaires A'A, B'B, lorsqu'on fait tourner cette surface autour d'une droite située dans son plan ~~et qui est~~, par exemple, l'axe Ox.

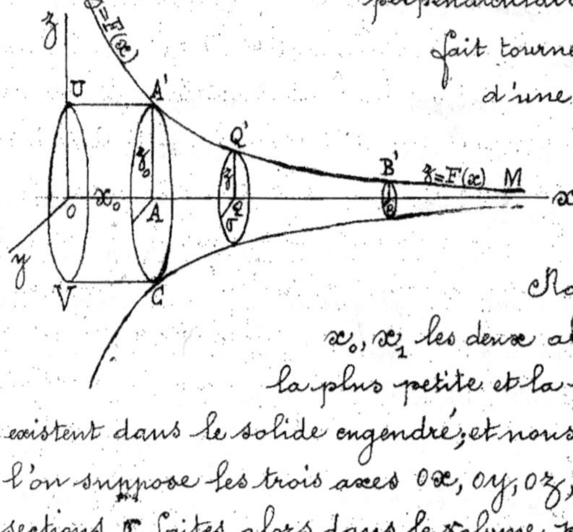

Nous appellerons toujours x_0, x_1 les deux abscisses, $x=$ OA, $x=$ OB, la plus petite et la plus grande qui existent dans le solide engendré, et nous observerons que, si l'on suppose les trois axes Ox, Oy, Oz, rectangulaires, les sections σ, faites alors dans le volume par des plans normaux aux x, ne seront autre chose que les cercles mêmes décrits, lors du mouvement de rotation, par les diverses ordonnées

z, telles que QQ', de la courbe génératrice $A'B'$. Soit donc $z = F(x)$ l'équation de cette courbe, et il viendra $\sigma = \pi z^2 = \pi F(x)^2$. Par suite, la formule (23) du volume, où il faudra poser en outre $\varphi = \frac{\pi}{2}$, sera

$$(34) \qquad \text{volume} = \int_{x_0}^{x_1} \pi z^2 dx = \pi \int_{x_0}^{x_1} F(x)^2 dx.$$

Prenons comme exemple le volume qui est engendré par la surface $AA'x$, comprise entre un arc $A'M$ d'hyperbole équilatère prolongé à l'infini, son asymptote Ox et la perpendiculaire $A'A$ abaissée sur l'asymptote Ox, lorsqu'on fait tourner cette surface autour de l'asymptote. Alors l'équation de la courbe a la forme $z = \frac{a}{x}$ et la limite supérieure x_1 est infinie. Par suite, la valeur (34) du volume devient

$$\pi a^2 \int_{x_0}^{\infty} \frac{dx}{x^2} = \pi a^2 \left(-\frac{1}{x}\right)_{x_0}^{\infty} = \pi \frac{a^2}{x_0} = \pi \left(\frac{a}{x_0}\right)^2 x_0.$$

Or, d'après l'expression générale, $\frac{a}{x}$, de l'ordonnée z, le quotient $\frac{a}{x_0}$ n'est autre chose que l'ordonnée initiale z_0 ou $A'A$ de l'arc de courbe. Le volume cherché égale donc $\pi z_0^2 x_0$, c'est-à-dire $\pi(A'A)^2(OA)$, ou, précisément, le volume du cylindre, $UA'CV$, qui a même base, $AA'C$, que le solide proposé, et dont la hauteur est la distance, $AO = A'U$, de l'extrémité A' de l'arc considéré d'hyperbole équilatère à son asymptote Oz autre que celle qui a servi d'axe de rotation.

On voit, par là, que le volume dont il s'agit, $A'ACx$, quoique d'une hauteur Ax infinie, a une valeur déterminée, parfaitement finie; et, cependant, la surface $A'Ax$, qui engendre ce volume en tournant, est infinie, comme on a vu dans la dernière leçon (n° 241, p. 356).

Pour comprendre ce fait, surprenant à première vue, d'une surface infiniment grande dont la rotation ne donne naissance qu'à un volume fini, il suffit d'observer que les parties infinies de l'aire $AA'M$, infiniment éloignées et aplaties sur Ox, ne décrivent autour de cet axe que des cercles infiniment petits aussi; donc, la troisième dimension qui naît du mouvement est infiniment petite, et l'influence du facteur nul qu'elle introduit l'emporte sur celle du facteur infini exprimant l'aire génératrice, lequel se trouve ici n'être qu'un logarithme.

32ème Leçon — Suite : des intégrales multiples et de leur usage ; aire des surfaces courbes ; centre de gravité des figures ; théorème de Guldin.

254. — Expression générale du volume que limite une surface donnée.

Nous avons vu, dans la dernière leçon, que le calcul d'un volume exige deux intégrations, ayant pour but, l'une, d'évaluer en fonction de l'abscisse les sections σ faites dans le corps considéré A B par des plans parallèles aux y z, l'autre, de sommer les volumes des tranches infiniment minces que découpent ces plans et dont l'étendue est proportionnelle aux valeurs de σ. Supposons, pour simplifier, que les axes soient rectangulaires, et proposons-nous d'exprimer explicitement le détail de ces opérations, dans le cas où la surface limitant le volume a une certaine équation donnée.

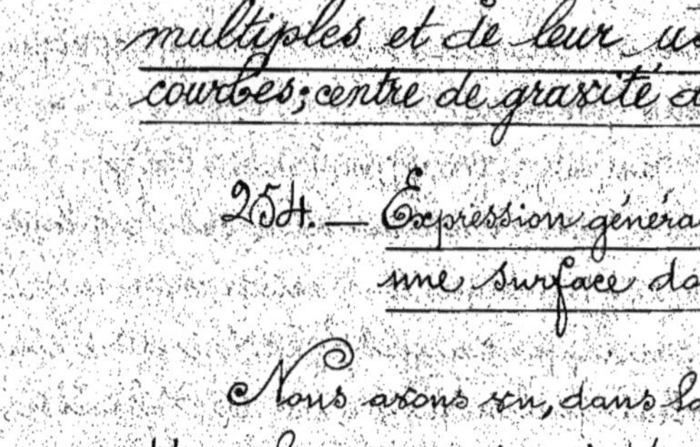

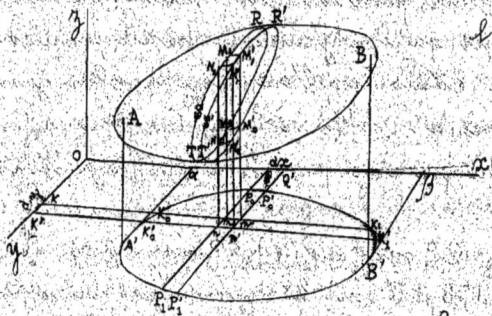

Nous admettrons qu'on ait déterminé le contour apparent A'B' de la surface sur le plan des x y (voir le n° 170, p. 238)

et que, pour tous les points du plan intérieurs à ce contour, tels que le point m, ayant les coordonnées quelconques x, y, la surface admette deux ordonnées ou valeurs de z, savoir, la plus grande mM_1, que nous appellerons z_1, et la plus petite mM_0, que nous appellerons z_0. L'équation de la surface, résolue par rapport à z, fera connaître leurs valeurs en fonction de x et y. Nous les représenterons respectivement par $f_1(x,y)$ et par $f_0(x,y)$, c'est-à-dire que nous poserons

$$(1) \qquad mM_1 \text{ ou } z_1 = f_1(x,y), \quad mM_0 \text{ ou } z_0 = f_0(x,y).$$

D'ailleurs, comme nous n'aurons à considérer, sur le plan des xy, que des points (x,y) intérieurs au contour apparent A'B', on voit, en résolvant par rapport à y l'équation de ce contour, que pour une valeur quelconque $OQ = x$ de l'abscisse, y ne devra varier qu'entre certaines limites, QP_0, QP_1, valeurs des ordonnées correspondantes du contour et fonctions déterminées de x. De même que nous avons supposé deux ordonnées z seulement de la surface pour un même point $m(x,y)$ du plan des xy, de même, pour un même point Q de l'axe des x, nous admettrons qu'il n'y ait que deux ordonnées y du contour apparent. Nous appellerons y_1 la plus grande QP_1, y_0 la plus petite QP_0. Ce seront deux certaines fonctions de x, que nous désignerons par $\varphi_1(x)$ et $\varphi_0(x)$. Ainsi, nous poserons

$$(2) \qquad QP_1 \text{ ou } y_1 = \varphi_1(x), \quad QP_0 \text{ ou } y_0 = \varphi_0(x).$$

Enfin, si A et A', B et B' sont les deux points du corps et du contour apparent qui ont respectivement l'abscisse la plus petite, $O\alpha = x_0$, et l'abscisse la plus grande, $O\beta = x_1$, on voit que x variera, aux divers points du corps ou du contour apparent, entre les limites x_0 et x_1.

Cela posé, menons, non seulement le système des plans, normaux à Ox, qui font dans le corps les sections σ et le divisent en tranches, telles que $RSTT'S'R'$, d'une épaisseur QQ' égale à l'intervalle dx de deux plans consécutifs, mais, encore, un second système de plans analogues, perpendiculaires à Oy, qui découperont les sections σ en bandes élémentaires, telles que $M_0N_0N_1M_1$, et les tranches en filets prismatiques tronqués, comme $M_0M'_0N'_0N_0N_1N'_1M'_1M_1$. Ceux-ci auront pour arêtes latérales des parallèles à Oz et pour section droite, dans le plan des xy, des rectangles, $mm'n'n$, dont la longueur, $mm' = QQ'$, sera la distance dx de deux plans du premier système et dont la largeur, $mn = KK'$, sera la distance pareille, dy, de deux plans consécutifs du second système. Or, nous savons que la bande élémentaire $M_0N_0N_1M_1$, dont la largeur $mn = dy$ est infiniment petite tandis que sa longueur M_0M_1 est finie, peut être assimilée à un rectangle et a pour aire

$$M_0M_1 \times mn, \text{ ou } (mM_1 - mM_0) \times mn = (z_1 - z_0)\,dy = [f_1(x,y) - f_0(x,y)]\,dy.$$

De même, le filet prismatique $M_0N'_1$, dont la section droite $mm'n'n$ est infiniment petite en tous sens tandis que sa longueur ou hauteur est finie, ne diffère évidemment d'un parallélipipède rectangle, ayant même section droite et M_0M_1 pour hauteur, que par une fraction négligeable de sa valeur. Ainsi, son volume sera

$$M_0M_1 \times mm' \times mn = (z_1 - z_0)\,dx\,dy = [f_1(x,y) - f_0(x,y)]\,dx\,dy.$$

Actuellement, il suffira, pour obtenir, soit toute l'aire σ de la section RST, soit tout le volume $\sigma\,dx$ de la tranche $RSTT'S'R'$, de faire la somme, soit des bandes qui se projettent le long de la droite QP_1, parallèle à Oy, soit des filets qui se projettent entre cette droite QP_1 et la parallèle suivante $Q'P'_1$. Pour tous ces éléments, x et dx ont les valeurs fixes $x = OQ$, $dx = QQ'$: on y traitera donc x et dx comme des constantes, tandis que y croîtra depuis la limite $QP_0 = y_0 = \varphi_0(x)$ jusqu'à la limite $QP_1 = y_1 = \varphi_1(x)$. Et il viendra évidemment, en mettant au besoin, dans la seconde expression, dx en facteur commun,

$$\text{aire } \sigma = \int_{y_0}^{y_1} (z_1 - z_0)\, dy, \quad \text{volume } \sigma\, dx = \int_{y=y_0}^{y=y_1} (z_1 - z_0)\, dx\, dy = dx \int_{\varphi_0(x)}^{\varphi_1(x)} [f_1(x,y) - f_0(x,y)]\, dy.$$

On voit par là, et il importe d'observer, que, lorsqu'on ne calcule σ qu'en vue d'obtenir l'expression de la tranche $\sigma\, dx$, les véritables éléments de l'intégrale ainsi évaluée ne sont pas précisément les bandes $(z_1 - z_0)\, dy$, mais bien leurs produits par dx, $(z_1 - z_0)\, dx\, dy$, représentant les filets prismatiques contigus à ces bandes et compris entre les abscisses x, $x + dx$.

Enfin, nous savons que le volume total du corps, somme des tranches $\sigma\, dx$, s'obtiendra en intégrant, par rapport à x, leur expression générale, entre les limites x_0, x_1. La formule cherchée du volume sera donc, sous deux formes un peu différentes, et en appelant finalement, pour abréger, $f(x,y)$ la fonction $z_1 - z_0 = f_1(x,y) - f_0(x,y)$,

$$(3) \quad \text{Volume} = \int_{x_0}^{x_1} dx \int_{y_0}^{y_1} (z_1 - z_0)\, dy = \int_{x=x_0}^{x=x_1} \int_{y=\varphi_0(x)}^{y=\varphi_1(x)} f(x,y)\, dx\, dy.$$

255 – Des intégrales multiples : leur signification et leur usage.

On appelle intégrale double une expression comme celle, (3), qu'on vient de trouver, c'est-à-dire, dans laquelle le produit des différentielles dx, dy de deux variables indépendantes se trouve multiplié par une fonction donnée quelconque $f(x,y)$ de ces variables x et y, puis intégré, par rapport à l'une des variables, y par exemple, sans que l'autre, x, change; mais entre deux limites dépendant généralement de celle-ci, et où, enfin, le résultat de cette première sommation doit être intégré lui-même par rapport à la seconde variable x, entre deux limites constantes.

Le produit des différentielles, $dx\,dy$, par la fonction $f(x,y)$ placée sous les signes $\int$, est évidemment l'élément de l'intégrale double, c'est-à-dire l'expression générale des termes infiniment petits qui s'y trouvent ajoutés les uns aux autres. D'après ce qu'on vient de voir, la première intégration, celle qui s'effectue par rapport à y, a pour but de faire le total de tous les éléments pour lesquels x et dx ont les mêmes valeurs. Dans l'application géométrique précédente, ces éléments représentent les filets prismatiques compris entre les deux plans, normaux à Ox, qui ont les abscisses $OQ = x$ et $OQ' = x + dx$, et leur somme est la tranche $RSTT'S'R'$. Puis, la deuxième intégration, où x varie à son tour, a pour but de faire la somme générale de tous les totaux partiels ainsi obtenus, c'est-à-dire, dans notre exemple, la somme des tranches $\sigma\,dx$.

Mais, pour revenir encore à cet exemple, les filets élémentaires $(z_1 - z_0)\,dx\,dy$, tels que M_0N_1', sont-ils bien les véritables éléments de volume, c'est-à-dire, des éléments tels, qu'il soit impossible de les simplifier? Ces filets ayant conservé une dimension finie, la longueur M_0M_1, il est évident qu'on en obtiendra d'autres, plus simples encore, en y rendant cette dimension elle-même infiniment petite. Il suffira, pour cela, de mener un troisième système de plans, normaux à Oz, de même qu'on en a mené de normaux à Ox et à Oy. Alors le filet M_0N_1' se trouvera partagé en une infinité de parallélipipèdes rectangles, dont les trois dimensions, infiniment petites, seront les trois accroissements, dx, dy, dz, qu'éprouveront les coordonnées respectives caractérisant les trois plans de ces systèmes menés par un même point (x, y, z), lorsqu'on passera de chacun de ces plans au plan suivant du même système. Le véritable élément de volume sera donc l'expression générale, $dx\,dy\,dz$, des parallélipipèdes ainsi construits, et ce n'est pas deux intégrations, mais trois, qu'il faudra effectuer, pour obtenir le volume fini du corps considéré. En effet, le filet M_0N_1' n'est pas autre chose (à deux tronçons près négligeables, contigus, l'un à M_0, l'autre à M_1) qu'une somme de parallélipipèdes, composant une file parallèle aux z, ou pour lesquels les coordonnées x, y d'une arête, et leurs accroissements dx, dy en passant de cette arête aux arêtes voisines, ont certaines valeurs $x = OQ$, $y = Qm$, $dx = mm'$, $dy = mn$

Donc, quand on effectue cette première sommation, qui a lieu par rapport à z, il n'y a pas à faire varier x ou y, ni les différentielles dx, dy, qui y sont des facteurs communs à tous les éléments. Et il vient $dx\,dy\int dz$, c'est-à-dire, plus explicitement, $dx\,dy\int_{z_0}^{z_1} dz$, puisque z y croît, dans l'intérieur du corps AB, depuis la valeur $mM_0 = z_0$ jusqu'à la valeur $mM_1 = z_1$. Nous savons qu'on pourra obtenir ensuite le total des sommes pareilles, en groupant d'abord celles pour lesquelles x et dx ont les mêmes valeurs, ce qui donne $dx\int_{y_0}^{y_1} dy\int_{z_0}^{z_1} dz$, et en ajoutant finalement ces sommes de sommes, en faisant varier x à son tour. Et l'on a ainsi, pour la formule du volume,

$$\int_{x=x_0}^{x=x_1}\int_{y=y_0}^{y=y_1}\int_{z=z_0}^{z=z_1} dx\,dy\,dz = \int_{x_0}^{x_1} dx \int_{\varphi_0(x)}^{\varphi_1(x)} dy \int_{f_0(x,y)}^{f_1(x,y)} dz.$$

Seulement, l'intégration, par rapport à z, de $dx\,dy\,dz$ se fait immédiatement; car $dx\,dy\int_{z_0}^{z_1}dz=(z_1-z_0)\,dx\,dy$, et voilà pourquoi cette expression se réduit à l'intégrale double qu'indique la formule (3).

Mais il n'est pas difficile de trouver des questions, concernant une étendue à trois dimensions, où aucune des trois intégrations ne s'effectue de suite et d'une manière générale. Supposons, par exemple, qu'on demande la masse totale d'un corps continu, de la forme AB (figure de la p. 389), sachant que chaque partie de ce corps infiniment petite en tous sens a pour <u>densité</u> une certaine fonction continue $F(x,y,z)$ de ses trois coordonnées x,y,z, ou, autrement dit, que le rapport de la masse d'une très-petite partie, entourant le point (x,y,z), à son volume tend vers la valeur $F(x,y,z)$ quand on réduit de plus en plus et indéfiniment cette partie. Il est évident que, dans un tel cas, si l'on considère une particule infiniment petite en tous sens et dont un point ait certaines coordonnées x,y,z, les différents fragments de cette particule, à leurs coordonnées infiniment peu différentes de x,y,z, auront des densités infiniment peu différentes aussi de $F(x,y,z)$. Par suite, la masse de chaque fragment égalera sensiblement le produit de $F(x,y,z)$ par le volume de ce fragment, et la masse de toute la particule aura, de même, pour expression le produit de $F(x,y,z)$ par la somme des volumes des fragments, c'est-à-dire par le volume entier de la particule. Donc, la somme des produits pareils, pour toutes les particules infiniment petites en tous sens, mais d'ailleurs arbitraires, en lesquelles on aura décomposé le corps, sera sa masse totale.

Si, par exemple, la division en particules est supposée effectuée par trois systèmes de plans normaux à Ox, Oy, Oz, et que, dans chacun des éléments de volume $dx\,dy\,dz$ ainsi formés, on prenne pour point de repère (x, y, z) le sommet qui a les coordonnées les plus petites, la masse de chacun sera

$$F(x,y,z)\,dx\,dy\,dz;$$

et il est évident qu'en effectuant ensuite la somme de tous les produits pareils, on pourra grouper les éléments exactement comme on l'a fait tout-à-l'heure, alors qu'il s'agissait simplement du volume. Il viendra donc

$$(4)\quad \text{masse du corps} = \int_{x=x_0}^{x=x_1}\int_{y=y_0}^{y=y_1}\int_{z=z_0}^{z=z_1} F(x,y,z)\,dx\,dy\,dz = \int_{x_0}^{x_1} dx \int_{\varphi_0(x)}^{\varphi_1(x)} dy \int_{f_0(x,y)}^{f_1(x,y)} F(x,y,z)\,dz.$$

On voit que, ici, aucune des trois intégrations ne s'effectue immédiatement, et qu'il faudrait connaître $F(x,y,z)$ pour en tenter le calcul.

On serait conduit à des opérations pareilles, si $F(x,y,z)$, au lieu d'être une densité, désignait une fonction quelconque des coordonnées x, y, z, et qu'on demandât la moyenne des valeurs qu'elle prend dans tout l'intérieur de l'espace AB. Alors, il faudrait, en effet, concevoir le volume, V, de cet espace, partagé en un nombre infiniment grand, n, de parties égales, infiniment petites en tous sens, que j'appellerai dV, puis, diviser par n la somme des valeurs que recevrait $F(x,y,z)$ en un point de chacune de ces parties. Or, ce quotient, qu'on peut écrire $\frac{1}{n}\Sigma F(x,y,z)$, ou $\frac{1}{n\,dV}\Sigma F(x,y,z)\,dV$, ou enfin, évidemment, $\frac{1}{V}\Sigma F(x,y,z)\,dV$, devient, si l'on y prend pour éléments de volume dV des parallélipipèdes rectangles, $dx\,dy\,dz$, et qu'on groupe les éléments comme ci-dessus :

$$(5)\quad \text{Valeur moy. de } F(x,y,z) = \frac{1}{V}\int_{x_0}^{x_1} dx \int_{\varphi_0(x)}^{\varphi_1(x)} dy \int_{f_0(x,y)}^{f_1(x,y)} F(x,y,z)\,dz.$$

Des expressions, telles que (4) et (5), où le produit de trois différentielles, $dx\,dy\,dz$, multiplié par une fonction $F(x,y,z)$ des variables correspondantes, se trouve intégré successivement par rapport à chacune de ces variables et entre des limites dépendant généralement des variables par rapport auxquelles on n'a pas encore intégré, s'appellent des intégrales triples.

On conçoit qu'il puisse y avoir, de même, des intégrales quadruples, quintuples, bref, d'un ordre de multiplicité quelconque, suivant le nombre des différentielles de variables indépendantes, facteurs infiniment petits, que contient leur élément, et, par suite, suivant le nombre des intégrations à faire pour obtenir un total fini; car chaque intégration, effectuée par rapport à l'une des variables, a pour effet de supprimer du résultat la différentielle de cette variable et de mettre à la place un facteur fini.

D'après ce qu'on vient de voir, toute question de sommation concernant une étendue à trois dimensions (volume et masse d'un corps, valeur moyenne d'une fonction de trois coordonnées x, y, z aux divers points d'un solide, etc.) dépend généralement d'une intégrale triple. La raison en est que l'élément naturel d'une telle étendue est exprimé par un produit de trois facteurs infiniment petits, vu qu'il doit être infiniment petit dans les trois sens pour que tous ses points occupent presque la même position (x, y, z) et que les circonstances à considérer y soient, par suite, à fort peu près identiques, ou exprimées par une même valeur $F(x, y, z)$ de la fonction qui les représente.

De même, toute question analogue concernant une surface (aire et poids d'une couche mince de matière, valeur moyenne d'une fonction aux divers points d'une surface, etc.) dépend généralement d'une intégrale double, car l'élément d'aire naturel est une surface ayant ses deux dimensions infiniment petites.

Si nous avons pu, dans l'avant-dernière leçon, ne partager

les surfaces planes qu'en bandes étroites d'une longueur finie, c'est que, pareillement à ce que nous venons de voir pour le cas d'un volume, une des deux intégrations avait pu se faire de suite. Par exemple, quand on rapporte la surface à deux axes rectangulaires de coordonnées x et y, les éléments naturels de surface sont les rectangles, $dx\,dy$, que découpent dans le plan deux systèmes de droites normales aux axes et ayant respectivement pour équation $x =$ constante, $y =$ constante, et chaque bande de largeur dx exprime le résultat, $dx \int dy$, d'une première intégration, effectuée par rapport à y, ou ayant pour but d'ajouter tous les éléments $dx\,dy$ pour lesquels la coordonnée x et le facteur dx sont les mêmes. Nous verrons bientôt, en étudiant l'aire des surfaces courbes, qu'une pareille simplification ne s'y présente généralement pas, et c'est pourquoi nous n'avons pas pu nous occuper de l'évaluation de cette aire sans faire connaître préalablement les <u>intégrales multiples</u>.

Les lignes sont les seules figures qui, par l'addition de quantités concernant leurs diverses parties, ne donnent lieu qu'à des <u>intégrales simples</u>; car ce sont les seules dont l'élément naturel, qui n'est autre qu'un arc infiniment petit ds, ne s'étende que suivant un sens et ne contienne par suite, dans son expression, qu'un seul facteur infiniment petit.

256. — <u>Propriétés diverses de ces intégrales; possibilité d'y intervertir l'ordre des intégrations; transformation de certaines intégrales, prises dans tout l'intérieur d'une surface ou d'un volume, en d'autres ne se rapportant qu'aux limites de ces étendues.</u>

Avant de passer à la question de l'aire des surfaces courbes, terminons cet aperçu général sur les intégrales multiples par deux remarques importantes.

1° Une intégrale multiple conserve évidemment sa valeur quel que soit l'ordre dans lequel on y groupe les éléments, pourvu, bien entendu, que ceux-ci restent les mêmes de quelque manière que se fassent les sommations, c'est-à-dire, pourvu que les limites entre lesquelles varient les variables soient bien définies.

Donc, on pourra changer l'ordre des intégrations, c'est-à-dire, quand il s'agit, par exemple, d'une intégrale double de la forme $\int_{x_0}^{x_1} dx \int_{y=\varphi_0(x)}^{y=\varphi_1(x)} f(x,y)\,dy$, effectuer en premier lieu l'intégration par rapport à x, au lieu de l'intégration par rapport à y; ce qui, en se reportant à la figure précédente (p. 389), reviendra à ajouter les éléments pour lesquels y et dy sont les mêmes, c'est-à-dire, à grouper ensemble tous les filets prismatiques qui se projettent, sur le plan des xy, entre deux perpendiculaires consécutives à l'axe des y, comme KK_1 et $K'K'_1$. Et l'on voit que les éléments dont il s'agit seront bien ceux de l'intégrale proposée, si l'on y fait varier x entre les valeurs KK_0, KK_1, qui égalent deux certaines fonctions de $OK = y$, plus ou moins aisées à obtenir en résolvant l'équation du contour par rapport à x et non par rapport à y. Il est clair, en tout cas, que ces nouvelles limites, destinées à fixer l'étendue dans laquelle x varie pour chaque valeur de y, pourront toujours se déduire de celles, $y_1 = \varphi_1(x)$ et $y_0 = \varphi_0(x)$, qui définissaient l'étendue où variait y pour chaque valeur de x, et qui déterminaient ainsi complètement le contour-limite $A'P_1B'P_0A'$. L'intégration par rapport à x une fois effectuée, ou, ce qui revient au même, les filets prismatiques une fois groupés en couches minces normales à l'axe des y, il ne resterait plus qu'à faire la somme de toutes ces couches ou tranches, en intégrant, par rapport à y, entre deux limites constantes, et celles-ci se déduiraient de même de la connaissance du contour limite, car elles sont la plus petite et la plus grande des valeurs reçues par y sur tout ce contour.

Ainsi, on peut toujours intervertir l'ordre des intégrations, pourvu qu'on évalue convenablement, dans chaque cas, leurs limites respectives. Mais, si celles-ci étaient constantes, si, par exemple, dans $\int_{x_0}^{x_1} dx \int_{y_0}^{y_1} f(x,y)\,dy$, les deux expressions

$$y_0 = \varphi_0(x),\ y_1 = \varphi_1(x)$$

devenaient indépendantes de x, ou que, par conséquent, les deux portions $A'P_0B'$, $A'P_1B'$ du contour limite fussent remplacées par deux parallèles à l'axe des x et reliées l'une à l'autre par les parties des ordonnées $\alpha A'$ et $\beta B'$ qu'elles intercepteraient, alors, il est évident que, pour toute valeur OK de y, les deux valeurs limites, KK_0 et KK_1, de x égaleraient $O\alpha$ et $O\beta$, ou x_0 et x_1, quantités constantes; et y varierait ensuite entre ses deux valeurs extrêmes y_0, y_1, également constantes. On aurait donc

$$(6)\qquad \int_{x_0}^{x_1} dx \int_{y_0}^{y_1} f(x,y)\,dy = \int_{y_0}^{y_1} dy \int_{x_0}^{x_1} f(x,y)\,dx.$$

Par conséquent, lorsque une intégrale multiple est prise entre des limites toutes constantes, on peut y intervertir à volonté l'ordre des intégrations, sans modifier aucunement les limites de celle qui s'y fait par rapport à chaque variable.

2° Quand une des intégrations indiquées dans une intégrale multiple s'effectue immédiatement, comme nous avons vu qu'il arrivait, soit pour l'aire d'une surface plane exprimée au moyen d'une intégrale double, soit pour un volume exprimé au moyen d'une intégrale triple, il est évident que la variable par rapport à laquelle cette intégration est effectuée ne reçoit plus, dans le résultat, que ses valeurs extrêmes, ou limites, correspondant à chaque système ou combinaison de valeurs des autres variables. On peut donc dire qu'une telle intégrale, ainsi réduite à un ordre moins élevé ou dans laquelle il y a un signe $\int$ de moins, se trouve transformée en une autre prise aux limites de la première, c'est-à-dire telle, que les valeurs simultanées reçues, dans ses éléments, par les diverses variables $x, y, \ldots$, sont uniquement celles qui s'observeraient aux limites de l'intégrale proposée.

Pour fixer les idées, supposons qu'il s'agisse d'une intégrale double, et que, x, y désignant les coordonnées rectangulaires des divers points d'un plan xoy (figure du n° 244, p. 362), et $f(x,y)$ une certaine fonction de x et y, c'est-à-dire une fonction qui reçoit, ainsi que chacune de ses dérivées en x ou en y, une valeur déterminée en un point quelconque (x,y) de ce plan, on se propose de faire la somme $\iint \frac{df(x,y)}{dy}\,dx\,dy$, pour tous les éléments de surface $dx\,dy$ intérieurs à un contour donné AMNBA. Si nous appelons, pour abréger, σ l'aire totale comprise dans ce contour, et $d\sigma$ un quelconque de ses éléments, infiniment petit dans tous les sens et défini en position par les coordonnées x, y d'un de ses points, cette intégrale double pourra être représentée simplement par $\int_\sigma \frac{df(x,y)}{dy}\,d\sigma$, en indiquant, par le σ placé au bas du signe $\int$, que la sommation doit s'étendre à toute l'étendue σ, c'est-à-dire à tous les produits obtenus en multipliant les divers éléments de σ par la valeur de la fonction $f(x,y)$ dans leur intérieur.

Observons, à ce propos, que la somme cherchée sera la même, quelle que soit la forme des fragments $d\sigma$ en lesquels on décompose l'aire : car ces fragments, ou leurs parties, se retrouveraient dans tout autre mode de décomposition, et ils y seraient multipliés par des valeurs de $f(x,y)$ se rapportant presque aux mêmes points, ou infiniment peu différentes de celles qui y paraissent ; ce qui n'altèrerait les produits que dans des proportions infiniment petites, c'est-à-dire nulles à la limite.

Nous pouvons donc décomposer la surface σ en rectangles élémentaires $dx\,dy$, puis faire la somme des éléments $\frac{df}{dy}dx\,dy$ qui se rapportent à la portion continue de σ comprise entre deux ordonnées consécutives quelconques Mm, Nn, ayant les abscisses x, $x+dx$, et deux arcs élémentaires du contour MN, $M'N'$. Dans toute cette étendue, x, dx sont constants, et y croît depuis l'ordonnée mM', que j'appellerai y_0, jusqu'à l'ordonnée mM, que j'appellerai y_1. La somme sera donc

$$dx\int_{y_0}^{y_1}\frac{df(x,y)}{dy}dy = dx\left[f(x,y)\right]_{y=y_0}^{y=y_1} = f(x,y_1)\,dx - f(x,y_0)\,dx.$$

Cela posé, concevons qu'on tire aux divers points du contour, en M et M' par exemple, la normale à ce contour, en la menant à l'extérieur de la surface σ. Il est évident qu'au point M cette normale se dirigera vers le haut, c'est-à-dire, fera un angle aigu avec les y positifs, et qu'au point M' elle fera, au contraire, un angle obtus avec les y positifs. Nous représenterons le cosinus, positif dans le premier cas, négatif dans le second, de cet angle par $\cos(n,y)$, où la lettre n rappellera qu'il s'agit d'une normale, et, la lettre y, qu'il s'agit de l'axe des y positifs. Et comme d'ailleurs l'angle de la normale avec l'axe des y mesure celui que font les directions perpendiculaires, qui sont celles de l'élément correspondant du contour, MN par exemple, et de Ox, ce cosinus sera, en valeur absolue, celui par lequel il faudra multiplier l'élément MN du contour pour avoir sa projection, $mn = dx$, sur l'axe Ox.

Si donc nous appelons ds_1 l'élément MN du contour et ds_0

l'élément, M'N', nous aurons, en observant que $\cos(n, y_1)$ est positif et $\cos(n, y_0)$ négatif,

$$mn \text{ ou } dx = \cos(n, y_1)\, ds_1 = -\cos(n, y_0)\, ds_0.$$

Dans le résultat ci-dessus, $f(x, y_1)\,dx - f(x, y_0)\,dx$, de l'intégration de $\frac{df(x,y)}{dy}\,dx\,dy$ pour toute l'étendue MNN'M', substituons à dx, respectivement, sa valeur $\cos(n, y_1)\, ds_1$ au premier terme et sa valeur $-\cos(n, y_0)\, ds_0$ au second terme. Il viendra

$$f(x, y_1)\cos(n, y_1)\, ds_1 + f(x, y_0)\cos(n, y_0)\, ds_0.$$

Donc, la somme cherchée, pour une bande d'aire MNN'M' comprise entre les éléments MN, N'M' du contour, égale la somme des deux valeurs que prend sur ces éléments l'expression $f(x, y)\cos(n, y)\, ds$. Comme il en serait évidemment de même pour les autres parties analogues de l'intégrale proposée, on aura, en tout,

$$(7) \qquad \iint \frac{df(x,y)}{dy}\,dx\,dy \text{ ou } \int_{\sigma} \frac{df(x,y)}{dy}\,d\sigma = \int_{s} f(x, y)\cos(n, y)\, ds,$$

si l'on représente par $\int_s$ une intégrale prise sur tout le contour s de l'étendue où doivent varier x et y, intégrale qui sera, ici, la somme des valeurs de l'expression $f(x, y)\cos(n, y)\, ds$, calculée pour tous les éléments ds en lesquels se décomposera le contour. Un raisonnement donné ci-dessus à propos de $\int_{\sigma} \frac{df(x,y)}{dy}\,d\sigma$ montre d'ailleurs que cette nouvelle somme, en s, aura toujours la même valeur, de quelque manière que s'y fasse le partage du contour en éléments ds infiniment petits.

On voit donc comment <u>une intégrale double prise dans une étendue donnée, et où l'intégration par rapport à une des variables (qui était ici y) s'effectue immédiatement, peut être changée en une intégrale simple se rapportant à la limite de l'étendue donnée, c'est-à-dire, à tous les éléments ds de la ligne qui représente cette limite.</u>

Une transformation analogue est applicable à toute intégrale triple dont l'élément, qu'on peut représenter par $\frac{df(x,y,z)}{dz}dx\,dy\,dz$, se rapporte à toutes les parties infiniment petites d'un volume donné, et où l'une des trois intégrations, celle qui a lieu par rapport à z, s'effectue de suite. Cette intégration donne en effet, pour la valeur de l'intégrale dans toute l'étendue d'un filet prismatique parallèle aux z et de section infiniment petite $dx\,dy$, se terminant à deux éléments de la surface limite du volume,

$$dx\,dy\int_{z_0}^{z_1}\frac{df(x,y,z)}{dz}dz = f(x,y,z_1)dx\,dy - f(x,y,z_0)\,dx\,dy.$$

Or, en assimilant les deux éléments considérés de la surface à des figures situées dans les plans tangents respectifs, ce que nous verrons tout à l'heure être permis, et en y menant à la surface, vers le dehors, des normales qui feront avec l'axe des z un certain angle, désigné par (n,z), aigu pour un des éléments, obtus pour l'autre, la section droite $dx\,dy$ du filet sera la projection de ces éléments de la surface, sous les angles respectifs (n,z_1), (n,z_0), et aura pour valeur absolue le premier ou le second élément de surface multiplié soit par $\cos(n,z_1)$, soit par $-\cos(n,z_0)$. On déduira aisément de là en procédant comme tout à l'heure, pour la valeur de l'intégrale triple proposée $\iiint\frac{df(x,y,z)}{dz}dx\,dy\,dz$, une intégrale prise sur toute la surface limite et dont l'élément sera le produit de chaque élément de cette surface par la valeur que reçoit sur cet élément l'expression $f(x,y,z)\cos(n,z)$.

Ces sortes de transformations s'emploient constamment dans certaines branches de la mécanique et de la physique mathématique.

257 — Définition et expression générale de l'aire d'une surface courbe.

Imaginons une surface quelconque ASS'B, dont l'équation en coordonnées rectangulaires soit donnée sous la forme $z=f(x,y)$.

et considérons la partie de cette surface que limite une courbe fermée ARBT, définie par sa projection $A'P_1B'P_0$ sur le plan des xy. Afin de simplifier, nous supposerons cette courbe choisie de manière que la portion de surface qu'elle entoure n'admette qu'une seule ordonnée z, pour tout point (x, y), tel que m, de sa projection sur le plan des xy, laquelle couvre évidemment tout l'espace intérieur à la ligne (ou contour apparent) $A'P_1B'P_0A'$; et nous supposerons aussi que, pour une valeur quelconque $OQ = x$ de l'abscisse, ce contour apparent lui-même n'admette que deux ordonnées y, savoir, la plus grande QP_1, que nous représenterons par y_1 et qui sera une certaine fonction, $\varphi_1(x)$, de l'abscisse, et la plus petite, QP_0, que nous représenterons par y_0 et qui sera une autre fonction donnée, $y_0 = \varphi_0(x)$, de x. Enfin, nous appellerons toujours x_0 et x_1, respectivement, la plus petite, $O\alpha$, et la plus grande, $O\beta$, des valeurs que recevra l'abscisse aux divers points soit de la portion considérée de surface, soit de son contour apparent : ces valeurs seront les abscisses des points A et B de la surface, ou des points A' et B' du contour apparent, où ces figures sont touchées par deux plans $AA'\alpha$, $BB'\beta$, normaux à l'axe des x.

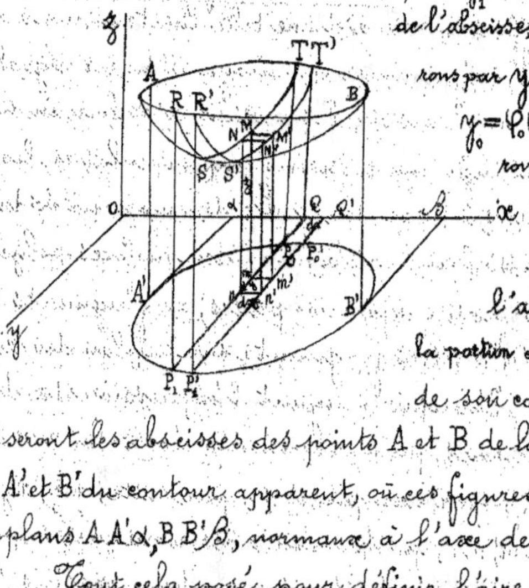

Tout cela posé, pour définir l'aire de la portion donnée ASB de surface courbe, imaginons que l'on construise une surface polyédrique, à faces très petites, très voisines partout de la surface courbe, très peu inclinées par rapport aux plans tangents menés à cette surface en des points voisins, et, enfin, se terminant à un contour qui ait même projection, $A'P_1B'P_0$, que le contour donné ARBT : on l'obtiendra, par exemple, en menant à la surface courbe un grand nombre de plans tangents, se limitant mutuellement et dans tous les sens à de très-petites distances de leurs points de contact.

Si nous prouvons que l'aire totale de la surface polyédrique tendra vers une limite déterminée, en même temps que ses faces, devenant de plus en plus nombreuses et de plus en plus petites, se rapprocheront indéfiniment de la surface courbe et prendront des directions de moins en moins inclinées par rapport à ses plans tangents, il est clair que c'est cette aire limite, valeur, en quelque sorte, de la surface polyédrique au moment où se fera le passage de celle-ci à la surface courbe, qu'il conviendra d'appeler l'aire de cette surface courbe. Or nous allons démontrer en effet l'existence d'une telle limite, et nous apprendrons en même temps à l'exprimer au moyen d'une intégrale double.

Menons, comme dans le cas où il s'agissait d'évaluer un volume, deux systèmes de plans infiniment voisins, perpendiculaires, les uns, à l'axe des x, les autres, à l'axe des y. Ils découperont évidemment le plan des xy, et aussi l'une quelconque des surfaces polyédriques (supposées avoir leurs facettes déja très-petites), en fragments tels que $mm'n'n$ et $MM'N'N$. Ces fragments, sur le plan des xy, seront des rectangles élémentaires, ayant l'expression $dx\,dy$ si (x, y) désigne celui de leurs quatre sommets dont les coordonnées sont les plus petites, m par exemple, et si, par suite, dx, dy sont les accroissements mm', mn, qu'éprouvent ces coordonnées quand on passe du sommet dont il s'agit aux deux voisins. Sur la surface polyédrique, les fragments considérés, tels que $MM'N'N$, appartiendront, tantôt, à une seule facette, tantôt, à plusieurs; mais, dans tous les cas, leurs parties planes ne feront, par hypothèse, que des angles très-petits, aussi petits qu'on voudra, avec le plan tangent mené à la surface au point dont les deux premières coordonnées seront x, y; et, de plus, ces parties, ayant évidemment pour projections, sur le plan des $x\,y$, des parties correspondantes des rectangles $dx\,dy$, considérés tout à l'heure, tels que $m\,m'n'n$, leurs rapports à ces dernières seront exprimés par l'inverse des cosinus des angles sous lesquels aura lieu la projection, c'est-à-dire, par l'inverse de cosinus différant aussi peu qu'on voudra de celui, $\cos\gamma$, de l'angle que fait avec le plan des $x\,y$ le plan tangent dont il vient d'être parlé. Or, d'après la troisième formule (10) (p. 246), ce cosinus a pour expression $\frac{1}{\sqrt{1+p^2+q^2}}$, si p, q désignent les deux dérivées partielles

$$\frac{dz}{dx},\ \frac{dz}{dy} \text{ ou } \frac{df}{dx},\ \frac{df}{dy}.$$

Donc, les rapports des diverses parties de $M\,M'N'N$, par exemple, à leurs projections en $m\,m'n'n$, s'écartent tous fort peu de $\sqrt{1+p^2+q^2}$; et le rapport intermédiaire, $\frac{MM'N'N}{m\,m'\,n'n}$, obtenu en prenant la somme de leurs numérateurs et la somme de leurs dénominateurs, pourra évidemment s'écrire $\sqrt{1+p^2+q^2}+\varepsilon$, si ε désigne une quantité d'autant plus voisine de zéro que les faces de la surface polyédrique considérée seront plus petites et moins inclinées sur les plans tangents. Ainsi, le rectangle $m\,m'n'n$ ayant pour valeur $dx\,dy$, nous aurons

$$\frac{\text{aire } M\,M'N'N}{dx\,dy}=\sqrt{1+p^2+q^2}+\varepsilon,$$

ou bien

$$(8)\quad \text{Aire } M\,M'N'N=\left(\sqrt{1+p^2+q^2}+\varepsilon\right)dx\,dy.$$

Cette formule montre que, si l'on considère, dans la surface polyédrique proposée et dans toutes celles dont les faces sont encore plus petites, la partie qui a pour projection sur le plan des $x\,y$ un même rectangle élémentaire quelconque $m\,m'n'n$, cette partie ne varie, d'une surface à l'autre, que par le terme $\varepsilon\,dx\,dy$, aussi petit qu'on veut en comparaison du terme principal $\sqrt{1+p^2+q^2}\,dx\,dy$. Comme il en sera de même pour toutes les autres parties et, par suite, de même pour les surfaces entières, chacune de ces surfaces, qui est finie, ne différera des autres que par une partie, aussi petite qu'on voudra, de sa valeur. Donc, elles tendent bien vers une certaine grandeur limite, aire de la surface courbe.

A cette limite, $\mathcal{E}$ disparaît, et, si on la suppose atteinte, c'est-à-dire, si $MM'N'N$ est un élément de la surface courbe proposée, la formule précédente (8) devient

$$(9)\qquad \text{Élément } MM'N'N \text{ de la surface courbe} = \sqrt{1+p^2+q^2}\,dx\,dy.$$

C'est une expression de la forme $F(x,y)\,dx\,dy$, puisque p et q désignent les dérivées partielles en x et y de la fonction explicite

$$z = f(x,y).$$

Il est clair que nous obtiendrons actuellement toute la bande, $RR'T'T$, comprise entre les deux plans RP_1Q, $R'P_1'Q'$, dont les abscisses sont $OQ = x$ et $OQ' = x + dx$, en groupant ensemble les éléments pour lesquels x et dx sont les mêmes, c'est-à-dire en intégrant par rapport à y, entre les limites $y_0 = QP_0 = \varphi_0(x)$ et $y_1 = QP_1 = \varphi_1(x)$.

Il viendra

$$\text{Aire de la bande } RR'T'T = dx\int_{y_0}^{y_1}\sqrt{1+p^2+q^2}\,dy.$$

Enfin, la somme des bandes s'évaluera, évidemment, en intégrant par rapport à x, depuis $x = O\alpha = x_0$ jusqu'à $x = O\beta = x_1$.

La formule générale cherchée est donc

$$(10)\qquad \text{Aire } ARBTS = \int_{x_0}^{x_1} dx\int_{y_0}^{y_1}\sqrt{1+p^2+q^2}\,dy = \int_{x_0}^{x_1} dx\int_{\varphi_0(x)}^{\varphi_1(x)}\sqrt{1+\left(\frac{df}{dx}\right)^2+\left(\frac{df}{dy}\right)^2}\,dy.$$

258. — Exemple : surface d'une demi-sphère.

Pour montrer l'usage de la formule précédente, effectuons-en les calculs dans le cas très-simple où il s'agit d'une demi-sphère de rayon r, ayant son cercle de base sur le plan des xy, avec le centre de ce cercle au point O, et située, par exemple, du côté des z positifs. Ici, l'expression de z, déduite de l'équation $x^2+y^2+z^2=r^2$ de la sphère, sera $z=\sqrt{r^2-x^2-y^2}$, valeur qui, différentiée soit en x, soit en y, donne

$$p=\frac{-x}{\sqrt{r^2-x^2-y^2}},\ q=\frac{-y}{\sqrt{r^2-x^2-y^2}},\ \text{et, par suite, } \sqrt{1+p^2+q^2}=\frac{r}{\sqrt{r^2-x^2-y^2}}.$$

D'ailleurs, le contour apparent, cercle de base de la demi-sphère, aura pour équation $x^2+y^2=r^2$; d'où il suit que

$$y_0=-\sqrt{r^2-x^2},\ y_1=\sqrt{r^2-x^2},\quad x_0=-r,\ x_1=r.$$

La formule (10) deviendra donc

$$(11)\qquad \text{Aire de la demi-sphère}=r\int_{-r}^{r}dx\int_{-\sqrt{r^2-x^2}}^{\sqrt{r^2-x^2}}\frac{dy}{\sqrt{r^2-x^2-y^2}}.$$

Or, dans l'intégration par rapport à y, la quantité r^2-x^2 joue le rôle d'une constante, de sorte que $\frac{dy}{\sqrt{r^2-x^2-y^2}}$ y est de la forme $\frac{dy}{\sqrt{a^2-y^2}}$; et, l'expression $\frac{dy}{\sqrt{a^2-y^2}}$ ou $\frac{d\frac{y}{a}}{\sqrt{1-\left(\frac{y}{a}\right)^2}}$ ayant pour intégrale indéfinie $\arcsin\frac{y}{a}$, il vient

$$\int_{-\sqrt{r^2-x^2}}^{\sqrt{r^2-x^2}}\frac{dy}{\sqrt{r^2-x^2-y^2}}=\left(\arcsin\frac{y}{\sqrt{r^2-x^2}}\right)_{-\sqrt{r^2-x^2}}^{\sqrt{r^2-x^2}}=\pi.$$

Les calculs à effectuer ensuite dans (11) ne présentent aucune difficulté et l'on trouve

$$(12)\qquad \text{Surface convexe de la demi-sphère}=2\pi r^2.$$

Ainsi, la surface convexe d'une demi-sphère égale bien, comme on le savait par la géométrie élémentaire, le double de sa projection sur le plan de sa base, c'est-à-dire le double de l'aire πr^2 d'un grand cercle de la sphère.

259. — Cas d'une surface de révolution.

Ce n'est pas seulement quand les surfaces deviennent planes, qu'une des deux intégrations indiquées dans la formule générale (10), de leur aire s'effectue immédiatement, comme nous savons. Le même fait se produit dans un autre cas assez général, qui est celui des surfaces de révolution.

On appelle surface de révolution la surface engendrée par une courbe plane AMB, qui tourne autour d'un axe Ox situé dans son plan. Chaque position, telle que AB, CD, etc., de la courbe génératrice est l'intersection de la surface par un plan mené suivant l'axe de révolution Ox, et constitue ce qu'on appelle un méridien de la surface;

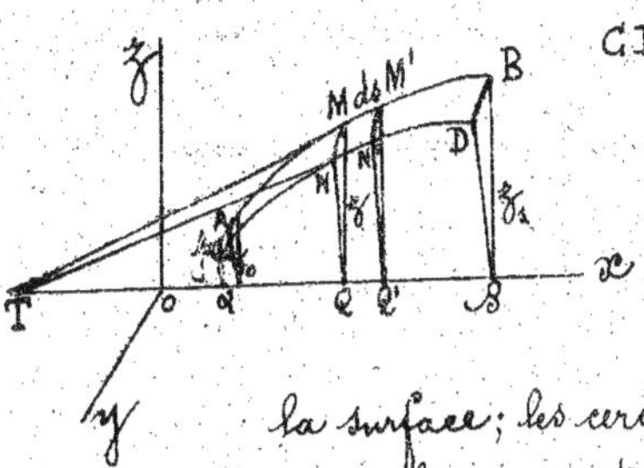

les cercles décrits par les divers points, M, M', etc., de la génératrice, cercles perpendiculaires à l'axe Ox et ayant pour rayons les diverses positions de l'ordonnée correspondante, MQ, ou M'Q', etc., abaissée normalement de ces points de la génératrice sur l'axe, sont dits les cercles parallèles, ou simplement les parallèles, de la surface de révolution.

On peut, pour une telle surface courbe, composer la surface polyédrique, à facettes très-petites, dont l'aire deviendra la sienne à la limite, avec des trapèzes élémentaires, comme MM'N'N, limités par deux positions successives, MM', NN', de la corde d'un très-petit arc $MM' = ds$ de la courbe génératrice, et par les cordes MN, M'N' des arcs circulaires qu'ont décrits, d'une de ces positions à l'autre, les deux extrémités de ds. Ces deux cordes MN, M'N' sont parallèles, comme intersections des deux plans MQN, M'Q'N', normaux tous les deux à Ox, par le plan TM'N', qui contient les deux positions successives TM', TN' de la sécante T'M', prolongement de MM' jusqu'à la rencontre de l'axe. Ainsi, la figure MM'N'N est un trapèze, c'est-à-dire une surface plane; et l'on voit qu'elle se soudera, sans lacunes, soit avec des figures pareilles comprises entre AB et CD, soit avec d'autres comprises entre les plans MNQ et M'N'Q' prolongés, pour former avec elles une surface polyédrique continue, partout très-voisine de la surface courbe. D'ailleurs, chaque facette de cette surface, MNN'M' par exemple, étant menée suivant des cordes, comme MM', MN, qui font entre elles des angles finis, mais qui sont, évidemment, infiniment peu inclinées sur le plan tangent mené à la surface courbe au point de départ de ces cordes, aura presque la direction du plan tangent considéré, en sorte que la surface polyédrique sera bien de celles dont l'aire limite est l'aire même de la surface. On pourrait dire encore, plus simplement, que la surface engendrée par l'arc MM' entre sa première position et la suivante NN', ne diffère visiblement pas dans un rapport fini de celle du trapèze MM'N'N. Donc, de toute manière, il nous suffit d'évaluer le trapèze MM'N'N et de faire la somme des trapèzes pareils inscrits dans la surface courbe.

Or, les angles NMT, MNT se trouvant sensiblement droits, comme angles à la base d'un triangle isocèle TMN dont l'angle au sommet, T, est infiniment petit, le trapèze MM'N'N ne diffère qu'infiniment peu d'un rectangle, et on peut prendre pour son aire le produit MM'×MN, ou, sensiblement, le produit des deux arcs ds et MN. Par suite, la surface totale des trapèzes qui représentent les aires décrites successivement par MM' se fera en multipliant le facteur commun ds par la somme des chemins, tels que MN, que le point M aura parcourus, somme qui n'est autre chose que la circonférence, 2π.MQ, du cercle décrit par l'ordonnée MQ = z de la courbe génératrice. Ainsi, la zone engendrée par l'arc élémentaire ds a pour expression $2\pi z\, ds$. On peut y remplacer z par sa valeur en fonction de x, de la forme $z = f(x)$, résultant de l'équation donnée de la courbe, et ds par sa valeur, également connue, $\sqrt{1+z'^2}\,dx$ ou $\sqrt{1+f'(x)^2}\,dx$. Enfin, la zone finie engendrée par AB s'obtiendra en ajoutant les zones élémentaires comprises depuis l'abscisse $o\alpha = x_0$, qui est celle du point A de la courbe génératrice, jusqu'à l'abscisse $o\beta = x_1$, qui est celle du point B de la même courbe ; et il viendra

(13) $$\text{Surface engendrée par } AB = 2\pi \int_{x=x_0}^{x=x_1} z\,ds = 2\pi \int_{x_0}^{x_1} f(x)\sqrt{1+f'(x)^2}\,dx.$$

Il suffira donc, pour évaluer l'aire de la zone, d'effectuer une seule intégration, dont la difficulté sera plus ou moins grande suivant la formule plus ou moins compliquée, $f(x)$, de l'ordonnée de la courbe génératrice.

Cette intégration peut être faite sous forme finie, par les règles que nous avons données, dans un certain nombre de cas, comme, par exemple, quand il s'agit de la surface d'un ellipsoïde de révolution soit aplati, soit allongé, c'est-à-dire décrit par une demi-ellipse qui, terminée aux deux extrémités soit du petit axe, soit du grand axe, tournerait autour de cet axe.

260. — Cas des corps ronds de la géométrie élémentaire.

Mais nous nous contenterons ici de retrouver les formules de la surface convexe des corps ronds étudiés en géométrie élémentaire, formules qu'on n'y démontre pas toujours bien rigoureusement, faute d'avoir prouvé que les surfaces courbes sont, en étendue, des limites de surfaces polyédriques, comportant, par suite, des évaluations où l'unité est un carré, c'est-à-dire, une surface plane d'une tout autre nature que la surface courbe et non susceptible d'être appliquée sur elle, si ce n'est en se déformant plus ou moins.

Commençons par le tronc de cône. Dans ce cas, la courbe AB se réduit à une droite et, si l'on appelle z_0, z_1 les deux ordonnées

extrêmes $A\alpha$, $B\beta$, c'est-à-dire les rayons des deux bases du tronc, s l'arc, compté à partir de A, l sa longueur totale AB, il est évident que z et s varieront proportionnellement le long de AB, en sorte que le rapport $\frac{z-z_0}{s}$ sera constant et égal à sa valeur finale $\frac{z_1-z_0}{l}$.
On aura donc

$$\frac{z-z_0}{s} = \frac{z_1-z_0}{l} \text{ ou } z = z_0 + \frac{z_1-z_0}{l} s.$$

Comme, d'ailleurs, l'arc s varie entre les limites $s=0$, $s=l$, la formule (13) deviendra, en effectuant finalement l'intégration et réduisant,

(14) Surface convexe du tronc de cône $= 2\pi\int_0^l \left[z_0 + \frac{z_1-z_0}{l} s\right] ds = 2\pi \frac{z_0+z_1}{2} l.$

C'est bien la formule classique; et l'on en déduirait: 1° celle du cylindre, en supposant $z_0 = z_1$, 2° celle du cône, en supposant $z_0 = 0$.

Passons maintenant au cas d'une zone sphérique. Alors la courbe génératrice AB est un arc de cercle, dont la projection sur ox, $\alpha\beta = x_1 - x_0$, mesure la hauteur h de la zone, tandis que les cercles décrits par les deux ordonnées extrêmes $A\alpha$, $B\beta$ sont ses deux bases. Si nous appelons r le rayon de la sphère dont la zone fait partie, c'est-à-dire celui de l'arc donné, et si nous supposons qu'on ait pris le centre pour origine, l'équation de l'arc, tirée de celle du cercle $x^2+z^2=r^2$, sera $z=\sqrt{r^2-x^2}$. Il en résulte

$$dz = \frac{-x\,dx}{\sqrt{r^2-x^2}} \text{ et } ds = \sqrt{1+z'^2}\,dx = \frac{r\,dx}{\sqrt{r^2-x^2}} = \frac{r\,dx}{z}.$$

Donc le produit $z\,ds$ a pour valeur $r\,dx$, et la formule (13) donne

(15) Aire de la zone sphérique $= 2\pi\int_{x_0}^{x_1} r\,dx = 2\pi r(x_1-x_0) = 2\pi r h.$

C'est bien encore la formule usuelle, qui devient celle, $4\pi r^2$, de la surface entière d'une sphère, lorsqu'on y fait la hauteur h égale au diamètre de la sphère.

261. — Du centre de gravité des figures.

Quoique la notion du centre de gravité des corps appartienne surtout à la mécanique, il y a lieu d'en dire quelques mots dans un cours d'analyse, parce qu'elle peut s'appliquer aussi à de simples figures géométriques et que, dans ce cas, elle conduit à quelques théorèmes remarquables concernant certaines catégories de surfaces et de volumes.

On appelle centre de gravité d'un corps le point dont chaque coordonnée, par rapport à un système quelconque d'axes rectilignes, est la moyenne arithmétique des coordonnées de même nom qu'ont les diverses parties de ce corps, quand on le suppose divisé en éléments d'égale masse, infiniment petits dans tous les sens. En d'autres termes, si m est la masse totale du corps, et qu'on la divise en un nombre infini n de parties égales, dm, telles, que chacune n'occupe qu'un espace de dimensions infiniment petites et puisse être ainsi définie, quant à la situation, par les coordonnées x, y, z d'un de ses points, le centre de gravité, que j'appellerai G, sera le point dont les coordonnées, X, Y, Z, auront les valeurs $X = \frac{1}{n}\Sigma x$, $Y = \frac{1}{n}\Sigma y$, $Z = \frac{1}{n}\Sigma z$, le signe de sommation Σ s'étendant à tous les éléments dm du corps.

Démontrons que, conformément à la définition donnée, ce point reste bien le même quand on change les axes. En effet, si x', y', z' désignent, dans un second système d'axes, les coordonnées de l'élément dm, défini en position par x, y, z dans le système primitif, et si X', Y', Z' désignent, de même, les coordonnées nouvelles du point $G(X, Y, Z)$, on sait que ces coordonnées nouvelles s'exprimeront linéairement en fonction des anciennes ; de sorte qu'on aura, par exemple,

$$(16) \qquad X' = \alpha + aX + bY + cZ, \quad x' = \alpha + ax + by + cz,$$

α, a, b, c désignant quatre constantes déterminées. Remplaçons, dans la première (16), X, Y, Z par leurs valeurs $\frac{1}{n}\Sigma x$, $\frac{1}{n}\Sigma y$, $\frac{1}{n}\Sigma z$, en observant que α peut s'écrire aussi $\frac{1}{n}\Sigma\alpha$, pourvu que $\Sigma\alpha$ désigne la somme de n termes égaux à α. Il viendra aisément

$$X' = \frac{1}{n}\Sigma(\alpha + ax + by + cz),$$

ou bien d'après la seconde (16), $X' = \frac{1}{n}\Sigma x'$. On trouverait de même que $Y' = \frac{1}{n}\Sigma y'$, $Z' = \frac{1}{n}\Sigma z'$. Donc, ce n'est pas seulement avec le premier système d'axes que le point G a pour coordonnées les valeurs moyennes des coordonnées de même nom des divers éléments du corps, mais avec un système quelconque d'axes rectilignes.

Si nous multiplions par dm les termes des fractions $\frac{\Sigma x}{n}$, $\frac{\Sigma y}{n}$, $\frac{\Sigma z}{n}$, en observant que le produit n dm n'est autre chose que la masse entière m du corps et, aussi, que les sommes $\Sigma x\,dm$, $\Sigma y\,dm$, $\Sigma z\,dm$ seront des intégrales étendues à tous les éléments dm de cette masse, nous pourrons encore exprimer les coordonnées du centre de gravité par les formules,

$$(17)\qquad X = \frac{1}{m}\int x\,dm,\; Y = \frac{1}{m}\int y\,dm,\; Z = \frac{1}{m}\int z\,dm.$$

Sous cette forme, on pourra ne pas s'astreindre à prendre tous les éléments de masse, dm, égaux. Car, si l'on subdivise les éléments égaux choisis d'abord en fragments quelconques, dont on groupera ensuite plusieurs (contigus) de toute autre manière, ces fragments, dans les intégrales $\int x\,dm$, $\int y\,dm$, $\int z\,dm$ formées avec les nouveaux groupes pour valeurs de dm, se retrouveront tous, multipliés par des coordonnées x, y, z infiniment peu différentes de celles qu'on leur attribuait d'abord; en sorte que les valeurs définitives des sommes de pareils produits, c'est-à-dire des intégrales elles-mêmes, ne seront pas changées. On pourra donc, si la matière est, par exemple, répandue dans un espace à trois dimensions, décomposer cet espace en éléments parallélipipèdes, de la même manière que s'il s'agissait d'en évaluer le volume, et, après avoir remplacé la masse de chaque élément par le produit de son volume et de sa densité, on exprimera les trois sommes $\int x\,dm$, $\int y\,dm$, $\int z\,dm$ par trois intégrales triples, en procédant comme on l'a fait plus haut (formule 4, p. 396) pour la masse elle-même $\int dm = m$. Si, au contraire, la matière était soit étalée en couche infiniment mince sur une surface, soit même disposée le long d'une ligne, on considérerait, au lieu de la densité qui est, en un endroit donné (x, y, z), la masse du corps par unité de volume, ce qu'on pourrait appeler la densité superficielle ou linéaire, c'est-à-dire la masse sous l'unité de surface ou de longueur de la figure dessinée par le corps, et, en choisissant les mêmes éléments de surface ou d'arc que s'il s'agissait de calculer l'aire ou la longueur de cette figure, on exprimerait évidemment les intégrales $\int x\,dm$, $\int y\,dm$, $\int z\,dm$, tout comme la masse $\int dm = m$, au moyen d'intégrales ou doubles, ou simples.

Quand le corps est homogène, c'est-à-dire quand sa densité (cubique, superficielle ou linéaire) est constante, son centre de gravité devient ce qu'on appelle le centre de gravité de la figure même du corps. Alors des éléments de masse égaux correspondent à des éléments de volume, de surface ou de longueur égaux aussi; et l'on peut se dispenser de tenir compte de la densité. Ainsi, le centre de gravité d'une figure est le point qui a chacune de ses coordonnées égale à la moyenne des coordonnées de même nom de tous les éléments, équivalents entr'eux et infiniment petits en tous sens, dont se compose la figure.

Sans insister davantage ici sur la détermination des

centres de gravité, nous observerons que, dans toute figure finie qui possède un centre, c'est-à-dire dont les éléments, égaux deux à deux, sont disposés symétriquement de part et d'autre d'un même point, ce point, centre de la figure, en est aussi le centre de gravité. On sait, en effet, que, lorsqu'on décrit le long d'une même droite, successivement, deux chemins égaux, les deux changements correspondants éprouvés par chaque coordonnée sont égaux aussi. Donc, si l'on considère le centre d'une figure et deux éléments égaux de la figure, situés de part et d'autre, les coordonnées varient juste autant, quand on passe de l'un de ces éléments au centre, que lorsqu'on passe du centre à l'autre élément : ce qui revient à dire que les coordonnées du centre sont les moyennes respectives de celles des deux éléments. Comme il en est de même pour tous les couples de pareils éléments composant la figure, les coordonnées de son centre égalent bien les moyennes générales de celles de toutes ses parties, et ce centre est le centre de gravité.

262. — Volume et surface latérale d'un tronc de prisme droit.

Imaginons un prisme droit, ayant pour base une ligne fermée quelconque a c c' b a, et supposons qu'on le coupe, par un plan BOy, suivant une section oblique quelconque ACC'BA : sa partie comprise entre la base a b et cette section AB est ce qu'on appelle un tronc de prisme droit. Nous nous proposons de former une expression simple de son volume et de sa surface latérale.

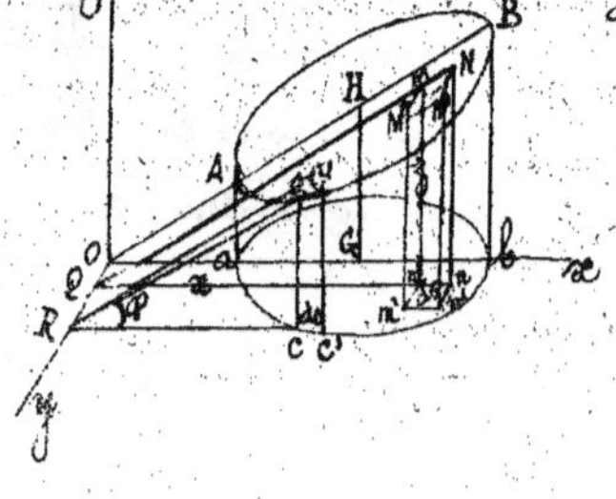

A cet effet, prenons un système d'axes rectangles Ox, Oy, Oz, dont le second, Oy, soit l'intersection des deux plans a c b, ACB, et dont le premier,

Ox, soit, dans le premier de ces plans, une perpendiculaire quelconque à Oy, celle, par exemple, qui passe par le centre de gravité G de la base acb; enfin, nous supposerons le troisième, Oz, qui sera parallèle aux génératrices aA, bB, cC, etc., dirigé du côté où est le tronc de prisme. Observons que, si l'on considère une ordonnée quelconque, $mM = z$, de la base supérieure ACB du tronc, et son abscisse $Qm = x$, dans le plan MmQ parallèle aux zx ou normal à l'arête Oy de l'angle dièdre des deux bases, ces deux coordonnées z et x seront les deux côtés de l'angle droit du triangle rectangle MmQ, dont l'angle Q mesurera le dièdre des deux bases, que nous appellerons φ; en sorte qu'on aura $z = x \operatorname{tg} \varphi$.

Cela posé, pour évaluer le volume du tronc, décomposons-le, d'après la méthode générale que nous avons donnée, en filets élémentaires, tels que $mnn'm'M'N'NM$, ayant pour bases les divers éléments, $mn'n'm = d\sigma$, de la base acb, que j'appellerai σ, et ayant pour hauteurs les ordonnées, z, de la base supérieure ACB, qui correspondent aux coordonnées x, y des éléments considérés $d\sigma$ du plan des xy. Le volume d'un filet élémentaire sera donc $z\,d\sigma$, ou $(\operatorname{tg}\varphi)\,x\,d\sigma$, vu que $z = x \operatorname{tg}\varphi$. Par suite, le volume total égalera la somme de tous les produits pareils, $(\operatorname{tg}\varphi)\,x\,d\sigma$, étendue à la totalité de la surface acb. Mais, si nous considérons l'abscisse OG du centre de gravité de cette surface, nous savons qu'on aura $OG = \frac{1}{\sigma}\int x\,d\sigma$, et, par suite, $\int x\,d\sigma = \sigma . OG$, ou $(\operatorname{tg}\varphi)\int x\,d\sigma = \sigma \times OG . \operatorname{tg}\varphi$. Or le produit $OG . \operatorname{tg}\varphi$ n'est évidemment autre que la hauteur GH du tronc, mesurée, perpendiculairement à la base, au dessus du point G. Donc, si nous appelons h cette hauteur, le volume du tronc sera exprimé simplement par σh. Ainsi, <u>le volume d'un tronc de prisme droit égale le produit de sa base par sa hauteur, mesurée perpendiculairement</u>

au dessus du centre de gravité de cette base.

Quant à la surface latérale, il est évident que, si ds désigne un élément quelconque, cc', du contour s de la base, on pourra prendre pour un élément de cette surface une bande droite, $cc'C'C$, comprise entre les deux génératrices cC, $c'C'$ issues des extrémités de ds, et que cette bande aura sensiblement pour expression $cC \times cc'$, ou $(\mathrm{tg}\,\varphi) x\,ds$, en appelant x l'abscisse de l'élément ds. L'aire totale vaudra donc $(\mathrm{tg}\,\varphi)\int x\,ds$. Or, considérons, dans le plan de la base acb, le centre de gravité de son contour, centre qui diffère généralement de celui de sa surface, mais que nous représenterons encore par G, pour ne pas compliquer la figure. Son abscisse OG sera la valeur moyenne, $\frac{1}{s}\int x\,ds$, de x sur tout le contour, et l'expression $(\mathrm{tg}\,\varphi)\int x\,ds$ pourra être remplacée par $s \times OG\,\mathrm{tg}\,\varphi = s \times GH$. Si donc on appelle h' la hauteur du tronc, mesurée au dessus du centre de gravité du contour de la base, il viendra, pour la valeur de la surface latérale, sh'.

En résumé, on obtient le volume et la surface latérale d'un tronc de prisme droit, en multipliant soit sa base, soit le contour de sa base, par la hauteur correspondante du tronc, mesurée perpendiculairement au dessus du centre de gravité ou de cette base, ou de ce contour.

263. — Théorème de Guldin.

Imaginons actuellement que l'angle φ des deux bases devienne infiniment petit. Alors les ordonnées z, telles que mM, ne présenteront que des différences et des écarts infiniment petits du second ordre d'avec les chemins que décriraient les divers points de la figure acb, si on la faisait tourner de l'angle φ autour de Oy pour l'amener dans le plan AGB; car l'ordonnée mM, située dans le plan $m\mu M$ de l'arc de cercle, perpendiculaire à Oy, qu'un pareil mouvement ferait parcourir au point m, et se trouvant d'ailleurs normale à l'extrémité du rayon Qm de ce cercle, est la tangente à l'arc ainsi décrit. Il résulte évidemment de là que le volume ou l'aire engendrés par chaque élément de la surface acb ou de son contour ne pourront pas différer, d'une manière appréciable, du volume et de l'aire qui ont ces éléments pour base dans le tronc de prisme, et que, par suite, le volume total et l'aire totale décrits seront également les produits respectifs de la surface acb, ou de son contour, par le chemin infiniment petit, égal sensiblement à GH, qu'aura parcouru le centre de gravité de cette surface ou de ce contour. Et si, après cette rotation infiniment petite de la figure acb, il en survient une seconde, soit autour du même axe Oy, soit autour d'un autre axe situé dans le plan ACB de sa nouvelle position, le volume et l'aire décrits pendant ce second mouvement égaleront encore les produits respectifs des mêmes multiplicandes, surface ou contour, par le nouveau chemin qu'aura parcouru le centre de gravité considéré. En continuant de même pour une infinité de rotations successives, puis faisant la somme des volumes ou aires correspondantes obtenus, on arrivera évidemment à ce théorème :

<u>Toute figure plane (ligne ou surface) qui se meut dans l'espace, en tournant autour d'un axe ou d'axes situés à chaque instant dans son plan, décrit une autre figure (surface ou volume) égale au produit de la figure génératrice par le chemin que parcourt son centre de gravité.</u>

Cette belle loi est appelée le <u>Théorème de Guldin</u>. On s'en sert, tantôt, pour obtenir l'expression de la figure engendrée, quand on connaît la position du centre de gravité de la figure génératrice, et tantôt, au contraire, pour déterminer cette position, quand on connaît l'expression de la figure engendrée.

264 — Surface et volume du tore ou anneau.

Nous nous contenterons ici d'en déduire les formules de la surface et du volume d'un tore. On appelle ainsi l'anneau, QSTMN, que décrit un cercle CQST, d'un rayon donné CS = r, en tournant autour d'un axe AOA' situé dans le même plan mais extérieur à ce cercle : c'est donc une surface de révolution qui a des cercles, non seulement pour parallèles, mais même pour méridiens. La figure n'en représente que la moitié.

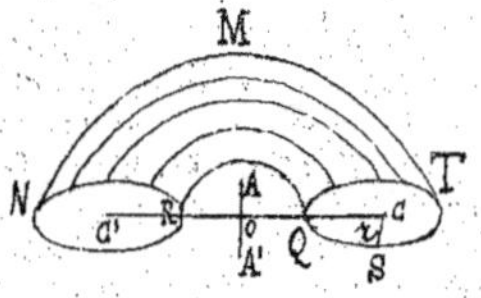

Le centre C du cercle générateur est, tout à la fois, le centre de gravité de sa surface et de son contour. D'ailleurs, le chemin qu'il décrit, dans une rotation complète autour de AOA', est une circonférence ayant pour rayon la distance, OC = OC' = R, qui sépare le centre O du tore du centre C du cercle générateur : sa longueur est donc $2\pi R$. Par suite, la surface du tore égalera le produit, $(2\pi r)(2\pi R) = 4\pi^2 r R$, de la circonférence génératrice par la circonférence qu'aura décrite son centre ; et le volume du tore égalera le produit, $(\pi r^2)(2\pi R) = 2\pi^2 r^2 R$, du cercle générateur πr^2 par la même circonférence $2\pi R$ qu'aura décrite son centre.

33ème Leçon — Différentiation des intégrales définies et calcul de certaines d'entr'elles sans passer par les intégrales indéfinies.

265 — Différentiation d'une intégrale définie.

Une intégrale définie dépend évidemment de ses limites et des variables, autres que celles d'intégration, qui paraissent dans l'expression de son élément. Considérons, par exemple, une intégrale de la forme $\int_a^b f(x,c)\,dx$, où c désigne un paramètre dont $f(x,c)$ est soit une fonction explicite, soit une fonction implicite (en tant que les diverses variables, autres que x, qui entrent dans $f(x,c)$ seraient censées dépendre de c). Il est clair qu'une telle intégrale variera si on y fait varier c, ce qui modifiera la valeur de chacun de ses éléments, et qu'elle changera aussi avec le nombre de ces derniers, c'est-à-dire, si, en changeant a et b, on lui fait gagner ou perdre certains éléments.

La somme $\int_a^b f(x,c)\,dx$ étant ainsi une fonction des trois variables a, b, c, il y a lieu de chercher sa différentielle, expression de l'accroissement qu'elle éprouvera lorsque c croîtra de dc et que les limites deviendront $a+da$, $b+db$. Dans ce nouvel état de l'intégrale, x va de $a+da$ à $b+db$; ce qui revient à le faire varier d'abord de $a+da$ à a, puis de a à b, et, enfin, de b à $b+db$. Comme, d'ailleurs, c y a crû de dc, ou que l'élément est devenu $f(x, c+dc)\,dx$, l'intégrale aura pour valeur

$$\int_{a+da}^{a} f(x,c+dc)\,dx+\int_a^b f(x,c+dc)\,dx+\int_b^{b+db} f(x,c+dc)\,dx.$$

Dans le premier et le troisième de ces termes, l'intervalle à l'intérieur duquel x varie est infiniment restreint; de sorte que la fonction $f(x,c+dc)$ y reste constante, sauf erreur relative négligeable: sa valeur y est, respectivement, $f(a+da,c+dc)$ et $f(b,c+dc)$, c'est-à-dire, à des infiniment petits près, $f(a,c)$, $f(b,c)$. Ces deux termes valent, par suite, le premier, $-f(a,c)da$, l'autre, $f(b,c)db$; et leur somme peut s'écrire, sous une forme condensée qui nous est familière,

(1) $\left[f(x,c)dx\right]_a^b$, ce qui signifie $f(b,c)db-f(a,c)da$.

Quant au second terme, $\int_a^b f(x,c+dc)dx$, chaque élément, $f(x,c+dc)dx$, y vaut, évidemment, $\left[f(x,c)+\frac{df(x,c)}{dc}dc\right]dx$, ou bien $f(x,c)dx+(dc)\frac{df(x,c)}{dc}dx$; en sorte que ce second terme tout entier égalera $\int_a^b f(x,c)dx+(dc)\int_a^b\frac{df(x,c)}{dc}dx$. On voit que son excédant sur la valeur primitive, $\int_a^b f(x,c)dx$, de l'intégrale est $(dc)\int_a^b\frac{df(x,c)}{dc}dx$.

En somme, l'augmentation, $d\int_a^b f(x,c)dx$, éprouvée par l'intégrale proposée, se composera des deux termes (1), dits <u>termes aux limites</u>, et de l'intégrale $(dc)\int_a^b\frac{df(x,c)}{dc}dx$. La différentielle cherchée aura donc pour expression

(2) $$d\int_a^b f(x,c)dx=\left[f(x,c)dx\right]_a^b+\left(\int_a^b\frac{df(x,c)}{dc}dx\right)dc=f(b,c)db-f(a,c)da+dc\int_a^b\frac{df(x,c)}{dc}dx.$$

Imaginons que a et b, de même que tous les paramètres qui entreraient dans l'expression de la fonction sous le signe $\int$, dépendent de c; nous aurons la dérivée complète de l'intégrale en divisant par dc chaque membre de la relation (2). Il viendra, pour cette dérivée, si b' et a' sont les deux dérivées de b et a par rapport à c,

$$\frac{d}{dc}\int_a^b f(x,c)dx=\left[f(x,c)\frac{dx}{dc}\right]_a^b+\int_a^b\frac{df(x,c)}{dc}dx=f(b,c)b'-f(a,c)a'+\int_a^b\frac{df(x,c)}{dc}dx.$$

Dans le cas où les limites a et b seraient indépendantes du paramètre variable c, on aurait simplement

(3) $$\frac{d}{dc}\int_a^b f(x,c)dx=\int_a^b\frac{df(x,c)}{dc}dx.$$

On voit que, alors, <u>pour différentier l'intégrale par rapport au paramètre dont dépend la fonction sous le signe $\int$, il suffit</u>

de différentier, sous le signe $\int$, cette fonction elle-même, par rapport au paramètre considéré. Cette opération s'appelle une différentiation sous le signe $\int$.

266. — Evaluation de certaines intégrales définies, par une différentiation sous le signe $\int$.

Supposons qu'on ait obtenu soit par le procédé ordinaire, qui consiste à calculer d'abord l'intégrale indéfinie et à évaluer l'accroissement qu'elle éprouve entre les deux limites, soit par l'une quelconque des méthodes spéciales dont il sera question plus loin, la valeur d'intégrales définies de l'une des deux formes

$$\int_a^x f(x,c)\,dx, \int_a^b f(x,c)\,dx,$$

intégrales telles, que leur élément dépende d'un paramètre c et que leur limite inférieure soit constante, tandis que leur limite supérieure, également constante dans la seconde, reste, dans la première, variable ou quelconque, sans dépendre pourtant de c. Nous exprimerons par $F(x,c)$ la valeur de cette première intégrale, évidemment fonction de c et de la limite variable x; quant à la seconde, fonction de c seulement, nous la représenterons par $\varphi(c)$.

Cela posé, la différentiation, par rapport à c, des deux relations

$$(4) \qquad \int_a^x f(x,c)\,dx = F(x,c), \int_a^b f(x,c)\,dx = \varphi(c),$$

nous donnera, d'après la règle précédente,

$$(5) \qquad \int_a^x f'_c(x,c)\,dx = F'_c(x,c), \int_a^b f'_c(x,c)\,dx = \varphi'(c).$$

On voit que la différentiation des intégrales (4), déjà calculées, par rapport à un paramètre c dont leur élément est fonction, fera connaître, sans aucune sommation nouvelle, les intégrales (5). La première de celles-ci possède, comme celle dont on l'a déduite, la même généralité qu'une intégrale indéfinie, à une constante arbitraire près, puisque la limite supérieure y est variable. Quant à la seconde (5), prise entre des limites constantes, il arrivera souvent qu'elle se trouvera ainsi évaluée dans des cas où il serait impossible d'avoir l'intégrale indéfinie correspondante ou, ce qui revient au même, l'intégrale définie $\int_a^x f(x,c)dx$; car l'intégrale (4) d'où l'on est parti pour l'obtenir, $\int_a^\infty f(x,c)\,dx$, peut avoir été calculée par un des procédés spéciaux dont il sera question plus loin et qui, applicables seulement pour certaines valeurs des limites, ne supposent pas du tout que l'on connaisse ou puisse connaître l'expression générale de $\int_a^x f(x,c)\,dx$.

N'ayant pas vu encore les procédés spéciaux dont il s'agit, bornons-nous à un exemple de la première catégorie. A cet effet, prenons pour point de départ l'intégrale, immédiatement calculable,

$$(6)\qquad \int_0^x \frac{dx}{c+x^2} = \frac{1}{\sqrt{c}} \operatorname{arctg} \frac{x}{\sqrt{c}}.$$

Comme on a, ici, $f(x,c)=(c+x^2)^{-1}$, un certain nombre, n, de différentiations successives donneront $f_c^{(n)}(x,c) = \mp 1.2.3\ldots n(c+x^2)^{-(n+1)}$, et la relation (6), différentiée n fois, puis divisée par $\mp 1.2.3\ldots n$, deviendra

$$(7)\qquad \int_0^x \frac{dx}{(c+x^2)^{n+1}} = \frac{\mp 1}{1.2.3\ldots n}\, \frac{d^n}{dc^n}\left(\frac{1}{\sqrt{c}} \operatorname{arctg} \frac{x}{\sqrt{c}}\right).$$

Le signe supérieur correspond aux valeurs impaires de n et le signe inférieur, +, aux valeurs paires. Les différentiations par rapport à c, indiquées dans le second nombre, s'effectuent sans difficulté. Elles se simplifient même beaucoup quand la limite supérieure x devient infinie; car, alors, pour $x = +\infty$ par exemple, $\operatorname{arctg} \frac{x}{\sqrt{c}}$ égale $\frac{\pi}{2}$, et l'expression à différentier se réduit à $\frac{1}{\sqrt{c}}\frac{\pi}{2} = \frac{\pi}{2} c^{-\frac{1}{2}}$, fonction de c qui a, pour dérivée $n^{\text{ème}}$, $\mp \frac{\pi}{2}\cdot\frac{1}{2}\cdot\frac{3}{2}\cdot\frac{5}{2}\cdots\frac{2n-1}{2} c^{-\frac{1}{2}-\frac{2n-1}{2}}$. Il viendra donc

$$(8)\qquad \int_0^\infty \frac{dx}{(c+x^2)^{n+1}} = \frac{1}{2}\cdot\frac{3}{4}\cdot\frac{5}{6}\cdots\frac{2n-1}{2n}\;\frac{\pi}{2c^n\sqrt{c}}.$$

267. — Intégration sous le signe $\int$.

Mais passons aux procédés qui permettent d'obtenir immédiatement certaines intégrales définies, dans des cas où l'intégrale indéfinie ne pourrait être calculée exactement par aucune méthode connue. Les deux plus importants se rattachent à la théorie des intégrales doubles.

Je parlerai d'abord de celui qu'on a appelé intégration sous le signe $\int$, et qui est basé sur la propriété, dont jouissent les intégrales multiples à limites constantes, de conserver leur valeur quand on y intervertit l'ordre des intégrations (n° 256, p. 400). Il consiste dans l'emploi d'une intégrale double, à limites constantes, où les intégrations peuvent se faire complètement quand on les effectue dans un certain ordre, tandis qu'une seule des deux aboutit lorsqu'on change cet ordre. On obtient ainsi deux expressions égales, dont l'une est une intégrale définie simple, tandis que l'autre est sa valeur sous forme finie.

Considérons, par exemple, une intégrale évaluée plus haut (n° 227, 3°, p. 327),

$$(9)\qquad \int_0^\infty e^{-ax}\cos bx\,dx = \frac{a}{a^2+b^2}\ (\text{pour } a>0).$$

Regardons-y b comme une variable, et, après avoir multiplié les deux membres par db, intégrons-les par rapport à b, entre deux limites constantes 0 et b. Nous aurons

$$(10)\qquad \int_0^b db\int_0^\infty e^{-ax}\cos bx\,dx = \int_0^b \frac{a\,db}{a^2+b^2} = \left(\operatorname{arctg}\frac{b}{a}\right)_{b=0}^{b=b} = \operatorname{arctg}\frac{b}{a}.$$

On voit que les deux intégrations indiquées dans l'intégrale double $\int_0^b db\int_0^\infty e^{-ax}\cos bx\,dx$ ont pu se faire complètement en commençant par celle qui est relative à x. Si, au contraire, nous voulons effectuer d'abord l'intégration relative à b, l'intégrale double deviendra successivement

$$\int_0^\infty dx\int_0^b e^{-ax}\cos xb\,db = \int_0^\infty dx.e^{-ax}\int_0^b \cos xb.db = \int_0^\infty dx.e^{-ax}\left(\frac{\sin xb}{x}\right)_0^b = \int_0^\infty e^{-ax}\frac{\sin bx}{x}dx.$$

L'intégration par rapport à b, seule, a pu se faire; et c'est parce qu'on l'a effectuée sur la fonction, $e^{-ax}\cos xb$, qui était placée sous le signe $\int_0^\infty$ d'intégration par rapport à x, qu'on donne au procédé le nom d'intégration sous le signe $\int$. On aura donc, en égalant les deux expressions obtenues pour l'intégrale double,

$$(11) \qquad \int_0^\infty e^{-ax}\frac{\sin bx}{x}\,dx = \operatorname{arctg}\frac{b}{a} \ (\text{pour } a>0).$$

Ainsi se trouve évaluée, entre les limites 0 et ∞, l'intégrale de $e^{-ax}\frac{\sin bx}{x}dx$, différentielle dont la fonction primitive est cependant inconnue.

On remarquera que, si on la représente par une aire, cette intégrale (11) sera de celles que nous avons étudiées dans le numéro 243 (p. 361): il y répond en gros la figure du bas de la page 360, à cela près que, ici, le facteur $\frac{1}{x}$ empêche l'ordonnée de s'annuler pour $x=0$. Cette figure, à cause du facteur $\frac{1}{x}$ décroissant quand x grandit, convient même encore, dans ses traits généraux, lorsqu'on fait tendre a vers zéro et, par suite, $\frac{e^{-ax}}{x}$ vers $\frac{1}{x}$. A cette limite, l'expression, $\operatorname{arctg}\frac{b}{a}$, de l'intégrale devient $\operatorname{arctg}\infty = \frac{\pi}{2}$, pour toutes les valeurs positives de b, et $\operatorname{arctg}(-\infty) = -\frac{\pi}{2}$, pour toutes les valeurs négatives de b. La propriété qu'elle acquiert de ne plus dépendre de la valeur absolue de b est très-importante, car elle permet de démontrer la légitimité de certains modes de développement des fonctions en séries dites trigonométriques, développements auxquels nous ne pouvons malheureusement pas nous arrêter ici.

268. — Intégration par décomposition d'une intégrale double en produits d'intégrales simples.

Le second procédé de calcul de certaines intégrales simples par le moyen d'intégrales doubles consiste à décomposer une intégrale double, dont on puisse connaître d'autre part la valeur, en facteurs qui soient des intégrales simples, ou en plusieurs termes finis, chacun, de pareils facteurs. On obtient ainsi, entre ces facteurs, des relations finies, qui servent à les évaluer.

Considérons, par exemple, une intégrale double, de la forme $\int_a^b dx \int_m^n \varphi(x)\,\psi(y)\,dy$, c'est-à-dire, dont les limites soient constantes et où la fonction sous les signes $\int$ égale le produit de deux facteurs ne contenant, chacun, qu'une seule des deux variables x, y.

Le facteur $\varphi(x)$ sera constant pendant l'intégration relative à y, et cette intégration donnera $\int_m^n \varphi(x)\,\psi(y)\,dy = \varphi(x)\int_m^n \psi(y)\,dy$. Par suite, $\int_m^n \psi(y)\,dy$ étant désormais et à son tour, dans ce résultat, un certain facteur constant, on pourra, en intégrant par rapport à x, le faire sortir du signe $\int$ et l'on aura finalement

$$(12) \qquad \int_{x=a}^{x=b}\int_{y=m}^{y=n} \varphi(x)\,\psi(y)\,dx\,dy = \left[\int_a^b \varphi(x)\,dx\right]\left[\int_m^n \psi(y)\,dy\right].$$

Si donc on parvient, par une voie quelconque, à calculer l'intégrale double, la formule (12) sera une relation sous forme finie entre les deux intégrales simples $\int_a^b \varphi(x)\,dx$, $\int_m^n \psi(y)\,dy$, et elle pourra servir à les déterminer.

Mais il faut, pour cela, transformer l'intégrale double au moyen d'un changement de variables; car, tant qu'on y laissera paraître x et y ou que les intégrations devront se faire par rapport à x et à y, la valeur de $\int_a^b dx \int_m^n \varphi(x)\,\psi(y)\,dy$ ne pourra s'obtenir, comme le montre (12), qu'en calculant préalablement les deux intégrales $\int_a^b \varphi(x)\,dx$, $\int_m^n \psi(y)\,dy$: ce qu'il s'agit précisément d'éviter.

Voyons donc, sur l'exemple le plus important qu'on en puisse donner, comment s'effectuera cette transformation d'une intégrale double.

269. — De la transformation des intégrales multiples: transformation de $\iint_0^{+\infty} f(x,y)\,dx\,dy$, quand on y remplace x et y, coordonnées rectangles, par des coordonnées polaires.

L'exemple dont il s'agit est celui de l'intégrale $\int_0^\infty dx \int_0^\infty f(x,y)\,dy$

ou, sous une forme un peu plus brève, $\iint_0^{+\infty} f(x,y)\,dx\,dy$, quand on y remplace x et y par deux nouvelles variables, r et θ, liées à x et à y au moyen des deux relations $x = r\cos\theta$, $y = r\sin\theta$. En d'autres termes, il s'agit de substituer à x et à y, considérées comme des coordonnées rectangles dans le plan xOy, des coordonnées polaires r et θ.

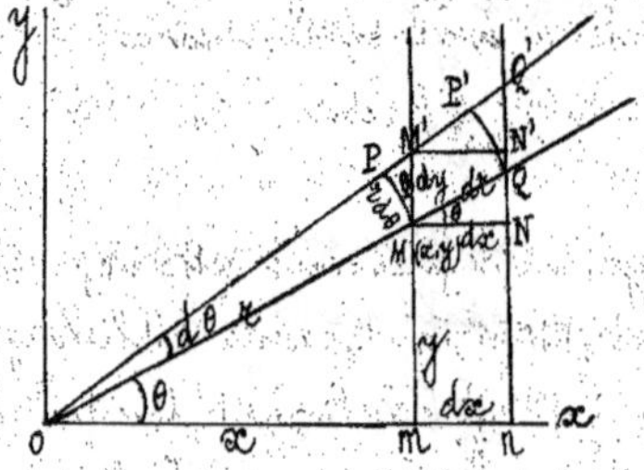

On voit que chaque élément de l'intégrale, $f(x,y)\,dx\,dy$, s'obtient en multipliant l'aire, $dx\,dy$, d'un rectangle élémentaire $MNN'M'$ du plan, par la valeur que reçoit la fonction $f(x,y)$ en un point de ce rectangle, point qui sera, par exemple, le premier sommet, M, dont nous appellerons x, y les coordonnées. Et l'intégrale entière, où x et y croissent de zéro à l'infini, sera la somme des produits pareils pour toute la surface comprise dans l'angle xOy des coordonnées positives. Elle égale donc l'expression $\int f(x,y)\,d\sigma$, étendue à tous les éléments $d\sigma$ de surface qui existent dans cet angle xOy.

Il est d'ailleurs évident que cette somme, $\int f(x,y)\,d\sigma$, n'a une valeur finie, déterminée, comme on le suppose, qu'autant que la fonction $f(x,y)$ tend vers zéro, et même assez vite, à mesure que x ou y grandissent, sans quoi $\int f(x,y)\,d\sigma$ serait comparable à $\int d\sigma$, c'est-à-dire infinie.

Procédons à la transformation. Dans l'intégrale proposée, il y a en premier lieu à intégrer, de $y = 0$ à $y = \infty$, l'expression $f(x,y)\,dx\,dy$, sans faire varier ni x, ni dx. Comme il faut évidemment, pour ne rien compliquer, remplacer y par une expression où il n'y ait qu'une seule variable qui change, nous exprimerons y en fonction d'une des nouvelles coordonnées, θ par exemple, et des variables qui ne changent pas actuellement, c'est-à-dire de x. Donc il faudra, des deux équations $x = r\cos\theta$, $y = r\sin\theta$, tirer y en fonction de x et θ, ce qui donne $y = x\,\mathrm{tg}\,\theta$; puis, x conservant sa valeur actuelle positive et dy étant ainsi égal à $x\,d\,\mathrm{tg}\,\theta = \frac{x\,d\theta}{\cos^2\theta}$, on fera croître y et, par suite, $\mathrm{tg}\,\theta$ de 0 à ∞, ou θ de 0 à $\frac{\pi}{2}$. La somme à évaluer deviendra

$$\int_{\theta=0}^{\theta=\frac{\pi}{2}} f(x, x\,\mathrm{tg}\,\theta)\frac{x\,d\theta}{\cos^2\theta}\,dx.$$

Il est aisé d'interpréter géométriquement cette expression, où $d\theta$ désigne l'accroissement, MOM', qu'éprouve θ le long de MM' = dy. Quand y grandit de zéro à l'infini le long de l'ordonnée mM prolongée, il y a ainsi, successivement, une infinité de valeurs de θ qui se présentent, et chacune d'elles caractérise un rayon vecteur, tel que OM ou OM', dont l'équation est θ = constante. Or on voit que deux rayons vecteurs consécutifs, OMQ et OM'Q', interceptent entre les deux ordonnées fixes mM, nN, d'abscisses x et $x + dx$, des parallélogrammes élémentaires, MM'Q'Q, équivalents aux rectangles primitifs, MM'N'N, comme ayant un côté, MM' = dy, commun et les côtés opposés, NN', QQ', sur une même parallèle au premier. Ainsi, maintenant que les variables sont x et θ, au lieu de x et y, l'aire élémentaire n'est plus précisément le rectangle, $dx\,dy$, limité par des côtés ayant leurs équations de la forme x = const., y = const.; mais elle s'est transformée d'elle-même, tout en conservant sa valeur, en celle d'une figure dont les côtés, MM', QQ', MQ, M'Q', ont des équations de la forme, analogue, x = const. θ = const. Et la somme obtenue,

$$\int_{\theta=0}^{\theta=\frac{\pi}{2}} f(x, x\,\mathrm{tg}\,\theta)\frac{x\,dx\,d\theta}{\cos^2\theta},$$

correspond toujours à l'aire totale de la bande élémentaire, de largeur

dx, comprise entre les deux ordonnées indéfinies mM', nQ': seulement, cette bande se trouve maintenant divisée en parallélogrammes élémentaires, dont les côtés non-verticaux ont cessé d'être horizontaux pour s'orienter tous vers l'origine O. Et, comme, d'ailleurs, l'intégration par rapport à θ, effectuée entre $\theta=0$ et $\theta=\frac{\pi}{2}$, donne le même résultat quels que soient les intervalles $d\theta$, égaux ou inégaux, pourvu qu'ils restent infiniment petits, on pourra les supposer les mêmes pour **toutes les** bandes élémentaires parallèles aux y, afin que les rayons vecteurs OQ, OQ', etc., déjà tracés pour diviser la bande $mnQ'M'$ en parallélogrammes élémentaires, remplissent aussi le même rôle **dans** toutes les autres.

Reprenons actuellement la transformation analytique de l'intégrale, **de forme** $\int_{x=0}^{x=\infty}\int_{\theta=0}^{\theta=\frac{\pi}{2}} f(x, x\,tg\theta)\,\frac{x\,dx\,d\theta}{\cos^2\theta}$, et où il nous reste à remplacer l'ancienne variable x par la nouvelle, non encore introduite, r. Or, pour éliminer x, nous n'aurons qu'à procéder comme nous l'avons fait pour éliminer y. Nous supposerons, par conséquent, qu'on effectue d'abord l'intégration par rapport à x, **dans laquelle on ne fait pas** varier θ, ni $d\theta$: ce qui reviendra à grouper ensemble les parallélogrammes $MQQ'M'$ compris, non plus entre deux ordonnées mM', nQ', mais entre deux rayons vecteurs OQ, OQ', ayant les angles polaires θ, $\theta+d\theta$ et remplissant l'espace QOQ', de longueur indéfinie. Donc, dans la valeur de x, qui est $x=r\cos\theta$, θ, compris entre 0 et $\frac{\pi}{2}$, ne changera pas, et il viendra

$$dx=\cos\theta\,dr,\quad x\,dx=\cos^2\theta.\,r\,dr.$$

De plus, r croissant, comme x, de zéro à l'infini, les éléments de l'intégrale, pour toute la bande angulaire QOQ', auront la valeur totale $\int_{r=0}^{r=\infty} f(r\cos\theta, r\cos\theta\,tg\theta)\,\frac{\cos^2\theta\,r\,dr\,d\theta}{\cos^2\theta}$, ou, en simplifiant,

$$\int_{r=0}^{r=\infty} f(r\cos\theta, r\sin\theta)\,r\,dr\,d\theta.$$

Il n'y aura plus ensuite qu'à effectuer l'intégration par rapport à θ, de zéro à $\frac{\pi}{2}$, c'est-à-dire la sommation pour toutes les bandes angulaires comprises dans l'angle xOy; ce qui donnera le résultat cherché:

$$(13) \qquad \iint_0^{+\infty} f(x,y)\,dx\,dy = \int_0^{\frac{\pi}{2}} d\theta \int_0^{\infty} f(r\cos\theta, r\sin\theta)\,r\,dr.$$

Mais, avant d'en tirer parti sur divers exemples, interprétons géométriquement notre dernière transformation, de x en r, comme nous avons fait plus haut celle de y en θ. Si nous observons que, pour θ constant, mais pour x croissant de $mn = dx$, l'augmentation dr du rayon vecteur est celle, MQ, qu'éprouve OM, et que, en outre, le produit $r\,d\theta$ vaut l'arc élémentaire MP, de rayon r, décrit de l'origine comme centre entre les deux côtés de l'angle $QOQ' = d\theta$, nous reconnaîtrons que la nouvelle expression, $r\,d\theta\,dr$ ou $r\,dr\,d\theta$, trouvée pour l'aire $\frac{x\,dx\,d\theta}{\cos^2\theta}$, n'est autre que le produit (MP)(MQ), c'est-à-dire, sauf erreur négligeable, la surface MQP'P comprise entre les deux rayons vecteurs OQ, OQ' et les deux arcs, MP, QP', des cercles qui ont pour rayons vecteurs constants r, $r+dr$, cercles dont les équations sont de la forme r = constante. Il est évident, en effet que le parallélogramme MQQ'M' et le rectangle MQP'P sont équivalents, puisqu'ils ont base commune MQ, et les côtés opposés M'Q', PP' sur une même parallèle à cette base.

Ainsi, <u>l'effet de chaque transformation est de substituer au précédent élément de surface un élément équivalent, mais dont les côtés ont des équations qui s'obtiennent en égalant à des constantes les nouvelles coordonnées</u>. On sait d'ailleurs que, dans chaque espace angulaire tel que QOQ', l'intégrale aura la même valeur totale quelles que soient les valeurs successives, OM, OQ, etc., de r, pourvu qu'elles se suivent à des intervalles infiniment petits. On prendra donc ces valeurs pareilles dans tous les espaces angulaires, afin que les mêmes cercles, décrits autour de l'origine comme centre, servent pour tous et qu'on puisse ainsi, à volonté, grouper les éléments, **soit** en bandes angulaires comme celles que l'on a considérées, soit en bandes annulaires comprises entre deux cercles concentriques successifs ayant les rayons r et $r+dr$.

On voit que les deux formes, (13), de la même intégrale $\iint f(x,y)\,d\sigma$, auraient pu se trouver de suite, géométriquement, en décomposant l'espace xoy, d'une part, en rectangles rectilignes, $d\sigma = dx\,dy$, par le double système des droites $x = \text{const.}$, $y = \text{const.}$, d'autre part, en rectangles mixtilignes, $d\sigma = r\,d\theta\,dr$, par un système de droites (rayons vecteurs), $\theta = \text{const.}$, et par le système de cercles concentriques $r = \text{const.}$, puis en groupant, dans chaque cas, les éléments en bandes limitées par deux lignes de la même famille. **Mais cette méthode presque immédiate** n'aurait rien appris sur le passage de l'une des formes à l'autre ou sur les intermédiaires qui les relient.

Les procédés indiqués de transformation **s'appliqueraient d'ailleurs** à un changement quelconque de variables, dans une intégrale double ou même triple, etc.

270.— <u>Premier exemple: intégrale de Poisson et détermination de $\Gamma\left(\frac{1}{2}\right)$.</u>

Pour donner un premier exemple du calcul d'une intégrale simple par celui d'une intégrale double qui la contient comme facteur, considérons l'intégrale $\int_0^\infty e^{-x^2}dx$, dite <u>intégrale de Poisson</u>, et que nous pouvons écrire, **à volonté**, soit $\int_0^\infty e^{-x^2}dx$, soit $\int_0^\infty e^{-y^2}dy$. **En multipliant** ces deux expressions, il viendra

$$\left(\int_0^\infty e^{-x^2}dx\right)^2 = \iint_0^{+\infty} e^{-(x^2+y^2)}dx\,dy.$$

Or la formule de transformation (13) change immédiatement l'intégrale double $\iint_0^{+\infty} e^{-(x^2+y^2)}dx\,dy$ en celle-ci, $\int_0^{\frac{\pi}{2}} d\theta \int_0^\infty e^{-r^2} r\,dr$, qui, vu la relation évidente $\int_0^\infty e^{-r^2} r\,dr = \frac{1}{2}\int_{r=0}^{r=\infty} d(-e^{-r^2}) = \frac{1}{2}$, devient simplement

$\frac{1}{2}\int^{\frac{\pi}{2}} d\theta = \frac{\pi}{4}$. Donc, on a $\left(\int_0^\infty e^{-x^2}dx\right)^2 = \frac{\pi}{4}$. Et, si l'on extrait enfin la racine carrée des deux membres, en observant que l'intégrale cherchée $\int_0^\infty e^{-x^2}dx$, formée toute entière d'éléments positifs, est positive, on trouvera

$$(14) \qquad \int_0^\infty e^{-x^2}dx = \frac{\sqrt{\pi}}{2}.$$

L'intégrale de Poisson devient, si on en double la valeur, une de ces intégrales eulériennes, dites de seconde espèce, que l'on représente par $\Gamma(n)$ et dont il a été question au n° 227 (p. 328). Leur expression générale, transformée à la fin du n° 227 (formule 23), est

$$(15) \qquad \Gamma(n) = 2\int_0^\infty e^{-u^2}u^{2n-1}du.$$

Pour $n = \frac{1}{2}$, elle donne $\Gamma\left(\frac{1}{2}\right) = 2\int_0^\infty e^{-u^2}du = 2\int_0^\infty e^{-x^2}dx$.

Donc il viendra, d'après (14), $\Gamma\left(\frac{1}{2}\right) = \sqrt{\pi}$; et la formule de réduction (21) du n° cité 227 permettra, par suite, d'obtenir $\Gamma\left(\frac{3}{2}\right)$, $\Gamma\left(\frac{5}{2}\right)$, etc., ce qui, joint aux valeurs déjà trouvées de $\Gamma(n)$ pour les valeurs entières de n, fera connaître la fonction $\Gamma(n)$ pour tous les cas où n sera un multiple, pair, ou impair, de $\frac{1}{2}$.

271. — Deuxième exemple : évaluation des intégrales eulériennes de première espèce en fonction de celles de seconde espèce.

On appelle intégrale eulérienne de première espèce, et l'on représente par $B(p, q)$, l'expression $\int_0^1 x^{p-1}(1-x)^{q-1}dx$, où p et q sont deux paramètres positifs : x et $1-x$, compris entre 0 et 1, y égalent les carrés du sinus et du cosinus d'un même angle θ, variable de 0 à $\frac{\pi}{2}$. En posant ainsi $x = \sin^2\theta$ et, par suite, $dx = 2\sin\theta\cos\theta\, d\theta$, $1-x = 1-\sin^2\theta = \cos^2\theta$, il vient, après des réductions évidentes,

$$(16) \quad B(p,q) = 2\int_0^{\frac{\pi}{2}} \sin^{2p-1}\theta\cos^{2q-1}\theta\, d\theta.$$

Cette intégrale se ramène aux fonctions de seconde espèce, Γ, de la manière suivante.

La formule (15), si l'on y fait successivement $n = p$, $n = q$ et $u = y$, $u = x$, donne

$$\Gamma(p)=2\int_0^\infty e^{-y^2}y^{2p-1}dy \quad \Gamma(q)=2\int_0^\infty e^{-x^2}x^{2q-1}dx.$$

Il en résulte, en multipliant ces deux égalités l'une par l'autre, et en transformant ensuite, au moyen de (13), l'intégrale double obtenue :

$$(17)\quad \Gamma(p)\Gamma(q)=4\iint_0^{+\infty} e^{-(x^2+y^2)}y^{2p-1}x^{2q-1}dx\,dy=\left(2\int_0^{\infty}\sin^{2p-1}\theta\cos^{2q-1}\theta\,d\theta\right)\left(2\int_0^\infty e^{-t^2}t^{2(p+q)-1}dt\right).$$

Or, les deux facteurs entre parenthèses du dernier membre trouvé sont, le premier, B(p, q), en vertu de (16), le second, $\Gamma(p+q)$, comme on le reconnaît en remplaçant, dans (15), n par p+q et u par t. Ainsi, la formule (17) revient à $\Gamma(p)\,\Gamma(q)=B(p,q)\,\Gamma(p+q)$, et il en résulte

$$(18)\qquad B(p,q)=\frac{\Gamma(p)\,\Gamma(q)}{\Gamma(p+q)}.$$

272. — Troisième exemple : intégrales $\int_0^\infty e^{-ax^2}\cos bx^2dx$ et $\int_0^\infty e^{-ax^2}\sin bx^2dx$.

Considérons, pour troisième exemple, les deux intégrales

$$\int_0^\infty e^{-ax^2}\cos bx^2dx,\quad \int_0^\infty e^{-ax^2}\sin bx^2dx :$$

a y désigne une constante positive, et b y est une autre constante, qu'on peut supposer positive aussi, vu que le changement de b en −b laisserait à la première intégrale, de même qu'à cos b u², sa valeur première, et ferait simplement changer de signe, avec sin bu², la seconde intégrale. Nous avons déjà, vers la fin du n° 243 (p. 361), reconnu que cette seconde intégrale représente la somme d'une série à termes décroissants, alternativement positifs et négatifs, et qu'elle est positive.

Nous représenterons par P, Q, respectivement, ces deux intégrales, et par P_1, Q_1, ce que deviennent leurs expressions quand on appelle y leur variable d'intégration.

Nous aurons ainsi :

$$(19)\quad \begin{cases} P=\int_0^\infty e^{-ax^2}\cos bx^2dx, & P_1=\int_0^\infty e^{-ay^2}\cos by^2dy, \\ Q=\int_0^\infty e^{-ax^2}\sin bx^2dx, & Q_1=\int_0^\infty e^{-ay^2}\sin by^2dy. \end{cases}$$

Effectuons les produits PP_1, QQ_1, PQ_1, QP_1, puis les sommes algébriques $PP_1 - QQ_1$ et $PQ_1 + QP_1$, ou $P^2 - Q^2$ et $2PQ$, et transformons, par la formule (13), les intégrales doubles obtenues.

Il viendra

$$(20)\quad \begin{cases} P^2 - Q^2 = \iint_0^{+\infty} e^{-a(x^2+y^2)} \cos b(x^2+y^2)\, dx\, dy = \int_0^{\frac{\pi}{2}} d\theta \int_0^{\infty} e^{-ar^2} \cos br^2 . r\, dr, \\ 2\,PQ = \iint_0^{+\infty} e^{-a(x^2+y^2)} \sin b(x^2+y^2)\, dx\, dy = \int_0^{\frac{\pi}{2}} d\theta \int_0^{\infty} e^{-ar^2} \sin br^2 . r\, dr. \end{cases}$$

Or, si l'on pose $r^2 = u$, d'où $r\,dr = \frac{1}{2} du$, et si l'on observe que u croît de zéro à l'infini en même temps que r, on trouve

$$\int_0^{\infty} e^{-ar^2} \cos br^2 . r\, dr = \frac{1}{2} \int_0^{\infty} e^{-au} \cos bu\, du, \quad \int_0^{\infty} e^{-ar^2} \sin br^2 . r\, dr = \frac{1}{2} \int_0^{\infty} e^{-au} \sin bu\, du,$$

intégrales qui, d'après la seconde et la troisième des formules (20) de la 29ème leçon (p. 327), vaudront $\frac{1}{2} \frac{a}{a^2+b^2}$ et $\frac{1}{2} \frac{b}{a^2+b^2}$. Par suite, les derniers membres des relations (20) égalent respectivement $\frac{\pi}{4} \frac{a}{a^2+b^2}$, $\frac{\pi}{4} \frac{b}{a^2+b^2}$, et ces relations, multipliées, la première, par $\frac{4}{\pi}(a^2+b^2)$, la deuxième, par $\frac{2}{\pi}(a^2+b^2)$, deviennent

$$(21)\qquad \frac{4(a^2+b^2)P^2}{\pi} - \frac{4(a^2+b^2)Q^2}{\pi} = a, \quad \frac{4(a^2+b^2)PQ}{\pi} = \frac{b}{2}.$$

Observons, en passant, que la seconde de celles-ci montre que le produit PQ, égal à $\frac{\pi b}{8(a^2+b^2)}$, est positif et que, par suite, l'intégrale P a le même signe que l'intégrale Q, qui est, elle aussi, positive.

Au moyen des deux relations (21) établies entre P et Q, on déterminera aisément les valeurs de ces quantités. Si nous posons, pour abréger, $X' = \frac{4(a^2+b^2)P^2}{\pi}$, $X'' = -\frac{4(a^2+b^2)Q^2}{\pi}$, ces deux relations (21) donneront de suite la somme $X'+X''$, égale à a, et le produit $X'X''$, ou $-\left(\frac{4(a^2+b^2)PQ}{\pi}\right)^2$, égal à $-\frac{b^2}{4}$.

Donc, $\frac{4(a^2+b^2)P^2}{\pi}$ et $-\frac{4(a^2+b^2)Q^2}{\pi}$ sont respectivement la racine positive et la racine négative de l'équation

$$X^2 - (X'+X'')X + X'X'' = 0, \text{ ou } X^2 - aX - \frac{b^2}{4} = 0.$$

En résolvant cette équation du second degré, on aura aisément

$$\frac{4(a^2+b^2)P^2}{\pi} = \frac{1}{2}\left(a+\sqrt{a^2+b^2}\right), \quad \frac{4(a^2+b^2)Q^2}{\pi} = \frac{1}{2}\left(-a+\sqrt{a^2+b^2}\right);$$

et il suffira ensuite d'isoler P^2 et Q^2, puis d'extraire les racines carrées, qui devront, comme on vient de voir, être prises avec le signe +, pour obtenir les valeurs des deux intégrales cherchées :

$$(22) \quad P \text{ ou } \int_0^\infty e^{-ax^2}\cos bx^2\,dx = \frac{1}{2}\sqrt{\frac{\pi}{2}\cdot\frac{a+\sqrt{a^2+b^2}}{a^2+b^2}}, \quad Q \text{ ou } \int_0^\infty e^{-ax^2}\sin bx^2\,dx = \frac{1}{2}\sqrt{\frac{\pi}{2}\cdot\frac{-a+\sqrt{a^2+b^2}}{a^2+b^2}}.$$

A la limite $a=0$, ces intégrales deviennent égales et prennent la valeur simple

$$(23) \quad \int_0^\infty \cos bx^2\,dx = \int_0^\infty \sin bx^2\,dx = \frac{1}{2}\sqrt{\frac{\pi}{2b}},$$

qui a une grande importance dans la théorie physique de la diffraction.

273. — <u>Autre mode de calcul de certaines intégrales définies :</u> application à $\int_0^\infty e^{-x^2}x^{2n}\,dx$, à $\int_0^\infty e^{-x^2}\cos 2\alpha x\,dx$; et considérations diverses.

Il existe encore quelques autres procédés pour évaluer certaines intégrales définies sans passer par l'intégrale indéfinie. Je me contenterai d'exposer, sur deux ou trois exemples, le plus simple, qui est aussi l'un des plus féconds. Il consiste à effectuer un changement de variables capable d'introduire un paramètre dans une intégrale donnée, et à effectuer ensuite sur l'intégrale ainsi obtenue, déjà plus générale que la proposée, diverses transformations propres à en faire connaître d'autres, comme, par exemple, un nombre quelconque de différentiations par rapport au paramètre introduit. On arrive, de la sorte, à une infinité d'intégrales distinctes, qui, combinées par voie d'addition, peuvent en fournir encore de nouvelles, très-importantes quelquefois.

Considérons, par exemple, l'intégrale de Poisson,

$$\int_0^\infty e^{-u^2}\,du = \frac{\sqrt{\pi}}{2}.$$

Si, $\sqrt{a}$ désignant une constante positive, nous y posons $u = x\sqrt{a}$, d'où $du = \sqrt{a}\,dx$, il est clair que x variera, comme u, de zéro à l'infini; en sorte que nous aurons $\int_0^\infty e^{-ax^2}\sqrt{a}\,dx = \frac{\sqrt{\pi}}{2}$, et, par suite, en divisant par $\sqrt{a}$,

$$(24)\qquad \int_0^\infty e^{-ax^2}dx = \frac{\sqrt{\pi}}{2\sqrt{a}} = \frac{\sqrt{\pi}}{2}a^{-\frac{1}{2}}.$$

Différentions cette intégrale (24) par rapport à a, un nombre indéfini de fois. Il viendra:

$$(25)\quad \int_0^\infty e^{-ax^2}x^2dx = \frac{\sqrt{\pi}}{2}\frac{1}{2}a^{-\frac{3}{2}},\ \int_0^\infty e^{-ax^2}x^4dx = \frac{\sqrt{\pi}}{2}\cdot\frac{1}{2}\cdot\frac{3}{2}a^{-\frac{5}{2}},\ldots,\int_0^\infty e^{-ax^2}x^{2n}dx = \frac{\sqrt{\pi}}{2}\frac{1.3.5\ldots(2n-1)}{2^n}a^{-\frac{2n+1}{2}}, \text{etc.}$$

Faisons maintenant, dans (24) et (25), $a = 1$, ce qui donnera

$$(26)\quad \int_0^\infty e^{-x^2}dx = \frac{\sqrt{\pi}}{2},\ \int_0^\infty e^{-x^2}x^2dx = \frac{\sqrt{\pi}}{2}\frac{1}{2},\ \int_0^\infty e^{-x^2}x^4dx = \frac{\sqrt{\pi}}{2}\cdot\frac{1.3}{2^2},\ldots,\int_0^\infty e^{-x^2}x^{2n}dx = \frac{\sqrt{\pi}}{2}\frac{1.3.5\ldots(2n-1)}{2^n}, \text{etc.};$$

puis multiplions respectivement celles-ci par les facteurs $1, \pm\frac{(2\alpha)^2}{1.2}, \frac{(2\alpha)^4}{1.2.3.4}, \pm\frac{(2\alpha)^6}{1.2.3.4.5.6}$, et ainsi de suite jusqu'à l'infini, où α est une constante quelconque; enfin, ajoutons les résultats, en observant que, au second membre, les expressions de la forme $\frac{\sqrt{\pi}}{2}\ \frac{1.3.5\ldots(2n-1)}{2^n}\ \frac{(2\alpha)^{2n}}{1.2.3.4.5\ldots(2n)}$ se simplifieront, par la disparition des facteurs impairs communs $1, 3, 5 \ldots (2n-1)$ qui permettra de les réduire successivement à

$$\frac{\sqrt{\pi}}{2}\ \frac{1}{2^n}\ \frac{(2\alpha)^{2n}}{2.4.6\ldots(2n)} = \frac{\sqrt{\pi}}{2}\ \frac{1}{2^n}\ \frac{2^{2n}\alpha^{2n}}{(1.2.3\ldots n)2^n} = \frac{\sqrt{\pi}}{2}\ \frac{\alpha^{2n}}{1.2.3\ldots n}.$$

Le second membre du résultat deviendra, à la limite,

$$(27)\qquad \frac{\sqrt{\pi}}{2}\left(1 \pm \frac{\alpha^2}{1} + \frac{\alpha^4}{1.2} \pm \frac{\alpha^6}{1.2.3} + \frac{\alpha^8}{1.2.3.4} \pm \ldots\right) = \frac{\sqrt{\pi}}{2}e^{\pm\alpha^2}.$$

On voit que, même en prenant tous les termes avec le signe plus, ce résultat est une série convergente, dont la valeur limite égale $\frac{\sqrt{\pi}}{2}e^{\alpha^2}$. Ainsi, la somme effectuée se compose de parties assez petites pour que la valeur absolue des termes très-éloignés soit, en tout, aussi faible qu'on veut. Donc, comme les intégrales (26) ont leurs éléments tous positifs, ceux d'entr'eux qui se rapportent tant aux très grandes valeurs de x qu'aux très grandes valeurs de n ne pourront donner qu'un total négligeable à la limite, du moins après leur multiplication par les facteurs introduits. Par suite, il importera peu qu'un nouveau mode de groupement fasse prendre plus ou moins de ces éléments très-éloignés et notamment, dès l'abord, des éléments se rapportant aux valeurs infinies de n. En d'autres termes, on aura le droit de grouper, dans la somme des premiers membres qui est

$$(27 \text{ bis}) \qquad \int_0^\infty e^{-x^2}dx \pm \int_0^\infty e^{-x^2}\frac{(2\alpha x)^2}{1.2}dx + \int_0^\infty e^{-x^2}\frac{(2\alpha x)^4}{1.2.3.4}dx \pm \int_0^\infty e^{-x^2}\frac{(2\alpha x)^6}{1.2.3.4.5.6}dx + \ldots,$$

tous les éléments correspondant au même intervalle, compris entre les valeurs x, $x+dx$ de la variable, et d'écrire, au lieu de (27 bis),

$$(28) \qquad \int_0^\infty e^{-x^2}\left[1 \pm \frac{(2\alpha x)^2}{1.2} + \frac{(2\alpha x)^4}{1.2.3.4} \pm \frac{(2\alpha x)^6}{1.2.3.4.5.6} + \ldots\right]dx.$$

Cette transformation ne serait plus permise, s'il y avait des éléments de signes différents, et si leur somme absolue était infinie bien que l'excédant des éléments positifs sur les éléments négatifs se trouvât finie et déterminée; car, alors, le changement qu'éprouve le mode de groupement des éléments quand on passe de l'expression (27 bis) à l'expression (28), et qui fait entrer de suite, dans la somme, des éléments se rapportant aux valeurs de n les plus éloignées, pourrait, vu la valeur mal déterminée des limites supérieures $+\infty$, introduire dans (28) beaucoup plus ou beaucoup moins de termes négatifs qu'il n'y en dans (27 bis) pour une même quantité de termes positifs; et, par suite, non seulement la somme limite (28) différerait alors de (27 bis), mais rien n'assure même qu'elle ne devînt pas infinie. Aussi est-il bon d'avoir sous les signes $\int$, pendant toutes les transformations de ce genre sur une intégrale à éléments les uns positifs et les autres négatifs, quelque exponentielle décroissante, comme e^{-ax} ou e^{-ax^2}, dont la présence assure d'ordinaire la convergence de la somme, même quand on prend tous les éléments en valeur absolue. Cela n'empêche pas de se débarrasser finalement de cette exponentielle, en posant $a=0$, pourvu que l'intégrale soit, quand a est nul, bien déterminée par elle-même ou sans qu'il y ait à faire tendre peu à peu α vers zéro. C'est ainsi que nous venons d'opérer (formule 23) pour les deux intégrales $\int_0^\infty \cos b\, x^2 dx$, $\int_0^\infty \sin b x^2 dx$ et, un peu plus haut (à la fin du n° 267), pour $\int_0^\infty \frac{\sin bx}{x} dx$.

Mais revenons à nos exemples actuels. Égalons les deux membres (28) et (27), du résultat trouvé, en observant que l'expression

$$1 \pm \frac{(2\alpha x)^2}{1.2} + \frac{(2\alpha x)^4}{1.2.3.4} \pm \frac{(2\alpha x)^6}{1.2.3.4.5.6} + \dots$$

est le développement de $\frac{e^{2\alpha x} + e^{-2\alpha x}}{2} = \cos hyp. 2\alpha x$, quand on y prend les signes supérieurs, et le développement de $\cos 2\alpha x$, quand on y prend les signes inférieurs. Nous aurons :

$$(29) \qquad \int_0^\infty e^{-x^2} \frac{e^{2\alpha x} + e^{-2\alpha x}}{2} dx = \frac{\sqrt{\pi}}{2} e^{\alpha^2}, \quad \int_0^\infty e^{-x^2} \cos 2\alpha x\, dx = \frac{\sqrt{\pi}}{2} e^{-\alpha^2}.$$

La seconde de ces intégrales joue un rôle assez grand dans certaines branches de la physique mathématique.

On l'aurait déduite immédiatement de la première en remplaçant, dans celle-ci, α par $\alpha\sqrt{-1}$. C'est ce qu'on appelle passer du réel à l'imaginaire. Une telle transformation peut être excellente pour faire découvrir de nouvelles intégrales et, comme méthode d'invention, elle a une véritable importance; mais son emploi nécessite le contrôle d'autres méthodes de démonstration plus sûres. Elle ne repose en effet, par elle-même, que sur une analogie assez vague et sujette à erreur, comme le calcul des séries divergentes, qu'utilisaient pourtant les anciens géomètres et dont les transformations, gardant souvent la trace de propriétés que présentent d'autres séries analogues mais convergentes, peuvent servir de fil conducteur, plus ou moins saisissable, pour trouver ces propriétés.

274. — Calcul de $\int_0^\infty (\cos x^2 \text{ ou } \sin x^2) \cos 2\alpha x\, dx$, et dernière réflexion sur l'usage des intégrales définies.

Nous sommes parvenus aux intégrales précédentes en partant de celle de Poisson, $\int_0^\infty e^{-x^2} dx$, et en effectuant une transformation qui, sans changer les limites 0 et ∞, revenait à multiplier la variable

x par un paramètre constant. Traitons encore un exemple où, au contraire, le paramètre introduit viendra s'ajouter à la variable. Pour que les limites de l'intégration n'en soient pas changées, ce qui les rendrait, en général, moins simples, il faudra que ces limites soient infinies, car les valeurs $\pm\infty$ sont les seules que ne modifie pas d'une manière appréciable l'addition d'une quantité finie quelconque.

Considérons les intégrales P et Q définies par les formules (22) et faisons-y, pour simplifier, $b=1$, ou posons

$$(30)\qquad P=\int_0^\infty e^{-au^2}\cos u^2\,du=\frac{1}{2}\sqrt{\frac{\pi}{2}\cdot\frac{a+\sqrt{1+a^2}}{1+a^2}},\quad Q=\int_0^\infty e^{-au^2}\sin u^2\,du=\frac{1}{2}\sqrt{\frac{\pi}{2}\,\frac{-a+\sqrt{1+a^2}}{1+a^2}}.$$

Les deux fonctions sous le signe $\int$, $e^{-au^2}\cos bu^2$, $e^{-au^2}\sin bu^2$, étant paires, c'est-à-dire recevant les mêmes valeurs pour u négatif que pour u positif, il revient évidemment au même de faire varier u de $-\infty$ à zéro, que de zéro à $+\infty$, vu que ces deux intervalles comprennent pareille quantité d'intervalles élémentaires du auxquels correspondent des éléments, $e^{-au^2}\cos bu^2\,du$ ou $e^{-au^2}\sin bu^2\,du$, égaux deux à deux.

Nous pourrons donc prendre les intégrales entre les limites $-\infty$ et ∞, comme nous nous proposions de le faire, pourvu que nous doublions leurs valeurs (30). Ainsi, nous aurons

$$(31)\qquad \int_{-\infty}^{\infty} e^{-au^2}\cos u^2\,du=2P,\quad \int_{-\infty}^{\infty} e^{-au^2}\sin u^2\,du=2Q.$$

Actuellement, pour introduire un nouveau paramètre α, posons $u=x+\alpha$, et, par suite,

$$du=dx,\quad \cos u^2=\cos(x^2+2\alpha x+\alpha^2)=\cos(x^2+2\alpha x)\cos\alpha^2-\sin(x^2+2\alpha x)\sin\alpha^2,$$
$$\sin u^2=\sin(x^2+2\alpha x+\alpha^2)=\cos(x^2+2\alpha x)\sin\alpha^2+\sin(x^2+2\alpha x)\cos\alpha^2.$$

Les intégrales (31) se dédoubleront, et il viendra :

$$(32)\quad\begin{cases}(\cos\alpha^2)\int_{-\infty}^{\infty} e^{-a(x+\alpha)^2}\cos(x^2+2\alpha x)\,dx-(\sin\alpha^2)\int_{-\infty}^{\infty} e^{-a(x+\alpha)^2}\sin(x^2+2\alpha x)\,dx=2P,\\(\sin\alpha^2)\int_{-\infty}^{\infty} e^{-a(x+\alpha)^2}\cos(x^2+2\alpha x)\,dx+(\cos\alpha^2)\int_{-\infty}^{\infty} e^{-a(x+\alpha)^2}\sin(x^2+2\alpha x)\,dx=2Q.\end{cases}$$

Ces deux équations, si on en fait la somme après les avoir multipliées respectivement soit par $\cos\alpha^2$ et $\sin\alpha^2$, soit par $-\sin\alpha^2$ et $\cos\alpha^2$, deviennent :

(33) $\int_{-\infty}^{\infty} e^{-a(x+\alpha)^2}\cos(x^2+2\alpha x)\,dx = 2(P\cos\alpha^2 + Q\sin\alpha^2),\ \int_{-\infty}^{\infty} e^{-a(x+\alpha)^2}\sin(x^2+2\alpha x)\,dx = 2(Q\cos\alpha^2 - P\sin\alpha^2).$

Remplaçons, dans (33), $e^{-a(x+\alpha)^2}$, $\cos(x^2+2\alpha x)$, $\sin(x^2+2\alpha x)$ par leurs développements

$$e^{-ax^2}e^{-2a\alpha x}e^{-a\alpha^2},\quad \cos x^2\cos 2\alpha x - \sin x^2 \sin 2\alpha x,\quad \sin x^2\cos 2\alpha x + \cos x^2 \sin 2\alpha x,$$

et divisons par le facteur constant $e^{-a\alpha^2}$. Nous trouverons :

(34) $\begin{cases} \int_{-\infty}^{\infty} e^{-ax^2}(\cos x^2 e^{-2a\alpha x}\cos 2\alpha x - \sin x^2 e^{-2a\alpha x}\sin 2\alpha x)\,dx = 2e^{a\alpha^2}(P\cos\alpha^2 + Q\sin\alpha^2), \\ \int_{-\infty}^{\infty} e^{-ax^2}(\sin x^2 e^{-2a\alpha x}\cos 2\alpha x + \cos x^2 e^{-2a\alpha x}\sin 2\alpha x)\,dx = 2e^{a\alpha^2}(Q\cos\alpha^2 - P\sin\alpha^2). \end{cases}$

Enfin, changeons, dans celles-ci, α en $-\alpha$, ce qui ne modifie ni les seconds membres, ni $\cos 2\alpha x$, mais change simplement $e^{-2a\alpha x}$ en $e^{2a\alpha x}$ et $\sin 2\alpha x$ en $-\sin 2\alpha x$; et prenons les demi-sommes respectives des nouvelles relations ainsi obtenues et de (34). Il viendra :

(35) $\begin{cases} \int_{-\infty}^{\infty} e^{-ax^2}\left(\frac{e^{2a\alpha x}+e^{-2a\alpha x}}{2}\cos x^2\cos 2\alpha x + \frac{e^{2a\alpha x}-e^{-2a\alpha x}}{2}\sin x^2 \sin 2\alpha x\right)dx = 2e^{a\alpha^2}(P\cos\alpha^2 + Q\sin\alpha^2), \\ \int_{-\infty}^{\infty} e^{-ax^2}\left(\frac{e^{2a\alpha x}+e^{-2a\alpha x}}{2}\sin x^2\cos 2\alpha x - \frac{e^{2a\alpha x}-e^{-2a\alpha x}}{2}\cos x^2 \sin 2\alpha x\right)dx = 2e^{a\alpha^2}(Q\cos\alpha^2 - P\sin\alpha^2). \end{cases}$

Actuellement, les fonctions sous les signes $\int$ sont paires, ou prennent les mêmes valeurs quand on y change x en $-x$; ce qui permet de se donner pour limites 0 et ∞, au lieu de $-\infty$ et ∞, pourvu qu'on réduise les résultats de moitié. Et si, finalement, on pose $a = 0$, on aura, en observant que, d'après (30), P et Q valent alors $\frac{1}{2}\sqrt{\frac{\pi}{2}}$,

(36) $\int_0^{\infty}\cos x^2\cos 2\alpha x\,dx = \frac{1}{2}\sqrt{\frac{\pi}{2}}(\cos\alpha^2 + \sin\alpha^2),\ \int_0^{\infty}\sin x^2\cos 2\alpha x\,dx = \frac{1}{2}\sqrt{\frac{\pi}{2}}(\cos\alpha^2 - \sin\alpha^2),$

formules comprenant, pour $\alpha = 0$, celles (23), données plus haut.

Terminons par cette remarque, que les intégrales définies, sommes d'une infinité d'infiniment petits comportant une expression très variée, sont des fonctions bien plus diverses, bien plus libres d'allure, en quelque sorte, que les fonctions élémentaires de l'analyse, auxquelles une définition étroite interdit, pour ainsi dire, tout écart, et que les combinaisons d'un nombre même illimité de ces fonctions, procédant par termes de grandeur finie, comme sont les séries convergentes. Aussi les analystes recourent-ils souvent avec succès, aux intégrales définies, prises entre des limites soit variables soit constantes, quand ils ont à exprimer des solutions d'équations différentielles ou aux dérivées partielles que les fonctions algébriques ou transcendantes plus simples sont impuissantes à représenter : de là résulte, par exemple, en mécanique et en physique, l'importance des intégrales appelées <u>potentiels</u>. Parfois aussi une seule et même solution d'une équation différentielle peut s'obtenir sous les deux formes, finie et d'intégrale définie : ce qui, pour le dire en passant, constitue encore un procédé de calcul spécial aux intégrales ainsi employées.

34ème Leçon – Intégration des différentielles totales et théorie de l'équation différentielle du premier ordre.

275. — Sur ce qu'on entend par l'intégrabilité d'une expression de la forme $Mdx+Ndy+Pdz+\dots$

Les seules expressions différentielles, à plusieurs variables indépendantes $x, y, z, \dots$ que nous ayons essayé d'intégrer jusqu'ici, étaient des éléments d'intégrales multiples, ou contenaient le produit d'une fonction de ces variables $x, y, z\dots$ par leurs différentielles multipliées ensemble; en sorte que chaque intégration, qu'on y effectuait d'ailleurs en ne faisant changer à la fois qu'une seule variable, se faisait sur le résultat qu'avait donné l'intégration précédente. Supposons maintenant que les différentielles $dx, dy, dz\dots$ ne soient, au contraire, combinées que par voie d'addition. En d'autres termes, considérons une expression de la forme $Mdx+Ndy+Pdz+\dots$, où $M, N, P,\dots$ désignent des fonctions connues quelconques de $x, y, z,\dots$, et voyons en quoi pourra consister son intégration, si l'on imagine que $x, y, z, \dots$, y variant avec continuité et simultanément, passent de certaines valeurs initiales constantes $a, b, c,\dots$ à d'autres valeurs quelconques $x, y, z, \dots$

Pour fixer les idées, admettons que les variables se réduisent à trois, x, y et z. De quelque manière que se correspondent les séries de valeurs données à x, y, z, il y aura, dans chaque cas, certaines valeurs de y et z pour chaque valeur de x. Cela revient à dire que y et z seront, dans tous les modes posibles de variation considérés, certaines fonctions, $y=\psi(x)$ et $z=X(x)$, de x. Seulement, ces fonctions se trouveront être en grande partie arbitraires, puisqu'on ne fixe à l'avance que leurs valeurs initiales, b, c, et leurs valeurs finales, y, z.

Les différentielles dy, dz pouvant ainsi s'écrire $\psi'(x)\,dx$ et $X'(x)\,dx$, l'expression proposée équivaut à

$$[M+N\psi'(x)+PX'(x)]dx,$$

où M, N, P deviennent aussi fonction de x seul, vu que y et z y égalent $\psi(x)$ et $X(x)$. Par suite, la somme des valeurs successives de l'expression $Mdx+Ndy+Pdz$, somme qu'on peut indiquer par $\int_{a,b,c}^{x,y,z}(Mdx+Ndy+Pdz)$, s'obtiendra en calculant l'integrale définie simple

$$\int_a^x [M+N\psi'(x)+PX'(x)]dx;$$

et elle aura une valeur déterminée dès que l'on se sera donné $\psi(x)$ et $X(x)$.

Il y a lieu de se demander dans quels cas, ou pour quelles formes des fonctions proposées M, N, P, l'intégrale $\int_{a,b,c}^{x,y,z}(Mdx+Ndy+Pdz)$ conserve la même valeur quels que soient $\psi(x)$ et $X(x)$, c'est-à-dire quelles que soient les valeurs de y et z, intermédiaires entre leurs valeurs initiales et leurs valeurs finales, que l'on fait correspondre aux diverses valeurs de x comprises aussi entre sa valeur initiale et sa valeur finale. Ce cas, hors duquel l'intégration de $Mdx+Ndy+Pdz$ ne constitue pour ainsi dire pas une question spéciale (puisqu'elle se réduit à une intégration définie ordinaire), est donc celui où l'expression

$$\int_{a,b,c}^{x,y,z}(Mdx+Ndy+Pdz)$$

dépend uniquement des valeurs initiales a, b, c des variables et de leurs valeurs finales x, y, z, ou ne dépend même que de ces dernières, x, y, z, si l'on regarde a, b, c comme des quantités absolument constantes. Alors, en appelant $\varphi(x,y,z)$ la fonction cherchée, des trois limites supérieures x, y, z, qui exprime l'intégrale, on aura identiquement, ou pour toutes les valeurs de ces limites,

$$(1) \qquad \int_{a,b,c}^{x,y,z}(Mdx+Ndy+Pdz)=\varphi(x,y,z).$$

Donnons aux limites considérées x, y, z trois accroissements infiniment petits quelconques, dx, dy, dz. Il est clair que l'intégrale, premier membre de (1), s'accroîtra de l'élément nouveau $Mdx+Ndy+Pdz$, tandis que sa valeur φ augmentera de la différentielle totale $\frac{d\varphi}{dx}dx+\frac{d\varphi}{dy}dy+\frac{d\varphi}{dz}dz$. Il viendra donc

$$\frac{d\varphi}{dx}dx+\frac{d\varphi}{dy}dy+\frac{d\varphi}{dz}dz=Mdx+Ndy+Pdz;$$

et, comme cette égalité devra subsister quels que soient les rapports $\frac{dy}{dx}$, $\frac{dz}{dx}$, elle équivaudra aux trois relations

$$(2) \qquad \frac{d\varphi}{dx}=M, \quad \frac{d\varphi}{dy}=N, \quad \frac{d\varphi}{dz}=P,$$

en sorte que l'expression donnée $Mdx+Ndy+Pdz$ sera la différentielle totale exacte d'une certaine fonction φ des variables x, y et z.

Réciproquement, toutes les fois que l'expression proposée $Mdx+Ndy+Pdz$ se trouve être la différentielle exacte d'une certaine fonction φ, il est clair que la somme $\int_{a,b,c}^{x,y,z}(Mdx+Ndy+Pdz)$, ou $\int d\varphi$, égale l'accroissement total, $\varphi(x,y,z)-\varphi(a,b,c)$, éprouvé par cette fonction et ne dépend, par conséquent, que des valeurs initiales et finales des variables, non du mode de succession de leurs valeurs intermédiaires.

Ainsi, la question posée revient à chercher une fonction

$\varphi(x,y,z)$ qui satisfasse aux équations (2), ou dont les dérivées partielles respectives en x, y, z soient les trois fonctions données M, N, P, coefficients de dx, dy, dz dans l'expression $Mdx+Ndy+Pdz$.

Lorsque la fonction φ existe, on dit que l'expression proposée est intégrable, ou qu'elle est une différentielle exacte, et les relations que doivent vérifier pour cela les coefficients M, N, P s'appellent conditions d'intégrabilité. Nous allons voir, en considérant d'abord le cas de deux variables seulement x, y, quelles sont ces conditions et comment, quand elles se trouvent vérifiées, on peut obtenir l'intégrale φ.

276. — Intégration de $Mdx + Ndy$.

Soit donc $Mdx + Ndy$ la différentielle proposée, ou

$$(3) \qquad \frac{d\varphi}{dx} = M, \quad \frac{d\varphi}{dy} = N$$

les deux équations à résoudre. Appelons $\int Mdx$ une fonction de x et y ayant M pour sa dérivée partielle en x, et obtenue, par conséquent, en intégrant Mdx sans faire varier y. Comme on aura identiquement $M = \frac{d}{dx}\int Mdx$, la première équation (3) pourra s'écrire

$$\frac{d}{dx}\left(\varphi - \int Mdx\right) = 0.$$

Donc cette équation exprime que la différence $\varphi - \int Mdx$ ne dépend pas de x, mais dépend seulement des autres variables, c'est-à-dire, ici, de y. Représentons-la par $\psi(y)$. Nous aurons

$$(4) \qquad \varphi = \int Mdx + \psi(y);$$

et il nous restera, pour déterminer la fonction arbitraire $\psi(y)$, la deuxième équation (3), qui, vu la valeur (4) de φ, devient

$\frac{d}{dy}\int Mdx + \psi'(y) = N$, ou

$$(5) \qquad \psi'(y) = N - \frac{d}{dy}\int Mdx.$$

Or, la fonction $\psi(y)$ et, par suite, sa dérivée $\psi'(y)$ n'étant astreintes jusqu'ici qu'à ne pas dépendre de x, il suffira, pour qu'on puisse donner à $\psi'(y)$ la valeur $N - \frac{d}{dy}\int M\,dx$, que cette valeur soit bien indépendante de x, ou, ce qui revient au même, que la dérivée de $N - \frac{d}{dy}\int M\,dx$ par rapport à x soit constamment nulle. Si cette condition est remplie, l'expression (5) de $\psi'(y)$, multipliée par dy et intégrée sans faire varier x, donnera

$$\psi(y) = \int\left[N - \frac{d}{dy}\int M\,dx\right]dy + \text{une constante arbitraire } C,$$

valeur qui, portée dans (4), achèvera de déterminer la forme de φ en x et y:

$$(6) \qquad \varphi = \int M\,dx + \int\left(N - \frac{d}{dy}\int M\,dx\right)dy + C.$$

On voit que l'intégration de la différentielle totale $M\,dx + N\,dy$ exigera généralement, tout comme le calcul d'une intégrale double, deux intégrations successives, effectuées en ne faisant changer qu'une variable à la fois; seulement, contrairement à ce qui arrivait pour une intégrale double, ce n'est pas sur le résultat, $\int M\,dx$, de la première intégration, que se fera l'autre intégration, mais sur la fonction très différente $N - \frac{d}{dy}\int M\,dx$.

277 — Condition d'intégrabilité.

On voit aussi qu'une certaine condition, nécessaire et suffisante, doit être remplie par les fonctions M et N pour que le problème soit possible: elle consiste en ce que la dérivée de $N - \frac{d}{dy}\int M\,dx$ par rapport à x, savoir, $\frac{dN}{dx} - \frac{d^2}{dx\,dy}\int M\,dx$, soit identiquement nulle. Or on a évidemment

$$\frac{d^2}{dx\,dy}\int M\,dx = \frac{d}{dy}\frac{d\int M\,dx}{dx} = \frac{d}{dy}M;$$

en sorte que la dérivée considérée de $N - \frac{d}{dy}\int M\,dx$ a pour valeur $\frac{dN}{dx} - \frac{dM}{dy}$, et qu'il revient au même de l'égaler à zéro ou d'écrire

$$(7) \qquad \frac{dM}{dy} = \frac{dN}{dx}.$$

Cette condition d'intégrabilité signifie, en langage ordinaire, que, dans l'expression donnée $M\,dx + N\,dy$, le coefficient affectant la différentielle de chaque variable x ou y doit avoir, par rapport à l'autre variable, même dérivée que le coefficient de la différentielle de celle-ci par rapport à la première variable.

On aurait prévu de suite la nécessité de cette condition, en observant que, si M et N sont les deux dérivées en x et y d'une même fonction φ, les deux dérivées $\frac{dM}{dy}$, $\frac{dN}{dx}$ n'exprimeront autre chose, respectivement, que $\frac{d^2\varphi}{dy\,dx}$, $\frac{d^2\varphi}{dx\,dy}$ et devront être égales, d'après le théorème sur la possibilité d'intervertir l'ordre des différentiations. Mais la démonstration précédente fait voir que cette égalité, évidemment nécessaire, est, de plus, suffisante pour que la fonction φ existe.

278. — Extension de la méthode précédente au cas d'un nombre quelconque de variables.

Supposons maintenant que l'expression à intégrer soit

$$M\,dx + N\,dy + P\,dz,$$

ou qu'on ait trois variables x, y, z et, par conséquent, les trois équations à vérifier

$$(8) \qquad \frac{d\varphi}{dx} = M, \quad \frac{d\varphi}{dy} = N, \quad \frac{d\varphi}{dz} = P.$$

On pourra d'abord ne considérer spécialement que les deux premières, ou choisir, parmi toutes les manières possibles de faire varier à la fois x, y et z, celles où z ne change pas. On sera ainsi ramené au cas de deux variables x, y, et, si la condition d'intégrabilité (7) est satisfaite, la formule (6), qui implique deux intégrations l'une en x, l'autre en y, fera connaître la fonction φ la plus générale qui puisse vérifier ainsi les deux premières relations (8). Observons seulement que, dans cette formule (6), et d'après la démonstration même qui a conduit à la poser, le terme complémentaire et indéterminé C n'est astreint qu'à ne pas dépendre de x

et de y : ce n'est qu'en ce sens, ou par rapport à x et y, qu'on l'a dit constant. Dès qu'il y a lieu de considérer une nouvelle variable z, il peut donc devenir une fonction arbitraire de z. Aussi le désignerons-nous par $\psi(z)$. Quant à la partie dépendante de x et y, savoir,

$$\int M dx + \int\left(N - \frac{d}{dy}\int M dx\right) dy,$$

nous la représenterons simplement par

$$\int (M dx + N dy),$$

pour rappeler que ses deux dérivées respectives en x et y sont M et N : elle pourra, bien entendu, contenir z, qui entre généralement dans M et N.

En résumé, les deux premières équations (8) nous auront donné, comme l'expression la plus générale possible de φ,

$$(9) \qquad \varphi = \int (M dx + N dy) + \psi(z),$$

où il ne nous restera d'indéterminé, de disponible pour essayer de satisfaire à la troisième équation (8), que le terme $\psi(z)$.

Or la troisième équation (8), si on y porte la valeur (9) de φ, devient aisément

$$(10) \qquad \psi'(z) = P - \frac{d}{dz}\int (M dx + N dy).$$

D'ailleurs, $\psi'(z)$ n'étant astreint qu'à ne dépendre ni de x, ni de y, celle-ci, (10), donnera pour $\psi'(z)$ une valeur acceptable, à la double condition, nécessaire et suffisante, que le second membre, $P - \frac{d}{dz}\int (M dx + N dy)$, ne dépende ni de x, ni de y, ou que, tout à la fois, sa dérivée en x et sa dérivée en y s'annulent identiquement. Ces deux dérivées étant $\frac{dP}{dx} - \frac{dM}{dz}$ et $\frac{dP}{dy} - \frac{dN}{dz}$, on devra donc avoir, pour que la fonction φ existe,

$$(11) \qquad \frac{dN}{dz} = \frac{dP}{dy}, \quad \frac{dP}{dx} = \frac{dM}{dz}.$$

Ainsi, l'introduction de la troisième variable z, ou de la troisième équation (8), a pour effet de rendre nécessaires les deux nouvelles conditions d'intégrabilité (11) ; et celles-ci expriment que les deux dérivées, en x et y, du coefficient P affectant la différentielle de la variable introduite z, doivent être égales respectivement aux dérivées, par rapport à z, des coefficients M et N des différentielles dx et dy. Ces conditions sont, comme on voit, analogues à la première, (7), et leur nécessité était également évidente.

Si les expressions données de M, N, P les vérifient, la relation (10), multipliée par dz et intégrée, fera connaître $\psi(z)$ à une constante arbitraire près et, en appelant $\int(Mdx+Ndy+Pdz)$ ce que deviendra toute la partie du second membre de (9) qui dépendra de x, y, z, il viendra

(12) $\varphi=\int(Mdx+Ndy+Pdz)$ + une const. arbitraire C.

Concevons actuellement que M, N, P dépendent encore d'une quatrième variable, u, et que l'on ajoute une nouvelle équation à vérifier, $\frac{d\varphi}{du}=Q$. Il est clair que le dernier terme C, de (12), constant seulement en ce sens qu'il ne dépend ni de x, ni de y, ni de z, deviendra une fonction arbitraire ψ de u, à déterminer de manière qu'on ait $\frac{d\varphi}{du}=Q$. De là se tirera la valeur de $\psi'(u)$, et, vu l'impossibilité, pour cette valeur, de dépendre de x, y ou z, on trouvera, comme nouvelles conditions d'intégrabilité suffisantes, que les dérivées respectives de Q en x, y, z devront égaler celles de M, N, P par rapport à u. Et ainsi de suite.

En résumé: 1°, le procédé suivi s'étend à autant de variables qu'on le veut; 2°, ce procédé exige, généralement, autant d'intégrations successives qu'il y a de variables indépendantes, savoir, une intégration par rapport à chaque variable; 3°, enfin, toutes les conditions d'intégrabilité consistent en ce que, dans l'expression donnée $Mdx+Ndy+Pdz+Qdu+\dots$, les coefficients des différentielles de deux variables quelconques doivent avoir leurs dérivées premières respectives, prises, pour chacun, par rapport à celle des deux variables dont il n'affecte pas la différentielle, identiquement égales entr'elles.

279. — Exemples.

Je donnerai deux exemples très-simples de l'intégration d'une différentielle totale, en vue surtout de montrer qu'on pourra, dans divers cas, recourir à des procédés particuliers beaucoup plus rapides que la méthode générale.

Soit, d'abord, l'expression à deux variables

$$(13)\qquad \frac{(ax+by)\,dx+(ay-bx)\,dy}{x^2+y^2},$$

où a et b désignent deux constantes quelconques. On a ici, évidemment,

$$M=\frac{ax+by}{x^2+y^2},\qquad N=\frac{ay-bx}{x^2+y^2}.$$

La condition d'intégrabilité, (7), est bien satisfaite, car la différentiation donne, après réduction,

$$\frac{dM}{dy}=\frac{dN}{dx}=\frac{-2axy+b(x^2-y^2)}{(x^2+y^2)^2}.$$

Et, en effet, si l'on groupe, dans (13), d'une part, les termes en a, d'autre part, les termes en b, les premiers de ces termes deviennent, successivement,

$$a\,\frac{x\,dx+y\,dy}{x^2+y^2}=\frac{a}{2}\,\frac{d(x^2+y^2)}{(x^2+y^2)}=\frac{a}{2}\,d\log(x^2+y^2)=d\left[\frac{a}{2}\log(x^2+y^2)\right],$$

tandis que les termes affectés de b deviennent, de leur côté,

$$b\,\frac{y\,dx-x\,dy}{x^2+y^2}=b\,\frac{\dfrac{y\,dx-x\,dy}{y^2}}{1+\dfrac{x^2}{y^2}}=b\,\frac{d\left(\dfrac{x}{y}\right)}{1+\left(\dfrac{x}{y}\right)^2}=b\,d\,\mathrm{arctg}\,\frac{x}{y}=d\left[b\,\mathrm{arctg}\,\frac{x}{y}\right].$$

Donc, l'expression totale (13) est la différentielle complète de $\frac{a}{2}\log(x^2+y^2)+b\,\mathrm{arctg}\,\frac{x}{y}$, ou de $a\log\sqrt{x^2+y^2}+b\,\mathrm{arctg}\,\frac{x}{y}$; et l'on a

$$(14)\qquad \int\frac{(ax+by)\,dx+(ay-bx)\,dy}{x^2+y^2}=a\log\sqrt{x^2+y^2}+b\,\mathrm{arctg}\,\frac{x}{y}+\text{const.}$$

Soit encore à intégrer l'expression suivante, qui peut contenir un nombre quelconque de variables,

$$(15)\qquad (y+z+u)\,dx+(z+u+x)\,dy+(u+x+y)\,dz+(x+y+z)\,du.$$

Toutes les conditions d'intégrabilité sont vérifiées, puisque, dans (15), le coefficient de la différentielle de chaque variable a ses dérivées, par rapport à toutes les autres variables, égales à l'unité, et qu'il vient bien ainsi $\frac{dM}{dy} = \frac{dN}{dx}$, $\frac{dM}{dz} = \frac{dP}{dx}$, etc.

Nous intégrerons aisément l'expression (15) si, appelant S, pour abréger, la somme, $x+y+z+u$, de toutes les variables, nous observons que $y+z+u = S-x$, que $z+u+x = S-y$, etc., et que, par suite, la différentielle totale (15) peut s'écrire

$$\left\{\begin{aligned}&(S-x)dx+(S-y)dy+(S-z)dz+(S-u)du = S(dx+dy+dz+du)-(x\,dx+y\,dy+z\,dz+u\,du)\\&= S\,dS-(x\,dx+y\,dy+z\,dz+u\,du) = d\,\frac{S^2-(x^2+y^2+z^2+u^2)}{2}.\end{aligned}\right.$$

Il viendra donc, en intégrant,

$$(16)\quad \int[(y+z+u)dx+(z+u+x)dy+(u+x+y)dz+(x+y+z)du] = \frac{(x+y+z+u)^2-(x^2+y^2+z^2+u^2)}{2}.$$

280. — Des équations différentielles : leur signification et leur utilité.

Jusqu'ici, dans les questions où nous cherchions à déterminer des fonctions dont on nous donnait les différentielles, nous avons admis que l'expression connue de ces différentielles contenait uniquement les variables indépendantes. Un cas plus compliqué serait évidemment celui où elle dépendrait, en outre, des valeurs actuelles des fonctions elles-mêmes. Par exemple, dans le cas d'une seule fonction, y, et d'une variable indépendante unique, x, on pourrait imaginer que la différentielle dy, au lieu de nous être donnée sous la forme $f(x)dx$, le fût sous la forme, plus compliquée, $f(x,y)dx$. Alors l'équation du problème, entre quantités finies, ne serait pas $\frac{dy}{dx}$ ou $y' = f(x)$, mais

$$\frac{dy}{dx} \text{ ou } y' = f(x,y).$$

Une telle relation est dite *équation différentielle*. L'intégrer, c'est trouver l'expression de la fonction ou des fonctions, appelées y, qui la vérifient. L'ordre de la dérivée de y la plus élevée qui y paraisse constitue ce qu'on appelle *l'ordre de l'équation*. Par exemple, une relation de la forme $F(x,y,y') = 0$, qui, résolue par rapport à y', en donnera une ou plusieurs telles que $y' = f(x,y)$, est du premier ordre ; car la dérivée de y la plus élevée qui s'y trouve est la première, y'.

Les équations différentielles sont d'une extrême utilité dans l'étude des phénomènes naturels. On peut même dire que, sans la connaissance de ces équations, il serait absolument impossible d'aborder aucune théorie mécanique ou physique ayant trait à des changements d'état, comme sont les mouvements des corps, et d'expliquer, par conséquent, aucun des innombrables faits, où la considération d'un temps variable intervient, qu'on qualifie de <u>dynamiques</u>, par opposition à ceux d'équilibre ou de permanence, dits <u>statiques</u>. En effet, d'après les lois naturelles, c'est toujours de l'état actuel du système de corps dont on veut étudier les transformations que dépendent les changements éprouvés par cet état durant un instant infiniment petit. Par exemple, la température d'un corps chauffé décroît d'autant plus vite que sa valeur actuelle excède davantage celle du milieu environnant, la vitesse d'un corps, lancé à travers un fluide résistant (comme l'air ou l'eau) et ne recevant désormais aucune impulsion nouvelle, diminue avec d'autant plus de rapidité qu'elle est actuellement plus grande; un ressort tendu qui se débande produit, pendant un instant infiniment petit, des accroissements de vitesse proportionnels à son degré présent de tension ou de contraction; etc. Bref, les changements infiniment petits qui surviennent, d'un instant à l'autre, dans un système de corps, dépendent toujours de l'état actuel du système; ce qui revient à dire que c'est en fonction des quantités mêmes exprimant un état physique déterminé que seront données leurs dérivées par rapport au temps, lequel est, dans toutes les questions dynamiques, la variable indépendante principale, sinon unique. En d'autres termes, les lois physiques s'expriment mathématiquement par des équations différentielles; d'où il suit que la théorie de ces équations doit servir de base à toute étude analytique des phénomènes naturels.

281. — Équation différentielle du premier ordre: existence de l'intégrale générale et possibilité d'intégrales singulières.

Bornons-nous, dans cette leçon, au cas le plus simple, qui est celui d'une équation du premier ordre, et supposons même celle-ci mise sous la forme

(16) $$y' = f(x, y) \quad \text{ou} \quad dy - f(x, y)\,dx = 0.$$

Pour fixer les idées, nous regarderons la variable indépendante x comme une abscisse, et sa fonction y comme l'ordonnée correspondante d'une courbe plane.

Nous avons déjà étudié au début du calcul intégral (n° 191, p. 274) l'équation encore plus simple $y' = f(x)$, ou $dy = f(x)\,dx$: et nous avons reconnu qu'elle détermine seulement la direction prise par la courbe à chaque instant ou pour chaque valeur de x; en sorte qu'elle permet d'obtenir la fonction y, de proche en proche, après qu'on s'est donné arbitrairement une première ordonnée y_0, dite valeur initiale de y, et correspondant à l'abscisse $x = x_0$ qu'on a choisie comme valeur initiale de la variable indépendante. Il en sera évidemment de même ici, puisque l'équation (16) détermine uniquement la pente y' de la courbe en chacun de ses points (x, y), ou ne fait que fixer la direction qu'un mobile décrivant la courbe doit suivre, à partir de chaque position, pour se rendre dans une position infiniment voisine. Seulement, cette pente y' dépend maintenant de y, et non plus seulement de l'abscisse x. Par suite, les diverses courbes correspondant à différentes ordonnées initiales y_0 n'auront plus les mêmes pentes, pour chaque valeur de x, et représenteront des fonctions, y, qui différeront entr'elles tout autrement que par une simple constante arbitraire.

Donc, quelle que soit l'équation différentielle (16), il existe toujours une fonction y, de x, qui la vérifie, et qui, de plus, pour $x = x_0$, peut recevoir telle valeur, y_0, qu'on veut, du moins entre les limites où l'expression $f(x,y)$ de y' est réelle. Si l'on désigne par F une certaine fonction de deux variables, cette expression de y est $y = F(x, y_0)$, puisqu'elle dépend à la fois de sa valeur initiale y_0 et de l'abscisse variable x. On l'appelle l'intégrale générale de l'équation proposée (16); et l'on voit qu'elle représente une famille de courbes, dont le paramètre caractéristique serait y_0.

L'intégrale générale, $y = F(x, y_0)$, est-elle la seule intégrale que comporte l'équation (16)? En d'autres termes, toute fonction, Y par exemple, qui a, pour $x = x_0$, la valeur y_0, et dont la dérivée égale à chaque instant l'expression $f(x, Y)$, se confond-elle nécessairement avec la fonction $y = F(x, y_0)$, ou peut-elle, au contraire, s'en séparer, du moins sous certaines conditions? La théorie des courbes enveloppes, exposée dans la 18ème leçon (p. 146 à 152), nous permet de répondre qu'une telle séparation est quelquefois possible. En effet, puisque l'intégrale générale $y = F(x, y_0)$ représente une certaine famille de courbes, il suffira que cette famille admette une enveloppe, pour que celle-ci, partout tangente aux enveloppées, ait, en chacun de ses points (x, y), le même coefficient angulaire $y' = f(x, y)$ que les enveloppées mêmes, ou pour qu'il existe chez elle, entre x, y et y', la même relation que dans ces courbes. Donc, l'ordonnée y de l'enveloppe, bien que régie, le plus souvent, par une autre loi finie que les ordonnées des lignes de la famille, et non comprise, par conséquent, dans leur formule $y = F(x, y_0)$, n'en satisfera pas moins à l'équation différentielle proposée (16). Ainsi, elle constituera, pour cette équation (16), une solution, ou intégrale, très-distincte des diverses intégrales, dites particulières, que donne la formule $y = F(x, y_0)$ quand on y attribue à y_0 toutes les valeurs constantes possibles; et la courbe qu'elle représente se séparera, sur tout son cours, des courbes exprimées par l'intégrale générale, qui viendront toutes, successivement, la toucher, c'est-à-dire se joindre à elle pour la quitter aussitôt. On appelle solution singulière une telle intégrale, non comprise dans l'intégrale générale $y = F(x, y_0)$.

282. — Unité de l'intégrale générale; calcul de la solution singulière ou, plus généralement, des systèmes de valeurs des variables pour lesquels des réunions ou séparations d'intégrales sont possibles et qui représentent souvent l'enveloppe, la ligne limite, de la famille de courbes représentée par l'intégrale générale.

Il importe de bien se rendre compte d'une circonstance, concernant l'expression $f(x,y)$ de y', qui seule rend possible une pareille réunion ou une pareille séparation de deux intégrales, et qui, montrant le caractère exceptionnel des systèmes de valeurs de x et y pour lesquels ces réunions ou bifurcations se produisent, permet de prouver qu'il n'existe qu'une seule intégrale générale $y = F(x, y_0)$.

Soient x et y un des systèmes de valeurs dont il s'agit, ou (x, y) un point, dans le plan, tel, qu'il soit possible d'y faire passer deux courbes différentes représentant des intégrales. Si j'appelle y et Y les ordonnées courantes de ces courbes, on aura, par hypothèse, en tous leurs points,

$$y' = f(x,y),\ Y' = f(x,Y);$$

et, d'ailleurs, la différence, $Y - y$, des ordonnées sera nulle pour la valeur de x correspondant au point spécial considéré. Il viendra, par suite, évidemment, en partant de cette valeur spéciale et s'arrêtant à une valeur infiniment voisine $x + \varepsilon$,

$$(17)\qquad Y - y = \int_x^{x+\varepsilon} (Y' - y')\,dx = \int_x^{x+\varepsilon} \left[f(x,Y) - f(x,y)\right] dx.$$

Mais la fonction $f(x,Y)-f(x,y)$, où y, Y dépendent de x, et qui est nulle à la limite inférieure de l'intégrale, ne peut que varier dans un même sens, ou, autrement dit, s'écarter sans cesse de zéro, pendant que x varie dans l'étendue infiniment-petite ε. Donc, la valeur absolue la plus grande de cette fonction, entre les limites, est celle, $f(x,Y)-f(x,y)$, qu'elle prend à la limite supérieure, et le dernier membre de (17) est moindre, en valeur absolue, que

$$\left[f(x,Y)-f(x,y)\right]\int_x^{x+\varepsilon} dx = \left[f(x,Y)-f(x,y)\right]\varepsilon.$$

La relation (17) donne par conséquent

(18) (en valeur absolue) $Y-y<\left[f(x,Y)-f(x,y)\right]\varepsilon$, ou $\dfrac{f(x,Y)-f(x,y)}{Y-y} > \dfrac{1}{\varepsilon}$.

Faisons tendre maintenant ε vers zéro. Le second membre de la dernière inégalité deviendra infini, ainsi que le premier, à plus forte raison; et, d'ailleurs, ce premier membre, qu'on peut écrire $\dfrac{\Delta f(x,y)}{\Delta y}$ (en posant $\Delta y = Y-y$), tendra vers $\dfrac{df(x,y)}{dy}$. Il viendra donc

(19) $$\frac{df(x,y)}{dy} = \pm\infty \quad \text{ou} \quad \frac{1}{\frac{df(x,y)}{dy}} = 0.$$

C'est donc seulement pour les systèmes de valeurs de x et y qui rendent infinie la dérivée $\dfrac{df(x,y)}{dy} = \dfrac{dy'}{dy}$, ou nulle son inverse, que deux intégrales différentes peuvent se réunir ou se séparer. Or, égaler $\dfrac{1}{f'_y(x,y)}$ à zéro, c'est poser entre x et y une certaine relation, qui représente bien une courbe quand on peut en tirer pour y des valeurs finies en fonction de x, mais qui, dépourvue de constante arbitraire, n'exprime jamais une famille de courbes couvrant une partie finie du plan ou permettant de se donner arbitrairement dans un certain intervalle, pour toute valeur x_0 de x choisie comme valeur initiale, la valeur correspondante y_0 de la fonction. Donc, il n'existe qu'une seule intégrale générale $y = F(x, y_0)$; et, quand l'équation (16) admet en outre quelque autre intégrale, c'est-à-dire une solution singulière, on l'obtient, en cherchant, parmi les valeurs de y, fonctions de x, qui vérifient l'équation $\frac{1}{f'_y(x,y)}=0$, s'il en est dont la dérivée égale constamment $f(x,y)$, c'est-à-dire, qui satisfassent à l'équation proposée (16).

Ainsi, les solutions singulières se trouvent en résolvant par rapport à y l'équation $\frac{1}{f'_y(x,y)}=0$, sans qu'on ait besoin d'effectuer aucune intégration. Et lorsque les valeurs en fonction de x ainsi obtenues n'ont pas leur dérivée y' constamment égale à $f(x,y)$, ou qu'elles n'expriment pas des solutions singulières, elles continuent, du moins, à représenter les seuls systèmes de valeurs de x et y, les seules lignes du plan, où puissent venir se raccorder les diverses intégrales particulières, c'est-à-dire les diverses courbes de la famille que représente l'intégrale générale $y=F(x,y_0)$.

Cette importante propriété fait, en général, de la ligne qui a pour équation $\frac{1}{f'_y(x,y)}=0$, ou seulement de certaines de ses branches, la limite qui sépare la partie du plan couverte par les courbes $y=F(x,y_0)$ de celle qu'elles n'occupent pas, ou, autrement dit, l'enveloppe de la famille de courbes, en comprenant, sous ce nom d'enveloppe, même des lignes limites qui ne seraient pas tangentes aux enveloppées. En effet, quand une famille de courbes ne couvre pas tout le plan, il arrive, au bord de l'espace qui les contient; 1°, ou bien que ces courbes ne cessent pas d'y être continues et se prolongent de part et d'autre, ce qui exige qu'elles rasent le bord et que celui-ci, leur étant tangent, soit une enveloppe au sens ordinaire, et représente une solution singulière; 2°, ou bien que les courbes se terminent brusquement au bord et, alors, vu la rareté des points d'arrêt, elles y reviennent le plus souvent sur elles-mêmes, en y présentant un point de rebroussement où se soudent deux branches de courbe. Donc, dans les deux cas, le bord, l'enveloppe, est un lieu de points de réunion ou de séparation d'intégrales et a, par conséquent, son équation comprise dans la relation $\frac{1}{f'_y(x,y)}=0$.

283. — Formes diverses de l'intégrale générale; facteurs d'intégrabilité.

L'intégrale générale $y = F(x, y_0)$ peut être mise sous une infinité d'autres formes, soit explicites, comme celle-là, par rapport à y et obtenues en y faisant paraître, au lieu de la valeur initiale y_0, une autre constante c, dépendant de y_0 d'une manière quelconque ou définie par une équation de la forme $c = \psi(y_0)$, soit même implicites, quand y s'y trouve déterminé, en fonction de x et de la constante arbitraire y_0 ou c, au moyen d'une équation non résolue. Une telle relation, de la forme $F(x, y, c) = 0$, s'appelle l'équation intégrale ou simplement l'intégrale de l'équation différentielle proposée $y' = f(x, y)$.

Parmi ces dernières formes implicites, il faut distinguer surtout celle où l'équation intégrale est résolue par rapport à la constante c, c'est-à-dire mise sous la forme $\varphi(x, y) - c = 0$, équivalente à $\varphi(x, y) = c$; car, alors, une simple différentiation, donnant $\frac{d\varphi}{dx} + \frac{d\varphi}{dy} y' = 0$, ou $y' = -\frac{\frac{d\varphi}{dx}}{\frac{d\varphi}{dy}}$, conduit à une valeur de y' débarrassée de la constante c, tandis que, dans tout autre cas, il faudrait, pour éliminer c de l'équation obtenue en différentiant l'intégrale, y porter la valeur de c tirée de l'équation intégrale elle-même : Aussi la forme $\varphi(x, y) = c$ jouit-elle, pour cette raison, d'importantes propriétés, qui lui ont fait donner le nom de forme normale de l'intégrale.

Observons que, dans le cas où c n'est autre que la valeur initiale y_0 de la fonction, cette forme normale $y_0 = \varphi(x, y)$ revient à considérer y_0 comme dépendant de x et y, c'est-à-dire d'une valeur quelconque de la variable x et de la valeur correspondante y de la fonction; point de vue très-naturel, car, si l'on avait adopté telle valeur x qu'on veut pour valeur initiale, y aurait pu, à ce moment, être choisi à volonté, et c'est alors y_0, correspondant à la valeur particulière x_0 de la variable, qui serait devenu fonction tant de la nouvelle valeur initiale quelconque x de la variable, que de la valeur correspondante attribuée à y. Ainsi, tandis que la forme $y = F(x, y_0)$ exprime que l'on considère, isolément, une certaine valeur de x toujours la même comme initiale, la forme $\varphi(x, y) = y_0$ représente, au contraire, la comparaison ou le rapprochement de toutes les valeurs de x et y qui, prises successivement comme initiales, se correspondraient toutes ou formeraient ensemble une même intégrale de l'équation $y' = f(x, y)$.

La relation $\varphi(x, y) = c$ différentiée nous donnant $\frac{d\varphi}{dx} + \frac{d\varphi}{dy} y' = 0$, si nous remplaçons y' par sa valeur $f(x, y)$, ou simplement f, il viendra $\frac{d\varphi}{dx} + \frac{d\varphi}{dy} f = 0$. Or nous venons de voir qu'on peut, dans $\varphi(x, y) = c$, faire correspondre tour à tour, à chaque valeur de x, toutes les valeurs possibles de y (du moins entre les limites où la fonction $f(x, y)$ est réelle). C'est donc identiquement, pour x et y quelconques, que l'on a $\frac{d\varphi}{dx} + \frac{d\varphi}{dy} f = 0$, ou que, par suite, le produit $-\frac{d\varphi}{dy} f$ des deux fonctions $-\frac{d\varphi}{dy}$, $f(x, y)$ est égal à la fonction $\frac{d\varphi}{dx}$. Il en résulte que, si l'on met l'équation différentielle proposée sous la forme $y' - f(x, y) = 0$, équivalente à $dy - f dx = 0$, puis qu'on multiplie son premier membre par $\frac{d\varphi}{dy}$, il viendra l'identité

$$(20) \quad \frac{d\varphi}{dy}(y' - f) = \frac{d\varphi}{dx} + \frac{d\varphi}{dy} y', \text{ ou } \frac{d\varphi}{dy}(dy - f dx) = \frac{d\varphi}{dx} dx + \frac{d\varphi}{dy} dy = d\varphi.$$

Donc le facteur $\frac{d\varphi}{dy}$, que j'appellerai V pour abréger, rend différentielle exacte en x et y le premier membre de l'équation proposée $dy - f dx = 0$, et il suffirait de connaître ce facteur pour ramener immédiatement le calcul de la fonction φ ou, par suite, de l'intégrale générale $\varphi(x, y) = c$, au problème, résolu plus haut par des quadratures (n° 276, p. 446), de l'intégration d'une différentielle totale $d\varphi = M dx + N dy$. On aurait ici $M = -f \frac{d\varphi}{dy} = -fV$, $N = V$.

Ainsi, <u>il existe toujours un facteur, fonction de x et de y, qui rend immédiatement intégrable, c'est-à-dire réductible aux quadratures, l'équation différentielle proposée $dy - f dx = 0$.</u>

On l'appelle le <u>facteur d'intégrabilité</u>. Et l'on voit même qu'il en existe un pour chacune des formes normales qu'on peut donner à l'intégrale, formes en nombre illimité; puisqu'il en a une pour toute fonction possible ψ de y_0, $c=\psi(y_0)$, que l'on voudra choisir comme constante arbitraire.

La connaissance du facteur d'intégrabilité V ne conduit pas seulement à l'intégrale générale $\varphi(x,y)=c$; elle permet d'obtenir, et sans intégration d'aucune sorte, toute solution qui ne serait pas comprise dans l'intégrale générale ou, autrement dit, les solutions singulières. En effet, la première relation (20) donnant, toujours, entre x et une variable quelconque y qui en dépend,

$$(21) \qquad y'-f=\frac{1}{\frac{d\varphi}{dy}}\left(\frac{d\varphi}{dx}+\frac{d\varphi}{dy}y'\right)=\frac{1}{V}\left(\frac{d\varphi}{dx}+\frac{d\varphi}{dy}y'\right),$$

on voit qu'une fonction y de x ne peut satisfaire à l'équation proposée, c'est-à-dire rendre nulle l'expression $y'-f$, qu'en annulant, ou le facteur $\frac{d\varphi}{dx}+\frac{d\varphi}{dy}y'$, dérivée complète de φ, ou l'autre facteur, $\frac{1}{V}$. Or, si y est tel, que la dérivée complète de φ soit nulle, la fonction φ restera constante, et les valeurs de y seront données par l'intégrale générale $\varphi=$ const. Donc, toute solution de l'équation proposée qui échappe à l'intégrale générale annule nécessairement l'autre facteur, $\frac{1}{V}$, inverse du facteur V d'intégrabilité. Ainsi, <u>les solutions singulières s'obtiennent en égalant à zéro l'inverse du facteur d'intégrabilité</u>. Effectivement, toutes les fois que l'équation $\frac{1}{V}=0$, résolue par rapport à y, donnera des valeurs de y, en fonction de x, qui ne rendront pas infinie l'expression $\frac{d\varphi}{dx}+\frac{d\varphi}{dy}y'$, on sait que la relation (21) se réduira à $y'-f=0$, et qu'on aura obtenu une véritable intégrale de l'équation proposée, sans avoir eu besoin d'égaler $\varphi(x,y)$ à une constante, ou $d\varphi$ à zéro.

284. — Premier exemple : cas où les variables se séparent ; équations homogènes.

Il n'existe, malheureusement, qu'un nombre restreint de cas où l'on puisse trouver le facteur d'intégrabilité : nous allons passer en revue les plus importants.

Pour commencer par le plus simple, supposons que l'équation proposée soit de la forme

$$(22) \qquad y' = f(x)\varphi(y) \text{ ou } dy - f(x)\varphi(y)dx = 0,$$

c'est-à-dire que la valeur de y' doive égaler le produit d'une fonction ne dépendant que de x par une fonction ne dépendant que de y. Alors le facteur d'intégrabilité est $\frac{1}{\varphi(y)}$. En effet, si on multiplie (22) par $\frac{1}{\varphi(y)}$, il vient

$$(23) \qquad \frac{dy}{\varphi(y)} - f(x)\,dx = 0,$$

équation dont le premier membre est de la forme $M\,dx + N\,dy$, avec $M = -f(x)$, $N = \frac{1}{\varphi(y)}$, et où la condition d'intégrabilité se trouve bien vérifiée, puisque ces expressions de M, N donnent

$$\frac{dM}{dy} = 0, \ \frac{dN}{dx} = 0 \text{ et, par suite, } \frac{dM}{dy} = \frac{dN}{dx}.$$

L'intégrale générale est

$$(24) \qquad \int \frac{dy}{\varphi(y)} - \int f(x)\,dx = \text{une constante } C.$$

Elle s'obtiendra donc par deux quadratures, effectuées sur des différentielles ne contenant, l'une, que x, l'autre, que y. On dit, pour cette raison, que les <u>variables sont séparées</u> dans l'équation (23), ou, encore, que la multiplication de (22) par le facteur d'intégrabilité $\frac{1}{\varphi(y)}$ a eu pour résultat d'effectuer <u>la séparation des variables</u>.

Une transformation très-simple ramène à la forme (22) les équations dites <u>homogènes</u>. On appelle ainsi celles qu'on peut écrire $M\,dx + N\,dy = 0$, M et N désignant deux fonctions homogènes, du même degré, en x et y. Par suite, la valeur,

$-\frac{M}{N}$, qu'on en tire pour y', est elle-même homogène du degré zéro et ne dépend que du rapport $\frac{y}{x}$. Les équations dont il s'agit sont donc, en définitive, de la forme

(25) $$y'=f\left(\frac{y}{x}\right).$$

Prenons pour fonction inconnue, au lieu de y, le rapport $\frac{y}{x}$, que nous appellerons u. La relation $\frac{y}{x}=u$ donnera $y=xu$ et, en différentiant, $y'=xu'+u$; ce qui changera l'équation (25) en celle-ci,

(26) $$xu'+u=f(u), \text{ ou } u'=\frac{f(u)-u}{x}, \text{ ou enfin } du=\frac{f(u)-u}{x}dx.$$

Les variables se séparent en multipliant par $\frac{1}{f(u)-u}$, et l'on intègre ensuite les deux membres. Si l'on représente par $-\log c$ la constante arbitraire qu'introduit l'intégration, il vient pour équation intégrale,

(27) $$\int\frac{du}{f(u)-u}=\log x-\log c=\log\frac{x}{c}, \text{ ou } x=ce^{\int\frac{du}{f(u)-u}}.$$

Il ne restera plus qu'à effectuer, dans chaque cas particulier, la quadrature $\int\frac{du}{f(u)-u}$.

285. — Deuxième exemple : équation linéaire et équation de Bernoulli.

On appelle, en général, équations linéaires, celles qui sont du premier degré par rapport aux fonctions inconnues et à leurs dérivées, tout en pouvant être d'un degré quelconque, ou même transcendantes, par rapport aux variables indépendantes.

D'après cette définition, l'équation différentielle linéaire du premier ordre sera évidemment réductible à la forme

(28) $$y'+Py=Q, \text{ ou } dy+Py\,dx=Q\,dx,$$

P et Q désignant deux fonctions quelconques de x seul. Supposons d'abord qu'elle soit, comme on dit, privée de second membre, ou qu'on ait $Q=0$. Alors la valeur, $-Py$, de y' égalera le produit d'une fonction, P, de x par une fonction, y, de y, et les variables se sépareront. En multipliant la seconde (28) par $\frac{1}{y}$ et intégrant, il viendra, si $\log c$ désigne la constante arbitraire introduite,

$$(29)\qquad \log y + \int P dx = \log c, \text{ ou } \log \frac{y}{c} = -\int P dx, \text{ ou encore } \frac{y}{c} = e^{-\int P dx}.$$

Celle-ci donne $y = c\,e^{-\int P dx}$, et, en résolvant par rapport à c,

$$(30)\qquad y\,e^{\int P dx} = c.$$

Comme le facteur $e^{\int P dx}$ est une fonction de x seul, on voit que l'équation linéaire sans second membre a une intégrale générale qui, mise sous sa forme normale, est également linéaire, ou du premier degré, par rapport à la fonction inconnue y.

Ici, la fonction que nous appelions $\varphi(x, y)$ égale $y\,e^{\int P dx}$, et le facteur d'intégrabilité, $\frac{d\varphi}{dy}$, est $e^{\int P dx}$. Or, rétablissant actuellement le second membre Q, multiplions la seconde (28) par ce facteur $e^{\int P dx}$ puis intégrons. Comme $e^{\int P dx} P dx = d e^{\int P dx}$ et que, par suite,

$$e^{\int P dx}(dy + y P dx) = d(y\,e^{\int P dx}),$$

il viendra :

$$(31)\qquad y\,e^{\int P dx} = \int e^{\int P dx} Q dx + \text{const. } c, \text{ ou } y = \left(c + \int Q e^{\int P dx} dx\right) e^{-\int P dx}.$$

Par conséquent, un même facteur d'intégrabilité convient pour les deux cas de l'équation sans second membre et de l'équation avec second membre. Nous verrons, dans la prochaine leçon, que cette propriété, ainsi que la précédente concernant la linéarité de l'intégrale générale (sous forme normale) par rapport à la fonction inconnue, s'étend à des équations différentielles linéaires quelconques. D'après (31), la même linéarité subsiste d'ailleurs quand il y a un second membre.

C'est **Leibniz** qui a intégré, le premier, l'équation linéaire (28), ou, plutôt, qui a réduit son intégration, comme le montre (31), au calcul des deux quadratures $\int P dx$ et $\int Q e^{\int P dx} dx$.

On ramène à l'équation linéaire celle-ci, dite équation de Bernoulli,

(32) $$y' + Py = Qy^n,$$

où P et Q sont encore deux fonctions quelconques de x : quant à l'exposant n, il diffère de l'unité ; car, si l'on avait $n=1$, c'est-à-dire $Qy^n = Qy$, l'équation deviendrait simplement $y' + (P-Q)y = 0$ et elle serait linéaire sans second membre. Supposant donc n différent de 1, multiplions (32) par $(1-n)y^{-n}$, et observons que $(1-n)\,y^{-n}y' = \frac{d.y^{1-n}}{dx}$. Il viendra :

$$\frac{d.y^{1-n}}{dx} + (1-n)\,Py^{1-n} = (1-n)\,Q,$$

ou, en posant $y^{1-n} = u$ et choisissant u pour fonction inconnue,

(33) $$u' + (1-n)\,Pu = (1-n)\,Q.$$

Cette équation est bien linéaire, ou de la forme (28), à cela près que P et Q sont remplacés par $(1-n)P$, $(1-n)Q$. L'intégrale sera, d'après (31),

(34) $$u \text{ ou } y^{1-n} = \left[C + (1-n)\int Q\,e^{(1-n)\int P\,dx}\,dx\right] e^{-(1-n)\int P\,dx}.$$

286. — Troisième exemple : équations qui s'intègrent par différentiation, comme celle de Clairaut.

Considérons enfin, comme dernier exemple, une équation différentielle, en x, y et y', non résolue par rapport à y', contrairement à ce que nous supposions jusqu'ici, mais résolue, ou aisée à résoudre, par rapport à l'une des deux variables x et y, dont chacune peut être prise comme variable indépendante (sauf à remplacer, s'il le faut, y' ou $\frac{dy}{dx}$ par $\frac{1}{x'} = \frac{1}{\frac{dx}{dy}}$). Supposons, pour fixer les idées, qu'on ait choisi comme fonction inconnue celle des deux variables par rapport à laquelle l'équation est résolue, et que celle-ci soit, en conséquence, de la forme

(35) $$y = f(x, y').$$

En la différentiant et en observant que y' est, comme y, une certaine fonction de x, il vient

(36) $$y' = \frac{df(x,y')}{dx} + \frac{df(x,y')}{dy'}\frac{dy'}{dx}, \text{ ou } \frac{dy'}{dx} = \frac{y' - \frac{df(x,y')}{dx}}{\frac{df(x,y')}{dy'}},$$

équation différentielle, en x et y', qui se trouve, comme on voit, toute résolue par rapport à la dérivée de y', et qui est, par suite, du moins à ce point de vue, beaucoup plus simple que la proposée (35) en x et y. Si on savait l'intégrer, et qu'on obtienne ainsi y' en fonction de x et d'une constante arbitraire, cette valeur de y', substituée dans (35), donnera l'expression cherchée de y.

C'est ce qui arrive pour l'équation, dite de Clairaut,

(37) $$y = y'x + \varphi(y'),$$

où φ désigne une fonction quelconque d'une seule variable. Différentions-la. Il vient :

$$y' = y' + [x + \varphi'(y')] \frac{dy'}{dx} = 0,$$

ou, en supprimant de part et d'autre le terme y' et multipliant par dx,

(38) $$[x + \varphi'(y')]\, dy' = 0.$$

Le facteur d'intégrabilité est évidemment $\frac{1}{x+\varphi'(y')}$; et l'intégrale générale, obtenue en intégrant $dy' = 0$, se réduit à $y' = c$. Enfin, cette valeur de y', portée dans (37), donne

(39) $$y = cx + \varphi(c),$$

équation du premier degré en x et y. Donc, l'intégrale générale représente une famille de lignes droites.

Mais la relation (38) serait aussi vérifiée en égalant à zéro l'expression $x + \varphi'(y')$, inverse du facteur d'intégrabilité ; ce qui conduit, comme nous savons (n° 283, p. 461), à la solution singulière.

Effectivement, si l'on tire y' de l'équation $x + \varphi'(y') = 0$, pour en porter la valeur dans (37), ou, vu la possibilité d'appeler c la quantité y' qu'on élimine, si l'on tire c de l'équation $x + \varphi'(c) = 0$, pour en substituer la valeur dans (39), on fait précisément les calculs qui auraient pour but de déterminer

l'enveloppe de la famille de droites (39); puisqu'on élimine c entre l'équation (39) et l'équation $\frac{dy}{dc}=0$, c'est-à-dire $x+\varphi'(c)=0$.
Ainsi, la courbe lieu des points (x,y) représentés par l'équation résultante n'est autre que l'enveloppe de la famille de droites (39); et nous savions bien qu'en effet la solution singulière est exprimée par l'enveloppe de la famille des lignes qui représentent l'intégrale générale.

On voit que l'équation de Clairaut était très propre à mettre en vue l'existence des solutions singulières, ainsi que leur propriété géométrique essentielle et leur rapport intime avec les facteurs d'intégrabilité. Aussi a-t-elle été, au dernier siècle, un des premiers exemples qui aient appelé l'attention des géomètres sur ces solutions, dont la découverte se trouvait, il est vrai, déjà comprise implicitement dans celle des courbes enveloppes, que Leibniz avait faite vers la fin du siècle précédent.

35ème Leçon. — Notions sommaires sur les équations différentielles simultanées, sur celles d'ordre supérieur et sur les équations aux dérivées partielles.

287. — Des équations différentielles du premier ordre simultanées et de leurs intégrales.

Considérons n fonctions, y, z, u, etc., d'une variable indépendante x, définies au moyen d'équations de la forme

$$(1)\quad y' \text{ ou } \frac{dy}{dx} = f_1(x,y,z,u,\ldots),\ z' \text{ ou } \frac{dz}{dx} = f_2(x,y,z,u,\ldots),\ u' \text{ ou } \frac{du}{dx} = f_3(x,y,z,u,\ldots), \text{ etc.},$$

qui, pour chaque valeur de la variable x, font connaître leurs dérivées en fonction de cette valeur x et des valeurs actuelles de $y, z, u, \ldots$ elles-mêmes. Un tel ensemble d'équations constitue évidemment l'extension, au cas de plusieurs fonctions inconnues, de l'équation différentielle du premier ordre étudiée dans la seconde partie de la leçon précédente. On l'appelle un système d'équations différentielles simultanées, et on dit, d'ailleurs, qu'il est du premier ordre, parce que les dérivées du premier ordre sont les plus élevées qui y paraissent.

Si l'on se représente y, z, u, comme les ordonnées de tout autant de courbes, en imaginant que ces courbes doivent être tracées par des points, mobiles, tous à la fois, le long d'une même droite perpendiculaire à l'axe des abscisses x et animée d'un mouvement continu dans le sens de cet axe, il est clair qu'on pourra se donner la position première de tous ces points, c'est-à-dire les valeurs, dites <u>initiales</u>, $y_0, z_0, u_0, \ldots$ de $y, z, u, \ldots$ correspondant à une certaine valeur, x_0, de x, et que c'est alors seulement que les équations (1) détermineront les directions, définies au moyen des coefficients angulaires y', z', u', etc., qui seront prises au même moment par les divers points mobiles. Ceux-ci se rendront de la sorte dans des positions voisines, où une nouvelle application des équations (1) fera connaître les nouvelles directions qu'ils devront prendre; et ainsi de suite. Dans quelques situations qu'arrivent ainsi, de proche en proche, les points ayant $y, z, u, \ldots$ pour ordonnées, il existera toujours certaines pentes, $y', z', u', \ldots$, satisfaisant aux équations (1), que pourront recevoir leurs trajectoires, pourvu, du moins, que $x, y, z, u, \ldots$ se maintiennent dans les limites entre lesquelles les fonctions $f_1, f_2, f_3, \ldots$ sont réelles. Donc, <u>les équations simultanées (1) admettent toujours un système d'intégrales générales, de la forme</u>

$$(2) \qquad y = F_1(x, y_0, z_0, u_0, \ldots),\ z = F_2(x, y_0, z_0, u_0, \ldots),\ u = F_3(x, y_0, z_0, u_0, \ldots), \text{ etc.},$$

<u>c'est-à-dire qu'il existe toujours des fonctions $y, z, u, \ldots$ qui les vérifient et qui, pour $x = x_0$, peuvent recevoir des valeurs $y_0, z_0, u_0, \ldots$ choisies à volonté.</u>

L'exemple de l'équation unique du premier ordre et de ses solutions singulières prouve qu'il peut y avoir quelquefois, à partir d'un même système de valeurs $x, y, z, u, \ldots$, plusieurs intégrales possibles, c'est-à-dire, en outre des fonctions $y, z, u, \ldots$ dont il vient d'être parlé, d'autres fonctions, $Y, Z, U, \ldots$, de x, satisfaisant également aux équations (1).

Mais il importe de démontrer que ces valeurs, tout comme dans le cas d'une équation unique, sont exceptionnelles, et qu'il n'existe, par suite, qu'un seul système d'intégrales générales. A cet effet, reprenons la démonstration donnée dans la dernière leçon (n° 282, p. 456). Observons qu'on aura, d'après (1),

$$Y' = f_1(x, Y, Z, U, \dots),\quad Z' = f_2(x, Y, Z, U, \dots),\ \text{etc},$$

et intégrons $(Y' - y')\,dx$, $(Z' - z')\,dx$, etc., depuis la valeur x pour laquelle $Y, Z, U, \dots$, se confondent avec $y, z, u, \dots$ jusqu'à une valeur infiniment voisine $x + \varepsilon$. Il viendra :

$$(3)\quad Y - y = \int_x^{x+\varepsilon} \left[f_1(x, Y, Z, U, \dots) - f_1(x, y, z, u, \dots) \right] dx,\quad Z - z = \int_x^{x+\varepsilon} \left[f_2(x, Y, Z, U, \dots) - f_2(x, y, z, u, \dots) \right] dx,\ \text{etc.}$$

Mais il est encore évident que, dans ces équations, les fonctions placées sous les signes $\int$ ne peuvent que varier toujours dans un même sens entre les limites x et $x + \varepsilon$, puisque l'intervalle de celles-ci est infiniment petit ; en sorte que, leurs valeurs à la première de ces limites étant nulles, elles reçoivent leurs plus grandes valeurs absolues à la limite $x + \varepsilon$. On aura donc, par exemple,

$$(\text{en valeur absolue})\ Y - y < \left[f_1(x+\varepsilon, Y, Z, U, \dots) - f_1(x+\varepsilon, y, z, u, \dots) \right] \int_x^{x+\varepsilon} dx = \left[f_1(x+\varepsilon, Y, Z, U, \dots) - f_1(x+\varepsilon, y, z, u, \dots) \right] \varepsilon ;$$

et cette inégalité, avec les autres analogues, donnera

$$(4)\quad (\text{en valeur absolue})\ \frac{f_1(x+\varepsilon, Y, Z, \dots) - f_1(x+\varepsilon, y, z, \dots)}{Y - y} > \frac{1}{\varepsilon},\quad \frac{f_2(x+\varepsilon, Y, Z, \dots) - f_2(x+\varepsilon, y, z, \dots)}{Z - z} > \frac{1}{\varepsilon},\ \text{etc}, \dots$$

Si, actuellement, ε et, par suite, $Y - y$, $Z - z$, ... tendent vers zéro, les seconds membres de (4) deviendront infinis, et il en sera de même, à plus forte raison, des premiers. C'est dire que les variations infiniment petites qu'éprouvent les fonctions $f_1, f_2, \dots$, quand on y fait varier infiniment peu, de $Y - y$, $Z - z$, les variables $y, z, \dots$, sont infiniment moins petites que $Y - y$, $Z - z$, ... Or ce serait évidemment impossible si toutes les dérivées partielles premières des fonctions $f_1, f_2, \dots$ en $y, z, \dots$ étaient finies, et si, par suite, les différentielles considérées de $f_1, f_2, \dots$ étaient seulement comparables à la plus grande des différentielles $Y - y$, $Z - z$, ... Donc, les seules valeurs de $x, y, z, u, \dots$ à partir desquelles il puisse exister plusieurs intégrales du système (1) sont celles qui rendent infinie une au moins des dérivées partielles premières des seconds membres des équations (1) par rapport aux fonctions inconnues

$y, z, u, \ldots$ Ce sont évidemment des valeurs trop spéciales pour qu'on trouve à choisir arbitrairement, parmi elles, $y_0, z_0, u_0, \ldots$, à l'instant où $x = x_0$. En d'autres termes, il n'existe aucun autre système d'intégrales générales que le système (2), et toutes les solutions singulières, ou non comprises dans ces intégrales, que peuvent admettre les équations proposées (1), s'obtiendront en égalant à l'infini les dérivées partielles premières des seconds membres de ces équations (1) par rapport à $y, z, u, \ldots$

288. — De la forme normale des intégrales : facteurs d'intégrabilité.

Il est clair qu'on pourrait, dans les intégrales (2), substituer à $y_0, z_0, u_0, \ldots$ d'autres constantes arbitraires en même nombre, $c_1, c_2, c_3, \ldots$, liées à $y_0, z_0, u_0, \ldots$ par des relations quelconques, et dont, par suite, $y_0, z_0, u_0, \ldots$ seraient certaines fonctions. Les n variables $y, z, u, \ldots$ dépendraient donc des n constantes $c_1, c_2, c_3, \ldots$, en même temps que de x; et elles pourraient d'ailleurs n'être obtenues par l'intégration que sous forme implicite, c'est-à-dire à l'état de n équations non résolues entre $x, y, z, u, \ldots$ et $c_1, c_2, \ldots, c_n$. De telles équations sont dites des équations intégrales du système (1). Si on les résout par rapport aux n constantes $c_1, c_2, \ldots$, elles deviendront de la forme

(5) $\varphi_1(x, y, z, u, \ldots) = c_1$, $\varphi_2(x, y, z, u, \ldots) = c_2$, $\varphi_3(x, y, z, u, \ldots) = c_3$, etc.,

$\varphi_1, \varphi_2, \varphi_3, \ldots$ désignant certaines fonctions de $x, y, z, u, \ldots$; et elles seront alors les analogues de l'intégrale normale $\varphi(x, y) = c$ d'une équation différentielle unique, car une simple différentiation en éliminera la constante arbitraire que contient chacune d'elles. Les intégrales du système (1), mises sous cette forme normale, peuvent donc être représentées par la formule unique $\varphi(x, y, z, u, \ldots) = c$; et l'on voit qu'il y en a toujours n distinctes, c'est-à-dire telles, qu'il est possible, quels que soient $c_1, c_2, \ldots, c_n$, d'en tirer les expressions des n variables inconnues $y, z, u, \ldots$ en fonction de x. Si l'on différentie l'une d'elles, $\varphi = c$, en observant que $y', z', u', \ldots$ ont les valeurs (1), il viendra

$$(6) \quad \frac{d\varphi}{dx} + \frac{d\varphi}{dy} f_1 + \frac{d\varphi}{dz} f_2 + \frac{d\varphi}{du} f_3 + \cdots = 0, \text{ ou } -\left(\frac{d\varphi}{dy} f_1 + \frac{d\varphi}{dz} f_2 + \frac{d\varphi}{du} f_3 + \cdots\right) = \frac{d\varphi}{dx}.$$

Ainsi, il existe, entre les dérivées partielles de la fonction φ de $x, y, z, u \ldots$ et les fonctions $f_1, f_2, f_3, \ldots$ de ces mêmes variables, des rapports tels, que l'expression de $-\left(\frac{d\varphi}{dy} f_1 + \frac{d\varphi}{dz} f_2 + \cdots\right)$ se confond avec celle de $\frac{d\varphi}{dx}$; et, cela, pour toutes les valeurs possibles de $x, y, z, u, \ldots$, puisque chaque valeur de x pourrait, à son tour, être prise comme valeur initiale, et que les valeurs correspondantes de $y, z, u, \ldots$ seraient, alors, susceptibles d'être choisies à volonté. L'égalité (6) est donc une identité.

Cela posé, prenons les équations différentielles (1) sous la forme

$$(7) \qquad dy - f_1 dx = 0, \; dz - f_2 dx = 0, \; du - f_3 dx = 0, \text{ etc.},$$

et ajoutons-les, après les avoir respectivement multipliées par $\frac{d\varphi}{dy}, \frac{d\varphi}{dz}, \frac{d\varphi}{du}, \ldots$ Si nous remplaçons, dans le résultat,

$$-\left(\frac{d\varphi}{dy} f_1 + \frac{d\varphi}{dz} f_2 + \cdots\right) \text{ par } \frac{d\varphi}{dx},$$

la somme des premiers membres deviendra

$$(8) \qquad \frac{d\varphi}{dy} dy + \frac{d\varphi}{dz} dz + \cdots + \frac{d\varphi}{dx} dx \text{ ou } d\varphi,$$

en sorte que le résultat, réduit à $d\varphi = 0$, sera immédiatement intégrable et donnera $\varphi = \text{const}$, c'est-à-dire l'une des n intégrales générales sous leur forme normale.

<u>Il existe donc toujours, pour un système de n équations différentielles simultanées du premier ordre, n groupes distincts de facteurs d'intégrabilité, fonctions de $x, y, z, u, \ldots$, tels, que, si on multiplie les équations proposées (7) par les facteurs</u>

$$\frac{d\varphi}{dy}, \; \frac{d\varphi}{dz}, \; \frac{d\varphi}{du}, \ldots$$

<u>de l'un quelconque de ces groupes et qu'on fasse la somme des résultats, l'équation obtenue s'intègre immédiatement, c'est-à-dire,</u>

a pour premier membre une différentielle totale, intégrable par des quadratures, et conduisant à une des intégrales normales du système proposé.

Il est bon de remarquer qu'il n'y a qu'un seul cas où l'on n'ait pas le droit de multiplier les équations (7) par les facteurs $\frac{d\varphi}{dy}, \frac{d\varphi}{dz}, \frac{d\varphi}{du}, \ldots$, et puis de les ajouter, pour en déduire l'équation $d\varphi = 0$: c'est le cas où l'un au moins des facteurs considérés devient infini. Donc, toutes fonctions $y, z, u, \ldots$ de x qui satisfont aux équations (7) vérifient également la relation $d\varphi = 0$ et, par suite, l'équation intégrale $\varphi = c$, à moins qu'elles ne rendent continuellement infini quelqu'un des facteurs d'intégrabilité correspondants. En conséquence, les solutions singulières que peut admettre le système proposé, et qui échappent à une intégrale générale $\varphi =$ Const., s'obtiendront en égalant à l'infini les divers facteurs d'intégrabilité employés pour obtenir cette intégrale.

On voit par là comment les propriétés générales de l'équation différentielle du premier ordre s'étendent à un système de telles équations simultanées.

289. — Réduction d'un système d'équations différentielles d'ordre quelconque à un système d'un nombre plus grand d'équations du premier ordre, et vice versa; cas d'une seule équation différentielle d'ordre supérieur.

On peut toujours ramener un système d'équations différentielles à être du premier ordre, en y considérant comme autant de fonctions inconnues distinctes toutes les dérivées qui y paraissent, sauf la plus élevée de chacune des fonctions cherchées, et en déterminant les inconnues auxiliaires ainsi introduites par les relations qui expriment qu'elles sont les dérivées les unes des autres ou les dérivées des inconnues principales qu'on demande. On obtient ainsi un système plus nombreux d'équations simultanées mais, évidemment, ce système est du premier ordre.

Soit, par exemple, une équation différentielle d'ordre n, supposée résolue par rapport à la dérivée la plus élevée,

(9) $y^{(n)}=f(x,y,y',y'',y''',\ldots y^{(n-1)})$, ou $\frac{d^n y}{dx^n}=f\left(x,y,\frac{dy}{dx},\frac{d^2y}{dx^2},\ldots,\frac{d^{n-1}y}{dx^{n-1}}\right)$,

entre une variable indépendante x, sa fonction y et les n premières dérivées de celle-ci. En regardant comme des fonctions distinctes les $n-1$ dérivées $y',y'',\ldots,y^{(n-1)}$, intermédiaires entre la fonction y et sa dérivée $n^{ème}$, $y^{(n)}$, que nous écrirons $\frac{dy^{(n-1)}}{dx}$, nous aurons le système de n équations simultanées du premier ordre,

(10) $\frac{dy}{dx}=y',\ \frac{dy'}{dx}=y'',\ldots,\ \frac{dy^{(n-2)}}{dx}=y^{(n-1)},\ \frac{dy^{(n-1)}}{dx}=f(x,y,y',y'',\ldots,y^{(n-1)})$,

entre la variable indépendante x et les n fonctions $y,y',y'',y''',\ldots,y^{(n-1)}$ de cette variable ; et il est évident que ce système (10) a précisément la même signification que l'équation proposée (9).

On voit que l'intégrale générale déterminera y et, par suite, $y',y'',y''',\ldots,y^{(n-1)}$, en fonction de x et des valeurs initiales arbitraires, $y_0,y'_0,y''_0,\ldots y_0^{(n-1)}$, que prendront toutes ces quantités pour $x=x_0$.

Donc, l'intégrale générale d'une équation différentielle du $n^{ème}$ ordre contient n constantes arbitraires, telles, qu'on peut se donner à volonté les valeurs initiales de la fonction et de ses $n-1$ premières dérivées.

Chacune des n intégrales normales distinctes du système (10) étant de la forme $\varphi(x,y,y',y'',\ldots,y^{(n-1)})=C$, les facteurs d'intégrabilité correspondants sont $\frac{d\varphi}{dy},\frac{d\varphi}{dy'},\ldots,\frac{d\varphi}{dy^{(n-1)}}$; et, si l'on multiplie par ceux-ci les équations (10), mises sous la forme

(11) $dy-y'dx=0,\ dy'-y''dx=0,\ldots,\ dy^{(n-2)}-y^{(n-1)}dx=0,\ dy^{(n-1)}-fdx=0$,

puis qu'on ajoute les résultats, la somme des premiers membres égalera, comme on sait, la différentielle totale exacte de la fonction φ. On aura ainsi,

$$\frac{d\varphi}{dy}(dy-y'dx)+\frac{d\varphi}{dy'}(dy'-y''dx)+\cdots+\frac{d\varphi}{dy^{(n-2)}}(dy^{(n-2)}-y^{(n-1)}dx)+\frac{d\varphi}{dy^{(n-1)}}(dy^{(n-1)}-fdx)=d\varphi,$$

c'est-à-dire, plus simplement, en tenant compte de ce fait que $y', y'', y''', \ldots$ désignent les dérivées successives de y et que, par suite, les expressions $dy - y'dx$, $dy' - y''dx$, etc. sont identiquement nulles,

$$(12) \qquad \frac{d\varphi}{dy^{(n-1)}}\left(dy^{(n-1)} - f\,dx\right) = d\varphi, \text{ ou } dy^{(n-1)} - f\,dx = \frac{1}{\frac{d\varphi}{dy^{(n-1)}}}\,d\varphi.$$

Il existe donc, pour toute équation différentielle d'ordre n mise sous la forme $dy^{(n-1)} - f\,dx = 0$, un facteur, $\frac{d\varphi}{dy^{(n-1)}}$, fonction de $x, y, y', y'', \ldots, y^{(n-1)}$, et même n facteurs analogues distincts (un pour chaque intégrale normale $\varphi = \text{const.}$), qui rendent le premier membre de cette équation la différentielle totale de certaines fonctions φ de $x, y, y', y'', \ldots, y^{(n-1)}$.

Quand un de ces facteurs est connu et qu'on l'applique, l'équation devient exactement intégrable une fois; et l'on obtient, en intégrant, une équation différentielle d'ordre $n-1$, $\varphi(x, y, y', y'', \ldots y^{(n-1)}) = C$. Celle-ci est dite une intégrale générale première de la proposée. Si on peut la traiter comme la proposée, c'est-à-dire l'intégrer elle-même une fois, on aura, avec deux constantes arbitraires, une nouvelle intégrale, appelée intégrale deuxième de la proposée. En continuant de même, on arrivera, après n intégrations, à l'équation intégrale $n^{ème}$, qui contiendra x, y et les n constantes arbitraires introduites. Celle-ci, résolue par rapport à y, donnera la valeur générale cherchée de y.

Observons que, en vertu de la seconde identité (12), on peut satisfaire à l'équation $dy^{(n-1)} - f\,dx = 0$, soit en annulant $d\varphi$ ou posant $\varphi = C$, ce qui donne l'intégrale générale première, soit en prenant $\frac{1}{\frac{d\varphi}{dy^{(n-1)}}} = 0$, c'est-à-dire en égalant à l'infini le facteur d'intégrabilité, $\frac{d\varphi}{dy^{(n-1)}}$ ce qui équivaut à poser une certaine équation différentielle d'ordre $n-1$ en y, sans constante arbitraire, équation dont l'intégrale sera évidemment la solution singulière de la proposée et comportera $n-1$ constantes arbitraires. Par conséquent, dans une équation différentielle d'ordre supérieur, la solution singulière, quand elle existe, contient généralement des constantes arbitraires, mais jamais autant que l'intégrale générale; et on la trouve par l'intégration de l'équation obtenue en égalant à l'infini le facteur d'intégrabilité qui conduit à une intégrale générale première.

Si une équation différentielle d'ordre n peut être remplacée par n équations du premier ordre, à l'inverse, un système de n équations du premier ordre, le système (1) par exemple, conduit, par l'élimination de $n-1$ des fonctions inconnues, à une équation différentielle d'ordre n entre la variable indépendante x et la fonction inconnue restante. Pour le démontrer, observons d'abord que les équations proposées (1) permettent d'obtenir, en fonction des valeurs actuelles de $x, y, z, u, \ldots$, non seulement les dérivées premières de $y, z, u, \ldots$, mais encore leurs dérivées d'un ordre quelconque.

En effet, la différentiation de la première (1), par exemple, donnera

$$y'' = \frac{df_1}{dx} + \frac{df_1}{dy}y' + \frac{df_1}{dz}z' + \frac{df_1}{du}u' + \cdots = \frac{df_1}{dx} + \frac{df_1}{dy}f_1 + \frac{df_1}{dz}f_2 + \frac{df_1}{du}f_3 + \cdots,$$

expression de y'', qui est, comme y', une fonction connue de $x, y, z, u, \ldots$, et qui servira elle-même de point de départ pour obtenir successivement y''', y^{IV}, etc.

Si donc on évalue, par exemple $y', y'', y''', \ldots, y^{(n)}$ en fonction de $x, y, z, u, \ldots$, on aura, entre ces dérivées et $x, y, z, u, \ldots$, des relations au nombre de n; et il suffira de les combiner de manière à en éliminer les $n-1$ variables $z, u, \ldots$, pour obtenir finalement une équation entre $x, y, y', y'', \ldots, y^{(n)}$, c'est-à-dire une équation différentielle du $n^{ème}$ ordre en y.

On remarquera que les valeurs générales de $y, z, u, \ldots$, ou plutôt leurs accroissements successifs correspondant à de petits accroissements h de x, pourront se calculer de proche en proche par la série de Taylor, à un degré aussi élevé qu'on voudra d'approximation, en fonction des valeurs initiales de toutes ces variables $y, z, u, \ldots$.

En effet, les coefficients qui entreront, par exemple, dans le développement d'un premier accroissement de y seront, à des facteurs constants près, les valeurs primitives des dérivées de y, dérivées qui s'exprimeront toutes directement, comme on vient de voir, en fonction des valeurs correspondantes, c'est-à-dire primitives aussi et connues, de x, y, z, u, etc.

290. — De quelques cas où l'on sait intégrer une équation différentielle d'ordre supérieur.

Les cas où l'on sait trouver les facteurs d'intégrabilité sont, naturellement, encore plus rares pour les équations différentielles d'ordre supérieur que pour celles du premier ordre. Je vais résumer les principaux.

1° Le plus simple est celui où l'équation ne contient que la variable indépendante x et une dérivée de la fonction inconnue y. Alors l'équation, résolue par rapport à cette dérivée, devient de la forme $y^{(n)}=f(x)$, ou $dy^{(n-1)}=f(x)\,dx$. Elle est immédiatement intégrable; autrement dit, elle admet pour facteur d'intégrabilité 1. Intégrée une première fois, elle donne, $y^{(n-1)}=\int f(x)dx+c$, c'est-à-dire qu'elle devient de l'ordre $n-1$, tout en conservant sa forme première ou en ne contenant qu'une dérivée de y et x. On pourra donc l'intégrer encore; et ainsi de suite, jusqu'à ce que n intégrations successives aient permis de remonter à y.

2° Vient ensuite le cas où l'équation ne contient pas x, ni y, mais seulement deux dérivées consécutives de y. Résolue par rapport à la plus haute de ces dérivées, elle sera de la forme

$$y^{(n)}=f(y^{(n-1)}) \text{ ou } \frac{dy^{(n-1)}}{dx}=f(y^{(n-1)}).$$

On voit que, en y regardant $y^{(n-1)}$ comme la fonction cherchée, elle devient l'équation du premier ordre $dy^{(n-1)}=f(y^{(n-1)})dx$, ayant pour facteur d'intégrabilité $\frac{1}{f(y^{(n-1)})}$. Une première intégration donne donc $\int\frac{dy^{(n-1)}}{f(y^{(n-1)})}=x+c$, relation qui, si on peut la résoudre par rapport à

$y^{(n-1)}$, donnera cette dérivée en fonction de x et, rentrant alors dans le type précédent, s'intègrera de suite par de simples quadratures.

3° Considérons encore une équation où il n'entre que la fonction y et sa dérivée seconde, ou, plus généralement, deux dérivées non consécutives mais n'ayant entr'elles qu'une seule dérivée intermédiaire. Si on la résout par rapport à la dérivée la plus élevée, et qu'on appelle u la moins élevée, l'équation proposée aura la forme $u'' = f(u)$ ou $du' = f(u)\,dx$. Le facteur d'intégrabilité est $2u'$. En effet, l'équation $du' = f(u)\,dx$, multipliée par $2u'$, devient $d(u'^2) = 2f(u)\,u'\,dx = 2f(u)\,du$, et, en intégrant, $u'^2 = 2\int f(u)\,du + c$. On en tire donc $u' = \pm\sqrt{2\int f(u)\,du + c}$, équation différentielle qui rentre dans le type précédent, car elle ne contient que deux dérivées consécutives u et u' d'une même fonction de x, et elle est même résolue par rapport à la plus haute de ces dérivées.

4° Enfin, il est des cas où un changement, soit de la variable, soit de la fonction, diminue l'ordre de l'équation et permet d'effectuer, par suite, une ou plusieurs des n intégrations successives qui sont à faire pour l'intégrer.

Par exemple, quand l'équation ne contient pas y, mais seulement ses dérivées à partir de celle d'un certain ordre p, l'adoption de $y^{(p)}$ comme fonction inconnue, à la place de y, abaisse évidemment de p unités l'ordre de l'équation; et, si l'on peut, en intégrant l'équation ainsi abaissée, déterminer $y^{(p)}$, les p intégrations qui resteront à effectuer seront immédiates, car ce seront celles que comportera l'équation ainsi obtenue, $y^{(p)}$ = une certaine fonction de x. C'est ce que nous venons de voir sur l'équation $y^{(n)} = f(y^{(n-1)})$, où $y^{(n-1)}$ était devenue, provisoirement, la fonction à déterminer.

Quand, au contraire, l'équation proposée contient y, mais ne contient pas x, en y prenant y pour variable indépendante et y' pour la fonction à déterminer, les dérivées suivantes, y'', y''', ... ou $\frac{dy'}{dx}$, $\frac{d}{dx}\frac{dy'}{dx}$, etc., se

transforment au moyen de la formule symbolique évidente
$\frac{d}{dx} = \frac{dy}{dx}\frac{d}{dy} = y'\frac{d}{dy}$, et elles deviennent respectivement

$$(13) \quad y'' = y'\frac{dy'}{dy},\ y''' = y'\frac{d}{dy}\left(y'\frac{dy'}{dy}\right) = y'^2\frac{d^2y'}{dy^2} + y'\left(\frac{dy'}{dy}\right)^2, \text{ etc.}$$

On voit que chacune de ces dérivées d'ordre supérieur s'exprime au moyen de dérivées de y' qui sont d'un ordre moindre; en sorte que l'équation obtenue est réduite à l'ordre $n-1$. Si on sait l'intégrer, on aura y' en fonction de y, c'est-à-dire une équation du premier ordre et de la forme y' ou $\frac{dy}{dx} = f(y)$, dont l'intégrale générale est $\int\frac{dy}{f(y)} = x +$ const.

Un autre cas, où un changement de la fonction à déterminer suffit pour abaisser d'une unité l'ordre de l'équation, est celui des <u>équations homogènes</u>. On appelle ainsi celles dont tous les termes sont du même degré par rapport à y et à ses dérivées, ou, autrement dit, celles qui, divisées par une puissance convenable de y, ne contiennent plus que x et les rapports $\frac{y'}{y}$, $\frac{y''}{y}$, $\frac{y'''}{y}$, etc.. Prenons pour nouvelle fonction le premier de ces rapports, en posant $\frac{y'}{y} = u$. Celle-ci donne $y' = uy$, et l'on en tire, par la différentiation, $y'' = u'y + uy'$, $y''' = u''y + 2u'y' + uy''$, etc.. Donc, en divisant par y, il vient

$$(14) \quad \frac{y'}{y} = u,\ \frac{y''}{y} = u' + u\frac{y'}{y} = u' + u^2,\ \frac{y'''}{y} = u'' + 2u'\frac{y'}{y} + u\frac{y''}{y} = u'' + 2uu' + u(u' + u^2), \text{ etc..}$$

On voit que tous les rapports des dérivées successives de y à y s'expriment en fonction de u et des dérivées d'ordres moindres de u. Donc l'équation ne sera plus que de l'ordre $n-1$. Si on parvient à l'intégrer, il viendra une relation de la forme $u = f(x)$, ou $\frac{y'}{y} = f(x)$, dont l'intégrale est

$$\log y = \int f(x)dx + \text{une constante } \log c, \text{ ou } y = c\,e^{\int f(x)dx} = c\,e^{\int u dx}.$$

Une équation dans laquelle x ne paraît pas, et qui est de la forme $f(y, \frac{y''}{y'^2}, \frac{y'''}{y'^3}, \dots) = 0$, devient homogène quand on abaisse son ordre d'une unité en y prenant y pour variable et y' pour fonction. En effet, les formules (13) montrent que y'', y''', ... deviennent, respectivement, du second degré, du troisième degré, etc., en y' et ses dérivées ; d'où il résulte que tous les quotients $\frac{y''}{y'^2}$, $\frac{y'''}{y'^3}$, ... seront homogènes, du degré zéro. On pourra donc, par la transformation précédente, abaisser de nouveau d'une unité l'ordre de l'équation. Si celle-ci n'était que du second ordre, ou, autrement dit, si elle se réduisait à $f(y, \frac{y''}{y'^2}) = 0$, elle se trouvera ainsi complètement intégrée ou ramenée aux quadratures.

On rend indépendante de la variable et, par suite, susceptible d'abaissement, toute équation de la forme

$$f\left(\frac{y}{x}, y', xy'', x^2y''', x^3y^{\text{IV}}, \dots\right) = 0,$$

en choisissant le logarithme népérien de x pour variable et $\frac{y}{x}$ pour fonction, c'est-à-dire en posant $x = e^t$, $\frac{y}{x} = u$. On trouve, en effet,

$$\frac{d}{dx} = \frac{1}{x}\frac{d}{dt} = e^{-t}\frac{d}{dt},\ y = e^t u,\ y' = e^{-t}\frac{d}{dt}(e^t u),\ xy'' = \frac{d}{dt}\left[e^{-t}\frac{d}{dt}(e^t u)\right],\ x^2y''' = e^t\frac{d}{dt}\left\{e^{-t}\frac{d}{dt}\left[e^{-t}\frac{d}{dt}(e^t u)\right]\right\}, \text{etc.};$$

et les expressions de $\frac{y}{x}$, y', xy'', x^2y''', x^3y^{IV}, ... cessent de contenir x ou t, car les facteurs e^{-t} et e^t sont en nombre égal dans chacune et s'y détruisent.

Enfin, lorsque l'équation est linéaire sans second membre, c'est-à-dire homogène du premier degré en y, y', y'', ..., et que l'on connaît une fonction particulière, y_1, qui la vérifie, son ordre s'abaisse d'un degré, sans qu'elle cesse d'être linéaire, en posant $y = y_1 u$ et appelant u la nouvelle fonction inconnue. La raison en est que les expressions de y', y'', etc., égales à $y_1 u' + y_1' u$, $y_1 u'' + 2y_1' u' + y_1'' u$, etc., donneront, dans l'équation différentielle, une somme linéaire en u, u', u'', ..., et d'où u disparaîtra, car son coefficient total sera ce que devient le premier membre de l'équation proposée quand on y remplace y par y_1 qui l'annule. Donc, l'équation obtenue sera linéaire et de l'ordre $n-1$ en u'; et ce résultat subsisterait, quand même, sans rien changer à y_1 on ajouterait à l'équation proposée un second membre fonction de x.

291. — Des équations linéaires : principes généraux ; loi de la superposition des petits effets.

Terminons notre étude rapide des équations différentielles par une théorie générale de celles qui sont linéaires, c'est-à-dire, qui, supposées réduites à un système du premier ordre et résolues par rapport aux dérivées des fonctions inconnues $y, z, u, \ldots$, peuvent être mises ensuite sous la forme

$$(15)\quad \begin{cases} \dfrac{dy}{dx} + A_1 y + B_1 z + C_1 u + \ldots = F_1, \\ \dfrac{dz}{dx} + A_2 y + B_2 z + C_2 u + \ldots = F_2, \\ \dfrac{du}{dx} + A_3 y + B_3 z + C_3 u + \ldots = F_3, \\ \text{etc.}, \end{cases}$$

$A_1, B_1, C_1, \ldots, F_1, A_2, B_2, C_2, \ldots, F_2$, etc. désignant des fonctions de la variable indépendante x seule.

Ces équations ont une grande importance, non seulement parce que leur simplicité relative nous met à même de les mieux connaître, mais encore et surtout parce qu'elles régissent une immense et intéressante catégorie de phénomènes naturels, savoir, les phénomènes consistant en de petits changements de situation ou d'état, comme sont les oscillations des fluides, les vibrations des corps solides, les ondulations lumineuses, les échanges modérés de chaleur entre des corps voisins ou entre les différentes parties d'un même corps ou d'un même système de corps et les variations correspondantes de la température, etc. Dans l'étude de tous ces phénomènes, on peut regarder les corps comme composés de particules plus ou moins nombreuses, dont chacune a sa situation, sa vitesse, sa température, etc. exprimées par une ou plusieurs quantités, variables d'un instant à l'autre, c'est-à-dire, fonctions du temps. Nous désignerons le temps par x et toutes ces quantités par y, z, u, etc. Or les lois physiques déterminent les dérivées de celles-ci, à chaque instant x, en fonction de leurs valeurs actuelles $y, z, u, \ldots$, si le système matériel que l'on étudie n'est influencé par aucun autre dont l'état soit variable, et, de plus, en fonction de x, si, au contraire, le système considéré est soumis à des actions extérieures dépendant d'autre chose que de son état propre, actions qu'il faudra, dans ce cas, supposer données directement en fonction du temps x. Donc, les dérivées $\frac{dy}{dx}, \frac{dz}{dx}, \frac{du}{dx}$, etc., égaleront des fonctions déterminées de $x, y, z, u, \ldots$ Cela posé, si les changements d'état dont il s'agit sont fort petits, ou, autrement dit, si $y, z, u, \ldots$ ne reçoivent que de faibles valeurs absolues pour toutes les valeurs de x, on pourra, en thèse générale, ordonner ces fonctions, exprimant les dérivées $y', z', u', \ldots$, par la série de **Mac-Laurin**, suivant les puissances de $y, z, u, \ldots$, et **se borner même aux** termes du premier degré. Donc, les équations différentielles deviendront linéaires et pourront être mises sous la forme (15).

Considérons d'abord le cas où les équations (15) sont, comme on dit, <u>sans seconds **membres**</u>, **c'est-à-dire, ne** contiennent pas de termes indépendants de $y, z, u, \ldots$ <u>Alors ces équations</u>, réduites à

$$(16)\quad \frac{dy}{dx}+A_1y+B_1z+C_1u+\ldots=0,\ \frac{dz}{dx}+A_2y+B_2z+C_2u+\ldots=0,\ \frac{du}{dx}+A_3y+B_3z+C_3u+\ldots=0, \text{etc.},$$

jouissent de deux propriétés importantes. La première consiste en ce que, si certaines fonctions, mises à la place de $y, z, u, \ldots$, les vérifient, les produits de ces fonctions par une même constante arbitraire c les vérifieront également. En effet, multiplions les équations (16) par c, et il viendra

$$\frac{d(cy)}{dx} + A_1(cy) + B_1(cz) + C_1(cu) + \cdots = 0, \quad \frac{d(cz)}{dx} + \cdots = 0, \text{ etc.};$$

ce qui démontre le fait énoncé. La seconde propriété, tout aussi évidente, consiste en ce que, si plusieurs séries de fonctions, $y_1, z_1, u_1, \ldots; y_2, z_2, u_2, \ldots; y_3, z_3, u_3, \ldots;$ etc., substituées à $y, z, u, \ldots$, satisfont séparément aux équations proposées, les sommes respectives de ces fonctions,

$$y = y_1 + y_2 + y_3 + \cdots, \quad z = z_1 + z_2 + z_3 + \cdots, \quad u = u_1 + u_2 + u_3 + \cdots,$$

les vérifieront également ou constitueront aussi des intégrales. Il suffit, pour le reconnaître, d'ajouter ensemble les relations que l'on obtient en mettant successivement $y_1, z_1, u_1, \ldots; y_2, z_2, u_2, \ldots;$ etc., à la place de $y, z, u, \ldots$ dans l'une quelconque des équations (16), dans la première, par exemple. Il vient, de la sorte,

$$\frac{d(y_1+y_2+y_3+\cdots)}{dx} + A_1(y_1+y_2+y_3+\cdots) + B_1(z_1+z_2+z_3+\cdots) + C_1(u_1+u_2+u_3+\cdots) + \cdots = 0;$$

ce qui fait bien voir que les valeurs $y = y_1 + y_2 + y_3 + \cdots$, $z = z_1 + z_2 + z_3 + \cdots$, etc., satisfont à l'équation considérée et vérifieraient de même les autres (16).

Les deux propriétés précédentes ont une haute portée dans la théorie des petits changements physiques produits de part et d'autre d'un état constant, dit d'équilibre, pour lequel les fonctions $y, z, u, \ldots$ s'annuleraient à toutes les époques x: ce qui, impliquant que l'état constant $y=0, z=0, u=0, \ldots$ soit une solution possible, exige bien qu'on ait, dans (15), $F_1=0, F_2=0, F_3=0, \ldots$, ou que les seconds membres s'annulent.

La première signifie que, si l'on considère deux systèmes matériels identiques, régis par les mêmes équations différentielles, et si dans l'un d'eux, les valeurs initiales de y, z, u, ... se trouvent être proportionnelles à ce qu'elles sont dans l'autre, ou égalent les produits respectifs de celles-ci par une constante arbitraire c, la même proportionnalité se maintiendra à toutes les époques, en sorte que les deux phénomènes étudiés resteront semblables durant toutes les phases de leur évolution.

La seconde propriété exprime que, si l'on considère plusieurs systèmes matériels identiques, régis par les mêmes équations différentielles, et si, dans l'un deux, les valeurs initiales des quantités y, z, u, ... égalent les sommes respectives de ce qu'elles sont dans les autres, ces quantités y, z, u, ..., ne cesseront, à aucune époque, d'être, dans le premier système, les sommes de ce qu'elles seront au même instant dans les autres systèmes. Ainsi, les phénomènes que présenteront ces derniers systèmes se produiront tous à la fois dans le premier, en s'y superposant simplement, sans que chacun cesse, pour son propre compte, de se comporter comme s'il était seul. Cette grande loi, découverte par Daniel Bernoulli, est une des plus importantes de la philosophie naturelle: on l'appelle le principe de la superposition des petits effets. C'est elle qui explique, par exemple, comment de petits ébranlements distincts, produits en différentes régions de l'espace ou même en une seule région, tels que divers systèmes d'ondes à la surface d'un liquide, ou divers systèmes de vibrations soit sonores, dans les corps, soit lumineuses ou calorifiques, dans l'éther impondérable, etc., se propagent et se croisent sans se détruire mutuellement, mais de manière que chaque système conserve ou puisse du moins reprendre, à l'occasion, son individualité, et affecter ainsi séparément nos organes. Sans cette loi, nous ne pourrions, ni distinguer, dans un mélange de sons, ceux qui proviennent d'une voix connue, ni percevoir, dans la quantité prodigieuse des rayons lumineux qui traversent en tous sens un espace éclairé, ceux qui, envoyés par chaque corps en particulier, produisent dans nos yeux l'image de ce corps; et les deux de nos sens, vue et ouïe, qu'on peut appeler intellectuels, parce qu'ils nous permettent d'acquérir, de fixer et de transmettre le plus d'idées, ne nous donneraient que des impressions confuses.

Mais un monde assez stable pour que notre vie si délicate y subsiste, et où il ne se produit guère, par suite, que de petits dérangements d'équilibre, c'est-à-dire, où dominent les phénomènes régis par des équations linéaires sans seconds membres, ne pouvait manquer d'obéir au principe de la superposition des petits effets.

Passons maintenant aux équations à seconds membres, (15). Si l'on en connaît une intégrale particulière ou, autrement dit, si l'on a pu trouver certaines valeurs $Y, Z, U, \ldots$, fonctions de x, qui, mises dans (15) à la place de $y, z, u, \ldots$ donnent

$$(17)\qquad \frac{dY}{dx}+A_1Y+B_1Z+C_1U+\cdots=F_1,\ \frac{dZ}{dx}+A_2Y+B_2Z+C_2U+\cdots=F_2, \text{ etc.},$$

en retranchant celles-ci, (17), de (15), il viendra

$$(18)\qquad \frac{d(y-Y)}{dx}+A_1(y-Y)+B_1(z-Z)+C_1(u-U)+\cdots=0, \text{ etc.};$$

et l'on voit que les excédants $y-Y, z-Z, \ldots$ des valeurs générales $y, z, u, \ldots$ sur les valeurs particulières $Y, Z, U, \ldots$ seront régis par les équations (18), c'est-à-dire par les mêmes équations différentielles, mais privées de seconds membres. Donc, <u>les intégrales générales des équations linéaires à seconds membres s'obtiennent en ajoutant ou superposant un système d'intégrales particulières de ces équations aux intégrales générales qu'elles admettraient si l'on annulait leurs seconds membres.</u>

Observons que les relations (17) seront satisfaites par telles fonctions $Y, Z, U, \ldots$ qu'on voudra, si l'on se donne chaque fois, pour seconds membres $F_1, F_2, F_3, \ldots$, précisément les sommes $\frac{dY}{dx}+A_1Y+\ldots$, $\frac{dZ}{dx}+A_2Y+\ldots$, etc.

D'ailleurs, celles-ci étant du premier degré en Y, Z, U,.. et leurs dérivées premières, les valeurs de F_1, F_2, F_3,... seront simplement multipliées par un facteur constant, si on vient à multiplier Y, Z, U,... par ce facteur, et celles de F_1, ou de F_2, etc., s'ajouteront simplement entre elles, si on fait les sommes respectives de plusieurs séries de valeurs de Y, Z, U,.... Bref, les deux principes de proportionnalité et de simple superposition, que nous avons reconnu s'appliquer aux intégrales des équations linéaires sans seconds membres pour des états initiaux proportionnels entr'eux ou composés par voie d'addition d'autres états initiaux, s'appliquent aussi au mode de formation d'une intégrale particulière des équations avec seconds membres, quand ces seconds membres reçoivent successivement diverses expressions, proportionnelles les unes aux autres, ou égales, les unes, aux sommes respectives des autres.

292. — Forme des intégrales, pour les équations linéaires sans seconds membres.

Les lois de proportionnalité et de superposition conduisent de suite à la forme des intégrales générales des équations linéaires privées de seconds membres.

Appelons: $y_1, z_1, u_1, \ldots; y_2, z_2, u_2, \ldots; y_3, z_3, u_3, \ldots$; etc., n systèmes de valeurs, fonction de x, pour les n quantités inconnues $y, z, u, \ldots$, c'est-à-dire n intégrales particulières. Si on les ajoute après les avoir respectivement multipliées par n constantes arbitraires $c_1, c_2, \ldots, c_n$, il viendra les nouvelles intégrales

(19) $y = c_1 y_1 + c_2 y_2 + \ldots + c_n y_n,\ z = c_1 z_1 + c_2 z_2 + \ldots + c_n z_n,\ u = c_1 u_1 + c_2 u_2 + \ldots + c_n u_n$, etc.

Or, si l'on considère les n équations (19), qui sont du premier degré soit en $c_1, c_2, \ldots, c_n$, soit en $y, z, u, \ldots$, et si on les résout par rapport à $c_1, c_2, \ldots, c_n$, le déterminant de ce système d'équations ne s'annulera pas à l'époque initiale $x = x_0$, pourvu, du moins, qu'on ait évité de choisir pour $y_1, z_1, u_1, \ldots, y_2, z_2, u_2, \ldots$ des intégrales particulières ayant entr'elles certaines relations. En effet, ce déterminant est formé avec les éléments $y_1, z_1, u_1, \ldots, y_2, z_2, u_2, \ldots$, etc., qui sont tous généralement indépendants les uns des autres, puisque les valeurs initiales de $y, z, u, \ldots$ peuvent être prises quelconques. Donc les équations (19) se résoudront sans difficulté par rapport à $c_1, c_2, \ldots, c_n$. C'est dire que l'on pourra donner à $c_1, c_2, \ldots, c_n$ des valeurs telles, que, à l'instant $x = x_0$, $y, z, u, \ldots$ reçoivent des valeurs choisies à volonté. Ainsi, les formules (19) représentent les intégrales générales. Résolues par rapport à $c_1, c_2, \ldots, c_n$, elles ne cesseront pas d'être du premier degré en $y, z, u, \ldots$ et pourront s'écrire

(20) $\qquad M_1 y + N_1 z + P_1 u + \cdots = c_1, M_2 y + N_2 z + P_2 u + \cdots = c_2, M_3 y + N_3 z + P_3 u + \cdots = c_3$, etc.,

formules où les coefficients $M_1, N_1, P_1, \ldots, M_2$, etc., désignent, comme $y_1, y_2, \ldots z_1, z_2$, etc., certaines fonctions de la variable indépendante x seule.

Les relations (20) sont évidemment les intégrales générales mises sous la forme normale $\varphi(x, y, z, \ldots) = c$. On peut toutes les représenter par la formule unique $My + Nz + Pu + \cdots = c$.

Par conséquent, les expressions générales, (19), de fonctions $y, z, u \ldots$ régies par des équations linéaires sans seconds membres sont homogènes du premier degré par rapport aux constantes arbitraires, convenablement choisies, qu'introduit l'intégration; et, de même, dans les équations intégrales mises sous la forme normale $\varphi = c$, les valeurs φ des constantes sont homogènes du premier degré par rapport aux fonctions inconnues.

Il suit de là que les facteurs d'intégrabilité $\frac{d\varphi}{dy}, \frac{d\varphi}{dz}, \frac{d\varphi}{du}, \ldots$ se réduisent, pour ces équations, aux coefficients $M, N, P, \ldots$, fonctions de la variable indépendante seule.

293. — Passage au cas d'équations linéaires quelconques ou avec seconds membres : Méthode générale de la variation des constantes.

Voyons maintenant comment on pourra passer du cas des équations linéaires sans seconds membres au cas d'équations linéaires quelconques. Pour plus de généralité, soit

$$(21)\qquad \frac{dy}{dx}+f_1=F_1,\ \frac{dz}{dx}+f_2=F_2,\ \frac{du}{dx}+f_3=F_3,\ \text{etc.}$$

un système d'équations différentielles, où $f_1, f_2, f_3, \ldots, F_1, F_2, F_3, \ldots$ désignent des fonctions quelconques de $x, y, z, u, \ldots$; et admettons qu'on ait pu intégrer ces équations pour le cas où les seconds membres $F_1, F_2, F_3, \ldots$ se réduisent à zéro. On connaîtra donc, pour ce cas, les intégrales normales

$$(22)\qquad \varphi_1(x,y,z,u,\ldots)=c_1,\ \varphi_2(x,y,z,u,\ldots)=c_2,\ \ldots,\ \varphi_n(x,y,z,u,\ldots)=c_n,$$

dont l'une quelconque peut s'écrire $\varphi(x,y,z,u,\ldots)=c$; et les premiers membres des équations (21), multipliés respectivement par $\frac{d\varphi}{dy}dx, \frac{d\varphi}{dz}dx, \frac{d\varphi}{du}dx, \ldots$, puis ajoutés, donneront la différentielle totale exacte de la fonction φ. C'est dire que les équations proposées (21) elles-mêmes, ainsi multipliées soit par $\frac{d\varphi_1}{dy}dx, \frac{d\varphi_1}{dz}dx, \frac{d\varphi_1}{du}dx, \ldots$, soit par $\frac{d\varphi_2}{dy}dx, \frac{d\varphi_2}{dz}dx, \frac{d\varphi_2}{du}dx$, etc., et ajoutées chaque fois, deviendront

$$(23)\qquad d\varphi_1=\left(F_1\frac{d\varphi_1}{dy}+F_2\frac{d\varphi_1}{dz}+\ldots\right)dx,\ d\varphi_2=\left(F_1\frac{d\varphi_2}{dy}+F_2\frac{d\varphi_2}{dz}+\ldots\right)dx,\ \text{etc.}$$

Or, si les équations proposées sont linéaires, d'une part, leurs seconds membres $F_1, F_2, F_3, \ldots$ ne dépendront que de x, et, d'autre part, les facteurs d'intégrabilité des équations sans seconds membres, $\frac{d\varphi_1}{dy}, \frac{d\varphi_1}{dz}$, etc.., se réduiront aux coefficients $M_1, N_1, P_1, \ldots$ dont il a été parlé ci-dessus, coefficients qui ne dépendent également que de x. Les deuxièmes membres des équations (23) seront donc des différentielles de la forme $f(x)dx$, et de simples quadratures, effectuées à partir de la valeur initiale x_0 de x, permettront d'intégrer ces équations (23), qui deviendront, pour de mêmes valeurs initiales données de $y, z, u, \ldots$ que dans le cas des équations sans seconds membres et de leurs intégrales (22),

$$(24)\qquad \varphi_1 = c_1 + \int_{x_0}^{x}\left(F_1\frac{d\varphi_1}{dy} + F_2\frac{d\varphi_1}{dz} + \dots\right)dx,\ \varphi_2 = c_2 + \int_{x_0}^{x}\left(F_1\frac{d\varphi_2}{dy} + F_2\frac{d\varphi_2}{dz} + \dots\right)dx,\ \text{etc.}$$

Donc, les facteurs, fonction de la variable indépendante x seule, qui rendent intégrable un système d'équations linéaires sans seconds membres, rendent aussi intégrable le même système quand on y rétablit les seconds membres; et les modifications qu'éprouvent alors leurs intégrales consistent dans l'addition, aux constantes arbitraires $c_1, c_2, \dots c_n$, de parties variables, calculables en fonction de x au moyen de quadratures.

Remarquons, à ce propos, que les équations linéaires n'admettent pas d'intégrales singulières; car, en égalant à l'infini leurs facteurs d'intégrabilité, fonction de x seulement, on obtient des équations en x, satisfaites tout au plus par certaines valeurs de x, mais non par certaines expressions de $y, z, u, \dots$ applicables pour x quelconque.

Si les équations proposées (21) n'étaient pas linéaires, on pourrait toujours, dans les seconds membres de (23), qui seraient alors de la forme $f(x, y, z, u, \dots)\,dx$, remplacer $y, z, u, \dots$ par leurs valeurs, en fonction de x et de $\varphi_1, \varphi_2, \dots, \varphi_n$, tirées des relations évidentes

$$\varphi_1 = \varphi_1(x, y, z, u, \dots),\ \varphi_2 = \varphi_2(x, y, z, u, \dots), \dots, \varphi_n = \varphi_n(x, y, z, u, \dots).$$

Alors ces équations (23) deviendraient des équations différentielles en $\varphi_1, \varphi_2, \dots, \varphi_n$; et, si l'on savait les intégrer, ou obtenir $\varphi_1, \varphi_2, \dots, \varphi_n$ en fonction de leurs valeurs initiales arbitraires $c_1, c_2, \dots c_n$ et de x, on aurait encore résolu le problème en rendant variables d'une certaine manière, dans les intégrales (22) des équations sans seconds membres, les expressions $\varphi_1, \varphi_2, \dots, \varphi_n$ des constantes arbitraires. Aussi ce procédé d'intégration porte-t-il le nom de méthode de la variation des constantes.

Si, par exemple, les seconds membres $F_1, F_2, F_3, \ldots$ sont, presque constamment, très petits par rapport aux fonctions $f_1, f_2, f_3, \ldots$ et que, par suite, les valeurs (23) de $d\varphi_1, d\varphi_2, \ldots$ n'égalent que de minimes fractions des valeurs de $dy, dz, \ldots$ données par (21), les quantités $\varphi_1, \varphi_2, \ldots$ conserveront sensiblement leurs valeurs initiales $c_1, c_2, \ldots$ pendant que $x, y, z, \ldots$ varieront beaucoup; et l'on pourra, dans les seconds membres de (23) devenus dépendants de $x, \varphi_1, \varphi_2, \ldots$, ne faire varier que x. Ces seconds membres, ainsi réduits, à fort peu près, à la forme $f(x)\,dx$, seront alors intégrables, et l'on trouvera par de simples quadratures, avec une certaine approximation, les petites ou lentes variations éprouvées par $\varphi_1, \varphi_2, \ldots$ Puis les expressions plus approchées de $\varphi_1, \varphi_2, \varphi_3, \ldots$ ainsi obtenues en fonction de x, portées dans les seconds membres de (23), donneront, au moyen de nouvelles quadratures, des valeurs plus exactes encore de $\varphi_1, \varphi_2, \varphi_3, \ldots$ ou, conséquemment, de $y, z, u, \ldots$; et ainsi de suite indéfiniment.

On voit que la méthode de la variation des constantes permet de résoudre par approximations successives tous les problèmes dépendant d'équations différentielles, quand certaines altérations légères qu'on fait subir à celles-ci suffisent pour les rendre directement intégrables. Alors les équations simplifiées qu'on substitue, à une première approximation, aux équations vraies du problème, donnent, en quelque sorte, les lois idéales, ou lois-types, du phénomène; et l'on tient compte des écarts, appelés perturbations, qui existent entre ces lois idéales simples et les lois vraies, en faisant éprouver aux constantes arbitraires que les lois types supposent effectivement invariables les lentes variations fournies par la méthode indiquée ici.

294. — Intégration effective quand les équations linéaires proposées ont leurs coefficients constants.

Bornons-nous désormais aux équations linéaires (16) sans seconds membres, auxquelles se ramènent les équations (15) pourvues de seconds membres, et supposons que tous les coefficients A_1, B_1, C_1, etc., au lieu de dépendre de x, se réduisent à de simples constantes. C'est ce qui arrive, par exemple, dans l'étude des petits changements éprouvés par un système matériel sous des influences ne dépendant que de son état propre, cas où les dérivées $\frac{dy}{dx}, \frac{dz}{dx}, \ldots$ sont fonctions de $y, z, u, \ldots$, mais non du temps x. Alors on pourra prendre pour les intégrales particulières $y_1, z_1, u_1, \ldots$, ou $y_2, z_2, u_2, \ldots$, ou $y_3, z_3, u_3, \ldots$, etc. qui entrent dans les valeurs générales (19) de $y, z, u, \ldots$, des expressions, dites solutions simples ou intégrales simples, de la forme

$$(25) \qquad y = \alpha e^{rx}, \; z = \beta e^{rx}, \; u = \gamma e^{rx}, \text{ etc.},$$

$r, \alpha, \beta, \gamma, \ldots$ désignant certaines constantes. Si l'on porte, en effet, ces expressions (25) de $y, z, u, \ldots$ dans les équations (16), et que l'on supprime de tous les termes le facteur commun e^{rt}, il viendra

$$(26) \quad \left\{ \begin{array}{l} (r+A_1)\alpha + B_1\beta + C_1\gamma + \ldots = 0, \\ A_2\alpha + (r+B_2)\beta + C_2\gamma + \ldots = 0, \\ A_3\alpha + B_3\beta + (r+C_3)\gamma + \ldots = 0, \text{ etc.} \end{array} \right.$$

Or il suffit, pour que ces n équations du premier degré en $\alpha, \beta, \gamma, \ldots$ puissent être vérifiées sans annuler les n quantités $\alpha, \beta, \gamma, \ldots$ que l'on donne à r les valeurs pour lesquelles s'annule le déterminant de ces mêmes équations. D'ailleurs, ce déterminant, ayant pour son premier terme, seul affecté de n facteurs dépendant de r, le produit $(r+A_1)(r+B_2)(r+C_3)\ldots$, est un polynome du $n^{\text{ème}}$ degré par rapport à r, et l'équation obtenue en l'annulant admettra généralement n valeurs inégales de r, réelles ou imaginaires. Pour chacune d'elles, les équations (26) détermineront les rapports mutuels de α, β, γ,... et, en prenant α, β, γ,... égaux aux expressions entières, formées avec $r+A_1, B_1, C_1, \ldots, A_2, r+B_2, C_2$, etc., qui représenteront ces rapports, les équations (26) seront identiquement satisfaites dès que le déterminant sera nul, autant pour les valeurs imaginaires de r que pour les valeurs réelles. J'appellerai: $r_1, r_2, r_3, \ldots, r_n$ ces n valeurs de r; $\alpha_1, \beta_1, \gamma_1, \ldots$ les valeurs de α, β, γ,... pour $r = r_1$; $\alpha_2, \beta_2, \gamma_2, \ldots$ les valeurs de $\alpha, \beta, \gamma, \ldots$, pour $r = r_2$; et ainsi de suite jusqu'à $\alpha_n, \beta_n, \gamma_n, \ldots$, valeurs de $\alpha, \beta, \gamma, \ldots$ qui correspondront à la racine r_n.

Supposons, en premier lieu, que toutes ces racines soient réelles. Alors on posera

(27) $y_1 = \alpha_1 e^{r_1 x}, z_1 = \beta_1 e^{r_1 x}, u_1 = \gamma_1 e^{r_1 x}, \ldots; y_2 = \alpha_2 e^{r_2 x}, z_2 = \beta_2 e^{r_2 x}, u_2 = \gamma_2 e^{r_2 x}, \ldots$; etc;

et les formules (19) donneront les intégrales générales cherchées, c'est-à-dire les valeurs générales de $y, z, u, \ldots$.

Si, au contraire, certaines des valeurs de r se trouvent être imaginaires, on sait qu'elles seront conjuguées deux à deux, et, par suite, les valeurs correspondantes de $\alpha, \beta, \gamma, \ldots$, expressions entières dépendant de $r+A_1, B_1, C_1$, etc., seront aussi conjuguées chacune à chacune. Supposons, par exemple, qu'on ait

$$r_1 = \lambda + \mu\sqrt{-1},\ r_2 = \lambda - \mu\sqrt{-1};$$

et désignons les deux valeurs conjuguées correspondantes de α lesquelles ont la forme $A \pm B\sqrt{-1}$, respectivement par $\alpha_1 = e^{\eta} e^{\zeta\sqrt{-1}} = e^{\eta+\zeta\sqrt{-1}}$ et par $\alpha_2 = e^{\eta} e^{-\zeta\sqrt{-1}} = e^{\eta-\zeta\sqrt{-1}}$, en posant ainsi, pareillement à ce que nous avons fait dans le n° 48 (au bas de la page 62), $A = \sqrt{A^2+B^2}\cos\zeta$, $B = \sqrt{A^2+B^2}\sin\zeta$, ou $A \pm B\sqrt{-1} = \sqrt{A^2+B^2}\, e^{\pm\zeta\sqrt{-1}}$, et appelant enfin e^{η} le radical positif $\sqrt{A^2+B^2}$. Alors les valeurs (27) de $y_1, z_1, u_1, \ldots$ et de

$y_2, z_2, u_2, \ldots$, où les exponentielles de la forme e^{rx} désignent les séries polynomes et toujours convergentes $1+\frac{rx}{1}+\frac{r^2x^2}{1.2}+\ldots$, n'en continueront pas moins à vérifier identiquement les équations (16); car r, bien qu'imaginaire, s'y comportera partout comme un facteur constant réel d'une grandeur indéterminée: en sorte que les équations (16) seront réduites encore à (26) quand on supprimera le facteur commun $1+\frac{rx}{1}+\frac{r^2x^2}{1.2}+\ldots$, et se trouveront, en conséquence, identiquement satisfaites pour les valeurs $\lambda \pm \mu\sqrt{-1}$ données à r. La partie de y qui, dans la première relation (19), dépendra des solutions simples considérées, ou qui correspondra à r_1 et r_2, sera

$$C_1\alpha_1 e^{r_1 x}+C_2\alpha_2 e^{r_2 x}=C_1 e^{\eta+\zeta\sqrt{-1}}\, e^{\lambda x+\mu x\sqrt{-1}}+C_2 e^{\eta-\zeta\sqrt{-1}}\, e^{\lambda x-\mu x\sqrt{-1}}=C_1 e^{(\lambda x+\eta)+(\mu x+\zeta)\sqrt{-1}}+C_2 e^{(\lambda x+\eta)-(\mu x+\zeta)\sqrt{-1}};$$

et cette dernière expression, traitée par le mode de transformation suivi au même n° 48 (p. 62) pour une expression de forme analogue $Me^{ax+bx\sqrt{-1}}+Ne^{ax-bx\sqrt{-1}}$, deviendra

$$e^{\lambda x+\eta}\left[(C_1+C_2)\cos(\mu x+\zeta)+(C_1-C_2)\sqrt{-1}\sin(\mu x+\zeta)\right],$$

ou, enfin, en appelant C et C' les deux constantes C_1+C_2, $(C_1-C_2)\sqrt{-1}$, aussi arbitraires que l'étaient C_1 et C_2,

$$(28) \qquad e^{\lambda x+\eta}\left[C\cos(\mu x+\zeta)+C'\sin(\mu x+\zeta)\right].$$

On pourrait encore, en posant $C=\sqrt{C^2+C'^2}\cos K$, $C'=\sqrt{C^2+C'^2}\sin K$, où K et $\sqrt{C^2+C'^2}=K'$ seraient deux nouvelles constantes arbitraires (la seconde, toutefois, positive), condenser ces deux termes en un seul,

$$(29) \qquad K' e^{\lambda x+\eta}\cos(\mu x+\zeta-K).$$

On remarquera qu'il suffit d'admettre que la partie imaginaire des racines r_1 ou r_2 s'annule, c'est-à-dire de poser $\mu=0$ et de réduire, par suite, α_1 à sa partie réelle, en écrivant $\sin\zeta=0$, pour que ces expressions (28) ou (29) se réduisent elles-mêmes, comme il le fallait bien, à $C e^{\lambda x+\eta}\cos\zeta=C(e^{\eta}\cos\zeta)e^{\lambda x}=C\alpha_1 e^{r_1 x}$, ou, autrement dit, pour qu'elles reprennent la forme qu'avait y_1 dans le cas d'une racine réelle.

Ainsi les nouvelles intégrales, simples ou mieux doubles, (29) comprennent comme cas particulier les premières (27), de même que les racines imaginaires des équations comprennent leurs racines réelles; et l'on peut dire que, en général, les valeurs de quantités $y, z, u, \ldots$ définies par un système d'équations linéaires sans seconds membres, à coefficients constants, se composent de termes, appelés solutions simples ou intégrales simples, dont chacun est le produit d'une constante arbitraire, la même pour toutes les quantités $y, z, u, \ldots$, par une exponentielle ayant son exposant égal à une fonction linéaire de la variable indépendante et par le cosinus ou le sinus d'un arc qui est également une fonction linéaire de cette variable: de plus, les coefficients de la variable, dans ces deux fonctions linéaires, sont les mêmes pour toutes les quantités $y, z, u, \ldots$; ils caractérisent chaque solution simple, ou ne changent que lorsqu'on passe d'une intégrale simple à l'autre.

Supposons maintenant qu'en faisant varier peu à peu l'un quelconque des coefficients donnés $A_1, B_1, C_1, \ldots$ des équations (16), on rende tout-à-coup égales plusieurs des racines, celles, par exemple, qu'on a appelées r_1, r_2, r_3. Dans ce cas exceptionnel, écarté jusqu'ici, toutes les solutions simples (27) qui correspondent à ces racines égales se réduisent à la première d'entre elles, et il faut chercher à déduire de celle-là autant de nouvelles solutions simples qu'il en est venu se confondre avec elle, sans quoi on n'aurait plus les n distinctes qui sont indispensables pour former les intégrales générales (19).

A cet effet, imaginons que le coefficient variable n'ait pas encore atteint la valeur pour laquelle les trois racines r_1, r_2, r_3 sont égales, mais qu'il s'en trouve extrêmement proche, et que, par suite, les différences r_2-r_1, r_3-r_1, soient fort petites. Comme $\alpha, \beta, \gamma, \ldots$ désignent certaines expressions entières, ne variant qu'en fonction de r quand on passe d'une solution simple à une autre, ces intégrales simples, $y=\alpha e^{rx}$, $z=\beta e^{rx}$, $u=\gamma e^{rx}, \ldots$, auront leurs accroissements correspondant à de très petits accroissements de r développables en séries très convergentes par la formule de Taylor, et, si l'on y prend r_1 pour valeur initiale de r, r_2-r_1 ou r_3-r_1 pour ces accroissements de r, il viendra :

$$y_2-y_1=\frac{dy_1}{dr_1}(r_2-r_1)+\frac{d^2y_1}{dr_1^2}\frac{(r_2-r_1)^2}{2}+\ldots,\quad y_3-y_1=\frac{dy_1}{dr_1}(r_3-r_1)+\frac{d^2y_1}{dr_1^2}\frac{(r_3-r_1)^2}{2}+\ldots,\quad z_2-z_1=\text{etc.}$$

Combinons ces formules de manière que leurs deuxièmes membres acquièrent pour premiers termes, successivement, les dérivées premières et secondes, en r_1, de $y_1, z_1, u_1, \ldots$. Pour cela, divisons-les d'abord par r_2-r_1 ou par r_3-r_1 ; ce qui donnera déjà

$$(30)\qquad \frac{y_2-y_1}{r_2-r_1}=\frac{dy_1}{dr_1}+\frac{d^2y_1}{dr_1^2}\frac{r_2-r_1}{2}+\ldots,\quad \frac{y_3-y_1}{r_3-r_1}=\frac{dy_1}{dr_1}+\frac{d^2y_1}{dr_1^2}\frac{r_3-r_1}{2}+\ldots,\quad \frac{z_2-z_1}{r_2-r_1}=\text{etc.};$$

puis retranchons la première (30) de la seconde, la troisième de la quatrième, etc. En multipliant enfin par $\frac{2}{r_3-r_2}$, on achèvera d'obtenir les résultats cherchés :

$$(31)\qquad \frac{2}{r_3-r_2}\left(\frac{y_3-y_1}{r_3-r_1}-\frac{y_2-y_1}{r_2-r_1}\right)=\frac{d^2y_1}{dr_1^2}+\ldots,\quad \frac{2}{r_3-r_2}\left(\frac{z_3-z_1}{r_3-r_1}-\frac{z_2-z_1}{r_2-r_1}\right)=\frac{d^2z_1}{dr_1^2}+\ldots$$

On voit, par (30) et (31), que les dérivées premières $\frac{dy_1}{dr_1}, \frac{dz_1}{dr_1}, \ldots$ et les dérivées secondes $\frac{d^2y_1}{dr_1^2}, \frac{d^2z_1}{dr_1^2}, \ldots$ diffèrent infiniment peu, pour toutes les valeurs de x, des expressions

$$\frac{y_2-y_1}{r_2-r_1},\ \frac{z_2-z_1}{r_2-r_1},\ \ldots,\ \frac{2}{r_3-r_2}\left(\frac{y_3-y_1}{r_3-r_1}-\frac{y_2-y_1}{r_2-r_1}\right),\ \text{etc.}$$

Or, celles-ci, constituées par des superpositions ou sommes des intégrales simples $(y_1, z_1, \ldots)$, $(y_2, z_2, \ldots)$, $(y_3, z_3, \ldots)$, respectivement multipliées par les constantes $\frac{-1}{r_2-r_1}$, $\frac{1}{r_2-r_1}$, etc., vérifient les équations différentielles (16). Par suite, il en sera de même des dérivées

$$\frac{dy_1}{dr_1},\ \frac{dz_1}{dr_1},\ \ldots \text{ et } \frac{d^2y_1}{dr_1^2},\ \frac{d^2z_1}{dr_1^2},\ \ldots,$$

du moins à l'instant où les trois racines r_1, r_2, r_3 ne différeront plus qu'infiniment peu l'une de l'autre, c'est-à-dire, deviendront égales. On prendra donc pour les deux solutions simples correspondant aux racines r_2 et r_3,

(32) $$y_2=\frac{dy_1}{dr_1}, z_2=\frac{dz_1}{dr_1}, u_2=\frac{du_1}{dr_1}, \ldots; y_3=\frac{d^2y_1}{dr_1^2}, z_3=\frac{d^2z_1}{dr_1^2}, u_3=\frac{d^2u_1}{dr_1^2}, \ldots.$$

De même, si la racine r_4 devenait, elle aussi, égale à r_1, on devrait prendre $y_4=\frac{d^3y_1}{dr_1^3}$, $z_4=\frac{d^3z_1}{dr_1^3}$, $u_4=\frac{d^3u_1}{dr_1^3}$, ...; et ainsi de suite.

La dérivée de y_1 ou de $\alpha_1 e^{r_1x}$ par rapport à r_1, étant $e^{r_1x}\left(\alpha_1 x+\frac{d\alpha_1}{dr_1}\right)$, contient deux facteurs fonctions de x, savoir, l'exponentielle e^{r_1x} et, de plus, le binôme $\alpha_1 x+\frac{d\alpha_1}{dr_1}$, du premier degré en x. De même, la dérivée seconde $\frac{d^2y_1}{dr_1^2}$ serait le produit de l'exponentielle e^{r_1x} par un trinôme du second degré en x; et ainsi de suite. Donc, quand l'équation en r admet des racines égales, les intégrales simples correspondantes $y, z, u, \ldots$ deviennent les produits de l'exponentielle e^{rx} par des fonctions de x algébriques et entières, dont le degré est moindre que le degré même de multiplicité de la racine considérée, et dont les coefficients, pour chacune des quantités $y, z, u, \ldots$, sont certaines fonctions entières de r.

Si, actuellement, ces racines multiples sont imaginaires et, par suite, conjuguées deux à deux ainsi que les intégrales simples qui en dépendent, il suffira de supposer, dans les expressions générales (19) de $y, z, u, \ldots$, que les constantes arbitraires qui leur correspondront soient aussi conjuguées deux à deux, ou de la forme $C+C'\sqrt{-1}$ et $C-C'\sqrt{-1}$, pour que les termes qui les contiendront acquièrent en définitive, par groupes de deux, les formes respectives $P+Q\sqrt{-1}$, $P-Q\sqrt{-1}$ et aient des sommes réelles, avec les nouvelles constantes arbitraires C et C' en même nombre que les premières.

On aura donc encore les intégrales générales demandées; et les solutions simples qui y multiplieront chaque constante arbitraire se composeront de termes ayant en facteur, 1°, un coefficient qui pourra changer d'un terme à l'autre et d'une des quantités $y, z, u, \ldots$ à l'autre, 2° une puissance de x dont l'exposant entier et positif variera depuis zéro jusqu'à un nombre, le même dans $y, z, u, \ldots$, moindre que le degré de multiplicité des racines considérées $r = \lambda \pm \mu\sqrt{-1}$, 3°, enfin, l'une des deux expressions $e^{\lambda x}\cos\mu x$, $e^{\lambda x}\sin\mu x$, provenant de la décomposition de l'exponentielle e^{rx}. On voit que, dans tous les cas, les fonctions exponentielle, sinus et cosinus suffiront, en se combinant, au besoin, avec de simples polynomes en x, pour exprimer les intégrales générales d'équations linéaires sans seconds membres et à coefficients constants.

C'est principalement à cette propriété, que les fonctions exponentielle, sinus et cosinus doivent de jouer, dans la théorie des phénomènes physiques, un rôle immense, bien supérieur à celui de toutes les autres fonctions transcendantes.

Observons que, dans les questions, où, par la nature même des choses, les changements d'état étudiés resteront soit très petits, soit, du moins, d'une amplitude modérée quelque grand que devienne le temps x, la partie réelle λ des racines r devra toujours être nulle ou négative, sans quoi le facteur $e^{\lambda x}$ grandirait indéfiniment avec x et ferait croître de même les valeurs absolues de $y, z, u, \ldots$

Et s'il résulte, en outre, de la nature de la question, que l'une des quantités $y, z, u, \ldots$ doive, dans chaque solution simple, conserver sans cesse le même signe tant pour x négatif que pour x positif, on pourra en conclure, 1°, qu'il n'y aura pas de racine r imaginaire, vu que les facteurs $\cos \mu x$, $\sin \mu x$ changent périodiquement de signe quand μ y diffère de zéro, et, 2°, qu'il n'y aura pas non plus, du moins en général, de racines r égales, car de telles racines rendent possibles une solution simple où l'exponentielle positive $e^{\lambda x}$ est multipliée dans certains termes par des facteurs du premier degré en x, lesquels, pour les grandes valeurs absolues de x, changent de signe en même temps que x. Il faudrait donc que les coefficients de x, dans ces facteurs, se trouvassent nuls, pour que des racines égales fussent compatibles avec les conditions données. Ainsi, les intégrales simples restent alors réduites à leur expression élémentaire (27), et la variable x ne paraît, dans chacune, que par une même exponentielle, de la forme $e^{-k^2 x}$, la même pour toutes les quantités $y, z, u, \ldots$

Si, au contraire, $y, z, u, \ldots$ pouvaient changer de signe, mais conservaient nécessairement des grandeurs modérées pour les valeurs négatives de x autant que pour les valeurs positives, la partie réelle λ des racines y serait nulle, sans quoi le facteur $e^{\lambda x}$, où l'on sait déjà que λ ne peut être positif, rendrait infinies, pour $x = -\infty$, les intégrales simples $y, z, u, \ldots$. De plus, des facteurs entiers en x suffiraient pour rendre infinies, aux limites $x = \pm\infty$, ces intégrales simples; en sorte qu'il ne pourrait y avoir de racines égales que dans des cas où les valeurs de ces racines annuleraient les coefficients des facteurs algébriques qu'elles introduisent. Donc, les solutions doubles correspondant à chaque couple de racines imaginaires conjuguées, et contenant deux constantes arbitraires K, K', seraient, d'après (29), de la forme

$$(33) \qquad y = K' e^{\eta} \cos(\mu x + \zeta - K), \quad z = K' e^{\eta'} \cos(\mu x + \zeta' - K), \quad u = K' e^{\eta''} \cos(\mu x + \zeta'' - K), \text{ etc.}$$

On voit que ces valeurs de $y, z, u, \dots$ sont <u>périodiques</u>, et qu'elles admettent la même période $\frac{2\pi}{\mu}$ (car les arcs $\mu x + \zeta - K$, $\mu x + \zeta' - K$, $\mu x + \zeta'' - K, \dots$ croissent de 2π quand x grandit de $\frac{2\pi}{\mu}$). Mais elles n'atteignent pas aux mêmes instants ce qu'on appelle les <u>mêmes phases</u>, c'est-à-dire leurs valeurs maxima, ou leurs valeurs nulles, bref, des valeurs égales à une même fraction de leurs valeurs maxima : les différences de leurs phases pour un même instant x dépendent des différences existant entre les arcs $\mu x + \zeta - K, \mu x + \zeta' - K, \dots$, ou, par suite, entre les nombres $\zeta, \zeta', \zeta'', \dots$, dont les valeurs tiennent aux équations différentielles (16) et non aux constantes arbitraires K, K', variables avec l'état initial.

Le cas le plus simple, qui se présente dans l'étude des petits mouvements d'un système de points sous l'action de forces ne dépendant que de leurs situations, est celui où les coefficients $\alpha, \beta, \gamma \dots$ sont réels ; ce qui revient à supprimer de (33) $\zeta, \zeta', \zeta'', \dots$, mais en y remplaçant $e^{0}, e^{0'}, e^{0''}, \dots$ par les constantes positives ou négatives $\alpha, \beta, \gamma \dots$ Alors les valeurs (33) de $y, z, u, \dots$ sont dites <u>synchrones</u> ; ce qui signifie qu'elles se trouvent, toutes à la fois, aux mêmes phases de leurs variations comptées positivement, pour chacune, dans un sens convenable ; et l'on voit que, pareillement à un cas précédent où les valeurs de λ étaient réelles et généralement inégales, ces expressions de $y, z, u, \dots$ ne dépendent de x que par un facteur le même pour toutes. Seulement, ce facteur est ici trigonométrique, de la forme $\cos(\mu x - K) = \cos K \cos \mu x + \sin K \sin \mu x$, et contient une constante arbitraire, au lieu d'être une simple exponentielle de la forme $e^{k^2 x}$.

295. — Équations linéaires d'ordre supérieur ; cas particulier d'une équation unique.

Lorsqu'on transforme un système d'équations différentielles d'ordre quelconque en un système du premier ordre par la considération de fonctions auxiliaires égales à certaines dérivées des fonctions proposées, les équations qu'on introduit, telles que, par exemple, $\frac{dy}{dx} - y' = 0$, $\frac{dy'}{dx} - y'' = 0$, etc., sont des équations linéaires, sans seconds membres et à coefficients constants. Donc, si le système proposé était linéaire, il reste linéaire en devenant du premier ordre ; et il est, de plus, soit sans seconds membres, soit à coefficients constants, quand le proposé l'est lui-même. Ainsi, les méthodes et les résultats précédents s'étendront sans difficulté aux équations linéaires d'un ordre quelconque.

Considérons, par exemple, l'équation unique, sans second membre et à coefficients constants,

$$(34) \qquad y^{(n)} + Ay^{(n-1)} + By^{(n-2)} + \dots + Ly' + My = 0.$$

Elle équivaut au système du premier ordre

$$(35) \qquad \begin{cases} y' = \frac{dy}{dx}, y'' = \frac{dy'}{dx}, \dots, y^{(n-1)} = \frac{dy^{(n-2)}}{dx}, \\ \frac{dy^{(n-1)}}{dx} + Ay^{(n-1)} + By^{(n-2)} + \dots + Ly' + My = 0. \end{cases}$$

Si l'on prend pour valeur simple de y l'expression $y = e^{rx}$, les $n-1$ premières (35) donnent successivement $y' = re^{rx}$, $y'' = r^2e^{rx}$, $y''' = r^3e^{rx}$, ... Donc, les coefficients appelés $\alpha, \beta, \gamma, \dots$ dans les formules (25) sont ici $1, r, r^2, r^3, \dots$ Enfin, la dernière équation (35) devient elle-même, par la suppression du facteur commun e^{rx},

$$(36) \qquad r^n + Ar^{n-1} + \dots + Lr + M = 0.$$

On voit que c'est l'équation en r, du $n^{ème}$ degré. Et l'expression générale de la fonction cherchée y sera

$$(37) \qquad y = c_1e^{r_1x} + c_2e^{r_2x} + c_3e^{r_3x} + \dots + c_ne^{r_nx}.$$

Ici, dans le cas de racines imaginaires $r = \lambda \pm \mu\sqrt{-1}$, la valeur $e^{\nu + \zeta\sqrt{-1}}$ de α ne cesse pas d'être e^0 ou 1 ; ce qui revient à prendre $\nu = 0, \zeta = 0$.

Par suite, les parties correspondantes, (28) ou (29), de l'expression de y mise sous forme réelle se réduiront à

$$(38) \qquad e^{\lambda x}(C\cos\mu x + C'\sin\mu x) = K'e^{\lambda x}\cos(\mu x - K).$$

S'il y a des racines égales r_1, r_2, r_3, etc., les solutions simples $y_2 = \frac{dy_1}{dr_1}$, $y_3 = \frac{d^2y_1}{dr_1^2}$, ..., qu'il faudra joindre à $y = e^{r_1 x}$, seront simplement

$$(39) \qquad y_2 = \frac{d}{dr_1}(e^{r_1 x}) = xe^{r_1 x}, \quad y_3 = \frac{d}{dr_1}(xe^{r_1 x}) = x^2 e^{r_1 x}, \text{ etc.} \ldots;$$

et, pour $r = \lambda \pm \mu\sqrt{-1}$, leur groupement deux à deux, avec constantes arbitraires conjuguées, donnera par suite, dans l'expression générale de y, des termes de la forme (38), mais ayant de plus un facteur x^m, où l'exposant entier et positif m recevra toutes les valeurs 0, 1, 2, ... inférieures au degré de multiplicité des racines $\lambda \pm \mu\sqrt{-1}$.

296. — Des équations aux dérivées partielles : leur signification et leur utilité, principalement en mécanique et en physique.

Dans nos études sur les quantités dont une dérivée est connue en fonction des variables indépendantes et des valeurs actuelles de ces quantités elles-mêmes ou de certaines de leurs autres dérivées, nous ne nous sommes occupés jusqu'ici que de celles qui dépendent d'une seule variable x. Or il y a souvent lieu d'en considérer qui sont, au contraire, fonction de plusieurs variables indépendantes, et dont on donne soit une expression de la différentielle totale dans laquelle entrent les fonctions inconnues, soit certaines dérivées partielles en fonction d'autres et des variables indépendantes ou dépendantes. Dans le second cas, les relations proposées sont dites des équations aux dérivées partielles. Et le premier pourrait s'y ramener ; car connaître une expression de la différentielle totale d'une fonction équivaut à en avoir une pour chacune des dérivées partielles dont dépend la différentielle totale; ce qui fait tout autant d'équations simultanées aux dérivées partielles, comme sont, par exemple, dans les nos 276 et 278 (p. 446 et 448), les relations (3) et (8).

Nous nous bornerons à quelques aperçus sur les équations aux dérivées partielles. Elles sont utiles, en géométrie, dans l'étude des surfaces, comme le montreront deux exemples donnés plus loin (nos 299 et 302): mais leur importance est grande surtout en mécanique et en physique, dans la théorie des phénomènes que nous offrent les corps d'une certaine étendue.

Nous avons reconnu, il est vrai (nos 280 et 291 à 295), que ces phénomènes sont représentés par des équations différentielles simultanées, avec le temps pour variable indépendante et les quantités physiques exprimant l'état des diverses particules matérielles pour fonctions inconnues. Mais, vu le nombre prodigieux de ces particules, il serait impossible de dégager d'un système si complexe d'équations autre chose que quelques lois très-générales, et de distinguer même entre elles les quantités physiques se rapportant aux différentes particules, si on ne définissait ces dernières par les coordonnées de leur situation à un moment donné, et si on ne regardait les quantités physiques d'une même espèce, par exemple, les températures des divers points, comme étant les différentes valeurs, à chaque instant, d'une même fonction continue de ces coordonnées. Une seule fonction du temps et des coordonnées tiendra donc lieu d'une infinité de fonctions du temps. De plus, en vertu d'une loi naturelle fondamentale et, pour ainsi dire, évidente, chaque particule matérielle est influencée principalement, souvent même d'une manière exclusive, par les particules contigües; en sorte que la dérivée, par rapport au temps, de chaque quantité physique relative à un point déterminé du corps ne dépend guère que des états actuels produits en ce point et dans le voisinage. Or, ces états physiques, considérés ainsi dans une étendue très-petite autour du point dont il s'agit, sont parfaitement caractérisés par les valeurs que reçoivent au même point les fonctions qui les définissent et leurs dérivées partielles par rapport aux coordonnées; car les valeurs de ces mêmes fonctions dans tout le voisinage s'obtiendraient, par la formule de Taylor, en séries procédant suivant les puissances des petits accroissements des coordonnées, et elles ne varieraient, d'un cas à l'autre, qu'avec les coefficients des séries, c'est-à-dire, avec les valeurs, au point unique considéré, des fonctions développées et de leurs dérivées partielles par rapport aux coordonnées. En conséquence, la dérivée, par rapport au temps, des diverses quantités physiques ne dépendra que des valeurs actuelles de ces quantités et de leurs dérivées partielles par rapport aux coordonnées, ainsi que de la nature des corps étudiés. C'est dire que les phénomènes seront régis par des équations aux dérivées partielles, dans lesquelles il y aura généralement quatre variables indépendantes, savoir, 1°, le temps, auquel correspondent les diverses phases du phénomène, et, 2°, les trois coordonnées, qui servent à distinguer les diverses parties du corps, théâtre, en quelque sorte, où se déroulent les faits dont il s'agit.

Les trois coordonnées jouent souvent un rôle analogue; mais celui du temps est, au contraire, spécial, unique. Aussi appelle-t-on cette dernière variable la variable principale, du moins quand on donne en fonction des coordonnées, pour une de ses valeurs prise comme point de départ, les valeurs arbitraires, dites <u>initiales</u>, des diverses quantités physiques étudiées ; cas où les équations aux dérivées partielles régissant ces quantités déterminent ensuite de proche en proche leurs valeurs aux autres époques.

On voit, d'après cela, que l'intégration des équations aux dérivées partielles introduira, non plus seulement des constantes arbitraires en nombre déterminé, mais une infinité de telles constantes, ou, pour mieux dire, des fonctions arbitraires ; et la raison en est que chacune des inconnues cherchées, fonction à la fois de la variable principale et des autres variables indépendantes, équivaut, en la considérant à part pour chaque système de valeurs de ces dernières, à une infinité de fonctions de la variable principale, ayant, toutes, leurs valeurs initiales arbitraires.

Quand il ne s'agit que de petits changements d'état physique, les équations aux dérivées partielles deviennent linéaires par rapport aux fonctions inconnues et à leurs dérivées partielles, pour la même raison, exposée plus haut (p. 481 et 482), que dans le cas où l'on préférait avoir, à la place, des équations différentielles simultanées ; et leurs coefficients, généralement indépendants du temps (voir p. 491), le sont même des trois coordonnées s'il est question d'une matière homogène ou si, en d'autres termes, une même distribution actuelle d'états physiques, dans une petite étendue, entraîne sur place les mêmes changements instantanés élémentaires, où que soit prise cette petite étendue à l'intérieur du corps.

Alors les particules de la surface se trouvent, seules, à cause de leur situation exceptionnelle, régies par des équations spéciales, dites <u>aux limites</u> ou <u>définies</u>, qui expriment leurs doubles rapports avec l'extérieur et avec le dedans. Et l'on appelle, par contre, <u>équations indéfinies</u>, celles qui conviennent pour toutes les valeurs de $x, y, z, \ldots$

Ne pouvant insister à ce sujet, observons seulement

que les équations linéaires aux dérivées partielles dont il s'agit, à coefficients ou constants ou dépendant des coordonnées, sont l'équivalent d'un nombre immense de simples équations différentielles linéaires et à coefficients constants, avec cette circonstance en plus, que les inconnues de celles-ci doivent être presque les mêmes pour deux points voisins, ou former toutes ensemble des fonctions continues de x, y, z. Donc, quand ces équations aux dérivées partielles n'ont pas de seconds membres, c'est-à-dire, quand elles ne contiennent pas de termes indépendants des fonctions inconnues ou de leurs dérivées, on peut leur appliquer toutes les lois trouvées plus haut pour les équations linéaires sans seconds membres et à coefficients constants. Leurs intégrales générales se forment, notamment, par l'addition d'intégrales simples, ayant en facteur, chacune, une constante arbitraire, et égales au produit d'une exponentielle réelle ou imaginaire e^{rx}, où x désigne la variable principale (qui est souvent le temps) et r un nombre indépendant des coordonnées mais variable d'une intégrale simple à l'autre, par une certaine fonction des coordonnées, représentant les coefficients appelés $\alpha, \beta, \gamma, \ldots$ dans les formules (25). Il arrive même, dans les cas les plus élémentaires, que cette fonction des coordonnées est, elle aussi, une exponentielle soit réelle, soit plus souvent imaginaire, à exposants du premier degré; de sorte que les termes de l'intégrale générale ont alors la forme simple

$$C e^{rx+ky+lz+\ldots}.$$

Il est clair qu'on doit grouper ces termes deux à deux, quand les nombres $r, k, l, \ldots$ ne sont pas réels, de manière à faire disparaître les parties imaginaires des facteurs qui ont de telles parties, en introduisant des cosinus ou des sinus d'arcs linéaires à la place des exponentielles correspondantes, toujours conjuguées deux à deux.

297. — De l'équation aux dérivées partielles du premier ordre: son intégration se ramène à celle d'un système d'équations différentielles simultanées.

Mais arrêtons-nous au cas d'une seule équation du premier ordre, c'est-à-dire, qui ne contienne, en fait de dérivées partielles, que celles du premier ordre de la fonction inconnue, et, après avoir appelé x la variable indépendante principale, y et z les autres variables indépendantes, au nombre de deux par exemple, u la fonction cherchée, proposons-nous de déterminer celle-ci, de proche en proche, connaissant, en fonction des variables non principales $y, z, \ldots$, son expression initiale arbitraire, $u = \varphi(y, z)$, qui correspond à une première valeur, $x = x_0$, choisie pour x.

A cet effet, nous partirons des valeurs initiales, ainsi données, de u, que nous écrirons $u_0 = \varphi(y_0, z_0)$, puis, à mesure que x croîtra ou décroîtra, nous tâcherons de faire varier y et z (que nous sommes les maîtres de changer à volonté) de manière à pouvoir calculer sans cesse, en fonction de valeurs actuelles connues des diverses variables, et en nous servant de l'équation aux dérivées partielles proposée, les changements infiniment petits correspondants qu'éprouveront soit la fonction u, soit ses dérivées partielles premières par rapport à y et à z, dérivées dont on connaîtra les valeurs initiales

$$\frac{du_0}{dy_0} = \varphi'_{y_0}(y_0, z_0), \quad \frac{du_0}{dz_0} = \varphi'_{z_0}(y_0, z_0).$$

Pour abréger, appelons p, q, r les trois dérivées partielles premières de u en x, y, z; et supposons donnée sous la forme générale

$$(40)\qquad f(x,y,z,u,p,q,r)=0$$

l'équation aux dérivées partielles qu'il s'agit d'intégrer. Le mode de variation de y et z, en fonction de x, qui remplira le but désiré, consiste à prendre dx, dy, dz continuellement proportionnels aux trois dérivées partielles, en p, q, r, du premier membre f de cette équation. Posons, en effet,

$$(41)\qquad \frac{dx}{\frac{df}{dp}} = \frac{dy}{\frac{df}{dq}} = \frac{dz}{\frac{df}{dr}} = (\text{par suite})\ \frac{du}{p\frac{df}{dp}+q\frac{df}{dq}+r\frac{df}{dr}},$$

triple proportion où le quatrième rapport se déduit des trois premiers en multipliant leurs termes, respectivement, par $\frac{du}{dx}, \frac{du}{dy}, \frac{du}{dz}$, ou p, q, r, et ajoutant. Un cinquième rapport égal, contenant dp en numérateur et obtenu d'une manière analogue, serait évidemment

$$(42)\qquad \frac{dp}{\frac{df}{dp}\frac{dp}{dx}+\frac{df}{dq}\frac{dp}{dy}+\frac{df}{dr}\frac{dp}{dz}}.$$

Or, si l'on différentie l'équation (40) par rapport à x, c'est-à-dire sans que y ni z varient, il vient

$$\frac{df}{dx}+\frac{df}{du}p+\frac{df}{dp}\frac{dp}{dx}+\frac{df}{dq}\frac{dq}{dx}+\frac{df}{dr}\frac{dr}{dx}=0,$$

ou bien, en observant que $\frac{dq}{dx}, \frac{dr}{dx}$, ou $\frac{d^2u}{dx\,dy}, \frac{d^2u}{dx\,dz}$, égalent respectivement les dérivées $\frac{dp}{dy}, \frac{dp}{dz}$,

$$\frac{df}{dx}+\frac{df}{du}p+\frac{df}{dp}\frac{dp}{dx}+\frac{df}{dq}\frac{dp}{dy}+\frac{df}{dr}\frac{dp}{dz}=0;$$

et cette dernière relation donne

$$\frac{df}{dp}\frac{dp}{dx}+\frac{df}{dq}\frac{dp}{dy}+\frac{df}{dr}\frac{dp}{dz}=-\left(\frac{df}{dx}+p\frac{df}{du}\right).$$

Donc, le rapport (42), égal aux quatre rapports (41), devient

$$(43)\qquad \frac{dp}{-\left(\frac{df}{dx}+p\frac{df}{du}\right)},$$

et son dénominateur ne contient plus, comme ceux des rapports (41), que x, y, z, u, p, q, r. On trouverait de même les nouveaux rapports, égaux aux précédents,

$$(43\,bis)\qquad \frac{dq}{-\left(\frac{df}{dy}+q\frac{df}{du}\right)} \quad \text{et} \quad \frac{dr}{-\left(\frac{df}{dz}+r\frac{df}{du}\right)}.$$

Contentons-nous de joindre ces deux derniers aux quatre rapports (41), et nous aurons la proportion continue

$$(44)\quad \frac{dx}{\frac{df}{dp}}=\frac{dy}{\frac{df}{dq}}=\frac{dz}{\frac{df}{dr}}=\frac{du}{p\frac{df}{dp}+q\frac{df}{dq}+r\frac{df}{dr}}=\frac{dq}{-\left(\frac{df}{dy}+q\frac{df}{du}\right)}=\frac{dr}{-\left(\frac{df}{dz}+r\frac{df}{du}\right)}.$$

Or celle-ci répond à la question posée : elle détermine, pour chaque valeur infiniment petite de dx, des accroissements simultanés, dy, dz, du, dq, dr, des quantités y, z, u, q, r, en fonction des valeurs actuelles de toutes ces quantités et de x ; car, bien que p entre aussi, généralement, dans les dénominateurs de (44), on peut l'éliminer en remplaçant cette dérivée p par sa valeur tirée de l'équation (40).

En d'autres termes, les relations (44), résolues par rapport à

$$\frac{dy}{dx},\ \frac{dz}{dx},\ \frac{du}{dx},\ \frac{dq}{dx},\ \frac{dr}{dx},$$

sont un système d'équations différentielles simultanées, dont l'intégration fera connaître les inconnues y, z, u, q, r en fonction de x et de leurs valeurs initiales

$$y_0,\ z_0,\ u_0=\varphi(y_0,z_0),\ q_0=\varphi'_{y_0}(y_0,z_0),\ r_0=\varphi'_{z_0}(y_0,z_0).$$

Ainsi, y, z, u, q, r ne dépendront, en définitive, que de x, y_0, z_0 ; et il suffira d'y faire varier y_0, z_0 pour que, à chaque valeur de x, il vienne correspondre successivement tous les systèmes de valeurs de y, z : d'où il résulte que cela équivaudra à connaître u en fonction de x, y, z. Et l'expression demandée de u se dégagera évidemment, en éliminant y_0, z_0, q, r entre les cinq intégrales qui donnent y, z, u, q, r. Il est clair qu'elle comportera une infinité de formes différentes, suivant la fonction arbitraire φ qu'on aura choisie.

Supposons, par exemple, que les intégrales de (44), résolues par rapport à y_0, z_0, u_0, q_0, r_0, soient

(45) $\quad Y = y_0,\ Z = z_0,\ U = u_0 = \varphi(y_0, z_0),\ Q = q_0 = \varphi'_{y_0}(y_0, z_0),\ R = r_0 = \varphi'_{z_0}(y_0, z_0),$

où Y, Z, U, Q, R désigneront des fonctions déterminées de x, y, z, u, q, r. On éliminera immédiatement y_0, z_0 en portant leurs valeurs Y, Z dans les trois dernières (45), ce qui donne

(46) $\quad U = \varphi(Y, Z),\ Q = \varphi'_Y(Y, Z),\ R = \varphi'_Z(Y, Z);$

et il suffira de substituer ensuite, dans la première de celles-ci, les valeurs de q, r tirées des deux dernières, pour avoir, entre x, y, z et u, l'intégrale cherchée de l'équation aux dérivées partielles (40). Mais on voit que cette élimination de p, q devra être recommencée pour chaque forme de la fonction arbitraire φ, dont dépendent les deux dérivées partielles premières φ'!

La méthode se simplifie dans le cas important où l'équation proposée (40) est linéaire par rapport aux dérivées partielles p, q, r, c'est-à-dire quand elle a la forme

(47) $\quad Kp + Lq + Mr - N = 0$ ou $Kp + Lq + Mr = N,$

K, L, M, N désignant des fonctions données de x, y, z et u. Alors les dérivées de son premier membre par rapport à p, q, r sont respectivement K, L, M, et le produit $p\dfrac{df}{dp} + q\dfrac{df}{dq} + r\dfrac{df}{dr}$ égale N, d'après (47). Donc, l'égalité continue (41) se réduit à

(48) $$\frac{dx}{K} = \frac{dy}{L} = \frac{dz}{M} = \frac{du}{N};$$

et elle équivaut à un système d'équations différentielles simultanées, en x, y, z, u, sans que q ni r y paraissent. Par suite, si l'on peut obtenir leurs intégrales $Y = y_0, Z = z_0, U = u_0$, il suffira de porter, dans la relation d'état initial $u_0 = \varphi(y_0, z_0)$, les valeurs U, Y, Z de u_0, y_0, z_0 en fonction de x, y, z et u, pour avoir l'intégrale générale cherchée, $U = \varphi(Y, Z)$. Les expressions de U, Y, Z ne contenant ni q, ni r, le calcul et l'élimination de ces dérivées partielles seront entièrement évités.

Concevons, pour plus de généralité, qu'on mette les intégrales du système (48), affectées de constantes arbitraires quelconques c_1, c_2, c_3, sous la forme

(49) $\psi_1(x,y,z,u)=c_1,\ \psi_2(x,y,z,u)=c_2,\ \psi_3(x,y,z,u)=c_3.$

Les deux premières sont deux certaines relations entre x, y, z et u ou, par suite, entre x, y et z (vu que u est censé lui-même fonction de x, y, z). Elles définissent donc le mode suivant lequel on fait varier y et z en fonction de x ou, simultanément, x, y, z; et, alors, la troisième (49) signifie que, avec ce mode de variation de x, y, z, la fonction $\psi_3(x,y,z,u)$ reste constante. Prises ensembles et appliquées à la question considérée, les trois relations (49) expriment donc que ψ_3 ne peut pas varier dès que ψ_1 et ψ_2 ne varient pas. Autrement dit, l'équation aux dérivées partielles (47), dont on a tenu compte en égalant le dernier rapport (48) aux précédents, astreint la fonction u à être telle, que la valeur de ψ_3 dépende uniquement de celles de ψ_1 et de ψ_2. Ainsi, la condition imposée à la fonction u par l'équation proposée (47) est que ψ_3 égale une fonction quelconque de ψ_1 et ψ_2 seuls; en sorte qu'il vient comme intégrale générale

(50) $\psi_3 =$ une fonction arbitraire de ψ_1 et de ψ_2.

298. — Exemple d'une équation du premier ordre, linéaire par rapport aux dérivées.

Nous avons démontré (p. 47) qu'il existe, entre toute fonction homogène u, de degré m, et ses dérivées premières par rapport aux variables x, y, z dont elle dépend, l'équation

$$(51)\qquad x\frac{du}{dx}+y\frac{du}{dy}+z\frac{du}{dz}=mu, \text{ ou } xp+yq+zr=mu.$$

Proposons-nous d'intégrer cette équation, afin de voir si elle est exclusivement propre aux fonctions homogènes de degré m.

On a ici $K=x$, $L=y$, $M=z$, $N=mu$, et le système (48) devient

$$(52)\qquad \frac{dx}{x}=\frac{dy}{y}=\frac{dz}{z}=\frac{du}{mu}, \text{ ou bien } \frac{dy}{y}-\frac{dx}{x}=0,\ \frac{dz}{z}-\frac{dx}{x}=0,\ \frac{du}{u}-m\frac{dx}{x}=0.$$

Les intégrales de ces équations sont évidemment, avec trois constantes arbitraires $\log c_1, \log c_2, \log c_3$,

$$\log y-\log x=\log c_1,\ \log z-\log x=\log c_2,\ \log u-m\log x=\log c_3,$$

c'est-à-dire, en passant des logarithmes aux nombres,

$$(53)\qquad \frac{y}{x}=c_1,\ \frac{z}{x}=c_2,\ \frac{u}{x^m}=c_3.$$

Donc, l'intégrale générale, $c_3=$ une fonction abitraire de c_1 et c_2, sera ici

$$(54)\qquad \frac{u}{x^m}=\varphi\left(\frac{y}{x},\frac{z}{x}\right) \text{ ou } u=x^m\varphi\left(\frac{y}{x},\frac{z}{x}\right);$$

ce qui est l'expression générale des fonctions homogènes u de degré m. Ainsi, l'équation aux dérivées partielles (51) ne convient qu'aux fonctions homogènes et les caractérise parfaitement.

299. — Exemple d'une équation non linéaire; surfaces développables ou enveloppes de plans; enveloppe d'une suite de surfaces, etc.

Prenons, pour exemple d'une équation aux dérivées partielles du premier ordre et non linéaire, la relation $p=f(q)$, ou

$$(55)\qquad p-f(q)=0,$$

dans laquelle f désigne une fonction donnée quelconque d'une variable et p, q, les deux dérivées partielles en x et y de l'ordonnée d'une surface, ordonnée que nous appellerons u afin de nous conformer aux notations précédentes. Comme il n'y a ici que les deux variables indépendantes x, y, et comme, d'ailleurs, les dérivées respectives du premier membre de l'équation proposée (55) par rapport à p, q, x, y, u, sont, $f'(q), 0, 0, 0$, les rapports égaux (44), après élimination de $p = f(q)$, se réduiront à

$$(55\ bis)\qquad \frac{dx}{1} = \frac{dy}{-f'(q)} = \frac{du}{f(q) - qf'(q)} = \frac{dq}{0}.$$

Celles-ci, en y comparant au premier rapport tous les suivants, deviennent

$$(56)\qquad dy + f'(q)dx = 0,\ du - f(q)dx + qf'(q)dx = 0,\ dq = 0.$$

La dernière montre d'abord que q est une constante tout le long de chacune des lignes de la surface ainsi suivies, circonstance qui rend immédiatement intégrables ces équations (56). Prenons zéro pour la valeur initiale x_0 de x, et observons que les premiers membres intégrés du système (56),

$$y + f'(q)x,\ u - f(q)x + qf'(q)x,\ q,$$

auront alors les valeurs initiales respectives $y_0, u_0 = \varphi(y_0), q_0 = \varphi'(y_0)$. Il viendra

$$(57)\qquad y + f'(q)x = y_0,\ u - f(q)x + qf'(q)x = \varphi(y_0),\ q = \varphi'(y_0).$$

Nous rendrons plus simples les résultats de l'élimination de y_0 : 1°, en remplaçant, dans la deuxième (57), $f'(q)x$ par sa valeur $y_0 - y$ tirée de la première (57); ce qui donnera, au lieu de la deuxième équation (57),

$$(58)\qquad u - f(q)x - qy = \varphi(y_0) - q\,y_0\,;$$

2°, en posant

$$(59)\qquad \varphi(y_0) - q\,y_0 = \text{une fonction arbitraire, } \psi, \text{ de } q,$$

chose possible, car, d'une part, la dernière (57) montre que y_0 dépend seulement de q, et, d'autre part, la différentiation de (59) donne, grâce à une réduction évidente par suite de $q = \varphi'(y_0)$,

$$(60)\qquad -y_0\,dq = \psi'(q)\,dq, \text{ ou } y_0 = -\psi'(q),$$

en sorte que $-\psi'(q)$, fonction inverse de $q = \varphi'(y_0)$, est arbitraire comme celle et que, par suite, $\psi(q)$ l'est elle-même. Alors (58) et la première (57) deviennent, vu (59) et (60),

$$(61)\qquad u=f(q)x+qy+\psi(q),\quad 0=f'(q)x+y+\psi'(q).$$

Finalement, l'intégrale générale, qui définira explicitement u en fonction de x et y, s'obtiendra en remplaçant, dans la première (61), q par sa valeur tirée de la seconde.

On serait arrivé de suite aux formules (61), si l'on avait observé : 1°, que, le long des lignes de la surface où q et, par suite, $p=f(q)$ restent constants, la différentielle, $du = p\,dx + q\,dy$, de l'ordonnée peut s'écrire $d(px+qy)$, en sorte qu'on y a $d(u-px-qy)=0$, ou $u-px-qy=\text{const.}$; ce qui revient à dire que l'expression $u-px-qy$, égale à $u-f(q)x-qy$, n'y varie que d'une de ces lignes à l'autre, ou qu'elle est une certaine fonction ψ de q ; 2°, et que, la valeur (61) de u étant ainsi trouvée, sa dérivée par rapport à y,

$$q+[f'(q)x+y+\psi'(q)]\frac{dq}{dy},$$

doit se réduire à q par définition, égalité d'où résulte la seconde (61).

On voit que la deuxième formule (61) a pour second membre la dérivée, par rapport à q, du second membre de la première (61). Comme d'ailleurs ces deux équations sont simultanées, on peut ajouter la deuxième, multipliée par une constante infiniment petite dq, à la première ; et il vient ainsi le système, équivalent à (61),

$$(62)\qquad u=f(q)x+qy+\psi(q),\quad u=f(q+dq)x+(q+dq)y+\psi(q+dq).$$

Les quantités q et, par suite, $q+dq$ restant constantes tout le long de chacune des lignes suivies, ces deux équations (62) représentent les deux surfaces consécutives $c=q$, $c=q+dq$ de la famille de plans qui a pour équation, avec un paramètre c,

$$(63)\qquad u=f(c)x+cy+\psi(c);$$

et les lignes suivies sont les intersections successives de tous ces plans. Donc, leur lieu géométrique, c'est-à-dire la surface demandée, est l'enveloppe de la famille (63) de plans. Elle constitue une surface développable, d'après des explications données plus haut (p. 243).

Réciproquement, toute famille de plans dont l'équation ne contient qu'un seul paramètre a pour enveloppe une surface qui satisfait à une équation pareille à la proposée (55). En effet, chaque plan de la famille aura son équation de la forme $u = bx + cy + c'$, où b, c, c' seront trois fonctions du paramètre donné; de sorte que, si l'on adopte c pour nouveau paramètre, b et c' deviendront dépendants de c et prendront les formes $b = f(c)$, $c' = \psi(c)$, où f, ψ pourront être des fonctions quelconques. La famille de plans ayant ainsi une équation telle que (63), l'intersection de deux plans consécutifs sera exprimée par un système comme (62), à cela près que c et dc remplaceront q et dq, ou par son équivalent pareil à (61),

$$(64) \qquad u = f(c)x + cy + \psi(c), \quad 0 = f'(c)x + y + \psi'(c).$$

Donc, l'ordonnée de l'enveloppe de la famille de plans, lieu de toutes ces intersections, sera exprimée par la première (64), après qu'on y aura substitué à c sa valeur tirée de la seconde (64).

Ainsi, et remarquons-le en passant, quand on a une suite de surfaces, c'est-à-dire une famille de surfaces, dont l'équation $u = \varphi(x, y, c)$, ne contient qu'un seul paramètre c variable d'une surface à l'autre, et que, par conséquent, chacune de celles-ci coupe, en général, la précédente suivant toute une ligne, leur surface enveloppe, lieu de leurs intersections successives, est représentée, de même qu'il arrive pour les courbes enveloppes, par la même équation que les surfaces enveloppées, où, seulement, le paramètre c de la famille, au lieu d'être constant, reçoit la valeur variable qui, en chaque point, annule la dérivée partielle $\frac{d\varphi(x,y,c)}{dc}$ de l'ordonnée par rapport au paramètre.

D'après cela, on aura encore, sur toute l'enveloppe, $\frac{du}{dc}=0$; et les changements infiniment petits de u, ou, par suite, les dérivées de u en x et y, y seront les mêmes quand on prendra $dc=0$, c'est-à-dire quand on cheminera infiniment peu sur l'enveloppée menée par le point où l'on se trouvera, que lorsqu'on prendra c variable ou qu'on cheminera sur l'enveloppe. Donc, et remarquons-le encore en passant, il en est du plan tangent, pour les surfaces enveloppes, comme de la tangente pour les courbes enveloppes : ce plan est commun à l'enveloppe et à l'enveloppée menée par le point de contact.

Il suit de là, pour en revenir à notre famille de plans, que les deux dérivées partielles $\frac{du}{dx}=p$ et $\frac{du}{dy}=q$ auront, en chaque point de l'enveloppe, les valeurs mêmes qu'elles reçoivent dans l'enveloppée correspondante (63), où elles se réduisent aux deux coefficients constants, $f(c)$ et c, de x et de y. On aura donc $p=f(c)$, $q=c$, et, par suite, $p=f(q)$: ce qui est bien l'équation proposée (55), ou, du moins, une équation de même forme.

300.— Intégrales complètes et solution singulière d'une équation aux dérivées partielles du premier ordre.

Observons que, si l'on remet c' à la place de $\psi(c)$ dans la première (64), ou plutôt si, laissant c' indépendant de c, l'on pose

$$(65)\qquad u=f(c)x+cy+c',$$

la valeur de u ainsi formée, à deux constantes arbitraires c, c', vérifiera l'équation donnée (55), comme on voit en éliminant c et c' entre (65) et ses deux dérivées par rapport à x et à y, $p=f(c)$, $q=c$. Une intégrale, d'une équation aux dérivées partielles du premier ordre, qui contient ainsi autant de constantes arbitraires qu'il y a de variables indépendantes $x, y, z, \ldots$ est dite une intégrale complète de l'équation.

Si l'on y regarde l'une de ces constantes comme étant une fonction quelconque φ des $n-1$ autres (c', par exemple, comme une fonction φ de c), puis si l'on fait varier les constantes qui subsistent de manière à annuler la dérivée partielle de u par rapport à chacune d'elles [comme quand, dans notre exemple, nous avons posé la seconde (64), en annulant $\frac{du}{dc}$], toutes les dérivées partielles premières de u par rapport à $x, y, z, \ldots$ seront évidemment les mêmes, à chaque instant, dans l'expression de u ainsi modifiée, où les constantes arbitraires varieront, que dans l'intégrale complète, spécifiée pour les mêmes valeurs actuelles de $x, y, z, \ldots$, et des constantes qui n'y varieront pas. Donc, cette expression de u modifiée vérifiera l'équation aux dérivées partielles proposée, entre $x, y, z, \ldots, u, \frac{du}{dx}, \frac{du}{dy}, \frac{du}{dz}, \ldots$, et, on l'a vu par l'exemple précédent, elle sera l'intégrale générale, puisqu'elle contiendra une fonction arbitraire φ. En résumé, l'intégrale générale est comme l'enveloppe des solutions particulières que fournit une intégrale complète quand on y suppose l'une des constantes arbitraires fonction des autres.

Actuellement, si, $x, y, z \ldots$ étant quelconques, on donne, dans l'expression de u, à toutes les constantes arbitraires de l'intégrale complète, les valeurs qui annulent la dérivée partielle de u par rapport à chacune d'elles, il est clair que les dérivées de u en $x, y, z \ldots$

seront encore les mêmes, avec cette nouvelle manière de faire varier les constantes c, c',... en fonction de x, y, z,..., que dans les solutions particulières correspondantes fournies par l'intégrale complète: cette fonction u constituera encore une intégrale de l'équation aux dérivées partielles proposée, mais une intégrale sans fonction arbitraire ni constante arbitraire. De plus, elle comprendra évidemment toutes les valeurs de u qui, dans les solutions particulières considérées ou déduites de l'intégrale complète, sont communes à une intégrale particulière et à toutes ses voisines obtenues en faisant varier infiniment peu les constantes: elle sera, comme le lieu de jonction, l'enveloppe, de toutes les intégrales particulières successives et de toutes les séries possibles de leurs intersections deux à deux, séries qui, créées, comme on a vu, en prenant l'une des constantes fonction des autres, composent l'intégrale générale. Cette enveloppe d'enveloppes, étant d'une toute autre forme, en général, que les enveloppes précédentes ou intégrales générales, ne sera pas comprise dans celles-ci et constituera, par conséquent, une solution singulière de l'équation aux dérivées partielles proposée.

Dans le cas particulier de deux variables indépendantes, x et y, où l'intégrale complète représente une famille de surfaces, $u=\varphi(x,y,c,c')$, à deux paramètres indépendants, on voit que cette solution singulière, résultat de l'élimination de c et c' entre les les trois équations $u=\varphi, 0=\frac{d\varphi}{dc}, 0=\frac{d\varphi}{dc'}$, représentera une surface tangente, à la fois, à toutes les surfaces de la famille et à toutes leurs enveloppes exprimées par les deux équations

$$z=\varphi[x,y,c,\psi(c)], 0=\frac{d\varphi}{dc}+\frac{d\varphi}{d\psi(c)}\psi'(c).$$

Ce sera leur enveloppe générale. C'est ainsi que toute surface, $u=f(x,y)$, est l'enveloppe de ses plans tangents, dont l'équation peut s'écrire

$$(66)\qquad u = f(c,c') + \frac{df}{dc}(x-c) + \frac{df}{dc'}(y-c');$$

on le reconnaîtrait en procédant comme on l'a fait au n° 113 (p. 152) pour trouver l'enveloppe des tangentes à une courbe, tangentes représentées par l'équation (1) de ce n° 113 à laquelle est analogue celle, (66), des plans tangents à une surface.

301 — Intégration de certaines équations aux dérivées partielles du second ordre par la méthode de Monge.

Au delà du premier ordre, il est rare que l'on sache intégrer, surtout sous forme finie, une équation aux dérivées partielles, même quand il y a seulement deux variables indépendantes, x et y, une seule fonction inconnue, u, et que l'équation est du second ordre, c'est-à-dire contient uniquement, avec x, y et u, les dérivées premières et secondes de u,

$$\frac{du}{dx},\ \frac{du}{dy},\ \frac{d^2u}{dx^2},\ \frac{d^2u}{dx\,dy},\ \frac{d^2u}{dy^2},$$

respectivement désignées d'ordinaire, pour abréger, par les lettres p, q, r, s, t.

Le procédé le plus simple, et paraissant le plus fécond, que l'on possède pour ramener dans certains cas l'intégration d'une telle équation à celle d'équations différentielles ordinaires, est dû à Monge. Il consiste à remplacer, dans l'équation proposée, les deux dérivées partielles secondes r et t par leurs valeurs déduites des deux relations évidentes

$$dp = r\,dx + s\,dy,\quad dq = s\,dx + t\,dy,$$

c'est-à-dire à substituer respectivement, à r et à t, les valeurs $\frac{dp - s\,dy}{dx}$, $\frac{dq - s\,dx}{dy}$, où dp, dq sont des différentielles totales, et puis à choisir, parmi toutes les manières possibles de faire varier simultanément x et y à partir de valeurs quelconques, celle qui fait disparaître de l'équation obtenue la troisième dérivée seconde, s, la seule non éliminée. Cette disparition de s est généralement possible quand, après qu'on a chassé r et t, l'équation proposée n'a plus qu'un seul terme en s, dont il suffit d'égaler à zéro le coefficient. Alors on a trois relations entre x, y, u, p, q et leurs différentielles, savoir, 1° celle qui exprime que le coefficient considéré de s, dans l'équation, est constamment nul, 2° l'équation elle-même, après la suppression de son terme en s, 3° enfin, la relation générale $du = p\,dx + q\,dy$. Or, si x, par exemple, est resté la variable indépendante, les inconnues paraissant dans ces trois équations seront les quatre fonctions y, u, p, q; en sorte qu'il manquera une équation différentielle pour qu'on puisse déterminer, de proche en proche, les accroissements successifs éprouvés par ces fonctions. On ne pourra donc pas, <u>en général</u>, calculer y, u, p, q par ce procédé. Mais s'il arrive (et c'est ce qui a lieu dans un certain nombre de cas, parmi les plus importants) qu'on puisse trouver aux trois équations différentielles posées deux intégrales <u>distinctes</u>, de la forme

$$(67)\quad \varphi_1(x,y,u,p,q) = \text{une const. arbitr. } c_1,\quad \varphi_2(x,y,u,p,q) = \text{une autre const. arbitr. } c_2,$$

on aura une intégrale générale <u>première</u> de l'équation proposée, c'est-à-dire une intégrale entre x, y, u, p, q, en écrivant que l'expression φ_2 égale une fonction arbitraire de l'expression φ_1.

En effet, u et, par suite, p, q étant des fonctions de x et de y, la première équation (67) relie généralement y à x et définit la manière dont on fait varier y en fonction de x. Alors, d'après la seconde (67), l'invariabilité de la fonction φ_2 résulte, en vertu de l'équation aux dérivées partielles proposée, de cette manière même de faire varier y.

Or, cela revient bien à dire que l'équation proposée astreint la fonction u à être telle, que l'expression $\varphi_2(x,y,u,p,q)$ ne puisse changer qu'autant que l'expression $\varphi_1(x,y,u,p,q)$ change, ou, encore, à être telle, que φ_2 égale une fonction ψ de la variable unique φ_1. Et, d'ailleurs, cette fonction ψ sera arbitraire, puisque, les deux intégrales (67) étant supposées distinctes, ou les deux constantes c_1 et c_2 indépendantes l'une de l'autre, il peut correspondre, à chaque valeur de φ_1, telles valeurs qu'on voudra de φ_2.

L'intégrale générale première
$$(68)\qquad \varphi_2(x,y,u,p,q) = \psi[\varphi_1(x,y,u,p,q)]$$
est elle-même une équation aux dérivées partielles du premier ordre et pourra s'intégrer par le procédé exposé plus haut (p. 506).

302. — **Exemple: intégration de l'équation du second ordre caractéristique des surfaces développables.**

Nous avons vu, dans le n° 299 (p. 515), que toutes les surfaces enveloppes d'une suite de plans, c'est-à-dire toutes les surfaces développables, étaient caractérisées par l'équation du premier ordre $p = f(q)$, où f est une fonction arbitraire, c'est-à-dire variable à volonté suivant la forme de la surface. Si nous différentions cette équation soit par rapport à x, soit par rapport à y, nous aurons
$$r = f'(q)s, \quad s = f'(q)t,$$
et, en éliminant $f'(q)$ entre celles-ci, il viendra l'équation aux dérivées partielles du second ordre
$$(69)\qquad rt - s^2 = 0.$$
Cette équation se trouve débarrassée de toute fonction arbitraire : elle convient donc à toutes les surfaces développables.

Proposons-nous de reconnaître, en l'intégrant, si elle ne convient qu'aux surfaces développables, et, par conséquent, si elle les caractérise au point de les distinguer de toutes les autres classes de surfaces. A cet effet, remplaçons r et t, dans (69), par $\frac{dp-sdy}{dx}$, $\frac{dq-sdx}{dy}$, puis effectuons les calculs et réduisons. Il viendra simplement

$$(70) \quad \frac{dp\,dq}{dx\,dy}-s\left(\frac{dp}{dy}+\frac{dq}{dx}\right)=0, \text{ ou } \frac{dp}{dy}\,\frac{dq}{dx}-s\left(\frac{dp}{dy}+\frac{dq}{dx}\right)=0,$$

équation où il faut observer que $\frac{dp}{dy}$, $\frac{dq}{dx}$ ne désignent pas des dérivées partielles, mais bien des quotients de différentielles totales. Le procédé de Monge consiste, comme il a été dit, à faire varier simultanément x et y de manière que le terme en s soit nul, c'est-à-dire, ici, à cheminer sur la surface le long de lignes telles, qu'on y ait constamment $\frac{dp}{dy}+\frac{dq}{dx}=0$, ou $\frac{dp}{dy}=-\frac{dq}{dx}$. On voit que l'équation (70) se réduit alors à $\frac{dp}{dy}\,\frac{dq}{dx}=0$, c'est-à-dire (vu la valeur $-\frac{dq}{dx}$ de $\frac{dp}{dy}$) à $-\frac{dq^2}{dx^2}=0$, ou à $\frac{dq}{dx}=0$, et qu'il vient pareillement $\frac{dp}{dy}=0$. Prenons pour variable indépendante celle des deux coordonnées x, y qui varie le plus: soit, par exemple, x celle-là. Alors l'annulation de $\frac{dq}{dx}$ revient à poser $dq=0$, et celle du rapport $\frac{dp}{dy}$, au moins comparable à $\frac{dp}{dx}$, exige que $dp=0$. On est donc conduit aux deux équations

$$(71) \qquad dq=0, \quad dp=0,$$

dont la première a entraîné la seconde, et qui ont pour intégrales $q=c_1$, $p=c_2$. En d'autres termes, si l'on chemine, sur la surface, le long d'une ligne où l'une des deux dérivées partielles, q, de l'ordonnée se maintienne constante, l'autre, p, s'y maintiendra constante également. On voit donc qu'on aura $p=f(q)$, f désignant une fonction arbitraire. Or, nous avons démontré plus haut que l'équation $p=f(q)$ ne convient qu'aux surfaces développables et a pour intégrale générale, avec une seconde fonction arbitraire ψ, le résultat de l'élimination de q entre les deux équations (61).

303. — Autre équation du second ordre, comprenant celle des cordes vibrantes.

Intégrons encore l'équation linéaire

(72) $$r + As + Bt = 0 \quad \text{ou} \quad \frac{d^2u}{dx^2} + A\frac{d^2u}{dx\,dy} + B\frac{d^2u}{dy^2} = 0,$$

dans laquelle A et B désignent deux coefficients constants. Si l'on détermine deux nombres, α, β, de telle manière que leur somme soit égale à A et leur produit égal à B, ou, autrement dit, si l'on appelle α, β les deux racines de l'équation du second degré $\rho^2 - A\rho + B = 0$, cette relation (72) s'écrira aussi

(73) $$r + (\alpha+\beta)s + \alpha\beta t = 0 \quad \text{ou} \quad \frac{d^2u}{dx^2} + (\alpha+\beta)\frac{d^2u}{dx\,dy} + \alpha\beta\frac{d^2u}{dy^2} = 0.$$

Nous y supposerons réels les deux nombres α et β. Dans le cas particulier $\beta = -\alpha$, où elle se réduit à $\frac{d^2u}{dx^2} - \alpha^2\frac{d^2u}{dy^2} = 0$, on lui donne le nom d'équation des cordes vibrantes, et elle prend une grande importance tant en mécanique qu'en physique, car elle régit les phénomènes les plus élémentaires dits de propagation des petits mouvements, tels que ceux de la progression du son dans l'air ou le long d'une corde tendue, du mouvement des ondes liquides d'une certaine longueur à la surface d'un canal, etc. Dans tous ces cas, x désigne le temps, y une coordonnée mesurée le long de la direction suivant laquelle se fait la propagation, et u la quantité physique considérée (déplacement vibratoire, etc.), dont la valeur se transmet graduellement d'une particule de matière à l'autre, dans le sens de la coordonnée y.

L'équation proposée (73) s'intègre aisément par la méthode de Monge. Mais il est encore plus simple d'observer que, sous sa seconde forme, (73), elle revient à

$$\left[\frac{d^2}{dx^2} + (\alpha+\beta)\frac{d^2}{dx\,dy} + \alpha\beta\frac{d^2}{dy^2}\right]u = \left(\frac{d}{dx} + \alpha\frac{d}{dy}\right)\left(\frac{d}{dx} + \beta\frac{d}{dy}\right)u = 0;$$

de sorte que, si l'on pose, pour abréger,

$$(74) \qquad \frac{du}{dx} + \beta \frac{du}{dy} = V,$$

elle se réduit à

$$(75) \qquad \frac{dV}{dx} + \alpha \frac{dV}{dy} = 0$$

et est seulement du premier ordre par rapport à l'inconnue auxiliaire V. Or (75) s'intégrera, d'après la méthode exposée au N° 297 (p. 509), en considérant le système d'équations différentielles

$$\frac{dx}{1} = \frac{dy}{\alpha} = \frac{dV}{0}, \text{ ou } dy - \alpha dx = 0, \, dV = 0,$$

qui a pour intégrales $y - \alpha x = c_1$, $V = c_2$, et en exprimant que l'expression, V, de l'une des constantes introduites est une fonction quelconque de l'expression, $y - \alpha x$, de l'autre constante. En vue de simplifier les calculs ultérieurs, nous représenterons cette fonction d'une seule variable par $(\beta - \alpha) f'$, f' désignant la dérivée d'une fonction arbitraire f.

Il viendra donc, pour l'intégrale de (75),

$$(76) \qquad V = (\beta - \alpha) f'(y - \alpha x).$$

L'expression la plus générale possible de V étant ainsi connue, portons-la dans l'équation (74), qui doit donner u, et celle-ci deviendra

$$(77) \qquad \frac{du}{dx} + \beta \frac{du}{dy} = (\beta - \alpha) f'(y - \alpha x),$$

ce qui est encore une équation du premier ordre en u, linéaire par rapport aux dérivées $\frac{du}{dx}, \frac{du}{dy}$. Son intégration dépend de celle du système

$$\frac{dx}{1} = \frac{dy}{\beta} = \frac{du}{(\beta - \alpha) f'(y - \alpha x)};$$

ou

$$(78) \qquad dy - \beta dx = 0, \quad du - (\beta - \alpha) f'(y - \alpha x) dx = 0.$$

Or, la première de celles-ci donnant $dy = \beta dx$, l'expression $(\beta - \alpha) dx$ équivaut à $d(y - \alpha x)$, et la seconde (78) devient

$$du - f'(y - \alpha x)\, d(y - \alpha x) = 0, \text{ ou } d\left[u - f(y - \alpha x)\right] = 0.$$

Par suite, les deux intégrales de (78) sont

$$y-\beta x = \text{une const. } c_1, \quad u-f(y-\alpha x) = \text{une autre const. } c_2,$$

et l'on en déduit, pour l'intégrale générale cherchée de (77),

$$u-f(y-\alpha x) = \text{une fonction arbitraire } \varphi \text{ de } y-\beta x,$$

c'est-à-dire

$$(79) \qquad u = f(y-\alpha x)+\varphi(y-\beta x).$$

On voit, comme on pouvait aisément le prévoir, que cette expression générale de u contient deux fonctions arbitraires distinctes f et φ. On les déterminera de différentes manières, suivant les cas, par exemple, en se donnant à volonté en fonction de y, pour $x=0$, les valeurs de u et de $\frac{du}{dx}$, valeurs qui sont respectivement

$$f(y)+\varphi(y), \; -\alpha f'(y)-\beta\varphi'(y):$$

en les appelant $(\alpha-\beta)F(y)$ et $(\alpha-\beta)F_1(y)$, on trouve assez vite

$$(80) \qquad u = \alpha F(y-\beta x)-\beta F(y-\alpha x)+\int_{y-\alpha x}^{y-\beta x} F_1(z)\,dz.$$

On remarquera que l'équation proposée (72) est linéaire, par rapport à u ou à ses dérivées, et sans second membre : c'est ce qui explique pourquoi l'expression générale (79) de u s'y forme, en vertu du principe de superposition spécial aux équations linéaires sans seconds membres (nos 291 et 296, p. 483 et 505), par l'addition de deux intégrales particulières, $f(y-\alpha x)$, $\varphi(y-\beta x)$, qui contiennent ici, chacune, une fonction arbitraire.

Si les deux racines α et β de l'équation $P^2-AP+B=0$ devenaient égales, ou, autrement dit, si β tendait vers α, les deux intégrales particulières se fondraient en une seule. Mais, on emploierait, pour garder toujours une seconde intégrale distincte de la première $f(y-\alpha x)$, le procédé du numéro 294 (p. 495) qui nous a servi dans le cas d'équations différentielles linéaires à coefficients constants et présentant plusieurs racines r

égales : c'est-à-dire que l'on considèrerait l'intégrale

$$\frac{\varphi(y-\beta x)-\varphi(y-\alpha x)}{\beta-\alpha},$$

formée par l'addition de deux intégrales particulières analogues affectées respectivement des facteurs constants $\pm\frac{1}{\beta-\alpha}$, et l'on observerait qu'au moment où, β étant sur le point d'égaler α, la différence $\beta-\alpha$ se réduit à une quantité infiniment petite $d\alpha$, cette intégrale se confond avec la dérivée partielle

$$\frac{d\varphi(y-\alpha x)}{d\alpha}.$$

Par suite, dans le cas limite $\beta=\alpha$, l'intégrale générale (79) serait remplacée par celle-ci,

$$(81) \quad (\text{pour } \beta=\alpha) \quad u=f(y-\alpha x)+\frac{d\varphi(y-\alpha x)}{d\alpha}=f(y-\alpha x)-x\varphi'(y-\alpha x).$$

Appendice sur le calcul des variations.

304. — Idée du calcul des variations.

Parmi les questions de calcul intégral que le programme, déjà très chargé, de ce cours a dû passer sous silence, il en est une, se rapportant tout à la fois à la théorie des intégrales définies et à celle des équations différentielles ou aux dérivées partielles, qu'il serait, pour ainsi dire, honteux d'ignorer complètement, soit à cause de ses applications en géométrie et en mécanique, soit à cause des problèmes célèbres qui lui ont donné naissance au XVIIème et au XVIIIème siècles: c'est le calcul des variations.

Pour nous former une idée du but et de la méthode de ce calcul, imaginons qu'on doive mener dans le plan xoy, d'un point donné A, ayant l'abscisse a, à un autre point donné B, ayant l'abscisse plus grande b, une courbe AMB, telle, que l'intégrale $\int_a^b f(x,y,y')\,dx$, où $f(x,y,y')$ est une certaine fonction également donnée de l'abscisse $oP = x$ de chacun de ses points, de son ordonnée correspondante $PM = y$ et du coefficient angulaire $y' = \frac{dy}{dx}$ de sa tangente, soit maximum ou minimum, c'est-à-dire reçoive, pour les expressions de y et de y' qui correspondent à AMB, une valeur ou plus grande, ou plus petite, que toutes celles qu'elle prendrait si cette courbe AMB était

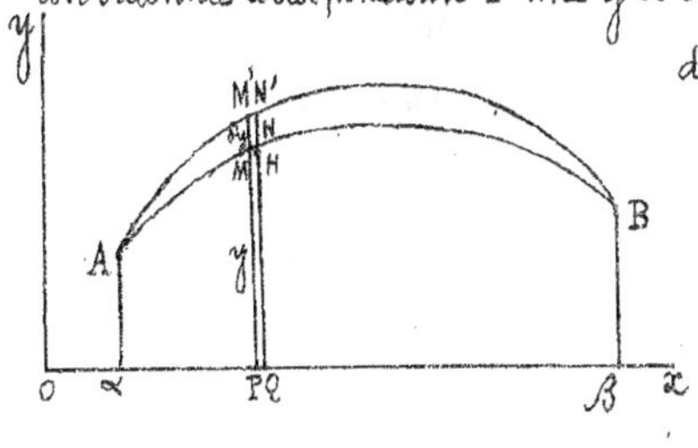

remplacée par d'autres infiniment voisines, mais d'ailleurs quelconques, AM'B par exemple. Comme l'intervalle $b-a=\alpha\beta$ des deux limites se compose d'une infinité d'intervalles élémentaires dx, tels que PQ, compris entre des points de division de $\alpha\beta$ infiniment voisins, ayant chacun leur abscisse x, et comme toute courbe menée de A à B est parfaitement définie au moyen de ses ordonnées PM, QN, etc., tirées par tous ces points de division, la somme

$$\int_a^b f(x,y,y')\,dx,$$

qu'il s'agit de rendre maximum ou minimum, est fonction d'une infinité de variables, savoir, de toutes les ordonnées, PM, QN, ..., existant entre αA et βB. Or il est clair que ces ordonnées PM, QN, ... sont indépendantes, en ce sens du moins qu'il n'existe entr'elles aucune relation permettant de calculer l'une en fonction des autres. On pourra donc, malgré la complication introduite par une telle infinité de variables, essayer d'appliquer la règle ordinaire des maxima et des minima établie au N°61 (p. 84). A cet effet, on cherchera l'accroissement total qu'éprouve la fonction considérée quand on fait changer infiniment peu chaque variable, ~~autrement dit~~, quand on allonge chaque ordonnée PM d'une très-petite quantité positive ou négative MM'; et, après avoir exprimé cet accroissement de l'intégrale à la manière d'une différentielle totale, c'est-à-dire en y mettant en évidence la partie de l'accroissement qui correspond à l'augmentation MM' prise par chaque variable indépendante PM, il faudra égaler à zéro le terme ainsi obtenu, ou plutôt le coefficient dont s'y trouvera affectée l'augmentation MM' de la variable.

On appelle <u>variation</u> de l'ordonnée y, et l'on représente par δy, cette augmentation MM' donnée à chaque variable $y=$PM. On ne peut pas la représenter par dy, ni lui donner le nom de <u>différentielle</u>; car ce nom désigne déjà le changement $HN = dy$ qu'éprouve l'ordonnée, <u>le long d'une même courbe</u>, pour une augmentation $PQ = dx$ de l'abscisse. Il est clair d'ailleurs que la variation $\delta y = MM'$, qui devient NN' pour l'ordonnée suivante QN, sera, comme y, une fonction de x, ou, autrement dit, qu'elle variera d'une abscisse à l'autre et d'un élément à l'autre de l'intégrale. La nouvelle courbe $AM'B$ ayant ainsi pour ordonnée $y + \delta y$, le coefficient angulaire de sa tangente sera $\frac{dy}{dx} + \frac{d\delta y}{dx}$, ou $y' + \frac{d\delta y}{dx}$; et l'on voit que, pour une même valeur de x, il dépassera le coefficient angulaire y', relatif à la première courbe, de la quantité $\frac{d\delta y}{dx}$: celle-ci s'appelle naturellement la <u>variation</u> de y'. Et, de même, la <u>variation</u> de chaque élément $f(x, y, y')\,dx$ de l'intégrale sera l'accroissement qu'il éprouvera quand, sans changer ni x, ni dx, on passera de la courbe AMB à la courbe $AM'B$, variation évidemment égale à

$$\left[f\left(x, y + \delta y, y' + \frac{d\delta y}{dx}\right) - f(x, y, y')\right] dx,$$

ou à

$$\left[\frac{df}{dy}\delta y + \frac{df}{dy'}\frac{d\delta y}{dx}\right] dx = \frac{df}{dy}\,dx\,\delta y + \frac{df}{dy'}\,d\delta y.$$

Enfin, la <u>variation</u> de l'intégrale proposée, qu'on représente par $\delta \int_a^b f(x, y, y')\,dx$, sera la somme des variations éprouvées par tous ses éléments, puisque, par hypothèse, les limites a, b sont fixes et que, pour toutes les courbes AMB, $AM'B$, etc., le nombre des éléments reste le même. On aura donc,

$$(1) \qquad \delta \int_a^b f(x, y, y')\,dx = \int_{x=a}^{x=b} \frac{df}{dy}\,dx\,\delta y + \int_{x=a}^{x=b} \frac{df}{dy'}\,d\delta y.$$

Or il est facile de voir quel est, dans la dernière intégrale de cette relation, le coefficient total qui multiplie chaque variation δy, telle que MM'. Comme $d\delta y$ exprime la différence, NN' − MM', de deux variations consécutives, chaque variation, MM', par exemple, paraît dans deux éléments de cette intégrale, savoir, dans celui, $\frac{df}{dy'}$(NN'−MM'), qui est relatif à l'intervalle dx = PQ compté à partir de l'abscisse actuelle OP = x, et dans celui qui est relatif à l'intervalle précédent, compris entre les abscisses $x - dx$ et x, élément où le facteur $d\delta y$ exprime l'excédant de MM' sur la variation précédente et où $\frac{df}{dy'}$ a pour valeur, sensiblement, sa valeur actuelle diminuée de sa différentielle, $d\frac{df}{dy'}$, corrélative à un accroissement dx de la variable. En résumé, la variation δy = MM' est multipliée par $\frac{df}{dy'} - d\frac{df}{dy'}$, dans l'un des deux éléments considérés, et par $-\frac{df}{dy'}$, dans l'autre; ce qui donne en tout le produit $-d\frac{df}{dy'}\delta y$.

Il en serait de même pour tous les autres δy, à l'exception des deux variations extrêmes, savoir, celles des ordonnées αA, βB, variations dont on peut d'ailleurs ne pas s'occuper ici, puisqu'on les suppose nulles. Ainsi, le dernier terme de (1) revient à

$$\int_{x=a}^{x=b}\left(-d\frac{df}{dy'}\delta y\right);$$

et l'expression définitive de la variation de l'intégrale, sous la forme voulue d'une différentielle totale, est

$$(2)\qquad \delta\int_a^b f(x,y,y')dx = \int_{x=a}^{x=b}\left(\frac{df}{dy}dx - d\frac{df}{dy'}\right)\delta y.$$

D'après la règle énoncée, il faudra y égaler à zéro le coefficient de chaque variation δy; ce qui donnera une infinité d'équations, comprises dans la formule

$$(3)\qquad \frac{df}{dy}dx - d\frac{df}{dy'} = 0.$$

En d'autres termes, la relation (3) devra être vérifiée en tous les points de la courbe AMB : ce sera l'équation différentielle de cette courbe. Comme la fonction f et, par suite, les dérivées partielles $\frac{df}{dy}$, $\frac{df}{dy'}$ dépendent de x, y et y', la différentielle complète $d\frac{df}{dy'}$ sera

$$\left(\frac{d^2f}{dx\,dy'}+\frac{d^2f}{dy\,dy'}y'+\frac{d^2f}{dy'^2}y''\right)dx,$$

et l'équation (3), en y supprimant le facteur commun dx, deviendra

$$(4)\qquad \frac{df}{dy}-\frac{d^2f}{dx\,dy'}-\frac{d^2f}{dy\,dy'}y'-\frac{d^2f}{dy'^2}y''=0.$$

On voit qu'elle est du second ordre. Son intégration fera donc connaître la ligne AMB demandée, car les deux constantes arbitraires qu'elle introduira se détermineront en exprimant que la courbe passe par les points donnés A et B, ou qu'on doit avoir $y=\alpha$ A pour $x=a$ et $y=\beta$ B pour $x=b$.

Il est aisé de reconnaître directement que l'annulation du coefficient de δy, dans (2), est absolument nécessaire, tout le long de la courbe AMB, pour que l'intégrale $\int_a^b f(x,y,y')dx$ soit maximum ou minimum ; car si, en certains points, ce coefficient différait de zéro, en y prenant les δy, une première fois, partout de même signe que lui et, une seconde fois, partout de signe contraire, le second membre de (2) ne comprendrait que des éléments tous positifs, dans le premier cas, tous négatifs, dans le second, et serait ainsi tantôt positif, tantôt négatif. Donc, l'intégrale

$$\int_a^b f(x,y,y')\,dx$$

grandirait dans un cas, diminuerait dans l'autre, et ne serait ni maximum, ni minimum.

On voit que la règle ordinaire des maxima et des minima n'est nullement rendue inapplicable par cette circonstance, que le nombre des variables indépendantes et, par suite, des variations arbitraires a crû au delà de toute limite. Cependant, et il importe de le remarquer, pour que la fonction, devenue une intégrale, conservât un sens précis, malgré cette infinité de variables PM, QN, etc.., nous avons dû apporter une importante restriction à leur indépendance absolue : car, en même temps que nous faisions croître leur nombre indéfiniment, nous les avons astreintes à former, toutes ensemble, une série continue, à varier même graduellement de l'une à l'autre ; et c'est justement ce qui a rendu la question accessible, en réduisant à une simple équation différentielle (3) les conditions de maximum ou de minimum trouvées. Nous avons observé, au n°296 (p. 505), qu'une condition de continuité analogue s'introduit dans les systèmes d'une infinité d'équations différentielles qu'on peut condenser en un nombre limité d'équations aux dérivées partielles. On conçoit que de pareilles restrictions ou conditions de continuité, assez larges pour n'introduire aucune relation précise et pour permettre, ici, l'annulation des variations partout excepté dans telle petite région qu'on veut, n'empêchent pas d'appliquer, à ces cas d'une infinité de variables, toutes les propriétés démontrées pour les cas d'un nombre fini de variables, lesquelles, évidemment, sont alors isolées, ou non groupées en suites continues.

Aussi, revenant à la question du maximum ou du minimum de l'intégrale $\int_a^b f(x, y, y')\,dx$, pourra-t-on se contenter d'y suivre la règle des maxima et minima relatifs donnée à la fin du n° 67 (p. 92), si la courbe AMB, au lieu d'être absolument quelconque, comme nous le supposions, doit satisfaire à certaines conditions, par exemple, être telle, qu'une autre intégrale, de la forme

$$\int_a^b \varphi(x, y, y')\, dx,$$

conserve une certaine valeur donnée K. Alors, la relation introduite étant

$$\int_a^b \varphi(x, y, y')\, dx - K = 0,$$

on opèrera de la même manière que si l'on cherchait le maximum ou le minimum absolus de l'expression

$$\int_a^b f(x, y, y')\, dx + \lambda \left[\int_a^b \varphi(x, y, y')\, dx - K \right] = 0\,;$$

ce qui conduira évidemment à annuler la variation de l'intégrale

$$\int_a^b \left[f(x, y, y') + \lambda\, \varphi(x, y, y') \right] dx,$$

dans laquelle λ se comportera comme une constante. On aura donc à traiter un problème analogue au précédent, avec cette seule différence, qu'il y aura de plus à déterminer finalement λ, par la relation $\int_a^b \varphi(x, y, y')\, dx = K$.

Les géomètres des derniers siècles ont résolu, dans ce genre, de célèbres problèmes, qu'ils appelaient problèmes sur les isopérimètres, parce qu'ils s'y donnaient généralement pour condition que les courbes eussent toutes périmètre égal, c'est-à-dire la même longueur $s = \int_a^b \sqrt{1 + y'^2}\, dx$. Nous traiterons tout-à-l'heure, au moyen de considérations directes plus simples que l'emploi du calcul des variations, quelques questions, particulièrement intéressantes, parmi lesquelles se trouvera le plus important de ces problèmes de courbes isopérimètres, relatif à la surface plane maximum dont le contour a une longueur donnée.

305. — Exemple: surface se terminant à un contour donné et dont l'aire est minimum; réflexions générales sur la nécessité de conditions définies ou spéciales aux limites des figures.

Contentons-nous ici d'appliquer la méthode précédente à un exemple choisi parmi les plus remarquables, et qui a d'ailleurs l'avantage de montrer comment cette méthode s'étend d'elle-même aux intégrales multiples. Proposons-nous de chercher quelle est la surface la moins étendue possible, reliant entre elles les différentes parties d'un contour fermé quelconque fixe, supposé donné. Il est évident que cette surface d'aire minimum existe ou que, du moins, il y a toujours une surface, limitée au contour proposé, telle, que nulle autre se terminant au même contour n'a une aire moindre; et il est clair aussi que toute portion de cette surface est, de même, la surface la plus petite qu'on puisse mener entre ses bords. Si donc, pour simplifier et fixer les idées, nous considérons seulement une de ses parties, celle qui se projette sur le plan des xy suivant un rectangle dont les côtés auront pour équations

$$x=a, \quad x=b, \quad y=m, \quad y=n,$$

cette partie sera la surface la moins étendue possible se terminant à son contour. Elle aura pour expression, d'après ce qu'on a vu au N° 257 (p. 408), l'intégrale double

$$\int_{x=a}^{x=b}\int_{y=m}^{y=n}\sqrt{1+p^2+q^2}\,dx\,dy,$$

où p et q sont les deux dérivées premières en x et y de l'ordonnée perpendiculaire z, fonction des deux coordonnées x et y. Or, si l'on allonge chaque ordonnée z d'une variation arbitraire infiniment petite δz, qui changera, comme z, avec x et y, les dérivées partielles p et q s'accroîtront de $\frac{d\delta z}{dx}$, $\frac{d\delta z}{dy}$, et l'élément $\sqrt{1+p^2+q^2}\,dx\,dy$, de la surface grandira de la quantité

$$\left(\frac{d\sqrt{1+p^2+q^2}}{dp}\,\frac{d\delta z}{dx}+\frac{d\sqrt{1+p^2+q^2}}{dq}\,\frac{d\delta z}{dy}\right)dx\,dy=\left(\frac{p}{\sqrt{1+p^2+q^2}}\,\frac{d\delta z}{dx}+\frac{q}{\sqrt{1+p^2+q^2}}\,\frac{d\delta z}{dy}\right)dx\,dy.$$

Et comme $\frac{-p}{\sqrt{1+p^2+q^2}}$, $\frac{-q}{\sqrt{1+p^2+q^2}}$ sont les cosinus des angles α, β faits avec les x et les y positifs par la normale, menée à la surface du côté des z positifs, cette variation d'un élément de l'aire peut s'écrire, d'une manière un peu plus brève,

$$-\cos\alpha.\,\frac{d\delta z}{dx}\,dx\,dy-\cos\beta.\,\frac{d\delta z}{dy}\,dx\,dy.$$

Cela posé, quand on fera la somme des ~~termes~~ pareils à $-\cos\alpha\frac{d\delta z}{dx}dx\,dy$, pour tous les systèmes de valeurs de x et y qui définissent les premiers sommets des divers rectangles élémentaires $dx\,dy$ découpés dans la partie considérée du plan des $x\,y$, la variation δz relative au point (x,y) paraîtra deux fois, savoir, une première fois dans le terme $-\cos\alpha\,\frac{d\delta z}{dx}\,dx\,dy$ relatif à l'intervalle compris entre les valeurs $x, x+dx$ et $y, y+dy$ des coordonnées, terme où $d\delta z$ est l'excédant, sur le δz concernant le point (x,y), du δz concernant le point $(x+dx,y)$, et, une seconde fois, dans le terme analogue relatif à l'intervalle compris entre les valeurs $x-dx, x$ et $y, y+dy$ des coordonnées, terme où $d\delta z$ est l'excédant du δz concernant le point (x,y) sur le δz précédent, concernant le point $(x-dx,y)$, et où le facteur $-\cos\alpha$ se rapporte à ce dernier point, c'est-à-dire se trouve diminué sensiblement de sa différentielle par rapport à x, ou augmenté de $\frac{d\cos\alpha}{dx}\,dx$. Ainsi, la partie de la somme

$$\iint(-\cos\alpha)\,\frac{d\delta z}{dx}\,dx\,dy$$

qui dépendra de la variation δz d'une même ordonnée quelconque, définie par son pied (x,y), est réductible à

$$\frac{d\cos\alpha}{dx}\,dx\,dy\,\delta z,$$

abstraction faite des points (x,y) situés sur le contour, et dont on n'a pas à s'occuper, parce que, le bord de la surface étant fixe, on y a $\delta z=0$. De même, la partie de la somme

$$\iint(-\cos\beta)\frac{d\delta z}{dy}\,dx\,dy$$

où paraîtra une même variation δz, relative au point (x, y), sera

$$\frac{d\cos\beta}{dy}\,dx\,dy\,\delta z;$$

et l'on aura, comme variation de l'intégrale double considérée,

$$(5)\qquad \delta\iint\sqrt{1+p^2+q^2}\,dx\,dy=\iint\left(\frac{d\cos\alpha}{dx}+\frac{d\cos\beta}{dy}\right)dx\,dy\,\delta z.$$

La règle générale des maxima et des minima, ou le raisonnement direct donné un peu après la formule (4), montre qu'il faut, pour que l'aire soit minimum, annuler dans (5) le coefficient de δz. On posera donc, pour tous les points (x, y) intérieurs au contour,

$$(6)\qquad \frac{d\cos\alpha}{dx}+\frac{d\cos\beta}{dy}=0.$$

C'est une équation aux dérivées partielles du second ordre, en z; car les expressions de $\cos\alpha$ et $\cos\beta$ contiennent les dérivées premières $p=\frac{dz}{dx}$, $q=\frac{dz}{dy}$ et il paraîtra par suite, dans leurs propres dérivées en x et y, les dérivées secondes

$$(r, s, t)=\frac{d^2z}{dx^2, dx\,dy, dy^2}.$$

L'intégration de cette équation introduira des fonctions arbitraires, qu'on déterminera en faisant passer la surface par le contour donné, c'est-à-dire, en exprimant que, pour tous les points (x, y) situés sur le contour, z reçoit des valeurs connues à l'avance.

Voici comment on peut concevoir que l'équation generale (6), applicable à tous les points (x, y) intérieurs, et qu'on appelle, pour cela, l'équation indéfinie du problème, ne soit pas suffisante pour déterminer les valeurs de z, tandis qu'elle le devient quand on y joint la condition, dite <u>définie</u> ou <u>aux limites</u>, spéciale au contour, et exprimant que z egale, sur toute sa longueur, une certaine fonction commune de x et y. Dans la dérivée $\frac{d\cos\alpha}{dx}$, la différentielle $d\cos\alpha$ s'est présentée comme étant la différence des valeurs de $\cos\alpha$ aux deux points $(x-dx, y)$, (x, y); et, d'ailleurs, $\cos\alpha$ dépend des dérivées $\frac{dz}{dx}$, $\frac{dz}{dy}$ où, naturellement, les différentielles partielles dz s'évaluent en faisant croître x ou y de dx ou de dy. Donc, les différentielles partielles secondes, que contiendra le développement de $\frac{d\cos\alpha}{dx}$, se formeront autant avec des valeurs de z relatives à des points situés en deçà de (x, y) qu'avec des valeurs de z relatives à des points situés au delà; et il n'y entrera en tout que des valeurs de z correspondant soit aux valeurs x, y des deux coordonnées indépendantes, soit à ces valeurs augmentées ou diminuées, chacune, **d'une seule différentielle dx, dy.** Il en sera de même pour le terme $\frac{d\cos\alpha}{dy}$.

Si donc on considère l'un quelconque des points <u>intérieurs</u> (x, y) situés aux sommets des rectangles élémentaires $dx\,dy$ en lesquels une double famille de droites parallèles aux axes aura divisé la portion considérée du plan des xy, la relation (6),..., prise pour ce point, sera une équation de **forme finie** entre la valeur que z y reçoit et celles de z sur les sommets voisins, qui appartiendront tous soit à l'intérieur, soit aux bords, mais <u>dont aucun ne sera extérieur.</u> Par conséquent, en joignant toutes les équations pareilles, on aura autant d'équations que d'inconnues ou qu'il y a de sommets intérieurs, pourvu que les valeurs de z pour tous les points du bord soient données, et le problème sera déterminé; tandis qu'il y aurait, au contraire, plus d'inconnues que d'équations, sans la condition spéciale au contour. On comprend donc comment, dans tout problème dont l'équation sera aux dérivées partielles du second ordre par rapport aux coordonnés, et qui se rapportera à un corps de dimensions limitées, une condition spéciale à sa surface, comme celles dont j'ai dit un mot au bas de la p. 504, devra toujours être donnée, pour que le problème soit défini; et l'on voit même qu'il faudrait plus d'une relation de cette nature, ou spéciale à la surface, si l'équation indéfinie était d'un ordre supérieur au second.

Mais revenons à notre problème de la surface d'aire minimum et cherchons quelle est la signification géométrique de l'équation (6). Pour cela, considérant un point quelconque de la surface, prenons-le pour origine et choisissons les deux plans normaux principaux de la surface relatifs à ce point pour plans des zx et des zy, en menant les z positifs d'un côté tel, que le rayon de courbure principal R, relatif à la section tangente aux x, soit positif. Si R' désigne le second rayon principal de courbure au même point, l'équation de la surface sera, dans une étendue infiniment petite tout autour, $z = \frac{x^2}{2R} + \frac{y^2}{2R'}$, comme on a vu au n° 185 (p. 264). On y aura par suite, sauf erreur relative négligeable,

$$p = \frac{x}{R}, \quad q = \frac{y}{R'}, \quad \sqrt{1+p^2+q^2} = 1, \cos\alpha = -\frac{x}{R} \text{ et } \frac{d\cos\alpha}{dx} = -\frac{1}{R}.$$

Ainsi, pour le point considéré, la dérivée $\frac{d\cos\alpha}{dx}$ se réduit à $-\frac{1}{R}$. On aura de même $\frac{d\cos\beta}{dy} = -\frac{1}{R'}$, et l'équation (6) pourra s'écrire

$$(7) \qquad \frac{1}{R} + \frac{1}{R'} = 0.$$

Donc toute surface d'aire minimum a, en chacun de ses points, sa courbure moyenne nulle, c'est-à-dire ses deux courbures principales égales et opposées.

306 — Cas particuliers d'une surface plane et d'une surface de révolution.

Les deux cas particuliers les plus intéressants sont : 1°, celui où le contour donné est situé tout entier dans un même plan, cas où il vient $R = \infty$, $R' = -\infty$ et où la surface se réduit à la partie de ce plan située à l'intérieur du contour ; 2°, celui où le contour proposé se compose de deux cercles parallèles AKA', BLB', ayant leurs centres, α, β, sur une même droite, perpendiculaire à leurs plans et qu'on peut supposer prise pour axe des x, cas où, le contour donné étant une figure de révolution autour de cet axe, la surface l'est elle-même, par raison de symétrie. Alors les deux rayons de courbure principaux en un point quelconque, par exemple, au point M du méridien AMB situé dans le plan des zx, sont, d'une part, le rayon de courbure MC de ce méridien, d'autre part, la normale MC' tirée au même méridien jusqu'à la rencontre de l'axe Ox :

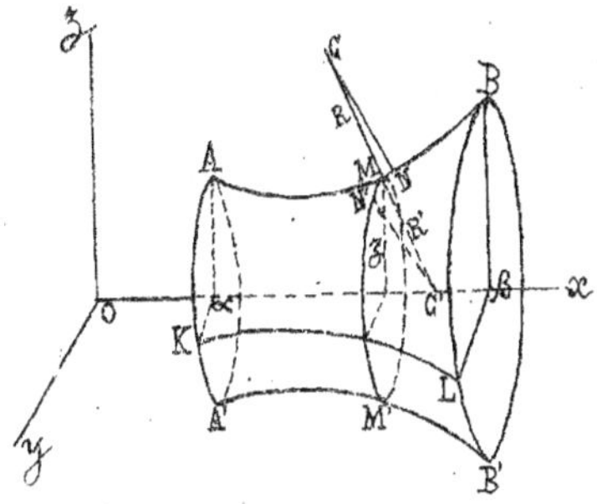

en effet, les deux normales NC, $N'C'$, menées à la surface en deux points N et N' infiniment voisins de M et pris, l'un, sur le méridien AMB, l'autre, sur le cercle parallèle MM', vont évidemment couper la première normale CMC' ; en sorte que MN, MN' sont bien les deux lignes de courbure en M et, par suite, MC, MC' les deux rayons de courbure principaux. On aura donc, d'après (7), $MC' = MC$, ou $z\sqrt{1+z'^2} = \frac{(1+z'^2)^{\frac{3}{2}}}{z''}$, vu les valeurs trouvées au n° 95 (p. 125 et 126) pour les expressions du rayon de courbure et de la normale d'une courbe plane, dont z désigne ici l'ordonnée perpendiculaire à l'abscisse x. Ainsi, l'équation différentielle cherchée du méridien AMB de la surface sera, après la suppression du facteur commun $\sqrt{1+z'^2}$,

$$(8) \qquad z = \frac{1+z'^2}{z''} \quad \text{ou} \quad z - \frac{1+z'^2}{z''} = 0.$$

Cette équation rentre dans le type de celles qui ne contiennent pas la variable indépendante et dont l'ordre peut être abaissé d'une unité (p. 478 et 479). Multipliée par $\frac{2z'z''dx}{z(1+z'^2)}$, elle devient

$$\frac{d(1+z'^2)}{1+z'^2} - 2\frac{dz}{z} = 0 \text{ ou } d\log\frac{1+z'^2}{z^2} = 0.$$

Donc, le rapport $\frac{1+z'^2}{z^2}$ est constant. Désignons-le par $\frac{1}{c^2}$, et une première intégration donnera $\frac{1+z'^2}{z^2} = \frac{1}{c^2}$, ou bien, en résolvant par rapport à $z' = \frac{dz}{dx}$ et prenant le radical avec un signe convenable,

$$\frac{dz}{dx} = \frac{\sqrt{z^2-c^2}}{c}.$$

On en déduit $\frac{dx}{c} = \frac{dz}{\sqrt{z^2-c^2}}$, et ensuite, par une nouvelle intégration où l'on utilise la formule de l'intégrale $\int\frac{dz}{\sqrt{a+z^2}}$ calculée au n° 218 (p. 309), $\frac{x-c'}{c} = \log\frac{z+\sqrt{z^2-c^2}}{c}$, c' désignant une seconde constante arbitraire. Enfin, si l'on passe des logarithmes aux nombres, il vient

$$(9) \qquad \frac{z}{c} + \sqrt{\frac{z^2}{c^2}-1} = e^{\frac{x-c'}{c}}, \quad \frac{z}{c} - \sqrt{\frac{z^2}{c^2}-1} = e^{-\frac{x-c'}{c}},$$

formules dont la seconde résulte immédiatement de la première multipliée par $\frac{z}{c} - \sqrt{\frac{z^2}{c^2}-1}$. Et la demi-somme des deux équations (9) donne finalement, si on multiplie par c,

$$(10) \qquad z = \frac{c}{2}\left[e^{\frac{x-c'}{c}} + e^{-\frac{x-c'}{c}}\right], \quad \text{ou} \quad z = c \cos\text{hyp}\,\frac{x-c'}{c}.$$

On démontre, en mécanique, que la courbe AMB représentée par cette équation a précisément la forme d'équilibre que prend un fil flexible et pesant homogène, d'une certaine longueur, fixé aux deux points A et B, l'axe des x étant horizontal et l'axe oz dirigé verticalement en haut. Ce 'est pourquoi on appelle cette courbe une chaînette. On déterminera les deux constantes arbitraires C et C' en exprimant que la courbe passe par les deux points donnés A et B.

307. — Brachistochrone ou courbe de plus rapide descente d'un mobile pesant.

Des considérations directes dispensent parfois de recourir au calcul des variations pour résoudre des problèmes qui en dépendent. En voici un exemple célèbre, où la question posée se ramène de suite à une question de minimum ordinaire.

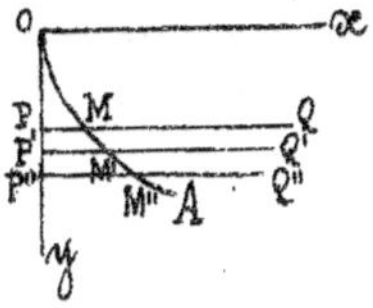

Supposons qu'on veuille laisser tomber d'un point donné O à un autre point donné A, sans vitesse initiale, un corps pesant assujetti à suivre une courbe OA, et proposons-nous de déterminer cette courbe de manière que le trajet de O en A se fasse dans le moins de temps possible. La courbe qui jouit de cette propriété est dite la courbe brachistochrone. Par raison de symétrie, cette courbe sera comprise dans le plan mené suivant la verticale Oy du point de départ et par le point d'arrivée A. Je prendrai Oy pour axe des ordonnées, et l'horizontale Ox, tirée du côté de Oy où se trouve le point A, pour axe des abscisses. Si nous faisons abstraction de la résistance de l'air et du frottement de la courbe, la vitesse acquise par le mobile, quand son ordonnée ou sa hauteur de chute sera devenue y, égalera, comme on sait, $\sqrt{2gy}$. Donc, si l'on partage le plan des xy, par des parallèles à Ox, en une infinité de bandes horizontales, le mobile M pourra être censé avoir la vitesse $\sqrt{2gy}$, dans la bande PQQ'P' comprise entre les ordonnées y, $y+dy$

et prendre la vitesse $\sqrt{2g(y+dy)}$ dès que, parvenu en M', il pénètrera dans la bande suivante P'Q'Q''P'', qu'il coupera suivant M'M''. Comme la durée de son trajet total ne peut évidemment être minimum qu'autant que celle du trajet de M à M'' l'est elle-même, le problème se ramène à celui d'un mobile qui doit aller dans le moindre temps possible d'un point M à un point M'', en ayant la vitesse $V=\sqrt{2gy}$ d'un côté de P'Q' et la vitesse $V'=\sqrt{2g(y+dy)}$ de l'autre côté de P'Q'. La loi de Fermat (n° 59, p. 81) nous apprend que, pour cela, le sinus de l'angle fait par la corde MM' avec les y positifs (angle d'incidence) doit être au sinus de l'angle fait avec le même axe par la corde M'M'' (angle de réfraction) dans le rapport

$$\frac{V}{V'} = \frac{\sqrt{y}}{\sqrt{y+dy}} = \frac{\sqrt{y}}{\sqrt{y}+\frac{dy}{2\sqrt{y}}}.$$

Or le sinus de l'angle que fait MM', ou la tangente en M, avec l'axe des y, égale le cosinus, $\frac{dx}{ds}$, de l'angle de cette tangente avec l'axe des x; et, de même, le sinus de l'angle que fait M'M'' avec oy est $\frac{dx}{ds}+d\frac{dx}{ds}$. Il vient donc, en renversant les deux rapports de la proportion obtenue, puis retranchant une unité de part et d'autre et multipliant par 2,

$$(11)\quad 2\,\frac{d\frac{dx}{ds}}{\frac{dx}{ds}} = \frac{dy}{y} \quad \text{ou} \quad d\log\left(\frac{1}{y}\frac{dx^2}{ds^2}\right)=0.$$

Telle est l'équation différentielle de la trajectoire OA. Intégrée, elle devient,

$$\frac{1}{y}\frac{dx^2}{ds^2} = \frac{1}{2r},$$

si $\frac{1}{2r}$ désigne une constante positive, mais d'ailleurs arbitraire; et cette équation, qu'on peut écrire

$$\frac{ds^2}{dx^2} = \frac{2r}{y} \quad \text{ou} \quad 1+\frac{dy^2}{dx^2} = \frac{2r}{y},$$

donne enfin $\frac{dy^2}{dx^2} = \frac{2r}{y} - 1$. C'est (Voir N° 125, p. 170) l'équation différentielle caractéristique d'un arceau de cycloïde, décrit, au dessous de Ox comme base, par un point d'une circonférence de rayon r. Ainsi, dans les conditions proposées, la brachistochrone sera un arceau de cycloïde à base horizontale, ayant son point de départ, avec tangente verticale, au plus élevé, O, des deux points donnés, et une circonférence génératrice telle, que cet arceau aille passer par le second point A.

308.— Courbe de longueur minimum tracée sur une surface entre deux points donnés.

C'est également par des considérations directes très simples que nous étudierons la ligne la plus courte existant sur une surface entre deux points donnés de celle-ci. Il est clair qu'une partie infiniment petite quelconque OA d'une telle courbe sera la moins longue des lignes de la surface qui se terminent à ses deux extrémités O et A. Or prenons pour origine d'un système de coordonnées rectangulaires x, y, z l'une, O, de ces extrémités, pour plan des xy le plan tangent à la surface en ce point, et pour axe des x la droite dirigée vers la projection A' de l'autre extremité A sur le plan tangent.

Il est clair que l'une des équations de toutes les courbes de la surface menées entre O et A sera l'équation même, $z = f(x, y)$, de la surface, et qu'on pourra prendre pour l'autre équation d'une quelconque de ces courbes celle, $y = \varphi(x)$, de sa projection OMA' sur le plan tangent xOy. D'ailleurs, le long de l'arc OMA' de cette projection, dont un point quelconque M a les coordonnées x et y, le rapport $\frac{y}{x}$, coefficient angulaire de la corde OM infiniment peu inclinée

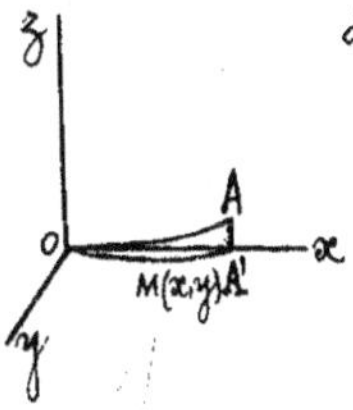

sur OA, reste infiniment petit lui-même, d'où il suit que y' s'y trouve négligeable en comparaison de x, et que, pour toutes les courbes considérées de la surface, les petites valeurs de z, $z=f(x,y)$, sont réductibles, sauf erreur relative infiniment petite, à $z=f(x,0)$.

Toutes les courbes proposées ayant ainsi sensiblement pour première équation $z=f(x,0)$, leur arc OA, dont j'appellerai a la projection OA sur Ox, sera exprimé par l'intégrale

$$s=\int_0^a\sqrt{1+z'^2+y'^2}\,dx=\int_0^a\sqrt{1+f'_x(x,0)^2+\varphi'(x)^2}\,dx,$$

dans l'élément de laquelle le terme $f'_x(x,0)^2$, sous le radical, ne variera pas d'une courbe à l'autre.

Chaque élément et, par suite, l'intégrale elle-même recevront donc leurs plus faibles valeurs dans la courbe pour laquelle le terme non négatif $\varphi'(x)^2$ restera constamment nul ou, du moins, infiniment plus petit que $f'_x(x,0)^2$, et seulement comparable à la petite partie de z' qu'on a négligée quand on a remplacé $z=f(x,y)$ par $f(x,0)$: car cette petite partie, variable d'une courbe à l'autre, peut seule atténuer, sous le radical, l'influence de $\varphi'(x)^2$. Ainsi, la ligne minimum OA est telle, que la dérivée y' s'y trouve négligeable en comparaison de z', ou telle, par suite, que son écart $y=\int_0^x y'\,dx$ d'avec le plan zOx, normal à la surface, est infiniment moindre que son écart $z=\int_0^x z'\,dx$ d'avec le plan tangent xOy. Or la courbe OA a un contact du premier ordre avec xOy, et elle ne peut en avoir un plus intime avec xOz que si celui-ci devient son plan osculateur.

Donc, toute ligne qui, tracée sur une surface, suit, entre deux quelconques de ses points infiniment voisins, le chemin le plus court possible existant sur la surface, a tous ses plans

<u>osculateurs normaux à la surface ou toutes ses normales principales perpendiculaires à celle-ci</u>. En d'autres termes, deux consécutifs de ses éléments rectilignes sont toujours dans un même plan avec la normale menée à la surface au point intermédiaire. C'est bien ce qui a lieu, comme on sait, soit sur un plan, soit sur une sphère, où toute ligne de longueur minimum est une droite ou une partie de grand cercle, c'est-à-dire une ligne dont le plan comprend les normales menées, surtout son parcours, à la surface considérée, normales qui sont ou parallèles ou dirigées vers le centre de la sphère.

Il est évident qu'on peut, à partir d'un point quelconque de toute surface, mener une infinité de pareilles lignes, généralement gauches, savoir, une suivant chaque direction comprise dans le plan tangent au point donné; mais que, leur premier élément une fois choisi, tous les autres s'ensuivent de proche en proche, déterminés qu'ils sont par les intersections infiniment petites consécutives de la surface et des plans normaux menés, chaque fois, suivant l'élément précédemment construit.

Ces sortes de lignes ont reçu le nom de <u>lignes géodésiques</u>, pour rappeler, sans doute, qu'elles sont justement celles qu'on trace sur le terrain lorsque, dans des opérations d'arpentage ou de levé des plans, on jalonne ce qu'on appelle des <u>alignements</u>. Alors, en effet, on ramène, par des projections, les figures existant sur la surface terrestre à ce qu'elles seraient si cette surface était rendue partout horizontale, c'est-à-dire partout perpendiculaire à la direction du fil à plomb; et de plus, sur trois points consécutifs de tout alignement, le troisième est toujours pris dans le prolongement du plan mené suivant le premier et la normale passant par le second, normale que représente soit un jalon vertical, soit (lorsqu'on emploie l'équerre d'arpenteur) deux fils voisins déterminant un plan de visée vertical. De fait, si, à cause de la courbure de la terre, les lignes ainsi tracées ne sont pas droites, du moins, elles sont aussi peu courbes que possible ; car nous avons vu (N° 186, au bas de la page 266) que toute ligne tracée, sur une surface, tangentiellement à une droite donnée passant par le point qu'on y considère, a sa courbure d'autant plus petite que son plan osculateur y fait un angle moindre avec la normale à la surface, en sorte qu'elle diffère aussi peu que possible d'une droite quand ce plan contient la normale. On dit alors que sa courbure géodésique est nulle ; car on appelle, en général, courbure géodésique d'une ligne tracée sur une surface, la courbure de sa projection sur le plan tangent mené à la surface au point considéré, ou, autrement dit, la courbure telle qu'on l'évaluerait, si on mesurait, au lieu de l'angle de contingence formé par deux éléments consécutifs de la courbe, l'angle dièdre des deux plans normaux à la surface dirigés suivant ces deux éléments.

399. — Autres propriétés générales des lignes géodésiques.

La distance minimum, sur une surface d'un point de cette surface à une courbe qui s'y trouve tracée, est représentée par une ligne géodésique menée du point à la courbe en question et aboutissant à angle droit sur celle-ci. En effet, si elle ne lui était pas normale, il suffirait de diriger autrement son dernier élément oblique, de manière à le rendre perpendiculaire à la courbe donnée, pour diminuer sa longueur, sans le faire sortir de la surface, et pour diminuer ainsi la longueur totale du trajet; ce qui est impossible, puisqu'il n'existe, par hypothèse, dans les conditions voulues, aucune ligne plus courte que la proposée.

De même, la distance minimum, sur une surface, entre deux courbes de la surface est évidemment une ligne géodésique perpendiculaire aux deux courbes.

Imaginons actuellement, avec Gauss, qu'on mène sur une surface, à partir des divers points d'une courbe quelconque ABCD... de cette surface, des lignes géodésiques, AA', BB', CC',.... s'en détachant toutes à angle droit, et d'une même longueur très petite. Il est clair que ces lignes mesureront les distances minima, sur la surface, de leurs extrémités A', B', C',... à la courbe ABCD, et que, par suite, le lieu A'B'C'D'...de

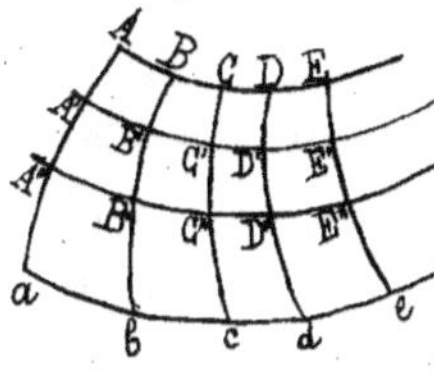

ces extrémités sera une nouvelle courbe, ayant tous ses points à une même distance minima AA', sur la surface, de ABCD.... Or il résulte de là que nulle ligne menée sur la surface, à partir du point A, par exemple, jusqu'à la rencontre de A'B'C'..., ne peut être plus courte que AA'.

Donc, cette ligne géodésique AA' tombe perpendiculairement sur A'B'C'...; et, comme il en serait de même de BB', CC', etc., <u>les deux lignes AE, A'E' ont, sur la surface, toutes leurs perpendiculaires géodésiques communes, et de même longueur dans la bande interceptée AA'E'E.</u>

On voit que ces lignes AE, A'E' sont, sur la surface, les analogues des courbes parallèles sur le plan, et que les géodésiques perpendiculaires AA', BB',... sont les analogues des normales communes à deux courbes parallèles. En prolongeant toutes ces lignes géodésiques, de manière à leur ajouter de petites longueurs égales quelconques A'A'', B'B'', C'C'', etc., on obtiendra une

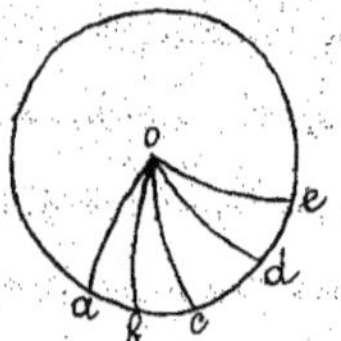

nouvelle parallèle géodésique A''B''C''...; et ainsi de suite, jusqu'à ce que la longueur totale commune des lignes géodésiques issues des points A, B, C,... atteigne telle valeur qu'on voudra Aa = Bb = etc.,.., si les dimensions de la surface le permettent.

Dans le cas particulier où la courbe de départ AE se réduit à une ligne fermée infiniment petite, c'est-à-dire à un point O, les courbes Aa, Bb, Cc,... deviennent les différentes lignes géodésiques Oa, Ob, Oc,... qui émanent de ce point, et la parallèle obtenue abcd..., est l'analogue d'un cercle, non seulement en ce qu'elle se trouve partout à la même distance, sur la surface, du centre géodésique O, mais encore parce que tous les rayons géodésiques Oa, Ob, Oc,... la coupent normalement. On voit que la propriété dont jouit tout cercle d'une sphère, d'avoir ses divers points à une même distance, sur la surface, de chacun de ses pôles, et d'être perpendiculaire aux arcs de grand cercle, lignes géodésiques de la sphère, qui mesurent cette distance, s'étend à une surface quelconque, pourvu qu'on remplace les cercles par des courbes comme abcd... et les pôles par des points d'où émanent des rayons géodésiques égaux. Aussi Gauss a-t-il appelé ces courbes des cercles géodésiques.

310.— Courbe plane de longueur donnée entourant l'aire maximum et surface fermée qui, sous une certaine aire, contient le plus grand volume.

Terminons par les deux questions les plus importantes de maximum ou minimum relatifs d'intégrales définies, savoir, par la recherche de la surface plane qui, dans un contour de longueur donnée, embrasse l'aire la plus grande, et par celle du solide qui, sous une surface totale donnée, contient le plus grand volume. On sait que, dans toute figure, surface ou solide, qui croît ou décroît sans cesser d'être semblable à elle-même, le contour C et l'aire A, ou la surface S et le volume V, sont respectivement entr'eux comme les dimensions homologues et leurs carrés, ou comme leurs carrés et leurs cubes; de sorte que les rapports $\frac{A}{C^2}$ et $\frac{V}{S^{\frac{3}{2}}}$ dépendent seulement de la forme, supposée invariable, des figures dont il s'agit. Les questions posées ont donc pour but de savoir quelle est la forme qui rend ces rapports le plus grands possible, ou qui rend, par suite, minimums soit leurs inverses $\frac{C^2}{A}$ et $\frac{S^{\frac{3}{2}}}{V}$, soit les puissances $\frac{1}{2}$ et $\frac{2}{3}$ de ces inverses, savoir $\frac{C}{\sqrt{A}}$ et $\frac{S}{\sqrt[3]{V^2}}$. Ainsi, elles reviennent à chercher les valeurs minima du contour C, ou de la surface S, d'une figure soit plane, soit solide, qui a une certaine étendue donnée A ou V. Or, ces minimums, ou les maximums précédents, existent bien; car les fractions positives $\frac{C}{\sqrt{A}}$ et $\frac{S}{\sqrt[3]{V^2}}$ ne peuvent évidemment pas s'abaisser jusqu'à zéro. Et l'on conçoit d'ailleurs que leur détermination présente un haut intérêt en philosophie naturelle; car elle fera connaître, par exemple, la forme qu'on devra donner à un corps d'un volume déterminé pour réduire autant que possible sa surface et, par conséquent, ses rapports extérieurs, forme dont on devrait, au contraire, l'écarter, s'il s'agissait de multiplier ses relations physiques avec le dehors; etc.

Une propriété presque évidente de la forme cherchée, qui rend maximum le rapport $\frac{A}{C^2}$ ou $\frac{V}{S^{\frac{3}{2}}}$, c'est qu'elle n'admet aucune discontinuité de la tangente ou du plan tangent, c'est-à-dire, aucun point anguleux ou aucune arête. Si, en effet, une courbe plane fermée M B D présente un point anguleux

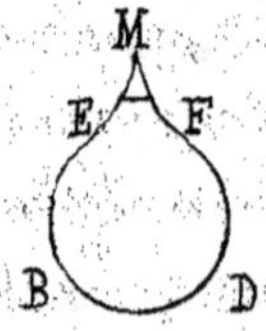

M, saillant ou rentrant, il suffira d'y remplacer les deux éléments contigus du contour, ME et MF, par la droite EF qui joint leurs extrémités, et dont le rapport à leur somme EM + MF est évidemment moindre que 1, pour obtenir une nouvelle surface, BEFD, dans laquelle le contour sera inférieur au proposé d'une quantité du premier ordre de petitesse, tandis que son aire ne différera de la primitive MBD que par une partie, EMF, comparable au produit ME × MF, c'est-à-dire du second ordre, et négligeable, en comparaison de la précédente, dans le rapport $\frac{A}{C^2}$. Donc ce rapport de l'aire au carré du contour sera plus grand dans la nouvelle figure EFBD que dans la première MBD; et il est impossible qu'il soit maximum dans la première.

De même, si un solide donné présente soit une pointe soit une arête; il suffit de les couper, en leur substituant une surface continue infiniment étroite, pour y diminuer l'aire d'une quantité comparable à la surface des parties remplacées, quantité infiniment moins petite numériquement que ne sera le volume retranché ou ajouté en même temps; car celui-ci aura une dimension infiniment petite de plus. Ainsi, dans le rapport, $\frac{V}{S^{\frac{3}{2}}}$, du volume à la puissance $\frac{3}{2}$ de la surface, le dénominateur décroîtra, tandis que le numérateur ne changera pour ainsi dire pas; d'où il suit que ce rapport grandira, et qu'il ne peut être actuellement maximum.

Le même genre de raisonnement, complété par quelques considérations supplémentaires, et sa conclusion s'étendent, sous certaines réserves, à des cas où l'on n'a pas la ressource des figures semblables, je veux dire, à ceux où il s'agit de comparer différentes portions d'une même surface courbe pour savoir quelle est celle qui, dans un certain contour, enferme l'aire la plus grande. Alors le maximum existe, quand le contour donné n'est pas trop grand eu égard aux dimensions de la surface, mais non dans le cas contraire; et il est clair que, lorsqu'il est possible en effet, un très petit accroissement dC, donné à un contour fermé C, fait grandir généralement l'aire comprise, A, d'une quantité dA numériquement comparable à dC, car A et C, nuls ensemble, acquièrent également ensemble leurs valeurs finies. C'est donc uniquement à cause de la discontinuité existant en M et de sa suppression ou de son atténuation, qu'un contour comme MBD, tracé sur une surface courbe, diminuera d'une quantité du premier ordre de petitesse par la simple substitution de EF à MEF, alors que l'aire comprise à son intérieur changera infiniment moins. Il suffira par conséquent de tracer sur la surface, dans le voisinage et au dehors de EFDB, un nouveau contour analogue à celui-ci, mais le surpassant de la quantité perdue tout-à-l'heure, ou ayant une longueur égale à MBD, pour que l'aire qu'il contiendra dépasse elle-même la proposée d'une quantité de cet ordre. Ainsi, même sur une surface courbe, toute ligne qui présente un point anguleux ne saurait, dans une longueur donnée, embrasser l'aire maxima.

Le principe de continuité précédent ainsi établi, considérons en premier lieu le cas d'une surface plane, et soit RSTU celle dont l'aire, à périmètre égal, est la plus grande possible. Par un quelconque, R, de ses points, menons une

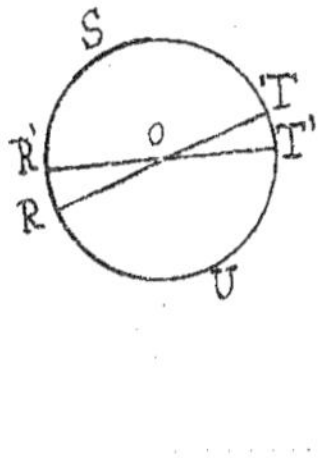

sécante RT, et faisons-la tourner autour de R jusqu'à ce qu'elle partage le contour C en deux parties équivalentes. A ce moment, il y aura une des deux parties RTS, RTU de la surface, qui sera, ou plus étendue que l'autre, ou, pour le moins, aussi étendue que l'autre. Soit RST cette partie. En prenant sa symétrique par rapport à RT et lui joignant cette symétrique, on obtiendra évidemment une surface ayant le contour de la proposée et au moins autant d'aire. Mais, par hypothèse, il n'en existe pas, avec une pareille longueur de contour, qui soit plus grande que la proposée. Donc, il n'y en aura pas non plus qui puisse, à périmètre égal, dépasser celle que forment la figure RST et sa symétrique. Par suite, d'après la propriété démontrée ci-dessus, les angles que feront, avec RT, les tangentes menées en R et en T à la courbe RST, seront droits, sans quoi ceux, deux fois plus grands, que présenterait en R et en T la figure composée de RST et de sa symétrique, différeraient de deux droits, et constitueraient une discontinuité inadmissible en vertu du principe précédent.

Ainsi, dans la surface considérée RSU, toute corde, RT par exemple, qui sous-tend un arc d'une longueur égale à la moitié du contour, lui est perpendiculaire à ses deux extrémités. Or, si l'on mène une seconde corde pareille et infiniment voisine R'T', on aura évidemment arc RST = arc R'ST', d'où RR' = TT' et aussi, sensiblement, corde RR' = corde TT'. D'ailleurs, les deux triangles ORR', OTT' peuvent être censés isocèles, comme on sait, et donnent, sauf erreur infiniment plus petite que RR', OR = OR', OT = OT'; d'où RT = R'T' = const. Et il résulte ensuite de la double égalité des bases RR', TT' et des angles au sommet O, que les deux triangles sont égaux ou qu'on a de plus $OR = OT = \frac{RT}{2} = const.$ Donc toutes les normales RO, R'O, etc., menées à la courbe jusqu'à leurs points d'intersection successifs, sont égales et, par suite, se rencontrent en un seul et même point O, auquel se réduit la développée de la courbe. C'est dire que cette courbe est une circonférence, ou que la surface plane, d'un périmètre donné, dont l'aire est maximum, n'est autre que le cercle.

La plus grande valeur que puisse recevoir le rapport, $\frac{A}{C^2}$, de l'aire au carré du contour, dans une figure plane, est, par conséquent, $\frac{\pi R^2}{(2\pi R)^2} = \frac{1}{4\pi}$, c'est-à-dire l'inverse de la surface d'une sphère de rayon un.

Si la courbe RSTU, au lieu d'être tracée sur un plan, devait l'être sur une sphère et y entourer la surface sphérique la plus grande possible, la même démonstration s'appliquerait, sans autres changements que la substitution d'arcs de grands cercles aux cordes RT, R'T', RR', TT', ou de triangles sphériques aux triangles rectilignes ROR', TOT'. Et l'on obtiendrait encore, pour la courbe demandée, une circonférence, ayant son pôle en O. Ainsi, tant dans le cas d'une aire plane que dans celui d'une aire sphérique, la courbe fermée qui, à longueur égale, comprend à son intérieur la plus grande étendue est la circonférence, pourvu toutefois que le maximum cherché existe; ce qui, évidemment, n'a lieu dans le cas de la sphère qu'autant que la circonférence en question ne cesse pas d'être un petit cercle.

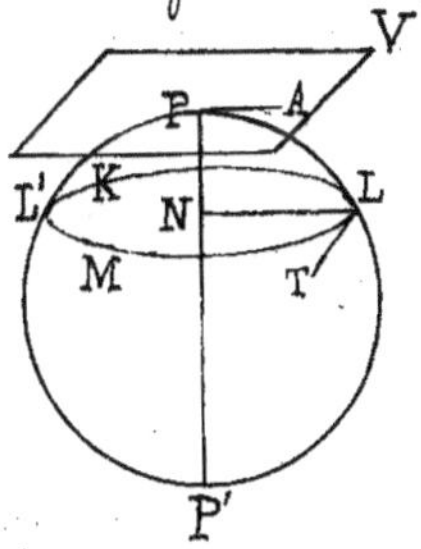

Sauf cette restriction, on voit que, par exemple, à la surface de la terre, un pays d'une étendue déterminée offre la moindre longueur possible de frontières quand son contour est circulaire ou quand sa forme se rapproche le plus possible de celle d'une simple calotte.

Considérons enfin la surface courbe fermée qui,

sous une certaine aire totale S, comprend le plus grand volume, et soit KLM sa section par un plan quelconque. Je dis que cette section sera nécessairement circulaire. Menons, en effet, à la surface un plan tangent PV parallèle à KLM et dans ce plan par le point P de contact, la tangente quelconque PA; puis imaginons qu'un plan mené suivant PA tourne, autour de cette droite, jusqu'à l'instant où, coupant le solide suivant une certaine courbe PLPL', il partage la surface du solide en deux parties, PLPK, PLPM équivalentes. Alors celle de ces deux parties qui recouvre le plus grand volume formera évidemment, avec sa symétrique par rapport au plan PLP qui la limite, une surface fermée de même aire que la proposée et contenant le volume le plus grand possible. Donc la figure ainsi obtenue, symétrique de part et d'autre de PLP'L', ne peut avoir une arête tout le long de son intersection avec ce plan, et celui-ci lui est, dès lors, forcément normal en tous leurs points communs. C'est dire 1°, que ce plan PLP se trouve mené suivant la normale PP', en P, à la surface proposée, 2° et qu'il est, de plus, perpendiculaire à la tangente LT de la courbe KLM, comme l'étant à deux plans dont LT est l'intersection, savoir, au plan KLM, dont il contient la perpendiculaire PP', et au plan tangent en L à la surface.

Par suite, la normale LN à la courbe proposée KLM est dans le plan PLP' et va passer par le pied N de la perpendiculaire PP, abaissée du point P sur le plan de cette courbe. Comme il en serait évidemment de même pour tous les autres plans menés suivant PP' et coupant la courbe KLM en des points quelconques, toutes les normales de cette courbe iront passer par le point N, auquel se réduira, par conséquent, sa développée. Ainsi la section plane K L M du solide proposé est bien une circonférence, et son centre se trouve, avec tous ceux des sections analogues faites par des plans de même direction, sur la perpendiculaire P P' commune à tous ces plans. La surface courbe considérée est, en conséquence, de révolution autour de P P'; mais, comme son méridien constitue une autre de ses sections planes et ne peut manquer davantage d'être un cercle, sa forme se réduit forcément à celle d'une sphère.

Donc la sphère est, de tous les corps de même surface, celui qui a le plus grand volume. Et il en résulte que la plus forte valeur possible du rapport d'un volume V à la puissance $\frac{3}{2}$ de l'aire S qui le limite est

$$\frac{V}{S^{\frac{3}{2}}} = \frac{\frac{4}{3}\pi R^3}{(4\pi R^2)^{\frac{3}{2}}} = \frac{1}{6\sqrt{\pi}},$$

fraction un peu supérieure à celle, $\frac{1}{4\pi}$, qui exprime le plus grand rapport possible d'une surface plane au carré de son contour.

Fin

www.ingramcontent.com/pod-product-compliance
Lightning Source LLC
Chambersburg PA
CBHW031734210326
41599CB00018B/2574
* 9 7 8 2 0 1 4 5 2 5 7 3 1 *